중앙유라시아 세계사

— 프랑스에서 고구려까지 —

중앙유라시아 세계사

프랑스에서 고구려까지

크리스토퍼 벡위드 지음 / 이강한·류형식 옮김

소와당

Copyright © 2009 by Princeton University Press(as in Proprietor's edition)

All rights reserved. No part of this book may be reproduced or transmitted in any form or by any means, electronic or mechanical, including photocopying, recording or by any information storage and retrieval system, without permission in writing from the Publisher.

Korean translation copyright © 2014 by Sowadang
Korean translation rights arranged with Princeton University Press,
through EYA(Eric Yang Agency)

이 책의 한국어판 저작권은 EYA(Eric Yang Agency)를 통해 Princeton University Press와 독점계약한 (주)소와당에 있습니다.
저작권법에 의하여 한국 내에서 보호를 받는 저작물이므로 무단전재와 복제를 금합니다.

차례

추천의 글 6

책을 펴내며 17

감사의 말 30

일러두기 33

서문 35

프롤로그 — 영웅과 그의 친구들 45

CHAPTER 1 — 전차를 탄 전사들 91

CHAPTER 2 — 로얄 스키타이 139

CHAPTER 3 — 로마와 중국 사이 173

CHAPTER 4 — 훈족 아틸라의 시대 197

CHAPTER 5 — 튀르크 제국 227

CHAPTER 6 — 실크로드, 혁명, 붕괴 273

CHAPTER 7 — 바이킹과 키타이 311

CHAPTER 8 — 칭기스칸과 몽골의 정복 343

CHAPTER 9 — 유럽의 바다로 달려간 중앙유라시아 사람들 379

CHAPTER 10 — 길이 닫히다 423

CHAPTER 11 — 중심을 잃어버린 유라시아 473

CHAPTER 12 — 다시 태어나는 중앙유라시아 533

에필로그 — 야만인들 561

부록 A — 원시 인도유럽어족과 그들의 확산 630

부록 B — 고대 중앙유라시아의 민족 명칭 648

미주 663

참고문헌 731

찾아보기 782

참고지도 806

추천의 글

강인욱(경희대 교수)

실크로드만큼 일반인에게는 낭만을, 전공자들에게는 고난을 예고하는 주제가 또 있을까. 사실 실크로드와 중앙유라시아에 대한 책은 적지 않게 출판되었지만, 딱히 일목요연하게 볼 수 있는 잘 갖추어진 개론서는 그리 많지 않다. 그런 점에서 본다면 벡위드 교수가 2009년에 프린스턴 대학에서 출판한 『중앙유라시아 세계사(Empires of the Silk Road)』는 최근 출판된 책들 중에서 가장 폭넓은 시각으로 간결하게 이 지역의 역사를 소개하는 개론서로 널리 추천할 만하다.

이 책은 내가 아는 한 기존의 어느 실크로드 개설보다 더 넓은 지역을 대상으로 했다. 그럼에도 불구하고 이 책이 쉽게 읽히는 이유는 각 시대별로 역사적인 사건을 서술하되, 지나치게 세부적인 부분은 과감히 생략하고, 중앙유라시아의 국가들에서 반복적으로 나타나는 몇 가지 키워드를 중심으로 이해하기 쉽게 서술했기 때문이다. 이 책이 미국 출판협회(AAP)에서 선정하는 '세계사·전기부문' 최고의 책(PROSE Award)으로 선정된 것도 바로 이처럼 폭넓은 학식에 대중성을 겸비한 책이었기 때문인 것 같다.

저자인 벡위드 교수는 한국에서는 역사언어학자로 알려져 있지만, 사실 그의 주요 연구는 티베트를 중심으로 하는 중앙유라시아사이다. 그

---

* 이 글은 『백산학보』 98호(2014)에 실린 필자의 글을 요약하여 수록하였음을 밝혀둔다. 비판적 논점과 상세한 참고문헌을 포함한 더 심도 깊은 논평에 관심이 있는 독자들은 위 학회지를 참고하시길 바란다.

는 1945년생으로 오하이오 대학에서 중국학과를 졸업한 후에 인디애나 대학(블루밍턴)에서 티베트학으로 석사학위를 받고, 같은 대학 우랄-알타이학과에서 티베트의 토번 이전 시기 역사 연구로 박사학위를 받았다.[1] 졸업 후 계속 인디애나 대학교의 중앙유라시아학과(Department of Central Eurasian Studies, 약칭 CEUS)에서 교수로 활동했으며, 1994년부터는 종신교수로 재직하고 있다.

CEUS는 중앙유라시아학의 대가 데니스 사이노어(Denis Sinor) 교수가 설립한 미국 내에서 유일한 중앙유라시아 전문학과로서 중앙유라시아의 언어와 역사에 대한 전문가를 집중적으로 양성하는 곳이다. 벡위드 교수의 연구는 지난 수십 년간 미국의 유라시아학을 선도해온 CEUS의 역량을 유감없이 보여주는 또 하나의 역작이기도 하다.

벡위드 교수는 중앙유라시아의 역사는 물론 티베트어, 인도어 등 다양한 중앙유라시아의 언어에 대한 탄탄한 지식을 바탕으로 역사언어학에서 역사학에 이르는 다양한 지역과 시대에 대한 저술활동을 활발히 벌이고 있음에도 불구하고, 한국에서는 생소한 편이었다. 그의 이름이 본격적으로 한국에 알려진 것은 2006년으로, 고구려연구재단에서 발간한 『고구려어, 일본을 대륙과 연결시켜 주는 언어』를 통해서이다.[2] 그의 논의는 수십 년간 정체되어온 한국어와 알타이어에 대한 새로운 논쟁을

---

1 논문 제목_ A Study of the Early Medieval Chinese, Latin, and Tibetan Historical Sources on Pre-Imperial Tibet.
2 원서 제목_ Koguryo, the Language of Japan's Continental Relatives: An Introduction to the Historical-Comparative Study of the Japanese-Koguryoic Languages, with a Preliminary Description of Archaic Northeastern Middle Chinese. Second Edition. Leiden: Brill, 2004.

자극시켰다는 점에서 의의가 있지만,[3] 고구려와 일본어의 관계에 대한 연구는 벡위드 교수의 다양한 관심 중의 하나일 뿐, 실제로 그는 역사언어학뿐 아니라 기술사, 역사, 고고학, 문화사, 종교학, 신화학 등 중앙유라시아에 대한 폭넓은 연구로 유명하다.

다음으로 이번에 출판되는 『중앙유라시아 세계사』의 몇 가지 점을 들어서 이 책의 특징을 간략히 살펴보자.

첫번째로 그는 '실크로드'라는 개념에 대한 새로운 이해를 제시한다. 이 책의 원제는 '실크로드'라는 제목을 쓰지만(원제: Empires of the Silk Road), 그 서술범위는 실크로드를 넘어서 전 유라시아를 포괄하며, 시대 역시 청동기시대(기원전 2000년 이전)까지 소급한다. 즉 그가 바라보는 '실크로드'는 마치 운하처럼 중국에서 로마까지 황무지를 관통하는 루트가 아니다. 오히려 중앙유라시아인들이 살아왔던 삶의 방식이 발현된 경제체제가 실크로드라고 본다. 그래서 실크로드의 주체는 기원 전후한 시기 유라시아 동서 양끝에서 문명을 이룬 중국과 로마가 아니라, 이 지역에서 살면서 국가를 이루었던 사람들이다. 즉 '실크로드'는 중앙유라시아 사람들이 만들어낸 문명을 중국과 서양 세력이 잠식하면서 점차적으로 원래의 모습을 잃어버리게 된 이후, 19세기에 이 지역을 침탈했던 서구 세력이 과거 모습을 실크로드라는 이름으로 윤색했음을 의미한다.

그 속에서 유라시아 유목민들이 '약탈자'로 묘사되었는데, 저자에 의

---

3 이 책에 대한 서평은 정광, 「고구려어 연구의 몇 문제 -벡위드 저 「고구려어, 일본어의 대륙적 친족어」를 중심으로-」, 『알타이학보』 제17호, 2007년: 197-213 참조.

하면 그 동기는 그들이 이루어놓은 경제교역권이 침해되는 것에 대한 일련의 반발과정이었다. 즉 갈등의 원인 제공은 정착세력들이 했고, 그들이 기존에 쌓아놓은 유목-농경 세력의 교역구조를 무너뜨린 데에서 분쟁이 촉발되었지만, 역사 자료는 대부분 정착 집단의 일방적인 기록이기 때문에, 갈등의 원인을 유목민족에게 돌려버렸다는 뜻이다.

벡위드 교수는 이렇게 실크로드의 개념을 시간과 공간적으로 중앙유라시아로 확대하고, 중앙유라시아를 중심으로 유라시아 각 지역이 연결되는 또 하나의 역사적 고리를 상정한다. 그 결과 마치 양쪽 날개를 활짝 편 봉황처럼 중앙유라시아에서 출발해서 유라시아의 동서 양측으로 펼쳐지는 역사의 파노라마가 흥미진진하게 펼쳐진다.

특히 그 날개의 동쪽 끝을 고구려로 상정함으로써 고구려를 유라시아 제국의 하나로 서술한다. 실제로 북방유라시아의 역사에서 고구려의 역할은 고고학적으로도 증명되고 있으며,[4] 그와 같이 거대한 국가가 중앙유라시아의 여러 지역들과 교류를 하지 않았다면 그것이 더 이상할 것이다. 유목문화를 적극 도입하여 국가를 이루었던 고구려에 대하여, 기존에 중앙유라시아와의 관계를 주목한 연구자가 거의 없었다는 점에서 벡위드 교수의 연구는 그 의의가 크다. 또한 기존의 한국사가 세계사의 흐름과 동떨어져 있다는 비판이 적지 않은 점에 비추어 보면, 이 책은 글로벌 시대 한국사 연구의 새로운 방향을 제시해 주는 중요한 사례로

---

4 고구려의 등자를 비롯한 마구가 돌궐의 등장으로 멸망한 유연의 서진과 함께 시베리아로 전해져서 초기 중세시대인 쿠드르이게 문화의 기반이 되었으며 나아가서 동부 유럽의 중세시대 개마문화에 영향을 미쳤다.(강인욱, 「고구려 등자의 발생과 유라시아로의 전파에 대하여」『북방사논총』 제12호, 고구려연구재단, 2006).

평가해도 부족함이 없을 것이다.

두번째로 이 책에서 저자는 '*토콰르(월지)', '코미타투스' 등 특정한 키워드를 엮어서 시대를 아우르는 일관된 서술을 함으로써 다양한 시공간의 역사들을 적절히 엮어냈다. 이러한 그의 서술방법 덕택에 자칫 복잡해질수 있는 이 지역의 역사가 상당히 일목요연하게 다가온다. 예를 들어 코미타투스만 보자면 다음과 같다.

중앙유라시아 문화복합체의 초기 형식에서 가장 핵심적인 요소는 사회정치적-종교적 이상형으로서의 영웅적 군주와 그의 코미타투스(comitatus, 친위부대)이다. 코미타투스는 목숨을 걸고 주군을 지키기로 맹세한 주군의 친구들로 구성된 전투 부대이다.(본문 65)

주군을 모시는 친위부대는 실크로드를 중심으로 하는 중앙유라시아의 유물이 유라시아 동서로 교역·전달되며, 고분이 만들어지는 상황을 설명할 수 있는 근거가 된다. 고고학적 발굴을 통해서 중앙유라시아 일대에서는 흔히 '쿠르간'이라고 하는 봉토분들이 발견된다. 이들은 아주 대형인 왕족급에서 시작해서 소형의 일반무사급까지 다양한 차원으로 존재하는데, 이는 사실상 당시 지도자(신화에서는 영웅으로 표현)를 따르던 무사들의 실제 상황과 관련되어 있다. 한편 지도자들은 자신에 대한 충성도를 높이기 위하여 전쟁 및 교역 등으로 획득된 귀중품(즉 위신재)을 부하들에게 분배함으로써 그 지배를 유지했었다.

이러한 분배의 과정은 몽골을 중심으로 발굴되고 있는 북흉노의 고분에서도 여실히 증명되었다. 규모가 큰 고분일수록 외국에서 들여온 것이 많아서, 중국제 비단, 마차, 칠기 등이 많이 발견된다. 소형무덤의 경우 거울 1점, 또는 칠기 1점 등에 불과한 경우도 있다. 이 북흉노의 고분에서는 특이하게도 북흉노가 멸망하기 직전에 위신재의 부장이 최고조에 달했다. 이는 사방에 복속한 집단들이 중국의 회유와 공작으로 독립을 했고, 중국과 주변지역의 회유로부터 부하들을 달래기 위하여 많은 위신재를 주어야했으며, 그 결과 국가의 붕괴로 이어졌다고 볼 수 있다.[5]

한편으로는 중국 조정에서 본다면 북흉노에게 대량의 물자를 공급함으로써 주군과 코미타투스의 관계를 이어주는 데에 중국제 유물이 필요하게 한 후에, 그 공급을 차단함으로써 북흉노의 붕괴에 일조했을 가능성도 있다. 또한 파지릭 고분에서처럼 무사가 전쟁 중에 살해당해서 머릿가죽이 벗겨지면 그 시신을 수습해서 소가죽으로 그 부분을 꿰맨 후에 성대하게 장사지내기도 했다.

무사계급의 존재와 위신재의 배분, 주변지역과의 교역이라는 문제는 고고학적 자료를 통해서 익히 증명되어왔던 부분이다. 벡위드 교수의 코미타투스와 관련한 서술은 고고학적 자료를 통하여 유목사회를 연구하는 데에 중요한 힌트를 준다. 또한 코미타투스와 같은 전사 집단은 자신이 모시는 주군을 따라 사방에 다녀야했고, 또 주변의 정착국가들에게도 영향을 미쳤을 것이다.

코미타투스는 경주 계림로 14호 고분군에서 발견된 황금보검과 같

---

5 강인욱, 「匈奴遺蹟 출토 銘文자료에 대한 일고찰」,『한국상고사학보』제75호, 한국상고사학회, 2012.

이 중앙유라시아와 주변 지역들의 교류에서 직접적인 사람의 이동으로 남겨진 흔적들에 대해서도 많은 시사를 할 것이다. 기존 한국에서는 신라의 적석목곽분과 북방계 유물에 대해서 '전파'인가 '자생'인가하는 이분법적 논쟁이 계속되어왔는 바, 그러한 문화교류의 또 다른 예시를 제공할 수 있을 것 같다.

세번째 특징은 그의 풍부한 언어학적 지식이 역사 및 고고학 자료와 결합되어서 새로운 해석을 제시한다는 점이다. 벡위드 교수의 역사언어학적 연구는 유물로는 발견할 수 없는 좀더 기층의 문화에 대한 접근을 가능하게 한다. 고고학의 경우 우연히 남겨진 단편적인 물질자료로 과거를 재구성하기 때문에 각 집단 간의 교류보다는 각 지역의 생활과 관련된 유물들을 주로 연구 대상으로 한다.

고고학은 무덤에 들어가는 운 좋은(?) 유물 몇 점으로 과거의 모습을 밝히려 하며, 역사언어학도 극히 단편적으로 남은 고대 언어의 편린만으로 과거를 밝히려는 공통점이 있다. 극히 일부로 전체를 유추하려는 연구 방식은 비슷하지만 고고학과 언어학이 제공하는 결과는 완전히 다른 측면을 보여준다는 점에서 이렇게 역사언어학적인 접근은 기존의 역사와 고고학에 익숙한 독자들에게 새로운 시사점을 제공한다. 그는 이 책에서 오환은 *아스빈, 유연은 아바르, 선비는 세르비 등으로 당시의 발음을 복원해서 서술했다. 연개소문을 '우르 갑 소문'으로 쓰는 등 일부 낯설게 느껴지기도 하지만 사실 우리가 쓰고 있는 대부분의 이름들이 중국어나 음차된 민족명으로 당시의 원발음을 거의 잊어버리고 있었기 때문에 매우 신선하게 느껴진다.

네번째로 그는 고대에서 현대에 이르는 통사적인 접근을 통하여 '실크로드'로 포장된 중앙유라시아 역사의 진면목을 복원하고 있다. 특히 그의 주전공인 티베트를 비롯하여 근대시기 이 지역에서 제국을 이루었던 야쿱 벡의 준가르 제국을 통하여 신강 지역(동투르키스탄)에 대한 일목요연한 정리를 했다. 또한 20세기 초에 청나라의 멸망으로 다시 독립한 중앙유라시아가 2차대전의 발흥과 함께 다시 중국과 소련의 영향으로 편입되는 과정 역시 주목을 끈다. 사실 실크로드에 관심이 있는 독자들이라면 대부분 적어도 고대에서 당나라시기 정도에만 관심이 있을 뿐, 근대와 현대로 오면서 중앙유라시아가 더 이상 예전의 전성기를 되찾지 못하고 주변의 열강에 종속화되는 과정에 대해서는 자세히 모르는 경우가 많다. 하지만 이 책에서는 냉전시기 사회주의권과 서양, 그리고 1990년대 이후 소련의 해체와 중국의 팽창 등으로 나날이 축소되고 있는 중앙유라시아의 모습이 잘 정리되어 있다.

사실 이 책을 처음 읽었을 때, 추천자는 왜 하나의 책에서 청동기시대에서 현대에 이르는 엄청난 시기를 무리하게 담아내려 했는가 의문이 들었다. 하지만 이 책의 말미에서 그 의문은 해소되었다. 벡위드 교수는 중앙유라시아가 '실크로드'라는 이름 하에 탐험과 보물 발견의 땅으로 인식되는 기존의 선입견을 걷어내기 위하여 통사적인 접근을 시도했다. 또한 우리의 이 지역에 대한 이미지는 근대에 형성된 것임을 밝히기 위한 의도도 있다. 그의 글은 문명의 시작이었던 중앙유라시아가 20세기의 질곡의 역사를 어떻게 극복하는가에 유라시아, 나아가서 우리 모두의 미래가 달려있음을 주장한다. 중앙유라시아를 바라보는 그의 시각은 다음에 결론 부분에서 잘 요약되어 있다.

> 중세와 르네상스 시기에 그들의 후손들과 또 다른 중앙유라시아 사람들은 더 많은 정복과 발견과 연구와 탐험을 통해 새로운 세계 시스템, 고급 예술, 선진 과학을 창조해 냈다. 이집트인, 수메르인 등등이 아니라 중앙유라시아인들이 우리의 조상이다. 중앙유라시아는 우리의 고향이고 우리의 문명이 시작된 곳이다.(본문 560)

이 결론은 또 다른 책의 출판을 암시하기도 하는 것인데, 벡위드 교수는 최근(2012년)에 중세시대 유럽 과학기술의 발전에 중앙유라시아가 기여한 바를 서술한 『클로이스터의 전사들』을 출판했다.[6] 70에 가까운 나이에도 건필을 과시하며 유라시아를 넘나드는 그의 활동은 한국의 유라시아 문명 연구에도 많은 자극이 될 것으로 기대한다.

이 책은 중앙유라시아 중심의 역사관으로 유라시아의 역사를 통찰하면서 거시적인 역사의 흐름을 서술하는 데에 주력했다. 그러니 세부적인 논증이나 자료에서 부족한 점도 많고, 한국과 관련한 부분에서도 아쉬운 점도 군데군데 보인다. 이 책은 기존에 알고 있던 중국 또는 서양문명 중심의 역사서술에서 탈피해서 중앙유라시아의 관점에서 본 새로운 역사 인식을 제시하는 학사적 의의가 있는 책인 바, 그러한 지엽적인 문제로

---

6 Warriors of the Cloisters: The Central Asian Origins of Science in the Medieval World. Princeton: Princeton University Press, 2012.

책의 의미는 퇴색하지 않는다고 생각한다. 언어, 역사, 고고, 미술사, 종교 등 여러 분야를 넘나들며 연구하는 벡위드 교수의 학제를 초월한 연구는 지나치게 세분된 자신만의 학문세계에 매몰되는 경향이 강한 한국의 학계에도 많은 자극이 될 것이며,[7] 중앙유라시아와 실크로드에 관심이 많은 일반 독자들에게도 좋은 지침서가 될 것으로 기대한다.

마지막으로, 하지만 가장 중요한 번역자들의 노고를 치하하지 않을 수 없다. 사실 다른 중앙유라시아 관련서와 마찬가지로 이 책에서는 수많은 지명과 언어가 등장하기 때문에 그들을 제대로 소개한다는 것은 참으로 많은 인내심을 필요로 한다. 기존의 많은 중앙유라시아 관련 번역서들이 난해하게 느껴지는 이유도 그러한 점에서 기인한다. 이 책은 번역자들이 원문의 뜻을 살리면서 매끄러운 한국어로 옮겨내서 원서의 뜻이 잘 살아난 바, 독자들은 좀 더 편하게 이 지역의 역사를 접할 수 있을 것 같다.

이 책을 번역한 이강한 교수, 류형식 선생으로부터 추천의 글을 부탁받았을 때에 벡위드 교수의 저서를 추천하는 것은 개인적으로도 큰 영광이라고 생각하고 다짜고짜 쓰겠다고 응락했다. 하지만 막상 추천의 글을 쓰려고 보니 그의 책은 나의 주전공인 고고학을 훨씬 벗어나서 역사언어학, 신화학, 그리고 거의 문외한에 가까운 현대사까지 포괄하는 내

---

[7] 유라시아의 역사에 한국을 포함한 동북아시아를 관련시켜서 적극적으로 해석하려는 그의 노력은 후학들로 이어져 그의 제자인 Andrew Shimunek은 선비-몽골어의 기원과 한국어의 형성에 대한 박사논문으로 이어지고 있다.

용이기 때문에 솔직히 추천한다기보다 배우는 입장이었다. 그러다보니 추천의 글도 고대사와 고고학을 위주로 쓰게 된 바, 독자들의 양해를 구하는 바이다. 앞으로 서양에서 바라보는 유라시아사를 탈피하여 한국에서도 동북아시아적 관점에서 중앙유라시아를 조망하는 연구가 나오기를, 그리고 한국사를 비롯한 역사에 대한 관심이 유라시아 등 보다 폭넓은 세계사로 확대될 수 있기를 간절히 바라며, 추천의 글을 갈음하고자 한다.

책을 펴내며

이 책은 중앙유라시아(Central Eurasia)의 역사에 대한 새로운 시각을 보여주고자 한다. 유라시아 대륙 내에서 역사적으로 중앙유라시아와 직접 관련되는 지역들도 함께 살펴볼 것이다. 처음에 필자는 중앙유라시아 역사에서 근본적인 문제들에 대한 스케치 정도를 계획했을 뿐, 연대기적 통사를 서술할 생각은 없었다. 염두에 두었던 것은 프랑스식 에세이, 즉 교양 독자를 대상으로 하여 각주는 최소한으로 하고 내용은 전문적이면서도 읽기 쉬운 글이었다. 그래서 제목은 중앙유라시아 역사 스케치(Esquisse d'une histoire de l'Eurasie centrale) 정도로 생각했었다. 하지만 실제 집필 과정에서는 등장하는 사람들과 사건들이 각자 고유한 순서를 고집했고, 이를 따르다 보니 유라시아사 전체 맥락 속에서 중앙유라시아의 정치문화사 기본 줄기를 서술하고 있는 나 자신을 발견했다. 때때로 각주도 많이 달았고, 아주 가끔은 1차 자료를 재검토하기도 했다.[1]

그럼에도 불구하고 마음 속으로 애초의 목적을 잊은 적은 없었다. 중앙유라시아 역사의 근본 문제를 명확히 할 것. 내가 아는 한 이는 한 번도 제대로 설명된 적이 없었고, 어떤 문제는 심지어 거론조차 되지 않았다. 이 문제를 설명하지 않고서 중앙유라시아 역사의 물결을 이해한다면, 그것은 기존의 설명이 대체로 그러했듯이 판타지나 미스터리에 다름 아닐 것이다. 미스터리가 흥미롭기는 하다. 그리고 때에 따라서 미스터리는 해명되지 않은 채로 남아있어야 할 때도 있다. 그러나 "유력한 용의

---

[1] 근대 역사학에서 "1차 자료"의 의미에 대해서는 미주 1번 참조.

자(usual suspect)"에 기대지 않더라도 중앙유라시아 역사 속 미스터리를 설명할 수 있는 자료들은 충분하다.

이 점에 대해서는 널리 퍼져 있는 편견이 있다. 즉 중앙유라시아 역사는 관련 자료가 너무 없어서 얘기할 수 있는 게 거의 없다는 편견이다. 이것은 오해다. 중앙유라시아사 관련 자료는 방대한 양으로 존재하고 있다. 특히 중앙유라시아와 주변 지역의 관계에 대한 자료들이 많다.[2] 중앙유라시아의 역사는 거의 4천여 년을 포괄하기 때문에, 또한 그래서 어떤 주제에 대해서는 방대한 2차 문헌들이 존재하기 때문에, 어떤 식으로든 제대로 설명하기 위해서는 거대한 분량의 시리즈가 되어야 할 정도이다. 이는 여러 명의 학자들이 팀을 이루어야 할 수 있는 일이지, 필자 한 사람이 혼자서, 지식과 기술과 에너지와 시간의 한계 속에서 할 일은 아닐 것이다. 개인 한 사람이 겨우 한 권의 책으로 이런 거대한 주제를 다룬다면, 가능한 유일한 방식은 한 걸음 물러서서 (굉장히 폭넓은 시각으로) 큰 그림을 그리는 방식의 접근일 것이다. 보시다시피 내가 관심을 두는 방식이 바로 이런 방식이다.

그래서 전체적으로 보자면 이 책은 어떤 특별한 주제나 개인, 정치 단위, 시대 혹은 문화에 대해서 고도의 초점을 맞춘 논문이 아니다.(중앙유라시아 문화복합체(Central Eurasian Culture Complex)에 대해서도 마찬가지다. 이

---

2 중앙유라시아와 인도 아대륙의 상호작용에 대해서는 아주 최근까지도 문헌 자료가 극히 드물다. 부분적으로는 이러한 사실 때문에, 또 부분적으로는 내가 잘 몰라서(개인적으로 남아시아에 대해서는 관심이 덜한 편이다.) 이 주제에 대해서는 관심을 많이 기울이지 못했다. 그러나 무굴 제국 시대부터 19세기까지 인도 아대륙의 역사에 대해서는 훨씬 중요하고도 재미있는 책들이 많이 나왔다. 그 이전 시대에 대해서도 머지않아 좀 더 배울 수 있기를 기대해 본다.

주제만 하더라도 별도로 책 한 권이 필요할 것이다.) 부분적으로 예외가 있다면 내가 특별히 관심을 두는 몇 가지 주제들뿐이다. 또한 이 책에서는 어떤 사건이나 고유명사나 날짜에 대해서 상세한 설명을 하지 않았다. 하지만 눈 밝은 독자라면 아마도 내가 중요한 사건이나 민족에 대한 정보를 제공하고자 노력했다는 것을 알아볼 것이다. 때로는 이러한 정보를 찾기 위해서 놀랄 만큼 많은 시간을 들여야 했다. 마지막으로, 이 책은 자료적 가치를 위한 연구도 아니며 서지자료를 소개하는 책도 아니다. 민족이나 지역, 시대 등 여러 주제에 대해서는 최근 주목할 만한 훌륭한 책들이 상당수 출간되었고, 충분한 주석과 참고문헌들도 갖추고 있다. 관심 있는 독자들에게는 그러한 책들을 추천하는 바이다.

내가 이 책에서 수행한 작업은 중앙유라시아와 그 역사에 대해 일정하게 형성되어 있는 관점을 재검토하는 것이다. 나는 그러한 관점을 좀 바꾸어 보려고 시도했다. 그래서 주석은 대체로 몇몇 포인트에 집중되었고, 나름대로 심도 깊은 코멘트나 탐구가 필요하다고 생각되는 주제들로 한정되었다. 본문이나 주제별 섹션 속에서 자세하게 언급된 것들은 내가 보기에 그 시대에 중요하다고 생각했거나 회피하고 싶지 않았던 내용들이다. 달리 말하면 어떤 시대에서 분명히 중요한 내용이겠지만 내가 보기에는 결정적이지 않은 것들, 혹은 내가 모르고 지나친 내용들은 언급되지 않았다는 뜻이다. 애초에 나는 아주 최소한의 주석만 포함시킬 생각이었다. 논점에 집중도를 떨어뜨리지 않기 위해서였다. 독자 여러분이 확인하겠지만, 결과적으로 최소한이라고는 전혀 말할 수 없게 되어버렸다. 습관은 참으로 어쩔 수가 없는 모양이다. 분명히 나라는 사람은 흥미로운 주제에 대해서는 아주 세밀하게까지 파고드는 주석을 선호하는 것 같다.(몇몇 긴 주석들은 주로 전문 학자들이나 관심을 가질 만한 주제들인데, 본문 텍스트 속에 두면 소화불량을 일으킬 것 같아 책 말미에 별도로 분리된 미주로 배치했다.)

그러나 이 책은 그 반대편 극단으로 가지는 않았다. 이 책은 역사 이론에 대한 일반론도 아니고, 그런 이론을 이 책 속에 함축할 의도도 없었다. 요즘 이런 유형의 책들이 많지만, 내 책이 그 중의 하나는 아니다. 또한 중앙유라시아 국가 형성에 대한 많은 이론들(사실은 하나의 유행 이론에 대한 변종들)이 지난 수십 년 동안 출간되었지만, 이 책에서는 그러한 이론들에 대해서 전혀 논의하지 않았다. 에필로그에서 간단하게 언급했을 뿐이다. 나의 해석이나 나의 용어들은 그러한 이론적 혹은 초이론적인 작업들로부터 파생되지 않았다. 내가 의도한 바는, 내가 아는 한 가장 관련이 깊은 자료들을 직접 제시하고 분석해 보임으로써 나의 해석이 자연스럽게 도출되도록 하는 것이었다. 이러한 시도가 과연 성공적이었는지는 알 수 없지만, 어떤 경우에도 이 책은 세계사 이론 혹은 메타이론에 열려 있도록 여지를 남겨두고자 했다. 사실 나는 그런 이론들에 대해서는 별로 아는 것이 없다.

자료나 역사서에 대한 나의 접근 방식을 어느 정도는 언급해 둘 필요가 있을 것 같다. 특히 최근 역사, 예술 및 기타 분야에 대한 "포스트모더니스트(Postmodernist)"의 접근 방식에 대한 나의 입장을 밝혀두어야겠다. 모더니스트(Modernist)의 정언명령에 따르면, 낡은 것은 언제나, 끊임없이 새것에 의해 교체되어야 한다. 그렇게 함으로써 영속적인 혁명이 생산된다.[3] 포스트모더니스트의 관점은 모더니즘을 논리적으로 더욱 밀고

---

3 모더니즘 및 그와 관련된 주제에 대해서는 제11장과 제12장 참조.

나간 것으로, 이른바 실증주의를 거부한다. 실증주의는 기본적으로 비근대적(non-Modern) 관습이다. 어떤 문제나 대상을 특정 범주에 따라 가치평가하거나 판단내리기 때문이다. 대신에 포스트모더니스트는 모든 판단이 상대적이라고 생각한다. 그들의 주장에 따르면 "포스트모던 세대에서 우리는 더 이상 '객관성'이라는 신화를 곧이곧대로 믿을 수 없다."[4] "어떤 분야에서 가장 앞선다고 하는 권위자들 사이에서도 상당히 의견이 갈리는 것을 보면 객관성을 의심하는 것은 당연하다."[5] 역사는 단지 의견일 뿐이다. 그러므로 타당한(valid) 판단은 있을 수 없다. 우리는 무슨 일이 왜 일어났는지 알 수 없다. 다만 근대 국가의 "정체성 만들기", 반지성적이며 무식한 자들이 벌였던 국가주의적(민족주의적) 논쟁 등등의 근대적 동기를 짐작해볼 수 있을 뿐이다. 모든 필사본은 동등한 가치를 지닌다. 그래서 필사본을 편집하는 일은 시간낭비일 뿐이다. 혹은 안 하느니만 못한 일이기도 하다. 필사본은 주로 글을 쓴 사람이나 문화적 맥락을 알 수 있기 때문에 중요한데, 필사본을 검토한 편집본에서는 그러한 가치 있는 정보가 삭제된다고 한다. 이외에도 우리는 어떤 저자가 진실로 무엇을 의도했는지 알 수 없다. 그래서 저자가 실제로 무엇을 썼는지를

---

4 Bryant(2001). 고고학 등 다른 분야에서도 이러한 주장이 있다. "포스트모더니즘은 과정고고학(processualism)에 빠져 있는 고고학에 큰 영향을 주었다. 포스트모더니즘에 의하면 텍스트를 읽는 것이나 해석하는 것은 모두 또 하나의 기호화(encoding) 작업일 뿐이다. 왜냐하면 모든 진리는 주관적이기 때문이다."(Bryant 2001: 236). 일부 권위 있는 학자의 주장과 일부 민족주의적 정치가의 주장을 비교함으로써, Bryant(2001: 298-310)는 최종적으로 엄밀한 학문과 사이비 사이에 명백한 흑백을 가릴 수 없다는 결론에 도달한다. 그의 책에서 다루어진 주제에 대해서는 부록 A 참조.
5 Bryant(1999: 79); 부록 A 참조.

찾아보고자 하는 시도조차 의미가 없다.[6] 예술은 누구나 예술이라고 주장하면 그것이 예술이다. 순위를 매기는 것은 불가능하다. 좋은 예술도 없고 나쁜 예술도 없다. 모든 것은 단지 의견일 뿐이다. 그러므로 예술의 수준을 끌어올리는 일은 불가능하다. 다만 변화를 줄 수 있을 뿐이다. 불행하게도 예술의 필수요소들은 끊임없이 변했고, 모든 기준은 삭제되었다. 필연적으로 똑같은 상태, 정체 상태가 되어버렸다. 진정한 변화는 없다. 이는 정치에 대해서도 동일하게 적용된다. 근대(Modern) "민주주의" 시스템은 표면적인 변화만 허락할 뿐이며 그래서 정체 상태가 되어버렸다. 인간은 타당한 판단을 내릴 수 없기 때문에(인간의 모든 판단은 단지 의견에 불과하다.) 모든 데이타는 동일할 수밖에 없다.(결과적으로 판단에 타당성이 없다는 포스트모더니스트의 판단 또한 타당성이 없다. 하지만 포스트모더니스트의 도그마를 비판하는 생각이 그들 사이에서는 별로 인기가 없는 모양이다.) 포스트모더니스트의 관점에 의하면, 어떤 종교적 신념(즉 불신을 보류하기)과 총체적 회의주의(신앙과 불신 모두 보류하기) 중 양자택일이 아니면 선택의 여지는 없다. 두 경우 모두 논리를 극단까지 밀고 나가면 사유를 중단하게 된다. 혹은 비판적 사유의 가능성조차 없애버리게 된다.[7] 종교적 신념을 선택할 수밖에 없는 대다수의 사람들이 만약 지식인 및 예술가와 결합하면, 모두 이성을 포기하는 데 동의함으로써 결과적으로 단순무식한 억압의 시대,

---

6 물론 누구라도 오리지널 필사본을 보고자 한다면, 그건 자유다. 주석본을 만들어낸다는 것은, 근본 텍스트에 대한 가능한 가장 근접한 전형을 만드는 일이다. 근본 텍스트에 포함되지 않았던 오류들을 제거함으로써 가능한 근본 텍스트에 가장 가까이 접근하는 것이고, 근본 텍스트 저자(들)의 의도를 가능한 만큼 드러내보려는 것이다. 주석본은 실증주의라고 비판받는다. 왜냐하면 어느 정도 과학적인 방법을 사용하기 때문이다. 포스트모더니스트는 "실증주의"라고 해서 과학을 거부한다.

그리고 예전의 모든 것을 부끄러운 것으로 간주하는 테러의 시대가 도래할 것이다. 나는 이것을 '좋다'고 생각하지 않는다. 나는 이것을 '나쁘다'고 생각한다. 나는 모더니즘과, 모더니즘의 과격한 돌연변이인 포스트모더니즘을 거부한다. 이들은 반지성적 운동으로, 현실적으로 모든 분야에서 인간의 노력에 손상을 초래할 것이다. 나는 미래 젊은이들의 세대는 마땅히 이러한 운동에 도전하고 이들을 거부하여 언젠가 새로운 순수예술(최소한)의 세대가 밝아오기를 기대한다.

역사학의 일종인 고생물학은 실제로 매우 힘든 학문이다. 그래서 대체로 포스트모더니스트 학자들의 반지성주의에 대해 면역이 되어 있었다.[8] 나는 공룡에 관심이 많지만, 이 책은 공룡의 역사에 대한 책이 아니라 인간의 역사에 대한 책이다. 내 생각에는 공룡이나 인간이나 같은 방식으로 연구해도 괜찮은 것 같다. 포스트모더니스트의 관점은 문자 그대로 넌센스다.(문자적 무의미는, 부분적으로는 포스트모더니즘 창시자들의 목적이었다.) 나는 세상에 대한 나 자신의 경험이, 단지 내가 경험한 것이고 그래서 주관적이기 때문에 의미없고 몰지각한 공해라고 생각하지 않는다. 모든 것은 어느 정도까지는 불확실하다는 것은 틀림없는 사실이다. 과학도 마찬가지다. 과학자들은 이를 너무 잘 알고 있다. 물론 모든 학자들은 불확실성과 주관성을 숨기지 말고 드러내서 설명해야 한다. 나는 역사학이 근대 영미권에서 통용되는 의미에서 과학이라고 생각하지는 않는다.

---

7 이러한 결과는 회의주의자들이 충분히 이해했던 바다. 그들은 고대에 공공연하게 이러한 사유의 중단을 주창했던 철학자들이다. 너무 많은 비판적인 사고로부터 일어나는 불만족을 제거함으로써 행복을 성취하는 것이 그들의 목적이었다.
8 극단주의(모더니즘의 극단적인 한 형태) 추종자들은 심지어 고생물학의 연구 결과조차 거부한다.

그러나 역사도 과학과 같은 방법으로 접근해야 한다고 생각한다. 학문분야를 막론하고 그러한 태도가 요구되기는 마찬가지다. 포스트모던 아젠다는 과학뿐만 아니라 이성(rationality)마저 포기하도록 요구하기 때문에, 나는 그것이 학자나 지식인에게 바람직한 연구 방법이라고 생각하지 않는다.

또한 나는 인간이 무언가를 하고자 하는 의지 이면에 숨어 있는 어떤 힘을 간과해서는 안 된다고 믿는다. 사회정치적 조직이나 전쟁을 연구할 때는 특히 그러하며 이들을 개념화하는 일이나 기타 인간 행동의 여러 분야들, 예를 들면 예술 같은 분야에서도 이는 매우 중요한 요소이다. 이 책은 영장류를 다루는 동물행동학도 아니고 동물로서의 인간을 다루는 인류학도 아니지만, 이 책에서처럼 거대한 스케일의 역사를 서술하다보니 인간의 행동에 나타나는 뚜렷한 일관성을 주목하게 된다. 역사 그 자체가 반복된다는 그런 주장을 하려는 것이 아니라, 인간은 같은 일을 반복해서 하려는 경향이 있으며, 동시에 정확하게 일치하는 경우는 또 극히 드물다는 말이다. 사람들은 다른 사람을 모방하려는 경향이 있다. 예를 들면, 수레와 수레 바퀴는 딱 한 번만 발명되었다. 수레는 바퀴 이전의 "운송수단"으로부터 파생적으로 서서히 발전한 것이다. 마침내 진정한 수레가 만들어지기까지는 많은 시간이 걸렸다. 하지만 일단 발명되고 나서는 순식간에 이웃한 사람들이 그것을 모방했다. 이처럼 거대한 시공간의 무대를 관통하여 인간 행동의 일관성이 드러나는데, 왜 그런지 명백한 이유를 찾아보자면, 우리가 공통의 유전자 유산을 이어받고 있다는 사실 말고는 없을 것이다. 지난 4천여 년 동안의 유라시아 역사를 살펴볼 때, 나로서는 기본적인 인간의 사회정치적 구조(오늘날에 이르기까지)와 영장류의 그것 사이에 특별한 차이점을 발견하지 못했다. 우두머리 수컷 중심의 위계질서(Alpha Male Hierarchy)는 우리의 시스템이기도 하다. 어떤 식으로든 이것을 숨겨보려는 분장술이 시도되어 왔지만, 껍데기를 벗겨내면 다를 바가 없다. 다른 식으로 설명해 보자. 내 생각에 현대 정치 시스템은 사실상 위장된 영장류 타입의 위계질서다. 마찬가지로 원시인들이 꿈꾸었던 정치적 시스템과도 본질적으로 다를 바가 없다. 어떤 문제를 알아차리는 것이 치유를 위한 첫걸음이라고 한다면, 이미 너무 늦었는지도 모르겠다. 이 문제는 진작에 파악되었어야 했고, 치유되었어야 했다. 아니면 최소한 치료약이라도 개발되었어야 했다. 그래야 인간과 지구를 위해 너무 늦어버리기 전에 문제를 통제할 수 있을 테니까.

이상의 글을 통해 독자들은 이 책에서 무엇을 보여주고자 하는지 나름대로 생각할 수 있을 것이다. 하지만 여기서 나는 이 책의 목표를 분명하게, 할 수 있는 한 최대한 간단명료하게 밝히고자 한다. 나의 목적은 중앙유라시아와 그 사람들의 역사에 대한 사실적이고 객관적인 관점을 서술하고자 하는 것이다. 기존의 관점을 반복하거나 그것에 주석을 보태기 위한 것도 아니며, 어떤 식으로든 포스트모더니즘적인 메타 히스토리 혹은 안티 히스토리 관점을 서술할 의도도 없었다.[9]

이 책의 시작은 궁극적으로는 정확히 20년 전으로 거슬러 올라간다. 당시 나는 바바리언(barbarian) 관념에 대한 논문을 쓴 적이 있었다.(이 문제에 대해서는 에필로그를 참조하시길) 그리고 중앙유라시아 전체 역사 개관을 쓸 생각을 했다. 내가 다시 이 주제로 되돌아온 계기는 몇 년 전 아냐 킹

---

9 중앙유라시아 역사에 대한 백과전서적 연구의 필요성에 대해서는 미주 2번 참조.

(Anya King)과 나눈 대화 때문이기도 했다. 그는 중앙유라시아 유목민들이 개인적으로 비단 제품을 광범위하게 사용했던 문제에 관심을 가지고 있었다. 그의 연구 결과를 공부하던 중에, 나는 이러저런 계산을 해보게 되었고, 모종의 결론을 얻게 되었다. 즉 사치품 무역이 중앙유라시아 내부 경제에서 매우 중요한 구성요소였다는 확신이 들었다. 그 뒤, 학교에서 중앙유라시아 역사 강의를 하던 중에 실크로드 경제의 출현과 소멸이 중앙유라시아 기반 제국들과 시기적으로 겹친다는 사실에 주목하게 되었다. 나는 실크로드 역사에 대한 나의 관점을 심각하게 재검토하기 시작했고, 다시 중앙유라시아 역사 전체에 대한 관점도 돌이켜보게 되었다. 중앙유라시아 역사에 대한 나의 새로운 해석을 처음 공식적 논문으로 발표한 것이 "실크로드와 유목 제국들(The Silk Road and the Nomad Empires)"이었다. 2004년 6월 3일 베를린 시립박물관에서 개최된 실크로드 심포지움 자리였다.

책을 쓰는 동안 이 주제에 대한 나의 이해는 굉장히 많이 바뀌었다. 사실상 최종 결과물은 애초의 계획과는 너무나 동떨어져 버렸다. 몇몇 요소들뿐만 아니라 관점 자체가 총체적으로 바뀌었고, 나아가 특정 주제에 대한 나의 기존 발표들을 수정하지 않을 수 없었다. 너무 몰두하다보니 이렇게 글을 고치고 다시 쓰는 일이 끝없이 계속될 지경이었다. 하지만 나에게는 연구하고 싶은 다른 주제들도 있었다. 독자들이 손에 들게 된 이 책은 2007년 초 거의 최종원고를 마쳤을 때의 내 생각이 담긴 것이다.

나는 중앙유라시아 문화복합체(Central Eurasian Culture Complex)를 형성한 심층 문화 요소에 특히 관심을 가지려 했다. 중앙유라시아 문화복합체는 무슨 일이 왜 일어났는지, 그리고 중앙유라시아의 역사가 나머지 유라시아 전체에 어떤 영향을 미쳤는지를 이해하는 데 매우 중요하다고 생각한다. 근대를 설명할 때는 모더니즘 현상에 특히 주의를 기울였다. 모더니즘은 20세기에 중앙유라시아 문화가 황폐화된 데 막중한 책임이 있다. 정치와 예술 모두 마찬가지다. 그들은 아직도 모더니즘의 손아귀에서 빠져나오지 못하고 있다. 내가 주목한 몇 가지 논점들, 내가 제기한 논변들 가운데 일부라도 중앙유라시아를 보다 잘 이해하는 데 도움이 될 수 있기를 기대해 본다. 어쩌면 오늘을 살아가는 인간의 형편을 개선하는 길을 제시할 수 있을지도 모르겠다.

이미 말했듯이, 이 책은 중앙유라시아 전체에 대해, 그 역사 전체를 포괄하고 있다. 범위가 광대하다보니 많은 주제들이 겨우 언급된 정도에 그쳤다. 중앙유라시아학에 관한 모든 학문 분야를 다 찾아본다 하더라도 많은 분야에서 별다른 출판 성과를 발견하지 못했을 것이다. 역사학에서 중요한 주제뿐만 아니라, 언어학, 인류학, 예술, 문학, 음악학, 실용학문의 모든 분야도 마찬가지다. 의심할 여지 없이 중앙유라시아를 연구하는 젊은 학자들이 최근 괄목할 발전을 이루었음에도 불구하고 상황은 별로 달라지지 않았다. 비교하자면 세계의 다른 지역, 특히 서유럽이나 북아메리카는 어떤 것이든 너무 지나친 관심의 대상이 되는 반면, 중앙유라시아 연구에서 대부분의 주요 주제들은 소홀히 다루어졌고, 어떤 것들은 거의 완전히 방치되어 있다. 몇몇 주요 자료들, 예컨대 현장(玄奘)의 『대당서역기(大唐西域記)』같은 경우도 아직 학문적 검토와 현대의 주석이 완료된 번역본이 출판되지 못했다. 다른 것은 건드려보지도 않았다.

게다가 많은 주제들에 대해서는 좋든 나쁘든 간에 책 한 권 논문 한편 없는 경우도 많다. 시만 하더라도, 예를 들면 『장가르(Janghar, 칼미크 민족 서사시)』, 루다키(Rudaki, 신페르시아어로 시를 쓴 최초의 거장), 이백(李白, 중국 시인 중 두세 손가락 안에 드는 인물)에 대해서 1년에 새 책이 몇 권이나 출판되는가? 영어권에서 세어보면 수십 년 동안 0권(『장가르』와 루다키)에서 1권(이백) 사이가 고작이다. 아바르(Avar) 제국, 튀르크(Türk) 제국, 준가르(Junghar) 제국에 대해서는 어떤가? 칼미크(Kalmyk)나 박트리아(Bactria), 혹은 키르기스(Kyrgyz) 언어에 대해서는 또 어떤가? 중앙유라시아학에서 이와 같은 주요 주제들에 대해서도 1년에 한 편의 논문이라도 나오는 경우가 드물다. 지난 10여 년 동안, 탁월한 작품들이 출판된 것은 사실이다. 이들 대부분은 참고문헌에 수록되어 있다. 언어학 분야에서는 투르크멘어(Turkmen)에 대해 클라크(Clark)가 1998년에 출간한 책은 모델이 될 만하다. 하지만 앞에서 열거했던 주제들은 충분히 연구되지 못했거나 혹은 전혀 손도 대지 않았다. 예술과 건축, 역사, 언어와 언어학, 문학, 음악, 철학 등등 분야를 막론하고 거의 연구되지 않았거나 거의 전적으로 방치되어 있다.

이와 대조적으로, 초서나 셰익스피어 등 옛날 영어권 시인들에 대해서는 매년 수백 권의 책이 출판되고, 수천 건의 학술 논문이 발표된다. 뿐만 아니라 근대 영어권 작가들에 대해서는 셀 수도 없을 만큼 많은 연구 결과가 쏟아지며, 영미권 역사, 영어학, 영미권의 어떤 분야에 대해서도 마찬가지다. 당분간은 더 이상 연구가 필요 없을 정도다.

간단히 말해서, 밑바닥까지 훑어서 지나치게 개념화된, 지나치게 전문화된 주제에 대해서 글을 쓰느니, 비교하자면 말할 수 없이 방치되었던 중앙유라시아학 책 한 권 논문 한 편 쓰는 것이 더 낫다는 말이다.

이런 주제들에 대해서는 이 책에서도 너무 간단하게 언급된 정도에 그쳤다.

결론적으로 중앙유라시아 역사와 관련된 주제는 상상할 수 있는 모든 접근에 대해서 여전히 연구가 필요하다. 각자가 비어있는 많은 영역들을 채우기 위해 나름대로 노력해 주길 기대해 본다.

감사의 말

이 책의 집필과 연구를 위해 필자는 아래 기관의 연구 지원을 받았다. Indiana University Summer Faculty Fellowship(2004); Fulbright-Hays Faculty Research Abroad Fellowship(2004~2005), tenure taken in Tokyo, Japan; Guggenheim Foundation Fellowship(2004~2005), tenure taken in 2005~2006 in Bloomington and in Dénia, Sapin. 데니아(Dénia)에서 원고의 초고를 완성한 뒤 전반적으로 다시 썼으며, 교정 및 세부 사항의 수정, 편집, 참고문헌 추가를 제외한 최종 원고를 탈고했다. 여러 기관들의 관대한 지원에 깊이 감사드리는 바이다.

연구 지원 신청을 도와준 모든 분들에게도 감사를 드리고 싶다. 이 분들은 추천사를 써 주는 등 여러 방법을 통해 나를 도와주셨다. 이 분들의 도움이 없었더라면 나는 이 책을 쓸 시간을 내지 못했을 것이다. E. Bruce Brooks of the Warring States Working Group at the University of Massachusetts at Amherst; Nicola Di Cosmo of the Institute for Advanced Study at Princeton; Denis Sinor of Indiana University; Tatsuo Nakami of the Institute for Languages and Cultures of Asia and Africa at Tokyo University of Foreign Studies; Roxana Ma Newman, Toivo Raun and Rose Vondrasek of Indiana University. 또한 프린스턴 대학교 출판부 여러분들에게도 감사의 말씀을 드리고 싶다. Rob Tempio, senior editor; Sara Lerner, production editor; Chris Brest, cartographer; Dimitri Katetnikov, illustration specialist; Tracy Baldwin, cover designer; Brian MacDonald, copyeditor. 더불어 이 책을 만드는 데 애를 써 주신 모든 분들에 대하여 노고에 감사를 드리는 바이다.

나를 가르쳐준 선생님들, 동료들, 학생들, 그리고 친구들이 없었다면 나는 훨씬 더 많은 실수를 남겼을 것이다. 특히 Peter Golden과 Cynthia King에게 감사드린다. 이들은 전체 원고를 신중하게 읽고 많은 조언과 오류를 지적해 주었다. 뿐만 아니라 좋은 의견도 많이 주었고 세세한 문제를 토론하느라 굉장히 많은 시간을 할애해 주셨다. 또한 Ernest Krysty에게도 큰 빚을 졌다. 그는 고맙게도 제4장 서두 인용문의 고대 영어 텍스트와 제6장 서두 인용문의 토하리어 텍스트를 손글씨로 써 주었다. 또한 원고를 전체 혹은 부분적으로 읽어주거나 다양한 주제에 대해 토론 혹은 조언을 해 주거나 질문에 답해주신 다음 분들에게도 감사드리고자 한다. Christopher Atwood, Brian Baumann, Wolfgang Behr, Gardner Bovingdon, Devin DeWeese, Jennifer Dubeansky, Christian Faggionato, Ron Feldstein, Victoria Tin-bor Hui, György Kara, Anya King, Gisaburo N. Kiyose, John R. Krueger, Ernest Krysty, Edward Lazzerini, Wen-Ling Liu, Bruce MacLaren, Victor Mair, Jan Nattier, David Nivison, Kurban Niyaz, David Pankenier, Yuri Pines, Edward Shaughnessy, Eric Schluessel, Mihály Szegedy-Maszák, Kevin Van Bladel, Michael Walter. 이 모든 분들의 조언을 들었음에도 불구하고, 아마도 내가 총명하지 못해서 그렇겠지만, 때때로 주의를 기울이지 못해 사실이나 해석상 실수를 저질렀거나 빠뜨린 부분도 없지 않을 것이다. 이런 점들은 추후 개정판에서 수정할 수 있도록 여러 학자들께서 지적해 주시길 부탁드린다. 여전히 남아 있는 실수나 해석상 오류에 대한 책임은 전적으로 필자에게 있음은 물론이다. 특히 말하고 싶은 바는, 이 책의 목적이 중앙유라시아와 그 사람들에 대한 기존의 관점을 수정하고자 하는 것이기 때문에, 많은 학자들의 저작에서 내 생각에 오류라고 생각되는 점들을 지적할 수밖에 없었다.(나 또한 한때, 지금은 잘못되었다고 생각하는 그 관점을 따랐던 사람들 중의 하나였다.) 그렇다고 해서 내가 그들의 학식을 존경하지 않는 바는 아니다. 중앙유라시아 역사 전문가들은 기존에 여러 훌륭한 학문적 업적들을 생산해냈다. 이 책에서 주목하는 주제에 대해서 이전에 수많은 연구 작업을 수행했던 모든 학자들의 도움이 없었다면, 나는 어떤 글도 쓰지 못했을 것이다. 그들의 공로에 깊이 감사드리는 바이다.[1]

그리고 무엇보다도 나의 아내 Inna에게 도움과 용기를 준 데 대해 감사드리고 싶다. 이 책을 그녀에게 바친다.

---

1 이 책의 최종 원고를 탈고하고 출판사에 접수된 때는 2007년이었다. 작업을 마친 뒤에도 나는 많은 출간물에 대해 알게 되었는데, 그 중에는 최근에 발간된 책도 있었고 예전에 발간된 책도 있었다. 그 책들은 내가 간과했거나, 알고 있었지만 당시로서는 구하지 못했던 책들이다. 새로 알게 된 정보에 따라 수정이 필요하다고 생각되는 경우는 아주 드물었기 때문에, 2008년 봄 최종 교정지가 완료되기 전에 내용 추가나 교정 작업은 최소한으로 마쳤다. 대체로 새로운 책들에 대한 설명은 덧붙일 수가 없었고, 결과적으로 참고문헌에서도 제외되었다. 참고문헌에는 내가 인용한 책들만 수록했기 때문이다. 따라서 이 책과 매우 관련성이 높은 신간들, 예컨대 David Anthony의 *The Horse, the Wheel, and Language: How Bronze-Age Riders from the Eurasian Steppes Shaped the Modern World*(Princeton, 2007) 같은 경우 이 책에서는 논의되거나 인용되지 않았다. 원고가 완성된 뒤라서 주목할 만한 여러 학자의 뛰어난 저작들을 설명하거나 인용하지 못한 점은 필자로서 유감이라 하지 않을 수 없다.

일러두기

Bax. William H. Baxter. *A Handbook of Old Chinese Phonology*. Berlin: Mouton de Gruyter, 1992.

CAH I.E.S. Edwards, C.J. Gadd, and N.G.L. Hammond, eds. *The Cambridge Ancient History*. Vol. I, part 2: *Early History of the Middle East*. 3rd ed. Cambridge: Cambridge University Press, 1971.

CS 令狐德棻. 周書. 北京: 中華書局, 1971.

CTS 劉昫 等. 舊唐書. 北京: 中華書局, 1975.

CUP Henricus Denifle. *Chartularium Universitatis Parisiensis*. Paris, 1899. Reprint, Brussels: Culture et Civilisation, 1964.

$E.I._2$ H.A.R. Gibb et al., eds. *The Encyclopaedia of Islam*. New ed. Leiden: Brill, 1960-2002.

EIEC J.P. Mallory and D.Q. Adams, eds. *Encyclopedia of Indo-European Culture*. London: Fitzroy Dearborn, 1997.

GSE *Great Soviet Encyclopedia: A Translation of the Third Edition*. New York: Macmillan, 1973-1983.

HS 班固 等. 漢書. 北京: 中華書局, 1962.

HHS 范曄. 後漢書. 北京: 中華書局, 1965.

HTS 歐陽脩·宋祁. 新唐書. 北京: 中華書局, 1975.

HYC 玄奘. 西域記.

MChi 중세 중국어(Middle Chinese).

NMan 현대 북경어(New Mandarin: 현대 중국 표준어).

OChi 고대 중국어(Old Chinese: 시기 불특정 재구형).

PIE 원시 인도유럽어(Proto-Indo-European).

Pok. Julius Pokorny. *Indogermanisches etymologisches Wörterbuch*. I. Band. Bern: Francke Verlag, 1959.

Pul. Edwin G. Pulleyblank. *Lexicon of Reconstructed Pronunciation in Early Middle Chinese, Late Middle Chinese, and Early Mandarin*. Vancouver: UBC Press, 1991.

q.v. *quod vide*(문헌 내 여러 곳에 등장함).

SKC 陳壽. 三國志. 北京: 中華書局, 1959.

Sta. Sergei A. Starostin. Реконструция древнекитайской фонопогической системы. Moscow: Nauka, 1989.

Tak. 高田時雄. 敦煌資料による中國語史の硏究:九·十世紀の河西方言. 東京: 創文社, 1988.

TCTC 司馬光. 資治通鑑. 香港: 中華書局, 1956.

TFYK 王欽若 等. 冊府元龜. 香港: 中華書局, 1960.

TSFC 慧立. 大慈恩寺三藏法師傳. 孫毓棠, 謝方 點校, 北京: 中華書局, 2000.

Wat. Calvert Watkins. *The American Heritage Dictionary of Indo-European Roots*. 2nd ed. Boston: Houghton Mifflin, 2000.

* (단어 첫머리에 표기) 언어학적 재구형(재구성된 형태).

☆ (단어 첫머리에 표기) 반절(半切) 혹은 운(韻)에 따른 재구형(재구성된 형태).

서문

중앙유라시아(Central Eurasia)는 광대한 지역이다.[1] 거시적으로 보면 유럽, 중동, 남아시아, 동아시아, 아북극과 타이가-툰드라 지역으로 둘러싸여 있다.[2] 유라시아 대륙을 여섯 개 지역으로 나누면 그 중 하나가 중앙유라시아이다.

문화적, 정치적 변화에 따라 지리적 경계 또한 바뀌기 때문에, 중앙유라시아를 포함하는 지역 구분도 시대에 따라 변해왔다. 상고대(High Antiquity)로부터 중앙유라시아는 대체로 지중해 북쪽의 유럽 지역 대부분을 포괄하고 있었다. 카이사르와 그 후계자들이 그곳을 정복했을 때에도, 그리고 로마 제국이 무너지고 뒤이어 초기 중세(Early Middle Age)가 끝날 때까지도 그러했다. 문화적으로 보자면, 중앙유라시아는 대서양에서 태평양까지 가로 놓인 띠와 같다. 그 아래에는 온대 지역의 주변 정주국(定住國)들이 있었고, 그 위에는 북극 지역이었다. 초기 중세 이후(중앙유라시아가 최고 번성했을 때) 중앙유라시아의 대략적인 경계는 도나우 강 서쪽의 유럽, 근동 혹은 중동(레반트, 메소포타미아, 아나톨리아, 이란 서부와 남

---

1 중앙유라시아에 대한 다른 용어들, 그리고 오늘날 중앙아시아라는 용어의 사용과 그 의미에 대해서는 미주 3번 참조.
2 동남아시아는 이 책에서 자세히 논의되지 못했다. 주로는 남아시아나 동아시아의 연장선상에서 동남아시아가 논의되지만, 사실 동남아시아는 그 자체로 구별되는 지역이다. 마치 아라비아 반도가 그러한 것과 마찬가지다. 서유럽과 동북아시아(대개 일본과 한국을 뜻하며, 전근대 시기에는 만주 남부 지역도 포함된다.)와 마찬가지로 동남아시아도 산맥, 강, 바다에 의해 지리적으로 단절되어 있다. 솔직히 지리적 결정론에 대해서는 어떻게든 동의할 수 없는 필자로서는 이 지역의 역사 발전에 있어서 현저한 차이점을 고려하지 않을 수 없다.

부, 카프카스), 남아시아와 동남아시아, 동아시아(일본, 한국, 중국 본토), 그리고 북극지방에 맞닿았다. 물론 이상 열거한 지역들과 어떤 형태로든 확정된 국경선은 없었다. 경계는 점차적으로 눈에 띄지 않게 이리저리 변해갔다. 그러나 주변 정주 지역의 중심지는 중앙유라시아 지역과 분명하게 구분되는 그 바깥 지역에 있었다. 중세 시기 슬라브족이 유럽화되면서 서부 스텝 지역을 차지했을 때, 그리고 19세기와 20세기에 중국인들이 만주 및 내몽골 지역에 정착하면서, 과거의 중앙유라시아 지역은 점점 더 축소되었다.[3]

거칠게 말하면, 초기 중세 이후 "전통적 중앙유라시아"라고 말할 수 있는 지역은 동서로는 압록강 유역과 도나우 강 하류 사이, 남북으로는 히말라야 산맥과 북극지방 남부 타이가 숲지대[4] 사이였다. 이 지역은 서부(폰틱) 스텝 지역, 북부 카프카스 스텝 지역(현재 우크라이나와 러시아 남부), 중부 스텝 지역과 중앙아시아 서부 지역(합쳐서 투르키스탄이라고도 함. 현재 카자흐스탄, 투르크메니스탄, 우즈베키스탄, 타지키스탄, 키르기스스탄), 중앙아시아 남부 지역(현재 아프가니스탄과 이란 북부), 준가르와 중앙아시아 동부 혹은 타림 분지 지역(합쳐서 동투르키스탄이라고도 함. 현재 중국의 신강), 티베트 지역, 동부 스텝 지역(현재 몽골과 내몽골), 만주 지역을 포괄한다. 이들 중에서 서부 스텝 지역 대부분, 내몽골, 만주 지역 등은 더 이상 문화적으로 중앙유라시아에 속하지 않는다.(806쪽 이하 지도 참조-역자)

중앙유라시아 사람들은 세계 문명을 형성하는 데 가장 기본적이면서

---

3 Roll(1989: 16-17) 참조.
4 이 지역은 북부 유라시아라고 불러야 한다. 그러나 불행하게도 다른 사람들은 이 용어를 중앙유라시아와 거의 같은 의미로 사용하는 경우가 많다.

도 결정적인 기여를 했다. 중앙유라시아와 그 주변 지역의 교류 관계를 제외하고는 유라시아 역사를 이해하기가 불가능할 정도이다. 따라서 중앙유라시아의 역사를 서술하는 데 있어서 필연적으로 주변의 거대 정주 지역 문명들(유럽, 중동, 남아시아, 동아시아)을 언급하지 않을 수 없다. 이들은 중앙유라시아 역사에 깊숙이 개입하였다.

전통적 중앙유라시아는 고대 유라시아 대륙의 내부 경제 및 국제 무역 시스템과 거의 일치한다. 이것이 잘못 이해되어 실크로드(Silk Road)라는 이름이 붙어버렸다. 실크로드는 흔히 해로 중심의 연안 무역 시스템(Littoral System)과 대비되곤 한다. 연안 시스템 또한 어떤 의미에서는 선사시대부터 존재해왔고, 고대와 중세를 거치면서 중요성이 커지기도 했지만, 역사 자료를 보면 사실 양자를 구분하기는 어렵다. 대륙의 무역로와 해양의 무역로는 모두 합쳐서 단일한 국제 무역 시스템으로 이해되어야 할 것이다. 이 시스템은 점점 영향력을 키워 대륙 경제(그리고 지역 경제)를 압도해갔다. 대륙 내 거대 정치 단위들은 그 거점이 되었다. 이 시스템의 중심은 바다가 아니라 중앙유라시아에 있었다. 연안 무역 시스템이 분명하게 구분되어 경제적으로 중요한 의미를 지니게 된 것은 서유럽이 남아시아, 동남아시아, 동아시아 사이에서 해상 무역을 정기적으로 수행한 이후부터였다. 이는 제10장에서 자세히 논의될 것이다. 실크로드가 더 이상 작동하지 않게 되었을 때에야 비로소 연안 무역 시스템이 완전히 실크로드와 분리될 수 있을 따름이었다.

중앙유라시아의 문화지리적 영역은 그 사람들이나 그 언어들과는 별도로 이해되어야 할 것이다. 이들 각각은 사전적 정의 자체를 달리하는 것들이다. 이 책의 주제는 중앙유라시아의 역사이기 때문에, 중앙유라시아 사람들에 대한 내용을 담고 있다. 따라서 중앙유라시아 사람들이 고향으로 삼았던 여러 지역을 대상으로 할 것이며, 그들의 언어와 그들의 문화복합체(culture complex, 이 점에 대해서는 프롤로그 참조)를 함께 논의할 것이다. 중앙유라시아 역사를 그 시작에서부터 오늘날까지 전체적으로 보면, 어떤 면에서 그것은 중앙유라시아 사람들과 그 문화가 주변 정주 지역으로 끊임없이 이동하고, 마찬가지로 주변 지역의 사람들과 그 문화가 중앙유라시아로 전파되고 끊임없이 이동하는 흐름으로 비치기도 한다.

현대 학자들은 중앙유라시아 및 그 사람들에 대한 오해를 어느 정도까지는 수정해왔다. 학자들은 그 지역과 사람들에 대한 자료를 상당히 축적했다. 그러나 불행하게도, 이를 통한 오해의 수정이 역사학자들 대부분에게는 적용되지 못했다. 특히 중앙유라시아 사람들 및 그들의 유라시아 전체 역사에 대한 기여 부분에 대해서는, 심지어 중앙유라시아 전문가들의 연구에서조차 상당 부분 문화적 오해와 왜곡이 보인다. 이런 문제는 일부 근대에 생긴 것도 있지만, 중세 혹은 그 이전 시대의 유산이다. 특히 야만인(barbarian) 관념과 같이 고대로까지 거슬러 올라가는 것들도 있다. 여기서는 주요 논점에 대해서 간략한 개요만 서술할 것이며, 자세한 논의는 에필로그에서 펼치도록 하겠다.

대부분의 현대 역사가들은 대체로 중앙유라시아인들에 대한 부정적인 시각을 암묵적으로 받아들이고 있다. 이는 주변 정주 지역 사람들이 서술한 역사 자료 혹은 기타 문헌 자료에서 비롯된 관점이다. 역사가들은 중앙유라시아인들에 대한 긍정적인 시각에 대해서는 심각하게 고려하지 않았다. 역사가들이 참조한 바로 그 자료에도 긍정적인 관점이 들어있는데도 말이다. 중앙유라시아인들이 주변 정주 지역 사람들을 어떤 관점에서 보았는지에 대해서는 거들떠보지도 않았다. 고대의 여러 중앙유라시아인들에 대한 기록은, 많건 적건 간에, 오로지 정주 지역 사람들이 서술한 작품들만 지금까지 전해오고 있다. 중세로 꽤 접어든 이후까지도 그랬다. 그때서야 비로소 토착 중앙유라시아 언어로 기록된 자료들이 저술되었기 때문이다. 그럼에도 불구하고 정주 지역 사람들의 작품은, 어떤 식으로 보더라도 그것이 일면적이었다고만 할 수는 없다. 역사학자들이 그렇게 보이게끔 만들었을 뿐이다. 중앙유라시아인들이 주변 정주 지역 사람들에게 느꼈던 반감에 대해서는 과거 역사가나 여행가들이 언급한 바가 있다. 뿐만 아니라 중앙유라시아 언어로 기록된 남아있는 자료들을 보더라도, 중앙유라시아인들 스스로 그렇게 얘기하기도 했다. 예를 들면 스키타이는 그리스인과 페르시아인들에 대해서 반감을 가졌으며, 흉노는 중국인들에 대해, 투르크는 중국인과 그리스인 양쪽에 대해 그러했다. 헤로도토스나 다른 고대 역사가들이 실상을 호도했던 글들은 긍정적인 가치평가를 통해 진작에 수정되었어야 했다. 그리스인, 중국인, 그리고 중앙유라시아에 살았던 이방인들은 긍정적인 글들도 많이 남겼다. 뿐만 아니라 여행가들, 그리고 중앙유라시아인들을 나쁘게 서술했던 고대 저술가들도 중립적이며 1차 정보만 전해주는 글들도 상당수 남겼다.

근대 이전 중앙유라시아에 대한 고정관념은 거의 예외 없이 오해에 기반하고 있었다. 이러한 오해는 중앙유라시아 사회의 한 측면만 보았기 때문에 생겨난 것이었다. 즉 스텝 지역(Steppe zone) 사람들은 중앙유라시아의 정착지로부터 떨어져 사는, 분명하게 구분되는 "순수" 유목민("pure" nomads)이라고들 생각했다. 이런 심각한 문제에 대한 논의는 잠시 접어두고, 역사학 혹은 고고학적으로 보건대 중앙유라시아 유목민은 언어민족학적 측면에서 도시민이나 농경민과 명확하게 구분되지 않는다.[5] 고정관념과 오해가 어떠했는지 인지하고 이해하는 일은 매우 중요하다. 중앙유라시아 유목민에 대한 오늘날의 관점 또한 오해로 가득 차 있기 때문이다.[6]

- 중앙유라시아 유목민은 전쟁을 좋아했다. 그들의 자연환경은 그들을 사납고 잔인한 전사로 만들었다. 환경이 거칠고 먹고살기가 어려웠기 때문이다. 이처럼 자연 환경에서 비롯된 능력에다가 말타기와 활쏘기 사냥 기술이 더해지자 이는 어렵지 않게 전쟁 기술로 전환되었다.
- 중앙유라시아 유목민의 라이프스타일 때문에 그들은 가난했다. 그들이 생산하는 것으로는 필요한 것을 충당할 수 없었기 때문이다. 따라서 그들은 필요한 것 또는 원하는 것을 얻기 위해 주변 지역의 부유한 농경민들을 약탈했다. 이러한 "가난한 유목민(needy nomad)" 이론은 주변 정주지역 국가들과 중앙유라시아인들의 관계를 설명할 때 "협박과 약탈" 모델과 "탐욕스런 야만인" 모델로 연결된다.
- 중앙유라시아인들은 타고난 전사들(natural warriors)이었기 때문에, 그리고 끊임없이 이동하는 유목민이었기 때문에, 그들과 싸워 이기

---

5 또한 도시의 소그드인(Sogdian)이 "타고난 장사꾼(natural merchant)"이었다고 말해주는 자료가 풍부하기는 하지만, 그러한 관념도 폐기해야 할 것이다. 최근의 연구에 의하면(Grenet 2005; cf. Moribe 2005 and de la Vaissière 2005a), 소그드인은 중앙유라시아의 다른 민족들 못지 않은 전사들이었다.
6 이 모든 논점의 모든 양상에 대해서는 현대 학자들에 의해 철저한 비판이 이루어졌다. 그러나 여전히 그러한 관념이 살아 있고, 대부분은 여전히 상당히 많은 비판을 필요로 한다.

기는 매우 어렵다. 그들은 주변 정주민들에게 언제나 군사적 위협이었다. 정기적으로 침략과 파괴를 일삼았기 때문이다. 이처럼 중앙유라시아인들은 근대 초기에 이르기까지 군사적으로 유라시아 대륙을 압도했다.

역사 자료들 속에서 이러한 관념을 뒷받침하는 언급이 없지 않지만, 신중하게 읽어 보면 같은 자료가 정반대의 내용을 담고 있기도 하다. 이러한 시각이 잘못되었다는 것은 금방 알 수 있다. 논란의 여지가 없이 명백한 역사적 사실을 생각해보면 된다. 즉 이러한 선입관들은 그 뿌리를 거슬러 올라가 보면 모두 고대 그리스-로마의 관념, 즉 야만인(barbarian) 판타지에서 직접적으로 비롯된 생각들로, 거의 변화된 바가 없다. 중앙유라시아 스텝 지역 유목민들은 "타고난 전사들"이 아니었다. 이는 도시 지역 중앙유라시아인들이 "타고난 상인"이 아니었고, 농경 지역 중앙유라시아인들이 "타고난 농민"이 아니었던 것과 마찬가지다. 유목민들이 건설했던 국가와 정주민들이 건설했던 국가는 모두 복합 사회(complex society)였다. 유목 국가에서 대부분의 사람들이 말타기와 활쏘기에 능했다 할지라도,(이 점이 정주민들이 보기에는 언제나 인상적이었고, 그들의 글에서는 반복적으로 이에 대한 언급이 등장한다.) 인구도 훨씬 많고 부유했던 주변 정주 국가에서는 전문적인 훈련을 받은 직업 군인들이 무척 많았다. 이로 인해 대부분의 전투에서 정주 국가가 유목 국가를 이겼다.

또한 유목민들은 가난하지도 않았다. 간단하게 말해서, 어떤 유목민은 부유했고, 어떤 유목민은 가난했다. 그리고 대부분의 유목민들은 부자와 가난뱅이 사이에 있었다. 이는 대부분의 다른 문화 지역에서도 마찬가지였다. 그러나 평범한 유목민들은 어떤 측면에서 보더라도 주변 농업 지역 백성들보다 훨씬 더 한가했다. 농경 지역 백성들은 노예였거나 노예보다 조금 나은 대우를 받는 정도에 불과했다. 유목민들은 이웃이 누구든지 상관없이 교역을 하고자 했다. 그리고 폭력을 맞닥뜨렸을 때는 거칠게 응대했다. 어디에 사는 누구라도 당연히 그랬을 것이다. 무엇보다도 가장 강력한 신화는 중앙유라시아인들이 정주 국가에 대해 특별히 심각한 군사적 위협이 되었다는 것이다. 이는 완벽한 허구이다. 간단히 말해서, 중앙유라시아도 중앙유라시아 역사도, 야만인 신화와는 전혀 관계가 없다. 같은 신화의 근대적 변형과도 물론 상관이 없다. 이 점에 대해서는 에필로그에서 길게 논의될 것이다.

중앙유라시아의 역사는 수많은 다양한 사람들과 관련되어 있다. 그들의 생활 경제는 하나가 아니라 여러 가지로 나뉜다. 각각의 중앙유라시아 문화는 수많은 문화들로 구성되어 있었고, 각각의 문화는 또한 각자 서로 다른 인성을 가진 수많은 개인들로 구성되었다. 이는 세계 어디에서나 마찬가지였다. 중앙유라시아 사람들 중에는 강한 사람도 있었고, 약한 사람도 있었다. 현명한 사람도 있었고, 나쁜 놈들도 있었다. 그 안에는 모든 것이 있었다. 이런 점에서는 다른 지역 혹은 다른 문화와 다를 바가 전혀 없었다. 실제로 인간적인 면에서 중앙유라시아인들에 대해서 말할 수 있는 것이 있다면, 이는 유라시아 대륙에 사는 사람들 누구나에게 그대로 적용될 수 있는 것이다. 그러니 역사를 서술하는 데 있어서 최소한 중립적이고자 하는 시도는 반드시 필요한 것이다.

그렇다면 야만인에 대해서는 어떤가? 역사 기록들을 보면 중앙유라시아인들은 사실상 야만인이 아니었다. 그럼 도대체 그들은 무엇이었을까? 그들은 다이나믹하고 창조적인 사람들이었다. 중앙유라시아는 인도유럽어족의 고향이었다. 그들은 대서양과 태평양 사이 유라시아 대륙 전체로 뻗어 나갔고, 그들이 수립한 토대가 세계 문명의 기초가 되었다. 중세 중앙아시아는 경제적, 문화적, 지성적인 면에서 세계의 중심이었다. 그리고 중앙아시아인들은 현대 학문, 기술, 예술의 가장 기초적인 요소들을 만들어냈다. 역사 자료에 의하면 중앙유라시아인들은 모호한 미지의 세계와 투쟁했고(심지어 희망이 없을 때조차), 그들의 고향과 그들의 가족을 지켜냈다. 그리고 주변의 유라시아 정주민들이 끊임없이 그들을 침략하고 거칠게 공격했지만, 그들만의 삶의 방식을 지켜냈다. 중앙유라시아인들은 마침내 거의 모든 것을 잃어버리고 말았지만, 그래도 잘 싸웠다. 그래서 이 책은 유라시아 대륙 범위에서 펼쳐진 중앙유라시아인들과 주변 민족들의 투쟁의 기록이다.[7] 투쟁의 결과 주변 민족들이 승리했고, 중앙유라시아 국가들은 파괴되었으며, 그 사람들은 극심한 가난과 거의 사라질 위기에 처했다가, 20세기 말 아슬아슬하게 기적적으로 되살아났다.

아직도 이렇게 물어보고 싶은 사람이 있을 것이다. 중앙유라시아의 역사는 유목민이나 유목민이 포함된 집단이 세운 국가들이 주도하지 않았는가? 그들은 독특한 성향을 가졌고, 또한 그러한 결과를 낳지 않았는가? 그렇지 않다. 중앙유라시아 지역의 수많은 국가들이 이웃한 주변 세력들의 가차 없는 침략에 맞서 싸웠던 투쟁은 마치 아메리카 인디언들

---

7 이분법은 언제 어디서나 어떤 형태로든 존재하기 마련이다. 중요한 몇 가지 예외에 대해서는 Di Cosmo(2002a)와 여러 학자들이 논의한 바 있다. 핵심은 이렇다. 유라시아 역사의 장기지속적인 과정 속에서 변함없는 경향이 있다. 바로 중앙유라시아 영토는 계속 축소되었고, 중앙유라시아인들은 계속해서 권력과 재산을 잃어버렸고, 셀 수 없이 많은 경우 목숨까지 잃었다.

이 유럽인이나 그 식민지배자들과 싸웠던 것과 마찬가지였다. 그들은 아메리카 대륙에 있던 거의 모든 지역에서 공공연하게 혹은 암묵적으로 인종청소를 실시했다. 북아메리카에서 인디언들은 그들의 땅과, 나라와, 가족을 지키기 위해 싸웠지만, 패배했다. 그들의 옥수수밭은 불타버렸고, 그들의 가족은 대량 학살을 면치 못했다. 몇몇 생존자들은 강제로 사막으로 쫓겨났고, 그곳에 버려진 채 죽어갔다. 불과 수십 년 전까지만 해도 인디언들은 사악하고, 사람을 죽이는 "원시인"이라고 했다. 마침내 인디언들이 거의 사라진 뒤, 승리자들 중 몇몇 사람들이 뼈아픈 과거를 들추어냈고, 인디언에 대한 역사 기록이 사실은 정반대였다는 것을 깨닫게 되었다. 2천여 년을 넘도록 주변의 이웃 민족들과 싸웠던 중앙유라시아 사람들의 투쟁을 재인식하는 일은 너무 늦어졌다. 중앙유라시아의 전사들은 야만인이 아니었다. 그들은 영웅이었고, 그들을 기리는 서사시는 불멸의 영웅을 노래하고 있다.

프롤로그

영웅과 그의 친구들

Эртиин экн цагт һаргсн,
Тэк Зула хаани үлдл,
Таңсг Бумб хаани ач,
Үзң алдр хаани көвүн
Үйин өнчи Җаңһр билә.
Эркн хө мөстәдән
Догшн маңһст нутган дээлүлҗ,
Өнчн бийәр үлдгсн;
һүн оргч наснда,
Арнзл Зеердиннь үрә цагт
Көл өргҗ мордгсн,
һүрвн ик бәәрин ам эвдгсн,
һульҗң ик маңһс хааг номдан орулсн.
　　　　　　　—Җаңһр

옛날 아주 먼 옛날에 태어난,
야생마의 후손, 줄라 칸,
붐바의 손자, 관대한 칸,
우젱의 아들, 유명한 칸,
장가르는 상대할 자가 없었노라.

어리디어린 두 살배기 때
잔인한 용이 그의 고향을 공격했다.
그는 살아남아 고아가 되었다.
세 살이 되었을 때,
오우부룬-세 살 때 타던 전투마-의 등에 재빠르게 올라타고
세 개의 거대한 성문을 쳐부수고,
무시무시하고 거대한 용을 굴복시켰다.
—『장가르』 중에서[1]

최초의 이야기

하늘의 신(Lord of Heaven)이 강의 신(Lord of Waters)의 딸을 임신시켰고, 아들 하나가 신비롭게 태어났다.

사악한 왕은 왕자의 아버지를 죽이고 왕자의 어머니를 노예로 만들었다. 고아가 된 아이는 태어나자마자 황야에 버려졌다.

황야의 짐승들은 아이를 해치기는커녕 보살펴 준다. 아이는 살아남아 총명하고 강한 소년으로 성장했다.

이 놀라운 소년은 궁궐로 들어가게 되고, 왕은 소년을 마치 아들처럼 키운다.

자라서 어른이 된 소년은 힘이 셌고, 말을 잘 다루었으며, 활도 잘 쏘았다.

재능이 많았음에도 불구하고 그는 마구간 일꾼으로 일해야 한다. 적들이 왕국으로 쳐들어왔을 때, 마구간지기 소년은 강력한 활로 적들을 물리쳤다. 그의 영웅적인 명성은 멀리, 그리고 널리 퍼져나갔다.

왕과 왕자들은 영웅을 두려워하게 되었다. 왕자들은 왕을 설득하여 영웅을 죽일 수 있는 계략을 쓰도록 했다. 때마침 누군가 그에게 계략을 알려주었고, 그는 기적적으로 궁궐을 탈출하였다.

용감하고 젊은 전사 친구들이 그를 따랐다. 그들은 사악한 왕을 공격하여 죽였고, 여인들을 구출했으며, 정의롭고도 부강한 왕국을 건설

---

1 칼미크(Kalmyk) 민족 서사시(Anonymous 1990: 10) 발췌문에서 빠트린 부분이 있다. 제2행은 특별히 길고 문체도 기묘하다. 이는 엄격한 불교 신자를 위해 편집 과정에서 추가된 것으로 추정된다.

했다.

음유시인들은 영웅과 그의 동지들을 노래했다. 영웅과 동지들은 그 노래를 들었고, 다른 왕자나 영웅의 궁정에서도 음유시인의 노래를 들었다. 그들이 살았던 시대뿐만 아니라 그 후로도 오랫동안 노래는 계속되었다. 그들은 불멸의 명성을 얻었다.

중앙유라시아의 건국 신화

신화와 전설에 따르면, 비록 사실은 아니라 할지라도, 중앙유라시아 지역에서 거대 왕국을 건설했던 이들은 이와 같은 영웅 모델을 따른 경우가 많았다. 선사시대로부터 역사시대 초기에 이르기까지, 청동기 시대의 히타이트와[2] 중국 주(周)나라가 그러하였고, 고대의 스키타이와 로마, 오손(烏孫)과 고구려가 그러했으며, 중세의 투르크와 몽골, 르네상스 및 계몽주의 시대 준가르도[3] 그랬다.

---

2 히타이트 신화와 다른 민족들의 건국 신화의 유사성에 대해서는 미주 4번 참조. 히타이트도 제도화된 친위대를 보유하고 있었는데, 그것도 코미타투스였던 것 같다. 이하 계속 논의됨.
3 오이라트(Oirat)부를 구성했던 다양한 민족들은 자신의 기원 신화가 있었다고는 하지만, 준가르의 기원 신화를 기록한 역사 자료는 없는 것 같다. 그러나 서사시 『장가르』의 시작 부분은 '최초의 이야기'와 같은 버전이다. 프롤로그 서두의 인용문 참조. 장가르는 준가르와 오이라트부 친척들(친척들 중 가장 잘 알려진 민족이 칼미크이다.)의 영웅이다.

상(商)나라⁴ 시절, 아이가 없던 강족⁵ 여인 강원(姜原) 부인은 아이를 갖게 해달라고 기도하며 희생물을 바쳤다. 그 뒤 천제(天帝)의 발자국을 밟고 임신을 하였다. 그리고는 '농사의 신' 후직(后稷)을 낳았다.

아이는 좁은 오솔길에 버려졌지만, 양과 소들이 애정을 다하여 아이를 보호했다. 광활한 숲속에 버려졌을 때는 나무꾼들이 아이를 구해주었다. 얼음 위에 버려졌을 때는 새들이 날개를 모아 아이를 보호했다. 새들이 떠난 뒤 후직은 울기 시작했다. 어머니는 아이가 초자연적인 존재임을 깨닫고, 다시 아이를 데리고 와서 길렀다.

그는 자라서 어른이 된 뒤 요임금을 섬겼다. 요임금은 그를 말 관리 책임자로 임명했다. 또한 그는 콩과 곡식과 박을 심었는데, 모두 풍성하게 자랐다.⁶ 나중에 그는 주나라를 세웠다. 주나라는 사악한 상나라의 마지막 왕을 몰아냈다.⁷

---

4 주나라가 상나라를 정복한 연대는 논란이 되고 있다. 학자들 사이에서는 기원전 1046년 혹은 기원전 1045년 설이 유력하다.

5 강족(姜, NMan jiâng)은 강족(羌, NMan qiâng)과 관련이 있었던 것으로 생각된다. 羌은 상나라의 중요한 적수였고, 전차(war chariot)를 다루는 기술을 보유하고 있었다. 부록 B 참조. 이 책에서는 현대 북경어를 표기할 때 먼저 성조 표기 없이 전통적인 웨이드-자일스(Wade-Giles) 체계를 따라 쓰고, 뒤이어 병음(pinyin)을 적을 것이다. 姜은 웨이드-자일스 체계에 따라 온전히 적으면 chiang¹이라고 적어야 한다. 병음 표기는 인쇄 서체에 따라 jiâng으로 적을 수도 있고, jiāng으로 적을 수도 있다. 이 책에서는 다른 여느 책들처럼 첨부기호 ^는 첨부기호 ‾와 같은 의미로 쓰일 것이다. 직접 인용과 고대 중국어 표기는 예외이다.(이 때 첨부기호 ‾는 장음을 나타낸다.)

6 건국 주체가 풍작의 신인 경우에 대해서는 미주 5번 참조.

7 여기에 소개된 이야기는 두 개의 텍스트를 조합한 것이다. 『시경』 245 「생민」(生民, legge 1935: 465-472)과 『논형』(論衡, Yamada 1976: 146).

🐎🐎🐎

하늘 신의 아들이 가축떼를 몰고 와 풀을 뜯기고 있었다.[8] 그곳은 드네프르 강의 신의 딸이 관할하는 지역과 가까웠다. 말이 풀을 뜯는 동안 그는 잠이 들었다. 강의 신의 딸은 몰래 말을 숨겨두고는, 자신과 잠자리를 하면 말을 돌려주겠다고 했다. 결국 그녀는 아들 셋을 낳았다.

세 아들이 자라 어른이 되자, 아버지의 가르침에 따라 어머니는 아들에게 커다란 아버지의 활을 내주었다. 누구라도 이 활시위를 당길 수 있으면 왕이 되리라. 세 아들은 각각 활시위를 당겨 보았지만, 오직 막내아들만 활시위를 당길 수 있었다.

금으로 된 보물 세 개가 하늘에서 떨어졌다. 멍에를 갖춘 쟁기와 검(劍)과 잔이었다. 세 아들은 각각 황금 보물을 집으려고 했다. 큰 아들이 보물 가까이 다가가자 거대한 불길이 솟아올라 가로막았다. 둘째 아들에게도 같은 일이 일어났다. 오직 막내아들만이 아무 어려움 없이 보물을 가질 수 있었다.

막내아들 스키테스(Scythês)는 그래서 백성들의 왕이 되었고, 백성들은 막내아들의 이름을 따서 스스로를 스키타이(Scythai)라 불렀다.[9]

마사게태(Massagetae)로부터 공격을 받자 스키타이는 도망쳐 아락세스(Araxes, Ἀράξης) 강 건너 킴메리아(Cimmeria)로 들어갔고, 그곳에서 다시 정착하였다. 스키타이는 말을 잘 다루었고 활도 잘 쏘았기 때문에 위대한 나라를 세웠다.

---

8 헤로도토스가 전해주는 스키타이의 신들에 대해서는 미주 6번 참조.
9 스키타이, 사카, 기타 북부 이란어족의 명칭에 대해서는 부록 B 참조.

🐺🐺🐺

누미토르(Numitor)와 아물리우스(Amulius) 형제는 아네아스(Aneas)의 자손들이다. 옛날에 아네아스는 트로이(Troy) 피난민들을 이끌고 이탈리아로 들어왔었다. 정의로운 왕 누미토르는 아물리우스에게 왕좌를 빼앗겼다. 아물리우스는 누미토르의 딸 레아 실비아(Rhea Silvia)를 베스타 신전의 시녀로 만들어 누미토르의 대가 끊어지게 만들었다. 그러나 어느날 밤 마르스(Mars) 신이 내려와 그녀를 겁탈했고, 그녀는 잘 생긴 쌍둥이 형제 로물루스(Romulus)와 레무스(Remus)를 낳았다.

아물리우스는 레아 실비아를 감옥에 가두고 쌍둥이 형제를 죽이라고 명령했다.

아이들을 처리하라는 명령을 받은 신하는 차마 명령을 따를 수 없어서 아이들을 요람에 담아 티베르(Tiber) 강 가에 놓아두었다. 강물이 범람하자 요람은 떠내려가 찾을 수 없는 곳에 닿았다. 그곳에서 암늑대 한 마리가 쌍둥이를 돌보았고, 새들이[10] 먹을 것을 가져다 주었다. 나중에 양치기가 아이들을 발견하고는 집으로 데리고 갔다. 양치기와 그의 아내는 쌍둥이를 친자식처럼 키웠다.

그들은 자라서 힘세고 훌륭한 어른이 되었고, 사냥과 목축에도 능숙했다. 그들이 궁궐로 보내졌을 때, 아물리우스는 그들을 죽이려 했지만 그들은 탈출했다. 그들은 폭정에 시달리던 양치기들과 또 다른 사람들을 규합하여 마침내 사악한 왕을 죽였다. 로물루스와 레무스의 할아버지이자 정의로운 왕이었던 누미토르는 다시 왕좌를 되찾았다.

---

10 원래는 딱따구리였다. 미주 22번 참조.

그 뒤 쌍둥이는 따르는 무리를 이끌고 새로운 도시를 건설하기 위해 길을 나섰다. 도시의 위치 선정 문제를 두고 논쟁이 벌어졌고, 논쟁은 전투로까지 번져 로물루스와 켈레레스(Celeres, 로물루스의 보디가드였던 300명의 기마 전사들)가 레무스를 죽였다. 로물루스는 원형의 도시 로마를 건설하였다.[11]

🐛🐛🐛

흉노(匈奴)[12] 최초의 위대한 왕[13] *투멘(*Tumen)은[14] 동부 스텝 지역에서 강력한 나라를 세웠다. 그에게는 묵특(冒頓)이라는[15] 아들이 있었는데, 묵특은 후계자로 지명된 왕자였다. 나중에 *투멘이 가장 총애하는 부인에게서 새로 아들을 하나 낳게 되자, *투멘은 그 아들을 후계자로 지명하기

---

11 여기 소개된 이야기는 플루타르크 영웅전(Perrin 1998: 94 et seq.)의 긴 버전을 요약한 것이다. 근본 요소에 있어서는 주요 이본과 Livy의 버전(Foster 1988: 16 et seq.)과 실제로 다르지 않다. Livy의 버전에 나오는 로물루스의 기마 전사 친위대 켈레레스(Foster 1988: 56-57)는 틀림없이 코미타투스였다. 최소한 처음에는 그랬을 것이다. 플루타르크 영웅전 초판에서 삽입된 세부 내용은 보다 짧다. 여기서 사악한 왕의 이름은 타르케티우스(Tarchetius, Τα ρχετιος)인데, 헤로도토스의 책에 나오는 스키타이 기원 신화에 등장하는 이름 타르기타우스(Targitaus, Ταργιτος, 최초의 통치자의 전설적인 아버지)와 놀랄 만큼 비슷하다. 우연의 일치라고 보기는 어려울 것이다.
12 현대 북경어 Hsiung-nu(xiôngnú, 시옹-누)의 고대 중국어 발음에 대해서는 미주 51번 및 52번 참조.
13 흉노에서 그의 명칭에 대해서는 미주 7번 참조.
14 T'ou-man 頭曼 NMan tóumàn 〈 MChi *təu(Tak. 346-347; Pul. 311 *dəw) - *man(Pul. 207)에 대해서는 미주 10번 참조.
15 묵특(冒頓)이라는 이름에 대해서는 미주 8번 참조. 이 이야기의 영웅적 창업주 이름은 *투멘(실제 창업주)이 아닌 묵특이지만, 신성한 출생과 영아 유기 부분을 제외하면 "최초의 이야기"의 모든 요소들이 구비되어 있다.

위해 묵특을 제거하려 하였다. *투멘은 *토콰르(*Tok^{W}ar, 월지)와^{16} 조약을 맺고, 당시의 관습에 따라 묵특을 볼모로 보냈다. 묵특이 *토콰르에 도착하자, *투멘은 *토콰르를 공격했다. 조약을 어긴 댓가로 *토콰르는 묵특을 죽이려 했지만, 묵특은 *토콰르에서 가장 빼어난 말을 훔쳐 타고 고향으로 돌아왔다.^{17} *투멘은 묵특의 용맹을 칭찬하고 그를 만호에 임명했다. 만호란 1만 명의 기마전사를 지휘할 수 있는 장군이다.^{18}

묵특은 소리 나는 화살[鳴鏑]을 만들어, 그 소리에 따라 군사들이 활을 쏘도록 훈련시켰다. 묵특은 자신의 군사들에게 다음과 같은 명령을 내렸다.

"누구라도 소리나는 화살을 따라 쏘지 않는 자가 있다면 목을 벨 것이다."

그들은 사냥을 떠났고, 묵특은 이미 명령한 바에 따라 누구라도 소리나는 화살을 따라 쏘지 않는 자는 목을 베었다. 그리고 나서 묵특은 자신이 가장 아끼는 말을 향해 소리나는 화살을 쏘았다. 몇몇 병사들은 두려움에 활을 쏘지 못했다. 묵특은 즉시 그들의 목을 베었다. 그 다음 묵특은 가장 사랑하는 아내를 향해 소리나는 화살을 쏘았다. 몇몇 병사들은 겁에 질려 감히 그의 아내를 쏠 수 없었다. 묵특은 먼저와 같이 그들의 목을 베었다. 또다시 그는 사냥을 나갔고, 왕이 가장 사랑하는 말을 향해

---

16 이 종족의 이름은 중국어로는 月氏(또는 月支)로 쓰였고, 현대 북경어로는 위에-즈(Yüeh-chih)로 읽는다. 고대 중국어에서는 *토콰르(*Tok^{W}ar) 또는 *토과르(*Tog^{W}ar)로 발음되었다. 부록 B 참조. 이 이야기는 『한서』(HS 94a: 3749)를 따랐다. 미주 9번 참조.
17 『시경』에 나오는 이야기에 대해서는 미주 9번 참조.
18 *투멘(*Tumen)이라는 이름과 그 어원에 관련된 가설들에 대해서는 미주 10번 참조.

소리나는 화살을 쏘았다. 그의 모든 병사들도 화살을 쏘았다. 묵특은 이제 준비가 되었음을 알았다. 그는 아버지 왕 *투멘과 함께 사냥을 나갔고, 왕을 향해 소리나는 화살을 쏘았다. 그의 부하들은 모두 소리나는 화살을 따라 쏘았고 *투멘은 죽었다. 묵특은 자신에게 복종하지 않는 모든 부족과 신하들을 죽이고 스스로 왕이 되었다.[19]

🍃🍃🍃

*아스빈(*Aśvin, 오손, 烏孫)과 *토콰르는 둘 다 성스러운 기련산(祁連山, 현재 감숙성 중부에 위치)과 돈황(敦煌) 사이에서 살았다.[20] *아스빈은 작은 나라였다. *토콰르는 *아스빈을 공격하여 왕을 죽이고 그들의 땅을 차지했다. *아스빈 사람들은 흉노의 땅으로 도망쳤다. 갓 태어난 *아스빈의 왕자 곤막(昆莫)도 흉노의 초원에 버려졌다.[21] 늑대가 그에게 젖을 먹였고, 까마귀가 고기를 물어와 그의 입에 넣어 주었다.[22] 사람들이 그것을 보고 그가 초자연적인 존재임을 알아 흉노의 왕에게 데려다 주었고, 흉노

---

19 『한서』(HS 94a: 3749). 묵특의 코미타투스 및 흉노의 매장문화에 대해서는 미주 11번 참조.
20 *아스빈(*Aśvin)이라는 이름 및 그들 국왕의 칭호에 대해서는 부록 B 참조. 기련산맥의 비중국식 명칭들은 『시경』(Watson 1961, II: 268)에서 확인할 수 있다. 오손의 기원 신화는 Golden(2006)이 검토한 바 있다.
21 이 이야기는 『한서』(HS 61: 2691-2692)에 있다. 의심할 바 없는 사실이다. 『시경』(Watson 1961, I: 271; Di Cosmo 2002a: 176 참조) 및 『논형』(Yamada 1976: 147)에 의하면, 흉노가 침략자였다. 흉노의 왕은 어린 곤막(昆莫)을 초자연적 존재(神, NMan shén)로 간주했고, 그래서 그를 아들로 입양했다. 『시경』에 소개된 이야기는 전체 맥락을 고려할 때 논리적으로 말이 되지 않는다. Benjamin(2003) 참조.
22 이 이야기는 로물루스와 레무스의 이야기와 흡사하게 닮아 있다. 관련된 새들에 대한 논의로는 미주 12번 참조.

의 왕도 그를 좋아하여 길러주었다.

곤막이 자라 어른이 되자 왕은 그에게 *아스빈 사람들을 관리하도록 했고, 장군에 임명하였다. 곤막은 흉노를 위해 많은 전쟁에서 승리를 거두었다. 그 때 *토콰르는 흉노에 패한 뒤 서쪽으로 옮겨가 사카족(Sakas)을 공격했다. 사카족이 다시 멀리 남쪽으로 옮겨가자 *토콰르는 그들의 땅을 차지하였다. 이미 강력한 힘을 갖춘 곤막은 흉노의 왕에게 아버지의 복수를 할 수 있게 해달라고 청했다. 곤막은 *토콰르를 향해 진군하여 기원전 133년~기원전 132년에 그들을 쳐부수었다.[23] *토콰르는 서쪽과 남쪽으로 도망쳐 박트리아(Bactria)의 영토로 들어갔다. 곤막은 자신의 백성들과 함께 *토콰르가 도망쳐 비어있던 사카족의 땅에 정착했다. 그의 군대는 더욱 강해졌다. 흉노의 왕이 죽은 뒤 곤막은 흉노의 후계자에게 복종하지 않았다. 흉노는 곤막을 정벌할 군대를 보냈지만 곤막을 정복하지 못했다. 이후로 흉노는 예전보다 더더욱 곤막을 초자연적인 존재로 생각하여 그를 피하게 되었다.[24]

🙊🙊🙊

*사클라이(*Saklai)[25] 북쪽에서 어떤 왕자가 신비롭게 태어났다. 그의 아버지는 태양신이었고 그의 어머니는 강의 신의 딸이었지만, 그 나라의 왕은 아이를 빼앗아 맹수들에게 갖다 버렸다.[26] 그러나 야생 돼지와 말

---

23 Benjamin(2003).
24 장건(張騫)이 한무제에게 올린 보고에 근거하였다.(『한서』「장건열전」, HS 61: 2691-2692) 오손의 기원 신화는 Golden(2006)이 검토한 바 있다.
25 *사클라이(*Saklai)라는 이름의 표기 및 중국문헌 주석본의 부재에 대해서는 미주 13번 참조.

과 새들이 아이를 따뜻하게 해주었고, 그래서 아이는 죽지 않았다.

아이를 죽일 수 없었기 때문에 왕은 아이의 어머니에게 아이를 길러도 좋다고 허락했다. 아이가 커서 어른이 되자 왕은 그에게 왕의 말을 관리하라고 했다. 그는 활을 아주 잘 쏘았기 때문에 *투멘(*TümeN)이라는 이름을 얻었다.[27]

왕자들은 왕에게 경고했다. *투멘이 너무 위험하며, 왕국을 전복시킬지도 모른다고. 왕자들은 *투멘을 죽일 계획을 세웠지만, *투멘의 어머니는 때마침 *투멘에게 위험을 알렸고, *투멘은 남쪽으로 도망쳤다.

건널 수 없는 강에 맞닥뜨리자 *투멘은 자신의 활로 강물을 내리치며 소리쳤다.

"나는 태양의 아들이며 강의 신의 손자다. 적들이 나를 뒤쫓고 있다. 어떻게 하면 강을 건널 수 있겠는가?"

그러자 악어(alligators)와[28] 자라 들이 물 위로 떠올라 다리를 만들어주었다. *투멘이 강을 건넌 뒤 다리는 사라졌고, *투멘의 적들은 더 이상

---

26 이 이야기와 관련해 향후 등장한 버전들에 대해서는 미주 14번 참조.
27 고구려식 이름의 어원(민속 어원 포함)에 대해서는 미주 15번 참조.
28 현재 검증된 자료들 중에는 악어의 존재가 언급된 경우가 없다. 그러나 일본『고사기(古事記)』에 등장하는「이나바의 흰 토끼 이야기」는 '도강' 모티프에 기초한 이야기인데, 도움을 주는 동물 와니(wani)가 등장한다. 고대 일본문헌에서는 이 와니(Wani)가 악어로 묘사되고 있다. 유사한 이야기로서의 고대의『죽서기년(竹書紀年)』에도 악어와 거북이가 등장한다.(Beckwith 2007a: 30-31). 한국과 일본에는 악어가 서식하지 않지만, 'Alligator sinensis'는 북중국에서 기원하여 널리 퍼져 나갔다.(미주 16번 참조). 부여-고구려 버전에서는 '악어'라는 알 수 없는 수중생물체를 익숙한 '물고기'로 바꾼 것이 분명하다. 이야기 속에 악어가 등장하는 시기는 고대 일본-고구려어족이 분화되지 않았던 시기까지 거슬러 올라간다. 당시 미분화된 고대 종족은 (더 남쪽일 수도 있지만 최소한) 황하 평야 이남에 거주했을 것이다. 따라서 그들은 악어가 무엇인지 알고 있었을 것이다.

*투멘을 추격할 수 없었다.

*투멘은 수도 오르투(Ortu)를 건설하고 새로운 왕국을 세웠다. 그의 영토는 네 부분으로 나뉘어졌는데, 네 방향에는 각각 지배자(*Ka)가 하나씩 있었다.²⁹

🐘🐘🐘

페르시아는 파르티아 최후의 사악한 통치자 아르다완(Ardawân, 또는 아르타바누스 5세, Artabanus V)의 지배 하에 있었다. 파르스 총독 파바그(Pâbag)는 양치기 사산(Sâsân)을 고용하여 자신의 말과 가축들을 돌보도록 했다. 파바그는 그 양치기가 왕 중의 왕 다리우스(Darius)의 후손이라는 사실을 알지 못했다. 그러나 어느날 꿈에 사산의 머리 위에서 태양이 빛을 뿜어 온 세상을 비추는 것을 보았다. 그래서 파바그는 자신의 딸과 사산이 결혼하도록 했다. 파바그의 딸은 아들을 낳았는데, 이름을 아르닥세르(Ardaxšêr, 또는 아르다시르, Ardashîr)라고 지었고, 파바그는 그 아이를 친아들처럼 길렀다.

아르닥세르가 어렸을 때, 그는 워낙 총명하고 말을 잘 탔다. 아르다완 왕이 소문을 듣고는 그를 궁궐로 불러 왕자들과 함께 자라도록 했다. 아르닥세르는 왕자들보다 말도 잘 탔고 사냥도 잘 했으며, 강력한 단 한 발의 화살로 야생 당나귀를 죽이기도 했다. 왕이 이 놀라운 일을 누가 했

---

29 Beckwith(2007a: 29-30). 기록된 이야기 중에서 가장 오래된 것은 왕충의 『논형』으로, 기원후 1세기의 텍스트이다. 그 뒤 위략(魏略)에 나오는데, 이 책은 현재 찾을 수 없고, 3세기의 텍스트 『삼국지』에 인용되어 있을 뿐이다. 고구려인 스스로 남긴 가장 오래된 기록은 〈광개토대왕비문〉으로, 414년에 기록되었다.

느냐고 물었을 때, 아르닥세르는 말했다.

"제가 했습니다."

그러나 왕세자는 왕에게 거짓말을 했다.

"아닙니다. 제가 했습니다."

이 일 때문에 왕은 아르닥세르를 달갑지 않게 여겼고, 그를 마구간으로 보내 말과 가축들을 돌보게 했다. 왕은 더 이상 아르닥세르를 왕자들과 같이 대우해주지 않았다.

그때 아르닥세르는 왕이 가장 총애하는 시녀를 만났고 그녀와 관계를 가졌다. 그들은 함께 계획을 세운 뒤 말을 타고 아르다완의 궁궐에서 도망쳤다. 왕은 군사를 이끌고 뒤쫓았지만, 아르닥세르는 군사들보다 먼저 바다에 도착해서 탈출에 성공했다.[30] 왕은 되돌아갔고, 아르닥세르는 적으로부터 자유롭게 되었다. 아르닥세르는 군사를 모아서 아르다완 왕을 공격하여 죽였다. 그리고 나서 아르닥세르는 죽은 왕의 딸을 아내로 맞아들였으며, 죽은 왕을 대신해서 통치자가 되었고, 위대한 사산 왕조(Sasanid Dynasty)를 세웠다.[31]

🐘🐘🐘

튀르크(Türk)의 조상이 될 한 아이는 야생에 버려져 죽을 처지가 되었지

---

30 이 자료는 아르닥세르가 아르다완 이전에 바다에 도착했다면 왜 그가 도망치려 했는지를 설명하지 않고 있다. 이는 강의 신 또는 '도강'의 문제 등 물이라는 변수와 관련된 것으로 보인다. 이는 '최초의 이야기'의 여러 변용들 속에서 다양한 시점에 등장한다. 투르크 및 몽골 버전의 '도강'에 대해서는 Rachewiltz(2004: 231-233) 참조.
31 Horne(1917, VII: 225-253), Arkenberg(1998), Grenet(2003), Čunakovskij(1987).

만, 암늑대가 그를 구해 보살펴 주었다. 나중에 이 늑대는 (소년이 자란 뒤) 그의 아이를 임신하게 되었고, 적들로부터 도망쳐 서쪽 바다를 건너, 토하리인(Tokharian)의 도시들 중 하나인 코초(Qocho) 북쪽 산속의 동굴에 숨었다.[32] 최초의 투르크인들은 알타이(Altai) 산맥으로 옮겨갔다. 스키타이가 그랬던 것처럼, 투르크인들도 그곳에서 전문 대장장이로 알려졌다.[33]

6세기 중엽에 이르러 튀르크는 지도자 *투민(*Tumïn)의[34] 지휘 하에 아바르(Avar, 혹은 유연, 柔然, rouran)에[35] 속해 있었다. 아바르는 기원을 알 수 없는 유목민 전사 왕국으로 동부 스텝 지역을 지배하고 있었다. *투민

---

32 Golden(2006)의 투르크 기원 신화에 대한 상세한 논의 참조(Sinor, 1982 역시 참조). 몇 개의 다른 신화들이 있다. 그 중 하나에서는 최초의 튀르크(Türk)인이 늑대의 보살핌을 받은 것으로 나온다. 이는 로마 신화 "로물루스와 레무스 이야기"와 정확히 일치한다. 로마 신화에서도 늑대가 야생에서 두 쌍둥이를 기른다.(전쟁의 신 마르스(Mars)는 늑대를 신성시했다. 마르스는 두 쌍둥이의 아버지였다.) 투르크 버전 중 하나에서는 늑대가 탈출해 서쪽 바다를 지나 어떤 산맥의 동굴에 숨었으며, 거기서 "원시 투르크인들"을 낳았다. 이로써 튀르크는 암늑대의 후손이 된 것이다.(CS 50: 909). 투르크 버전과 몽골 버전 간의 관계에 대해서는 de Rachewiltz(2004: 231-233) 참조. 튀르크의 깃발 꼭대기에는 황금색 늑대 머리를 얹었다. 튀르크의 코미타투스 전사들은 뵈리(böri) 즉 "늑대"로 불렸다. 그리스 및 중국 문헌에서는 튀르크가 사카(Saka)의 후예라고 한다.(미주 52번 참조). 이 책에서 관례에 따라 튀르크(Türk)는 고대에 대체로 통합되어 있던 투르크족, 특히 "왕조 체제" 즉 최초의 양대 튀르크 제국 하의 투르크족을 가리킨다. 투르크(Turk)라는 표현은 일반칭으로, 투르크인, 투르크어, 튀르크 제국 이후의 모든 투르크족을 가리킨다.
33 스키타이 도시의 발굴에 대해서는 Rolle(1989: 119-121) 참조. 그 도시에서는 대규모 제철, 무기생산, 철과 금 및 기타 금속 제련이 행해졌다. 철광석은 현대 철강 산업으로 유명한 크리보이 로그(Krivoi Rog) 지역에서 확보했다.
34 고대 투르크 비문에서 발견되는 *Tumïn이라는 이름의 또 다른 형태 Bumïn에 대해서는 미주 17번 참조.
35 아바르(Avar)의 중국식 명칭 문제에 대해서는 미주 18번 참조.

은 스스로의 힘으로 위대한 군주가 되었으며, 중국의 탁발 위(拓跋 魏, 북위) 왕조와 외교 및 교역 관계를 맺었다.

적들, 즉 철륵(鐵勒)이 아바르 제국을 위협하자 *투민은 부족을 이끌고 철륵을 공격했다. *투민은 그들을 격파하고 그들의 나라 전체를 차지했다.[36] 승리에 고무된 *투민은 아바르에게 자신의 공적을 인정하여 동맹을 맺자고 요구했다. 이는 혼인 동맹으로 아바르 카간의 딸을 달라는 의미였다.

그러나 아바르 카간 아나가이(Anagai)는 *투민의 요청을 거절했다. 카간은 *투민에게 사신을 보내 준엄하게 꾸짖었다.

"너는 나의 대장장이 노예다. 어찌 감히 그런 말을 입에 담는가?"

*투민은 화가 치밀어 사신을 죽여버렸다. 그는 아바르와 관계를 끊는 대신 중국과 성공적으로 혼인 동맹을 맺었다. 이듬해 *투민은 아바르를 공격했고, 대규모 전투에서 그들을 격파하였다. 카간 아나가이는 552년 봄 자살하였고, 그의 아들은 중국으로 도망쳤다.[37] 이제 *투민은 카간의 칭호를 차지하게 되었다.

얼마 지나지 않아 *투민도 죽었지만, 그의 후계자들은 동쪽으로 중국에서부터 서쪽으로 콘스탄티노플(Constantinople)에 이르기까지 유라시아 전역에서 복종하지 않는 아바르족들을 뒤쫓았으며,[38] 전체 스텝 지역의 지배자가 되었다.

---

36 『주서』(周書, CS 50: 908).
37 『주서』(周書, CS 50: 909).

🐜🐜🐜

몽골인들(Mongols)은 신성한 잿빛 늑대와 암사슴의 후손이다. 잿빛 늑대와 암사슴은 거대한 물을 건너 안전한 땅에 도달하였는데, 그곳은 산으로 둘러싸인 계곡이었다. 그곳에서 그들은 이후 몽골인들의 선조가 될 아이들을 생산하였다.

12세기 유라시아 초원, 몽골의 어느 부족장 예수게이(Yesügei)에게서 주목할 만한 아들이 태어났다. 그 아이는 바로 테무진(Temüjin)이었는데, 카불(Khabul) 칸의 증손자였다. 카불 칸은 중국 북쪽의 여진(女眞, Jurchen) 연맹에 속했던 타타르(Tatar)의 포로가 되어 죽었다. 예수게이는 자신이 포획했던 타타르 지휘관의 이름을 따서 그의 아들을 테무진(대장장이)이라 했다. 테무진이 아직 어렸을 때, 예수게이는 타타르인들에 의해 죽고 말았다. 그의 부족민들은 예수게이의 혈족이었던 타이치구트(Taičighut)에게 복속되었지만, 테무진의 어머니와 형제들은 가진 것 없이 황야에 버려졌다.

그들은 가난했고 굉장히 고통스러운 삶을 살았다. 테무진과 그의 형제들은 오논(Onon) 강에서 물고기를 잡았고, 어머니는 초원을 떠돌며 야생 양파나 야생 사과 등 아이들을 먹일 수 있는 것은 무엇이든지 찾아다녔다. 그들은 이렇게 나름대로 슬기롭게 살아남았고 성장했다.

---

38 이 시기 비잔틴 제국 동부 국경지대에 나타난 아바르 잔여 세력이 비잔틴 제국에 망명하였다. 그리고는 얼마 지나지 않아 투르크가 콘스탄티노플에 도착했다. 비잔틴의 그리스인들은 투르크와 우호적인 관계가 형성되어 있었지만, 피난민들을 투르크에게 넘기지 않았다. 그들은 현재 헝가리 지역인 판노니아(Pannonia)에서 새로운 칸국을 수립했다. 이 칸국은 791년과 802년 사이 프랑크 샤를르마뉴의 군대에게 격파당할 때까지 유지되었다.(Szádeczky-Kardoss 1990: 217-219).

사람들은 조금씩 테무진의 리더쉽을 알게 되었고, 테무진은 자신을 따르는 위대한 전사 네 명을 얻었다. 테무진은 동부 스텝 지역 전체의 백성들을 통합하였고, 그들은 테무진을 칭기스칸(Chinggis Khan, 온 세상의 지배자)이라고 불렀다.[39] 칭기스칸은 타타르를 점령하고 여진(주르첸)을 무찔렀으며, 사방의 백성들을 안정시켰다.

🐘🐘🐘

자신의 백성들을 위하여 이와 같은 업적을 남긴 영웅들에 대해서, 그런 일이 전혀 없었다고는 누구도 말하지 못할 것이다. 중국의 주나라, 로마 제국, 오손 왕국, 흉노 제국은 모두 역사적인 사실이며, 고구려, 튀르크, 몽골과 다른 왕국들도 마찬가지다. 이런 나라들이 실제로 어떻게 세워졌는지는 시간의 안개 속에 잠겨 희미하지만, 그 모호함 속에서 전설의 이야기와 거의 총체적인 역사가 떠오른다. 몽골 제국의 성립은 상대적으로 시기가 늦지만, 심지어 그에 대한 역사에서도 다소간 전설적(신화적) 요소들이 들어 있다. 이런 요소들은 역사적인 사실들과 뒤섞여 마치 사실인 것처럼 등장하기도 한다. 하지만 그게 중요한 게 아니다. 정말로 중요한 것은 정당한 백성들을 억압했고, 백성들의 재산을 빼앗았던 부당한 통치자를 물리쳤다는 점, 그리고 그 위업을 달성했던 사람들이 그 나라의 영웅들이었다는 점이다.

정복당한 백성들은 한동안 그들을 정복한 부당한 지배자 아래에서 살게 마련이다. 그들은 정복자의 군대에 편입되어 전쟁을 수행하면서,

---

39 이 칭호에 대해서는 미주 83번 참조.

초원 전사의 라이프 스타일을 습득한다. 그들은 또한 지배자로부터 '최초의 이야기'에 등장하는 이상적인 영웅에 대한 이야기도 듣게 된다. 그 이야기는 서로 다른 버전으로 계속해서 반복된다. 이 모닥불 가에서 또 저 모닥불 가에서, 그리고 왕국 전역에서, 비슷한 미덕을 보여주는 다른 영웅의 옛날 이야기와 함께.

나중에 정복당한 백성들은 정복자들의 초원의 삶의 방식, 즉 그들의 군사 기술, 그들의 정치 문화, 그들의 신화에 완전히 동화된다. 그리고 마침내 반란을 일으킨다. 만약 성공한다면 그들은 전설이 들려준 이상적인 패턴을 따르게 될 것이며, 피지배로부터 해방될 것이며, 자신을 지배했던 정복자를 대신해서 새로운 초원의 지배자가 될 것이다.

과거 지배를 받던 백성들이 전투에서 이기고, 그 결과 같은 지역에서 새로운 정권을 수립하게 되면, 이제 그들은 왕국의 통치자로서 필연적으로 다른 민족들을 지배하게 된다. 그들 중에서 어떤 민족은 또다시 그들로부터 배우게 되고, 마침내 똑같은 방식으로 그들을 몰아낼 것이다. 이러한 순환 과정은 적어도 기원전 17세기 히타이트 제국부터 시작되었다. 중앙유라시아에서만도 역사학적으로 추적 가능한 동일한 사이클이 거의 2천여 년이나 반복되었다. 스텝 지역에서 최초로 확인되는 거대하고 조직적인 나라는 스키타이 제국으로 기원전 7세기에 수립되었다. 이로부터 근대 초기의 준가르와 만주-청나라에 이르기까지 동일한 사이클이 이어졌다.

이와 같은 전설을 보존하는 사람들로서는 거의 언제나 그것이 실제 역사라고 주장한다. 하지만 이 이야기가 확인해주는 사실은, 중앙유라시아에서 흥망을 거듭했던 나라들이, 이야기가 알려주는 국가 형성 모델을 따랐다는 것이고, '최초의 이야기'에 대한 믿음을 유지하려고 했다는 것이다.

실제로 검토해본 이야기의 버전에 따라 줄거리가 불완전하거나 순서가 조금 다르기도 하지만, 어쨌든 '최초의 이야기'의 핵심 요소는 다음과 같다.

1. 처녀가 하늘의 영혼 혹은 신에 의해 임신을 한다.
2. 정의로운 왕이 부당하게 왕좌를 빼앗긴다.
3. 처녀는 신비로운 아들을 낳는다.
4. 정의롭지 못한 왕은 아이를 제거하라고 명령한다.
5. 야생 짐승들이 아이를 보살펴서 아이는 살아남는다.
6. 누군가 야생에서 아이를 발견하고 구조한다.
7. 아이는 자라서 말과 활을 잘 다루고, 활을 잘 쏘게 된다.
8. 그는 궁궐로 보내져 미천한 직책을 맡는다.
9. 그는 위험에 처해 죽게 되지만 탈출에 성공한다.
10. 그는 맹세로 뭉친 전사들을 얻는다.
11. 그는 폭군을 몰아내고 왕국에 정의를 다시 세운다.
12. 그는 새로운 도시 혹은 왕국을 건설한다.

이렇게 목록으로 놓고 보면, 이것은 역사라기보다는 도식적인 옛날이야기처럼 보인다. 기원전 2000년 이전 사람들이 이 이야기를 실제 역사로(혹은 미화된 역사로) 믿었다는 사실을, 오늘날의 역사가나 학자들로서는 받아들이기 어려울지도 모르겠다. 그러나 인간 사회에서는 때때로 이데올로기나 종교적 신념 때문에 말도 안 되는 행위가 벌어지기도 했다. 중세 전문가들은 이런 이야기에 별로 놀라지도 않는다. 사실 20세기 말에서 21세기 초반에도 얼마든지 있었던 일이다. '최초의 이야기'에 대한 신화적 믿음은 전근대 중앙유라시아인들이 공유했던 문화 요소들 중의 하나였다. 이러한 문화적 요소들은 원시 인도유럽어족(Proto-Indo-European)에게까지 거슬러 올라간다. 이 책에서는 이를 '중앙유라시아 문화복합체(Central Eurasian Culture Complex)'라고 지칭할 것이다.

코미타투스

중앙유라시아 문화복합체의 초기 형식에서 가장 핵심적인 요소는 사회정치적-종교적 이상형으로서의 영웅적 군주와 그의 코미타투스(comitatus, 친위부대)이다. 코미타투스는 목숨을 걸고 주군을 지키기로 맹세한 주군의 친구들로 구성된 전투 부대이다. 기본적인 코미타투스와 그들의 맹세는 스키타이 때부터 존재했다. 이는 목숨을 건 의형제들의 피의 맹세와 분명하게 구분하기가 어려운데, 이러한 맹세는 고대 스키타이 자료로부터 중세의 『몽골비사』에 이르기까지 확인할 수 있다. 루시안(Lucian, AD 2C)은 스키타이 문자로 쓰여진 「톡사리스(Toxaris)」를 가지고 있었는데, 거기에는 다음과 같이 쓰여 있었다.

우리들에게 우정이란, 당신과도 마찬가지지만, 와인 잔을 앞에 두고는 만들어질 수는 없는 것이지. 나이를 생각하거나 이웃이라고 해서 결정될 일도 아니지. 우리는 용맹한 결단을 내릴 수 있는 용감한 사나이를 만날 때까지 기다린다네. 우리는 오직 그에게만 주의를 기울인다네. 우리들의 우정이란 당신이 연애하는 것과 마찬가지라네. 원하는 여인을 얻지 못하거나 거절당하는 불명예를 감수하기보다는 차라리 참을성있게 맞는 사람을 찾아보는 것이, 끊임없이 기다리는 편이 낫지. 마침내 한 사람이 허락을 하면, 약혼식은 가장 엄숙한 맹세에 이르게 될 걸세.

"삶을 함께할 것이며, 필요하다면 서로를 위해 목숨을 내놓겠노라."

이 맹세는 충실하게 지켜진다네. 친구들이 손가락에서 피를 내어 잔에 떨어뜨리면, 칼끝을 잔에 담궈 피를 묻힌 다음, 함께 마셔 잔을 비운다네. 그 순간부터는 그 무엇도 그들을 떼어놓을 수 없지.[40]

코미타투스의 핵심은 몇 명의 전사로 이루어지는데, 그들은 친구들이라고 일컬어졌다.[41] 칭기스칸에게는 네 명의 친구들이 있었다. 코빌라이, 젤메, 제베, 수베데이. 자모카는 이들을 칭기스칸의 네 마리 사나운 늑대 혹은 개라고 했다. 이처럼 코미타투스 전사들을 늑대나 다른 사나운 동물로 특징짓는 것은 원시 인도유럽어족에게까지 거슬러 올라간다. 만약 주군이 먼저 죽으면 핵심 그룹(보통은 몇 명의 남자들)은 자결하거나 타인의 도움을 받아 주군과 운명을 함께 했다.[42] 이들은 모두 다음 생

---

40 루시안(Lucian)의 기록은 Fowler and Fowler(1905)에서 발췌한 것이다. Rolle(1989: 61-63)에는 두 명의 스키타이인들이 혈맹(blood brotherhood)의 음료를 마시는 것을 묘사한 그림이 포함돼 있다. 그들의 관습은 고대 게르만의 풍습과 대단히 닮아 있다.
41 몽골어로는 nökör, 복수형은 nököd. 같은 존재를 가리키는 러시아어의 단어에 대해서는 이 장 각주 44번 참조.

에서 펼쳐질 전투에 대비하여 "머리끝까지 무장을 한 채로" 무덤에 묻혔다.[43] 코미타투스 전사들은 자유의지에 따라 맹세를 했고, 이렇게 함으로써 출신 부족이나 출신 나라와의 인연은 끊어졌다.[44] 그들은 주군의 가족만큼, 어쩌면 가족보다 더 주군과 가까운 사이가 되었다. 그들은 주군의 집에서 주군과 함께 살았으며, 맹세의 대가로 넉넉한 보상을 받았다. 코미타투스의 존재는 중앙유라시아 전역에서 매장지의 고고학적 발굴이나, 문화를 기술한 역사서들을 통해 확인된다. 그리고 이른 시기의 문학 작품 속에도 남아있다. 가장 유명한 것은 아마도 『리그베다』일 것이다. 여기서는 인드라의 코미타투스인 마루트(marut) 전차 전사들(chariot warriors)이 신격화되어 있다. 주군과 그의 전사들 사이의 대화에서 생생한 사례를 엿볼 수 있다. 아래에 등장하는 적 아히(Ahi)는 괴물 뱀인데, 중앙유라시아의 여러 영웅 서사시에서는 용으로 나온다.[45]

---

42 그러나 완비된 코미타투스는 조직과 위계 질서가 있었고, 운영 방식은 지역별로 달랐다. 특히 중앙아시아에서는 주군과 함께 매장되는 코미타투스의 수가 대단히 많았다.
43 고고학 자료에서 충분히 확인된 바 있다.(Rolle 1989: 64 et seq.).
44 이와 대조적으로, 정규군 부대는 "출신국(nations)"과 씨족(종족)에 따라 편성되었다. 이는 Vladimirtsov가 몽골 체제 연구에서 명확히 밝힌 바 있다. 그는 이 연구에서 러시아 단어로 дружинники(코미타투스 전사들), дружина(코미타투스) 구성원 등으로 표현하였다. 이들 용어는 프랑스어로는 각기 les antrustions 및 la truste로 번역된다.(Vladimirtsov 1948: 110 이하; 2002: 382 이하). 인도유럽어의 '늑대'에 대해서는 *EIEC* 631-636 및 Bruce Lincoln(1991: 131-137)의 대단히 유용한 분석 참조. 칭기스칸의 "네 마리 늑대"에 대해서는 Vladimirtsov(1948: 115-116, 2002: 386-387) 참조. 그의 논의는 몽골 봉건체제(그의 표현)에 대한 분석으로 이어진다. 이론의 배경에는 문제가 좀 있지만, 이 책에서 논의되는 바와 같이, 유럽 중세의 봉건체제와 몽골의 경우는 비교가 용이할 뿐 아니라 역사적으로도 관련이 있다. 몽골의 코미타투스에 대해서는 Allsen(1997: 52-55, 79, 103-104)에서 논의된 바 있다.
45 book I, hymn 1165(Müller 1891: 180-181). 띄어쓰기 및 강조 일부 수정.

인드라가 말한다.

오 마루트들이여, 아히를 죽이는 동안 너희들이 나를 홀로 버려두고 떠났을 때, 그런 버릇은 어디서 배웠는가? 게다가 나는 사납고, 힘세며, 강하다. 나는 어떤 적이 몰려와도 벗어났다.

마루트들이 말한다.

우리와 함께 동료로서 많은 것을 이루셨습니다. 그러한 용기로, 오 영웅이시여, 우리가 많은 것을 이루도록 하소서, 오 가장 강하신 오 인드라여, 우리들 오 마르투들이 마음속에 무슨 생각을 하든지 간에.

(인드라는 스스로를 찬양하고 좀 더 불만을 털어놓는다. 그러면 마루트들은 인드라를 칭송한다.)

인드라가 말한다.

오 마루트들이여, 이제 너희들의 칭송이 나를 기쁘게 하고, 너희들이 나를 위해 부른 영광스런 노래가 나, 인드라, 즐거운 영웅으로 하여금 친구의 친구가 되게 하였도다.

주군과 그의 코미타투스는 중앙유라시아에서 국가가 건설될 때 핵심적인 역할을 한다.[46] 중앙아시아(Central Asia)에서 일반적인 군주는, 지역 지배자 정도라고 할지라도 수천 명 정도의 코미타투스는 보유하고 있었다. 그래서 코미타투스를 유지하는 데 막대한 비용이 들어갔다. 중세에 들어서 세계적 종교를 받아들이면서 코미타투스와 이상적인 통치에 대한 관념이 점차적으로 바뀌게 되었다. 종교적으로 볼 때 자살이나 살인 의례는 달갑게 보이지 않았지만, 중앙유라시아에서는 한편으로 덧없는 권력들이 정복 전쟁을 계속 이어갔다. 전통적으로 내려오던 영웅적 주군과 그의 코미타투스라는 이상형은 음유시인들의 찬가나 노래로 이어졌다. 『베오울프』, 『장가르』, 『마나스』, 『게세르』 같은 영웅 서사시들은 글로 쓰여지거나 입으로 전해져 오늘날까지 보존되었다. 심지어 중앙유라시아 고향을 떠난 지 수백 년이 지난 민족들 사이에서도 전통은 오래도록 유지되었다. 훈족의 아틸라(Attila)와 샤를르마뉴(Charlemagne)의 궁정에는 그들을 칭송하는 음유시인들이 있었고, 그들은 정기적인 영웅 서사시 공연을 후원하기도 했다.

코미타투스는 히타이트, 아케메네스조 페르시아,[47] 스키타이, 호레즘(Khorezm),[48] 흉노, 고대 및 초기 중세의 게르만, 사산조,[49] 훈,[50] 에프탈(Hephthalite),[51] 고구려, 초기 왕조 시대의 일본,[52] 투르크(최소한 튀르크, 카

---

[46] 국가나 제국을 구성하는 하부 단위로 부족(tribe)을 언급하는 경우가 많지만, 최근에는 전근대 중앙유라시아 사회에서 전통적인 부족(tribe) 개념을 적용하기는 어렵다는 인식이 확산되고 있다. 이러한 하부 단위를 지칭하는 중국어는 부(部)인데, 문자 그 자체의 의미는 '부분, 하위 부류'를 뜻한다. 고대 티베트어로 sde도 마찬가지다. Lindner(1982: 701) 참조. 이러한 단어들은 그 용법에 있어 라틴어의 natio(복수 nationes)와 비슷하다.(이 단어는 최근 몇몇 중앙유라시아학 연구자들에 의해서도 사용되었다.) 영어에서는 적당한 단어를 아직 발견하지 못했다. 불가피하게 관련 단어를 사용해야 할 경우, 나는 주로 people 또는 nation을 사용해 왔다.
[47] 아케메네스조 페르시아는 엘리트 로얄 친위대를 보유하고 있었다. 1만 명의 메디아인 및 페르시아인 전사들로 구성되었고, "불멸의 군대"라고 불렸다. 그들은 금실로 장식된 옷을 입고 있었다.(Allsen 1997: 79). 사산조에서도 명칭은 달랐지만 같은 제도가 있었다.(Zakeri 1995: 77). 이하 참조.
[48] 기원전 328년 호레즘 지역의 왕 파라스마네스(Pharasmanes)는 "수행원으로 1,500명의 기병"을 데리고 박트리아로 알렉산드로스 대왕을 방문하였다.(Bosworth 1997: 1061). 이들은 그의 코미타투스였음이 확실하다. 호레즘 지역에서 중세의 다른 여러 사례들이 많은 바, 이 제도가 적어도 천여 년 간 계속되었음을 유추할 수 있다.

자르,[53] 위구르 포함), 소그드, 티베트, 슬라브,[54] 키탄(Khitan, 거란),[55] 몽골[56] 기타 등등의[57] 여러 사료들에서 직간접적으로 확인이 된다. 이는 간소화된 형태로 비잔틴과 중국,[58] 특히 아랍(Arab)에 도입되었다. 이슬람에 접목된 코미타투스는 항구적인 이슬람 문화로 자리 잡게 되었고 근대 초기까지도 이어졌다.[59]

중앙유라시아 문화복합체의 초기 형태에서, 고도로 훈련된 코미타투

49 사산조의 코미타투스 보유에 대한 의문은 미주 19번 참조.
50 그리스 문헌에서는 아틸라의 코미타투스를 로가데스(λογαδες), 즉 선발된 자들이라고 불렀다. 때로는 '가까운 동료들(에피테테이오이, επιτηδειοι)'이라고 불리기도 했다.(Thompson 1996: 108, 179) "로가데스의 임무는 아틸라 개인을 호위하는 것이었다. 그들은 하루 중 시간을 정해 완전무장을 하고 주군을 수행했다. 그 과정에서 그들은 주군에 접근하고 대화를 나눌 수도 있었다. 그들은 이 임무를 '노예적인' 것으로 인식했지만, 강력한 충성심을 갖고 이 임무를 수행하였다. 더욱이 그들 사이에서 일종의 위계 질서가 존재했다는 사실도 알 수 있다. 주군과 함께 연회에 참석할 때면 그들에게 자리가 배정되었다. 오네게시우스(Onegesius)는 아틸라의 오른편에, 베리쿠스(Berichus)는 왼편에 …… 로가데스는 오직 주군 아틸라에게만 충성을 바쳤다. 왜냐하면 오직 아틸라만이 다른 사람이 줄 수 없는 방대한 양의 선물을 줄 수 있었기 때문이다."(Thompson 1996: 181-182, 192). 톰슨은 훈족에 대해 부정적인 편견을 가지고 있었고, 코미타투스의 존재에 대해서도 알지 못했다.(톰슨은 어디에서도 코미타투스에 대해서 언급한 적이 없다. 특히 여러 차례 언급된 로가데스와 관련해서도 마찬가지였다.) 그럼에도 불구하고 톰슨의 훈족 친위대 설명은 중세 자료를 통해 알 수 있는 코미타투스의 방식과 놀라우리만치 흡사하다.
51 프로코피우스(Procopius)에 따르면 그러하다. 아래 참조.
52 제4장 참조.
53 Golden(2001; 2002: 141; 2002-2003; 2004; 2006).
54 Christian(1998: 342, 358, 363-364, 390).
55 거란 및 케레이트의 코미타투스와 관련해서는 미주 20번 참조.
56 케식(kešig). 대개 왕실 호위부대(Royal Guard) 또는 개인 호위부대(personal bodyguard)로 번역된다. 아래에서 보게 될 것이다.
57 예를 들면 로마인들이 그러했다. 앞에서 언급한 바와 같다.
58 비잔틴 및 중국의 사례에 대해서는 미주 22번 참조.

스 전사들은 목숨을 걸고 주군을 지킬 것을 맹세했다. 서로 맹세를 나눈 코미타투스 핵심 멤버들은 주군이 먼저 죽으면 자살을 하거나 의례를 통해 죽어서 함께 묻혔다. 명멸했던 문화의 역사 자료들은 분명히 그렇게 말해주고 있다. 이런 일이 수도 없이 반복되던 어느 날, 이븐 파들란 (Ibn Fadlan)은 루스(Rus)라고[60] 알려진 볼가 강 연안의 바이킹에게서 다음을 주목한다.

루스 왕의 관습 중에 이런 것이 있다. 그는 가장 용감하고 믿음직한 사나이들 중에서 400명을 선발하여 궁궐에서 함께 지낸다. 왕이 죽으면 그들은 왕을 위해 살해된다.

누가 기꺼이 이런 짓을 하겠는가?

그러나 그럴 만한 충분한 이유가 있었다. 주군은 대가를 지불했다. 코미타투스에게, 특히 핵심 그룹에게는 가족처럼 대해주었고, 거주지와 세속적인 보물들을 그들과 함께 공유했으며, 상당한 재산을 하사했다. 코미타투스 전사들은 그들의 사회에서는 거의 상상할 수도 없는 재물과 명예를 보상으로 받았다. 그것도 단 한 번이 아니라, 그들이 주군을 위해 충성하는 한 평생에 걸쳐 받고 또 받았고, 죽은 뒤에도 마찬가지였다.[61] 그들은 금실로 수놓은 비단 옷이나 보석, 진주, 금붙이 장식이 달린 황금 옷을 입었다. 그들은 주군과 함께 궁궐에서 살았다. 그들은 주

---

59 코미타투스와 관련된 일반적 사항들에 대해서는 Beckwith(1984a) 참조. 소그드 및 투르크 코미타투스의 아랍 전파에 대해서는 de la Vaissière(2005a, 2007) 참조.
60 Frye(2005: 70-71)에서는 아랍식 명칭 "Rusiya"를 제시하고 있다.

군과 같은 음식을 먹고 마셨다.[62] 삶에 있어서나 죽은 뒤에도, 그들은 주군의 동료였다. 이븐 파들란은 카자르(Khazars)의 통치자에 대해 다음과 같이 말했다.

그가 매장된 뒤, 매장에 관여한 사람들은 목을 베었다. …… 그의 무덤은 '파라다이스'라고 불렸고, 그들은 주군이 파라다이스로 들어갔다고 말했다. 모든 방들은 금실로 수놓은 비단으로 둘러쳐졌다.[63]

죽음에까지 이르는 절대적인 충성에 대한 보상은 코미타투스에 속하는 이들에게는 명백하였다. 주군에게 충성하지 않는 자에 대한 처벌 또한 마찬가지로 명백하였다.

네가 사랑하는 고향 땅에서 너에게 즐거움은 없을 것이다.
너의 농장은 몰수될 것이며,
각자는 혼자서 토지도 없이 먹고 살아야 할 것이다.
외국의 군주가 네가 떠돌아다니는 걸 알 때면

---

61 코미타투스에게 비단, 황금 그리고 다른 종류의 사치품 등 다양한 종류의 재물을 하사했던 주군의 사례에 대해서는 Allsen(1997) 참조. 알 타바리(al-Tabari)에 따르면 738년 튀르기스(Türgiš)의 지도자는 그의 코미타투스 1만 5,000명에게 매년 각각 "비단 한 필을 하사했다. 당시 가치로 25디르햄(dirham)이었다."(Allsen 1997: 55). 따라서 매년 450만 디르햄이 소요되었을 것으로 추정된다.
62 타키투스(Tacitus)에 의하면(Mattingly 1970: 113) "식사는 비록 고급은 아니더라도 충분히 제공되었다."고 한다. 또한 코미타투스는 주군에게 끊임없이 귀중품 선물을 요구했다고 한다.
63 Dunlop(1954: 112)에서 인용. 관찰자들의 기록에 대해서는 미주 21번 참조.

너의 불충 또한 알게 될 것이다.

불명예로 사느니 죽는 것이 나을 것이다.[64]

『몽골비사』에 등장하는 이야기에 따르면, 케레이트(Kereit)의 코미타투스 전사가 주군을 배반했다. 전쟁에서 패배한 그의 주군은 더 이상 그에게 좋은 음식과 금으로 수놓은 옷과 높은 지위를 제공할 수 없었다. 그는 패배자인 주군 대신 승리자인 칭기스칸을 찾아갔다. 칭기스칸은 즉시, 주군을 배신한 자는 믿을 수 없고 누케르(nöker, 친구)가 될 수 없다고 선언했다. 칭기스칸은 그를 처형하라고 명했다.[65]

북해에서 동해에 이르기까지, 아북극에서 히말라야에 이르기까지, 다시 말해서 중앙유라시아 전체를 통틀어, 최소한 히타이트부터 중세 세계 종교가 전파될 때까지, 제대로 된 기록물을 전하는 모든 중앙유라시아 민족들 사이에서는 초기 형태의 코미타투스 시스템에 대한 서술이나 그 전사들에 대한 언급이 남아있다. 하지만 반대로, 중앙유라시아 민족이 아닌 사람들에게 코미타투스는 낯선 이야기로, 그 이야기를 들으면 놀라움을 표시하는 경향이 있다.

최초로 명확하게 코미타투스에 대해 서술한 자료는 타키투스의 『게르마니아(Germania, AD 98)』이다.(친위부대를 코미타투스라 칭했던 용어 자체가 여기서 처음 등장한다.) 이 글에서 타키투스는 서양에 있었던 고대 게르만 민족들의 기본적인 속성을 묘사했다. "군주는 존엄하며 막강한 권력을

---

64 *Beowulf*, lines 2886-2891(Dobbie 1953: 89). translation of Sullivan and Murphy (2004: 81, 행 2539-2543).
65 Allsen(1997: 53).

가진 것처럼 보인다. 선발된 젊은 전사들이 언제나 대부대로 그를 호위하기 때문이다. 평상시에 그들은 군주의 위엄을 나타내며, 전시에는 군주를 보호한다." 타키투스가 보기에 코미타투스 조직 안에서도 "계급"이 존재했다. "소속 전사들 중에 전쟁에서 그들의 주군이 죽은 뒤 살아서 돌아온 자는 평생 모욕과 배고픔 속에서 지내야 했다." 또한 타키투스가 보기에 "관대한 주군은 항상 그들에게 무엇을 원하는지 물었다."[66] 칭기스칸의 몽골 코미타투스 또한 그 성격은 마찬가지였다. 칭기스칸의 코미타투스는 소규모 핵심 그룹(nökers 혹은 친구들)과 대규모 황제 친위대로 구성되었다. 그들은 케식(kesig) 또는 케식텐(kesigten)으로 불렸는데, 칭기스칸이 죽을 무렵에는 그 수가 1만에 달했다. 마르코 폴로(Marco Polo)는 여기에 대해서 꽤 상세한 설명을 전해준다. 마르코 폴로에 의하면 쿠빌라이(Khubilai) 칸의 코미타투스는 1만 2,000명의 기마전사로 구성되었고, 이들은 네 부대로 나뉘어 각 부대에 지휘관이 있었다.[67]

유럽에서 코미타투스는 중세 때까지 잘 보존되어 있었다. 영국의 서사시 『베오울프』에도 코미타투스가 언급된다.[68] 그들의 맹세와 주군이 동료들에게 지급하는 재물, 주군과 함께 같은 방에서 살아가는 코미타투

---

66 Mattingly(1970: 112-113); Hutton(1970: 151-152) 참조.
67 Latham(1958: 135). Allsen(1997)은 마르코 폴로의 기록을 충분히 입증하는 다수의 자료들을 인용하고 있다. Di Cosmo(1999b: 18)에 의하면 "케식(kesik)은 1203년~1204년에 제도화되었다. 처음에는 주간 호위병 80명, 야간 호위병 70명에 불과했다." 이처럼 호위병을 주간과 야간으로 구분한 것은(다른 구분 방식도 있었지만) 히타이트에서부터 계속된 것이다. 이는 매우 흥미로운 점으로, 추후 심화된 연구를 요한다.
68 고대 영어에서 코미타투스를 표기했던 방식들 중에는 weored라는 것도 있었고, gedryht가 더 흔히 나타난다. 이와 관련해서는 미주 24번 참조.

스 등에 대한 내용이다. 스칸디나비아와 스텝 지역에서는 더 늦게까지 남아 있었다.[69]

코미타투스에서 가장 중요한 요소는, 그들이 주군 개인의 친위부대였다는 점이다. 전사들은 밤이나 낮이나 주군 가까이에 머물렀다. 화려한 금으로 장식된 주군의 거처 혹은 유르트(yurt)의 문을 벗어나지 않았다.[70] 주군의 거처는 오르도(ordo)의 한가운데 있었다. 오르도는 통치자의 코미타투스가 묵는 캠프이자 동시에 왕국의 중심이었다.[71]

훈, 투르크, 그리고 여타 중앙유라시아인들이 운용했던 코미타투스의 매일매일의 임무에 대해서는 글이 남아 있고, 어느 정도는 알 수 있다. 그것은 사실상 몽골의 코미타투스와 다를 바가 없다. 몽골에 대해서는 전근대 스텝 지역 사람들보다 훨씬 많이 알려져 있다. 칭기스칸의 코미타투스는 엄격한 조직을 갖추었으며, 칸이 직접 법령을 포고하여 확정하였다.

칭기스칸은 군대를 10진법 체계로 구성했다. (그리고) 개인적으로 친위부대(kesig)를 조직했다. 처음 편성되었을 당시, 주간 경계(turgha'ud)는 70명, 야간 경계(kebte'üd)는 80명이었다. 특수부대(ba'aturs)는 1만 명에 달했다. 케식(kesig)은 ······ 누케르(nöker)에서 선발했다.[72] ······ 친위부대(késigden)는 칸 개인을 보위함과 동시에 칸이 사적으로 필요로 하는 것

---

69 스칸디나비아의 코미타투스에 관한 상세한 용어 검토와 조직 분석은 Lindow(1976) 참조.
70 중세 시기 여러 통치자들의 "황금 돔" 또는 "황금 돔 텐트(golden domed-tent, yurt)"의 유명한 사례들에 대해서는 제6장의 각주 29번 참조.
71 몽골 용어들에 대한 논의는 미주 23번 참조.

을 살피고 칸의 재산을 돌보는 집사이기도 했다. 능력에 따라 케식텐은 장군(cherbi), 집사(ba'urchi), 화살통잡이(khorchi), 문지기(e'ütenchi), 마부(aghtachi) 등으로 임명되었다. 친위대는 또한 여자 종들도 관리했고, 낙타나 소몰이 같은 소소한 일들도 맡았다. 칸의 텐트, 수레, 무기, 악기, 옷 등도 관리했다. 그리고 칸의 음식도 준비했다. …… 친위대 조직은 칸의 개인적인 일을 해결하는 동시에 칸의 명령을 전달하는 통로였다. 칭기스칸은 이 통로를 거쳐 급속도로 불어나는 백성들, 영토, 경제 문제를 관리했다. 그들은 칸이 가는 곳이면 어디든, 전쟁이든 사냥이든, 칸과 함께 동행했다.[73]

몽골 코미타투스에 관한 자세한 내용을 참고하면, 몽골처럼 잘 알려져 있지 않은 다른 중앙유라시아 사람들이 운영했던 코미타투스를 유추해 볼 수 있다.[74]

고대 중국어나 그리스어 자료 곳곳에서 보이는, 중앙유라시아 전체로 파급되었던 코미타투스 시스템은 곧 중앙유라시아 문화복합체의 가장 근본적인 양상이다. 프로코피우스(Procopius)는 사산조 페르시아 북쪽 국경 너머에 있던 에프탈인(Hephthalite)에 대해 다음과 같이 말한다.[75]

더욱이 부유한 도시민들은 친구를 20명이나 그 이상 끌어들이는 관습이 있

---

72 Allsen의 연구에서는 몽골어로 '영웅'을 의미하는 ba'atur의 복수형 ba'atud와, 몽골어 '친구들'에 해당하는 nöker 또는 nökör의 복수형인 nököd가 발견되는데, 여기서는 조금 수정하였다.
73 Allsen(1994: 343-344).
74 히타이트 전문가들은 이 점을 염두에 두고 "히타이트 왕실 호위부대 지침서"(Günterbock and van den Hout 1991)라 알려져 있는 텍스트를 재검토하면 도움이 될 것이다.

다. 이들은 영원히 동료가 된다. 그들은 모든 재산을 공유하며, 같은 방식으로 여러 가지 것들을 즐긴다. 그런데, 동료를 모았던 주군이 죽으면, 이 모든 사람들이 함께 무덤 속에서 다시 태어나는 것이 관습이었다.[76]

고대 티베트 제국에 관해서 중국 측 자료에는 다음과 같이 나온다.

주군과 그의 장관들(대여섯 명 규모로, "공동운명체"라 한다.)은 서로 친구 관계를 맺는다.[77] 주군이 죽으면, 그들은 모두 자살하여 주군과 함께 묻힌다. 주군이 입던 옷, 주군이 사용하던 소소한 장신구들, 주군이 타던 말, 이 모든 것도 주군과 함께 묻힌다.[78]

이 보고서는 『몽골비사』에 나오는 어떤 대목을 연상시킨다. 테무진과 누케르(친구)는 "하나의 삶을 공유하기로" 맹세한다. 친구의 우정을 중심으로 한다는 점에서는 몇 가지 다른 시스템과 마찬가지다. 예를 들면 슬라브의 코미타투스 드루지나(družina, 러시아어로 친구는 drug, 우정은 družba이다.)나[79] 몽골의 누케르(nöker, 친구)는 코미타투스의 핵심 멤버를 말한

---

75 그는 "그들이 에프탈 훈족이며, '백색 훈족'으로도 불린다."고 했다. 그러나 그들은 훈족이 아니었던 듯 하다. 그들의 언어민족학적 정체성은 아직 미상이다. 그들의 도시를 가리키는 페르시아 이름을 Gorgô(Γοργω)라고 썼는데, 이는 Gorgân으로 '늑대들'을 의미한다. 늑대라 불린 코미타투스에 대한 설명은 앞의 기술을 참조.
76 Procopius I, iii(Dewing 1914, I: 12-15).
77 『몽골비사』에 대해서는 de Rachewiltz(2004) 참조.
78 게르만과 슬라브 코미타투스에 대해서는 Lindow(1976) 참조. 『신당서』(HTS 216a: 6063); 『구당서』(CTS 196a: 5220); 『책부원귀』(TFYK 961: 15r-15v); cf. Pelliot(1961: 3, 81-82). 추가 논의와 관련해서는 Beckwith(1984a: 34) 참조.

다. 비슷한 사례로 동부 스텝 지역의 위구르 제국 카간의 코미타투스에 대한 마르와지(Marwazi)의 설명은 다음과 같다.

> 그들의 왕은 토구즈 카간(Toghuz Qaghan)이다. 그는 많은 병사들을 가지고 있다. 예로부터 그들의 왕은 1000명의 차카르(châkar)와 400명의 하녀를 거느리고 있었다. 차카르에게는 궁정에서 세 번의 식사가 제공되며, 식사 후에는 세 번의 음료가 제공된다.[80]

중국인들은 (고대 그리스인이나 후기 그리스인들과 마찬가지로) 코미타투스 전통이 없었다.[81] 그러나 중앙유라시아가 중국의 지배를 받을 때에도 코미타투스 전통은 그대로 살아 있었다. 당나라의 두번째 황제였던 태종(太宗)이 죽은 뒤, 태종이 정복한 뒤 밑에 두었던 투르크 장군들 몇 명은 스스로 목숨을 끊고 태종과 함께 묻힐 수 있도록 해달라고 요청하기도 했다. 결국 허락을 얻지 못했음에도 불구하고 그 중에 한 명은 어쨌든 자살을 결행했다. 755년 당나라에 반란을 일으켰던 장군 안록산(安祿山)은 반은 소그드, 반은 투르크 혼혈이었다.[82] 그는 8천 명에 달하는 개인적 코

---

79 코미타투스 및 그 구성원들을 지칭하는 슬라브 및 게르만 단어 어원에 대해서는 미주 24번 참조.
80 Minorsky(1942: 18).
81 그러나 고대 로마인들은 분명히 코미타투스를 보유하고 있었다. 로마인들은 그들을 켈레레스(Celeres)라고 불렀다. 이들은 300명의 기마 전사 조직으로, 로마 최초의 왕 로물루스를 항상 수행했다. 앞의 내용 참조.
82 제6장 참조. 그는 고아였던 것으로 전하는 바, 그의 민족적 정체성은 그의 양부모를 따른 것이다. 실제 출신 민족에 대해서는 미상이다.

미타투스를 거느리고 있었다. 이들은 통그라족(Tongra, 투르크계), 타타비족(Tatabï, 퉁구스계), 거란족(몽골계) 출신의 전사들이었다. 안록산은 이들을 자기 아들처럼 대했다.[83]

중앙유라시아 국가의 군주는, 투르크 카간처럼 유목민이든 소그드 왕공처럼 정착민이든 관계없이, 대개 수천 명에 달하는 차카르 즉 코미타투스 전사를 보유하고 있었다.[84] 고대 유럽의 게르만이나 고대 티베트 제국에서는 공동 운명을 맹세한 전사들 수가 상대적으로 적었을 뿐이다. 코미타투스 전사들의 충성과 헌신은 주군이 어떻게 처신하느냐에 달려 있었다.[85] 주군은 전사들을 존중하고 자주 재물을 하사했다. 특히 고급 비단옷이나 몸에 지니기 쉬운(혹은 운반하기 쉬운) 금붙이들을 주었다. 고대 중앙유라시아 궁정을 묘사하는 자료를 보면 화려한 비단옷을 입은 군주의 친구들도 언급된다.[86]

중국의 승려 현장(玄奘) 법사는 중국에서 중앙아시아를 거쳐 인도를 여행했다. 7세기 초였다. 그는 상세한 여행기를 남겼는데, 여행기에는 서투르크의 통치자로 지명된 통 야브구 카간(Tung Yabghu Kaghan)에 대한 이야기가 나온다. 초록색 공단으로 만든 옷을 입고 머리에는 흰색 비단

---

83 안록산의 코미타투스의 외국식 명칭 및 중국 내 중앙유라시아 차카르(châkar)에 대해서는 미주 25번 참조.
84 소그드인들, 특히 그 귀족들의 호전성에 대해서는 Grenet(2005) 참조.
85 『몽골비사』는 역사책은 아니지만, 그러한 맹세로 결속된 중앙유라시아인들 간의 역학관계에 대해서는 풍부한 자료를 담고 있다. 맹세의 방식은 여러 가지가 있었던 것 같다.
86 중앙유라시아 귀족들은 이에 대해 비난하기도 하였다. 예를 들면 고대 투르크 비문에 등장하는 톤유쿡 같은 경우다. 그는 튀르크가 비단옷 입는 것을 지적하면서, 비단옷을 비난했다. Allsen(1997) 참조.

으로 만든 긴 띠를 둘렀다. 그의 "장관들"은 200명이 넘는 건장한 남자들이었는데, 모두 수를 놓은 비단옷을 입고 있었다. 고대 비잔틴 제국에서 서투르크 궁정으로 파견된 그리스인 사절은 막대한 투르크의 금과 비단에 놀랐던 사실을 기록하고 있다.[87]

마르코 폴로는 쿠빌라이 칸이 코미타투스 1만 2,000명에게 선물한 옷을 묘사한 바 있다.[88] "친위대 전사들에게는 각각 13벌의 옷이 지급되었는데, 각각 색깔이 달랐다. 진주와 보석 혹은 여러 장신구가 더해져 옷은 아주 화려했고 옷값도 굉장했다. …… 옷값은 모두 합쳐서 15만 6,000(단위 미상)이나 되었다. 이는 거의 계산이 불가능할 정도로 막대한 보물이다."[89] 게다가 이만큼의 옷을 만들려면 거의 백만 필에 가까운 비단이 필요했고, 뿐만 아니라 막대한 금과 보석도 들어갔다. 설혹 전부 그렇지는 않았다고 하더라도, 상당수가 금을 수놓은 비단옷이었을 것이며, 몽골 궁정을 방문하는 외국인으로서는 그 막대한 양을 주목하지 않을 수 없었을 것이다.[90]

그 모든 비단을 어디서 구했을까? 중앙유라시아 사람들이 불쌍한 중국인이나 페르시아인, 그리스인들로부터 물건을 약탈하거나 훔쳤다는 오해가 널리 퍼져 있다.(이 점에 대한 자세한 논의는 에필로그 참조) 사실 중국은 한(漢)나라 때부터, 그 이전은 아니라고 할지라도, 말을 수입할 수밖

---

87 Blockley(1985: 115).
88 이들은 케식(Kesig 또는 Kesigten), 즉 친위대 구성원이었다. 친위대는 거대 규모 코미타투스로 만들어졌다. 칭기스칸 당시부터 이들의 숫자는 점점 늘어났고, 이후 계속 성장했다.
89 Latham(1958: 138, 140-141); Allsen(1997: 19-20) 참조.
90 Allsen(1997: 16-26)은 상세하고 다채로운 사례들을 많이 제시하였다.

에 없었다. 중국 내부에서 길러서는 양적으로나 질적으로 필요한 수요를 충족할 수 없었기 때문이다. 초기 중세에 해당하는 당나라 때 중국은 또다시 결사적으로 말을 구했다. 거대한 제국을 수립하고 유지하는 데 엄청나게 많은 말들이 필요했기 때문이다. 중국 사료에는 투르크와 중국 사이에 이루어진 말과 비단 교역에 대한 충분한 자료가 남아있다. 기록이 남아 있는 공식 무역만 하더라도 규모가 굉장해서 말이 2만 필이 넘고 비단 생사가 백만 필 이상이었다. 중국 역사가들이 이런 숫자를 사실적으로 제시하는 경우는 흔치 않지만, 그래도 몇 가지 사례는 찾아볼 수 있다. 공식적인 기록은 아니지만 어쨌든 가격은 알 수 있는데, 일반적인 중국의 말 수입 가격은 비단 생사 25필에서 38필 사이를 오가는 정도였다.[91] 이 무역은 중세 중국 경제의 중요한 한 부분이었고,[92] 청 제국이 중국을 점령할 때까지 이러한 무역은 계속되었다. 청 제국 때에는 동부 스텝 지역과 더불어 여타 코코노르 같은 말 생산 지역이 모두 청 제국의 지배 하에 놓이게 되었기 때문에 더 이상 수입이 필요하지 않았다. 간단히 말하자면, 2천여 년 전 흉노로부터[93] 몽골을 거쳐 만주족의 청 제국에 이르기까지, 중앙유라시아 지역으로 들어온 막대한 양의 비단은 무역과 세금을 통한 것이었지 전쟁이나 강탈에 의한 것이 아니었다.[94]

91 중국인에게 판매된 투르크 말의 품질과 가치와 관련한 역사학적 문제들에 대해서는 미주 26번 참조.
92 Beckwith(1991) 참조. Jagchid and Symons(1989)도 참조 가능하나 이들의 논의에는 불행하게도 사실관계상의 착오 및 해석 오류가 많다.
93 Hayashi(1984).

흔히들 유목 국가는 무역의 안전과 교통상 편리를 보장함으로써 장거리 무역을 촉진하는 것으로 알려져 있지만, 사실은 국가 체제의 수립 과정 자체가 무역을 촉진한다. 귀금속과 보석, 특히 좋은 옷감에 대한 수요가 증가하기 때문이다. 정치는, 특히 제왕적인 정치는, 이러한 보상 없이는 불가능했다.[95]

중앙유라시아인들이 중세에 이르러 세계적인 종교들을 받아들인 다음부터는 핵심 코미타투스의 자살이라든가 처형 의례가 점차적으로 소멸하게 되었다. 그러나 그 전통은 중앙유라시아에서 다른 방식으로 유지되었고, 그들에게 비단과 다른 보물을 하사해야 하는 관습은 변함없이 유지되었다.[96]

이슬람화된 코미타투스

중앙아시아의 문화적 요소들 가운데 코미타투스가 근동 지역으로 소개된 것은 아랍 제국이 중앙아시아 지역으로 확장되기 시작하던 무렵이었

---

94 몽골인들이 비단(특히 brocades) 및 다른 여러 고가 섬유들을 획득, 생산, 사용했던 정황과 관련해서는 Allsen(1997) 참조. 그의 연구에 따르면 몽골인들이(또는 중앙유라시아인들이) 흔히 생각하는 것처럼 '탈취'를 통해 그들을 획득하기보다는 징세와 교역을 통해 그들을 획득했음을 알 수 있으며, 그것을 강력히 권장하기도 했음을 알 수 있다. 추가 논의와 관련해서는 미주 27번 및 에필로그 참조.
95 Allsen(1997: 104; 103 참조).
96 서유럽의 경우 코미타투스는 게르만이 로마화(또는 "유럽화")하면서 서서히 사라져 갔다. 스칸디나비아에서의 변화에 대해서는 Lindow(1976) 참조. 고대 스페인 무슬림의 서고트 코미타투스 수용에 대해서는 Beckwith(1984a: 40-41, n.52) 참조.

다. 우바이드 알라 이븐 지야드('Ubayd Allâh ibn Ziyâd)는 중앙아시아 정복을 시도한 최초의 아랍이었다. 그가 바스라(Basra)로 돌아올 때 코미타투스였던 부하라(Bukhara)의 궁수 2,000명을 함께 데리고 왔다.[97] 두번째 계승자는 사이드 이븐 우트만(Sa'îd ibn 'Uthmân)이었는데, 50명의 전사를 데리고 왔다. 그들은 사마르칸트(Samarkand) 귀족의 아들들이었다. 그들이 메디나(Medina)에 정착했을 때 사이드 이븐 우트만은 그들의 화려한 옷을 빼앗아버리고 그들을 노예처럼 부렸다. 그들은 사이드 이븐 우트만을 죽였고, 코미타투스 맹세에 따라 모두 자결했다.[98] 중앙아시아를 통치했던 가장 유명한 통치자이자 장군이었던 쿠타이바 이븐 무슬림 알 바힐리(Qutayba ibn Muslim al-Bâhilî)는 중앙아시아인 궁수로 구성된 거대한 코미타투스를 보유하고 있었다. 이들은 소그디아나(Sogdiana) 지역 왕들의 아들들이었는데, 715년 알 바힐리가 반란을 일으켰을 때, 코미타투스는 끝까지 배신하지 않고 싸우다가 죽었다.[99]

아랍 모델은 중앙아시아에서 유래했다. 코미타투스의 중요성에 대해서는 아랍과 중국의 역사가들이 모두 잘 알고 있었다. 중국의 사료는 중앙아시아인들에 대해서 이렇게 말한다.

그들은 강하고 용감한 사람은 차카르로 선발한다. 차카르는 중국 말로 '전사'이다.[100]

---

97 Ṭabarî ii: 170; Beckwith(1984a: 36).
98 Beckwith(1984a: 36).
99 Shaban(1970: 75).
100 『신당서』(HTS 221b: 6244).

사마르칸트의 코미타투스에 대해 현장 법사는 다음과 같이 언급했다.

그들은 굉장히 많은 수의 차카르를 보유하고 있다. 차카르는 본성이 용맹하고 사납다. 그들은 죽어서 집에 돌아오기를 원한다. 전장에서 어떠한 적도 그들을 상대할 수 없다.[101]

8세기 초반, 알 이스칸드(Al-Iskand)는 중앙아시아 내 유명한 지역 군주의 한 사람으로, 키스(Kišš, 현재의 우즈베키스탄 Shahr-i Sabz)와 나사프(Nasaf)의 왕이었다. 아랍이 침공했을 때 그는 왕좌를 잃었다. 자신의 코미타투스와 함께 그는 아랍과 반대쪽으로 중앙아시아를 가로질러 새로운 정복의 길을 나섰다. 이들의 전진은 적어도 십여 년 동안 계속되었고, 중국에도 알려져 '차카르의 왕'으로 기록되었다.[102] 741년 아랍 통치자 나스르 이븐 사이야르(Naṣr ibn Sayyâr)는 알 이스칸드와 그의 코미타투스를 용서했고, 그들은 고향으로 돌아왔다. 그 이듬해 나스르는 1,000명의 차카르를 얻어 무장을 시키고 말을 제공했다.[103]

중앙아시아인들로 구성된 위대한 아바스 왕조의 군대 '후라사니스(Khurasanis)'가 정착한 뒤부터, 아랍 이슬람 세계에 미친 중앙아시아의 영향은 보다 직접적으로 이루어졌다. 그들은 762년 바그다드 근처에 건설된 새로운 수도 '평화의 도시(City of Peace)'에 정착했다. 칼리드 이븐

---

101 『서역기』(HYC 1: 871c).
102 『책부원귀』(TFYK 964: 20r); Chavannes(1903: 147); Beckwith(1984a: 37 and nn.34 and 39) 참조.
103 Ṭabari ii: 1765; 추가 사례와 관련해서는 Beckwith(1984a: 38) 참조.

바르막(Khâlid ibn Barmak)의 영향 아래, 중앙아시아의 파르티아와 사산 왕조의 원형 궁전 도시계획이 모델이었다. 이 도시계획은 앞서 두 개의 모델을 참조했는데, 하나는 예전 사산조의 수도였던 체시폰(Ctesiphon)으로, 바그다드 동남쪽 약 30킬로미터 거리에 있었고, 다른 하나는 나우바하르(Nawbahâr)라는 불교 사원이었는데, 원래는 사산조 왕궁으로 건설된 것으로, 중앙아시아의 도시 발흐(Balkh)에 있었다.[104] 반세기 후 중앙아시아 문화의 영향은 더욱 강화되었는데, 하룬 알 라시드(Hârûn al-Rashîd)의 아들들 사이에 내전이 발생하여 알 마문(al-Ma'mûn)이 승리를 거둔 뒤부터였다. 그의 수도는 중앙아시아의 도시 메르브(Merv)였는데, 이후 십여 년 동안 칼리프 왕국의 수도가 되었다. 마침내 그가 바그다드로 돌아왔을 때, 이미 중앙아시아화된 거대한 왕실이 그를 따라 왔고, 코미타투스도 함께 왔다. 중앙아시아의 몇몇 아랍 통치자들도 그런 친위대를 둔 적은 있었지만, 칼리프로서 코미타투스를 운영한 것은 알 마문이 최초였다. 중앙아시아의 차카르(아랍화된 명칭은 샤키리야(shâkiriyya), 후에는 맘루크 또는 굴람으로 나온다.)는 이제 새로운 황제의 친위대가 되어, 개인적으로 통치자에게 충성하는 시스템이 되었다. 샤키리야 이전의 아랍 군사들은 신뢰할 수 없고 전문적이지 않은 군대로 간주되었고, 그들은 샤키리야로 대체되었다. 이러한 알 마문의 정책이 후계자 알 무타심(al-Mu'taṣim, 재위 833~842)에게 이어진 것은 당연했다. 알 무타심은 하룬 알 라시드와 그의 소그드인 아내 마리다(Mârida)의 아들이었는데, 그는 칼리프가 되기

---

104 Nawbahâr는 산스크리트어 Nava Vihâra, 즉 '새로운 비하라'의 페르시아어 형태이다. 이 도시계획에 대한 연구는 미주 28번 참조.

훨씬 전부터 중앙아시아인 코미타투스를 가지고 있었다.[105]

아미라 알 하캄 이븐 히샴(Amîr al-Ḥakam ibn Hishâm, 재위 796~822)은, 알 마문과 동시대에 스페인 지역에서 유지된 우마이야 왕조(Umayyad Dynasty)의 왕이었는데, 알 하라스(al-Ḥaras) 즉 친위대라는 이름으로 알려진 외국인 코미타투스를 고용했다. 이들은 코르도바의 기독교도 수장이었던 서고트족 코메스 라비(Comes(백작) Rabî, 테오둘프의 아들)의 지배 하에 놓이게 됐는데, 그 뒤로는 문자 그대로 코미타투스가 되었다. 서고트족은 고대 게르만식 코미타투스 전통을 유지하고 있었다. 고대 게르만식 코미타투스도 죽음으로서 주군을 지킬 것을 맹세한 친위대 전사들이었다.[106]

중앙유라시아의 코미타투스 시스템은 이슬람화되어 맘루크(mamlûk) 혹은 굴람(ghulâm) 시스템으로 바뀌었고, 이후 이슬람 정치 체제의 기본적인 전통으로 자리 잡았으며, 지금까지 이러한 전통이 남아 있는 곳도 몇 군데 있다.[107]

코미타투스와 무역

코미타투스에게 주어진 보상은 상당한 것이었다. 금, 은, 보석, 비단, 도

---

105 de la Vaissière(2005a: 141) 참조.
106 상세한 상황 및 전거는 Beckwith(1984a: 40-41 n.52) 참조.
107 de la Vaissière(2005b) 및 Beckwith(1984a) 참조. 서구 학자들은 거의 모두가 이슬람화한 코미타투스를 잘못 이해했다. 학자들은 그것이 "노예 군사" 체제라고 보았고, "아랍"의 제도였다고 생각했다. 이러한 오해에 대한 비판으로는 Beckwith(1984a) 및 de la Vaissière(2005b, 2005c, 2007) 참조.

금된 철갑, 무기, 말, 여타 보물들이 주어졌는데, 여러 사료에 생생한 증언이 남아 있다. 코미타투스와 더불어 수많은 무기와 말들이 함께 매장되었다.(고대에는 말이 끄는 전차도 함께 매장되었다. 당시는 군사용 무기로 전차가 사용될 때였다.) 많은 재산들 또한 왕과 함께 묻혔다. 부장품은 거대한 봉분으로 뒤덮였다. 물론 이는 지역과 민족에 따라 달랐다. 전통적인 중앙유라시아 지역 내에서 이러한 무덤은, 스키타이와 그 직전 선조들, 알타이 천산 지역의 투르크 이전 민족들, 훈족, 메로빙거 프랑크족(Merovingian Franks), 투르크족, 티베트족, 고구려족, 몽골족으로부터 확인된다. 중앙유라시아 바깥 지역에서 이와 같은 매장 풍습이 발견되는 곳은 중국 상나라, 중세 이전의 일본, 앵글로 색슨족(Anglo-Saxons)과 기타 북유럽 게르만족들이다. 이러한 매장 풍습은 중앙유라시아 문화복합체가 이들 지역에서 한때 작동했었다는 것을 말해준다.

이러한 부장품들은 전쟁이나,[108] 혹은 유라시아 전역에서 일반적으로 행해졌던 조공을[109] 통해 획득한 것들도 있었지만, 대다수는 무역을 통해 축적된 것이었다. 무역이야말로 중앙유라시아 내부 경제를 추동하는 가장 강력한 추진력이었다. 고대와 중세 시기 중앙유라시아 외부에서

---

108 약탈을 통한 획득이 중앙유라시아에서만 이루어졌다고 생각하지 않을까 우려된다. 많은 사람들이 그렇게 믿고 있는 것 같다. 하지만 예컨대 아랍이나 중국에서 중앙유라시아를 상대로 승리를 거두었을 때 어떠했는지를 지적하지 않을 수 없다. 그들의 기록에는 참수당한 사람들(포로가 되는 경우는 지도자급뿐이다. 이들은 나중에 용서받거나 처형된다.)의 숫자뿐만 아니라 노획한 물품들도 잘 나와 있다. 예를 들면 갑옷이나 특히 소, 말, 양 등이다. 그 수는 때에 따라서는 백만이 넘기도 한다. 이에 대한 학술 논문은 미주 29번 참조.
109 역사가들은 중국인이나 로마인들이 주변 나라에 물자를 요구할 때에는 그것을 "조공", "징세"라 표현하면서도, 중앙유라시아인들이 물자를 요구하면 그것을 "약탈"이라 부르곤 하였다.

기록된 증언들이 이를 말해준다. 중앙유라시아의 무역은 농산물과 축산물을 교환하는 근거리 무역으로부터 비단과 향료, 여타 상품들을 교역하는 원거리 무역까지 다양한 차원으로 존재했다.

중앙유라시아에서 "지방 사람들(촌놈들)"이라고 하면, 도시 근교의 비옥한 경작지에 사는 농민들과 초원 지대에서 사는 유목민들을 함께 일컫는다. 농민들은 주로 곡식과 식물을 생산 소비하며, 유목민들은 주로 고기와 우유, 모피 등 동물성 제품을 생산 소비한다.[110] 이들의 관계는 중국의 '농업-도시 지역'과 마찬가지 양상을 보인다. 중국에서는 도시 근교 지역과 원거리 농업 지역 간에 인종적인 차이는 거의 없다. 그러나 중앙유라시아 지역은 이와 달라서, 도시 및 근교 지역 사람들은 멀리 떨어진 시골 사람들(유목민들)과 인종적 언어적으로 명확하게 구분이 된다. 도시 사람들은 유목민들과 교역을 했다. 이들은 대체로 세금 부과를 통한 느슨한 형태의 통치 체제에 속해 있었다.

따라서 유목민들에게는, 그들과 가까운 지역에 있는 중국의 도시들도 중앙아시아 도시들과 마찬가지로 무역이 허용되는 도시였을 뿐이며, 그러기를 바랬다. 중국 역사서들을 보면, 국경 지역의 중국인들은 기꺼이 유목민들과 교역을 원했다. 그러나 중국 중앙 정부가 강력하게 통제를 할 때면, 주로 무역에 제한이 가해졌고, 무거운 세금을 매기거나 거래 자체를 금지하기도 했다. 이로부터 예상할 수 있는 결과는, 수도 없이 반복되기도 했지만, 유목민의 침공 혹은 전면전이었다. 전쟁의 목적은(사료에서 계속해서 반복되는 것처럼) 국경 도시의 무역을 다시 허용하라는 것이었

---

110 카자르(Khazar) 경제와 관련해서는 Noonan(1997) 참조.

다.[111] 중앙유라시아 이쪽 끝이든 저쪽 끝이든 막론하고, 유목민이 정주민에 대해 요구한 평화 조약에는 항상 이러저러한 무역권에 대한 내용이 포함되어 있었다.

요약하자면, 실크로드는 중앙유라시아 문화와 동떨어진, 소란을 피우는 원인이 아니라, 근본적인 경제의 구성 요소였다. 더욱이 지역 내 근거리 무역과 국제 무역을 분리하는 것은 불가능할 것이며, 문화 교류의 측면에서도 마찬가지다. 유목 경제와 오아시스 농업 경제, 중앙아시아 도시 경제는 모두 함께 실크로드의 구성 요소가 된다. 그 기원과 중앙유라시아 문화복합체 형성을 살펴보자면 4,000년 전 인도유럽어족의 이주 시기까지 거슬러 올라가서 보아야 한다.

---

111 동양의 경우, 가장 좋은 목초지 대부분은 중국인들에게 빼앗겼다. 이들의 침략은 전국 시대부터 시작되었다. 중국의 요새와 성벽은 스텝 지역을 가로질러 건설되었다. 만리장성도 마찬가지였다. 만리장성은 주로 이전에 쌓았던 성벽들을 합치고 더 늘려서 만들어진 것이다. 이 성벽들은 중앙유라시아인들로부터 중국인을 보호하기 위해 만든 것이 아니다. 오히려 중국인들이 빼앗은 중앙유라시아인의 땅을 지키려고 만든 것이다.(Di Cosmo 2002a: 149-158). 말하자면 그것은 공격적인 것이지 수비적인 것이 아니었다. 중국인에 대한 유목민의 침략 혹은 전쟁의 목적은, 당연히 빼앗긴 목초지로부터 중국인들을 몰아내고, 유목민들이 다시 그곳을 장악하는 것이었다. 유목민들이 쳐들어올 때 거의 예외 없이 가축과 사람들을 엄청나게 몰고 왔던 사실을 보면 이를 알 수 있다.(Hayashi 1984 참조). 중국인이 희생자였고 중앙유라시아인이 침략자였다는 관념, 가난에 찌든 탐욕스런 야만인들이 중국의 비단과 기타 생산품을 탐냈다는 관점에 기초한 이론들은 중국 측 역사 자료를 보더라도 근거가 없다. 중국 측 자료는 오히려 이러한 관점과 모순된다. 뿐만 아니라 고고학적으로도 맞지 않는다. 중앙유라시아와 국경을 맞댄 주변 정주국들과의 관계에 있어서 동양에서 서양까지 모두가 이와 마찬가지다. 더 자세한 논의는 에필로그 참조.

CHAPTER 1

전차를 탄 전사들

युध्माध्वं हृय अश्वी रथे युध्माध्वं रथेषु रोहितः ।
युध्माध्वं हरी अजिरा धुरि वोळ्हवे वहिष्ठा धुरि वोळ्हवे ॥
उत सय वाज्य अश्वस तुविष्वणिर् इह सम धापि दर्शतः ।
मा बो यामेषु मरुतश चिरं करत पर तं रथेषु चोदत ॥

붉은 말을 전차에 매어라!
루비처럼 빛나는 붉은 놈으로!
발 빠른 황색 말 두 마리를 전차 기둥에 매어라,
기둥으로 바짝, 힘껏 당겨라. 전차를 끌 놈들이다.
여기 번개 같은 붉은 말은 구경하려고 둔 것인가?
그놈 때문에 늦어서는 안 되리, 오 마르투들이여,
전차에 오르라, 박차를 가하라!
—『리그베다』중에서[1]

최초의 중앙유라시아 사람들

중앙유라시아 문화복합체(Central Eurasian Culture Complex)는 거의 4,000여 년 동안 유라시아 지역 대부분을 지배했다. 이를 만들어낸 사람들이 누구였는지는 역사언어학으로 포착할 수밖에 없다. 바로 원시 인도유럽어족(Proto-Indo-European)이 그들이다. 그들의 고향이 어디였는지 정확한 위치를 알 수 없기 때문에, 다양한 분야에서 문화사를 연구하는 학자들은 역사언어학으로부터 추출된 정보에 근거하여 인도유럽어족의 고향과 문화를 연구하는 모델을 개발해 왔다. 유라시아 지역 내에서 서로 멀리 떨어져 있는 민족들이 사용하는 언어나 문화 가운데 서로 공통되는 어휘들이 있다면, 그들이 모종의 원시 인도유럽어로부터 공통의 유산을 물려받았다는 증거가 된다. 특정 시기 혹은 특정 지역의 꽃이나 동물 혹은 기타 어떤 것들을 지칭하는 어휘를 참조하고, 더불어 고고학적 발굴과 역사 자료들을 근거로 살펴보면, 원시 인도유럽어족의 고향은 중앙유라시아 지역 내에서도 특히 우랄 산맥 남쪽과 카프카스 산맥 및 흑해 북쪽의 초원-삼림 지대였다.[2]

    기원전 2000년경, 인도유럽어를 사용하는 어떤 민족이 고향을 떠나 이동을 시작했다. 기원전 두번째 밀레니엄(2000~1001 BC)의 1,000여 년 간, 이들은 유라시아 대부분의 지역으로 퍼져 나갔다. 그들은 이동해간 지역에 원래 살고 있었던 선주민들을 정복하거나, 혹은 그들과 뒤섞이면서 역사학적으로 확인 가능한 여러 갈래의 인도유럽어족으로 발전하

---

1 http://www.sacred-texts.com/hin/rvsan/rv05056.htm, book5, hymn 56에서 발췌.
2 부록 A 참조.

였다.

그들이 중앙유라시아의 고향 지역을 떠나 이동했던 정황은 세 단계로 분명하게 구별된다. 최초의 이동 혹은 첫번째 물결(first wave)은 기원전 세번째 밀레니엄(3000~2001 BC) 말기에 발생했다. 세번째 물결(third wave)는 기원전 두번째 밀레니엄(2000~1001 BC) 후기 혹은 기원전 첫번째 밀레니엄(1000~1 BC) 초기에 이루어졌다. 그러나 가장 중요한 것은 두번째 물결(second wave)인데, 기원전 1700년대의 일로서, 그 때 인도유럽어족이 중앙유라시아뿐만 아니라 유럽, 근동, 인도, 중국으로도 들어가 자리를 잡았다. 그들의 이동은 조직적으로 이루어지지도 않았고, 대규모 집단이 이동했던 것도 아니었다. 단지 개별 부족 단위였거나 혹은, 사실상 전사 집단이었을 가능성이 크다. 처음에는 인근 지역의 요청에 따라 용병으로 들어갔던 것 같은데, 나중에는 그곳을 점령해버렸다. 인도유럽어족은 다소간의 차이가 있지만 같은 언어를 사용하는 사람들이었다. 하지만 새로운 고향에 정착하게 되면서 인도유럽어를 사용하지 않는 그 지역 여인을 아내로 맞아들이게 되었다. 혼혈이 한두 세대 진행되면서 새로운 인도유럽어가 파생언어(daughter language)로 태어났다.

기원전 첫번째 밀레니엄(1000~1 BC)이 시작될 무렵에 이르러서는 인도유럽어족이 유라시아 대륙의 거의 전역으로 확산되었고, 그렇지 않은 지역이라도 거의 다 인도유럽어족의 문화와 언어로부터 심대한 영향을 받게 되었다. 이와 같은 수천 년에 걸친 이동과 확산은 중앙유라시아인이 유라시아 전역을 점령한 최초의 사건이라 할 수 있겠다.

인도유럽어족의 디아스포라

원시 인도유럽어는,[3] 아직은 파생언어들이 분화되지 않았을 때는, 틀림없이 조그만 지역에서 사용되는 언어였으며, 뚜렷한 방언의 차이가 거의 혹은 아예 없었다.[4] 처음으로 파생언어가 생겨나고, 또한 그 파생언어 사용자들이 역사학적으로 확인 가능한 시기는 기원전 2000년경이다. 그 이전에 원시 인도유럽어에서 어떤 단절이 있었다고 볼 만한 언어학적 근거는 밝혀진 것이 없다. 전통적인 이론은, 지금도 일반적으로는 그렇게들 알고 있지만, 기원전 5000년~기원전 4000년경쯤 내부적으로 아주 점진적인 변화로 인해 언어적 단절이 발생했다는 주장이다.[5] "가장 시기가 올라가는 자료들을 근거로 여러 언어들의 커다란 갈래를 나누어 보자면, 기원전 네번째 밀레니엄(4000~3001 BC) 초기 이후로는 원시 인

---

3 부록 A 참조.

4 이 점은 최근 들어 계속 간과되고 있는데, 그 결과 발생하는 인식 오류에 대해서는 미주 30번 참조.

5 예컨대 Lehmann(1993) 참조. Mallory and Adams는 "기원전 4000년설"을 제시했지만(2006: 106), 동시에 "기원전 4500년~기원전 2500년경설"도 제시했다.(2006: 449). 두 연구 모두 해당 지역의 비-인도유럽어가 인도유럽어에 끼친 영향을 언급하고 있다. Lehmann(1993: 281-283)의 논의는 사실 '방언화' 이론을 뒷받침하는 것이지만, 그는 이 책에서는 그를 언급하지 않았고, 다른 글에서는 그것을 부정하고 있기도 하다.(아래 참조). Mallory and Adams(2006: 463)는 Johanna Nichols의 연구를 인용하고 있지만 그것을 깊이 논하지는 않았다. 어느 쪽도 파생언어 형성 동기로 '방언화' 과정을 주장하지 않는다. Lehmann(1993: 263)은 심지어 그에 대해 명확한 반대 입장을 표명했다. "일찍이 언어학자들과 고고학자들이 방언 및 언어 변화 이유를 이민족의 침입 때문으로 보기도 했지만 …… 얼마 지나지 않아 기원전 6000년~기원전 5000년대 부족 집단들이 그러한 대규모 변화를 야기할 수단도 없었고, 인구도 그만큼 되지 않았다는 사실이 분명해졌다." 방언화 이론에 대해서는 Garrett(1999, 2006), Beckwith(2006a, 2007c) 및 부록 A 참조.

도유럽어 사용자 집단을 거의 상정하기 어렵다."[6] 이러한 주장에 따르면 인도유럽어는 전세계 수만 개의 언어 가운데 아주 특이한 유형에 속한다. 이러한 이론은 수긍할 수가 없다. 반면에 최근의 고대 인도유럽어 연구자들은 언어유형론(typology)을 비롯한 여러 데이터들을 근거로 (단절이 발생한 시기를) 기원전 2000년경으로 추정한다.[7] 일반적인 인도유럽어 연구자들이 제시한 여러 시점들을 놓고 보면, 그 중에서 시기를 가장 늦게 잡는 사람은 이 정도로 보는 경우도 있다.[8]

인도유럽어족이 최초로 고향을 떠날 무렵까지는 서로 다른 부족 집단들 사이에 근소한 차이를 보이는 방언들이 존재할 뿐이었던 것 같다.[9] 그들의 디아스포라(diaspora), 즉 그들이 중앙유라시아의 고향을 떠나 인근 지역으로 이동한 시기는, 그들이 이동을 통해 획득한 언어나 문화적 양상 등 몇 가지 측면을 통해 추정이 가능하다. 예를 들면 고대 인도나 고대 이란의 문헌들 가운데 이민족 혹은 서로를 정복한 이야기를 담고 있는 전설들, 고대 근동 지역의 역사 자료들, 역사학적으로 확인 가능한 후대의 중앙유라시아 및 인근 지역 사료들에서 보이는 민족언어학적 변이 유형 등을 통해서도 설명이 가능하다. 지금부터 이 책에서 시도하는 그 시기의 재구성은 언어학적 사실(fact)과 기타 역사학적 자료들이 서로

---

6 Lehmann(1993: 266).
7 그들은 구체적으로는 기원전 세번째 밀레니엄(3000~2001 BC) 말기를 제시하였다.(Lehmann 1993: 266).
8 Mallory and Adams(1997: 297-299)가 주요 가설들을 논의한 바 있다.
9 Garrett(2006) 및 Beckwith(2006a) 참조. 방언, 사회적 방언(sociolects), 그리고 다른 여러 언어적 변용의 중대한 역사적 의미에 대해서는 Lehmann(1973), Labov(1982) 및 후속 연구들 참조.

모순되지 않는다는 것을 보여줄 것이다.[10]

맨 처음에 인도유럽어족은 약간 북쪽에서 출발해서[11] 카프카스 산맥까지, 그리고 흑해 지역까지 퍼져 나갔다. 그곳은 인도유럽어족과는 다른 언어를 사용하는 사람들이 이미 점령하고 있던 지역이었다. 보다 더 멀리 나아간 사람들은 토하리인(Tokharian)과 아나톨리아인(Anatolian)의 조상이 되었는데, 이들은 〈그룹 A〉의 특성을 공유했던 사람들로서,[12] 첫번째 물결(first wave)이라고 부를 수 있는, 즉 최초로 중앙유라시아의 고향을 떠나 이동한 사람들 중에서는 유일하게 확인 가능한 멤버들이기도 하다. 그들은 대략 기원전 세번째 밀레니엄(3000~2001 BC) 말기 혹은 기원전 두번째 밀레니엄(2000~1001 BC) 초기, 그리고 기원전 1900년대에 타림 분지 동부와 아나톨리아 고원에서 확인된다.[13] 원시 인도유럽어족이 마차를 보유하고 있었다고 알려져 있지만, 첫번째 물결에서 이동한 이들은 고유한 의미에서의 전차(chariot, 전쟁에 사용되는 마차)가 개발되기 이전, 혹은 인도유럽어족이 마차를 전쟁에 사용하는 기술을 배우기 이전에 고향으로 추정되는 지역을 떠났던 것 같다.[14]

---

10 다른 관점들에 대해서는 Mallory(1989) 및 Mallory and Adams(1997, 2006) 참조. 인도이란어와 관련된 문제는 미주 31번 및 부록 A 참조.
11 볼가 강 중류는 1890년 이미 Schrader에 의해 본거지로 제시된 바 있다.(Lehmann 1993: 279). 미주 32번 참조.
12 Hock(1999a: 13). 부록 A 참조.
13 부록 A, Beckwith(2006a, 2007c) 및 Mair(1998)에 수록된 논문들 참조. Barber(1999) 및 Mallory and Mair(2000) 역시 참조. 타림 분지에서의 발굴 유적과 관련해서는 훨씬 심도 깊은 연구가 필요하다. 이는 고고학과 역사학에서 원시 인도유럽어족 및 원시 중국어족과 관련하여 가히 혁명적인 중요성을 가지는 자료이다.
14 Hock(1999a: 12-13) 참조.

인도유럽어족이 새로운 땅에 정착했다고 해서, 그들이 처음부터 반드시 해당 지역의 선주민들을 압도했다고 볼 수는 없다. 물론 어떤 경우(예를 들면 그리스의 경우)에는 분명 정복에 성공하기도 했지만, 그들은 종종 선주민들의 용병으로 복무하거나 대체로 선주민들의 지배를 받았다. 어쨌거나 인도유럽어족 이민자들은 대체로 남자였고, 그 지역의 여인들과 결혼했으며, 이렇게 뒤섞임으로써 조어(祖語)와 분명하게 구분되는 혼성언어(creole)적 방언이 나타나게 되었다. 새로운 방언의 영향이 가장 뚜렷하게 보이는 것이 바로 원시 인도이란어(Proto-Indo-Iranian)다. 이들은 인도유럽어가 아닌 다른 언어를 쓰는 사람들로부터 언어적 영향을 받은 것으로 추정된다. 인도이란어족의 독특한 신앙과 종교적 실천들도 그들로부터 배운 것으로 보인다. 이러한 융합이 발생한 지역이 당시 상대적으로 선진적인 지역이었으며, 인도유럽어가 아닌 다른 언어를 사용하는 박트리아-마르기아나 문화(Bactria-Margiana Culture)라고 생각하는 사람들이 점점 늘고 있다.[15] 현재의 아프가니스탄 북쪽 투르크메니스탄 남쪽 지역이 그 문화의 중심지였다. 이와 마찬가지로 다른 지역으로 진출한 인도유럽어족도 그 지역의 언어와 문화로부터 영향을 받아 또 다른 파생언어와 신앙을 개발하게 되었다.

    파생언어로서 원시 인도이란어 문화가 형성된 뒤, 원시 인도유럽어는 또 다시 음운체계가 상당히 다른 언어의 영향을 받아 또 다른 파생언어를 낳게 된다. 그리스어, 이탈리아어, 독일어, 아르메니아어가 그것

---

15 인도이란어가 성립기에 박트리아-마르기아나 문화의 영향 아래 있었다는 가설에 대해서는 미주 33번 참조.

이다. 인도이란어 중 일부도 그 영향을 받게 된다.[16] 이들은 〈그룹 A〉와는 아주 분명하게 구분되는 〈그룹 B〉의 양상을 보이는데,[17] 원시 인도어(Proto-Indic)의 독특한 양상도 함께 드러난다. 이러한 양상은 원시 이란어(Proto-Iranian)와는 완전히 구별되는 것들이다.[18] 〈그룹 B〉의 언어학적인 양상이 자리 잡은 뒤 충분한 시간이 지나고 나서 인도 지역 사람들과 이란 지역 사람들은 적대 관계에 놓이게 된 것으로 추정된다. 〈그룹 B〉에 속하는 인도유럽어족도 〈그룹 A〉에 속하는 히타이트인들처럼 전차를 획득하였거나 혹은 그들이 가지고 있던 전차 비슷한 도구를 전쟁에 사용하는 기술을 습득하게 되었다. 히타이트의 고향인 카네시(Kanesh)는 고대 근동 지방에서는 최초로 전차 모양의 수레가 (그림의 형태로) 발굴된 지역이다. 바로 이 전차가 인도유럽어족이 인근의 다른 어족들을 기술적으로 압도할 수 있게 만들어준 무기였다.[19]

나중에 이란 지역 사람들은 인도 지역 사람들을 물리쳤고, 그들을 뒤쫓아 중앙유라시아 깊숙한 곳까지 진출하게 되었다.[20] 스텝 및 인근 지

---

16 부록 A 참조. B그룹 고유의 형태음운학적 특징들(특히 차용어들 같은)이 (더) 발견된다면, 이 외래어의 정체를 규명하는 것이 가능해질지도 모른다. Witzel(2003)는 인도이란어 속의 그러한 차용어들을 거론하고 있다.
17 부록 A 참조.
18 아베스타어(Avestan)와 인도이란어 관련 문제는 부록 A 참조. 미주 31번 및 33번도 참조.
19 Hock의 논술(1999a: 12-13) 참조.
20 우리는 단지 이란어족 때문에 인도어족이 서부 그룹과 동남부 그룹으로 나누어졌다는 사실만 알고 있다. 서부 그룹은 근동 지방으로 이주했고(혹은 이미 이주해 있었고), 동남부 그룹은 인도 지역으로 이주했다.(혹은 이미 이주해 있었다.) Bryant(2001: 134) 참조. 아베스타어 텍스트들은 이와 같이 복잡한 인도어족과 이란어족의 상호작용 시대에 속하는 것일 수도 있다. 부록 A 참조. 고대 준가리아 및 인근 지역의 *아스빈(*Aśvin, 오손)은 동부 인도어족의 잔여 그룹일 수도 있다. 부록 B 참조.

역을 벗어나게 된 두번째 물결(second wave)은 이렇게 시작되었다. 그 물결 속에는 〈그룹 B〉에 속하는 방언을 사용하는 사람들이 섞여 있었는데, 예를 들면 인도어, 그리스어, 이탈리아어, 독일어, 아르메니아어 등이었다. 이 그룹의 인도유럽어족은 전차를 보유하고 있었고, 그들이 기원전 두번째 밀레니엄(2000~1001 BC) 중반 주변의 문명 지역들로 쳐들어가자, 그들은 해당 지역의 문화 및 언어에 가히 혁명적인 영향을 미치게 되었다. 그들은 새롭게 정복한 지역에 정착했고 그 지역 여인들을 아내로 맞아들였다. 이들은 인도유럽어족과는 다른 언어와 다른 문화를 가지고 있었으므로, 인도유럽어족에게도 마찬가지로 혁명적인 영향을 주게 되었다. 그래서 또 다시 새로운 인도유럽어 혼성언어(creole)가 만들어졌다.[21] 두번째 물결을 통해 두 개의 인도유럽어족(미타니의 고대 인도어족과 미케네의 그리스어족)이 역사의 기록 속에 등재되었다. 두번째 물결은 유라시아 대륙에서 첫번째 물결보다 훨씬 강력한 영향을 미쳤다.

고대 인도어족(Old Indic speakers)과 미케네의 그리스어족(Mycenaean Greeks)은 둘 다 최초의 위치(대략 메소포타미아 위쪽과 그리스의 에게 해 주변 지역)가 확인되는 사람들로, 그들은 기원전 두번째 밀레니엄(2000~1001 BC) 중반 비슷한 환경에 놓여 있었다. 고대 인도어족의 언어학적 자료는 분명하게 인도어일 뿐이며, 인도이란어는 아니다. 한편 정확히 같은 시기에 그리스의 샤프트 그레이브(Shaft Grave) 문화가 출현하는데, 이는 미케네 그리스어족의 출현과 동일시되어왔다. 〈그룹 B〉에 속하는 다른 언어들과는 달리 유독 그리스어와 인도어가 비슷한데, 이러한 유사성이 말

---

21 부록 A 참조.

해주는 것은 이들이 서로 다른 지역에 정착하기 직전까지 하나의 그룹으로 함께 있었고, 당시 이미 〈그룹 B〉에 속하는 다른 언어들은 분화가 이루어졌다는 것을 의미한다.[22]

두번째 물결의 시대가 끝날 무렵에는 이란어족이 중앙유라시아 스텝 지역을, 게르만어족이 중부 유럽 온대 지역을 압도했다. 게르만어족은 중앙유라시아 문화복합체를 대체로 유지했기 때문에, 그들은 효과적으로 중앙유라시아 문화 지대를 확장시킬 수 있었다.[23]

마지막으로 세번째 물결(third wave) 혹은 〈그룹 C〉의 이동이 있었다. 여기에는 켈트어, 발트어, 슬라브어, 알바니아어, 이란어 등이 포함되어 있었다.[24] 〈그룹 B〉에 속하는 사람들이 이미 중앙유라시아 고향 땅의 바깥 지역에 존재하고 있었을 때, 〈그룹 C〉에 속하는 사람들은 여전히 고향 땅에 머물러 있었다. 켈트어족, 알바니아어족, 슬라브어족, 발트어족은 이란어족을 피해 서쪽, 북서쪽, 북쪽 등으로 이동했다. 그럼에도 이란어족은 여전히 팽창을 계속했고, 〈그룹 C〉(특히 켈트족과 슬라브족)를 지배

---

22 전통적인 관점에 따르면 고대 인도어(베다의 산스크리트어)와 아베스타어가 매우 비슷했고, 심지어 그룹 B의 분화 이후에도 그러했다고 한다. 이러한 관점에 의하면 그룹의 분화는 매우 짧은 시기에 일어났어야 한다. 이러한 문제는 아베스타어에 대한 잘못된 이해에 근거한 망상에 불과하다. 부록 A 참조. 가장 시기가 올라가는 인도어와 이란어 텍스트에 대하여 최근 언어학적 연구에 따르면, 인도이란어 연구의 주요 문제들 중 하나는, 이론과 합치하지 않는 사례들이 너무 많다는 것이다.
23 두번째 물결에 속하는 다른 언어들은 시기가 조금 더 늦었던 것으로 확인되었다. 이탈리아어(기원전 1000년~0년대 초기), 게르만어(기원전 1000년~0년대 후기), 아르메니어어(0년~기원후 1000년대 초기).
24 켈트어와 이란어 부류는 기원전 1000년~0년대로 확인되었다. 슬라브어는 0년~기원후 1000년대 중반이다. 그러나 발트어와 알바니아어는 기원후 1000년~2000년대 후반으로 확인되었다. 알바니아어의 형성 과정은 특히 모호하다.

하려고 했다. 같은 시기 이란어족은 근동 지역을 가로질러 레반트 지역(지중해 동쪽 연안 지역)까지, 이란 지역을 가로질러 인도 지역까지,[25] 그리고 아마도 중앙아시아 동부 지역을 가로질러 중국 지역에 이르기까지 인도어족을 추적하고 있었다.

전통 이론은 인도유럽어가 수천 년에 걸쳐 그들의 고향 지역에서 원시 인도유럽어로부터 이미 여러 파생언어(daughter language)로 발전해 갔다는 주장이다. 그러나 이러한 주장은 언어유형론에 비추어 보자면 근본적으로 성립할 수가 없다. 최근에 입증된 이론은, 기존의 주장과는 달리, 마치 "빅뱅(big bang)"처럼 갈라졌다는 것이다. 인도유럽어가 아닌 다른 언어, 예를 들어 투르크어나 몽골어가 확산된 이후 역사학적으로 확인된 사례들도 그러하다.[26] 전통 이론은 또한 다음과 같은 사실로도 부정된다. 즉 만약 인도유럽어의 파생언어가 민족 이동 이전에 완성된 것이라면, 예컨대 이란이나 러시아에도 고대 그리스어의 흔적이 있어야 한다. 또 인도나 이탈리아에도 게르만어의 흔적이 있어야 하며, 그리스어나 이란어에 토하리어의 흔적이 있어야 한다. 하지만 그러한 흔적은 전혀 없다. 시기적으로 훨씬 나중의 역사학적으로 확인 가능한 민족 이동 사례에 비추어 보면, 아나톨리아어는 오직 아나톨리아에서만, 그리스어는 오직 그리스에서만, 토하리어는 동투르키스탄(신장)에서만, 게르만어는 북

---

25 Bryant(2001: 134)와 이 책에서 논의되는 "인도-아리아인 이주 논쟁" 참조. 대부분의 논쟁은 언어학에 대한 오해 때문이고, 정치적 동기가 언어나 역사와 아무 관련이 없기 때문이다. 인도-아리아인의 기원에 대해서는 언어학적으로 과학적 입증이 되지 않는다는 생각이 인도에서는 점점 확산되고 있다.(Bryant 1999, 2001). Hock(1999a) 참조.
26 Nichols(1997a, 1997b), Garrett(1999, 2006), Beckwith(2006a).

서부 유럽에서만, 아르메니아어는 오직 아르메니아에서만 발견된다. 유일한 예외라면 고대 인도어인데, 그것은 처음에는 메소포타미아 위쪽과 레반트 지역에서, 그리고 나중에는 인도 지역에서 발견된다. 이란어족이 페르시아로 확장된 결과 고대 인도어족이 두 갈래로 나뉘어졌다고 가정하더라도, 인도어가 유럽이나 유라시아 북부 지역에서 사용된 예는 전혀 발견된 것이 없다. 원시 인도유럽어는 중앙유라시아의 고향 지역에서만 사용되었고, 그것의 파생언어는 그 바깥 지역에서 그들이 이동한 직후에 생겨났다. 내가 제안하는 시나리오는 언어유형론과도 일치하며, 실제 역사학적으로 확인되는 인도유럽어의 파생언어 발생 정황과도 일치한다.

크로라이나의 고대인들

지금까지 발견된 것만으로 보자면, 최초의 인도유럽어족은 오직 고고학과 화석인류학을 통해서만 확인할 수 있다. 비록 발굴에 의해서 드러난 사람들이 어떤 언어를 사용했는지(어떤 방언이었는지는 말할 것도 없고) 알 수 있는 방법은 없다고 하더라도, 몇 가지 지표는 찾을 수 있다. 예를 들면 육체적으로 어떤 인류학적 특징과 문화적인 양상들을 가지고 있었는지, 먼 거리를 이주하면서 그 시점에는 어떤 면모들이 사라졌는지, 그들의 점령지에서 특이하게 역사시대까지 이어지는 명백한 연속성은 무엇인지 하는 것들이다. 역사학적 증거와 언어학적 증거를 종합해 볼 때, 그들(확인된 범위에서 최초의 인도유럽어족)은 원시 토하리인(Proto-Tokharian)이었다.

그들의 미이라를 보면 코카서스(Caucasus) 인종인데, 가장 시기가 올라가는 연대는 기원전 2000년경으로, 동부 타림 분지의 고대 크로라이나(Kroraina) 지역에서 대규모로 발굴되었다. 그 지역은 롭노르(Lop Nor) 근처로, 고대 선사-중국 문화 지대에서 서쪽으로 바로 옆이다. 가장 잘 알려진 발굴지역은 신강의 고묘구(古墓沟, Qäwrigul, qävrigul, 무덤 계곡)이다.

미이라는 털옷을 입고 있었는데, 펠트도 있었고 직조된 것도 있었다. 머리 옆에는 밀을 담은 그릇이 놓여 있었고, 마황(ephedra) 나무 가지도 있었는데, 이는 술을 담그는 재료로 『베다』에 등장하는 소마(soma, 이란어로는 haoma)를 만드는 데 쓰이는 것으로 추정된다. 몸에는 대개 얼굴까지 황토를 발랐다. 가축들의 잔해, 즉 소, 양, 염소, 말, 낙타 등을 보면 크로라이나 지역 사람들이 이 동물들을 길렀음을 알 수 있고,[27] 뿐만 아니라 야생 양이나 사슴, 새, 물고기 등도 사냥했던 것 같다.[28] 이러한 모든 문화적 양상들은 고대 인도유럽어족의 특징이다.[29]

오래도록 토하리어 혹은 토하리 방언은 고대에 크로라이나 및 그 인근 지역에서 사용했던 것으로 추정되어왔다. 그 언어는 오래도록 살아남아서 기원후 3세기 크로라이나의 프라크리트어(Prakrit) 문서 자료에도

---

[27] 스키타이 이전에 서부 스텝 지역에 살았던, 킴메르인(Cimmerian, Κιμμέριοι)을 포함한 여러 민족들은 소, 양, 염소, 돼지, 말 등을 길렀다. 가축 중에서 소를 중시했던 전통은 원시 인도유럽어족의 일반적인 전통이었다. 그러나 철기 시대 초기에 들어서는 스텝 지역의 주력 가축이 양과 말로 바뀌었다. 돼지는 삼림 지역 및 삼림 스텝 지역에서 계속 목축되었고, 고양이 및 나귀가 이후 추가되었다.(Rolle 1989: 100-101).
[28] Mallory and Mair(2000: 138-139).
[29] 고생물학 연구 결과, 중국 지역에 밀 종류, 길들여진 양과 말 등이 전래된 시기는 기원전 2000년 직후였던 것으로 추정된다. 길들여진 말의 수입에 대해서는 미주 34번 참조.

그 어휘의 흔적이 남아 있다. 이 지역이 고대 중국에서는 월지(月氏, 月支)의 고향이라 알려져 있었다. 월지는 분명 토하리인이다. 토하리어는 아나톨리아어와 공통되는 양상이 있는데, 즉 오직 이 둘만이 원시 인도유럽어의 파생언어 중에서 〈그룹 A〉에 속하는 것이다. 아나톨리아어는 역사학적으로 확인된 가장 오래된 원시 인도유럽어 파생언어이며, 그 연대는 기원전 19세기로 추정된다. 따라서 분명하게 말할 수 있는 것은 고대 크로라이나 지역 거주자들이 바로 원시 토하리어족이었다는 사실이다. 이들은 월지라고 알려져 있는데, 월지는 틀림없이 그리스 사료에 나오는 토하로이(Tokharoi)와 쿠차(Kucha) 및 투르판(코초) 사람들 모두를 가리킨다. 이들의 언어는 서부 토하리어와 동부 토하리어로 약간 달랐다.[30]

아나톨리아인

인도유럽어족 가운데 아나톨리아인의 기원이 되는 원시 아나톨리아인에 대해서는 논란이 많다. 고고학적 증거가 불분명하기 때문이다. 언어학적으로 가장 시기가 빠르고 역사학적으로 확인 가능한 자료는 카네시(Kanesh)에서 출토된 기원전 19세기 아시리아(Assyria)의 텍스트에서 언급된 이름들이다.[31] 이들로부터 발원하여 역사학적으로 알 수 있는 가장 오래된 인도유럽어족 국가인 히타이트가 세워졌다. 히타이트는 기원전 1650년경[32] 하티(Hatti) 사람들이 살던 지역에 세워진 강력한 국가였다.

30 부록 B 참조.

하티 사람들은 인도유럽어족이 아니었는데, 히타이트인들은 그들을 몰아내고 그들의 이름을 그대로 썼다.[33] 현재까지 전하는 히타이트어 텍스트는 대부분 기원전 14세기와 기원전 13세기에 쓰여진 것들이다. 이 중에서 어떤 것은 기원전 17세기 원본의 복사본도 있다.[34]

히타이트의 이동의 역사는 알려진 것이 없어서 다른 알려진 사실들로부터 간접적으로 추론을 하거나 재구성을 해 볼 수밖에 없다. 분명한 것은 히타이트가 군대를 동원하여 침략자로 들어오지 않았다는, 다시 말하면 외부에서 들어온 정복자는 아니었다는 사실이다. 그들은 하티 지역에서 오래도록 살았고, 그들이 지배자가 될 무렵에는 충분히 그 지역 주민으로 확립되어 있었다. 히타이트인들이 처음 아나톨리아에 정착했을 때, 그들이 전차를 보유하고 있었는지는 명확하지 않다. 그러나 가장 오래된, 전차처럼 보이는 '근동의' 대표적 유물로 확정된 것이 히타이트의 고향인 카네시에서 나왔다는 사실로부터[35] 곧 그들이 전차를 보유하고

---

31 *CAH* I.2: 833; *EIEC* 13 참조. "카네시(Kanesh, 현재 Kültepe)에서 발견된 아시리아 문서는 기원전 19세기로 편년되는데, 여기에는 히타이트 단어가 몇 개 남아 있다.(예를 들면 išhyuli, 의무, 계약)"(Bryce 2005: 13, 21 et seq.). 이는 "기원전 2000년 이후 인도유럽어가 이미 중앙 아나톨리아 지역에 들어와 있었음"을 보여 준다.(Melchert 1995: 2152). 한편 Bryce(2005: 23)는 "아나톨리아식 이름을 가진 집주인들, 예컨대 Peruwa, Galulu, Saktanuwa, Suppiahsu" 등을 카네시 문서로부터 인용하고 있다. 그러나 그러한 단어들이, 인도유럽어 사용자들이 기원전 19세기 이전 이미 현장에 존재하고 있었음을 의미하지는 않는다. 인도유럽어 사용자들의 존재를 보여주는 최초의 사례에 대해서는 미주 35번 참조.

32 Bryce(2005: 68).

33 *EIEC* 15. 그들의 원래 이름은 미상이다. 그들의 이름 및 방언으로서의 그들의 언어에 대해서는 미주 36번 참조.

34 *CAH* I.2: 831. 다른 알려진 아나톨리아 언어들(주로 Luwian, Palaic, Lydian, Lycian) 등은 모두 히타이트 시대 이후 확인된다. 일부 학자들은 초기 아시리아 문서에 거명된 이름들이 루비어(Luwian)라고 보았지만, 그렇지는 않았던 것 같다.

있었다는 추정이 가능하다. 처음부터건 나중이건 간에 그들이 이후 하티를 점령할 때는 분명히 전차를 보유하고 있었고 직접 사용도 했다. 고대로부터 중세에 이르기까지 수많은 유사 사례들을 보건대, '최초의 이야기' 모델에서도 나오는 것처럼, 아마도 처음에는 아나톨리아인 중에서 중앙유라시아식 전사-상인 집단이 하티 왕국에 고용돼서 또다른 인도유럽어족이 쳐들어오는 것을 방어하는 역할을 했다가, 나중에는 그들이 왕국을 수립하게 되었을 것이다.

히타이트 최초의 통치자가 문화적으로 하티와 매우 닮았다는 점을 고려하면, 그들이 하티의 풍습과 언어를 배우면서 성장했음이 틀림없다. 그러나 동시에 인도유럽어족으로서 그들은 전사이자 상인이었던 부계 문화 전통 또한 가지고 있었고, 스스로를 아버지쪽 종족으로 인식했을 것이다. 그들은 그들의 언어 전통을 유지하고 있었고, 최소한 몇 가지 신앙이나 관습도 유지했을 것이다. 히타이트의 왕은 개인적으로 엘리트 보디가드 집단을 소유하고 있었는데, 그들을 메세디(MEŠEDI)라고 했다. 메세디는 12명의 전사로 구성되었으며, 언제나 왕과 동행하며 왕을 보호했다.[36] 그 수가 많지 않고 지위가 상당히 높았던 점을 고려하면,(미타니 Mitanni 왕국 근처의 고대 인도어족 중 하나인 마리야누maryannu와 비슷하다.) 이들은 사실상 코미타투스였던 것 같다.[37] 히타이트인들에게는 인도유럽어족 고유의 영웅을 숭상하는 기풍이 있었다. 게다가 스스로가 가축과 여인을

---

35 Drews(1988: 94).
36 Bryce(2002: 21-24; 2005: 109) 참조. 히타이트와 스카타이 매장 풍습의 유사성에 대해서는 Rolle(1989: 34) 참조.
37 보다 심도 깊은 히타이트 연구자들의 연구가 이를 분명히 밝혀줄 것이다.

빼앗기는 비참한 처지라고 비관까지 하게 되면, 이방인의 통치를 받을 수 없다고 생각하게 되는 건 이제 시간문제였다. 그들이 지식을 습득하게 되고, 적당한 수단을 획득했을 때, 그들은 하티의 통치자를 무너뜨렸고, 그들의 지도자를 왕으로 세웠다. 이렇게 해서 그들은 역사학적으로 전모를 확인할 수 있는 그들의 왕 하투실리(Hattusili) 1세와 함께 기원전 1650년경 히타이트 왕국을 세웠다. 그들은 당시로서는 가장 선진적인 무기였던 전차의 도움을 많이 받았는데,[38] 근동 지역에 전차들이 막 보급될 때였다.[39]

히타이트 왕국을 세움으로써 히타이트 사람들은 처음으로 진정한 의미의 국가를 수립하였다. 그들의 어머니, 사촌, 외삼촌들은 하티족이었다. 그들은 시리아와 메소포타미아로 뻗어나갔고, 당시의 또 다른 거대한 왕국들(이집트를 포함해서)과 싸웠으며, 성경에도 그 이름을 남겼다.

히타이트의 문화는 하티와 섞이면서 근본적인 변화를 겪게 된다. 하티 외에도 다른 민족들의 영향도 받았는데, 특히 미타니의 영향을 받았

---

[38] 히타이트어에서는 원시 인도유럽어에서 '마차'를 뜻하는 단어 등이 나타나지 않는다. 이로 미루어 보아 히타이트는 아나톨리아로 이주하는 동안, 혹은 이주한 뒤에야 전차를 사용했을 것으로 추정된다. Hock(1991: 120) 참조. 사실 문제는 우리가 여전히 히타이트에 대해서 아는 것이 별로 없다는 점이다.

[39] Drews(1993: 106; 2004: 49). 트로이 VI 사람들은 아나톨리아어족이었던 것으로 추정된다. 이들 또한 전차를 사용했다. "트로이 VI를 건설했던 사람들은 아나톨리아 북서부로 말[馬]을 전해주었다. 도시가 유지되는 동안(기원전 1700년~기원전 1225년경), 그들은 전차를 끄는 데 말을 사용했을 뿐만 아니라 식용으로도 썼다."(Drews 2004: 55). 중앙유라시아 외부 지역에서 말고기를 먹는 경우는 극히 드물었다. 실제로 고대 근동 지역 대부분이 그러했다. 따라서 말고기를 먹는 사람들은 중앙유라시아에서 이주한 사람들일 것으로 추정된다.(Drews 2004: 44) 참조.

다. 하티와 미타니는 모두 고대 인도어족인 마리야누(maryannu)가 지배 계급이었고, 비-인도유럽어족인 후르리인(Hurrian)이 그 백성이었다. 미타니 왕국은 메소포타미아 북부에 있었고 하투사(Hattusa) 남부까지 미쳤으며, 히타이트와는 적대관계였다. 히타이트는 약 5백여 년간 그들의 언어를 유지했다. 하지만 청동기 시대가 끝나가던 기원전 12세기 무렵, 전통적으로 잘 알려지지 않은 해양 민족의 침략으로 인해 히타이트 왕국은 멸망하고 말았다. 해양 민족은 당시 레반트 지역의 여러 왕국들을 침략하고 파괴했는데, 특히 시리아와 팔레스타인 지역, 그리고 이집트와 그리스 지역도 그들에게 당했다.[40] 히타이트 왕국의 일분파가 살아남아 카르케미쉬(Carchemish)에서 몇 세대를 유지했지만, 민족으로서 히타이트는 사라지고 말았다.[41] 히타이트의 수도에는 기념비적인 석조 건물 라이온 게이트(Lion Gate)가 지금도 남아서 중앙 아나톨리아 지역의 하투사[42] 유적 입구를 지키고 있다.

마리야누

두번째 물결(그룹 B)에 속하는 인도유럽어족 가운데 처음으로 분명한 기

---

40 Bryce(2005: 333-340), Drews(1993: 8-11), Oren(2000) 참조.
41 Bryce(2005: 347-355). 다른 아나톨리아인들이 고전 시기 그리스-로마 시대까지 살아남았지만, 히타이트인들만큼 유명하지 않았다.
42 Hattusa 혹은 Hattuša. 현재 보가즈코이(Boğazköy 또는 Boğazkale) 마을. 안카라(Ankara, 예전의 Angora, 고대에는 Ancyra) 동쪽 150킬로미터 지점. 이 도시에 대해서는 Bryce(2005: 43, 45, 84)에 실린 지도와 사진, 그리고 Bryce(2002) 참조.

록 속에 등장하는 사람들은 고대 인도어를 사용했던 전차 전사들로, 마리야누(maryannu)라고 알려져 있다. 그들은 미타니의 후르리 왕조에서 지배 계층에 속했는데, 그 왕국의 중심지는 메소포타미아 북쪽과 시리아 남쪽에 위치하고 있었다. 이 왕국의 통치자들은 고대 인도어 이름을 가지고 있었다.[43] 그들이 숭배하던 신들의 이름도 고대 인도어였다. 그들의 이름인 마리야누(maryannu)의 어근 마리야(marya-)는 '전차 전사'를 뜻하는 고대 인도어이다.[44] '전차', '말', '말 길들이기' 등을 비롯하여 그들의 문화에 속하는 여러 요소를 지칭하는 어휘들도 고대 인도어였다. 비록 미타니 텍스트가 침략자들이 사용했던 고대 인도어 대신 살아남은 그 지역의 비-인도유럽어인 후르리어로 쓰여지긴 했지만, 마리야누는 틀림없이, 적어도 처음에는, 인도어를 사용했고 후르리어를 사용하지 않았다. 따라서 미타니 왕조는 그 기원에 있어서 인도어족이었다.[45] 그들이 정확하게 어떻게 그들의 왕국을 건설했고, 그들의 인도어가 사라진 다음에도 그 이름이나 차용어(외래어)로 보존될 만큼 얼마나 오랫동안 그들

---

43 Burney(2004: 204)에 따르면, "미타니 내부의 비-후르리인(Hurrian) 구성원과, 틀림없이 인도-아리아어인 언어 자료들에 대해서 그간 연구가 집중되었다. 이들 비-후르리인 그룹은 상당한 영향력을 갖고 있었지만, 후르리 백성들 사이에서는 어디까지나 소수에 불과했다. 그러나 그들은 왕실 인사에 포함되었고, 모두 인도-아리아식 이름을 가지고 있었다." 이 글에서 부정적이고 폄하적인 뉘앙스를 제거하면 이렇게 읽을 수 있다. "미타니 내부에서 중요한 위상을 차지했던 비-후르리인 구성원은 언어적으로 명백히 인도-아리아인이었다. 이들을 마리야누(maryannu)라고 했다. 이들은 매우 영향력이 있었고 왕실 인사에 포함되기도 했다. 그들의 이름은 모두 인도-아리아어였다."
44 'marya'(젊은 [전차] 전사) 또는 'marut'(전차 전사)의 어원 및 관련 단어들에 대해서는 미주 37번 참조.
45 Freu(2003).

의 언어를 지속했는지는 알 수 없다. 그러나 그들의 언어민족학적 기원은 의심의 여지가 없는 것이다. 초기 미타니 왕국의 통치자들은 틀림없이 고대 인도어를 사용했고, 그들은 전차 전사였다. 좀 더 정확하게 말하자면, 고대 인도어를 사용하는 통치자들이 전차 전사들로 구성된 코미타투스를 운용하고 있었다.[46]

더불어 그들은 전차와, 전쟁에서 전차를 활용하는 기술과, 말을 다루는 기술을 미타니 지역으로 가지고 왔다. 만약 그들이 아니라면, 미타니 지역의 원주민이자 비-인도유럽어족인 후르리인이 전차를 가지고 있었고, 그것을 다룰 줄도 알았다는 말인데, 그렇다면 첫째, 후르리인은 고대 인도어족인 침략자들을 물리쳤을 것이다. 둘째, 미타니 텍스트에는 이런 것들을 지칭하는 고대 인도어 어휘들이 남아있지 않았을 것이고, 통치자의 이름도 고대 인도어가 아닌 다른 언어를 사용했을 것이다.[47] 그랬다면 통치자의 이름은 후르리어거나 또 다른 고대 근동 지역 언어였을 것이다. 만약 마리야누가 전차와 말과 전차 전투 기술을 후르리인으로부터 배웠다면, 그들은 아마도 다른 방식으로 후르리인의 언어와 문화에 영향을 미쳤을 것이다.

그 반대의 추론도 가능하다. 만약 마리야누가 전차, 말, 전차 전투 기술, 말 조련 기술 등을, 그들이 메소포타미아 위쪽 지방으로 들어오기

---

46 국왕들을 포함해서 중앙유라시아의 지도자급 대부분은 코미타투스를 보유하고 있었다. 분명 미타니에는 전차 전사 궁수로 구성된 코미타투스가 먼저 있었고, 나중에 기마 궁수 코미타투스로 이어졌을 것이다. 기원전 1000년 이후로 알려진 코미타투스는 후자였다.
47 Freu(2003: 19)는 다음과 같이 말했다. "모든 군주들은 베다에 나오는 고유명사를 따라 이름을 지었다. 그래서 산스크리트어만 가지고 분석이 가능하다."

전에 알지 못했고, 그들이 해당 지역으로 들어온 뒤 후르리인이나 다른 근동 민족들로부터 배운 것이라면, 유명한 말 조련 기술서인 『키쿨리(Kikkuli)』에 등장하는 해당 어휘들이 비-인도유럽어인 후르리어나 다른 어떤 고대 근동 지방 언어들, 예컨대 아시리아어로 적혀 있었을 것이다. 그러나 『키쿨리』 텍스트에는 해당 어휘들이 고대 인도어로 남아 있고, 그 중 대부분은 인도유럽어에서 기원한 것들이며, 후르리어나 기타 고대 근동 지역 어휘들이 아니다.[48] "원주민"으로서의 미타니 이론은 성립할 수가 없다.[49]

마찬가지 방식으로, 미타니 자료에는 드라비다어나 문다어 혹은 기타 인도 남부 지역 어휘들도 남아 있지 않다. 마리야누가 인도 남부 지역으로부터 유래했다면, 그들의 언어는 말이나 전차에 대해서뿐만 아니라 그 이전부터 인도 지역에 존재했던 문화적 양상들, 예를 들면 가축이나 곡식 등 기타 다른 것들에 대해서도 비-인도유럽어의 어휘를 사용했을 것이다. 그러나 고대 인도어는, 미타니와 인도 지역 둘 다에서 동일한 문화적 어휘들을 사용했고, 그것은 인도유럽어였으며, 결과적으로 중앙유라시아에서 기원한 것이었다.

---

48 Witzel(2001)의 유사한 논점 참조. 이외에도 후르리어와 고대 근동 언어들에는 수많은 차용어들이 있다.
49 이 사안에 대해서는 미타니 역사에 대한 Freu(2003)의 저서 참조. 이 책에는 방대한 참고문헌이 수록되어 있는데, 인도어 문헌 자료도 포함되어 있다. 기원전 2000년~기원전 1000년대 근동 지방 전역에서, 미타니의 왕들, 전차 전사들 및 관련자들이 이름을 남겼고, 단어의 흔적도 남아 있다. *EIEC* 306 참조. 고대 동아시아 연구자들 가운데 고대 인도유럽어의 침투를 무시하거나 평가절하하는 사람이 있는 것처럼, 고대 근동 지역 연구자 중에서도(예를 들면 Van de Mieroop 2004: 112-117) 역시 이를 무시하고자 하는 사람이 있다.

인도 대륙의 인도어족 그룹으로부터 메소포타미아 지역 인도어족 그룹을 분리해낼 수 없고, 그 반대도 또한 불가능하기 때문에, 그 둘은 모두 공통 조상인 어떤 하나의 인도어족 그룹으로부터 파생된 그룹들이어야 한다. 그들의 공통 조상 그룹은 아마도 이란어족의 침입을 받았을 것인데, 이란어족은 북쪽으로부터 이란 지역으로 쳐들어왔고, 이들을 피해 인도어족은 두 그룹으로 나뉘어져 이란 지역을 벗어났을 것이다. 여기에 대해서는 인도와 이란의 신화 비교 연구에 근거하여 오래도록 논증이 이루어진 바 있다.[50]

미타니 왕국은 기원전 16세기 후기에 세워졌고, 독립 왕국으로 지속되다가 기원전 1340년에서 기원전 1325년 사이 히타이트의 왕 수필리울리우마(Suppiluliuma)에 의해 무너졌다. 미타니는 얼마 지나지 않아서 히타이트로부터 떨어져 나왔지만, 곧바로 아시리아의 지배 하에 들어갔다. 기원전 1265년경 사투아라(Šattuara) 2세가 미타니 왕국을 다시 세우려 시도했지만, 기원전 1260년경 아시리아의 왕 살마나사르 1세(Salmanasar I, 재위 1273~1244 BC)에게 패해 영토에서 쫓겨났다.[51]

---

50 앞에서 언급한 바와 같이, 고대 준가리아 및 일리 강 유역에 있었던 오손(烏孫), 즉 *아스빈(*Aśvin)이라는 이름은, 그들이 중앙유라시아의 고대 인도어족의 후손일 가능성을 보여준다. 그들의 이름과 칭호는 인도어와의 연관성을 염두에 두고 재검토할 필요가 있다. 부록 B 참조.
51 Freu(2003: 221-223); Van de Mieroop(2004: 121).

인도 북부 지역

인도 북서부 지역으로 들어온 고대 인도어족의 이동에 대해서는 고고학적 증거가 여전히 불분명하다. 고대 인도어가 인도 지역에서 이질적인 것이었고, 북서쪽으로부터 인도 대륙으로 들어왔다는 것은 의심의 여지가 없다. 더구나 고대 인도어족이 애초에 인도 지역에 출현한 것은, 그 후손들이 전하는 가장 오래된 전설 속에서 분명하게 이주민으로 나타난다. 이주민들은 원주민들이 세운 나라를 정복했는데, 원주민들은 인종적으로나 언어적으로나 문화적으로도 인도유럽어족이 아니었다.[52] 이는 가장 오래된 고대의 텍스트 『리그베다』에서 아주 분명하게 나타나며,[53] 훨씬 후대의 작품들, 예컨대 인도의 국민적 서사시인 『마하바라타』까지 지속되었다. 『마하바라타』 중에서도 특히 핵심적이며 가장 오래된 부분에서 잘 드러난다. 여기서 등장하는 고대의 호전적인 이주자들은 가축을 몰고 왔으며, 말이 끄는 마차를 타고 싸웠고, 굉장히 가부장적인 풍속을 지니고 있었다. 그들은 바로, 잘라 말하면, 인도유럽어족이었다.[54]

인도유럽어족의 인도 정복은 베다 시대에 끝나지 않았다. 수 세기 동

---

52 인도 지역으로 고대 인도어가 들어온 시기는, 인도 북서부 하라파 문명(인더스 문명)이 기원전 2000년~기원전 1000년대에 갑자기 붕괴한 이후의 일로 알려져 있다. 그리고 베다 경전은 펀자브 지역에서 형성된 것으로 추정되고 있다. 그러나 이 문제에 관한 논의는 어쨌든 완전히 정치적으로 변질되고 말았고, 여기에 대한 논의도 전혀 믿을 수가 없게 되었다. 간략한 논의와 참고자료가 미주 38번에 실려 있다.
53 전통적으로 『리그베다』는 가장 오래된 고대 인도어 텍스트(텍스트 모음집이라고 해야 할 것이다.)로 알려져 있다. 그러나 그 존재가 확인된 시점은 불과 천여 년 전이었다. 부록 A 참조.
54 고대 인도어 어휘 마리야(marya) 및 마루트(marut)에 대해서는 미주 37번과 Witzel(2001) 참조.

안 지속된 정복의 과정을 통해 고대 인도어족은 인도 북부 지역에 그들의 언어와 문화를 남겼으며, 그 너머 몇몇 지점들까지도 전해졌다. 동시에 인도 지역 원주민들은 새로운 이주자들로부터 심대한 영향을 받았으며, 가능한 모든 방식으로 서로 뒤섞였고, 새로운 융복합 문화를 만들어냈다.[55]

그리스 미케네 지역

선사시대 그리스에서 가장 주목할 만한 고고학적 사건을 하나 들라면 단연 샤프트 그레이브(Shaft Grave)의 출현을 들 수 있다. 이들은 기원전 1600년경의 무덤들이며, 단연 기념비적이고, 보물도 가득했다. 미케네 지역의 원형 무덤 속에서 발굴된 무기와 금붙이 부장품과 기타 공예품들은 그리스 지역에서는 전혀 선례를 찾아볼 수 없는 사례들로서, 오직 외부 문화 요소의 전래로밖에 설명될 수가 없다. 다시 말해서 이러한 고고학적 발굴품들은, 오늘날 미케네 그리스인으로 판명된, 바로 그들이 가지고 들어온 것이다.[56] 미케네인들은 그리스 에게 해 지역에 등장한 최초의 인도유럽어족이었다. 그곳은 오래도록 인도유럽어족이 아닌 사

---

55 "순수한" 인도-아리안 문화 혹은 "순수한" 비-인도-아리안 지역 문화 같은 것은 없었다. 이들은 모두 처음부터 혼합된 것이었고, 서로 간에도 습합이 있었다. 인도 문명을 창조한 이들은 혼혈 방언을 사용하는 사람들이었고, 이후에도 혼혈은 계속되었다.

56 Drews(1988: 21-24). James Mulhy(Drews 1988: 23, n.16에 인용)에 따르면, "선사시대 그리스에서 가장 극적이었던 전환은 …… 기원전 17세기 후반부에 발생했다. 미케네의 샤프트 그레이브가 대표적인 사례이다. 가난했던 헬라도스 중기 시대의 사람들이 어떻게 미케네의 샤프트 그레이브 같은 부유하고 화려한 문화를 준비했는지는 알 수 없다."

람들이 점령하고 있었던 지역이다. 이러한 역사적 사실은 언어학적으로도 다시 확인이 된다. 즉 미케네의 그리스어는 이후의 모든 그리스어 방언들의 기원이 된다.[57] 기원전 14세기까지 거슬러 올라가는 가장 오래된 텍스트들로는 크노소스와 크레타 궁정 전적들이 포함되는데, 여기에는 수많은 전차와 전차 부품들이 등장한다. 뿐만 아니라 미케네 지역에서는 미케네인들이 만든 공예품이 발굴되었는데, 기원전 16세기부터 기원전 15세기 사이의 것들로, 전차를 묘사한 그림이 들어 있다.[58] 미케네인들이 전차를 가지고 있었고, 그리스를 점령할 때 전차를 이용했다는 사실은 의심할 여지가 없다.

황하 유역

전차를 비롯하여 중앙유라시아 문화복합체의 요소들이 중국에[59] 나타난

---

57 Garrett(1999). Mallory(1989: 66-71)도 유사한 결론을 내렸다. "현재 우리가 알고 있는 그리스 방언에 대한 지식에 비추어 볼 때, 인도유럽어족은 기원전 2200년에서 기원전 1600년 사이의 어느 시점엔가 그리스로 들어갔고, 나중에 그리스어족으로 출현했다고 생각해볼 수 있겠다." 미케네 그리스 문자 체계, 즉 선형문자 B는 1954년 Michael Ventris가 천재적으로 해독에 성공했다. 이러한 도약으로 말미암아, Ventris와 Chadwick은 미케네 텍스트를 읽어낼 수 있었다. Chadwick(1958) 참조. 그 기록들에는 특히 전차, 전차 부품, 화살촉, 이외 기타 무기에 대한 내용이 들어 있다.
58 미케네 그리스인의 샤프트 그레이브와 히타이트의 본거지 카네시 출토 유물을 중심으로, 전차의 발명, 가장 오래된 연대, 전차의 사용 등에 대한 고고학적 논의는 미주 39번 참조.
59 최초의 "중국인" 국가의 기원, 위치, 영역에 대해서, 그리고 중국어의 언어학적 기원에 대해서는 미주 40번 참조.

때는 기원전 12세기 조금 이전이었다. 황하 유역 북부의 안양에서 상나라 후기 수도의 유적지가 발견되었는데, 그곳에서 발굴된 왕실 공동 묘역 부장품들 중에는 수많은 전차와 말이 포함되어 있다. 전차 전사와 그들의 무기도 종종 발견되었다.[60] 전차의 바퀴살이 근동 지역에서는 4개 혹은 6개뿐이지만, 중국에서 발견된 것들은 바퀴살이 훨씬 더 많았다. 이는 같은 시기 카프카스 지역에서 사용되던 것과 굉장히 비슷하다.[61] 전차는 종종 스텝 지역에서 전형적인 북방식 청동검과 함께 발견된다.[62] 전차는 북쪽 혹은 북서쪽으로부터 상나라로 전래된 이질적인 물건이었다. 그 이전에는 바퀴가 달린 운반 도구가 중국 지역에 없었다는 사실이 지금은 널리 인정되고 있다.[63] 말과 무장한 젊은 남성(전차를 조종하거나 전차에서 활을 쏘는 전사였을 것으로 추정)을 전차와 함께 매장하는 풍습은[64] 중앙유라시아 문화복합체의 독특한 지표이다. 그 시기 이러한 풍습은 물

---

60 Bagley(1999: 202 이하).
61 Bagley(1999: 207). 그 유물들은 차셴(Lchashen)에서 발굴되었다. 차셴은 카프카스 산맥 남서쪽 아르메니아의 세반(Sevan) 호수 근처이다. 차셴 출토 유물의 연대는 대략 기원전 2000년~기원전 1000년대 중반이다. Barbieri-Low(2000: 38) 참조. 이 책에서는 차셴 출토 유물과 중국 상나라의 전차를 비교했는데, 놀라울 정도로 유사하다. 고대 근동 지역에서 역사적으로 가장 오래된 전차와 전차 전사는 히타이트와 미타니 왕국에서 확인되는데, 이곳은 차셴의 바로 서쪽이다. Barbieri-Low(2000: 37-39)에서의 주장에 따르면, 근동의 전차는 조금 더 작은 스텝 지역 전차에서 직접 유래된 것이다. 스텝 지역 전차는 신타슈타-페트로브카(Sintashta-Petrovka) 문화에서 발굴된 부장품이 대표적이다. 이곳은 우랄 산맥 남부 지역으로, 현재 카자흐스탄 북서부와 러시아 남부에 해당한다. 이보다 더 큰 중국식 전차는 차셴 전차의 영향을 받은 어떤 것에서 다시 유래했을 것이다.
62 Bagley(1999: 208), Barbieri-Low(2000: 42-43).
63 Piggott(1992: 63), Shaughnessy(1988). "지역적 발전" 관점에 대해서는 미주 41번 참조.
64 Barbieri-Low(2000: 10 이하)는 전차와 함께 매장된 '젊은 남성들'에 주목하고 있다. 그들의 젊은 나이나 소장하고 있는 무기 등으로 볼 때, 장교들이었던 것으로 추정된다.

론 당연히 인도유럽어족의 풍습이었다. 이러한 매장 방식은 상나라 유적지에서 빈번하게 발견되는데, 통상 지위가 높은 귀족의 무덤에 부속되어 있다.[65] 앞서 언급한 것처럼, 고대로부터 중세에 이르기까지 중앙유라시아 관련 역사 자료들에서 확인되는 바, 주군의 코미타투스 소속 전사들은 주군과 함께 매장되었고, 그들의 말과 무기와 보물들도 무덤 속에 함께 묻었다. 또한 의미심장한 것은, 중국에서 가장 오래된 기록 자료인 갑골문(甲骨文)도 비슷한 시기에 시작되었다는 사실이다. 이 갑골문 시스템과 유사한 사례가 알려진 바는 없지만,[66] 정체가 불분명한 모종의 인도유럽어족이 중국 지역으로 전차를 가지고 왔다면, 그들이 글쓰기에 대한 아이디어 또한 가져왔을 가능성이 충분히 있다.[67]

중국 지역에 전차와 코미타투스 매장 방식이 소개된 것은 중앙유라시아 사람들이 그곳에 등장한 직후부터였다. "안양의 전차 부장품으로 볼 때, 기원전 1200년경부터 북방의 이웃들과 근본적인 상호교류가 있었던 것 같다. 침략을 한 것도 아니었고, 국경에서 충돌이 있었던 것도

---

65 Barbieri-Low(2000: 22)에 따르면, "발굴 사례의 대부분에서 1~3명의 사람들이 희생당해 전차와 함께 구덩이에 묻혔다. ······ 모두 예외 없이 남성이었다.(20~35살 사이)" 또한 "이 젊은이들과 함께 대개 무기, 청동으로 만든 재갈, 또는 옥이나 청동으로 만든 채찍 손잡이 등이 발굴되었다. 이로 미루어 보아 이들은 실제로 전사들 또는 전차 운전수들이었을 가능성이 높다."(Barbieri-Low 2000: 32-33). 이러한 무기들에서 보이는 중앙유라시아 스타일에 대해서는 미주 42번 참조.
66 중국에는 청동 기술의 핵심 요소가 기원전 2000년~기원전 1000년대에 북서쪽으로부터 유입된 것으로 널리 알려져 있다. 그러나 일부 중국 연구자들은 중국 청동 제련의 혁명적인 변화가 기원전 15세기에서 기원전 14세기 사이에 있었고, 그 결과 청동 주물 기술과 산업을 대단히 큰 폭으로 확장시켰다고 생각한다.(Bagley 1999: 136-142 et seq.).
67 중국 문자 체계의 구조 및 기원에 대해서는 미주 43번 참조.

아니었다. 적으로부터 전차와 말을 포획했다고 해서 그것을 운용하고 유지하고 다시 만들어내는 기술까지 가져올 수는 없다. …… 전차가 전래되었다는 분명한 지표는 문화적 접촉을 푸는 열쇠로서 전래 그 자체보다 훨씬 큰 의미에 주목할 필요가 있다."[68] 같은 시기 중국 이외 지역에서 전차 전사들의 사례가 모두 인도유럽어족이었고, 대부분은 〈그룹 B〉에 속하는 사람들이었기 때문에, 중국 지역에 들어온 사람들도 물론 인도유럽어족으로 봐야 할 것이다. 황하 유역의 문화에 도래인들이 미친 심대한 영향을 고려해 보면, 언어학적 영향 또한 강력했을 것이며, 이는 새롭게 전래된 물품이나 기술들에 한정된 어휘 정도가 아니었을 것이다. 그들의 언어가 아직은 보다 분명하게 특정되지가 않았지만, 그들이 아직은 알려지지 않은 또 다른 부류의 인도유럽어족이었을 가능성은 충분할 것이다.[69]

주나라의 상나라 정복

신성한 주나라의 창시자이자 농사의 신인 후직(后稷) 이야기의 줄거리는 전형적인 중앙유라시아 건국 신화이며, 로마 신화, *아스빈(*Aśvin, 오손) 신화, 부여-고구려 신화와 아주 비슷하다. 어떻게 가장 존경받는 중국 왕조의 기원이 이민족의 건국 신화와 같을 수가 있을까?

---

68 Bagley(1999: 207-208).
69 Beckwith(2002a, 2006c) 참조.

주나라는 중국 역사상 대대로 이상형으로 간주되었지만, 전통적으로 중국 학자들은 주나라의 기원이 중국이 아니라고 간주했다. 이는 놀랄 만한 일인지도 모르겠지만, 주나라의 성립 기반에 대한 자료들을 살펴보면 이러한 관점이 그리 놀랍지는 않다. 주나라를 세운 사람들은 당시 중국 문화 지대의 서쪽 변경으로부터 들어왔다. 후직의 어머니 강원(姜原)은 그 이름을 보면 강족(姜族)이었다. 일반적으로 강족은 중국인이 아니라고 알려져 있고, 은나라와 적대적인 이민족이었던 강족(羌族)과 같은 민족이었을 것으로 추정된다.[70] 은나라 시기 강족(羌族)은 틀림없이 숙달된 전차 전사들이었고, 따라서 틀림없이 말과 바퀴에 익숙했을 것이다. 그러나 주지하듯이, 티베트-버마어(Tibeto-Burman)도 궁극적으로 거슬러 올라가면 그 기원이 인도유럽어이기는 하지만, 티베트-버마어에서 '말'이란 어휘는 고대 중국어로부터 차용된 어휘이며, 인도유럽어에서 직접 전해진 어휘가 아니다.[71] 티베트어에서 '바퀴'를 뜻하는 어휘도 마찬가지다.[72] 고대의 강족(羌族)은 티베트-버마어족이라고 알고 있는 사람들이 많지만, '말'이나 '바퀴'를 가리키는 어휘뿐만 아니라 다른 여러 가지 이유에서 볼 때, 강족은 티베트-버마어족이 아니라 인도유럽어족이었고, 강원 부인도 인도유럽어족에 기원을 둔 부족에 속해 있었다. 그래서 강원 부인과 그의 아들, 즉 주나라 왕실의 기원에 대한 신화가 중앙유라시아 스타일인 것은 결국 당연한 결과이다.

그러나 주나라의 문자 언어는, 주로 청동기에 새겨져 보존되어 있는

---

70 姜(Chiang) 및 羌(Ch'iang), 그리고 그 어원에 대해서는 미주 44번 및 부록 B 참조.
71 '말[馬]'을 가리키는 고대 중국어 방언에 대해서는 미주 45번 참조.
72 '바퀴', '전차'를 가리키는 고대 중국어, 고대 티베트어 재구성과 관련해서는 미주 46번 참조.

데(청동으로 만든 의례 도구에 새겨져 있는 텍스트들), 분명히 상나라의 갑골문과 연속성을 가지고 있고, 이는 둘 다 현대 중국어의 조상임이 틀림없다. 전통적인 관점에서 보자면 중국어의 발전에 외부 언어의 영향이 뚜렷하게 들어설 여지는 없었고, 이러한 관점은 지금도 중국어학에서 주류를 이루고 있다.[73] 하지만 내가 보기에는 그럴 리가 없다. 고립주의의 입장에 대립되는 증거들, 특히 고고학적 발굴 자료들이 가리키는 바는, 전차를 가지고 왔던 이질적인 인도유럽어족이 상나라 문화에 막강한 영향을 미쳤으며, 어쩌면 상나라 건국(약 1570 BC)의 기반이 되었을지도 모른다는 것이다. 상나라가 점유했던 영토는 황하 유역으로, 오늘날 호남성 북동부, 산서성 남동부 및 산동성 서부에 걸치는 상당히 조그만 지역에 불과했다.[74] 이 정도 나라라면 전차로 무장한 호전적인 인도유럽어족이 쉽게 압도했을 것이다. 이러한 정치적 사건을 입증해줄 직접적인 증거는 없지만, 이질적인 전차 전사들이 존재했다는 점, 그리고 그들이 중국의 물질문화에 영향을 미쳤다는 점은 부정할 수 없을 것이다.

동아시아 지역에서 전차 전사들이 등장하는 시기는 그리스 지역(유럽)과 메소포타미아 지역(근동, 서남아시아), 그리고 인도 북서부 지역(남아시아)에서 그들이 등장하는 시기와 거의 같다.[75] 동아시아를 제외한 모든 경우에서 전차 전사들은 인도유럽어족이었고, 중앙유라시아 고유의 문

---

73 현재의 지배적인 견해에 대한 비판과 관련해서는 미주 47번 참조.
74 Keightley(1999: 277).
75 상나라 시대 인도유럽어족 관련자들의 유입설에 반대하는 견해는 이러한 증거와 그 외 풍부한 근거들을 무시한다. 이들은 심지어 증거 자체를 무시하기도 한다. 불행하게도 아직은 아무도 고대 중국어를, 그 영향관계를 밝힐 수 있을 만큼 충분히 정밀하게 복원하지는 못했다.

화를 가지고 있었다. 동아시아 지역의 경우, 전차 전사들은 다른 유라시아 지역의 인도유럽어족과 동일한 중앙유라시아 문화를 가지고 있었던 것으로 보인다. 그렇다면 그들 또한 인도유럽어를 사용하는 민족이어야 한다.

언어학적으로 보자면 이와 같은 인도유럽어의 침입은 오직 두 가지 가능성밖에 없다. 갑골문에 기록된 초기 고대 중국어(early Old Chinese)가 인도유럽어의 요소를 가진 비-인도유럽어이거나, 혹은 비-인도유럽어의 요소를 가진 인도유럽어이거나.[76] 두 가지 경우에 모두, 청동기에 새겨진 한자와 현대 중국어 및 그 방언들은 초기 고대 중국어(갑골문)의 연장선상에 있으며, 따라서 갑골문은 이미 "중국어"였다. 초기 고대 중국어와 관련된 최근의 언어학적 연구에 의하면, 원시 인도유럽어와 관련이 분명한 인도유럽어의 수많은 요소들이 이미 상나라의 갑골문에 나타난다고 한다. 그들이 인도유럽어족 가운데 어떤 갈래인지는 여전히 불분명하다. 그러나 그것이 원시 인도유럽어에 가까운 인도유럽어였을 것으로 추정할 수는 있다.

현대의 어떤 이론에 따르면,[77] 가장 그럴듯한 시나리오는 이렇다. 소규모의 인도유럽어족 전차 전사들이 용병으로서 황하 유역의 선사 중국 문화 지대로 들어갔다. 그들이 그 지역에 정착했고, 그 지역의 여인들과 혼인관계를 맺었으며, 그 결과로 그들의 언어는 현지어와 뒤섞여 언어적 혼혈이 일어났다. 다른 인도유럽 파생언어와 똑같은 과정을 거친 셈이

---

76 '혼합어 가설'(이에 대해서는 미주 48번 참조)은 현재 부정된 상태이며, 두 가지 가능성만 남아 있다.
77 Beckwith(2006a: 23-36); Nichols(1997a, 1997b) 및 Garrett(1999) 참조.

다. 혹은 현지 언어에도 언어적 혼혈이 일어났거나 적어도 인도유럽어의 영향을 상당한 정도로 받게 되었다.(미타니의 인도유럽어족 마리야누가 그랬던 것처럼) 어떤 경우건 간에 인도유럽어는 새롭게 태어난 언어의 밑거름이 되었고, 초기 고대 중국어는 원시 인도유럽어로부터 파생되었다. 모태가 된 언어가 후기 원시 인도유럽어였는지, 혹은 우리가 알지 못하는 또 다른 원시 인도유럽어 파생언어였는지, 그것도 아니면 이미 파생언어로서 독립된 인도유럽어 중의 하나였는지는 알 수 없다.

최근의 연구 성과에 의하면, 널리 받아들여졌던 중국어와 티베트-버마어가 같은 계통에서 발달했다는 이론, 이른바 시노-티베탄 이론(Sino-Tibetan theory)은 양자가 인도유럽어족의 어휘를 공통으로 물려받았다는 데 근거를 둔 것으로 밝혀졌다.[78] 여기서 근거로 제시되는 자료들이 보여주는 바는 중국어를 거쳐 티베트-버마어로 들어간 차용어들이다. 예를 들면, '말', '바퀴', '철' 등의 여러 어휘들이 기원전 두번째 밀레니엄(2000~1001 BC) 초기 이후 동아시아에 전파되었고, 그것을 분화되기 이전의 중국-티베트어(Sino-Tibetan) 단어로 간주했던 것이다. 그러나 중국어와 티베트어가 분화되지 않았을 때(원시 중국-티베트어였을 때)는 그보다 수천 년 전이었다. 말, 바퀴, 수레 같은 물건이나, 이런 물건을 지칭하는 어휘가 수천 년 전에 이미 들어와 있었다고 볼 수는 없다. 이런 어휘들의 음운 형태를 보더라도 분화된 이후의 고대 중국어의 영향이 나타난다. 비록 몇몇 인도유럽어 어휘들이 중국 지역을 거쳐 티베트-버마어에 들어온 것이 명백하다 하더라도, 다른 모든 어휘들도 시기적으로 같은 경

---

78 형태음운학적, 구문학적 대응관계의 부재는 이미 지적된 바 있다.(Beckwith 1996, 2006a).

로를 통해 들어왔다고 말하기는 어렵다. 가장 그럴듯한 해법으로, 인도유럽어가 혼입된 혼성언어(creole)가 황하 유역의 원시 중국어 지역에서만 발생한 것이 아니라 일부 원시 티베트-버마어 지역에서도 발생했다고 가정해 본다. 그곳은 아마도 일반적으로 원시 티베트-버마어 지역으로 알려진 것보다 더 서남쪽으로 내려간 지역이었을 것이다.[79]

인도유럽어가 초기 고대 중국어에만 남아 있었는지, 동아시아 지역의 다른 언어에도 남아 있었는지는 오직 언어학적 연구가 진척되어야만 알 수 있을 것이다. 어떤 경우든 간에, 인도유럽어족과 그들이 사용했던 언어가 중국어에 영향을 미쳤다는 것만은 분명하고, 직접적이든 간접적이든, 티베트-버마어족에게도 그러했다고 할 수 있겠다.[80]

이란어족의 중앙유라시아 정복

이란어족이 중앙유라시아뿐만 아니라 남부 중앙아시아(현 아프가니스탄), 이란, 메소포타미아 지역을 압도했던 초기의 역사는 굉장히 모호하다. 원시 인도이란어족은, 고고학적으로는 안드로노보(andronovo) 문화로 특정되는데, 이들은 원시 인도어족과 원시 이란어족으로 갈라졌다. 그 시

---

79 이 가설은 인도유럽어족을 지칭하는 '羌'이라는 어휘가 이후에 티베트-버마어족을 가리키는 의미로 변화된 이유를 효과적으로 설명해 준다. 그러나 현재 가장 심각한 문제는, 원시 티베트-버마어를 전혀 재구성할 수 없다는 점이다. Benedict(1972)의 저서 *Urtext*는 비록 많은 문제를 담고 있지만, 철저히 언어학적 자료와 방법론에만 의거하여 원시 티베트-버마어를 복원하려 했다는 점에서 최초이자 유일한 시도로 남아 있다.
80 관련된 유형학적 사안들과 관련해서는 Beckwith(2006a: 1 이하 ; 2007b: 189) 참조.

기는 〈그룹 B〉가 물리적으로 갈라져 나오기 이전이었던 것으로 추정된다. 고대 인도어는 〈그룹 B〉에 속하는 언어이다. 인도어족이 남쪽으로 이동하기 이전에 이미 고대 인도어는 원시 이란어로부터 분명하게 구분되었다.[81] 인도어족의 이동은 〈그룹 B〉의 이동과 관련이 있다. 〈그룹 B〉의 이동은 기원전 1600년경 일어난 사건임에 틀림이 없다. 당시 과연 인도어족이 이란어족을 피해 이동한 것인지, 그렇다면 이란어족은 왜 그토록 멀리까지 인도어족을 몰아낸 것인지 그 이유는 분명하지 않다.

어쨌든 마침내 이란어족은 이란 지역에서 인도어족을 몰아내는 데 성공했다. 기원전 12세기경 청동기시대가 끝난 뒤로는 이란 지역과 근동 지역에서 인도어족의 자취가 더이상 발견되지 않는다. 고대의 역사학적 자료나 언어학적 자료들도 고고학적 근거와 일치한다. 즉 중앙유라시아 스텝 지역과 중앙아시아 하천 유역 농업 지대의 고대인들은 이란어족이었다.

고고학자들은 대개 기원전 두번째 밀레니엄(2000~1001 BC)에 중부 스텝 지역의 안드로노보 문화와 인도이란어족이 함께 나타난다는 점에 대해서는 의견이 일치한다. 그러나 이들의 문화가 유목에서 출발했다고 하더라도 그들이 유목민은 아니었다. 그들은 고정된 건축물에서 거주했지 원시 유목민들처럼 마차나 텐트에서 거주하지 않았다. 인도어족과 이란어족이 갈라진 것은 적어도 기원전 16세기 이전인데, 이 때는 아직 유목문화가 발달하기 이전이었다. 유목문화는 안드로노보 문화에서 성장한 이란어족 중에 초원지대에 거주했던 사람들이 개발한 문화였다.[82] 이

---

81 아베스타어(Avestan)는 포함하지 않는다. 이에 대한 논의는 계속 이어질 것이다. 부록 A 참조.

란어족이 역사학적 자료에 처음 언급되기 이전에 이미 중앙유라시아 스텝 지역 전체는 이란어족의 문화가 되었다. 그들 중 역사 자료에 최초로 등장한 이들은 기원전 835년 페르시아인과 기원전 8세기의 메디아인(Medes)이다.[83] 중앙유라시아의 이란어족은 기원전 7세기에 처음 사료에 등장하는데, 그리스와 고대 근동 자료에 등장한다. 여기서는 이란어를 사용하는 메디아인이 기원전 7세기 한동안 스키타이의 지배를 받았고, 스키타이가 동쪽에서 서부 스텝 지역으로 이동했다고 기록되어 있는데, 이 사건은 고고학적으로 확인이 되었다.[84]

말과 전차와 인도유럽어족

고고학적으로 발굴된 가장 오래된 전차는 중앙유라시아 유적에서 발견되었다. 바로 신타슈타(Sintashta) 유적지로 우랄-볼가 초원 지대 남쪽에 있으며, 기원전 2000년경의 유적이다.[85] 역사학적 자료를 보면, 전쟁에서 전차가 실제 사용된 것으로 기록된 가장 오래된 사건은 기원전 17세기 중반의 일로, 하투실리 1세(Hattusili I, 재위 약 1650~1620 BC) 1세가 통치하던 히타이트가 아나톨리아 지역에서 그들의 왕국을 건설하는 과정에서 사용되었던 것으로 기록되어 있다.[86] 마리야누(maryannu)는 미타니

---

82 Di Cosmo(199a, 2002a), Mallory(1989), *EIEC* 308-311.
83 *EIEC* 311.
84 *EIEC* 311.
85 *EIEC* 309, 520-521.

지역의 고대 인도어족 전차 전사들이었는데, 그들은 전차용 말을 기르는 전문가들이었다. 같은 시기 미케네 그리스인은 히타이트와는 서쪽에서 이웃하고 있었다. 이들은 문자를 개발한 두번째 인도유럽어족이었다. 그들도 정복 전쟁에서 전차를 사용했다. 분명히 비슷한 시기에 인도 북서부를 침략했던 고대 인도어족도 마찬가지였다. 이 역사적 사건들이 모두 한꺼번에 일어난 것은 아니었다.

전차는 복잡하며 고도의 기술을 필요로 하는 기계다. 전차를 성공적으로 운영하기 위해서는 네 가지 전문 분야가 필요하다. 전차 그 자체, 잘 훈련된 말, 운전수, 궁수가 그것이다. 알려진 최초의 전차 전사들이 모두 인도유럽어족이었던 것을 보면, 전차 운전수와 전사들은 중앙유라시아에서 기원했을 가능성이 상당히 높다. 그렇다면 말과 전차는 어디서 났을까?

말은 중앙유라시아가 원산지다. 야생마의 서식지가 플라이스토세 시기에 남쪽으로 팔레스타인 지역까지 확인되지만, 금방 사라졌는데, 분명히 사냥 때문이었을 것이다. 프르제발스키 말(Przewalski's horse)은 선사 중국 문화 지대 북쪽의 동부 스텝 지역에 서식했던 야생마인데, 나중에 가축화된 말과는 종자가 다르다. 말이 가축화된 시기는 기원전 2000년경의 일로서, 어쨌거나 전차를 끄는 용도로 사용되기 이전에 이

---

86 Burney(2004: 64-65). 히타이트의 전차 운영진은 원래 운전수와 궁수로 구성돼 있었다. 이 점에서는 여타 고대 문명들의 전차 사용 방식과 다를 바가 없었다. 그러나 기원전 1274년 카데시(Kadesh) 전투 이후에는 상황이 변했던 듯하다.(이집트인들의 전투 묘사가 정확한 것임을 전제할 경우). 이집트인들의 묘사에 따르면 운영진은 운전수, 궁수 그리고 방패잡이로 구성돼 있었다.(Bryce 2002: 111). 히타이트 전차병들은 기원전 17세기 이래 군사 요원 목록에 기록되어 있다.(Burney 2004: 64).

미 가축화가 되어 있었다. 그러므로 근동 지역에서 말이 가축화되었을 수는 없다. 왜냐하면 근동 지역에서 말은 전차와 함께 등장했기 때문이다.[87] 또한 말이 근동 지역 통치자들에게 입수된 시기는 히타이트나 미타니, 미케네인들이 말을 이용한 것으로 확인되는 시기보다 훨씬 뒤의 일이다. 예를 들면 이집트 신왕국에서 전차는 미타니에서 수입된 것으로 알려져 있었다.[88] 지금까지 남아 있는 이집트 전차의 재료 연구 결과에 따르면, 이집트인들의 전차는 트란스카프카스 지역에서 수입된 것으로 확인된다.

고고학적으로 알려진 완전한 형태의 전차는 중국 상나라 유적에서 나왔다. 그것은 상나라의 북서쪽으로부터 도입된 것으로 확인되며, 도입 이전에는 상나라에서 그와 유사한 도구가 없었고, 도입 시기는 아무리 늦게 잡아도 기원전 12세기 이전으로 추정된다. 실제로는 그보다 좀 더 일찍 도입되었을 것인데, 왜냐하면 가장 시기가 올라가는 발굴 사례가 기원전 13세기를 가리키는 데다가 이미 상나라 방식으로 장식을 세세하게 갖춘 형태이기 때문이다. 그렇다면 전차가 상나라에 도입된 뒤 상나

---

87 Jansen et al.(2002: 10910)의 미토콘드리아 DNA 연구의 결론은 다음과 같다. "이베리아(Iberia) 및 유라시아 스텝 지역에서 기원전 4500년 이래 말이 가축화되었다는 주장이 있긴 하지만, 논란의 여지 없이 확실한 증거 중 가장 오래된 것은 기원전 2000년 이후 전차와 함께 묻힌 사례들이다. 이러한 사례들은 기원전 2000년 이후 우랄 스텝 지역의 크리보에 오제로(Krivoe Ozero, 신타슈타-페트로브카 문화)에서 확인된다." 기원전 2000년~기원전 1000년대 중엽 유라시아 전역에 전차가 급속하게 전파되었음을 고려한다면, 전차와 함께 "가축화된 말과 사육 기술이 함께 전파되었을 것이고, 그 과정에서 해당 지역 암말의 유전자가 더해져서, 오늘날 지역별 mtDNA를 형성하게 되었을 것이다." 신타슈타-페트로브카 문화의 전차 중에서 발굴 사례 중 가장 오래된 것에 대한 학술적인 논의는 미주 49번 참조.
88 Bureny(2004: 65).

라의 문화가 덧입혀지는 기간이 더 있었다는 점을 감안해야 할 것이다. 상나라와 전쟁을 했던 이민족들도 전차를 사용했다. 전차를 끄는 말은 반드시 전차와 함께할 수밖에 없다. 가축화된 말은 성인 남성과 전차와 함께 상나라 왕의 무덤에 매장되었다. 말과 전차 전사와 전차를 함께 매장하는 풍습은 중앙유라시아 문화복합체의 전형적인 양상으로, 기원전 두번째 밀레니엄(2000~1001 BC) 말까지는 인도유럽어족만의 독특한 풍습이었을 것이다.[89]

가축화된 말은 기원전 2000년경이면 아나톨리아 지역에 등장했을 것인데, 근동 지역에도 전해졌을 수 있다. 그랬다면 이를 수출했던 사람들은 틀림없이 중앙유라시아인들이었다. 그러나 그 유적은 매우 드물고, 기껏해야 기원전 1700년대 이후에야 나타난다. 이 때는 이미 인도유럽어족 전차 전사들이 전차를 완벽하게 다룰 때였고, 해당 지역의 기존 문화를 장악한 뒤였다. 중앙 아나톨리아 지역은 히타이트, 메소포타미아 북부 지역은 미타니의 마리야누, 그리스 에게 해 연안 지역은 미케네 그리스인이 지배했다. 근동 지역에서 말[馬]을 뜻하는 가장 오래된 어휘는 인도이란어에서 빌려온 단어이다. 시기상의 문제를 고려하자면, 중앙유라시아의 바깥 지역에 이란어족이 등장한 것으로 확인되는 시기보다 상당히 이전이므로, 그 단어는 고대 인도어로 보아야 할 것이다. 고대 근동 지역의 비-인도유럽어족 왕조가 남긴 기록에서도 말은 희귀하고 값비싼 수입품이었으며, 공연이 아니라면 어떤 용도로든 말을 다루는 데 서툴렀

---

89 원시 토하리어족은 수 세기 앞서 가축화된 말을 들여왔다. 앞에서 언급한 바와 같이 아마도 식용이었을 것이다.

다는 내용이 있다.[90]

전차에 대한 최초의 분명한 서술과 묘사는 활을 쏘는 기계에 대한 내용에 들어있으며, 왕의 행차에 대한 기록이 아니다. 확실한 자료들에서는 모두 전차가 무엇보다 전쟁 무기로 기록되어 있으며, 한참 뒤에야 고귀한 행렬에도 사용된 것으로 기록된다.[91] 문학 작품에 근거해서 보더라도 결과는 마찬가지다. 상당히 늦은 시기의 자료인 『일리아드』에서처럼 전투에 전사들을 운송하는 용도로 전차가 묘사된 것도 결국 전쟁 용도로 쓰인 것이다.[92] 전차는 의심할 여지 없이 초창기 개발되었을 때부터 사냥에도 사용되었다. 아마도 전쟁을 대비해서 전차 전사들과 말을 훈련시키고 유지하는 데 유용했기 때문이었을 것이다. 중앙유라시아 지역에서 전차를 타고 하는 사냥은, 특히 『그랑드 바뛰(grande battue)』에서 볼 수 있는 것처럼, 여기서는 음식을 구하는 것이 중요한 목적이었지만, 전쟁 때도 같은 방식으로 사용되었다.[93] 고대 중앙유라시아에서는 적군을 공격하는 것과 동물을 공격하는 것에 전투기술상 뚜렷한 구분을 두지 않았다.

전차를 주로 군사 무기로 사용했던 것을 생각해보면, 왜 전차 전사에

---

90 Drews(2004).
91 Contra Littaruer and Crouwel(2002). 전차가 왕실의 권위를 드러내는 데 먼저 사용되었다고 보기 어려운 또 하나의 이유는, 군사기술상의 발달이 언제나 다른 용도에 비해 앞서기 때문이다.
92 시에 등장하는 전차의 용도에 대한 묘사로 볼 때, 청동기시대 말기 이전의 경우는 역사적으로 그리 정확하지 않다. 이 시기에도 전차들은 여전히 중요한 군사 무기였다. Drews(1988: 161 이하).
93 Allsen(2006) 참조.

게 영웅의 이미지가 더해졌는지, 마찬가지로 왜 영웅에게는 전차 전사의 이미지가 더해졌는지 알 수 있을 것이다. 단지 행렬에서 수레를 몰았다고 해서 영웅이 될 리는 없다. 또한 통치의 상징인 전차를 왕족도 아니고 영웅도 아닌 일반 병사에게 허용했을 리도 없다. 전차 경주는 전투에서 전차 사용을 대비하여 전사를 훈련시키는 과정에서 자연스럽게 생겨났을 것이다. 이외에도 말의 컨디션 유지를 위한 운동이나 혼잡한 전쟁 상황에 익숙해지도록 미리 대비하는 데에도 도움이 되었을 것이다.

전차

아주 가벼운 두 바퀴 마차는 보통 말 두 마리가 끌고 조종사 한 명과 궁수 한 명이 탑승한다. 이는 세계 최초로 개발된 복합 기계 장치였고,[94] 동시에 기술적으로 가장 선진적인 무기였다. 실제로 전차는 매우 가벼워서 한 손으로 들 수 있을 정도였고, 바퀴도 너무 약해서 오래 세워둘 수도 없었다. 사용하지 않을 때는 축을 빼서 보관해야 했다. 그렇지 않으면 바퀴가 변형될 수도 있었다. 아니면 바퀴만 분리해서 보관하는 방법도 있었다. 그러니 너무 무겁거나 부피가 큰 물건을 운반하는 데는 쓸 수 없었다.[95] 기껏해야 성인 남성 둘을 태울 수 있을 뿐이었다.[96] 한 명은 반드시 운전수였고, 다른 한 명은 역사학적으로 확인된 대부분의 경우 활을

---

94 전차 제작 자체가 여러 다양한 기술을 요하는 작업이었다. 무엇보다도 설계에 대한 이해와, 그것이 실제로 굴러갈 수 있게 하는 지식이 필요하였다. 전차는 바퀴살형(spoked) 바퀴를 지니고 있어 '우차(oxcart)'와는 근본적으로 달랐다. 이전의 바퀴 2개짜리 우차와도 완전히 다르다. 이는 바퀴 4개짜리 우차와 같은 방식으로 끌게 되어 있다.
95 Littauer and Crouwel(2002) 참조. 따라서 Bryce(2002)에게는 미안하지만, 전차는 평화시에도 물품 운반에는 사용되지 않았을 것이다.

쏘는 궁수였다. 그러니까 전차는 전쟁, 사냥, 때때로 행렬에 사용되는 것 외에 실용적인 물건이 아니었다.

전차는 빨리 달릴 수 있도록 설계되었고, 탑승자가 전투에서 고속으로 달릴 수 있게 고안되었다. 그래서 전차는 말이 끌도록 되어 있었는데, 가축 중에서 그렇게 속도를 낼 수 있는 유일한 동물은 말뿐이었기 때문이다. 기마 전사가 아직 개발되지 않았을 때였기 때문에, 상상도 못할 속도로 달리면서 필사적으로 화살을 연속해서 날려대는 전차 전사보다 더 무서운 적은 없었다. 그래서 전차는 당대 최고의 무기였다.

한편 알려진 것 중에서 가장 오래된 운반 도구는 전차보다 수천 년 앞서 개발되었지만, 믿을 수 없을 만큼 무겁고 느렸다. 네 개의 바퀴는 단단한 나무둥치를 잘라 만들었다.(분명히 이보다 앞선 도구는 단단한 나무둥치 자체가 바퀴이자 축인 형태로 사용되었을 것이다.) 이러한 수레는 몇 마리의 소가 한꺼번에 끌어야 했고, 그래서 보통 가축들이 걷는 것보다 느린 속도로 움직였다. 보통 가축들만 해도 걷는 속도가 인간보다는 느렸다. 실용적인 관점에서 보자면 이런 수레는 아주 무겁거나 부피가 큰 물건을 운반하는 도구였으며, 근대에 이르기까지도 같은 용도로 계속 사용되었다.[97]

인간이 움직이는 수레 위에 앉거나 서 있는 모습은 곧 권력의 상징이

---

96 이후 일부 전차들은 그 규격이 커지고 튼튼해져서 3, 4명을 태울 수도 있었다.(Littaruer and Crouwel 2002). 이는 2인용 전차보다는 느리고 조작도 여의치 않았을 것이며, 수송용으로 쓰였을 것이다.

97 몽골 시대 후기 실크로드 상인들을 위한 Pegolotti의 매뉴얼(1936)에 '수레 사용'이 하나의 옵션으로 기록돼 있다. 그는 또한 여러 다양한 운송 수단들이 각기 얼마 정도의 물품을 어느 정도나 멀리 운반할 수 있는지를(일정상 필요한 거리를 얼마 정도의 시간에 운반할 수 있는지를) 기록하였다.

었다. 수레는 왕의 위엄을 상징하는 상징물이 되었다. 그래서 왕은 화려한 장식을 단 수레를 타고 백성들 앞에서 천천히 위엄 있는 행진을 했다. 고대 근동 지역과 인근 지역의 사람들은 일찍이 이러한 수레에 대해서 배웠고, 그 방식 그대로 따라했다. 가축을 충분히 소유하고 있었던 원시인도유럽어족도 예외는 아니었다. 중세에 이르기까지 모든 인도유럽어족의 세계에서는 소가 끄는 왕의 수레가 왕권의 상징으로 남아 있었다. 이후에 왕은 전사가 되어야 했고, 자신의 왕좌를 지키기 위해 스스로 전차를 타야 했고, 전차를 탄 이민족 왕들과 전쟁터에서 싸워야 했다. 그러나 그렇게 된 때에도, 비록 전차 전사의 영웅성이 통치자의 특성으로 자리 잡긴 했지만, 왕권의 상징으로서 수레의 역할을 전차가 대신할 수는 없었다.

물리적 증거, 언어학적 증거뿐만 아니라 정황 증거들까지 모두, 전차를 발명했거나 완성한 이들이 후기 인도유럽어족이었다는 사실을 입증하고 있다. 실제로 전쟁에서 사용되었던 전차는 발굴된 중에서 가장 시기가 올라가는 것이 트랜스카프카스 지역에서 발굴되었다. 그곳은 전쟁에서 가장 먼저 전차를 사용했던 것으로 알려진 히타이트와 미타니의 영토에서 바로 동쪽에 인접해 있는 지역이다.[98] 이집트인들은 청동기시대 후기에도 여전히 트랜스카프카스 지역으로부터 전차를 수입했다. 전차가 비옥한 초승달 지역 고대 문명의 비-인도유럽어족으로부터 기원했을 가능성은 거의 없다. 하지만 어쨌거나 누가 처음 말을 가축으로 길들

---

98 샤프트 그레이브가 속한 미케네 그리스 문명과 카프카스 북쪽 스텝 지역 문화의 고고학적 연관성을 고려하면, 그리스가 이른 시기 전차를 보유했음을 알 수 있다. 상기 기술 참조.

였는지, 누가 처음 전차를 개발했는지 하는 것은 실제로 별 의미가 없다. 중요한 것은 가장 먼저 말과 전차의 조합을 전쟁에서 효과적으로 사용한 이들이 인도유럽어족이었다는 사실이다. 그리스 지역에서, 고대 근동 지역에서, 인도 지역에서, 중국 지역에서, 기원전 17세기에서 기원전 15세기 사이에 인도유럽어족은 전차 및 말과 함께 등장했다. 그 이전에도 근동 지역에는 인도유럽어족이 나타났지만, 실제로 말이 끄는 전차가 그곳에서 사용되었다는 증거는 없고, 다른 지역에서도 마찬가지다.

전차 전사들

기원전 2000년 이전에 인도유럽어를 사용하는 어떤 사람들이 그들의 중앙유라시아 고향 지역을 떠났다고 믿을 만한 근거는 없다. 그들의 이주가 시작되었을 때, 이주는 그들에게만 일어난 일이 아니었다. 고고학적 발굴에 의하면, 유라시아 지역의 곳곳에서 인도유럽어의 파생언어가 등장하기 이전에 이미 그곳에는 현생 인류가 오래 전부터 살고 있었다. 유일한 예외라면 타림 분지뿐이다. 이곳으로 이주했던 사람들은 최종적으로 우리가 토하리인이라고 알고 있는 사람들로 이어진다. 토하리인들도 타림 지역으로 들어오기 이전에 어떤 중간 거점들을 지나쳤을 것이고, 그곳에는 이미 다른 선주민들이 살고 있었을 것이다. 결국 언어학적으로 보나 문화적으로 보나, 인도유럽어족이 유라시아 대륙에서 비어있던 지역으로 이주했다는 증거는 없다. 그들은 어느 지역에서나 각각 나름대로 선주민들과 거래를 할 수밖에 없었다.

유라시아에서 인도유럽어족이 침략자로서 어떤 국경을 공격했다는 증거는 없다. 그 이유는, 그들이 그러한 방식으로 누군가를 정복하지는 못했기 때문이다. 하지만, 다른 모든 민족들과 마찬가지로, 인도유럽어족도 누가 됐든 이웃한 종족과 전쟁을 했을 것이다. 불특정 민족들과 싸우는 중에, 여태까지 전쟁에서 사용된 적이 없었던 전차라는 신무기가 유라시아에서 등장하게 되었다.[99]

전차는 고도의 기술이 필요한 기계였고, 매우 정밀한 기계였다. 그래서 전차를 만들거나 사려면, 그리고 전차에 말과 전사를 훈련시키고 유지하려면 막대한 비용을 감수해야 했다. 전차에는 전문가가 필요했다. 두번째 물결에 속하는 인도유럽어족은 전차를 유지보수하고 실제 사용할 줄 알았던 최초의 전문가들이었다. 그들은 전쟁에서 전차를 성공적으로 사용했던 최초의 사람들이었다. 전차는 고사하고 가축화된 말만 하더라도, 고대 근동 지역 사람들에게 얼마나 낯선 존재였는지 여러 텍스트에 자세하게 나온다.[100] 두번째 물결로 건너온 사람들이 고대 근동 지역 전체에서 전쟁 때 이미 전차를 사용한 한참 뒤까지도 그러한 기록들은 계속 이어진다.[101]

그러나 고대 근동 지역의 왕국들은 매우 체계적이었고, 많은 지식인들이 있었다. 그들은 인도유럽어족이 자신의 영역에 순순히 들어오도록 보고만 있지는 않았다. 그들로서는 전차도 없었고, 전차를 끌도록 길들여진 말도 없었고, 전차를 운전하거나 전차에서 전투를 담당할 전사도 없었다. 그렇기 때문에 인도유럽어족의 전차 전사들을 처음 마주쳤을 때

---

99 Van de Mieroop(2004: 117).
100 Drews가 수집한 인용 전거들 참조.(1988: 74 이하).
101 중국의 전차도 마찬가지였다. Barbieri-Low(2000: 47) 및 다른 전문가들이 지적한 바와 같이, 말이 끄는 전차는 초보자가 몰거나 심지어 모방하기에도 너무나 복잡한 기계였다.

그들이 선택할 수 있는 방법은 인도유럽어족으로부터 침략자를 대적할 또 다른 전차 전사를 고용하는 수밖에 없었다. 이렇게 하다 보니 결과적으로 인도유럽어족은 말과 전차와 관련된 독점적인 전문가로 이어지게 되었다. 앞에서 본 바와 같이 중국 지역으로 전차가 도입된 주요 사례들이 고고학적 유물들이긴 하지만,[102] 그러한 유물들이 만들어지기까지는 의심할 여지 없이 똑같은 방식이 적용되었을 것이다.

가끔씩은 근동 지역의 비-인도유럽어족이 말을 기르고 훈련시키는 기술과, 전차를 만들지는 못해도 사용하는 기술 정도는 익히기도 했다.(지금까지 남아 있는 최고의 증거는 이집트의 유물인데, 트란스카프카스에서 재료를 수입하여 만든 것으로, 조립도 이집트에서 했을 것으로 추정된다.) 전쟁에서 전차 사용과 관련하여 매우 자세하면서도 가장 잘 보존된 기록은 한참 후대의 것이다. 그 기록은 이집트 무덤의 벽에 남아 있는데, 내용은 기원전 1274년 시리아의 카데시(Kadesh) 전투에서 히타이트를 물리쳤다는 람세스 2세의 일방적인 주장을 담고 있다.[103] 분명한 것은 당시 이집트인들이 전차를 보유하고 있었고, 어떻게 사용하는지를 비-이집트인으로부터 배웠다는 사실이다. 마찬가지로 메소포타미아인들도 언젠가 말과 전차에 대한 두려움을 극복하고 전쟁에서 그것을 사용했다. 이는 후기 아시리아 제국의 건물 벽이나 기타 문화재들에 잘 남아 있어서 역사학적으로 확인이 된다.[104]

나중에 해양 민족과 일군의 무리들이 근동 지역에 쳐들어왔을 무

---

102 몇몇 언어학적 증거에 대해서는 미주 46번 참조.
103 전투는 무승부로 끝났지만, 무와탈리(Muwatalli) 국왕이 지휘하는 히타이트인들이 결국은 승리했다. 전투 및 그 이후의 상황에 대해서는 Bryce(2005: 234-242) 참조.

렵, 전차는 전쟁 무기로서 시대에 뒤쳐진 물건이 되고 말았다. 근동 지역을 파괴하고 청동기시대의 막을 내렸던 해양 민족과 그 수하들이 어떻게 창을 던지면 말과 전차를 무력화시킬 수 있는지 알아버렸기 때문이다.[105] 이후에도 전차는 경기용으로 사용되었으며, 심지어 전쟁에서도 사용되었다. 하지만 일반적으로는 활을 쏘는 전사가 탑승하는 용도가 아니라 장군이나 위대한 전사나 다른 지도자들의 위엄을 표시하는 고급 승용차로 쓰였을 따름이다. 어느 순간 기마전사가 전차를 대신하게 되었지만, 중세에 이르기까지 중앙유라시아 지역에서는 왕을 예찬하는 행사를 비롯하여 각종 의례 절차에서 전차를 사용했다. 심지어 전차가 실제로 사용되지 않은 지 수백 년이 지나도록 이러한 관행은 남아 있었다.[106]

104 전차는 완전히 폐기하기에는 너무나 뛰어난 발명품이었다. 무기로서의 효용을 잃은 후 한참 뒤에도 여전히 지위가 높은 전사들이나 군대 지휘부를 위한 운송 수단으로 쓰였다. 또한 경주는 물론, 국왕과 장수들을 위한 행진용으로도 사용되었다.
105 Drews(2004).
106 티베트의 경우, 교통수단이 근대 시기에 이르기까지도 그리 잘 알려지지 않은 상황이었는데, 사망한 황제가 매장 이전 마차에 실려 순회하기도 했으며(Walter, forthcoming), 이는 사망한 스키타이 지도자의 경우와 똑같았다. 스키타이 장례 마차의 발굴 장면에 대한 사진 및 관련 논의에 대해서는 Rolle(1989: 24-25) 참조. Benedict the Pole은 1245년 몽골의 칸 바투(Batu)의 캠프를 방문한 자리에서, "황제의 황금상을 실은 전차를 봤는데, 그것을 섬기는 것이 그들의 관습이었다."고 말했다. 유사한 물체가 몽골 구육 칸의 궁정을 방문한 카르피니에 의해 관찰된 적도 있다.(Allsen 1997: 62).

CHAPTER 2

로얄 스키타이

τὸν ἱππευτάν τ' Ἀμαζόνων στρατὸν
Μαιῶτιν ἀμφὶ πολυπόταμον
ἔβα δι' ἄξεινον οἶδμα λίμνας,
τίν' οὐκ ἀφ' Ἑλλανίας
ἄγορον ἁλίσας φίλων,
κόρας Ἀρείας πέπλων
χρυσεόστολον φάρος,
ζωστῆρος ὀλεθρίους ἄγρας.
— Ἐυριπίδης, Ἡρακλῆς[1]

수많은 강물이 흘러드는 마이오티스
그 양편의 기마 전사 아마조네스와 싸우기 위해
그는 그 험악한 바다를 가로질러 달렸다,
헬라스의 땅 전역에서 소집한 친구들과 함께,
금실로 수놓은 옷, 전쟁의 여신의 망토를 빼앗기 위해.
전쟁의 벨트를 노린 목숨을 건 사냥이여.[2]
— 에우리피데스, 『헤라클레스』 중에서

최초의 초원 제국과 실크로드의 탄생

기원전 1000년경 말을 타는 승마 기술이 완성되고, 기마 유목민의 생활 기술이 발전하면서,[3] 중앙유라시아의 핵심 부위에 있는 스텝 지대는 북부 이란어족의 지배 하에 놓이게 되었다. 500년쯤 지난 뒤에는 역사학적으로 잘 알려진 최초의 유목 국가 스키타이가 서부 스텝 지역으로 들어와 자리 잡고 그 지역의 패권을 장악했다. 스텝 지역의 다른 이란어족은 동쪽으로 이동하여 중국에까지 이르기도 했다.[4]

스키타이는 잔인한 전사들로 알려져 있지만, 사실 그들의 최대 업적은 무역 시스템을 개발한 것이었다. 헤로도토스를 비롯하여 고대 그리스의 여러 저술가들이 이에 대한 기록을 남겼는데, 스키타이의 교역로는 그리스, 페르시아와 동방 지역들을 연결하였고, 이는 스키타이에게 막대

---

1 에우리피데스(Euripides)의 『헤라클레스』, Gilbert Murray의 그리스어본(http://www.perseus.tufts.edu/cgi-bin/ptext?lookup=Eur.+Her.+408). 필자의 번역은 조금 유연한 편이다. 본문 중 해석상 논란이 있는 부분들이 있기 때문이다. 논란에 대해서는 다양한 해법들이 제기된 바 있다.
2 사르마트 여성 전사들(이들이 아마도 아마조네스에게 크게 영감을 준 듯하다.)은 스키타이 및 사르마트 남성 전사들처럼 무거운 철갑 전투 혁대(벨트)를 착용했다. 고대 그리스인 또한 마찬가지였다. Rolle(1989) 참조. "금실로 수놓은 옷" 역시 중앙유라시아의 특징이다.
3 Di Cosmo(2002a: 21-24).
4 시베리아의 상당 지역, 몽골 내륙 깊숙한 지역은 상고대(High Antiquity) 당시 인류학적으로 코카서스 인종(Europoid) 거주지였다. 그러다가 기원전 1000년에서 0년대 사이에 이르러서야 서서히 몽골화되었다. 전환점은 기원전 5세기~기원전 4세기였다.(Rolle 1989: 56). 중앙아시아 동부(동투르키스탄)는 여전히 코카서스 인종이 남아 있었고, 언어적으로는 인도유럽어를 계속 사용했다. 이러한 상황은 기원후 1000년까지 계속되었다. 동부 스텝 지역의 고대인들에 대해서는 아직 언어민족학적 정체성이 밝혀지지 않았다. 이에 대해서는 Di Cosmo(2002a) 참조.

한 부를 가져다주었다. 고대부터 지금까지 역사학자들이 흔히 그렇게 말하지만, 사실 그들의 동기가 탐욕은 아니었다. 후대로 갈수록 더 분명하게 드러나는 사실이지만, 분명한 것은 그들이 무역에 관심을 가졌던 원동력은 그들만의 사회정치적 필요를 충족하기 위해서였다. 통치자 개인과 그의 코미타투스, 즉 때로 수천 명에 이르는, 맹세로 뭉친 친위대원들에게 공급할 물품이 필요했기 때문이었다. 중앙유라시아에서 번성했던 육로 기반 국제 교역은 스키타이와 소그드인, 흉노, 기타 여러 중앙유라시아 고대인들의 수요에 기반하고 있었다. 이들의 수요는 고대 그리스와 중국 사료에 분명하게 언급되어 있다. 당시에 이미 수천 년 동안 유지되었던 일부 원거리 무역도 없지 않았겠지만, 국제 교역이 의미 있는 경제 활동이 된 것은 스키타이와 여타 스텝 지역 이란어족 및 그들의 후예들에 의해서였다. 중앙유라시아인들은 그 인접 지역 민족들 누구를 막론하고 교역을 했고, 더불어 유럽과 근동, 남아시아와 동아시아의 문명을 전파했으므로, 이러저러한 여러 문화들이 중앙유라시아를 통해 간접적으로 연결되었다.

스키타이 파워가 한창일 때 고대 초기 소규모 도시국가 문화들도 정점에 이르렀다. 고대 그리스어, 인도어, 중국어로 된 철학서들이 거의 같은 시기에 생산되었다는 점은 오랫동안 학자들의 관심을 끈 주제이며, 그 시기에 이미 이들 문화들 간에 사상적 교류가 있었을 가능성도 제기되었다. 중앙유라시아 지역 철학자의 존재는 일반적으로 주목을 받지 못했다.

스키타이 제국과 서부 스텝 지역의 교역망은 이후 중앙유라시아 지역에 등장한 보다 강력한 국가들의 기본 원형이 되었다. 중앙유라시아 지역에서 부와 권력이 성장하고, 여러 문화들과 점점 더 빈번한 접촉을 하게 되자, 여러 나라들이 그곳을 침략했다. 대체로 그들은 중앙유라시아 측에서 먼저 공격했다는 터무니없는 주장을 펼쳤다. 알려진 바로 가장 오래된 침략자는 중국 지역의 주나라였다. 그들은 기원전 979년 귀신의 나라 귀방(鬼方)을 침략하여 두 번의 전쟁에서 모두 이겼고, 1만 3,000명 이상의 포로를 획득했다. 포로 중에는 네 명의 부족장도 포함되어 있었는데, 주나라는 이들을 모두 처형하였고, 많은 재물을 약탈하였다.[5] 중국인들은 그때부터 근대에 이르기까지 기회만 닿으면 반복해서 동부 스텝 지역을 침략했다.[6] 다리우스 치하의 아케메네스조 페르시아도 박트리아와 소그디아나를 점령했고, 기원전 514년~기원전 512년경 스키타이를 침략했다. 알렉산드로스 치하의 마케도니아와 그리스도 기원전 4세기 말에 중앙아시아 지역을 침략했다. 이들 두 차례의 정복은 중앙아시아 문화에 예기치 못한 강력한 영향을 미치게 되었다.

---

5 Di Cosmo(1999a: 919).
6 Di Cosmo는 적(狄)을 겨냥해 벌어진 전쟁을 구체적으로 소개했다. 당시 적(狄)은 서쪽의 백적(白狄, 흰색 적족)과 동쪽의 적적(赤狄, 붉은색 적족)으로 나뉘어져 있었다. Di Cosmo에 따르면, "적(狄)을 상대로 한 가장 야비한 전쟁은 모두 진(晉) 왕조가 먼저 일으킨 것으로, 그들을 몰살시키고자 했다. 마침내 기원전 594년과 기원전 593년에 몇몇 적적(赤狄) 집단들이 파괴되었다. 이러한 공격은 당시 적(狄)의 내부 사정과 맞물려 벌어졌을 것이다. 그들이 기아로 고통을 받았고, 정치적으로 내분이 일어났던 흔적이 남아 있다."(Di Cosmo 1999a: 947-951). 그는 또 『춘추(春秋)』에 기록된, 기원전 530년 백적(白狄) 공격에 주목했다.(Di Cosmo 2002a: 97 이하); 다른 자료들에 따르면 기원전 541년에 적(狄)은 진(晉)에 복속되었다. 그러나 그들은 계속 살아남았고, 잠시나마 독립을 쟁취하기도 했다. 그들은 기원전 3세기 중엽에 이르기까지 중국과 갈등을 이어갔다.(Di Cosmo 1999a: 948, 951).

중앙유라시아와 이란에서 이란어족의 국가 성립

이란어족이 중앙유라시아를 압도한 시기는 기원전 1600년 이전에 시작되었음이 분명하다. 그 때는 〈그룹 B〉에 속하는 인도유럽어족이 메소포타미아 위쪽 지역과 그리스 에게 해 지역에 나타났을 때였고, 또한 그들 중 일부가 인도 지역과 중국 지역으로 들어갔을 때였다. 스텝 지역에서 간단한 유목 문화의 증거는 기원전 세번째 밀레니엄(3000~2001 BC)까지 시기가 올라가기도 한다. 유목 문화는 아마도 그 지역이 집약적 농업을 실시하기에 적당하지 않은 기후여서, 이에 적응하는 과정에서 발생했을 것으로 추정된다. 그러나 고고학적 발굴뿐만 아니라 시기가 올라가는 역사학적 자료들이나 언어학적 근거들로 볼 때, '기마' 유목민의 생활 기술을 개발한 이들이 기원전 첫번째 밀레니엄(1000~1 BC) 초기의 스텝 지역 이란어족이라는 데에는 현재 모두가 동의하는 바이다.[7] 그 이전에 승마 기술이 개발되었다는 증거는 어디에서도 누구에게도 발견되지 않는 반면, 스텝 지역의 이란어족은 특별히 무모한 사람이나 곡예가 아니라 일상생활에서 말을 타고 다녔다.[8] 그러니 이들이 최초의 기마족이었을 것이다. 고대 근동 지역 전문가들의 강력한 반론에도 불구하고, 인도유럽어족이 더 늦게 승마 기술을 배웠다고 보기는 굉장히 어렵다. 인도유럽어족은 최초로 말을 가축화한 사람들이고, 어쨌거나 고대 근동 지역 사료들에서도 말을 다루는 전문가로 등장한다. 전쟁에서 말을 탄 채 활을

---

7 Di Cosmo(2002a: 21-24).
8 Drews의 탁월한 논문(2004) 참조.

쏘는 기마 궁수로 가장 먼저 알려진 사람들도 중앙유라시아의 이란어족이었다. 이들 외에 비슷한 사례는 없었다. 그들은 수 세기 동안 이와 같은 전쟁 기술상 우위를 유지했다.[9]

페르시아인들이 기원전 9세기 아시리아의 자료에 언급되기는 하지만,[10] 최초로 확실하고 명백하게 이란어족에 대한 서술이 등장하는 자료는 메디아인 및 그로부터 1세기 후의 스키타이와 관련이 있다.

기원전 8세기 말 메디아인(Medes), 즉 이란어족은 이란 북서쪽 엘부르즈(Elburz) 산맥과 그 동쪽에 왕국을 세웠다. 그들은 기원전 7세기 초 아시리아의 중요한 적이었다. 하지만 그 시기에 킴메르(Cimmerians)와 스키타이가 메디아를 침략해 왕국을 점령했거나 혹은 실질적인 지배 하에 두었다.[11]

스키타이는 북부(혹은 동부) 이란어족이었다. 헤로도토스(출생 484 BC)에 따르면, 그는 실제로 스키타이의 도시 올비아(Olbia)와 기타 지역들을 방문한 적이 있는데,[12] 스키타이인들은 스스로를 스콜로티(Scoloti)라고

---

9 정반대의 주장이 있지만 매우 의심스럽다. 그러나 중앙유라시아에서 기마 전술의 발전과정을 시기별로 구분하기 위해서는 고고학적 연구가 더 축적될 필요가 있다.
10 이란인들이 분명하게 거론되는 최초의 기록물은 "기원전 9세기에 등장한다. 기원전 835년 아시리아의 왕 살만에세르(Shalmaneser)가 파르수와스(Paršuwaš, 일반적으로 페르시아인들을 가리키는 것으로 해석됨)의 27개 부족들로부터 공물을 받았다는 기록이다."(EIEC 311). 인도이란어족으로 추정되는 기록 가운데 최초는 아마도 강족(羌)과의 전투를 다룬 중국 상나라의 기록, 그리고 중국 주나라 및 그들의 강족(姜) 동맹들에 대한 기록인 듯하다. 물론 '羌'과 '姜'은 토하리어를 옮겨적은 것일 수 있지만(부록 B 참조), 전차 사용 기술을 보유한 이방인들에 대한 총칭이었을 수도 있다. 그 연대나 전차 관련 사실들을 감안할 때, 그들은 인도유럽어족이었고, 아마도 그룹 B에 속하는 이들이었을 것이다. 그렇다면 확실히 이란어족은 아니었을 것이다.
11 헤로도토스에 의거한 킴메르인에 대해서는 미주 50번 참조.
12 Rolle (1989: 12-13).

불렀다. 페르시아에서는 그들을 사카(Saka)라고 불렀고, 아시리아에서는 이스쿠자이(Iškuzai) 또는 아스쿠자이(Aškuzai)라고 했다. 이런 이름들은 모두 그리스어로 스키타(Skitha-)라고 하는 어휘와 같은 어원에 바탕하고 있는데, 그것은 북부 이란어 *스쿠다(*Skuδa), 즉 활 쏘는 사람(궁수)이라는 뜻이다.[13] 그것은 서쪽으로는 그리스와 동쪽으로는 중국 사이에 사는 모든 북부 이란어족을 가리키는 이름이었다.

킴메르(Cimmerians)는 잘 알려지지 않은 초원 민족으로 이란어족이었을 것으로 추정되는데, 기원전 8세기 말에 근동 지역으로 들어와서, 기원전 714년 그곳에 있던 우라르투(Urartu)를 정복했다. 그리고 나서 그들은 기원전 696년경 서쪽으로 나아가 프리기아(Phrygia)를 공략하여 그들의 왕국을 파괴했다. 하지만 곧이어 아시리아의 왕 에살하돈(Esarhaddon, 재위 681~669 BC)에게 패했다. 그 다음 기원전 652년에 킴메르는 리디아(Lydia)를 부수고 기게스(Gyges) 왕을 죽였지만, 그 직후에 마두에스(Maduês)[14] 왕이 이끄는 스키타이에 패해 흩어지고 말았다. 헤로도토스에 따르면 스키타이는 "킴메르인들을 뒤쫓아 아시아를 침략했고, 스키타이 이전에 아시아의 맹주였던 메디아의 권력에 종말을 고했다."[15] 이러한 설명은 후대 중앙유라시아 국가 건설 투쟁과 매우 유사하여 주목을 요한다. *토콰르에 대해 흉노가 그러했고, 고트족에 대해 훈족이 그러했

---

13 이는 궁극적으로는 원시 인도유럽어의 *skud-o 즉 "사수, 궁수"에서 온 말이다.(Szemerényi 1980: 17, 21). 부록 B 참조.
14 헤로도토스의 책에는 Πρωτοθύης(Bartatua, 재위 675~645? BC)의 아들 Μαδύης(재위 645~615? BC)로 나온다.
15 Godley(1972: 198-199); Rawlinson(1992: 58-59, 295) 참조.

고, 아바르(Avar)에 대해 투르크가 그러했다.

스키타이는 아나톨리아에서 이집트까지 고대 근동 지역 전체에 걸쳐 전쟁에 개입했다. 보통은(아마도 언제나) 아시리아나 혹은 다른 세력들과 연대를 통해서였다. "메소포타미아나 시리아, 이집트 지역에서, 기원전 7세기에서 기원전 6세기 초반에 이르는 유적지에서, 특히 도시를 둘러싼 성벽에서, 스키타이 유형의 청동 화살촉들이 발견되었다. 이는 포위 공격의 직접적인 결과물이다." 또한 스키타이는 그들이 파괴했던 우라르투 북부의 요새 칼미르-블루르(Karmir-Blur, Yerevan 인근)의 진흙 성벽에도 그들의 화살촉을 남겼다.[16] 마침내 메디아는 기원전 585년 스키타이를 물리쳤다.[17] 살아남은 스키타이인들은 북쪽으로 되돌아갔다.

이어서 메디아는 바빌로니아(Babylonia)와 손잡고 성공적으로 아시리아를 공략했으며, 이로 인해 아시리아 제국이 무너졌다. 기원전 585년 직전에 메디아는 서북쪽에 남아있던 우라르투 국가들을 파괴했으며, 영토를 아나톨리아 서부 시리아 북부까지 확장했다.[18] 그러나 그들은 기원전 553년 혹은 기원전 550년에 키루스(Cyrus, 재위 559~530 BC)가 이끄는 페르시아에 패해 왕국 전체를 상실했고, 키루스는 기본적으로 메디아 영토에 기반해 페르시아 제국을 세웠다.[19] 키루스의 통치하에 페르시아는 이란 지역과 아나톨리아 지역을 점령하고, 기원전 539년 바빌로니아의 침략을 물리치고, 이집트와 아라비아를 제외한 근동 지역 전체를 포괄하

---

16 Melyukova(1990: 100). 스키타이와 아시리아 사이에 맺었던 동맹의 한 사례가 나름 상세하게 전한다. Rolle(1989: 71-72) 참조.
17 Szemerényi(1980: 6).
18 Van de Mieroop(2004: 254-257).

는 제국이 되었다. 그리고 나서 키루스는 중앙아시아를 공격하다가, 기원전 530년 혹은 기원전 529년 마사게태(Massagetae)와의 전투에서 사망했는데, 마사게태는 북부 이란어족으로, 그들의 여왕은 스텝 지역의 관습에 따라 키루스의 두개골로 트로피를 만들었다.[20]

서부 스텝 지역: 스키타이와 사르마트

그리스인들은 킴메르가 스키타이 이전에 폰틱(Pontic) 스텝 지역에 거주했다고 기록했으며, 근동 지역 자료에서도 스키타이가 근동 지역을 지배할 무렵과 그 이전에 킴메르가 등장하지만, 그 이외에는 알려진 바가 없다. 스키타이는 메디아에 패한 뒤 카프카스 북쪽 스텝 지역으로 물러났다. 메디아, 우라르투, 아시리아, 그리고 다른 고대 근동 지역 민족들로부터 재물을 획득했고, 왕정에 대한 지식을 습득했으며, 전쟁 경험을 쌓은 스키타이는 배운 기술을 활용하여 초원의 다른 민족들(아마도 같은 이란어족들)을 복속시키고 제국을 건설하였다. 제국은 흑해 북쪽의 서부 스텝 지역 전체, 카프카스 지역으로부터 서쪽 도나우 강 지역까지 곧장 뻗어

---

19 메디아인들은 자기 언어의 문자 체계가 없었고, 다른 언어의 문자를 빌어 기록을 남기지도 않았다. 이와 달리 페르시아는 왕실의 아람문자(셈어의 문어체)와 엘람문자(근동 지역어 지방어)를 사용했다. 다리우스 대왕 치하에서 그들의 언어(고대 페르시아어)를 표기할 수 있는 쐐기문자를 개발했다. 그리고 비문에 기록을 남겼다. 이 서부 이란어는 가장 오래된 이란어로 추정되는 아베스타어(Avestan)와는 상당히 다르다. 아베스타어는 시기와 장소를 특정할 수 없지만, 베다의 산스크리트어와 굉장히 비슷하다. 부록 A 참조.
20 Rolle(1989: 96).

나갔다. 제국의 서부는 트라키아인들(Thracians)이 경작하는 광대한 농업 지역도 영토로 포함하고 있었다.

스텝 지역에 기반을 두게 된 스키타이는 원거리 무역 네트워크를 더욱 발전시켰다. 헤로도토스가 서술한 바와 같이 그 이전에도 무역망은 이미 존재하고 있었다. 흑해 연안 식민 도시에 살고 있던 그리스인들은 그리스 본토로부터 멀리 떨어져 있었는데, 곡식을 사기 위해 금을 지불했다. 이를 알게 된 스키타이는 이윤이 막대한 사업을 하기 시작했다.[21] 사치품에 대한 욕구, 특히 금에 대한 욕구는 급속도로 커졌다. 스키타이 왕의 무덤은 스키타이식 동물 문양으로 아름답게 장식된 황금으로 가득 채워졌다. 이 중에서 일부는 도굴꾼들의 손에 넘겨져 현재 러시아와 우크라이나의 박물관을 빛내주고 있다. 금은 스키티아(Scythia) 지역에서는 나지 않기 때문에 모두 수입된 것들이며, 대부분은 아주 멀리서 온 것들로, 고고학적 발굴에 의하면 멀게는 알타이 산맥에서부터 온 것들도 있다.[22] 이러한 독특한 금 무역 루트는 초기의 대륙 동서 횡단 무역에서 상당히 중요한 부분을 이루는 것이었다.

앞에서 언급한 바와 같이, 스키타이의 사회정치적 현실은 코미타투스를 포함하고 있었고, 분명 희생 의례도 행하고 있었다. 헤로도토스의 생생한 묘사로 그 중의 한 사례를 알 수 있는데, 어느 정도까지는 고고학적 발굴로 입증이 된다.[23]

---

21 Strabo(Jones 1924: 242-243)는 상당한 분량을 할애하여 스키타이 농부들의 생산성을 설명했다. 대기근(기원전 360년경) 시기 그리스로 운반된 곡식의 양은 상상을 초월한다. 그의 글에는 또한 마에오티스(Maeotis, 아조프 해)에서 그리스로 수입된 절인 생선에 대한 언급도 있다.
22 Rolle(1989: 52-53).

헤로도토스에 의하면 스키타이 제국은 여러 민족으로 구성되었는데,[24] 헤로도토스는 그것을 제대로 설명하지 못했다. 스키타이가 세 갈래로 나눠진 것에 대하여 그가 언급한 건국 신화는 무언가 잘못되었다.[25]

당시 사람이 살지 않던 그들 나라에 맨 먼저 태어난 사람은 타르기타오스(Targitaos)라는 남자였다. 스키타이족에 따르면, 그의 부모는 제우스와 강의 신 보리스테네스(드네프르)의 딸이었다고 한다. 그런 혈통에서 태어난 타르기타오스에게 다시 세 아들이 태어났는데, 리폭사이스(Lopoxaïs), 아르폭사이스(Arpoxaïs)와 막내 *스콜록사이스(*Skoloxaïs)였다.[26] 그들이 나라를 다스릴 때 하늘에서 황금으로 만든 물건들이 스키타이족의 나라에 떨어졌는데, 쟁기, 멍에, 칼, 그리고 잔이었다.[27] 큰아들이 맨 먼저 보고 물건을 집으러 달려갔으나, 다가가는 순간 황금이 화염에 싸였고, 그래서 그는 뒤로 물러났다. 둘째가 다가가자 그에게도 똑같은 일이 일어났다. 이들 두 형은 황금에서 일어난 불길에 의해 쫓겨났으나 셋째인 막내가 다가가자 화염이 꺼져, 그가 황금을 집으로 가져갔다. 그러자 두 형은 그것을 하늘의 뜻으로 받아들이고 왕국 전체를 막내에게 넘겨주었다.[28]

23 Taylor(2003)는 스키타이 지역 내 한 고분에 대해 주목했다. "최근의 재발굴 및 분석에 따르면, 고분 언저리에서 복잡한 의례가 행해졌다. 더 많은 고분이 있었고(1/84), 말 뼈가 집중적으로 출토되었다. 이는 아마도 최종적으로 무덤을 덮는(혹은 덧붙이는) 의례와 관련이 있을 것이다. 이에 대해서는 헤로도토스가 상세히 묘사한 바 있다."
24 혹은 나라들. 이 용어와 관련해서는 프롤로그의 각주 46번 참조.
25 Godley(1972: 202-205); Rawlinson(1992: 296-297) 참조.
26 기존의 텍스트에는 Coloxaïs로 나온다. 부록 B 참조.
27 Godley는 여기서 "flask"라고 했다. 나는 그것을 통상적인 번역어인 'cup' 즉 '잔'으로 바꾸었다.

리폭사이스에게서는 스키타이족 가운데 아우카타이족이라는 씨족이, 둘째 아르폭사이스에게서는 카티아로이족과 트라스피에스족이라는 씨족들이, 막내에게서는 파랄라타이라는 왕족이 태어났다고 한다. 이들 씨족들은 모두 *스콜록사이스 왕의 이름을 따 자신들을 스콜로토이족이라 부른다고 한다. 그리스인들은 그들을 스키타이족이라고 부른다.[29]

헤로도토스의 네 가지 물건에 대한 설명은 그 자신의 텍스트를 보더라도 분명 잘못된 것이다. 막내아들이 금으로 된 물건을 차지했음에도 불구하고 네 가지 물건은 분명하게 네 개의 부족과 대응되고, 그 부족들은 다시 세 아들에 귀속된다. 또한 이 네 가지 물건은 다음과 같은 네 부류의 스키타이가 가지게 된다고 헤로도토스의 책에 나온다. 즉, 쟁기는 농경 스키타이에게, 멍에는 가축을 기르는 스키타이에게, 칼은 로얄 스키타이에게, 잔은 유목 스키타이에게.[30]

헤도도토스와 다른 모든 역사 자료는 나라 전체를 로얄 스키타이가 지배했다는 데 동의하고 있다. 이들은 전사들로서 대부분의 재산을 통제

---

28 이 신화에 대한 논의는 프롤로그 참조. (역자 주) 이하 헤로도토스의 『역사』 인용문 번역은 존경하는 천병희 선생의 번역(헤로도토스, 『역사』, 숲, 2009)을 참조하였다.
29 이 대목 때문에 스키타이의 이름 및 정체성과 관련해 많은 혼선이 있었다. 부록 B 참조.
30 Legrand은 Benveniste를 인용하여 다음과 같이 말했다. "그 물건들은 이란어족 사회의 세 계급을 상징한다. 잔은 성직자의 상징이다. 사가리(sagaris)는 도끼의 일종인데, 전사를 상징한다. 멍에가 달린 쟁기는 농부를 상징한다."(Legrand 1949: 50). Rolle(1989: 123)은 문헌 자료에 의거하여 다음과 같이 말한다. "스키타이에는 동시에 세 명의 왕이 있었다. 그 중 한 명이 최고 우두머리(primus inter pares, 비슷하지만 가장 앞선 자)였다." 그러나 스키타이 통치자에 관한 역사 자료를 보면, 아주 명백한 단독 군주였음이 명시되어 있어 Roll의 언급과 배치된다.

했다. 그들은 "스키타이 중에서 가장 규모가 크고 용감한 부족이었고, 그들은 다른 모든 스키타이족을 노예로 생각했다." 헤로도토스는 그들 아래로 유목 스키타이가 있다고 했지만, 유목 스키타이는 아마도 로얄 스키타이에 종속되지 않았을 것이다. 가축을 기르는 스키타이는 그리스인들이 보리스테네스라고 불렀던 이들이다. 농경 스키타이는 농부들로서, 그들은 "자신이 먹기 위해서가 아니라 내다 팔기 위해서" 농사를 지었다. 스키타이 영토 내에 이들이 정착한 데 대해서는, 헤로도토스의 설명이 있기는 하지만 명확히 이해하기는 어렵다. 다만 크림 반도 지역과 그 서쪽(서부 우크라이나)은 생산성이 좋은 양질의 토양이 오늘날까지도 남아 있다. 이쪽에는 주로 농업 경제가 정착했을 것이고, 서부 지역은 지금도 여전히 초원 지대로 남아 있는데, 주로 유목 경제가 자리 잡았을 것이다.

덧붙여 말하자면, 헤로도토스는 스키타이의 영토 내에 살고 있던 엄청나게 많은 부족들을 언급하고 있는데, 예를 들면 스키타이, 부분-스키타이, 비-스키타이 등이다. "칼립피다이족은 헬라스(그리스)계 스키타이족이다. 그들 너머에는 알리조네스족이라는 다른 부족이 살고 있다. 알리조네스족과 칼립피다이족은 다른 점에서는 여타 스키타이족과 관습이 같지만, 그들은 농사를 지어 곡물과 양파와 편두콩과 기장을 먹는다. 알리조네스족 너머에는 농경 스키타이족이 살고 있는데, 그들은 자신이 먹기 위해서가 아니라 내다 팔기 위해 곡물을 재배한다. 그들 너머에는 네우로이족이 살고 있다. 그러나 네우로이족 북쪽 땅에는, 우리가 아는 한 사람이 살지 않는다."[31] 고고학적 연구에 의하면, 스키타이의 영토 내에 살았던 이들 중의 일부와 아마도 또 다른 부족들은 문화적으로 북부 이란어족이 아니라 트라키아인(Tracian)이었을 것으로 추정된다. 이들은 아마도 트라키어나 혹은 이란어가 아닌 다른 언어를 사용했을 것이다.

확인되는 사실은 매우 복잡하지만, 이론적으로 스키타이 사회는 네 개의 부족과 더불어 통치 부족으로 구분되었다. 이는 중앙유라시아 국가의 이상적인 조직 형태로서 몽골 제국에 이르기까지 이어진 전통이다. 또한 주목할 만한 점은, 통치 부족이 다른 모든 부족을 "노예"로 간주했다는 것이다.[32] 이러한 관점 또한 중앙유라시아에서 후대에까지 공통적으로 이어진 전통이다.

헤로도토스는 스키타이를 "순수한 노마드"로 묘사하고 있다.[33]

나는 다른 점에서는 스키타이족을 훌륭하다고 생각하지 않지만 한 가지 중대한 인간사에 있어, 그들은 우리가 아는 모든 부족들을 능가한다. 그들이 해결한 중대사란 그들이 추격하는 자는 아무도 그들에게서 벗어나지 못하고, 그들이 따라잡히고 싶지 않으면 아무도 그들을 따라잡을 수 없다는 것이다. 그들은 도시도 성벽도 없고, 집을 수레에 싣고 다니고,[34] 말을 타고 활쏘기에 능하고, 농경이 아니라 목축으로 살아가는데, 그런 그들이 어찌 다루기 어려운 불패의 부족이 되지 않을 수 있겠는가?

그들이 문제를 그렇게 해결할 수 있는 것은 그들 나라의 지형과 하천 덕택이다. 그들 나라는 평평하고 풀이 잘 자라고 물이 흔하며, 아이귑토스(이집트)

---

31 Godley(1972: 216-219); Rawlinson(1992: 302) 참조.
32 복잡한 위계질서에 속하는 사람들을 영어로는 단지 'slave'라는 하나의 단어로 표현함으로써,(그들은 대부분 노예가 아니었다.) 근대 초기의 맥락이 덧씌워지게 된다. Beckwith(1984a) 참조.
33 Godley(1972: 241-242); Rawlinson(1992: 314-315) 참조.

의 운하만큼이나 많은 수의 하천이 관류하고 있다.

중앙유라시아의 어떤 유목민에 대해서건, 고대의 어떤 자료들이건, 설명 방식은 헤로도토스와 똑같다. 그러나 헤로도토스의 글에는 오늘날에 이르기까지 중앙유라시아에 대해 역사책들이 갖는 전형적인 오해의 소지가 포함되어 있다. 헤로도토스는, 그와 동시대 혹은 후대의 다른 여러 문화에 속하는 저술가들처럼, 유목 문화에 관심을 집중하고 있다. 그는 스키타이 영토에서 지속된 집약적인 농업에 대해서는 별로 얘기하지 않는다. 또한 그는 자신이 언급했던 스키타이의 도시들이 왜 유지되는지는 충분히 설명하지 않았다. 예컨대 다른 많은 "스키타이의 나라들"은 기술하면서, 부디니(Budini)의 영토 안 스텝 지역의 북쪽 끝에 위치했던 겔로누스(Gelonus)에 대해서는 별로 얘기하지 않았다.

부디노이족은 인구수가 많은 대규모 부족으로, 모두들 눈은 진한 회청색이고 모발이 붉은색이다. 그들의 나라에는 나무로 만든 겔로누스라는 도시가 있다. 그 도시의 성벽은 각 변이 30스타디온인데 이 높은 성벽도 나무로 만

---

34 Strabo(Jones 1924: 222-223, 242-243)는 조금 늦기는 했지만, 텐트에 주목했다. 그들은 "마차 위의 텐트에서 대부분의 시간을 보낸다." 그 텐트는 직물로 만들어졌다. 그들은 텐트를 덮은 마차를 굉장히 많이 가지고 있었다. 스키타이는 이것을 하나만 가진 사람들을 가난하다고 생각했다. 부자라면 80대 정도는 있어야 했다. 주로는 소가 이 마차를 끌었다. 그래서 매우 천천히 움직였다. 텐트 마차에 대한 상세한 논의와 발굴된 진흙 모형(틀림없이 장난감) 그림은 Rolle(1989: 114-115) 참조. Strabo는 또한 유목민들이 "때때로 목초지를 따라 옮겨다니면서" 가축에서 얻은 우유, 고기, 치즈를 먹고 살았음을 강조했다. 물론 그들은 전사이기도 했지만, 꼭 필요한 경우에만 전쟁에 나갔을 뿐 기본적으로는 평화로운 사람들이었음을 Strabo는 명백히 밝혔다.

들어졌고, 집들과 성역들 역시 나무로 지어졌다. 그곳에는 나무로 만든 헬라스(그리스)식 신상과 제단과 신전을 갖춘 헬라스(그리스) 신들의 성역들이 있기에 하는 말이다. 그들은 3년마다 한 번씩 디오니소스 축제를 열고 망아의 경지에 든다. 그것은 겔로누스인들이 본시 무역 거점들을 떠나 부디노이족의 나라로 이주한 헬라스인(그리스인)이었기 때문이다. 그들이 쓰는 말은 반은 스키타이족의 말이고, 반은 헬라스 말이다.

부디노이족은 겔로누스인들과 같은 말을 쓰지 않으며 생활방식도 다르다. 부디노이족은 토박이 유목민으로 이 지방에서 솔 씨를 먹는 유일한 부족이지만, 겔로누스인들은 농사를 지어 곡물을 먹고 채소도 가꾸며 생김새도 피부색도 부디노이족과 다르기 때문이다. 하지만 헬라스인(그리스인)들은 부디노이족도 겔로누스인들이라고 부르는데, 이것은 잘못된 것이다. 그들의 나라는 어디나 온갖 종류의 나무가 빽빽이 들어서 있고, 숲이 가장 울창한 곳에는 갈대 늪으로 둘러싸인 크고 넓은 호수가 있으며, 그 호수에서는 수달과 비버와 얼굴이 네모난 짐승(담비 혹은 밍크)들이 잡힌다.[35]

겔로누스라는 도시, 혹은 정확하게 그것과 닮은 도시가 벨스크(Belsk, Bilsk)에서 고고학자들에 의해 발굴되었다. 스텝 지역의 북쪽 끝자락이다. 40제곱킬로미터의 주거지인데, "지휘부 도성(길이가 20.5마일)이 있고[36] 규모가 특히 거대한 점으로 봤을 때 굉장히 중요한 지역이었을 것이다. 전

---

35 Godley(1972: 308-309); Rawlinson(1992: 339) 참조. Godley의 "ruddy"라는 표현 (Budini의 머리카락을 묘사하면서 나온 표현)에 대해서 나는 "red-haired"라는 표현을 사용하였다. 그의 "native to the soil"을 나는 "native to the country"로 바꾸었다.
36 Rolle(1989: 119).

략적으로 스텝 지역과 산림 지역의 경계선에 정확하게 자리 잡고 있어서, 겔로누스는 남북 교역을 통제할 수 있는 요지였다. 장인의 작업장들이 있었고, 기원전 5세기에서 기원전 4세기로 편년되는 그리스 수입품 도자기들이 상당량 출토된 것으로 봐서 그렇다."[37]

페르시아인들과 그리스인들의 눈길을 끌었던 것은 스키타이의 번영이었지, 그들의 호전적인 용맹함이 아니었다. 스키타이가 그들을 침략하지 않았다는 사실이 명백한 이유가 될 것이다. 어떤 식으로든 증오심을 가질 만한 이유는 없었다. 복수를 하려고 다리우스가 스키타이를 정복할 생각을 했다는 헤로도토스의 주장도 믿을 수 없다. 그보다는 오히려 스키타이는 정복할 만한 값어치가 있었을 뿐이다.

다리우스(Darius, 재위 521~486 BC)는 키루스의 후계자 캄비세스와 그의 형제들이 내전을 벌이는 틈을 타 왕위를 차지했다. 그는 페르시아의 영토를 크게 넓혔는데, 남서쪽으로 이집트를 점령했고, 남동쪽으로 인도 북서부까지 나아갔으며, 북동쪽으로 중앙아시아를 점령하였다. 그러자 북쪽에서는 스텝 지역 이란어족(사카와 스키타이)의[38] 저항에 직면했고 서쪽에서는 그리스인들의 공격을 받았다. 사카 혹은 아시아의 스키타이를 정벌한 뒤 기원전 520년~기원전 519년 그들의 왕 스쿠카(Skuka)를 사로잡았다.[39] 그 뒤 다리우스는 참모들의 의견과는 반대로 유럽 스키타

---

37 Taylor(2003); 이 도시를 비롯하여 스키타이 도시 유적들에 대해서는 Rolle(1989: 117-122) 참조.
38 페르시아인들은 스키타이를 포함한 북부 이란어족 모두를 사카(Saka)라 불렀다.(이 책의 다른 곳에서도 논의됨. 부록 B 참조). 근대 학자들은 대개 동부 스텝 지역 및 타림 분지의 이란어족을 지칭하는 데 이 명칭을 사용하였다. 이 책에서도 근대 학자들의 관례에 따른다.

이의 고향인 스키티아(Scythia)를 침공하기로 결정했고, 마침내 정복에 성공했다. 다리우스는 보스포루스 해협에서 트리키아를 잇는 배다리를 건설할 준비를 했고, 이오니아의 그리스인들에게 명하여 도나우 강을 거슬러 올라 입구가 둘로 갈라지는 곳까지 항해해서 그곳에 다리를 놓도록 했다.

기원전 513년~기원전 512년 다리우스는 거대 규모의 육군을 진군시켰다. 헤로도토스에 따르면 70만의 건장한 남자들이었다. 다리우스는 보스포루스 해협을 가로질러 트리키아를 제압하고 도나우 강까지 진군했다.[40] 그리고 다리를 건너 동쪽으로 스키타이의 땅으로 들어갔으며, 이오니아인들에게는 자신이 돌아올 때까지 다리를 잘 지키라고 명령했다. 페르시아 군대는 스키타이를 찾아 텅 빈 스텝 지역을 가로질렀다. 페르시아는 스키타이와 전투를 벌이고자 했지만, 스키타이는 중앙유라시아의 전통적인 게릴라 전법을 구사하여 페르시아 군대가 점점 더 스키타이의 땅으로 깊숙이 들어오도록 유인했다.[41] 가도 가도 정복할 도시도 없었고, 군수물자를 징발할 데도 없었다. 잔뜩 화가 난 다리우스는 스키타이의 왕 이단티르수스(Idanthyrsus)에게 사신을 보내 멈추어 싸우든지 아니면 항복을 하라고 요구했다. 헤로도토스에 따르면 스키타이의 대답은 다음

---

39 Rolle(1989: 7).
40 이 정벌(들)의 시점과 장소는 논란의 대상이다. Melyukova(1990: 101)에 따르면 페르시아는 돈 강을 건너 사르마트 지역에 진입했다고 하지만, 헤로도토스의 설명에 따르면 그렇지는 않았을 것 같다.
41 주지하듯이, 스키타이와 여타 중앙유라시아 스텝 민족들은 전투에서 갑옷을 착용했다. 이는 문헌 자료와 고고학적 발굴을 통해 확인된 사실이다. 이에 대한 논의와 스키타이 갑옷에 대한 다양한 도판에 대해서는 Rolle(1989) 참조.

과 같았다.

페르시아인이여, 나로 말하면 여태껏 어떤 인간도 두려워 도망친 적이 없으며, 지금도 그대가 두려워 도망치는 것이 아니오. 내가 지금까지 하고 있는 일은 평상시에 내가 늘 하던 것과 크게 다르지 않소이다. 왜 내가 당장 그대와 싸우지 않는지 그 까닭도 설명하겠소. 우리들 스키타이족에게는 도시도 경작지도 없소이다. 그런 것들이 있다면 우리는 그것이 함락되어 황폐화될까 두려워 서둘러 그대들과 맞서 싸우겠지요. 그러나 그대들이 되도록 속히 싸우고 싶다면, 우리에게도 조상의 무덤이 있으니 그 무덤을 찾아내 파괴해 보시오. 그러면 그대들은 우리가 그 무덤을 지키기 위해 그대들과 싸우게 될지 아닐지 보게 될 것이오. 그러기 전에는, 그럴 만한 이유가 없는 한 우리는 그대들과 싸우지 않을 것이오."[42]

결국 다리우스는 후퇴를 할 수밖에 없었다. 다리우스가 한 일이라곤, 스키타이를 가로질러 가는 동안 요새만 몇 채 건설했을 뿐이었고, 위대한 전사의 나라 스키타이의 명성을 드높인 것뿐이었다.

다리우스 및 그 후계자들과 그리스의 전쟁은 마케도니아의 왕자 알렉산드로스의 시대까지 이어졌다. 레반트 지역과 이집트 지역을 정복한 알렉산드로스는 기원전 334년 페르시아를 향해 방향을 틀었다. 마침내 그는 다리우스 3세(재위 336~331 BC)를 물리쳤고, 기원전 331년 다리우스 3세가 죽은 뒤 스스로 페르시아 황제임을 선포했다. 그는 박트리아와 소

---

42 Godley(1972: 326-328); Rawlinson(1992: 346-347) 참조.

그디아나를 포함해서 페르시아 제국 전체를 정복했다. 중앙아시아 지역에 대한 통치권을 강화하기 위해 그는 기원전 327년 박트리아 귀족 여인 록사나(Roxana)와 결혼했다.

알렉산드로스는 스키타이를 침략할 계획이 없었던 것 같다. 아마도 군사상의 어려움 때문이었을 것이다. 그의 군대는 고도로 훈련된 마케도니아와 그리스의 보병이었다. 그들의 밀집 대형은 어떠한 적이 와도 깨트릴 수 없는 강고한 전술이었다. 하지만 알렉산드로스의 기마대는 규모가 작았다. 끊임없이 이동하는 유목 국가를 정복하기 위해서는 전체 군대가 유목민 스타일의 기마병이어야 한다. 제한된 기마 병력으로는 유목민의 고향으로 들어가 거대한 유목민의 군대를 대적할 수 없었다. 근동 지역의 고정된 전장에서는 알렉산드로스의 기마대가 측면 공략이라는 아주 유리한 전술을 구사하기도 했지만, 이 상태로 유목민의 나라를 침공한다면 다리우스가 겪었던 곤란을 알렉산드로스가 그대로 겪게 될 것이다.

스키타이의 후손인 사르마트(Sarmatians, 그리스어로 Σαυρομάται)는 스키타이처럼 북부 이란어를 사용하였다. 사르마트의 여성들은 대체로 높은 지위를 갖고 있는 점이 특이하다. 특히 그들 중에는 여성 전사들이 등장한다. 헤로도토스에 의하면 그들의 여성 전사는 오이오르파타(Oiorpata)라고 불렸는데, 스키타이어로 '남자를 살해하는 자'라는 뜻이다.[43] 여성의 특이한 지위는, 스키타이나 그리스 문화에서 보이는 극단적인 남성중심주의와는 현저한 차이가 있고, 그래서 헤로도토스도 주목을 했을 것인데, 고고학적으로도 명확하게 확인이 되었다. 스키타이 남자와 거인족 아마존(Amazon) 여인이 결합하여 사르마트인이 생겨났다는 헤로도토스의 설명은 다만 재미있는 이야깃거리에 불과하지만, 거인족 아마존에 대한 그리스의 전설은 사르마트 여성 전사의 실제 생활에 기반을 둔 것인지도 모른다. 기원전 200년대 이후, 사르마트인들은 로마인들과 접촉을 하고 전투를 벌이게 된다.

동부 스텝 지역: 흉노

스텝 지역의 동쪽 끝(현재 몽골 지역과 예전의 내몽골 지역) 그리고 타림 분지 동부 지역에서 유목 위주의 문화, 즉 중앙유라시아 문화복합체가 생활양식으로 자리 잡은 시기는 기원전 8세기에서 기원전 7세기 사이였다.[44] 시기적으로 보자면 서부 스텝 지역과 다르지 않다. 유라시아 초원, 즉 흑해 북쪽의 서부 스텝 지역에서 동쪽으로 몽골의 알타이 지역까지, 초기 철기 문화의 확산에 대해서는 고고학적으로 연대가 확정되었고, 연륜연대학으로도 검증이 되었다.[45] 동부 스텝 지역 초기 거주민의 언어민족학적 정체성에 대한 역사학 및 문헌학적 연구 결과 또한 고고학적으로 재확인이 되었다. 동부 스텝 지역의 서쪽, 그러니까 몽골 서부 알타이 지역

---

43 Godley(1972: 310-311); "스키타이에서 남자는 oior라 하며, 죽인다는 것은 pata라 한다."고 헤로도토스는 설명했다. 스키타이어의 oior(스키타이어 [wior]에 대한 그리스어 음사로 추정됨)는 아베스타어 vīra(남성, 인간), 산스크리트어 vīrá-(영웅, 사람, 남편), 라틴어 vir(남성), 고대 영어 wer(남성, 남편), 고트어 wair(남성) 등과 동일한 기원을 공유하는 것으로 보인다. 그 기원은 원시 인도유럽어 *wir, 또는 *wi-ro- 즉 '남성'이다.(*EIEC* 366).
44 Di Cosmo(2002a: 57, 65, 71).
45 Di Cosmo(2002a: 36).

으로부터 남쪽으로 크로라이나를 거쳐 기련산맥의 롭노르까지, 티베트 고원의 북쪽 바깥 지역을 주도했던 사람들은 인종적으로는 코카서스 인종이었다.[46] 북부 지역에 살았던 사람들은 북부 이란어인 "사카(Saka)"어나 그 방언을 사용했고, 크로라이나 지역 사람들은 토하리어나 그 방언을 사용했다. 동부 스텝 지역의 동쪽, 그러니까 몽골 고원 중부와 동부, 내몽골, 만주 남서쪽을 주도했던 사람들은 인종학적으로 몽골 인종이었는데, 그들이 어떤 언어를 사용했는지는 알려져 있지 않다.[47] 중국 측 자료에 의하면, 중국 문화지대의 북쪽 경계에서 가까운 도시에서 이민족들과 교역을 했다고 한다.

중국인들은 기원전 7세기 말에서 기원전 6세기 초 적(狄)이라는 민족 침공했다. 그러나 전국 시대 말 이전 시기에 등장하는 그들이 누구였는지는 자세히 알 수가 없다. 전국 시대 말기에 중국 북부에 있던 조(趙)나라의 무령왕(武靈王, 재위 325~299 BC)은 백성들에게 유목민의 옷과 관습을 사용하고, 말을 타는 연습을 하라고 명했다.[48] 그는 임호(林胡)와[49] 누번(樓煩)으로 알려진 중앙유라시아 민족을 정벌하고 음산산맥(황하가 크게 구부러지는 곳 북쪽에 접해 있는 산맥) 아래 대(代) 지역에서 고궐(高闕) 지역까

---

46 Di Cosmo(2202a: 39).
47 Di Cosmo(2002a: 39, 163-166).
48 Di Cosmo(2002a: 134-138)의 상세한 논의 참조. 중국인들이 계속해서 말 사육과 기마술에 취약했던 것을 보면, 중국의 왕은 바지를 받아들인 것 말고는 결국 군대에서 혁명적인 조치를 취하지 않았던 것 같다.
49 이는 연대를 알 수 있는 자료 중에서 호(胡)라는 용어가 사용된 가장 이른 사례이다. 호(胡)란 북방과 서방의 이방인을 가리키는 용어였다. 처음에는 어떤 종족 명칭이었을 것이나, 상당히 이른 시기에 거의 일반명사화되었던 것으로 보인다.

지 장성을 쌓고, 운중(雲中), 안문(雁門), 대(代)에 군(郡)을 설치하였다.[50] 기원전 295년 중산국(中山國)을 정벌한 뒤, 조나라는 황하가 크게 굽은 지역 전체를 장성으로 둘러쌌다. 이렇게 해서 조나라는 영토를 상당히 확장하였고, 동부 스텝 지역 남쪽 지방에 대하여 주도권을 장악하였다. 이 지역에서 가장 좋은 목초지로 알려진 오르도스(Ordos) 지역도 조나라의 손에 들어갔다.

기원전 221년 진(秦)나라가 동주 이후 전국 시대를 통일하기 얼마 전, 오르도스를 포함하여 동부 스텝 지역을 주도하던 세력은 흉노(匈奴)라고 알려진 사람들이었다. 기원전 215년 진나라의 장군 몽염(蒙恬)이 흉노를 공격하여 패퇴시켰다. 진시황(秦始皇)은 수십만의 백성을 징발하여 만리장성(萬里長城)을 쌓았다. 만리장성은 진시황 이전에 쌓은 성벽들을 연결하여 만든 것이었다. 이전에 쌓은 성벽들이란 중국인들 서로 간에 혹은 중국인과 이민족 사이에 쌓은 성벽들로서, 중국인들이 쌓은 것도 있었고, 비-중국인들이 쌓은 것도 있었다. 성벽과 요새를 연결한 장성은 감숙성 임조(臨洮)에서 요동까지 이어졌고, 황하 유역 전체를 둘러쌌으며, 예전 흉노의 고향도 장성 안쪽에 포함되고 말았다. 흉노는 알려진 바 최초의 지도자이자 틀림없이 건국을 주도했을 두만(*투멘)의 지휘 아래 국경 너머 멀리 북쪽 몽골 고원까지 도망을 갔다.[51] 아마도 이와 같은 패전 상황 때문에 기원전 209년에 정권이 그의 아들 묵특에게 넘어가게 된 것 같다.[52]

50　Di Cosmo(1999a: 961).
51　Di Cosmo(2002a: 174-176, 186-187).

흉노는 흔히 유럽의 훈족과 동일시된다. 그러나 양자가 전성기를 맞았던 시기가 수백 년의 간격이 있으며, 어떤 직접적인 연관성도 증명된 바가 없다.[53] 몇몇 천재적인 연구들이 있기는 하지만, 대체로 이들의 종족 이름이 비슷하다는 데 기초하고 있다.[54] 근본적인 문제 중의 하나는, 중국어의 현대 북경어에서 시웅-누(Hsiung-nu)라고 발음되는 것이,[55] 중세 중국어에서는 *흉누(*χoŋnɔ) 혹은 *흉누(*χʲoŋnɔ)로 발음되며, 고대 중국의 지식인들이 처음으로 국경에서 이방인들의 이름을 듣고 그것을 한자로 받아 적었을 때의 그 한자 발음과는 굉장히 차이가 날 수밖에 없다는 것이다. 여러 가능성들 가운데, 그 이름이 북부 이란어족 중 하나의 이름이었을 수도 있다.[56] 동부에서 이들을 지칭했던 이름들(사카, 사클라 등등)은 몇 단계의 변이를 거쳐 중국 측 자료에 남아 있다.[57] 이들 자료는 흉노가 처음 등장하는 자료에 비해 약 1세기 뒤의 자료들이다.[58] 흉노

---

52 Yü(1990: 120). 두만(*투멘, *Tumen)은 몽염에게 패배한 지 6년도 채 안 돼 전복되었다. 모둔이 부상해 권력을 쟁취하는 과정이 프롤로그에 소개된 전설 같은 이야기와 똑같지는 않았겠지만, 정교하게 훈련된 그의 개인 코미타투스가 관여했던 것은 분명하다. Di Cosmo도 이를 거론한 바 있다.(2002a: 186).
53 고고학적 유물을 토대로 상당히 매력적인 주장들이 제기됐지만, 그러한 증거들로도 연대상의 문제들 및 여타의 논란들을 완전히 해소하지는 못한다.
54 흉노의 기원 및 그들의 훈족과의 역사적 관련 가능성에 대한 논쟁은 미주 51번 참조.
55 Pulleyblank(1991: 346, 227)는 흉노(匈奴)를 중세 중국어로 *χuawŋnɔ라고 재구성해냈다. Boxter(1992: 798, 779)는 *χʲowŋnu라 했다(동음자에 근거하여). 그러나 Pulleyblank의 복원이 『절운(切韻)』의 철자법[反切]에 더 잘 맞는다. 현대 중국 표준어(북경어)의 병음으로 표기하면, xiōngnú가 된다. 그러나 실제 발음은 [ɕʲuŋnu]라고 한다.
56 흉노의 이름을 음사한 시기는 매우 이른 시기였으며, 틀림없이 고대 중국어 국경 지역 방언을 거쳐 기록되었을 것이다. 그래서 어두 *s-는, 고대 중국어 *s- 가 *χ- 로 바뀌기 전에 음사되었을 것으로 추정된다. 자세한 논의는 미주 52번 참조.
57 부록 B 참조. 유라시아 동부에서의 사카(Saka)라는 이름에 대해서는 미주 53번 참조.

제국이 멸망한 뒤에 결국 흉노가 어떻게 되었든 간에, 그들도 이란어족의 유목 모델을 배웠을 가능성이 크다. '최초의 이야기' 모델에서와 같이 (이것이 가장 가능성이 큰 시나리오일 것이다.) 아마도 그들은 한동안은 스텝 지역 이란어족에 복속되었을 것이고, 그렇지 않으면 이란어족 사회의 구성원이 되었을 것이다. 처음에 시작할 때는 중앙유라시아의 많은 민족들이 마찬가지였고, 티베트어족도 그랬다. 그들은 이방인이 그들에게 붙여준 낯선 이름으로 알려졌다.[59]

진나라의 중국 정복은 오래가지 못했다. 진나라는 첫번째 황제가 죽은 뒤 바로 무너졌고, 이어 내전이 발생하자, 국경 지역으로 파견된 관료들은 부임지를 버리고 고향으로 돌아갔다. 흉노 또한 오르도스의 고향으로 되돌아왔다.

동부 스텝 지역에 대한 중국인들의 지식은 한나라 시기에 폭발적으로 증가했다. 특히 무제(武帝, 재위 140~87 BC) 시기에 그러했는데, 중국 지역의 제국이 중앙유라시아로 확장되어 가는 오랜 역사의 시작이 그로부터 비롯되었다.

---

58 이들은 장건의 보고서까지 거슬러 올라간다. 장건(張騫)은 기원전 139년~기원전 138년 월지(*토콰르)를 찾으라는 임무를 가지고 출발했지만, 도중에 포로가 되었다 탈출했고, 돌아오는 길에 또 포로가 되기도 했다. 기원전 126년에야 비로소 탈출하여 중국으로 돌아왔으며, 흉노족 아내와 하인들을 데리고 왔다. 『사기』에 수록된 그의 여행에 대한 영어 번역은 Watson(1961, II: 264 이하) 참조.
59 흉노의 언어민족학적 연관성은 아직 전혀 해결되지 않았다.

고대 사회의 지적 발전

기원전 5세기와 기원전 4세기에 이르러 실크로드가 등장했고, 유라시아의 초기 유목 국가가 출현했을 때, 같은 시기 여러 고대 국가들도 전성기를 구가했고, 그리스어, 인도어, 중국어로 된 고전 철학과 고전 문학 작품들이 생산되었다. 소크라테스(469~399 BC), 플라톤(427~347 BC), 아리스토텔레스(384~322 BC)는 아주 거칠게 말하면 고타마 붓다(전성기 약 500 BC로 추정), 파니니(5C BC로 추정),[60] 카우틸리야(전성기 약 321~296 BC로 추정)와[61] 동시대였고, 공자(약 550~480 BC), 노자(5C 후기 BC로 추정)와[62] 장자(4C BC)도 마찬가지였다.[63] 세 개의 서로 다른 문화들 사이에 서로의 자양분이 공급되었는지에 대해서는, 일반적으로 역사학자들의 손으로는 서술된 바가 없다. 왜냐하면 특정할 수 있는 요소들이 오고 갔다는 점을 입증하기는 대단히 어렵기 때문이다. 이렇게 멀리 떨어진 지역, 예컨대 동아시아와 에게 해 지역에서는 각각 문자가 발명된 지가 천 년이 지났지만, 천 년 전의 조상들뿐만 아니라 당시로서도 서로에 대해서는 거의 알지 못했을 것이다. 그런데도 거의 동시에, 자신이 속한 정부뿐만 아니라 국가 권력의 본질에 대해서 토론하고, 실존에 대해서 문제제기를 하

---

60 Coward and Kunjunni Raja(1990: 4).
61 Bilimoria(1998: 220-222).
62 이는 나의 추정으로, E. Bruce Brooks가 제시한 연대기에 대한 논의를 근거로 한 것이다. (http://www.umass.edu/wsp/results/dates/confucius.html).
63 이 연도들 대부분은 현재 논란 중이다. 나는 주석이 달리지 않은 Audi(1999)의 연대를 사용했다. 텍스트의 대부분은 나중에 누군가 덧붙인 것들로, 그 중 일부만이 이름이 밝혀진 원저자의 저술일 것이다.

며, 논리에 대해서 논의하고, 인간의 마음이 작동하는 방식에 주목하게 되었던 것은, 더더욱 이상한 일로 보일 것이다. 그 이전 일천 년 동안과 비교하면 당시에 일어났던 일들은 분명 굉장히 충격적인 현상이다. 당시는 불분명한 어떤 것들에 질문을 던지던 시대였다. 예를 들면 왕의 부인이 임신을 할지, 신께서 제사에 바친 희생물을 흡족해 하는지, 다음의 왕국이 공격을 받아도 안전할지 아닐지와 같은 문제들이었다.

세 곳의 서로 다른 지역은 공통적인 정치상황에 놓여 있었다. 특히 각각의 문화는, 그 문화를 공유하는 규모가 작은 여러 국가들 사이에 놓여 있었다. 또한 그들은, 간접적이기는 하지만, 유목 제국의 발전에 따라 증가하게 된 국제 무역의 효과들로부터 공통적으로 영향을 받았다. 교역의 성장은 궁극적으로 상인 계층의 성장과 외래 사상의 전파를 동반할 수밖에 없었다. 앞에서 주목했던 것처럼, 고대 중국과 고대 그리스(혹은 고대 인도) 사이에 직접적으로 유의미한 어떤 지적 관계가 있었는지는 입증된 바가 없다. 이는 당연하다. 이들 문화들 사이에 어떤 종류든 직접적인 관련은 없었던 것 같고, 앞으로도 그 증거가 드러날 가능성은 거의 없다. 하지만 여전히 의문은 남는다. 고대 사회에 철학의 시대가 어떻게 도래하게 되었을까? 서로 동떨어진 세 지역 문화들에서, 동시에 비슷한 지성적 관심이 높아지고, 대답도 어떤 측면에서는 비슷하게 내놓는 것은, 어쩌면 있을 수 없는 일이라고 봐야 할 것이다. 그러나 이 문제에 대해 매우 긍정적으로 해답을 찾아보자면, 아마도 중앙유라시아가 개입되어 있을 수는 있겠다.

역사적으로 그 시대에 세 지역 문화들이 서로 간에 접촉할 수 있는 유일한 방법은 육로밖에 없었다. 이 책에서 보여주려고 하는 것은, 중앙유라시아는 동아시아에서 서유럽까지 다만 상품들만 운반한 것이 아니었다는 점이다. 그것은 경제였고, 세계 그 자체였고, 수많은 지역들, 나라들, 문화들이 포함되어 있었다. 그래서 공자는 만약 통치자가 훌륭한 정부에 대한 지식을 잃어버린다면, "사방의 다른 나라를 보고 연구를 해야 한다."는 점에 주목했다고 알려져 있다.[64] 알렉산드로스 대왕은 기원전 4세기 박트리아를 점령하고 식민지로 삼았는데, 이를 통해 그리스 철학을 포함한 그리스 문화가 중앙아시아의 심장부에 소개되었다. 최근의 연구에 의하면, 그리스 철학 전통이 중국 지역의 문학에 등장하는 시기는 알렉산드로스의 동방 점령 직후부터라는 조심스러운 의견도 있다.[65]

고대 초기에 그리스나 인도, 중국은 광대한 중앙유라시아 문화 지대의 변방에 있는 단지 조그만 곁가지에 불과했다. 중앙유라시아의 경계는 이 모든 지역에 맞닿아 있었다. 기원전 6세기와 기원전 5세기 초기에, 북부 스텝 지역 거의 전부와 남쪽의 상당 부분 중앙아시아 지역은 이란어족이 지배하고 있었다. 고대 중앙유라시아에는 최소한 두 명의 중요한 철학자 혹은 종교 사상가가 있었다. 스키타이의 아나카르시스

---

64 『춘추좌전(春秋左傳)』에 따르면, 소공(昭公) 17년이었다.(Yang 1990: 1389) 인용구 전체를 제시하자면 다음과 같다. "吾聞之, 天子失官, 學在四夷." 여기서 인용한 표준본 I(Yang Po-chün)에는 '學在四夷' 앞에 '官'이 하나 더 있다.(즉 "吾聞之, 天子失官, 官學在四夷."라고 되어 있다.) Yang Po-chün은 고대의 텍스트와 주석본을 근거로 하였는데, 결과적으로 문장이 대단히 이상해져 운이 맞지 않는다. 이 책에서는 다른 판본에도 이러한지, 아니면 '官'자가 하나 밖에 없는지 밝혀두지 않았다. 내가 보기에는 이 책이 어느 판본 계통인지도 밝히지 않았다. 진정한 교감주석본이 없기 때문에 우리는 다시 한 번 심연의 어둠 속에 빠져들 수밖에 없다. 제대로 된 교감주석본의 사례는 내가 본 바로는 하나밖에 없다. 바로 Thompson(1979)인데, 특히 서문을 주목할 만하다.
65 Brooks(1999).

(Anacharsis)는 어머니가 그리스인이었는데, 그리스어를 할 줄 알았고 그리스어로 글을 썼다. 디오게네스 라에르티우스(Diogenes Laertius)에 따르면, 제47회 올림피아드(591~588 BC) 때 그는 그리스를 여행했다. 그곳에서 그는 금욕적인 태도와 날카로운 논점으로 유명해졌다.[66] 고대 그리스인들은 7명의 현자 가운데 하나로 그를 포함시켰고, 그는 초기 냉소주의자로 일컬어졌다.[67] 또 한 사람 유명한 데모스테네스(Demosthenes)는 부유한 스키타이 여인의 손자였는데, 바바리언(이방인)이라고 고발되는 경우가 종종 있었다.[68] 배화교(조로아스터교)를 창시한 조로아스터(Zoroaster)는 호레즈미아(Khorezmia) 출신으로 흔히들 알고 있지만, 사실은 유목 이란어족이 살던 다른 중앙유라시아 지역 출신일 가능성이 더 크다. 그가 살았던 시기는 잘 알 수 없지만, 틀림없이 공자나 붓다와 동시대였을 것이다.[69] 다른 사람은 없었을까? 자신이 속한 문화뿐만 아니라 중앙유라시아의 인도이란어족 철학자들의 사상으로부터 영향을 받았던 고만고만한 지역의 고대 철학자들이 과연 없었을까? 고대 중국 텍스트에 따르면, 공자는 중앙유라시아 사람들이 해답을 알고 있을 거라고 믿었고, 그리스인들도 비슷한 의견을 가지고 있었다. 이런 의견이 아무 근거가 없는 생각이었을까? 우정의 중요성이나 코미타투스의 기반이 되었던 믿음들, 행복이란 무엇인지, 완벽한 나라는 어떤 나라인지에 대한 질문, 즉 중앙유라시아의 사회적 종교적 사상들이 철학적인 입장이나 관심을 함

66 Hicks(1980, I: 104-111).
67 Cancik and Schneider(1996: 639).
68 Rolle(1989: 13).
69 조로아스터의 연대를 "높게" 잡는 문제에 대해서는 부록 A, 아베스타어 관련 서술 참조.

축하고 있었던 것은 아닐까?

중앙유라시아 문화복합체의 유목 문화적 형태

대륙 간 교역 체계를 통틀어 일컫는 이른바 실크로드라는 것이 등장하고, 번성하고, 사라지는 시기는 역사적으로 스키타이의 등장, 중앙유라시아 제국들의 번성, 준가르의 멸망와 정확하게 일치한다. 2천여 년 동안, 대부분의 중앙유라시아 핵심 지역은 기마전사가 통치하는 나라들이 지배했고, 그들이 무역로를 보호하여 부를 축적하였다. 이는 중앙유라시아를 둘러싸고 있는 지역들의 고대 및 중세 자료들에서 확인되는 바와 같다.

무역은 유목 문화나 비-유목 문화나 모두에게 중요했다. 그러나 유목 국가에게는 그렇지 않다고 알려졌었다. 무역의 핵심적인 이유는 흔히 오해하는 것처럼 유목민의 가난 때문이 아니었다.[70] 유목민들은 거대 농업 국가들의 농경민에 비해서 대개는 훨씬 쉽게 먹거리를 구했고, 훨씬 편하게, 훨씬 오래 살았다. 중국 지역으로부터 동쪽 스텝 지역으로 유출되는 인구가 끊임없이 이어졌다. 그들은 주저하지 않고 초원의 삶이 더 낫다고 말했다. 비슷한 사례로, 많은 그리스인들과 로마인들은 훈족이나

---

70 예컨대 Hildinger(2001)는 다음과 같이 주장했다. "역사적으로 유목민들은 가혹한 빈곤 속에 살았고, 인생이 아주 힘들었으며, 이러한 빈곤은 정주민들과의 접촉을 통해서만 해소될 수 있었다." 그러나 사실은 오히려 정반대였다. 고대 및 중세 여행자들의 기록을 통해 확인할 수 있다. 여행기의 대부분은 영어로 번역되어 있다.

다른 중앙유라시아 민족에게 넘어갔을 때, 그들이 고향에 있을 때보다 더 잘 살았고 더 좋은 대접을 받았다. 중앙유라시아 민족들은 주변을 침략하고 파괴하는 것보다 무역을 하고 세금을 걷으면 훨씬 이익이 크다는 것을 잘 알고 있었다. 기습이나 파괴는 역사적으로 예외적인 사례에 속하며, 대개는 은밀하지 않은 공공연한 전쟁이었다.

교역이 유목민에게 그렇게 중요했던 이유는 오히려 통치자와 그의 코미타투스를 위해서였던 것으로 보인다. 이는 고고학적 발굴이나 역사 자료에서 코미타투스 대원들에게 지급된 사치품에 대한 묘사를 통해 확인할 수 있다. 중앙유라시아 전역에서 고대로부터 그러했다. 통치자와 코미타투스의 관계는 그들의 라이프 스타일이 어떠했던지를 막론하고, 중앙유라시아를 통틀어 모든 국가에서 사회정치적 주춧돌이었다. 중세로 한참 접어든 후에까지도 마찬가지였다. 그 관계 없이는 통치자가 이승에서 자리를 유지할 수 없었고, 저승에서도 적들로부터 자신을 방어할 수 없다고 생각했다. 스키타이로부터 몽골에 이르기까지 중앙유라시아 통치자들의 사치스런 무덤을 보면, 그들이 사후 세계에 대해 가지고 있었던 신앙과, 사후에도 이승에서와 같은 방식으로 삶을 즐기고자 했던 그들의 욕망을 엿볼 수 있다.

그리스와 중국은 모두, 특히 헤로도토스의 『역사』와 알렉산드로스의 정복 전쟁에 대한 설명에서, 그리고 한무제 때의 장건의 보고서에서 중앙유라시아의 도시에 대해서 아주 상세한 묘사가 등장한다. 헤로도토스에 의하면, 스키타이의 중심 도시 겔로누스(Gelonus)는 30제곱킬로미터에 달했고, 스키타이 무역 네트워크의 중심지였다. 도시 박트라(Bactra)는 이후에 발흐(Balkh)라 불리는 곳으로 박트리아 지역에서 가장 큰 중심 도시였고, 아케메네스조 페르시아의 총독이 주재하고 있었는데,[71] 기원전 329년~기원전 327년 알렉산드로스가 접수하였고,[72] 2세기 후에는 토하리인들이 정복하였다. 알렉산드로스는 기원전 329년 마라칸다(Maracanda, 소그디아나의 중심 도시 사마르칸트)도 정복했고, 페르가나(Ferghana)까지 통치력이 미쳤다. 기원전 139년과 기원전 122년 사이 장건은 중앙아시아 동부 지역을 가로질러 여행했고, 여러 도시들을 방문했다. 그가 직접 혹은 그의 후계자가 장건이 방문했던 도시들에 대해 상당히 자세한 서술을 남겼다. 모든 중앙아시아 도시들은 계곡이나 강의 퇴적층 지역에 관개 농업을 실시하고 있었다. 강들은 대부분 산에서 발원해서 끝자락이 사막에 이르렀다. 그러나, 도시에 사는 사람들도 호전적인 정도는 유목민과 다를 바가 없었다. 도시인들은 오직 교역에 관심이 높았다. 유목민이나 도시민이나, 그곳의 군주들은 모두 거대한 코미타투스를 유지했다. 고대 중국인 여행자들은 소그디아나(Sogdiana)를 방문하면 아주 개발이 잘 된 농업 지역과, 많은 도시들, 그리고 거대한 규모의 전사집단을 볼 수 있었다. 코미타투스 멤버들에게 하사할 재물을 마련해야 했기 때문에, 소그드인들도 주변의 유목민들 못지않게 무역에 대한 수요가 높았다. 전사들이 주군에게 재물을 바치는 경우는 결코 없었다. 군주는 내부 정치적 목적으로 전사들이 필요했고, 유목민들도 이와 마찬가지였다. 중세 초기의 사례를 보면, 코미타투스는 다른 중앙유

---

71 최근에 왕실 아람 문자로 기록된 박트리아의 문서가 상당수 발견되었는데, 기원전 4세기로 편년이 된다. 여기에는 이 시기 박트리아의 지방 행정과 여러 다양한 문화를 세부적으로 알려주는 내용이 많이 포함되어 있다.(Shaked 2004).
72 Hornblower and Spawforth(2003: 58).

라시아 지역 못지않게 소그디아나와 기타 중앙아시아 정착민 지역에도 광범위하게 확산되었음을 분명하게 알 수 있다. 당시 소그드인들은, 유목민들이 그랬던 것처럼 중앙유라시아 지역의 전쟁이나 소규모 국가에 개입했다.[73] 중세 이전 고대라고 해서 이러한 상황이 달랐을 것으로 볼 이유는 없다.

---

73 Grenet(2005), Moribe(2005), de la Vaissière(2005a).

CHAPTER 3

로마와 중국 사이

吾家嫁我兮天一方
遠托異國兮烏孫王
穹廬爲室兮氈爲牆
以肉爲食兮酪爲漿
居常土思兮心內傷
願爲黃鵠兮歸故鄉
漢細君公主

가족들은 나를 시집보냈네 멀리 하늘 끝으로,
멀리 낯선 나라에 나를 맡겼네 *아스빈 왕에게.
게르가 집이라네 벽은 털가죽,
고기가 밥이라네 국은 우유죽.
언제나 고향을 생각하네 마음속엔 상처만,
철새가 되고 싶네 고향으로 돌아가는.
— 한세군공주

제1차 정주 제국의 시대 개막

고대 중반기, 즉 기원전 3세기부터 기원후 3세기까지는 로마 제국과 중국 한(漢) 제국의 발전이 가장 눈에 띈다. 이들은 농업을 기반으로 부분적으로 도시도 발달한 문화였다. 각기 거대한 영토를 차지하고 유라시아 대륙의 서쪽과 동쪽을 압도하였다. 양자는 모두 중앙유라시아 지역으로도 깊숙이 확장해 들어갔다.

서부 스텝 지역에서는 스키타이의 후예인 사르마트가 같은 이란어족인 알란(Alans)에게 길을 비켜 주었다. 중앙아시아 서부 지역에서는 토하리 연합세력이 이주해 와서 박트리아의 그리스계 나라들을 점령했다. 이를 근거로 쿠샨(Kushan) 제국이 성립했고, 중앙아시아로부터 인도 북부까지 영토를 확장했다. 한편, 파르티아의 새로운 페르시아 제국은 서쪽으로 뻗어나가 그리스 도시국가들과 국경을 맞대었으며, 로마인들과 함께 근동 지역을 두고 힘을 겨루었다. 토하리의 숙적이었던 흉노는 동부 스텝 지역을 압도하다가 반으로 나뉘어져 남북으로 갈렸다. 뒤이어 남흉노가 중국인들의 도움을 받아 북흉노를 격파했다.

이로 인해 무주공산이 된 동부 스텝 지역으로 몽골족 연맹체인 선비족이 들어왔다. 그들은 만주 서부 산악지역에서 옮겨와 흉노 대신 동부 스텝 지역을 차지하였다.

중앙유라시아의 무역, 즉 실크로드의 규모 또한 커져서, 대체로 상업을 경멸했던 로마와 중국의 저술가들도 그에 대한 논의를 하기에 이르렀다. 로마와 중국은 모두 무역에 참여했고, 몇몇 원거리 외교 사절들을 보내기도 했지만, 이들은 지리적으로나 문화적으로 너무 멀리 떨어져 있었다. 이들은 서로에 대해 전혀 알지 못했고, 직접 국경을 맞대고 있는 이웃들 너머에 어떤 세계가 있는지는 잘 알지 못했다. 이 시대가 지나갈 때쯤, 무역로를 따라 사상의 전파가 이루어졌다. 특히 불교와 기독교 신앙이 그러했다. 이는 양쪽의 중심지뿐만 아니라 주변의 여러 지역에도 심대한 영향을 미쳤다.

로마 제국과 중앙유라시아

율리우스 카이사르(Julius Caesar, 사망 44 BC)가 제국을 선포하기 100여 년 이전에 이미 로마의 영토는 사실상 제국 시대의 영토만큼 확장되어 있었다. 기원전 100년에 이르러 로마인들은 이미 이탈리아, 갈리아 남부, 그리스, 아나톨리아, 북아프리카의 상당 지역을 통치하고 있었고, 스페인으로도 확장해가는 중이었다. 갈리아 키살피나(Gallia Cisalpina)와 갈리아 나르보넨시스(Gallia Narbonensis)는 켈트족(Celts)의 영토였다. 이 둘을 모두 점령한 로마는 이미 중앙유라시아 지역을 뚫고 들어가는 데 성공했었다. 이는 카이사르가 갈리아의 나머지 지역을 정복(56 BC까지)하기 이전이었다. 카이사르는 기원전 66년과 기원전 54년에는 심지어 브리튼 (Britain)으로 뻗어나갔고, 게르마니아(Germania)의 게르만족도 공격했다.[1]

---

[1] James(2001: 18-22). 브리튼 섬의 많은 지역이 나중에 명목상 그의 증손인 클라우디우스 (Claudius)에게 점령되었다. 기원후 43년이었다.

그의 정복 전쟁에 별다른 이유는 없었다. 그저 순전히 제국의 영토 확장이 목적이었을 뿐이다. 저항하는 자, 예컨대 북서부 갈리아의 베네티(Veneti) 같은 도시는 "잔혹하게 파괴했고, 지도자는 처형했으며, 백성들은 노예로 팔아버렸다."[2]

카이사르 이후 로마인들은 북쪽과 동쪽 국경 지역에 있던 게르만족을 복속하기 위한 노력을 계속했다. 게르마니아 중에서 로마에 인접한 지역들은 복속이 되었다가, 반란을 일으켰다가, 다시 정복되었다. 서로마 제국이 멸망할 때까지 같은 일이 계속 반복되었다. 그러나 국경 지역의 게르만족들은 포에데라티(foederati), 즉 연방으로 간주되었다. 이들은 로마인들이 다른 게르만족을 정벌하러 갈 때 예비군으로 복무하였다. 그 과정에서 그들은 부분적으로 로마의 문화에 동화되어 갔으며, 때로는 갈수록 퇴폐적으로 변해간 로마인들보다 이들이 로마 제국을 유지하는 데 더욱 헌신적인 역할을 하기도 했다.

기원후 1세기에 로마의 역사가 타키투스(Tacitus)가 쓴 『게르마니아』는 게르만족에 대한 상세한 묘사를 전해주는 가장 오래된 기록이다. 게르만족의 문화를 설명하면서 타키투스는 코미타투스에 대해 특별히 주목했고, 당시 존재했던 코미타투스의 본질적 요소를 모두 기술했다. 대규모 전사들이 언제나 주군과 함께 했으며, 주군과 함께 죽을 각오를 하고 있었고, 만약 주군이 죽은 뒤에 전장에서 살아 돌아오면 영원히 명예를 회복할 수 없었으며, 기본적으로 인간 쓰레기 취급을 받게 된다. 또한 타키투스는 코미타투스 내부의 "계급"의 존재나 막대한 유지비에 대

---

2 James(2001: 18).

해서도 주목했다. 코미타투스 전사들은 "언제나 그들의 주군에게 청원을 했으며, 전투마 혹은 적의 피가 묻은 창을 교체해 달라고 요구하기도 했다."[3]

게르만족에게서 코미타투스가 오래도록 중요성을 지니고 있었다는 사실은 주목할 필요가 있다. 코미타투스는 프랑크 왕국 초기에도 등장했고, 스페인의 서고트 왕국에서는 8세기까지 지속되었으며, 스칸디나비아 지역에서는 또 몇 세기를 더 유지했다. 중세의 연대기 작가들이 프랑크족과 투르크족이 연관되어 있다고 믿었던 것, 그리고 이러한 믿음에 대해서 역사적 설명이나 어원적 해설을 덧붙인 것을 보면, 아마도 프랑크족과 투르크족은 실제로 교류가 있었고, 어떤 면에서는 서로의 문화가 비슷하다고 이해했던 것 같다.[4]

프랑크의 왕 실데릭 1세(Childeric I, 사망 481/482)는 클로비스(Clovis)의 아버지이며 메로베치(Merovech, 사망 456/457)의 아들로, 죽은 뒤 메로빙거 왕조(Merovingian Dynasty)의 시조로 간주되었다. 그는 로마의 장군 아에티우스(Aetius)와 함께 카탈루냐 평원(Catalaunian Fields)에서 훈족의 아틸라(Attila the Hun)와 맞서 싸웠다.[5] 그의 무덤은 도나우 강 유역의 동부 게르만족 왕들의 무덤과 비슷하다. 무덤방 속에는 사치스러운 황금 부장품들이 함께 묻혔다. 무덤의 크기는 20m×40m나 된다.[6] 무덤 주변에서 순장된 말과 사람의 유골도 발견되었다. 확실하게 말할 수 있는 것은, 프랑크족이 로마 제국의 북쪽 변경에 살면서 오랫동안 로마의 포에데라티

---

3 Mattingly(1970: 113); Hutton(1970: 152-153) 참조. 프롤로그의 논의 참조.
4 Beckwith(출간예정-a) 참조.

로 복무했다는 사실이다. 실데릭 1세의 무덤에서는 로마에서 임명한 벨기에 총독 문장도 발견되었다. 이처럼 고대 프랑크족에게서는 코미타투스를 포함한 중앙유라시아 문화복합체의 기본 양상들이 나타나는데, 이것이 로마로부터 전해진 것은 분명히 아니다. 그렇다면 그들은 어디서 이런 풍습을 배웠을까?

타키투스의 설명과 기타 고대 기록들은 아주 분명하게 증언하고 있다. 즉 고대 게르만족은 프랑크족을 포함해서 모두 중앙유라시아 문화복합체에 속해 있었다. 그들은 알란족이나 다른 중앙아시아 이란어족들처럼 원시 인도유럽어족의 시대로부터 줄곧 이러한 전통을 유지했다. 이것이 의미하는 바는, 고대 게르마니아가 문화적으로는 중앙유라시아의 일부였으며, 게르만족이 그곳으로 이동해온 뒤 천여 년 이상 그와 같은 전통이 유지되었음을 의미한다.[7]

---

5 Scherman(1987: 102-103)이 주목한 바, 대부분의 프랑크인들이 로마식을 따라 짧은 머리를 했지만, 메로빙거 왕족들은 오랜 전통에 따라 긴머리를 풀어헤치고 다녔고, 그러한 전통을 잘 보존했다. 투르크와 투르크보다 더 동쪽에 있었던 여타 중앙유라시아 민족들도 긴머리였고, (앞 시대 전통이 잘 보존되었다는 전제 하에서) 여러 가닥으로 땋았다. 그리스 문헌에 나오는 투르크인들에 대한 최초의 언급은 아가티아스(Agathias)의 글로, 투르크인의 헤어스타일에 대한 내용이다.(Keydell 1967: 13). "덥수룩하고, 부석부석하고, 더럽고, 느슨한 매듭으로 묶인"(Frendo 1975: 11) 모습은, 그리스 저술가가 굉장히 존경했던 프랑크 왕들의 아름다운 머리와는 대조적이었다. 프랑스인의 우아한 스타일은 매우 오랜 전통인 것 같다.
6 칠보 공예품(Cloisonné) 파편들을 보면 비잔틴 양식으로 판명된다. 무덤은 벨기에 투르네(Tournai)에서 1643년 발견됐으며, 최근에 재발굴되었다.(Kazanski 2000). 매장된 말 사진은 http://www.ru.nl/ahc/vg/html/vg 000153.htm에서 볼 수 있다. Brulet(1997) 참조.
7 게르만족의 유럽 이주 이전의 연대 비정 문제에 대해서는, 종종 해답을 찾았다는 선언이 없지 않았지만, 사실상 이제까지 어떠한 시도도 해답을 제시하지 못했다. 제1장 및 Adams(*EIEC* 218-223)의 균형 잡힌 신중한 논의 참조.

서부 스텝 지역

알란은[8] 이란어족으로 사르마트나 스키타이와 친척관계였다. 알란은 기원후 1세기 초에 이르러 돈 강을 따라 아조프 해 북동쪽에 이르는 중요한 스텝 지역을 장악했다. 조세푸스(Josephus, AD 37~100)에 따르면 알란은 그곳에서부터 메디아를 침략하여 약탈하였다. 기원후 2세기에 이르면 알란은 폰틱 스텝 지역과 카프카스 북쪽 지역을 장악했고, 동남쪽의 로마 국경에 이르기까지 서부 스텝 지역의 지배자가 되었다.[9]

로마인들은 다키아(Dacia, 대략 현대의 루마니아 지역)에 남아있던 사르마트와 알란을 공격했다. 황제 트라야누스(Traianus, 재위 AD 98~117)는 기원후 107년 그곳을 잔인하게 정복했고, 군사주둔지를 설치했으며, 로마인들이 정착하여 식민지로 삼았다. 다키아 사람들 가운데 "많은 이들이 노예가 되었고, 어떤 이들은 자결했다. 로마인들은 다른 지방을 겁박하기 위해 본보기로 다키아인들을 많이 죽였다. 트라야누스는 단지 글라디에이터 게임으로 1만 명을 죽이기도 했다."[10]

포로가 된 알란족은 로마 제국의 경로를 따라 로마 관할 프랑스 지역까지 가야 했으며, 멀리 영국까지도 보내졌다. 거기서 알란족은 로마의 병사로 복무했다. 그후로도 그들은 수 세기 동안 인종적으로 구별이 되었으며, 그 후손들은 언어가 유럽어에 동화된 뒤에도 오래도록 스텝 지역의 이란어족 전통을 보존했다. 이들은 중세 유럽의 민속에도 상당한

---

8 그들의 이름 및 초기 역사에 대해서는 Golden(2006) 참조.
9 Melyukova(1990: 113) 참조.
10 Lehmann(2006). 다키아(Dacia)와 로마의 현지 정복에 대해서는 미주 54번 참조.

영향을 미쳤을 것이다.[11] 심지어 상당히 늦은 후대의 중세에도 알란족 기마 궁수들은 어떤 적을 상대하더라도 특별히 돋보이는 실력으로 인해 주목을 받았다.

고트족은 타키투스의 시대에는 동부 게르만족이었다. 이들은 기원후 2세기와 3세기에 이르러 비스툴라 강 유역의 발트 해에서 남쪽과 동쪽으로 확장하여 흑해에까지 이르는 지역을 점령하고 있었다. 그때부터 그들은 폰틱 스텝 서부 지역을 장악했다. 그들은 조직화된 국가가 아닌 독립적인 연맹체였다. 나중에 에르마나릭(Ermanaric)이 고트족의 그로이퉁기(Greutungi) 연맹을 창설했는데, 이는 후대에 오스트로고트(Ostrogoths), 즉 '해가 뜨는 곳의 고트족' 혹은 '동고트족'으로 불렸다. 그들은 유서 깊은 국가 수립 방식을 그대로 따랐다. 즉 이웃 부족을 점령하고 복속시키는 것이었다. 그들의 나라는 기원후 370년에 이르러 강력한 왕국이 되었다. 아직 훈족이 공격해오기 이전이었다.

프톨레마이오스(Ptolemaeos)가 처음으로 훈족을 주목했던 때는 기원후 2세기였다. 그들은 폰틱 스텝의 동쪽 사르마티아, 즉 아조프 해 동쪽 돈 강 너머에 살았다. 다음으로 그들에 대한 중요한 정보는 훈족과 알란족의 전쟁에서 나타난다. 이 전쟁에서는 발라미르(Balamir)의 지휘 아래 훈족이 승리를 거두었다. 전쟁 이후 훈족과 알란족은 다시 오스트로고

---

11 Bachrach(1973). 랜슬롯(또는 랑슬로, Lancelot)라는 이름 및 돌에 꽂힌 칼 이야기, 이야기의 다른 여러 요소들 등은 알란족(Alans)에게서 비롯된 것으로 추정된다. 그리고 오늘날 오세티야인(Ossetian)의 언어 및 풍속에도 반영되어 있다. 오세티야는 카프카스 지역에 있는 알란의 후손이다.(Anderson 2004: 13 이하; Colarusso 2002; Littleton and Malcor 1994) 참조.

트를 공격했다.¹² 오스트로고트는 돈 강 서쪽 스텝 지역을 장악하고 있었다. 훈족이 왜 고트족을 정벌하고 로마를 침략했는지 이해하기 위해서는 그 이전의 역사를 함께 살펴야 한다. 고트족의 왕 아이르마나레익스(Airmanareiks)가 훈족을 공격하자, 훈족이 복수에 나선 것이다. 훈족은 고트족을 추격했고, 그 외에도 자신에게 굴복하지 않는 다른 종족들을 뒤쫓았다. 그 과정에서 로마까지 공격하게 되었던 것이다. 서부 스텝 지역에서 사르마트족, 알란족, 고트족의 권력은 375년에 이르러 훈족에 의해서 막을 내렸다. 중앙유라시아인들 중 규모가 컸던 종족들, 대표적으로 고트족은 이후 동로마 제국 국경 근처로 옮겨와 피난처를 구했다. 그들 중 상당수는 다른 수많은 종족들처럼 훈족에 굴복했고, 훈족의 정복 전쟁에 따라 나서야 했다.¹³

파르티아 제국

알렉산드로스 대왕(356~323 BC)은 후계자를 남기지 않았다.¹⁴ 광대했던 그의 점령지들은 군인들의 손에 넘어갔다. 알렉산드로스의 장군들은 제국을 서로 나누어 가졌고, 각자 자신의 왕국을 세웠다. 페르시아 지

---

12 암미아누스(Ammianus)에 의하면, 동고트의 왕 에르마나릭은 "백성들을 훈의 노예로 넘겨주느니 차라리" 자살을 택했다고 한다. 그 당시 혹은 375년경이다.(Burns 1980: 335).
13 Sinor(1990c).
14 알렉산드로스의 중앙아시아인 부인 록사나(Roxana, Roxane)는 기원전 323년 8월 아들을 낳았지만 후계 경쟁에 참여하기에는 너무 늦었다. 알렉산드로스는 기원전 323년 6월 10일 이미 죽고 없었다.

역에서는 셀레우코스 1세(재위 312~281 BC)가 셀레우코스 왕조(Seleucid Dynasty)를 세웠다. 그는 알렉산드로스가 살아 있을 때 알렉산드로스의 명령에 따라 소그드 총독의 딸 아파메(Apame)와 결혼했었다. 그의 왕국은 시리아에서 약사르테스(Jaxartes, 시르다리야) 강에 이르는 예전 페르시아 제국의 영토를 기반으로 하는 왕국이었다. 기원전 238년 파르니(Parni)족이 파르티아(Parthia, 현재 이란 북동부와 투르크메니스탄 남부)에 쳐들어왔다. 파르니는 북부 이란어 방언을 사용하는 민족이었고, 지도자는 아르샤크(Arshak, 재위 약 274~약 217/214 BC)였다. 그들은 파르티아에서 아르샤크 왕조를 세웠다.[15] 파르티아인들은 셀레우코스 왕조를 공격해 안티오쿠스 7세를 죽였고, 셀레우코스 왕조의 페르시아 지배는 기원전 129년에 막을 내렸다. 당시 파르티아인들은 사카인들의 침략으로 고통을 받고 있었다. 사카인들은 아마도 토하리인(월지)을 피해 파르티아로 들어왔을 것으로 추정된다.[16] 토하리인들이 아르다완(Ardawân, 아르타바누스 2세 또는 1세, 재위 약 128~124/123 BC)을 죽이고 박트리아를 정복하기는 했지만, 파르티아인들은 미트리다테스 2세(Mithridates II, the Great, 재위 약 124/123~87 BC)의 지휘 아래 제국을 확고하게 회복하였다.

---

15 Bivar(1983a: 28-29, 98).
16 중국 자료에 따르면 월지(*토콰르)는 기원전 160년 이식쿨 근처에 살고 있던 사카(Saka, 인도 자료에는 Śaka)를 공격했다. 기원전 128년 장건이 이 지역에 도착했을 당시, 사마르칸트와 옥수스(아무다리야) 강 사이에는 이미 토하리인들이 자리 잡고 있었다. 그리고 이미 박트리아를 복속시킨 상태였다. 파르티아는 중국 자료에서는 안식[安息, 현대 북경어 ânxî, 중세 중국어 *ansik(Pul.24, 330), 고대 중국어는 일반적으로 *ansək 또는 *arsək (Sta. 577, 552)]으로 나온다. 그러나 내 생각엔 고대 중국어 *arśək이 맞을 것 같다. 파르티아의 왕조 명칭 Aršak(기록상에는 'ršk)을 정확하게 재구성하면 *arśăk이 되기 때문이다.

파르티아인들은 활력 넘치는 왕조를 수립했지만, 권력은 상당히 분산되어 있었다. 그들은 중앙유라시아 이란어족의 여러 가지 풍습을 유지하고 있었다. 기마궁수(이들이 바로 파르티안샷으로[17] 유명해졌다.)로 군사력의 주력을 삼은 것도 그렇고 구전 서사시도 그렇다. 안타깝게도 서사시는 현재 전하지 않는다. 파르티아인들은 근동 지역의 주도권을 놓고 로마인들과 수 년 간 전쟁을 벌였다. 때로 이기고 때로 지기도 했지만, 이란 지역뿐만 아니라 대부분의 이라크 지역에 대해서도 대체로 400여 년간 이란어족의 지배를 성공적으로 이어갔다. 마침내 아르다완(Ardawân, 아르타바누스 5세 또는 4세, 재위 약 AD 213~224)의 시대에 이르러, 아르닥세르(Ardaxšêr)가 아르다완을 죽이고 사산 왕조(Sasanid Dynasty)를 세웠다.

토하리와 쿠샨 제국

동서양 양쪽의 사료에 모두 등장하는 주목할 만한 중앙아시아 역사의 한 장면이 바로 쿠샨 왕조의 창설이다. 쿠샨 왕조의 시작은 궁극적으로는 기원전 2000년경 인도유럽어족의 '첫번째 물결(first wave)'까지 거슬러 올라간다. 그 때 〈그룹 A〉에 속하는 방언을 사용하던 사람들이 감숙성 지역에 도착하여 토하리의 조상이 되었다. 이들은 롭노르와 후대 크로라이나 왕국의 영토를 포함하여 돈황 서쪽 지역에 거주했다. 그로부터 1800년의 세월이 흘렀다. 기원전 3세기 월지라고 불렸던 *토콰르

---

17 말을 타고 달리면서 뒤로 활을 쏘는 중앙유라시아인의 기술.

(*Tok^war),[18] 즉 토하리인은 여전히 그곳에 살고 있었다.

흉노가 초기 확장을 시도하던 기원전 2세기, *토콰르는 흉노의 남쪽과 서쪽에서 강력한 세력으로 자리하고 있었다. 결과적으로 흉노는 기원전 176년 혹은 기원전 175년에 그들을 패퇴시켰고, 조상들의 땅에서 그들을 쫓아냈으며, *아스빈(오손)과[19] 그 주변의 종족들을 복속시켰다.[20] *토콰르의 일부는, 하월지라고 알려진 사람들인데, 남쪽으로 도망쳐 기련산맥의 강족(羌族)들 사이로 숨었다. 하지만 남은 월지의 주력은 대월지였는데, 서쪽으로 이주해서 준가리아로 들어갔다. 토하리의 조상들이 코초와 쿠차 그리고 카라샤르(Karashahr) 지역에 정착한 때가 대월지 이주 사건 이전이었는지 아니면 그 때였는지는 밝혀지지 않았다.(나중에 중세 토하리어족이 동부 토하리어족과 서부 토하리어족으로 나뉘어 확인된 지역이 바로 이 지역이다.) *토콰르는 준가리아 지역에 살던 사카족을 몰아냈다.[21] 하지만 몇 년 뒤 그들도 *아스빈의 공격을 받아 패했다. 그 뒤 *토콰르는 서쪽과 남쪽으로 이주를 하여 소그디아나로 들어갔다. 거기서 그들은 파르티아를 공격하여 기원전 124년 또는 기원전 123년 박트리아를 정복했다. 이곳에서 그들은 점차 옥수스(아무다리야) 강을 건너 박트리

---

18 월지(月氏 또는 月支)는 현대 북경어로 발음하면 Yüeh-chih이다. *토콰르(*Tok^war)라는 이름의 재구성에 대해서는 부록 B 참조.
19 부록 B 참조.
20 모든 기록에 따르면 *아스빈(*Aśvin)은 준가리아를 침공했다. 예전 사카(Saka)의 땅에 살고 있던 *토콰르(*Tok^war)를 공격하기 위해서였다.(Bivar 1983b: 192) 참조. 전쟁에서 이긴 *아스빈은 준가리아에 정착했다. Christian(1998: 210) 및 다른 연구자들에게는 미안하지만, 이는 *아스빈이 *토콰르보다 늦게 준가리아에 도착했다는 것을 의미한다.
21 사카(Saka, Śaka)는 대규모 이주를 시작, 마침내 인도 북부를 정복했다. 인도 지역에서 그들은 인도-스키타이로 알려지게 된다.

아 지역에 정착하였고, 그곳에서 강력한 왕국을 세웠는데, 나중에 토하리스탄(Tokhâristân),[22] 즉 '토하르(*토콰르)의 땅'으로 알려진 왕국이 바로 그것이다.

기원전 50년경, 쿠줄라 카드피세스(Kujula Kadphises)라는 쿠샨 추장이 토하리스탄을 구성하는 네 부족을 병합하여 쿠샨 제국을 세웠다. 그는 자신의 영토를 남쪽으로 인도까지 확장하여 인더스 강 입구에까지 이르렀고, 해상 무역로를 장악했다. 이는 인도와 로마 치하 이집트 항구를 직접 연결하는 항로였다. 이 무역로는 파르티아를 거치지 않았고, 따라서 파르티아에 세금을 낼 필요도 없었다. 쿠샨 왕조는 이 무역로를 획득함으로써 막대한 이익을 챙겼다. 그들은 동쪽으로 확장하여 타림 지역으로 들어갔다. 그곳에서 그들은 쿠산(Küsän)이란[23] 이름으로 자신의 흔적을 남겼다. 이는 나중에 토하리 왕국의 수도가 되는 쿠차(Kucha)식 명칭이었다. 카로스트 히(Kharoṣṭhī)라는 특징적인 문서가 그들의 통치 기록으로 남아 있는데, 동쪽으로 크로라이나(루란)까지도 발견이 된다. 쿠샨인들은 불교가 파르티아, 중앙아시아, 중국으로 퍼져나가는 데 가장 중요한 역할을 한 사람들이다. 쿠샨 제국의 전성기는 제5대 통치자 카니슈카(Kanishka, 전성기 약 AD 150) 때였다. 그는 다른 종교들도 후원했지만, 특히 불교를 후원했다.

---

22 이 이름은 고대 아랍 자료에 툭하리스탄(Ṭukhâristân)이라 기록되었다. 그들로서는 외국어인 Tukhâristân 또는 Tokhâristân을 옮겨 적은 것이다. 이 과정에서 그 이전의 음절 [k^{w}ar]~[χ^{w}ar]가 [χaːr]로 바뀌었다.

23 이는 고대 위구르식 이름이다. 고대 티베트어에서는 Guzan으로 표기되고 [küsan] 또는 [küsän]으로 발음되었다. 지금도 쿠차와 카슈가르 사이에 Küsen이라는 도시가 있다.

쿠샨 제국은 불행하게도 남겨진 동전이나 몇 가지 유물말고는 별로 알려진 것이 없어서 상당 부분이 미스터리로 남아 있다. 사산 왕조를 세운 아르닥세르(Ardaxšêr) 1세의 공격으로 기원후 225년경 쿠샨 제국은 막을 내렸다.

중국의 한 제국과 중앙유라시아

기원전 210년~기원전 206년 진(秦) 왕조가 무너진 뒤, 새로운 왕조가 들어섰는데, 바로 서한(西漢, 210 BC~AD 6)이었다. 한무제(漢武帝, 재위 141~87 BC) 때 중국인들은 다시 한 번 대대적으로 제국의 영토 확장에 나섰다. 몇 차례 원정에 실패한 뒤, 한나라는 기원전 127년에서 기원전 119년 사이 흉노와 주요 전투에서 수차례 승리를 거뒀고, 북쪽의 오르도스 지역을 획득했다. 이로써 중국인들은 다시 한 번 흉노를 그들의 고향에서 쫓아낼 수 있었다. 흉노는 황하의 만곡 지역으로부터 훨씬 북쪽으로 이주했다. 또한 중국인들은 농서(隴西, 감숙성) 지역의 전략적 요충지 기련산맥도 차지했다. 북쪽 국경의 성벽은 전국 시대 말기의 세 왕조, 진(秦), 조(趙), 연(燕)에서 건설한 것이었다. 진나라는 돈황에서 요동까지 이들 성벽을 연결했었다. 흉노로부터 빼앗은 점령지를 지키기 위해서였다. 한무제는 이 장성을 다시 수리했고 요새도 다시 점령했다. 한무제는 또한 서역으로 군대를 보냈다. 흉노로부터 실크로드 도시들에 대한 통제권을 빼앗기 위해서였다. 중국의 사신과 군인들이 제공한 정보는 지리학자와 역사학자들에게도 제공되었다. 중앙유라시아에 대한 1차 자료(그들이 직접 확인한 뒤 작성한 보고서)의 범위는 동부 스텝 지역부터 타림 분지를 거쳐 서쪽으로 이란 지역까지 포괄하였고, 이보다는 상당히 정확하지 못한 2차 자료(그들이 직접 보지는 못했지만 들어서 알게 된 내용)에는 더 먼 지역, 파르티아와 로마 제국이 포함되어 있었다.

가장 중요하고도 생생한 설명은 장건(張騫, 사망 113 BC)의 보고서이다. 그는 기원전 139년 사행(使行)을 떠났다. 그가 맡은 임무는 *토콰르를 찾아 그들이 떠난 고향 돈황과 기련산맥 사이 지역으로 되돌아오도록 설득하는 일이었다. 장건은 흉노에 체포되었고, 그들과 함께 10년을 살다가 탈출해서 계속 서쪽으로 나아갔다. 기원전 128년경 그는 박트리아에 있었고, 다시 한 번 흉노에 잠시 머물다가 기원전 122년 중국으로 돌아왔다.[24] 기원전 115년 그는 다시 서쪽으로 파견되었고, 2년 뒤에 돌아와서 죽었다.[25]

한나라 역사가들은 흉노에 대해 설명하기를, 그들이 "순수한" 유목민으로, 목초지와 물을 찾아다니며 가축을 기르고, 자라면서 말을 타고 사냥을 하기 때문에 "자연스럽게 전사가 된다."고 하였다.[26] 이러한 설명은 헤로도토스의 유목 스키타이에 대한 설명과 놀라울 정도로 비슷하다. 두 민족, 즉 흉노와 스키타이는 세세한 면에 이르기까지 동일한 생활 방식을 공유하고 있었고, 이는 고고학 및 기타 수많은 연구 성과들에서 확인

---

24 Yü(1986: 458 n.260).
25 Loewe(1986: 164), Yü(1967: 135-136).
26 『시경』 번역으로는 Watson(1961, II: 155 이하) 참조. 『시경』은 『한서』보다 오래된 책이지만 두 문헌 모두 동일한 자료를 기반으로 하고 있음이 확인되었다. 즉 『한서』가 『시경』의 내용을 그대로 전재한 것이 아니라는 것이다. 중국인들 사이에서 『시경』의 명성이 높은 이유는, 그것이 표준 한문체로 쓰여진 최초의 역사책이었기 때문이 아니라, 유려한 그 문체 때문이었다.

된다.

북만(北蠻)에 거주하며 가축을 따라 목축하며 옮겨 다닌다. 그들의 가축으로 말, 소, 양이 많고, …… 성곽과 일정한 거처가 없고 농사짓지 않으나 각기 나뉘어진 영역이 있다. …… 어린 아이도 능히 양을 타고 새나 쥐를 활로 쏜다. 조금 더 자라면 여우나 토끼를 쏘아 잡아먹는다. 장정들의 힘은 능히 활을 당길 수 있고 모두 무장기병[甲騎]이 된다.[27]

스키타이에 대해서 알려준 헤로도토스처럼, 흉노에 대한 소중한 정보들이 다른 역사서에서도 발견된다. 흉노로 파견되었던 중국의 환관은 흉노 황제로부터 좋은 대우를 받았다. 그는 중앙유라시아인들이 중국 비단과 중국 음식을 좋아하는 것을 비판했다.

흉노의 인구는 모두 합쳐도 한나라의 일개 군에 미치지 못합니다. 그럼에도 불구하고 흉노가 강한 것은 옷과 음식이 달라서 한나라에 아쉬울 것이 없기 때문입니다.[28]

---

27 『한서』(*HS* 94a: 3743); Watson(1961, II: 155) 참조. 무장에 대한 명확한 전거 제시를 주목할 것.
28 Watson(1961, II: 170). 이 환관은 계속해서 흉노족에게, 편리한 외국 수입품을 내다버리고, 튼튼하고 건강한 흉노 토산품을 사용해서, 중국으로부터 독립을 유지하라고 강권한다. 이 대화의 내용은, 중국인들이 상업에 편견을 지녔고, 무역이 흉노족 등의 중앙유라시아인들에게 가졌던 중요성도 알지 못할 정도로 무지했다는 기존의 관념과는 다른 모습을 보여준다. 고대 투르크의 톤유쿡 비문에서 비슷한 내용이 있는 것으로 보건대, 이들은 중앙유라시아 나라들 내부에 존재했던 보수주의 경향의 한 조류를 대변하는 것일 수도 있다.

한나라의 군대와 외교관들은 마침내 스텝 지역에서 흉노의 힘을 상당히 축소시켰고, 중국 문화를 전파하는 데 성공했다.

한(漢)은 황하를 건너 …… 때때로 관개수로를 뚫고 전관(田官)과 관원, 병졸 5~6만을 두고 점차 잠식하니 그 땅이 북쪽으로 흉노와 접했다.[29]

그러나 흉노는 중국인을 상대하는 경험을 쌓으면서 더욱 강력해졌고, 거꾸로 싸움을 걸어왔다. 그들은 언제나 잃어버린 남쪽의 고향을 되찾으려 했고, 중앙아시아 도시들에 대한 통제권을 회복하고자 했다. 사실 한나라가 두 지역에서 모두 크게 성공하기는 했지만, 흉노는 타림 분지의 도시 국가들에 대해서 여전히 영향력을 행사하고 있었다. 중국인들의 정책은 평화롭고 정당했을 것이다.

현재의 황제 폐하(무제)께서 왕위에 올랐을 때 흉노와 평화로운 관계를 다시 한 번 확인하셨고, 그들을 관대하게 대우했으며, 국경의 시장에서 교역도 허락했고, 호화로운 선물도 보내주었다. 선우(單于) 휘하의 모든 흉노는 장성을 따라 오고 가며 한나라와 친밀해졌다.[30]

뿐만 아니라 중국인들은, 만약 흉노를 죽음의 덫으로 끌어들일 수 있다고 생각했을 때는, 배반을 할 수도 있었고 폭력을 쓸 수도 있었다. 바

---

29 Watson(1961, II: 183).
30 흉노 통치자의 호칭 선우(單于)의 발음을 어떻게 재구성해야 할지는 아직 불확실하다. 미주 7번 참조.

로 그와 같은 시도가 있었다. 황하의 북쪽 만곡 근처에 있는 도시 마읍(馬邑)에서 흉노의 왕을 사로잡으려고 했던 것이다. 시도는 실패로 끝났고, 기원전 124년 공개적으로 전쟁이 시작되었다.

> 이 일이 있은 뒤 흉노는 …… 국경수비대를 공격했다. 그들은 수도 없이 국경을 넘어 약탈을 자행했다. 그럼에도 탐심을 내어 국경의 시장에서 즐기며 한나라 물건을 구했다. 한나라도 또한 국경무역을 허용하고 중단하지 않았다.
> 마읍 사건이 있고 나서 5년 뒤(129 BC) 가을, 한나라는 네 명의 장군에게 각각 기병 1만을 이끌고 관시(關市) 부근의 오랑캐를 기습하도록 했다.[31]

기원후 49년 흉노는 둘로 갈라지고 말았지만, 그 중에서 더 강했던 북흉노는 여전히 중앙아시아를 주도했다. 그들의 영향력은 멀리 소그디아나까지 미쳐서, 그곳에서는 여전히 흉노를 종주권자로 인정하였다.

중국 왕조의 역사서들은, 중앙아시아에서 군사지배력을 유지하기 어려운 가장 중요한 이유는 중국과 거리가 멀기 때문이라는 불평을 늘어놓고 있다. 그러나 그들이 중앙아시아에서 명목상 지배 이상을 거두지 못한 주된 이유는 분명 경제력 때문이었다. 중앙아시아 도시들의 경제는 수백 년 동안 발전해온 도시와 지방 간의 교역에 기초하고 있었다. 흉노의 유목 경제는 중앙아시아의 농업 경제 및 도시 경제와 별 차이가 없었

---

31 Watson(1961, II: 177-178). 이민족을 지칭하는 중국어를 영어 "barbarians"이라 잘못 번역하는 문제에 대해서는 에필로그 참조.

다. 활발한 유목민의 존재는 흉노와 타림 분지의 사람들 모두에게 경제적, 정치적으로 활력소가 되었다.

흉노는 한나라 국경에서 자유로운 무역을 허가해달라고 요청했지만, 한나라 궁정의 관리들은 이에 반대했다. 그러면서도 대개는 상대적으로 이득을 얻었다. 그들이 흉노에게 교역을 허가했을 때, 그것은 평화를 의미했고, 흉노 또한 국경을 "침략"하는 일이 거의 없었다. 이러한 관계 속에서 잊지 말아야 할 것은, 중국인들이 건설한 국경이 중앙유라시아 영역 깊숙이 들어가 있었다는 사실이다. "중국인들"의 시장은 인종적으로 중국인이 아닌 사람들이 아마도 더 많은 지역에 있었다. 흉노의 전성기 때조차 그들이 약탈하러 침투한 곳은(중국과 전면전을 벌일 때와 대조적으로)[32] 예전 흉노 영토의 한계 안쪽 지역인 내몽골, 만주, 산서(山西) 북부, 섬서(陝西), 감숙(甘肅) 등지에 국한되었다.[33]

동부 스텝의 선비족

스텝 지역에서 흉노의 힘이 쇠락해진 것은 일부는 자연 조건의 변화 때문이었으며 일부는 중국인들의 공격과 정치적 책략 때문이었다. 여러 요인들 중에서 민족 요인도 있었다.[34] 즉 스텝 지역에서 흉노에 복속되었

---

32 중국에서 내전이 진행되고 있을 당시, 중국 북쪽의 국경지대에 살던 중앙유라시아인들은 대개 하나 또는 여러 중국 세력의 '용병' 또는 '동맹'으로서 싸웠다.
33 Yü(1986: 389).
34 Yü(1986: 404-405).

던 민족들이 스스로 통치권력을 가질 수 있는 기회가 늘어났다. 이러한 혁명들 가운데 가장 중요한 사건이 바로 선비(鮮卑)족의 혁명이었다. 이들은 원시 몽골어족에 속하는 사람들로, 흉노의 영토에서 동부, 즉 오늘날 만주 지역에 살았다. 그곳은 일찍이 흉노의 두번째 위대한 군주 묵특(冒頓, 재위 209~174 BC)에 의해 정복되었었다.

북흉노 제국은 기원후 83년에서 87년 사이에 실질적으로 붕괴되었다. 그 뒤 선비족은 전투에서 흉노를 꺾고 흉노왕을 죽였다. 기원후 91년 살아남은 북흉노 사람들이 서쪽 일리(Ili) 계곡(伊犁河)으로 옮겨갔을 때, 선비족은 예전 흉노의 땅으로 들어와서 동부 스텝 지역의 지배자로서 흉노를 대신하였고, 서쪽으로 *아스빈(*Aśvin)까지 영토를 확장했다.[35]

일본-고구려어족의 정복

기원전 2세기 초반 어느 때, 원시 일본-고구려어족이 남쪽으로부터 요서(遼西, 현재 요령성 서부와 내몽골) 지역으로 이주했다. 남쪽에서 그들은 쌀농사를 지었고 수렵을 했던 민족이었다. 원시 일본-고구려어족 가운데 원시 일본어족 갈래인 왜족(Wa)은 기원후 2세기에도 여전히 요서 지역에 살았다. 그들은 수렵도 했고, 분명 농사도 지었지만, 가축을 기르는 초원의 전사들은 아니었다. 이와 달리 그들과 친척 관계인 고구려어족은 스텝 지역 전쟁에 익숙한 기마전사가 되었다. 역사학적 자료에는 기원후

---

35 Yü(1990: 148-149).

12년에 그들이 처음 등장하는데, 이미 그렇게 묘사되어 있다. 그리고 그들이 사는 곳은 요서 지역이라고 했다.[36] 고구려인, 부여인, 부여-고구려인은 중앙유라시아 문화복합체의 중요한 속성들을 모두 갖추고 있었다. 기원 신화(프롤로그 참조), 코미타투스, 거대한 왕의 무덤에 묻힌 부장품들, 지리적 방향에 따라 왕국을 네 구역으로 나눈 점 등이 그렇다.[37]

선비족의 확장과 왕망(王莽, 재위 AD 9~23) 치하 중국인들의 압박 때문에 부여-고구려인들 중 일부는 요동으로 이주하기 시작했다. 그곳에는 그들과 친척 관계인 예맥(혹은 예와 맥)인들이 이미 기원전 100년 이전에 이주해 살고 있었다. 기원전 100년경에 저술된『사기』에는 이들이 이미 요동과 조선(만주 남부)에 살고 있는 것으로 나온다.[38] 그들은 세 개의 왕국을 세웠다. 요하에서 압록강 사이 남만주 지역에 고구려 왕국을,

---

36 『한서』에 따르면(HS 99: 4130) 중국인들은 고구려에게 흉노를 공격하라고 강요했다. 하지만 고구려가 이를 거부했다. 요서 지방관이 고구려의 왕을 살해하자 고구려인들은 이에 반란을 일으켜 스텝 지역으로 말을 타고 달아났다. 이 때부터 고구려인들은 요동과 남만주 지역으로 이주하기 시작했다. 이 기록은 고구려가 언급되는 가장 시기가 빠른 역사 자료이다. 이보다 시기가 앞서는 지리서가 있는데, 여기서는 고구려인을 한반도 가까이 있었던 것으로 설정하고 있다. 이는 후대(기원후 1세기)에 덧붙여진 기록이다. 아마도 한무제의 업적을 드높이기 위해서 그리했을 것이다.

37 고구려의 엘리트 전사들로 기록에 등장하는 이들이 아마도 고구려 왕의 코미타투스였을 것이다. 불행하게도 이 부분에 대해서는 자료의 서술이 모호하다. 그러나 일본의 전사들로서 삼국시대 한반도의 전쟁에 참여했던 이들은 중앙유라시아 문화복합체의 전모를 습득했고, 코미타투스도 배웠다. 그들이 일본으로 돌아갔을 때는 그들이 습득한 것을 그대로 가지고 갔다. 따라서 그 일본인들에게 전수해준 당사자로 생각되는 부여-고구려족에게 코미타투스가 없었을 수는 없다.

38 이들은『사기』「흉노전」뿐만 아니라「화식열전」에도 등장한다.「화식열전」은 경제에 대한 내용으로 중립적인 서술이다. 여기서 이들은 "돈을 잘 버는 자들"이라 기록되어 있다. (Watson 1961, II: 163, 185, 487).

고구려의 북쪽 만주 중남부에 부여(扶餘) 왕국을,[39] 한반도 동부 해안 지역을 따라 예맥 왕국을 세웠다.[40] 예맥의 남쪽 변경은 한반도 남동부의 한국어족인 진한의 영토에까지 이르렀다. 부여-고구려 왕국은 선비족과 중국인들로부터 수많은 공격을 받았지만, 이 지역에서 확고하게 자리를 잡았다.

고대의 중앙유라시아

로마 제국이 대부분의 지중해 지역을 장악하고 그 배후지로까지 뻗어나가기 이전에, 중국의 한 제국이 마찬가지로 사방의 광대한 지역을 정복하기 이전에, 이미 고대 동서양의 황금기는 지나갔다. 고전적인 전통은 두 제국에 강하게 남아있었다. 그들이 둘 다 가능한 넓은 지역을 점령했던 것은 바로 그 전통을 계승했음을 의미한다. 그러나 그들이 주목적(굉장히 거대한 영역으로 확장)을 달성했다고 하더라도, 그들의 하부구조는 일정한 지점을 넘어서면 물리적으로 유지될 수가 없었다.

먼저 고대 제국은 일방적인 마인드로 중앙유라시아에 접근했다. 즉 분열시키고 정벌하고 파괴했다. 그것은 성공적이었다. 로마인들은 북해로부터 흑해까지 중부 유럽을 가로지르는 중앙유라시아 서부, 포괄적으로 게르만족의 영토 깊숙이까지 진출했다. 로마인들은 직접 지배할 수 없는 그곳 사람들에게 분열의 씨앗을 뿌렸고, 그들의 힘을 약화시키는

---

39 Byington(2003) 참조.
40 Beckwith(2007a, 2006e, 2005a) 참조.

데 성공했다. 중국인들은 더욱 성공적이었다. 그들은 중앙아시아의 반을 획득하였고 꽤 안정적으로 유지했다. 비록 그곳에서 흉노의 종주권을 완전히 제거하지는 못했지만,(이는 중앙유라시아 경제의 측면에서는 다행이었다.) 그들도 흉노를 둘로 나누어 적대관계를 만드는 데 성공했다. 남부 왕국(남흉노)은 거의 완전히 중국에게 복속되었지만, 북부 왕국(북흉노)는 겨우 수십 년 유지되다 쇠락했다. 오래 지속되었던 남흉노 왕국은 갈수록 중국의 통제가 강해지기는 했지만, 몽골 계통의 선비족으로부터 북중국 지역을 효과적으로 지켜낼 수 있었다. 선비족은 동부 스텝 지역의 지배자로 북흉노를 대신하게 되었다.

중국과 로마 제국의 공격적인 대외 정책이 성공을 거두자, 마침내 재앙을 초래하게 되었다. 두 제국은 모두 부분적으로 국경 무역을 폐쇄했다. 그들은 끊임없이 중앙유라시아를 공격하여 불안을 야기했고, 지역 내 대량살육 전쟁을 일으켰다. 그 뒤 실크로드 교역은 심각하게 침체되었다. 중앙아시아에 도시 영역이 축소된 것이 그 증거다. 이는 장기지속적인 경기침체의 원인이 되었고, 서로마 제국과 동한 제국(그리고 그 후계자인 진(晉) 왕조마저도)의 몰락을 초래했다. 이로서 고대 문명은 막을 내린 셈이다.[41]

41 이후 중앙유라시아인들의 이주가 이어졌다. 식민지가 된 중앙유라시아 지역뿐만 아니라 주변 정주 제국에까지 중앙유라시아인들이 들어갔다. 로마 제국의 영토 내에서는 갈리아 지방, 게르마니아 대부분 지역과 다키아뿐만 아니라 사실상 스칸디나비아 남쪽 서유럽 전역, 심지어 지중해를 건너 아프리카 북부까지 진출했다. 중국 영토 내에서는 과거 중앙유라시아 영토였다가 빼앗긴 지역, 즉 오르도스, 산서, 섬서 북부, 만주 남부뿐만 아니라 전통적으로 중국 영토였던 지역, 즉 황하 만곡 이남, 주, 진, 한 왕조의 중심지였던 위수 유역 관중 지방까지 이르렀다.

CHAPTER 4

훈족 아틸라의 시대

> Sele hlifade
> heah orid hornreap, headouuylma bad
> ladan lizes, ne uuæs hit lenze pa zen
> þæt se ecgheet apum fuuerian
> æfter uuælmde uuænan scolde.
> Da se ellenzæft eappodlice
> þraze zepolode: se þe in þyftrum bad
> þæt he dozora zehuuam dream zehyyde
> hludne in healle: þæp uuæs heappan fuuez
> suuzol fanz scopes.

홀 안은 탑처럼 높았고,
높고도 넓은 박공이 붙어 있었다.
전쟁의 불꽃이 기다리고 있었다, 사악한 화염이.
맹세로 뭉친 자들이 목숨을 걸어야 하는,
피비린내 나는 학살이 휘몰아친 직후.
그러고 나면 막강한 괴물은
지루한 시간을 견디기 어려웠다.
어둠 속에서 살아가는 괴물은
매일 큰 소리로 음악을 듣는다. 하프의 소리,
음유시인의 맑은 노래.[1]
―『베오울프』중에서

민족대이동

기원후 2세기 이후 고대 제국들이 무너지기 시작했다. 그러자 유라시아 북부의 민족들은 남쪽을 향해 이주하기 시작했다. 이후로도 오래도록 영향을 미칠 이 사건을 민족대이동(Völkerwanderung, 민족들의 거대한 방랑)이라고 한다. 이 때 범(汎) 게르만족 그룹들은 과거 로마 제국의 영토로 들어가 서쪽 절반을 차지했다. 잘 알려지지 않은 민족들인 치오나이트족(Chionites), 에프탈족(Ephthalites) 등은 페르시아 제국령 중앙아시아로 들어갔다. 몽골족 위주의 여러 민족들은 과거 중원 제국의 영토로 들어가 북쪽 절반을 차지했다. 이러한 대이동의 원인은 밝혀지지 않았고 알아내기도 어렵다. 하지만 그 결과는 서유럽에서, 그리고 궁극적으로 유라시아와 세계 문명 전체에서 가히 혁명적인 변화를 초래했다.

가장 주목할 만한 이동은 바로 훈족이었다. 그들은 그 이전에는 잘 알려지지 않은 민족이었다. 그들은 스텝 지역의 전통적인 방식에 따라 알란족과 고트족으로부터 서부 스텝 지역을 빼앗았다. 그리고 복종하지 않는 민족들을 뒤쫓아 유럽 깊숙이까지 쳐들어갔다. 갑작스레 알란족, 고트족, 훈족 등이 들이닥치자, 유럽의 구경꾼들은 전에 없이 긴밀하게 스텝 지역 문화와 접촉하게 되었다. 훈족이 서부 스텝 지역과 일부 서유럽 지역을 장악한 시기는 그리 길지 않았다. 그럼에도 불구하고 그들은 유럽인의 의식 속에서 영원히 잊혀지지 않을 강력한 인상을 남겼다. 좋

---

1 이 인용구에는 영웅 베오울프가 물리친 그렌델(Grendel)이라는 괴물이 나온다. 문헌상의 문제에 대해서는 미주 55번 참조.

은 기억도 있었고, 나쁜 기억도 있었다.

민족대이동은 서유럽 거의 모든 지역에 중앙유라시아 문화복합체를 전파하였다. 이는 같은 시기에 일본에까지 전해졌다. 결국 중앙유라시아 문화복합체는 영국에서 일본에 이르기까지 유라시아 북부 온대 지역 전체를 포괄하게 되었다. 유라시아 대륙의 동쪽에서는 몽골족, 서쪽에서는 게르만족이, 정치적인 면에서나 언어적인 면에서나 주도적인 위치를 차지하였다. 게르만족이 로마 제국으로, 몽골족이 중원 제국으로 들어간 것은, 중앙유라시아인들의 관점에서 보자면 인구분포상 정상을 회복했을 뿐이었다. 이제 중앙유라시아와 주변 정주 지역 사이의 경계선은 없어졌다. 사람들은 시골에서 도시로, 혹은 그 반대로 자유롭게 이동할 수 있게 되었다. 인종적, 정치적 구분도 없어졌다. 그러나 그 결과는 동양과 서양에서 다르게 나타났다. 아마도 북중국 지역에는 중국인 인구 밀도가 높았던 반면 서로마 지역에는 로마인 인구밀도가 상대적으로 낮았기 때문일 것이다.

훈족과 서로마 제국의 멸망

기원후 200년경 훈족은 아조프 해 북쪽, 서부 스텝 지역의 동부에서 거주지를 마련하고 있었다. 그 이전에 그들이 어떠했는지는, 역사적으로나, 정치적으로나, 언어적으로나 혹은 다른 방면으로도 거의 알려진 것이 없다.[2] 370년경 훈족은 폰틱 스텝 지역으로 들어갔고, 지도자는 발람베르(Balamber, 또는 Balimber, 전성기 약 370~376)였다.³ 이 시기 그들이 이동한 이유는 틀림없이 동고트족의 공격 때문이었을 것이다. 동고트족의 왕 에르마나릭(Ermanaric)은 그곳에서 동고트족의 왕국을 세우려 했던 적이 있었다.⁴ 훈족이 서쪽으로 밀고 들어와서 알란족과 동고트족을 쳐부순 때가 375년이었고, 바로 그 해 에르마나릭이 자살했다. 376년에는 훈족으로부터 도망친 서고트족(Visigoths, Tervingi)이 프리티게른(Fritigern, 전성기 376~378)의 지휘 아래 로마에 귀부를 요청했다.⁵ 그들은 도나우 강을 건너도 좋다는 허락을 받고 동로마 제국으로 들어갔다. 그들은 트라키아(Thracia) 지역 중부에 정착했던 것 같다. 그러나 그 이전부터도 그들에 대한 로마인의 대접은 좋지 않았다. 일부러 그러기도 했겠지만, 한꺼번에 많은 수의 외국인들이 몰려와서 어쩔 수 없이 생긴 문제이기도 했을 것이다.

이러한 문제들에 대한 관리, 고트족 피난민들이 소비하는 돈으로 한몫 챙길

---

2 훈노의 정체성에 대해서는 아직도 많은 논문이 발표되고 있다.(예를 들면 de la Vaissière 2005d). 그러나 여전히 많은 문제들이 남아 있다. 제2장의 훈노에 대한 서술 및 미주 51번, 52번 참조.
3 불행하게도 발람베르에 대해서는 더 이상 알려진 바가 없다.
4 에르마나릭의 광범위한 침략 전쟁은 훈족의 도래와 관련한 논의에서 무시할 수 없는 역사적 사실이다. 그러나 현대의 역사책들은 여전히 훈이 알란을 공격했다고 쓰고 있으며, 훈이 갑작스레 아무 이유도 없이 나타난 것처럼 서술하고 있다. 역사 자료에는 훈의 공격의 동기가 나타나지 않지만, 동고트족의 역사에 비추어 볼 때, 먼저 공격을 받지 않은 상태에서 훈이 공격을 감행했던 것 같지는 않다. 에르마나릭의 제국과 고대 고트족 일반에 대해서는 Wolfram(1988) 참조.
5 Wolfram(1988: 133).

기회, 그들이 가진 놀라운 보물들은 일처리를 담당한 로마 관리들의 도덕적, 행정적 능력을 넘어서는 것이었다. 더욱이, 수많은 고트족을 도나우 강 건너로 운송할 운송 수단을 연속적으로 투입했지만, 역부족이었다. 로마 방식의 입항 절차는 고트족의 가족 및 부족 구조를 파괴하거나 위협했다. 음식 또한 적절하게 주어지지 않아서(의도적으로 부족하게 주지는 않았겠지만), 굶주린 이들을 통제하는 데 도움이 되지 못했다. 로마의 기록자들은 테르빈기족(Tervingi)의 비참함과 로마 장교 및 장군들의 부당한 착취로 인한 불만을 글로 남겼다. 절망에 빠진 고트족들은 스스로 노예가 되었고, 가족들은 흩어졌으며, 심지어 귀족의 아이들도 버려졌다.[6]

프리티게른은 378년 반란을 일으켰다. 어쩌면 당연한 일이었다. 서고트족은 로마 제국 황제 발렌스(Valens, 재위 364~378)의 군대를 격파했다. 그들은 아드리아노플(Adrianople) 근처에서 공격을 감행해 로마의 통치자를 죽였다. 2년 뒤 로마인들은 고트족과 알란족 그리고 분명 일부 훈족에게도 판노니아 지역(현재의 헝가리)을 포에데라테스(foederates), 즉 연방으로 내주겠다는 제안을 했다. 382년 10월 3일, 로마와 고트 사이에 새로운 조약이 비준되었다. 새로운 연방은 빠르면 388년부터 로마 군대에 복무해야 했다. 그리고 막시무스(Maximus)의 반란을 제압하여 로마 황제 테오도시우스 1세(Theodosius I, 재위 379~395)에게 연방의 값어치를 보여줘야 했다.[7]

---

6 Wolfram(1988: 119).
7 Wolfram(1988: 135-136).

이 때부터 훈족은 로마인들과 싸우기보다는 황제의 보상에 따라 일을 하기 시작했다. 훈족은 또한 395년~396년 페르시아 제국을 침공하기 시작했다. 그들은 폰틱 스텝 지역으로부터 카프카스 산맥을 지나 아르메니아, 시리아, 팔레스타인, 메소포타미아 북부 지역으로 공격해 들어갔다. 일반적으로 위험한 페르시아 침략에 훈족이 나선 이유는 약탈을 위해서라고 알고 있다. 그러나 시리아의 연대기 저술가는 이것이 로마의 폭압적인 통치 때문이라고 말하고 있다.[8] 이 전쟁에서 훈족은 사산조 페르시아의 수도였던 체시폰(Ctesiphon)에 맹공을 퍼부었으나 실패했고, 페르시아는 이들의 공격을 물리쳤다. 여기서 물러난 훈족은 이후 유럽으로 관심의 초점을 옮겼다. 연대기 저술가가 설명하는 침략의 이유는 아마도 틀렸을 것이다. 로마의 폭압 때문이라면서 로마를 공격하지 않고 페르시아를 공격한 것은 앞뒤가 맞지 않는다. 연대기에서 사실상 침략의 이유는 밝혀지지 않았다. 침략의 이유가 폭압적인 로마의 통치였거나 다른 누군가 혹은 다른 무엇 때문이었더라도 상관은 없다. 연대기 저술가의 설명에서 의미 있는 대목은, 침략을 받는 민족들조차 훈족의 침략에는 무언가 이유가, 그것도 정당한 이유가 있다고 믿었다는 사실이다. 훈족이 사나운 야만인이라서, 그리고 스스로 먹고 살기 어려워서 공격을 감행한 것은 아니었다.[9]

---

8 Sinor(1990c: 182-183) 참조. 그는 이 이유에 의구심을 표현하였다. 다만 훈의 공격이 왜 발생했는지에 대한 정보가 남아 있는 경우를 살펴보면, 훈에게는 대개 침공에 타당한 명분이 있었다. 미주 56번, 57번 및 에필로그 참조.
9 Sinor(1990c: 184). 훈족을 자주 에프탈리트(Hephthalite)나 다른 민족들과 혼동하는 경향에 대해서는 미주 56번 참조.

행적이 모호한 발람베르 이후로 이름이 알려진 초기 훈족 통치자들은 훈족 전체를 통치하지 않았다. 그러니까 로마와 조약을 체결한 훈족은 기본적으로 일부 지역의 군주였을 뿐이다. 훈족이 로마를 공격했을 때, 로마인들은 훈족이 조약을 어겼다고 비난했다. 그러나 이는 틀림없이 훈족 중에서 조약을 체결하지 않은 하나 혹은 여러 부족(그룹)들이 일으킨 일이며, 아마도 나름대로 공격의 이유가 있었을 것이다. 훈족이 국가로서 발전하기 시작한 때는 루가(Ruga, 혹은 Rua, 사망 434)가 집중화된 중앙 권력을 획득한 이후부터였다.

루가가 죽었을 때, 그의 조카였던 블레다(Bleda)와 아틸라(Attila)가 권력을 승계했다. 나이가 더 많았던 블레다가 동부를 통치했고, 아틸라는 서부를 차지했다. 동로마 제국의 황제 테오도시우스 2세는 훈족과 새로운 평화조약을 체결했다. "로마인과 훈족이 동등한 권리로 참여할 수 있는 시장을 보장하고",[10] 훈족 통치자에게 매년 황금 700 로만 파운드를 지불하기로 약속한 것이다. "로마인들과 평화 조약을 체결한 아틸라와 블레다는 군대를 이끌고 스키티아 지역(서부 스텝 지역)으로 진군하여 그곳의 부족들을 점령했다."[11]

테오도시우스 2세가 훈족에게 지급하는 공물을 중단하자, 440년과 441년에 아틸라와 블레다는 로마를 향해 진군했다. 도나우 강을 건너 그들은 황제의 군대를 쳐부수고 도시들을 점령했다. 테오도시우스가 건설한 수도 콘스탄티노플(Constantinople) 성벽 아래에서는 로마의 주력부대

---

10 로마 변경 관료들의 부적절한 처신이 로마인들에 대한 훈족의 불만의 이유가 되었음에 대해서는 미주 57번 참조.
11 Blockley(1983, II: 227).

를 섬멸했다.[12] 로마 황제는 마침내 또 다시 평화를 간청하고 아틸라의 요구를 받아들였다. 더 많은 땅을 할양하고, 체납된 공물을 지급하며, 이후로는 공물 금액을 3배로 올려 매년 2,100 로만 파운드의 황금을 제공하기로 했다. 그래봤자 로마로서는 별로 큰 금액도 아니었다.[13]

5년 뒤, 로마는 아틸라에게 또 다시 공격의 빌미를 제공했다. 447년 아틸라는 남쪽으로 진군하여 로마의 방어군을 물리치고 테르모필라이(Thermopylae)에 도달했다. 로마는 평화협상을 시작했고, 동시에 정치적 이간질과 암살을 시도했다. 이에 대해서는 프리스쿠스(Priscus)가 자세히 글을 남겼다. 그는 448년 아틸라에게 파견된 외교 사절 중의 한 사람이었다. 450년, 협상이 여전히 진행 중인 가운데 로마 황제 테오도시우스 2세가 사망했다. 마르키아누스(Marcianus, 재위 450~457)가 왕위를 계승하자, 그는 공물 지급을 중단시켰다.

445년 혹은 그 무렵 블레다가 죽고, 아틸라는 훈 제국의 유일한 통치

---

12 "테오도시우스는 콘스탄티노플을 정착 근거지로 삼은 최초의 황제였다. …… 다른 황제들은 그들의 여러 선조들처럼 이동식 생활양태를 고수하였다."(Howarth 1994: 61).
13 이렇듯 (금으로 지불된) 평화의 대가는, 과거나 근대의 거의 모든 사료에 '성가시고 귀찮은(부담스러운)' 것으로서 반감의 대상으로 기록돼 있다. 그러나 실제로는 전체 황실 재정의 극미한 일부에 불과했다. "당시 4천 파운드의 금은 최부유층이 아닌 일반 부유층 출신 의원의 연간 소득이었다."(Wolfram 1988: 154)는 언급도 참조할 만하다. Treadgold(1997: 40, 145)에 따르면, 유스티니아누스(Justinianus)가 금화 노미스마타(nomismata, 라틴어 solidi)의 환율을 1로만 파운드 당 72노미스마타로 지정한 결과, 450년~457년 사이의 연간 국가 재정이 778만 4,000노미스마타까지 증가했을 것으로 추정하였다. 2,100 로만 파운드의 금은 15만 1,200노미스마타에 해당했고, 이는 훈족에게 제공된 배상금(로마인들은 이 돈을 내도 할 말이 없는 상황이었음)에 해당했는데, 이는 제국 예산의 1.9퍼센트에 불과했다. 콘스탄티노플의 부유한 자들이 배상금 지불로 인해 파산하고 가난해졌다는 것은 말도 안 되는 소리다.

자가 되었다. 아틸라는 예상을 뒤엎고 복수를 위해 동로마 제국을 침공했다. 그에게는 또한 서로마 제국을 침공할 명분 혹은 이해할 만한 이유도 있었다. 발렌티니아누스 3세(Valentinianus III, 재위 425~455)의 여동생 호노리아(Honoria)는 아틸라에게 반지와 함께 편지를 보냈다. 그녀의 오빠는 그녀를 가두고 그녀의 애인을 처형해 버렸다. 그러자 그녀는 아틸라에게 자신을 도와달라고 요청했던 것이다. 아틸라는 그녀의 요청이 곧 청혼이라고 생각했다. 아틸라는 거대한 규모의 군대를 이끌고 서쪽으로 진군했다. 그의 군대는 훈족과 고트족, 알란족으로 구성되어 있었다. 아틸라는 그녀를 구출하고 서로마의 절반을 지참금으로 요구할 참이었다. 여러 자료들을 근거로 추정해보면, 그의 군대는 30만에서 70만 사이의 규모였다. 물론 그 중에서 전투병은 훨씬 적은 규모였을 것이다.

451년에 훈족은 서로마 제국의 북부, 즉 갈리아 지역과 게르마니아 지역의 라인 강 유역 도시들을 차지했다. 갈리아 지역 중앙으로 방향을 튼 그들은 오를레앙을 공격했다. 그곳은 갈리아 지역 북서부의 요충지였다. 한창 훈족의 공격이 가해지는 가운데, 로마의 장군 플라비우스 아에티우스(Flavius Aetius)가 도착했다. 그의 군대는 주로 로마인, 프랑크족, 서고트족들로 구성되었다. 아틸라는 물러나 전투를 준비했다.

상식적으로 훈족은 말을 타고 유럽을 휩쓸었고, 유목민 부대와의 전투에 익숙하지 않은 로마인들을 손쉽게 이겼을 것으로 알고 있다. 그러나 훈족이 폰틱 스텝 지역을 차지하기는 했지만(아틸라의 아들 중 한 명이 흑해 연안의 민족들을 다스렸다.)[14] 서유럽 내에는 말을 먹일 만한 목초지가 그

14 Blockley(1983, II: 275).

리 많지 않았다. 판노니아 평원의 상대적으로 제한된 목초지로는 중앙유라시아 유목민들처럼 대규모 가축 무리를 유지할 수 없었다. 훈족은 다만 보조적으로 기마대를 유지할 뿐이었다. 그 결과 훈족은 갈리아 지역이나 이탈리아 지역에서 로마와 싸울 때면 거의 전 병력 보병으로 대적했다.[15]

451년 6월 20일 혹은 그 무렵, 양쪽의 군대는 카탈루냐 평원(Catalaunian Fields)의 전투에서 맞닥뜨렸다.[16] 잔인한 전투였고 양측의 피해 규모는 엄청났다. 여러 자료들을 근거로 추정해보면 전사자는 약 20만에서 30만 사이였다. 로마의 아에티우스는 우선 훌륭한 장군이었고, 408년 스틸리초(Stilicho)가 사망한 뒤 훈족과 적대관계에 있으면서 얻게 된 훈족의 전략에 대한 지식들도 도움이 되었다.[17] 어쨌든 승자는 아에티우스였다. 하지만 그의 주요 동맹군이었던 서고트족의 왕 테오도릭(Theodoric)이 전사하고 말았다. 승리에도 불구하고 로마군 또한 엄청난 피해를 당했다. 게다가 서고트족도 철수해버렸기 때문에, 아에티우스는 더 이상 훈족을 추격할 수는 없었다. 마찬가지로 아틸라도, 여전히 막강한 군대를 보유하고 있었지만, 일단 판노니아 평원으로 철수를 했다.

452년에 훈족은 갈리아 지역을 다시 공격하는 대신 알프스 산맥을 넘어 이탈리아 지역으로 내려왔다. 그들은 포(Po) 계곡 지역과 여러 북부

---

15 상세한 검토와 관련해서는 Lindner(1981) 참조.
16 정확한 위치는 미상이다. 다만 현재의 샬롱(Châlons) 근처 샹파뉴(Champagne) 지방 어디쯤이었을 것으로 추정하지만 이 또한 불확실하다.
17 이로부터 몇 년 전 아에티우스는 고트족의 포로였던 적이 있었다. 따라서 그들 두 부족의 전략에 대한 남다른 견식이 있었을 것이다.

이탈리아 지역 도시들을 장악했다. 그리고 남쪽으로 방향을 틀어 라베나(Ravenna)로 향했다. 그곳은 당시 서로마 제국의 수도였다. 황제 발렌티니우스 3세는 수도를 벗어나 훨씬 남쪽에 위치한 로마로 달아났다. 교황 레오(Leo) 1세를 포함한 사절단이 북부의 포 계곡으로 갔다. 교황은 아틸라를 만나 라베나 공격을 멈추어달라고 설득했다.

당시 아틸라의 처지는 사실 애써 설득할 필요도 없었다. 아틸라의 군대는 그곳에서 기근과 전염병으로 시달리고 있었고, 동로마의 황제 마르키아누스가 보낸 군대가 판노니아 지역 훈족의 근거지를 공격했기 때문이다. 아틸라는 철수하여 고향으로 돌아갔다. 이듬해 초, 아름다운 신부 일디코(Ildico)와 결혼식을 올린 날 저녁, 아틸라는 알 수 없는 이유로 죽고 말았다.[18] 장례는 스텝 지역 전통 방식으로 치러졌다.[19]

아틸라의 세 아들은 왕위를 두고 서로 다투었다. 그러나 어느 누구도 유일한 통치자가 되지는 못했다. 훈족의 지배를 받던 게르만족이 반란을 일으켰다. 455년 게피드(Gepid)족의 왕 아르다릭(Ardaric)은 판노니아에서 훈족을 물리치고 수많은 훈족 병사들을 사살했다. 아틸라의 큰아들 엘락(Ellac)도 거기서 죽었다. 살아남은 자들 가운데 상당수는 도망쳐

---

18 여러 설명들이 제시돼 있다. Priscus(Jordanes, Theophanes로 요약)에 따르면 그는 코피로 인한 과다 출혈로 숨졌다고 한다.(Blockley 1983, II: 316-319). 이러한 이례적인 사망 경위는 어느 정도 진실이었다고 생각되지만, 한편으로 아틸라가 암살당했다는 주장도 있다. 그 또한 가능해 보이지만, 그 암살이 아틸라의 측근 에데코(Edeco)와 오레스테스(Orestes)에 의해 자행되었을 것이라고 본 Babcock(2005)의 가설은 성립 가능성이 적다.
19 아틸라와 함께 매장된 자들은 조르다네스(Jordanes)에 따르면(Blockley 1983, II: 319) 분명히 '의례를 통한' 죽임을 당했을 것이며(Sinor 1990c: 197 참조), 코미타투스의 구성원(전사)들이었을 가능성이 크다. 한편 의식에 참관해 있던 자들이 죽임을 당하지 않았다는 사실은, 위 코미타투스 전사들을 처형한 것이 매장지를 은닉하기 위한 것은 결코 아니었음을 보여준다.

남동쪽 흑해 지역으로 돌아왔다. 그곳에서 에르낙(Ernac 혹은 Irnikh)이 지도자가 되었다. 훈 제국은 사라졌지만 훈족은 에르낙의 형제 덴기지크(Dengizikh)의 지도 아래, 469년 그가 죽을 때까지 계속해서 남동부 유럽에 영향력을 행사하였다. 한편 에르낙이 통치하던 훈족은 서부 스텝 지역에서 주도적인 종족 그룹으로 몇 세대를 이어가다가 마침내 민족으로서의 훈족은 사라졌다.[20]

아에티우스 장군은 수많은 정치적 난관을 극복하고 거의 혼자 힘으로 서로마 제국을 구해냈다. 그러나 454년, 발렌티니아누스 3세는 직접 아에티우스를 죽였다. 이듬해 아에티우스 지지자들이 황제를 죽였지만, 이미 재앙은 돌이킬 수 없었다. 이제 로마를 이끌 수 있는 지도자는 한 사람도 남지 않게 되었다.

473년에 이르러, 서고트족이 이탈리아 지역을 침략했을 때, 서로마 제국은 헛껍데기만 남아 있을 뿐이었다. 오레스테스(Orestes)는 판노니아 지역에 있던 로마인으로, 아틸라의 오른팔이었다. 그는 475년 황제 네포스(Nepos)를 퇴위시키고 자신의 어린 아들 로물루스 아우구스툴루스(Romulus Augustulus)를 황제의 자리에 앉혔다. 스키리(Sciri)족의 왕 오도아케르(Odoacer)는 일 년 남짓 자리를 지켰던 소년을 퇴위시키고 스스로를 이탈리아의 왕으로 선포했다. 그래서 로물루스 아우구스툴루스는 서

---

20 서부 스텝 지역의 훈족은 이후 도나우 불가리아인의 일부를 구성하게 된 것으로 보인다. 이들은 680년 아스파루크(Asparukh)의 치하에서 발칸 지역으로 이동하여 그곳에 강력한 왕국을 세운 것으로 보인다. 이 나라가 결국 불가리아(Bulgaria)가 되었다.(Sinor 1990c: 198-199). 중세 초기까지의 스키타이라는 이름처럼, "훈"이라는 이름 역시 이후 스텝 지역의 전사들, 또는 '적수, 적의 세력'을 가리키는 (비하성) 일반명사가 되었다.

로마 제국의 마지막 황제가 되었다. 오도아케르는 493년까지 왕좌를 지켰지만, 동고트족 테오도릭에 의해 살해되었다. 오도아케르 퇴위를 위해 비잔틴 제국에서 그를 파견하였기 때문이다.[21] 테오도릭은 스스로 왕위에 올라 동고트 왕국을 세웠다. 한때 이탈리아의 시칠리아(Sicilia), 달마티아(Dalmatia)와 북쪽 영토까지 동고트 왕국에 포함되었다. 테오도릭은 동로마 황제 칭호까지 받아들였다. 오도아케르와 달리 테오도릭은 상대적으로 문명화된 사람이었다. 그가 지배하는 영토 안에서는 평화가 유지되었고 로마와 고트의 문화가 진작되었다.

서유럽의 고대 게르만 왕국들

수많은 게르만족들이 서로마 제국의 영토로 이주했다. 서로마 제국이 멸망하기 전에도 그랬지만, 그 이후에도 마찬가지였다.

북서부 끝자락, 브리튼 섬의 과거 로마 식민지 지역은 410년 이후 군사적으로는 버려진 곳이었다. 그곳 시민들은 공격을 받으면 스스로 알아서 방어하라는 당시 황제 호노리우스(Honorius)의 명령 때문이었다.[22] 4세기부터 6세기까지, 이른바 민족대이동 기간 중에, 아일랜드인들이 바다를 건너 서부 연안, 특히 스코틀랜드 지역에 정착했고, 게르만족들(주로 앵글족, 색슨족, 쥬트족)은 영국 해협을 건너 브리튼 섬에 정착했다. 그들

---

21 Wolfram(1988).
22 Blair(2003: 3).

은 중앙유라시아 문화복합체의 최종 버전을 가지고 들어갔다.[23] 오래지 않아 게르만족은 브리튼 섬에서 주도적인 민족이 되었다.[24]

반달족(Vandals) 등은 남쪽으로 내려가 갈리아 지역과 스페인 지역을 거치며 약탈을 자행했다. 마침내 바다를 건너 아프리카 북부까지 가서, 그곳에서 카르타고를 기반으로 왕국을 세웠고, 7세기 중엽 아랍이 그곳을 정복할 때까지 존속했다.

서고트족은 반달족을 따라 갈리아 지역 아키텐(Aquitaine)으로 이주했고 이베리아 반도를 장악했다. 프랑크족이 점차 남서부 갈리아 지역 바깥으로 그들을 몰아붙이자 스페인 지역에서 그들은 강력한 왕국을 수립했고, 8세기 초 아랍이 그곳을 점령할 때까지 존속하였다.

기타 부르군디족과 랑고바르족 혹은 롱바르족도 왕국을 건설하여 뚜렷한 유적을 남길 만큼 오래 지속되었지만, 점차 보다 큰 왕국에 흡수되었다.

서유럽 게르만족 중에서 가장 중요한 민족은 프랑크족이었다. 그들은 라인 강 동쪽 인근에서 이주해온 것으로 알려져 있다. 하지만 실제 기록을 보면 판노니아 지역 혹은 더 멀리 동쪽으로부터 이주해온 것으로 확인된다.[25] 초기 메로빙거 왕조의 왕 실데릭 1세(Childeric I, 사망 481/482)와 특히 그의 아들 클로비스(Clovis, 재위 481~511)의 통치 아래 프랑크족은 갈리아 지역에서 점차 영토를 확장했다. 중세 초기 그들은 농업과 도

---

23 그들 이전에 존재한 켈트족의 경우, 영국의 섬들로 진출할 당시에는 이미 중앙유라시아 문화복합체의 초기 양식을 받아들인 상태였고, 전차도 보유하고 있었다.
24 Blair(2003: 1-6).
25 Beckwith(출간예정-a), Wood(1994: 33-35), Ewig(1997).

시에 기반한 유럽 최초의 제국을 건설했고, 유럽 북부에서 지중해까지 지배하였다.[26] 프랑크족을 비롯하여 고트족, 앵글로색슨족, 기타 게르만 족의 점령을 통해, 과거 로마의 유럽 영토와 지중해 북쪽 지역에 중앙유라시아 문화복합체는 다시 한 번 확고하게 자리 잡게 되었다. 그러나 로마인들과 기타 로마화된 사람들은 여전히 그곳에 남아있었고, 또한 강력한 영향력을 행사하였다. 중앙유라시아의 게르만족 문화와 로마화된 피지배층의 문화는 서로 뒤섞여 결과적으로 새롭고 독특한 유럽 문명의 기초가 되었다.

동로마 제국과 사산조 페르시아 제국의 성장

서로마 제국은 3세기 들어서 급격하게 쇠락했고, 5세기에 완전히 무너졌다. 반면 동로마 제국의 중심부는 정치경제적으로 쇠락하기는커녕 오히려 상당히 성공적으로 유지되었다. 과연 그렇게 된 이유는 무엇인지 궁금증을 자아낸다. 동로마(혹은 비잔틴) 제국은 갈수록 언어적으로 그리스화되었고, 문화적으로 근동화되었으며, 외교 정책은 페르시아에 집중하게 되었다.

224년에 아르닥세르(Ardaxšêr, Ardashîr I, 재위 224~약 240)는 파르티아의 통치자 아르다완(Ardawân, Artabanus V)을 무너뜨리고 사산 왕조를 설립했다. 그는 재빨리 전통적으로 페르시아 영토였던 지역(이란 고원과 메소

---

26 Wood(1994: 38-42).

포타미아 동부)을 장악했다. 그러나 페르시아인들은 동로마 제국과의 분쟁에 휩싸였다. 그들은 오래도록 메소포타미아 지역을 두고 경쟁했다. 사산 왕조는 1세기 전 아케메네스 왕조가 지배했던 지역에 새로운 왕조를 건설하기로 결심했다. 여기에는 서부 메소포타미아, 아나톨리아와 근동 지역의 상당 부분이 포함되었다. 양 제국의 국경은 언제나 메소포타미아 지역 어디쯤이었으며, 몇 번이나 앞으로 갔다가 뒤로 물러나곤 했다.

사산 왕조는 또한 동쪽으로도 나아갔다. 그들은 쿠샨 왕조를 공격하여 박트리아와 트란스옥시아나(Transoxiana)를 획득했고, 쿠샨 왕조의 잔여 세력들을 복속시켰다.

5세기에 에프탈 혹은 화이트 훈족(White Huns)이 사산조 페르시아의 중앙아시아 영토를 공격하고 공납을 강요했다. 483년이었다. 에프탈은 박트리아와 트란스옥시아나 지역에 정착하고 1세기 가량 유지되었다. 그들은 동쪽으로 타림 분지의 투르판까지 영향력을 확장했고, 중국 북부의 위나라에 사절단을 파견하기도 했다.[27]

사산조 페르시아 제국의 최전성기는 호스로우 1세(Khosraw I, Anushirvan the Just, 재위 531~579) 재위 때였다. 561년 동로마 제국과의 오랜 전쟁을 성공적으로 마감한 뒤로는 그의 재위 기간 동안 대체로 평화를 유지했다.[28]

---

27 Millward(2007: 30-31). 미주 56번 참조.
28 Frye(1983: 153-160).

중국 지역 제국의 멸망과 선비족의 북중국 이주

후한(동한, AD 25~220)은 전한(서한, 202 BC~AD 9)을 복원하고 생명력을 연장했다. 그러나 끝내 일상적인 왕조 내부 문제로 무너지고 말았다. 제국의 영토는 여러 군소 왕국들로 나누어졌다. 반세기 동안 내전이 이어지다가 마침내 진 왕조(晉, 265~419) 왕조가 성립되었다. 진나라는 사실상 모든 면에서 후한의 연장선상에 있었지만 군사력만은 더욱 약했다.

예전 중원 통일 제국은 공격적이고 팽창적인 북방정책을 취했다. 그러나 진나라가 쇠락함에 따라 과거 북방정책의 뒤늦은 반작용이 시작되었다. 몽골족의 한 부류인 선비족은 남만주 지역에 살고 있었다. 이들은 중국 안팎에서 오래도록 중국인들과 전쟁을 치르다가 마침내 남쪽 진나라로 쳐들어갔다. 그들은 *타그바치(*Taghbač, 탁발)라는 이름을 사용했는데, '땅의 주인'이라는 뜻이었다.[29] 그들이 새로운 중국 방식의 왕조를 기초했으니 바로 북위(北魏, 386~약 550)였다. 북위는 약 2세기 동안 북중국 지역을 지배했다.

북방 왕조가 번성할 동안 남방 지역(기본적으로 양자강 이남)은 몇 개의 중국인 왕국으로 나누어졌다. 2세기 동안 중국 지역은 여러 왕국으로 분열되어 있었다. 대체로 북부 왕조에서는 지배층이 이민족, 피지배층이 중국인이었고, 남부 왕조에서는 지배층이 중국인, 피지배층이 중국인 및 이민족이었다.

---

29 이는 *타그바치(*Tayβač), 북경어로는 토파(T'o-pa), 고대 투르크어로는 타브가치(Taβyač)로 치환된다. 이러한 이름은 부분적으로 몽골어이고 부분적으로 인도어이다.(혹은 그렇게 이해되어 왔다. Beckwith 2005b; Beckwith 출판예정-a 참조).

아바르와 투르크의 등장

*타그바치(선비족)가 북중국을 점령했을 당시, 아바르는[30] 동부 스텝 지역을 정복하고 제국을 수립했다. 그들의 영토는 타림 분지 북서부의 카라샤르(Karashahr)로부터 동쪽으로는 고구려 왕국의 국경까지 뻗어 나갔다.[31] 중국에서는 이들이 유연(柔然)으로 알려졌다.[32] 아바르족의 언어민족학적 연관성은 확정된 것이 없다.[33] 중국 측 사료에 의하면, 아바르는 처음에 *타그바치의 노예였다.[34] 만약 그 말이 옳다면, 아바르는 지배를 받는 동안 중앙유라시아 문화복합체, 즉 스텝 지역 전사 문화를 습득했을 것이며, '최초의 이야기'의 다이나믹한 스토리를 따라 점차적으로 힘을 키웠을 것이고, 마침내 그들의 지배자를 무너뜨렸을 것이다. 탁발 위(拓跋 魏) 왕조를 기초했던 탁발 규(拓跋 珪, 재위 389~409)가 북중국을 통치하는 동안, 아바르는 사륜(社崙)의 지휘 아래 동부 스텝 지역과 타림 분지 북부에서 제국을 건설했다.[35]

*타그바치와 다른 민족에 의한 심각한 위협이 많았지만, 그럼에도 불구하고 그들은 약 2세기 동안 권력을 유지했다. 아바르는 과거 흉노의

---

30 유연(柔然, Jou-jan)이라는 이름과 유연을 아바르(Avar)로 파악하는 문제에 대해서는 미주 18번 참조.
31 Sinor(1990c: 293).
32 Juan-juan 또는 Ju-ju(pinyin Rouran 등)로도 표기된다.
33 아바르는 아마도 몽골인종은 아니었던 것 같다. 그들의 언어민족학적 정체성에 대해서는 미주 58번 참조.
34 Sinor(1990c: 293).
35 Sinor(1990c: 293)는 아바르(Avar, Jou-jan)에 대해서는 알려진 바가 거의 없다고 했지만, 중국 측 사료에는 많은 자료들이 남아 있다.

영토를 거의 회복했고, 이리저리 정복 전쟁을 수행하면서 여러 이민족들을 데려 왔다. 그리고 그 중에는 튀르크도 포함되어 있었다. 오랜 불안정과 분열의 시기를 거쳐 마침내 524년 혹은 그 무렵, 아나가이(Anagai)는 아바르의 카간(kaghan),[36] 즉 황제가 되었고, 그들의 왕국을 제국으로 재정립하였다.

부여-고구려족의 한반도 이주

기원후 1세기 동안 부여와 고구려 왕국은 남만주 지역에서 왕조를 유지했으며 토착민들을 노예로 지배했다. 고구려는 한반도 북부 낙랑에 있던 중원 제국의 극동 사령부와 여러 차례 분쟁을 겪었다. 때때로 고구려가 강성할 때도 있었지만, 그럼에도 불구하고, 심지어 한 왕조가 멸망한 뒤에도 중국인들은 낙랑 지역에 계속 머물러 있었다. 그럴 수 있었던 이유 중 일부는, 고구려가 서쪽의 모용선비와 여러 차례 전쟁을 치렀기 때문

---

36 이 단어는 고대 투르크어로는 카간(qaγan)이라고 하는데, 그 여성형으로 카툰(qatun)이라는 단어가 있다. 이는 언어형태학적으로 몽골어도 아니고 투르크어도 아닌 이례적인 특징들을 지니고 있다. 카간(qaγan)이라는 칭호는 3세기 중엽에 최초로 확인되는데, 선비족이 사용했던 명칭이다.(Liu 1989). 선비족은 모두 몽골어를 사용했던 것으로 확인되지만, 이 단어들 자체는 구조상 몽골어가 아니다. 이 단어들의 근원(어원) 및 형태학적 잔재들은 알려져 있지 않다. 이 두 단어를 단순히 잘라 보면 근원 어두 *카(*qa-)가 남는데, 이는 유라시아 동부 지역에서는 주로 '지도자'로 쓰이는 용어였다. 후기 고대(late antiquity)의 한반도에서 그 용례가 처음 발견되고, 한참 지나 고대 몽골어 자료들(거란어 및 중세 몽골어)에서 발견된다. Beckwith(2007a: 43-44, 46-47 n.46) 참조. 몽골의 *타그바치(탁발)가 북중국을 통치하던 시기, 아바르는 그들에게서 많은 영향을 받았음이 확실하다.

일 수도 있다. 모용선비는 두 차례나 고구려를 초토화시켰다.

4세기에 고구려는 마침내 낙랑을 정복하고 ☆피아르나(*Piarna)라는 새로운 이름을 부여했다. '평평한 땅'이란 뜻으로, 한국식 한자음으로는 평양(平壤)이라고 한다. 그들은 평양으로 수도를 옮겼고, 다른 부여-고구려계 종족들과 함께 한반도 지역 대부분을 휩쓸었다. 백제(百濟) 왕국은 과거 한반도 서남부에 있던 마한의 영토에 부여족이 내려와 세운 나라이다. 한편 또 다른 부여-고구려계 종족은 과거 한반도 동남부에 있던 진한의 영토에 신라(新羅) 왕국을 세웠다. 신라 왕국에서는 한국어가 계속 유지되었다. 부여-고구려계 민족의 국가 건설과 그들의 언어적 영향으로부터 벗어난 지역은 한반도 남부 해안에 있던 과거 변한 지역뿐이었다. 그곳은 '가라(Kara)' 혹은 미마나(Mimana)라는 이름으로 알려진 나라가 되었는데,[37] 한반도의 다른 왕국들과 어깨를 나란히 할 정도에는 훨씬 못 미쳤다.[38] '가라'에 대해서는 거의 알려진 바가 없지만, 어쨌거나 일본의 영향을 강하게 받았다. 가라는 일본의 완전한 식민지는 아니었지만 때때로 일본에 종속되기도 했다. 한국 지역에서 세 왕조의 시대(삼국시대)에는 인구와 문화가 성장하는 동시에 곳곳에서 끊임없이 전쟁이 일어났다.

---

37 가라(Kara)라는 이름은 외국인들이 부르던 명칭일 것이며, 현지인들은 스스로를 미마나(Mimana)로 불렀을 가능성이 있다. 이 이름을 적은 한자 加耶를 현대 한국에서는 가야(Kaya)라고 읽는다. 원래 발음은 가라(kara, 음사하면 *kala)였음이 확실하다.(Beckwith 2007a: 40 n.27).

38 Beckwith(2006c) 참조.

일본에서의 중앙유라시아 문화복합체

유라시아의 동쪽 끝에는 왜(倭)라고 하는 원시 일본어족이 있었다. 이들은 야요이 시대(약 4C BC~AD 4C) 초기에[39] 아시아 대륙(틀림없이 요서 지역)에서[40] 일본과 한반도 남부 지역으로 이주했다.[41] 그 때만 해도 그들은 분명 중앙유라시아 문화복합체에 속하지 않았다. 일본에서 그들은 점차 독자적인 문화를 발달시켰고, 부분적으로 한반도의 영향을 받기도 했다.

왜족은 한반도 지역의 국가들과 활발한 상업적 및 정치적 관계를 만들었다. 무역의 대부분은 철을 획득하는 데 집중되었다. 철은 한반도 남부에서 굉장히 중요한 생산물이었다. 부여-고구려어족이 한반도 전역으로 이주함에 따라 일본어족도 한반도에 성립한 국가들 사이의 치열한 전쟁에 깊숙이 말려들게 되었다.

부여-고구려족 전사들이 세운 한반도 지역의 왕국들과 싸우면 일본어족은 대체로 졌다. 그러면서 군대 경험을 쌓을 수 있었다. 부여-고구려족 전사들은 중앙유라시아 문화복합체에 속해 있었다.[42] 다이나믹한 '최초의 이야기'와 마찬가지로, 일본어족 전사들은 부여-고구려어족 주군을 따라 전쟁에 참여하면서 중앙유라시아 문화복합체를 배웠다. 그들은 중앙유라시아 문화복합체의 초원 버전을 받아들여 자신만의 버전으

---

39 야요이 시대의 시기 비정과 관련한 논란에 대해서는 미주 60번 참조.
40 요서는 아시아 대륙 내에서 확인되는 그들의 최후 소재지이다.
41 고대 한반도의 언어민족학적 역사에 대한 근대인들의 논란에 대해서는 미주 59번 참조.
42 파편적으로나마 남아 있는 역사기록에서조차도 재앙에 가까운 몇 차례의 패배를 확인할 수 있다. 물론 그보다도 훨씬 더 많은 승리와 패배가 있었겠지만, 기록으로는 남아 있지 않다.

로 만들었다. 특히 코미타투스를 받아들였는데, 그 구성원을 고대 일본어로는 토네리(toneri)라고 했다.[43] 고대 일본의 기마전사 부시(ぶし, 武士)는, 후대의 사무라이와 같다. 제도적으로 사무라이는 부시의 후예들이다. "그들은 중동과 스텝 지역에서 유행하던 아시아 스타일 기마전사의 한 변종일 뿐이다. 일본 고대사에 등장하는 전사들은 그들과 대동소이하다."[44] 고대 일본에서도 주군의 동료였던 전사들은 주군이 죽으면 자살하고 함께 매장될 생각을 가지고 있었고,(이를 쥰시(じゅんし, 殉死)라 한다. 따라서 죽는다는 뜻이다.) 일반적으로 그렇게 했다. 이들 일본어족 전사들은 한반도 출신들과 함께 고향으로 돌아가서 결과적으로 중앙유라시아 문화 복합체를 일본 지역에 전하게 되었다.[45] 이는 일본 문화에 혁명적인 변화를 초래했으며, 정치적으로는 고분시대(古墳時代)를 열었다. 그리하여 일본 왕조가 탄생하게 된 것이다. 그들은 정복 전쟁에 나섰고 일본을 통일시켰다.[46] 섬나라는 이제 점점 더 대륙을 바라보며 문화적 수입을 기대하게 되었다.

---

43 Farris는 '토네리(とねり, toneri)'를 'royal retainers(가신, 종자)'로 번역하였다.(1995: 27-28). 초기의 사례들 중 최소한 한 사례에서는 토네리가 영주의 '노예'로 일컬어지고 있다. 이는 대륙의 중앙유라시아 문화에서 코미타투스 전사들이 '노예(slave)'나 그 비슷한 어휘로 언급되었던 것과 마찬가지다.
44 Farris(1995: 7).
45 이 시기 중앙유라시아식 매장문화의 유입, 고분 크기의 급격한 거대화와 장식 등이야말로 새로운 영향의 존재를 보여주는 명백한 징표들이라 하겠다.(일본의 고고-역사학 시대 구분에서는 이러한 특징을 반영하여 고분시대라고 한다.) 한편 또 다른 징표는 코미타투스 전사들의 자살 의례, 즉 순사(殉死, junshi)이다. 이후에는 그러한 관습이 줄어들었지만, 최근까지도 사무라이들은 이를 행하곤 하였다. 이와 관련한 상세한 연구로는 Turnbull(2003) 참조.

민족대이동과 중앙유라시아

중앙유라시아 사람들이 왜 중국이나 로마 등 고대 제국의 영토로 들어가게 되었는지, 그 이유는 밝혀지지 않았다.⁴⁷ 단지 그들이 이주를 했던 사실만 알려져 있다. 그러나 그것은 그 자체로도 의미가 있다. 중앙유라시아에서는 평상시에도 이주가 흔히 있는 일이다. 대부분의 중앙유라시아 스텝 지역 사람들은 유목이나 반유목 목축업자들이다. 사실상 농사도 짓지만 농장은 해마다 장소가 바뀌고 곡식과 동물을 데리고 끊임없이 옮겨 다닌다. 그곳 사람들은 어떤 땅에서 일년 중 어떤 시기에 누가 풀과 물에 대한 권리를 "소유하고" 있는지 알고 있다. 그러나 대개는 누군가의 목초지와 다른 사람의 것을 구별해주는 표식이 없다. 이런 이유로 인해 거대한 유동성은 정착경제가 아닌 중앙유라시아의 특성이 되었다. 나라는 민족으로 규정되며, 서로 간의 맹세로 맺어질 뿐, 그들이 거주하는 땅

---

46 이 제국적인 왕조의 근원이 민족학적으로 한국인이라는 주장이 종종 제기되었다. 특정하자면 백제인이라는 주장도 가끔 있었다. 이러한 주장은 일본어로 된 문헌 자료나 기타 다른 언어로 된 자료에서도 근거를 찾기 어렵다. 에가미 나미오(Egami Namio)의 고대 기마민족설이 1964년 영어로 출판되었고, 다른 학자들도 이를 요약하여 추종하기도 했다.(예를 들면 Ledyard 1975). 에가미 나미오의 주장은, 대륙의 알타이족 스텝 전사들이 일본을 정복했고, 제국적인 왕조를 수립했다는 것이다. 이러한 독특한 주장은 고고학에 의해 부정되기도 했다.(Hudson 1999). 그러나 다이나믹한 새로운 왕조가 한반도에서 중앙유라시아 문화복합체를 배우고 돌아온 일본인 전사들에 의해 설립된 것만은 의심할 여지가 없는 사실이다. 민족학적으로 한국인이 일본을 정복했다는 학설의 근거는 없지만, 이와 대조적으로 중앙유라시아화된 일본인에 의한 일본 "정복"은 확실한 근거가 있다.(Egami 1964)에서 매우 충실하게 소개된 유물들도 그러한 근거 중의 일부이다.)

47 여기 제시된 시나리오는 여러 가능성 중 하나일 뿐이다. 민족대이동(Völkerwanderung)에 대한 기존의 상식은 개연성도 적고 근거도 없다. 이에 대해서는 미주 61번 참조.

에 의거하지 않는다.

역사적 기록이 시작될 때부터, 중앙유라시아는 물론 유라시아 대륙의 모든 지역에 이미 누군가 살고 있었다. 남겨진 기록에 의하면 다만 전쟁만이 누가 영토를 지배할 것인가를 결정했다. 아마도 평화적인 정치적 조정이나 생활환경의 이유도 있었겠지만, 이러한 일들은 대체로 기록에 남지 않았다. 지배 종족 가운데 권력 투쟁에서 패배하고도 살아남은 사람들, 혹은 지배 종족에 복속하기를 거부했던 사람들은 도망을 쳤을 것이다. 경우에 따라서 그들은 주변 정주 제국들, 예컨데 로마나 중국으로 도망쳐 은신처를 요청했을 수도 있다. 그러나 대부분의 일반인들, 패배한 그룹의 그렇고 그런 사람들은 대개 목축업자이자 농부여서, 지배자만 바뀐 새로운 나라의 백성으로 사는 데 별 문제가 없었다. 지역적 차원에서는 특별히 무슨 변화가 일어났다고 볼 수도 없었다. 통치자가 바뀌었어도 그들의 언어와 전통은 몇 세기 동안 그대로 유지되었다. 이러한 패턴이 중앙유라시아에서는 역사 기록이 시작되는 순간부터 최근에 이르기까지 수도 없이 반복되었다. 정부가 바뀌고, 영토가 확장되었다가 다시 줄어들고 하는 과정은 딱히 중앙유라시아 역사에서만 일어났던 일은 아니다. 유럽이나 중국 지역의 농업-도시 기반 문화에서와 마찬가지 성격의 역사였던 것이다.

유목 왕조건 농경 왕조건 간에 모든 제국의 설립자들은 어느 방향으로나 가능한 멀리까지 영토를 확장하려 했다. 앞에서 살펴본 것처럼, 스텝 지역에는 이동을 막는 물리적 장애물이 없다. 중앙유라시아의 관점에서 보자면 국경이란 의미없는 것이다. 결과적으로 승리한 부족이 특별히 성공을 거두게 되면, 새로운 나라는 급속하게 중앙유라시아 스텝 지역 전역으로 확장된다. 그러다가 결국에는 주변 정주 제국의 성벽이나 요새에 맞닥뜨리게 된다. 중앙유라시아 역사에서 이러한 과정은 최소한 세 차례 일어났다. 스키타이(북부 이란어족), 투르크, 몽골이 그러했다.

이와 달리 농경 기반 정주국들에게 국경이란, 농경지 사이의 경계를 가장 큰 차원에서 반영하는 것이었다. 농경지는 제국을 구성하는 최소 단위였다. 정주국의 정치 질서 속에서는 지방 차원에서, 자체적으로 그 기준을 바꾼다고 하면 곧 반역이었고, 국가 차원에서 대응할 문제가 되었다. 정주국들에게 국경의 조정이란 곧 나라와 나라 사이의 전쟁을 의미했다. 국경 도시는 농경문화와 유목문화 양측으로부터 상인 등 여러 사람들을 끌어들였다. 정주국에서 그곳을 지배할 때는 엄격한 통제와 세금이 부과되었다. 많은 중앙유라시아 민족들은 국경 지역에서 반쯤 로마식, 반쯤 페르시아식, 혹은 반쯤 중국식 문화를 발달시켰다.

한 가지 특징적인 요인을 들자면, 분명히 로마와 중국 경제의 쇠락이, 적어도 처음에는, 이주가 실제로 이루어지는 이유가 되었다. 이들 제국의 국경 지역은 제국의 중심지보다 경제 문제의 여파가 훨씬 심각했다. 중심지에는 경제적인 부가 축적되어 있었고 상대적으로 더 풍요롭게 유지되고 있었다. 국경의 도시나 마을에서는 돈줄을 조이거나 경기가 움츠러들면, 혹은 중앙에서 간단하게 포기해 버리기라도 하면, 이방인 출신 상인이나 이주노동자들로서는 점점 더 살기가 어려워졌을 것이다.

경제 문제는 중앙유라시아 통치자들에게도 또한 어려움을 초래했을 것이다. 그들은 자신의 코미타투스나 동맹 세력에게 끊임없이 사치품이나 보물들을 제공해야 했다. 국경 시장이 붕괴되거나 혹은 전쟁으로 파괴되기라도 하면 상황은 더욱 나빠지고 황폐화되기 마련이었다. 무역을 해야 하는 사람들로서는 하는 수 없이 보다 가까이, 아직은 사업을 펼칠 수 있는 곳으로 옮겨갈 수밖에 없었다. 동로마 제국이 서로마 제국보다 상대적으로 유라시아 대륙의 "안쪽에" 위치했기 때문에, 규모는 줄었지만 그래도 살아남을 수 있었다는 사실, 그리고 페르시아 제국이 중앙아시아의 영토를 잃어버리기는 했지만 상대적으로 민족대이동의 영향을 더 적게 받았다는 사실로 미루어 보면, 큰 범위에서 작동했던 원칙(민족대이동의 경제적 이유)을 확인할 수 있을 것이다.

로마와 중국 지역에서 고대 제국이 무너지자, 공식적으로 아주 오래 전부터 폐쇄되었던 국경 지역에 구멍이 뚫렸다. 지방의 반쯤 로마화된, 또는 반쯤 중국화된 중앙유라시아인들은 제국의 보다 깊숙한 곳으로 이주했다. 이미 제국에 대한 의존도가 높아져 있었기 때문이다. 그들은 제국의 영토 안으로 더 들어가서 보다 안정적으로 삶을 유지하고자 했다. 이들 최초의 이주자들은 제국의 문화를 존경했으며, 그것을 보존하고자 노력했다.

예컨대 유럽에서 그들은 로마인들의 곁에 서서 다른 민족들, 즉 중앙유라시아의 더 먼 곳으로부터 온 고트족이나 훈족과 싸웠다. 그러나 나중에 온 이들도 원하는 것은 마찬가지였다. 특히 훈족은 명백하게, 고집스럽게, 강력하게 자신의 요구를 전달했다. 즉 로마 국경 시장에서 무역을 허락해달라는 것이었다.

이처럼 어느 지역에서 정치나 생활 환경의 조정이 너무 오래도록 막혀있게 되면, 마치 연쇄반응과 같은 과정을 거쳐 중앙유라시아 더 깊숙한 곳으로부터 누군가 나서서 조정을 강제하게 된다. 이 모든 것들이 모여서 민족대이동이 일어났다. 그것이 서유럽에 미친 영향은 가히 혁명적인 것이었다.

다시 중앙유라시아화된 유럽과 중세 혁명

서로마 제국은 오래도록 쇠락을 지속했다. 그동안 반쯤 로마화된 사람들이 유럽 북부와 동부에서 로마로 들어갔다. 동로마 제국으로도 상당수 이주민이 들어갔다. 그러나 동로마 제국은 인구도 증가했고 경제도 더 활기를 띠었다. 이는 인구의 대부분을 차지했던 그리스인 사회에 이주민들이 별 무리 없이 흡수되었음을 의미한다. 서로마 제국이 점령지의 북쪽 변경에 건설했던 도시는 원래 게르만족 혹은 켈트족의 영토였다. 그곳 사람들의 문화는 중앙유라시아 문화복합체에 속해 있었다. 즉 지중해나 근동 지역의 헬레니즘 문화가 아니었다. 로마 제국은 헬레니즘 문화에서 성장했고 수백 년 동안 그것을 발전시켰다. 서로마 제국이 내부적으로 약해지자, 서로마 정부는 군대를 제국의 중앙, 즉 북부 이탈리아와 로마 가까이로 후퇴시켰다. 변경의 민족들이 반쯤 로마화된 문화에 익숙해지긴 했지만, 여전히 그들의 근본 문화는 중앙유라시아 문화였다. 그들에게 무역은 절대적으로 필수불가결했다. 시장에 접근할 수 있는 다른 길이 없다면 그들은 전쟁도 기꺼이 마다하지 않았다. 서로마 제국의 도시들이 쇠락하게 되자, 중앙유라시아 사람들은 제국의 안으로 더욱 깊숙이 들어갔다. 살아있는 시장을 찾기 위해서였다. 필연적인 귀결로 분쟁이 발생했고, 로마인들은 남쪽으로 더 멀리 물러났다.

국경에 있던 민족들이 서로마 제국으로 이동하게 되자,(중앙에서 왜 그랬는지는 알 수 없지만, 변경의 로마인을 본국으로 철수시키는 조치가 있었다. 그것이 국경 지역의 이민족들이 로마로 이동했던 이유가 되기도 했다.) 이번에는 더 멀리 중앙유라시아 안쪽의 사람들이 서쪽과 남쪽으로 이끌려 나왔다. 중앙유라시아나 로마 제국의 국경 지역에서 다양한 민족들이 왕국 혹은 제국을 건설하려 했다. 고트족, 훈족, 프랑크족이 대규모로 이동했던 4세기와 5세기는 최고조였다. 당시 이들은 로마화된 서유럽 전역을 휩쓸었다. 5세기 말에 이르러, 기존에 로마화되지 않았던 북부와 중앙 및 동부 유럽뿐만 아니라, 과거 로마화되었던 북부 아프리카 일부, 이베리아 반도, 북부 이탈리아, 게르마니아, 대부분의 발칸 지역에도 중앙유라시아 문화복합체가 자리 잡았다.

그 효과에 대한 유명한 앙리 피렌느(Henri Pirenne)의 연구는 매혹적이다. 중세 및 서유럽 중세 문명은 "야만인의 정복"이 아니라, 이슬람의 지중해 정복과 고립된 과거 서로마 지역의 가난 때문에 시작되었다는 주장이다.[48] 그러나 그의 주장은 몇 가지 심각한 오류에 기반하고 있다. 총론과 대부분의 각론에서도 전혀 수긍할 수가 없다.[49] 대부분의 중세 연구자들이 여러 가지 이유로 그의 주장을 계속해서 따랐다. 하지만 그럴듯한 근거를 찾지는 못했다. 그 결과 유럽 중세 문화의 기원과 발전은 커다란 역사학적 미스터리로 남게 되었다. 수많은 논문들이 이 문제를

---

48 Pirenne(1939).
49 피렌느(Pirenne)의 이론은 지금까지 많은 논의를 거쳤다. Lyon(1972)은 모든 문헌 자료들을 세부적으로 검토한 뒤, 피렌느의 핵심 논지들이 모두 과학적인 검증과 양립할 수 없다는 사실을 입증했다. 그러나 그의 결론은 예상외로 피렌느 이론의 주요 논점들을 광범위하게 수용했으며, 피렌느 이론의 중세 초기 편년을 타당하다고 인정했다. 이에 대한 상세한 비판은 Beckwith(1987a/1993; 173 이하) 참조.

해결하기 위한 시도를 계속해 왔다.

이전 역사가들은 "야만인의 정복"이 고대와 중세의 분기점이라고 믿었다.(이러한 믿음은 민족대이동 시대에 살았던 저술가들이 만들어낸 것이다.) 이는 중앙유라시아 문화복합체의 관점에서 재검토할 필요가 있다. 의심할 여지없이 명백한 사실은, 중앙유라시아 문화복합체의 게르만식 변종이 서유럽에 소개되었고, 그것이 당시 서유럽의 사회정치적 시스템을 압도했으며, 그것이 점차로 발전하여 현재 "중세" 문화로 알려진 것이 되었다는 사실이다. "봉건" 시스템, 무역 도시의 특수한 지위, 전사 계급의 특권 등도 중세 문화에 포함된다. 고집스레 남아 있는 그리스 로마식(Graeco-Roman) 요소들(가장 강력한 것은 라틴어 위주의 서유럽 문자 언어), 남부 지방에 남아 있는 몇몇 고대 유적들, 이런 걸로 고대 지중해의 화려했던 문화를 회복할 수는 없었다. 과거 서로마 제국의 영토 어디에서도 마찬가지였다. 물론 그 문화 또한 사라지지는 않았다. 로마인들과 로마화된 사람들은 새로 등장한 게르만 왕조에서 살았다. 이들은 거의 초창기부터 뒤섞이기 시작했다. 로마화된 서유럽이 다시 중앙유라시아화된 것은 문화적 혁명이었다. 그것이 중세(Middle Age)라는 밋밋한 이름으로 알려졌던 것이다.[50]

---

50 고중세 시대 아랍 이슬람의 지식과 기술이 유럽에 새로운 문화로 소개되면서 유럽 문화는 새로운 전기를 맞았다. 그러한 수용이 근대 과학의 시작을 추동한 요소들 중 하나였던 것으로 보인다. 그러나 그것이 기존의 유럽 문화 내에 존재했던 중앙유라시아적 요소들을 멸절시킨 것은 아니었다. 대항해 시대의 역사에서 그를 확인할 수 있다. 제9장 참조.

CHAPTER 5

튀르크 제국

天馬來出月支窟
背爲虎文龍翼骨
嘶青雲振綠髮
蘭筋權奇走滅沒
騰崑崙歷西極
四足無一蹶
李白 天馬歌

천마가 월지의 굴에서 나온다,
등은 호랑이 무늬, 뼈는 용 날개 뼈.
허공 중에 울음소리,
휘날리는 녹색 갈기,
난근이 비범하니 쏜살같이 달린다.
곤륜산을 오르고,
서극을 지나도록,
네 다리 하나도 절룩거리지 않는다.
— 이백, 〈천마가〉 중에서

유라시아의 제2차 정주 제국 시대

6세기 중반, 페르시아 제국과 동로마 제국에는 전쟁이 벌어졌고, 동아시아와 서유럽은 적대적인 왕국들로 분열되어 있었다. 동부 스텝 지역에는 중앙유라시아 문화복합체에서 보이는 다이나믹한 신화에 따라, 튀르크(Türk)가 자신의 주군 아바르를 무너뜨리고, 잔여세력을 뒤쫓아 유라시아 끝까지 추적하였다. 그 과정에서 그들은 유라시아 지역의 다양한 문명들과 유라시아의 핵심인 중앙아시아를 연결하게 되었다. 중앙아시아의 도시들은 급속도로 상업적, 문화적 중심지로 성장했다. 이 도시들은 비단 중앙유라시아 차원에서가 아니라 유라시아 대륙 전체 차원에서도 중심지가 되었다. 투르크는 무역에 적극적이었기 때문에, 그들의 군사력에 힘입어 다른 민족들도 그들과 함께 교역에 나섰다. 그들은 중앙아시아 대부분의 지역을 통치했고 중앙유라시아의 경제(隋)는 전에 없이 번성하게 되었다.

6세기 말에 이르러, 중국은 다시 '수(隋)'라는 짧았던 왕조에 의해 통일되었다. 그들은 다시 중앙유라시아 지역으로 팽창을 시도했다. 수나라가 멸망하고 곧이어 페르시아 제국과 동로마 제국도 무너지자, 새로운 제국의 질서가 수립되었다. 예전에 제국이 있었던 지역뿐만 아니라 변경 지역에서도 마찬가지였다. 프랑크족은 서유럽을, 아랍인들은 아라비아 지역은 물론 근동과 일시적으로 인도 북서부, 중앙아시아 서부, 이란, 아프리카 북부와 스페인까지 차지하였다. 티베트 제국은 중앙유라시아 동남부에, 당나라는 중국 지역에 자리 잡았다. 당나라는 중앙유라시아 동부와 그 인근 지역으로 급속히 팽창해 나갔다. 투르크는 중앙유라시아에

튀르크 제국

카자르(Khazar) 왕국을 비롯한 몇몇 나라들을 세웠고 동부 스텝 지역의 튀르크 제국은 계속 지속되었다. 예전의 동로마 제국은 새로운 면모로 시대에 대응했고, 보다 작고 단단한 제국으로서 공식적으로는 그리스어를 사용하였다. 중앙유라시아와 그곳의 번성했던 경제는 모든 유라시아 국가들에게 관심의 초점이 되었다. 이 시기가 유라시아의 제2차 정주 제국 시대인데, 일반적으로는 초기 중세라고 알려져 있다.

모든 국가들은 중앙유라시아에 관심을 두었고, 모두 그곳을 점령하거나 혹은 적어도 인접한 국경 근처만이라도 빼앗고자 했다. 초기 중세(약 AD 620~840)의 문화적 번영은 이처럼 끊임없는 지역별 전쟁과 함께 나타났다. 새롭게 펼쳐진 전쟁 양상은 마침내 주요 제국들이 국경을 강화하는 결과를 초래했다. 제국들의 틈바구니 속에서는 그들에 대응하는 제국 규모의 연합체가 탄생했다. 계속되는 전쟁은 점차 심해져서 마침내 8세기 중반 중앙아시아에서 튀르기스(Türgiš)와 파미르 전쟁으로 이어졌다. 이 전쟁에서는 중앙유라시아인들이 졌고 아랍-당 제국 연합이 승리했다. 뒤이어 유라시아 대부분의 지역에서 경제가 후퇴하였다. 이는 당시 세계 경제가 이미 서로 연결되어 있었고, 모두가 중앙유라시아의 번영, 즉 실크로드의 번영에 기대고 있었음을 보여준다.

동부 스텝 지역의 아바르 제국

4세기 말에서 5세기 초, 아바르 제국 혹은 유연(柔然, Jou-jan NMan Rouran)

은[1] 타림 분지 북동부에서 한반도에 이르는 북부 스텝 지역을 지배했다. 이들의 민족적 기원은 알려지지 않았고, 다만 한때 선비족에 복속되어 있었던 사실만 알 수 있다. 같은 시기 선비족, 즉 몽골계 *타그바치는[2] 북중국 대부분과 스텝 지역의 남부 변경을 포함하는 거대한 제국을 형성하고 있었다. 이들 두 민족은 계속해서 전쟁 관계에 놓여 있다가, 6세기 초에 이르러 *타그바치가 상당 부분 중국화된 뒤 아바르의 카간(황제) 아나가이(Anagai)와 평화 협정을 맺었다. 545년 *타그바치의 위나라[北魏]가 동서로 나누어진 뒤, 동위는 아바르와 연맹 관계를 유지했지만, 서위는 *투민과[3] 연맹을 맺었다. 그는 튀르크의 야브구[葉護], 즉 지역 군주였는데, 아바르에 종속되어 있었다.

546년경, *투민은 철륵(鐵勒)이라는 몽골 북부 연맹체가 아바르의 영토를 침략한다는 정보를 입수했다. *투민은 선제공격에 나서 철륵을 무너뜨렸다. 그 뒤 *투민은 아바르 카간 아나가이에게 공주와의 결혼을 허락해달라고 요청했다. 그러나 아나가이는 "대장장이 노예 주제에"라고 하면서 튀르크를 모욕했다. *투민은 화가 났지만 군대를 돌렸다. 이듬해 그는 서위의 공주와 결혼을 요청했다. 552년 *투민은 아바르를 공격하여 그들을 무너뜨렸다. 아나가이는 자살했다.[4] 튀르크는 아바르의 잔여 세력을 뒤쫓아 유라시아 대륙을 종횡으로 누볐고, 가는 곳마다 정복에 성

---

1 아바르와 유연(柔然)이 동일한 존재임에 대한 논의는 미주 18번 참조.
2 이 이름과 관련해서는 Beckwith(2005b) 참조.
3 *투민(*Tumïn)은 한자로 토문(土門)으로 적었고, 고대 튀르크 비문에서는 부민(Bumïn)으로 썼다. 이 이름에 관해서는 미주 10번과 미주 17번 참조.
4 CS 50: 909.

공해 마침내 중앙유라시아 스텝 지역 전부를 투르크의 지배 하에 통일시켰다. 그리하여 중국의 당나라, 페르시아, 동로마 제국과 직접 경계를 맞대게 되었다.[5]

아바르는 동로마 제국에 은신처를 마련했다. 그들은 도망치는 동안 주변의 민족들과 현명하게 연맹을 맺으면서 판노니아 평원으로 들어갔고, 그곳에 정착하여 자신의 지도자를 계속해서 카간으로 칭했다. 하지만 튀르크는 계속해서 그들을 괴롭혔다.

튀르크의 정복

투르크 권력의 중심은, 적어도 이론적으로는, '외튀켄 이쉬(Ötükän Yish)', 즉 '외튀켄 산의 숲'에 있었는데, 그곳은 알타이 산맥 어딘가에 위치하고 있었다.[6] 투르크의 조상이 머물던 큰 동굴이 거기에 있어서 매년 그 동굴 속에서 의례를 행했다.[7] 누구든 외튀켄을 장악하는 자가 모든 투르크 중에서 최고 권위의 위엄을 가질 수 있었다. 그러나 실제로는

---

5 명백하게 신화적인 내용이지만, 역사 자료에서는 사실로 제시되어 있다. 이에 대해서는 프롤로그의 튀르크족의 건국 신화 및 주석 참조.

6 Sinor(1990c: 295).

7 이러한 전통과 더불어, 중국 및 그리스 역사 자료에서 튀르크인이 실제로 제철 기술이 뛰어난 사람들로 등장하는 것으로 보아, 그 동굴은 실제로 철광을 가리키는 것으로 생각되기도 했다.(Sinor, 1990c: 296 참조). 다만 고구려 신화와 비교해 보면 아주 비슷한데, 고구려 신화에서는 동굴(고구려의 경우도 마찬가지로 동굴은 영토의 동부 산속에 존재했다.)이 곡물의 신의 주거 공간이었다는 점을 고려한다면, 위의 견해는 재고될 여지가 있다.

동부 스텝 지역의 통치자가 카간이라는 칭호를 가졌고, 이론상 튀르크의 수장을 겸할 뿐이었다. 실제 튀르크의 본부가 있던 고향은 오르콘 강 지역(현재의 몽골 중부 북쪽)에 있었다. 이들 이전이나 이후에도 동부 스텝 지역 제국의 중심은 그곳이었다.

튀르크를 처음 언급한 역사 자료는 고대 라틴어 자료이다. 거기에는 튀르크가 아조프 해 북쪽 삼림 지대에 살고 있다고 기술되어 있다.[8] 그 다음으로 투르크가 등장하는 사료에서는 투르크식 명칭들을 근거로 그들이 훈족 연맹의 일원이었던 것으로 간주된다. 마지막으로 6세기 중반에는, 중국 측 사료에 등장하는데, 그들은 유목민이었고 스텝 지역의 전쟁 기술을 습득한 것으로 기록되었다. 또한 그들은 제철 기술을 보유하고 있었으며, 철기 제작을 계속해오고 있었다. 아바르가 투르크를 '대장장이 노예'라고 불렀던 것을 보면, 투르크는 아바르로부터 스텝 제국을 어떻게 건설하고 유지할지를 배웠던 것으로 보인다.

튀르크의 종교적 신앙은 하늘의 신 탱그리(Tängri)와 땅의 신 우마이(Umay)에 초점을 맞추고 있다.[9] 일부 투르크족, 특히 토하리스탄의 서투르크족은 아주 이른 시기에 불교를 받아들였고, 불교가 그들 사이에서 중요한 역할을 담당했다. 다른 종교들도 영향을 미쳤는데, 특히 기독교

---

8 기원후 1세기 중엽, 폼포니우스 멜라(Pomponius Mela)는 투르카에(Turcae), 즉 "투르크인들(Turks)"이 그곳에 있었다고 언급한 바 있다. 또한 플리니(Pliny the Elder)의 『자연의 역사(Natural History)』(Sinor 1990c: 285)에서도 그들이 언급되었는데, 튀르카에(Tyrcae) 즉 튀르크인들(Türks)로 표기되었다. 그러나 6세기 이후에는 투르크인들이 서서히 동쪽에서 서쪽으로 이동하였다. Czeglédy(1983) 참조; Golden(1992)도 참조.
9 그들의 신앙은 스키타이나 여타 고대와 그 이후 스텝 지역 사람들의 신앙과 비슷하다. 이러한 신앙은 중앙유라시아 문화복합체의 중요한 요소인 것 같다. 종교사학계에서 주목할 가치가 있다.

와 마니교가 그러했다. 이들은 소그드인들에게도 영향을 미쳤다. 소그드인들은 튀르크의 가까운 연맹으로서 국제 무역에 능했다. 소그드인들은 정주민이었고 도시민이었지만, 그들도 튀르크처럼 폭넓은 코미타투스 전통 등 중앙유라시아 전사의 기질을 가지고 있었고, 두 민족 모두 무역에 굉장히 큰 관심을 가지고 있었다.

*투민은 카간의 칭호를 획득하고 영토의 동쪽 부분을 지배했지만, 바로 그 해에 사망했다. 그의 아들 쿠오로(K'uo-lo, 科羅)가 왕위를 계승했는데, 겨우 몇 개월 왕위를 지키다가 또한 죽고 말았다. *투민의 다른 아들 부칸(Bukhan, 木杆, 재위 553~572)이[10] 그를 계승했다. 한편 *투민의 동생 이스테미(Ištemi, 재위 552~576)는 야브구, 즉 지역 군주로서 영토의 서부 카라샤르(아그니, Agni) 근처 어딘가에 있던 겨울 궁전을 다스렸다.[11] 이것이 점점 굳어서 사실상 독립 왕국인 서투르크가 되었고, *투민의 계승자들이 튀르크, 즉 동투르크를 다스렸으며, 제국의 위엄을 갖추게 되었다.[12]

아바르를 추적하는 가운데 이스테미의 군대는 555년에 아랄 해 지역에 도달했고 직후에 볼가 강 하류에 이르렀다. 558년에 최초의 투르크

10 메난더(Menander, Blockley 1985: 178-179, 277 n. 235)에서 언급된 투르크 지도자 보칸(Bôkhan, Βώχαν-)(고대 투르크어로는 Buqan)과 같은 이름이 틀림없다. Pulleyblank(1991)에게는 미안하지만, 표준적인 "중세 중국어(Middle Chinese)"에서는 모음 앞의 m-이 일반적으로 ᵐb-로 발음되었다.(Beckwith 2002a, 2006b; Pulleyblank 1984 참조). 고대 투르크어를 음사할 때 b로 시작되는 단어를 표기하기 위해 이 음절을 사용한 사례가 많이 있다.
11 야브구(yabghu, 즉 yaβγu)라는 칭호는 박트리아에서 토하리 왕국을 구성하는 다섯 개의 총독-장군의 칭호까지 거슬러 올라간다. 그들 중 하나가 최종적으로 권력을 잡아 쿠샨 제국을 건설하였다.(Enoki et al. 1994: 171).

사절단이 콘스탄티노플에 도착해서 달아난 아바르를 찾는 동시에 동로마 제국과 무역 협정을 맺었다.

투르크는 영토를 확장하는 가운데 에프탈과 마주쳤다. 그들은 6세기 초에 소그디아나를 점령한 바 있고, 동쪽으로는 타림 분지에 이르렀으며, 아바르 제국 및 *타그바치(위나라)와 국경을 마주했었다. 에프탈은 중앙아시아에서 투르크의 유력한 라이벌이 되었다.

그로부터 얼마 지나지 않아서 투르크는 이스테미 카간의 지휘 아래 페르시아 제국의 북쪽 경계에 이르렀다. 호스로우 1세(Khosraw I, Anushirvan the Just, 재위 531~579)는 투르크와 반-에프탈 연맹을 맺었다. 557년에서 561년 사이 페르시아와 투르크는 에프탈을 공격해서 그들의 왕국을 파괴했고, 옥수스(아무다리야) 강을 경계로 왕국을 각각 나누어 가졌다.[13]

568년 이전 어느 땐가, 투르크는 소그드의 왕자 마니아크(Maniakh)와 소그드 상단을 페르시아로 보내서, 비단을 판매할 수 있도록 허락을 요청한 적이 있었다. 페르시아는 비단을 구매했지만, 상인들이 보는 앞에서 공개적으로 비단을 태워버렸다. 모욕적인 대답을 들은 투르크는 또 다시 사절단을 보냈는데, 이번에는 투르크족 사절단이었다. 페르시아는 이번에는 그들을 죽여 버렸다.[14] 국제 외교상 오랜 전통인 면책 특권을

---

12 튀르크(Türk)라는 민족 명칭은 사실상 영어의 투르크(Turk)와 같은 것이다. 원래는 튀르크[tyrk]로 발음되었고, 현대 터키어와 대부분의 터키어권에서는 지금도 그렇게 발음된다. 예전에 학자들이 동부 스텝 지역에 있었던 최초의 양대 튀르크 제국 사람들만 한정하여 지칭하기 위해서 튀르크라는 표기를 했는데, 이 책에서도 그러한 관행을 따랐다. 중국어나 다른 언어로는 어떻게 표기되었는지에 대해서는 Beckwith(2005, 출간예정-a) 참조.
13 Frye(1983: 156), Sinor(1990c: 299-301).

위반한 것이었다. 그 때부터 투르크 제국과 페르시아 제국의 전쟁 상태가 지속되었다.

투르크 제국은 소그드인들의 조언을 받아들여 동로마 제국과 연대를 맺고 페르시아를 포위하려고 했다. 569년 동로마 제국은 투르크에 사절단을 파견하였다. 그들은 이듬해 비단을 실은 상단과 함께 돌아왔다. 이렇게 투르크는 외교적으로 동로마 방면의 안전을 확보했지만, 페르시아 제국의 요새를 깨트리지는 못했다. 571년 양측이 평화협정을 맺었지만, 페르시아는 여전히 투르크와의 자유 무역을 거부했기 때문에, 양 제국은 적대적인 관계로 남게 되었다.

567년에서 571년 사이, 서투르크는 북부 카프카스 스텝 지역을, 그리고 576년에는 서부 스텝 지역을 장악했다. 이 지역들에서는 일부 투르크족이 이미 살고 있기는 했지만, 이제 투르크 제국이 명실공히 중앙유라시아 스텝 지역 전체를 지배하게 된 것이다. 언어민족학적으로 하나의 그룹이 스텝 지역 전체를 지배하게 된 것은 역사상 두번째이며, 게다가 이번에는 하나의 가문 혹은 왕조에 의해 통일이 이루어졌다.[15] 그들은 정치적으로 아바르의 계승자이며, 그들 이전에는 흉노도 있었지만, 투르크는 이들을 훨씬 능가하였다.

투르크 제국은 시간이 지나면서 더 분명하게 둘로 갈라졌다. 동튀르크 제국은 동부 스텝 지역과 만주 서부 지역을 기반으로 했고, 부칸

---

14 Sinor(1990c: 301-302).
15 스키타이 혹은 북부 이란어족은, 처음 팽창을 시작할 때는 문화적으로 그리고 언어민족학적으로 단일한 집단이었다. 이들이 투르크 이전에 스텝 지역 전체의 주도권을 장악했다. 후대의 투르크와 마찬가지로, 이들도 점차적으로 단일집단에서 다양한 집단으로 분화되어갔다.

(Bukhan) 카간이 그의 동생 탓파르(Tatpar, 재위 572~581)[16] 카간에게 물려주었다. 서투르크 제국은 이스테미의 아들 타르두(Tardu, 재위 약 576~603)가 계승하였다. 583년에 이르기까지 타르두는 서투르크의 야브구 카간으로 알려져 있었다. 그의 영토는 북부 타림 분지와 준가리아,[17] 트란스옥시아나, 토하리스탄을[18] 포함하고 있었다.

서투르크 제국은 시간이 지날수록 점점 더 분열되어 다음과 같이 나누어졌다. 서투르크 서부의 준가리아와 북부 타림 분지와 동부 트란스옥시아나를 기반으로 하는 온 오크(On oq), 즉 "열 개의 화살" 지역, 중앙아시아 남부 토하리스탄 지역의 야그부(지역 군주) 왕국, 630년경부터 발전하여 볼가 하류 지역과 북부 카프카스 스텝 지역과 돈 강 유역을 기반으로 하는 카자르 카간국, 카자르의 서쪽 도나우 강 하류 지역과 그 서쪽에서 아스파루크(Asparukh)가 680년에 기초한 도나우 불가르(Bulghar) 칸국, 7세기 말 카자르 북쪽으로 옮겨가 볼가-카마 지역에 기반을 둔 볼가 불가르 왕국 등.

동부 스텝 지역에서 투르크 제국에 기초를 두고 있을 때에는 투르크 족 집단들 사이에 근소한 방언의 차이밖에 없었고, 주지하듯이 고대 투

---

16 그의 이름은 이전에는 타스파르(Taspar)로 읽혔다. Yosida and Moriyasu(1999) 및 Beckwith(2005b) 참조.
17 이 시대에 이 지명을 쓰는 것은 사실 시기상 맞지 않는 것이지만, 더 적당한 지명이 현재 존재하지 않는다. 이 지명은 Dzungaria로도 표기되는데, 이는 할하(Khalkha) 방언의 발음을 그대로 따라 표기한 것이다. 준가르라는 명칭과 그 변용에 대해서는 Beckwith(출판예정-b) 참조.
18 당시의 토하리스탄(Tokhâristân)은 현재의 아프가니스탄 영토에 일부 인접 지역을 더한 것과 거의 동일하다.

르크 시대에는 언어적으로 분명하게 나누어지는 그룹이 없었다. 그러나 얼마 지나지 않아서 불가르 투르크와 카자르 투르크는 그들만의 방언을 사용하게 되었고, 이는 언어적으로 너무 달라서 다른 투르크족이 이해하기 곤란하거나 아예 이해할 수 없을 정도였다.

동로마와 페르시아의 전쟁, 그리고 아랍의 정복

6세기 말에 이르러 사산조 페르시아 제국은, 지난 3세기 동안 동로마 제국과 전쟁과 휴전을 반복해 오다가, 점점 아라비아 반도 남쪽으로 세력을 확장하였다. 598년경 페르시아 제국은 히미아리트(Himyarite) 왕국을 정복하고, 그 지역을 제국의 일부로 편입하였다.[19] 그리하여 페르시아 제국은 인도 및 그 동쪽을 오가는 모든 국제 무역을 통제하게 되었고 해로뿐만 아니라 육지에서도 모든 무역로를 장악하게 되었다.

602년, 동로마 제국의 황제 마우리키우스(Mauricius, 재위 582~602)가 폐위되고 가족과 함께 살해되었다. 반란군 지도자 포카스(Phocas, 재위 602~610)는 스스로 새로운 황제가 되었다. 그러나 일부 로마인들뿐만 아니라 페르시아 제국의 황제 호스로우(Khosraw) 2세도 그가 왕위를 찬탈했다고 생각했다. 호스로우는 마우리키우스 황제의 도움으로 왕권을 회복한 적이 있었고, 그래서 동로마 제국에 사산조 페르시아 제국의 영토 일부를 떼어주고 평화 관계를 유지하고 있었던 것이다. 페르시아는 시

---

19 Frye(1983: 158).

간을 낭비하지 않고 곧바로 동로마를 공격했다. 처음에는 조그만 성공을 거두었을 뿐이지만, 607년에는 동로마령 메소포타미아와 아르메니아를 침공하여 과거 동로마에 할양했던 영토의 대부분을 획득하였다. 608년, 전염병이 콘스탄티노플을 황폐화시키는 동안, 페르시아는 로마령 메소포타미아와 아르메니아 더 깊숙한 곳까지 진출했다. 609년, 페르시아는 아나톨리아를 가로질러 칼케돈으로 집결했다. 칼케돈에서 보스포루스 해협을 건너면 바로 콘스탄티노플이었다.[20] 포카스에 반대하는 로마의 북아프리카 총독이 카르타고에서 반란을 일으켰고, 반란군은 이집트를 접수하였다. 이집트와 북아프리카 지역은 동로마 제국의 주요 곡창 지대였다. 총독의 아들 헤라클리우스(Heraclius, 재위 610~641)는 이집트와 아프리카 지역에서 함선 및 군대를 이끌고 콘스탄티노플로 진격하였다. 그는 포카스를 처형하고 610년에 황제의 자리에 올랐다.

한편 페르시아의 진군은 계속되었다. 헤라클리우스가 황제의 자리에 오르기 전에, 그들은 동로마 제국 수도 바깥의 지역을 상당 부분 차지하고 있었다. 메소포타미아, 시리아, 팔레스타인, 아나톨리아의 일부가 페르시아의 손에 들어갔다. 614년, 그들은 예루살렘을 접수하고 예수의 십자가(The True Cross)를 체시폰(Ctesiphon)으로 가져갔다. 같은 시기 아바르족과 슬라브족도 북쪽으로부터 동로마 제국으로 진군해서 대부분의 트라키아 지역과 제국의 다른 영토를 차지하였다. 615년에 이르러 동로마 제국에게는 오직 수도권 지역과 아나톨리아의 일부, 이집트와 아프리카 지역만 남아 있었다. 617년, 아바르족은 아마도 페르시아 제국과

---

20 Treadgold(1997: 231-241).

연맹을 맺고는 도시를 공격했다. 618년 페르시아는 이집트를 침공하여 619년에 알렉산드리아를 접수하고 콘스탄티노플로 가는 주요 곡물 보급선을 차단해 버렸다. 동로마 제국은 역사상 최악의 상황에 놓였고, 멸망은 시간문제로 보였다.[21]

그러나 헤라클리우스는 포기하지 않았다. 622년, 그는 아바르족과 휴전협정을 맺고 남아있는 군대를 다시 조직하였으며, 예전의 지역 방위 체제를 정비하고, "봉건" 시스템을 활용하여 군사를 징발하였다.[22] 그는 직접 군대를 이끌고 아르메니아로 진격하여 그곳의 페르시아군을 물리쳤다. 아바르족이 휴전협정을 어기고 남부 트라키아 지역을 침략했다는 소식을 들은 그는 황급히 군대를 되돌렸다. 그리고 624년에 다시 동쪽으로 진군했다. 그는 다시 아르메니아를 회복했고, 625년에 쳐들어온 페르시아 주력군을 깨트린 뒤 페르시아를 동쪽으로 더 멀리 쫓아버렸다. 그 뒤에도 그는 집으로 돌아오지 않고 군대와 함께 반(Van) 호수 근처에서 겨울을 보냈다.

로마의 진격에 대응하기 위해 페르시아 제국의 호스로우 황제는 아바르와 협력하여 콘스탄티노플을 공략했다. 뛰어난 참모들의 조언에 힘입어 헤라클리우스는 페르시아의 공격을 막아내고 그들을 물리쳤다. 아

---

21 Treadgold(1997: 239-241, 287-293).
22 Treadgold(1997: 315 이하)에 따르면, 제국을 테메스(themes) 체제, 즉 군사들이 방어 지역에 정착하는 군사 정부 체제로 재편성한 것은 그의 손자 콘스탄스 2세(Constans II, 재위 641~668)였다. 그러나 이러한 체제 개편의 근본 요소들은 이미 헤라클리우스 때 보다 초보적인 형태로 실시되었던 것 같다. 이에 대해서는 Ostrogorsky(1968: 96 et seq.)의 논의 참조. 이러한 "봉건" 체제는 이미 유라시아 전역에 널리 퍼져 있었다. 비잔틴 제국 주변의 게르만, 아랍, 투르크뿐만 아니라 북아프리카에 정착한 게르만족인 반달족도 마찬가지였다.

바르는 콘스탄티노플까지 들어오는 데 성공했지만, 헤라클리우스는 이들도 쫓아버렸다.[23] 터닝포인트가 찾아온 때는 627년이었다. 헤라클리우스는 북부 카프카스 초원과 볼가 강 하류 지역에서 강력한 왕국을 세운 투르크족 카자르와 동맹을 맺었다.[24] 이는 중세 시대를 통틀어 동로마 제국에게 가장 중요한 동맹이었다. 그해 가을, 동로마-카자르 연합군은 성공적으로 아제르바이잔을 건넜다. 겨울이 되자 카자르는 되돌아갔지만, 헤라클리우스는 전통 방식을 따르지 않고 진군을 계속했다. 그는 메소포타미아를 침공했고, 12월에 니네베(Nineveh) 근처에서 페르시아 군대를 격파했다. 그리고 나서 628년에는 체시폰 동쪽 다스타기르드(Dastagird, 현재 Daskara)에 있는 왕궁을 공략해 점령한 뒤 약탈했다. 그 직후 페르시아의 호스로우 황제가 아들 카바드 2세(Kavad II, 재위 628)에 의해 퇴위되었고, 양측은 휴전에 동의했다. 629년, 헤라클리우스는 과거 동로마 제국의 영토였던 메소포타미아, 시리아, 팔레스타인 지역의 페르시아 장군들과 협상을 벌여 되찾았고, 630년 예수의 십자가(The True Cross)를 가지고 콘스탄티노플로 돌아왔다.[25]

그러나 헤라클리우스의 운명은 페르시아에 대한 그의 성공을 두 번 다시 허락하지 않았다. 페르시아와 동로마의 오랜 전쟁 동안, 아라비아 반도의 아랍인들에게 상황은 점점 나빠져 갔다. 한때 번성했던 많은 도

---

23 아바르 및 그들의 참전에 대한 자세한 설명으로는 Pohl(1988) 참조.
24 카자르(Khazar)에 대해서는 탁월한 연구 성과들이 발표된 바 있다. Dunlop(1954)과 Golden(1980), 그리고 Golden 및 Thomas Noonan의 여러 논문들. http://www.getcited.org/nbrz/11063130 및 http://www.getcited.org/mbrz/10075924 참조.
25 Treadgold(1997: 293-299), Frye(1983: 168-170).

시들은 황폐해지거나 유목민들의 캠프가 되어버렸다. 서부 아라비아 반도의 상인들 중에는 메카(Mecca)의 쿠라이시(Quraysh) 가문도 포함되어 있었다. 그들은 부족 연맹 시스템을 신중하게 유지했고, 순례길과 무역로의 안전을 도모했다. 그들의 활동 범위는 최소한 아라비아 반도의 남서부 구석에서 북쪽으로 시리아의 동로마 국경 지역까지였고, 아마도 유프라테스 강 하류 페르시아 제국의 서쪽 국경까지도 나아갔을 것이다. 로마와 페르시아로 인해 아랍의 북쪽 변경이 불안정했고, 전쟁 때문에 아라비아 남부도 페르시아인들과 하베샤(Habesha)인들에 의해 황폐화되자, 아라비아 반도 내부 및 외부의 교역도 크게 위축되었고, 부족 연맹 시스템도 불안해졌다.[26] 아마도 이방인들이 아라비아 반도로 침투한 것이 결정적인 계기가 되어 아랍 내부에서 강력한 봉기가 일어나게 되었다.[27] 위기가 극에 달했을 때, 쿠라이시 가문의 젊은 후계자 무함마드(Muhammad)는 근본적인 해결책을 제안했다. 모든 아랍 민족을 하나의 공동체, 즉 움마(umma)로 통일하고, 그들이 섬기는 모든 신들 대신 유일한 신 알라(Allâh=the God)를 섬기자는 것이었다. 무함마드의 생각은 매우 혁명적이라 여겨졌고, 622년에 그는 생명의 위협을 피해 메디나(Medina)로 달아났다. 그곳에서 무함마드와 무슬림들(Muslims, 알라의 뜻을 따르는 자들)은 오래지 않아 도시의 권력을 장악했고, 그들이 세운 아라비

---

26 Crone(1987)은 이러한 교역과 이슬람의 부상에 대한 이전의 이론들을 신중하게 재검토했다. 그녀는 아랍인들이 고부가가치의 사치품 교역에 관여하지 않았다고 봤지만, 그러한 주장은 사향 교역의 실제와 모순된다. 그녀도 사향 교역을 언급하기는 했지만, 아랍인들은 이슬람 시대 이전부터 사향 교역을 주도했던 것 같다. 사향 교역 및 사향 자체에 대해서는 King(2007) 참조.
27 Crone(1987: 246, 250).

아 통일 계획을 추진했다.[28]

새로운 페르시아 제국의 황제 카바드 2세는, 왕위에 오른 지 1년도 채 못 되어 틀림없이 전염병으로 죽었다. 그의 후계자로 수많은 친척들과 장군들이 왕위에 올랐지만, 그들도 1년을 채 못 버텼다. 마침내 632년, 호스로우 2세의 손자 야즈드게르드 3세(Yazdgerd III, 재위 632~651)가 황제가 되었다. 그러나 사산조 페르시아의 영토 내의 질서는 무너졌고, 전쟁 이후 잇따른 내분으로 국력은 심각할 정도로 허약해졌다.[29]

같은 해, 무함마드도 죽었다. 젊은 무슬림 공동체는 그의 뒤를 이을 준비가 덜 되어 있었다. 예언자께서는 적통 상속인을 남겨두지 않았고, 그렇다고 참조할 만한 전통도 없었다. 그래서 예언자께서 가장 총애했고, 가장 존경받는 무슬림이었던 아부 바크르(Abû Bakr, 재위 632~634)를 칼리파(Khalîfa 혹은 Caliph, 후계자란 뜻)로 선택하기로 했다. 단체의 회장 비슷한 칼리프의 지도 아래, 무함마드의 사망에 따른 반란은 신속하게 안정되었다. 하지만 그 때까지, 무함마드의 통일 전쟁과 반란을 평정하는 동안, 아라비아 반도의 교역은 정체되어 있었다. 633년, 반란을 평정하는 데 공로가 컸던 가장 현명한 무슬림 장군 칼리드 이븐 알 왈리드(Khâlid ibn al-Walîd)의 군대가 북동쪽 사산조 페르시아의 영토 변경에까지 이르렀다. 그곳에서 무슬림들은 이미 산발적으로 페르시아 제국을 공격하고 있었다. 칼리드는 단지 그들에 합세했을 뿐이다. 경제적인 문제도 해결하고 그의 군대에서 충성스런 부하들에게 보상도 좀 주려는 것

---

28 초기 이슬람 세력의 확장에 있어 교역이 담당했던 역할에 대한 논란과 관련해서는 미주 62번 참조.
29 Frye(1983: 170-171).

이었다.[30]

이듬해, 아부 바크르는 비잔틴 제국 팔레스타인 남부 지역으로 군대를 보냈다. 그러나 비잔틴 제국은 상당히 조직화되어 있었고, 몇 차례 사소한 패배를 했을 뿐이었다. 이에 칼리프는 칼리드에게 원정군에 합류할 것을 명했다. 그는 시리아 사막을 5일 만에 건너 작전을 지휘했고, 시리아 아즈나다인(Ajnâdayn)에서 비잔틴 군에 큰 승리를 거두었다.

제2대 칼리프 우마르 이븐 알 카탑('Umar ibn al-Khaṭṭâb, 재위 634~644)이 통치할 때, 과거 아랍 반란군들까지도 북방 정벌군에 합류할 수 있도록 허락이 되었다. 그러나 사산조 페르시아는 634년 코끼리를 동원해 브리지(Bridge) 전투에서 아랍을 무찔렀다. 또한 비잔틴 제국도 국경을 더욱 강화하였다. 아랍은 모든 역량을 총동원하여 모든 군대를 국경으로 보내 공격에 가담케 했다. 637년에 아랍은 카디시이야(Qadisiyya, 유프라테스의 쿠파 근처) 전투에서 페르시아를 확실하게 무찌르고 체시폰을 점령했으며, 페르시아의 왕관과 기타 보물들을 획득했다. 호스로우 2세의 왕관은 메카의 카아바(Kaaba, Ka'ba)로 보내졌다.[31]

같은 해, 아랍은 또한 비잔틴 제국의 공격을 맞받아 시리아 남부의 야르묵(Yarmûk) 전투에서 대승을 거두고, 그들을 시리아에서 완전히 물러나도록 만들었다. 근동 지역에서 아랍은 최초의 놀라운 승전을 계속 이어갔다. 640년에는 이집트를 접수했고, 계속해서 북아프리카 지역을

---

30 정복전쟁과 관련한, 이슬람 및 초기 무슬림들에 대한 여러 의심스러운 관점들에 대해서는 미주 63번 참조.
31 아랍인들이 페르시아 및 그리스 도서관들을 파괴했다는 일반적인 그러나 잘못된 견해에 대해서는 미주 64번 참조.

점령했다.[32] 무함마드 사망 후 10년 동안 아랍은 동로마 제국의 거의 모든 영토를 차지했으며, 다만 유럽 남부, 아나톨리아, 아르메니아만이 예외였다.

헤라클리우스는 이로부터 몇 년 전, 페르시아와 그 연합군으로부터 동로마 제국을 구하기 위하여 조직 재건에 나선 바 있고, 정부에 대한 민중의 기여를 증대시키는 조치를 취했었다. 이제 제국의 가장 생산성 높은 지역이 또 다시 이방인의 손에 넘어가고 말았다. 그러나 페르시아 제국이 완전히 아랍에게 넘어간 것과는 달리,[33] 동로마 제국은 분야별로 재기를 시도했고, 카자르의 투르크 왕국과 연맹을 맺었다. 이는 비잔틴 제국이 오래도록 살아남을 수 있는 기반이 되었다. 헤라클리우스와 그의 손자 콘스탄스 2세(Constans II, 재위 641~668)는 동로마 제국의 잔여 세력을 기반으로 새로운 나라를 만들었던 것이다.[34]

637년에 페르시아 제국이 결정적인 타격을 입고 붕괴되자, 야즈드게르드 3세는 남은 군대를 이끌고 북동쪽 후라산(Khurasan) 지역으로 달아났다. 642년 아랍은 니하반드(Nihâvand) 전투에서 마지막 사산조 페르시아 군대를 격파했다. 중앙아시아에서 야즈드게르드는 메르브(Merv,

---

32 Shaban(1971: 24-34).
33 이란 중심주의적 관점에서는 이란어가 사용되었던 중앙아시아, 즉 마르기아나(Margiana), 박트리아나(Bactriana), 트란스옥시아나(Transoxiana) 등이 페르시아의 강역이었고 그 주민들도 페르시아인들이었다고 하지만, 이는 옳지 않다. 미주 65번 참조.
34 라틴어는 행정 용어로서는 폐기되었고, 대신 그리스어가 제국의 공식 언어가 되었다. (Ostrogorsky 1968: 106). 그러나 비잔틴인들은 1453년 그들의 "로마 제국"이 끝날 때까지 줄곧 스스로를 '로마인'이라고 하였다. 아랍의 정복 이후 근동 지역 및 북아프리카의 거의 모든 비이란어권 지역들이 아랍화되었던 점을 고려하면, 헤라클리우스는 그리스와 그 언어를 멸종으로부터 구한 셈이라 하겠다.

Marw)를 기반으로 지역 귀족들의 지원을 이끌어내려고 했지만, 아랍 군대가 다가오자 651년에 메르브의 마르즈반(marzbân)과 에프탈의 왕자 바드기스(Bâdghîs)가 야즈드게르드를 공격했고 남은 페르시아 군대를 물리쳤다. 야즈드게르드 황제는 탈출에 성공했지만, 얼마 지나지 않아 메르브 근처에서 살해되었다.[35] 아랍은 같은 해 메르브를 공격해 접수했고, 이어서 니샤푸르(Nishapur)를 점령했다.

652년에 아랍은 북부 토하리스탄의 도시들을 점령했는데, 그 중에는 발흐(Balkh)도 포함되어 있었다. 그곳은 거대한 상업도시로 북서부 최고의 불교 중심지였다. 그곳에는 유명한 원형 사원인 나우바하르(Nawbahâr, new Vihâra)가 있었다.[36] 중국의 유명한 현장(玄奘, 약 600~664) 법사가 628년 혹은 630년 그곳에서 스승 프라냐카라(Prajñâkara)와 한 달을 머무르며 공부를 했던 곳이다.[37] 과거 사산조 후라산과 에프탈 왕공령 소속이었던 그곳의 주민들은 이제 아랍에게 공물을 바쳐야 했고, 아랍 주둔군을 받아들여야 했으며 아랍인들을 위해 집도 일부 내주어야

35 Shaban(1970: 18-19). 그의 아들 페로즈(Pêrôz)은 결국 중국으로 도망하였다. 마르자반(marzbân)이란 'march, markgrave의 관리자'를 지칭했는데, 이는 일반적으로 사산 제국 말기 및 아랍 칼리프조 초기의 지방관 또는 군 지휘관이었다.(Kramers와 Morony 1991). 야즈드게르드는 마르자반 마후이 수리(Mâhûî Sûrî)에게 살해당한 것으로 알려져 있다.(Yakubovskii and Bosworth 1991).
36 당시에는 이 복합건물(complex)이 원래 사산조의 지방 수도로 지어진 것으로 알려져 있다. 바그다드에 소재한 아바스 왕조의 수도 '평화의 도시'의 구조와 설계는 나우바하르 및 체시폰의 설계에 기초하고 있었다. 그와 관련해서는 Beckwith(1984b, 이 연구에서는 체시폰이 누락되는 오류가 발생했다.)를 참조.
37 일반적으로 받아들여지는 연도는 630년이다. Ch'en(1992: 42-53)에 따르면, 그는 628년에는 현지에 있었다. 그의 연구에 대해서는 미주 66번 참조.

했다. 거의 같은 시기, 다른 아랍 군대는 키르만(Kirman)을 거쳐 시스탄(Sîstân, Sijistân, 현재 아프가니스탄 남서부) 지역 서부를 거의 모두 장악했다.[38] 거대 상업 도시였던 메르브는 아랍의 중앙아시아 주요 군사 기지가 되었다. 아랍의 진군은 내전으로 인해 잠시 주춤거렸다. 제4대 칼리프 알리('Alî, 재위 656~661)와 시리아 총독 무아위야의 내전이 벌어져 661년 알리가 죽고 무아위야(Mu'âwiya)가 새로운 칼리프가 되었으며 우마이야 왕조(Umayyad Dynasty)를 세웠다.[39] 이후 아랍은 중앙아시아 지역에서 신속하게 권위를 회복했으며, 더 깊숙한 곳까지 팽창을 계속했다.

중국 지역의 재통합과 제국의 팽창

589년, 육조(六朝) 시대 혹은 남북조(南北朝) 시대라고 일컬어지는 한 시대가 마감하고, 수(隋, 581~617)나라가 중국 지역을 다시 통일했다. 700여 년 전 진나라가 그랬던 것처럼, 수나라의 재통합에도 피로 얼룩진 많은 사건이 있었다. 그리고 엄청난 수의 민중들이 대형 공사에 동원되었다. 이번에는 대운하(大運河)를 건설했는데, 처음으로 중국 남부 지역과 북부 지역 사이에 온전한 교통로가 확보된 셈이었다. 또한 동부 해안 지역들

---

38 대중적 봉기가 653년 발생하였다. 그에 대한 군사적 진압작전은 성공적이었지만, 이 지역은 얼마 지나지 않아 분리해 나가게 된다. 무아위야(Mu'âwiya)가 칼리프의 자리를 승계하자, 그는 시스탄(Sîstân)에 대규모 군대를 파견하였다. 아랍은 자랑(Zarang)을 다시 함락시켰고 카불(Kabul)도 차지했다. 그러나 정복당한 지역들 대부분은 오랫동안 사실상의 독립상태를 유지하였다.
39 Shaban(1971: 70-78). 내전에 대해서는 미주 67번 참조.

이 하나의 교통로로 묶이게 되었다. 이후로는 중국 지역이 오래도록 분단되는 일이 없었다.

진나라처럼 수나라도 수명이 매우 짧은 왕조였다. 많은 요인이 있겠지만, 가장 중요한 이유는 제2대 황제 수양제(隋煬帝, 재위 604~617)가[40] 무리하게 고구려 왕국 정벌을 감행했기 때문이었다. 당시 고구려 왕국은 요하 동쪽에서 동쪽으로는 동해까지 이르렀고, 남쪽으로는 한반도의 절반을 차지하고 있었다. 그러나 또한 진나라 다음 한나라가 그랬듯이, 수나라 다음에는 오래 지속되는 안정적이고 강력한 왕조가 뒤를 이었다.

당(唐, 618~906)나라는 618년 고조 이연(高祖 李淵, 재위 618~626)이 세웠다. 그는 수나라의 태원(太原, 현재 산서성 북부) 지역 주둔군 사령관이었다. 617년 반란군을 이끌고 진군한 지 6개월 만에 수도를 점령했다.[41] 이씨 가문은 북방 출신이어서 북주(557~581) 왕족과 수나라 왕족 모두 친척 관계에 있었고, 북위 왕조의 *타그바치 귀족과도 혼인관계가 있었다. 그들은 중앙유라시아에 대해서 잘 알고 있었고 관심도 굉장히 높았다. 당나라 설립 자체도 동튀르크의 통치자 시필(始畢, 재위 609~619) 카간과 고조 이연이 맺은 동맹으로 큰 도움을 받았다. 시피 카간은 고조가 수나라 정부군과 싸울 때 말과 500명의 튀르크 전사를 지원해 주었다.[42]

당시 튀르크가 중국을 침략했다는 이야기는 수나라 말기 내전 당시

---

40 그는 왕조 창업주와 문헌황후 독고씨(文獻皇后 獨孤氏) 사이에 태어난 아들이었다. 후자는 선비족 귀족 가문 출신이었다.
41 Wechsler(1979a: 150-153).
42 Wechsler(1979a: 159). 이는 동튀르크를 겨냥한 "외교공세"가 결코 아니었다.(Wechsler 1979a: 187).

튀르크가 몇몇 반란군과 연맹을 맺은 데서 비롯된 것이다. 그들의 동맹군을 지원하기 위해서 튀르크 군대가 몇 차례 수나라 국경을 넘어온 적이 있었다. 그러니까 "동투르크와 그 연합군이 위협을 가했고",[43] "*헬리그(*Hellig, *Ellig, 頡利, 재위 620~630) 카간 자체가 골치 아픈 장애물이자 위협이 되어서",[44] 결국 동튀르크 제국이 멸망할 수밖에 없었다는 기존의 설명은 옳지 않다. 동튀르크가 막 수립된 당나라 원년까지도 여러 반란군을 지원했던 것은 사실이다. 그러나 그들은 초청을 받았던 것이지 중국을 침략한 것은 아니다. 중국 지역에서 새로 설립되는 왕조의 첫번째 황제는 언제나 이런 식으로 (이방인을 초청하여) 반란군을 제거한다. 국경에서 매우 멀리 떨어진 지역도 마찬가지다. 튀르크가 침략했다는 치밀하게 조작된 이야기는 궁극적으로 잘못된 정보를 제공함으로써 이후 당나라가 대규모로 튀르크를 침략할 때를 정당화하는 수단이 된다. 역사적 자료들을 보면 어떤 장소에서 어떤 시점에 "튀르크가 국경을 침범했다."는 내용뿐 구체적인 설명이 거의 없다. 튀르크는 탐욕스럽고 폭력적이라는 고정관념 이외에 역사학적으로 실질적인 이유 또한 찾아볼 수 없다. 사료가 더 충분하다면, 튀르크의 행동이 침략이 아니라 다른 선량한 이유가 있었음이 더욱 분명하게 드러날 것이다.[45]

당나라는 이전의 중국 지역 왕조가 그랬던 것처럼 역사상 가장 큰 제국을 세울 욕심이 있었다. 튀르크 또한 그들의 제국을 확장하는 데 있어서는 마찬가지 의도를 가지고 있었다. 그러나 "중국 지역"에서 튀르크

---

43 Wechsler(1979a: 157).
44 Sinor(1990c: 308).
45 추가 논의와 관련해서는 에필로그 참조.

가 확장하고자 했던 한계는 예전에 중국 왕조에 빼앗겨 중국 군대가 주둔하고 요새를 건설했던 중앙유라시아 스텝 지역의 일부와 만리장성 바깥 지역일 뿐이었다. 반면에 중국인들은 모든 방면으로 "사방의 백성들"을 정복하고자 했다. 중국 지역뿐만 아니라 중앙유라시아 전체를 지배하고자 했던 것이다. 간단히 말해서 당나라 초기 그들의 튀르크 경험을 통해 중국인들은 강력한 이민족이 가까이 있도록 허락하는 것은 위험하다는 생각을 가지게 되었는데, 그것은 사실과는 다른 판단이었다. 당나라 또한 고대 중국 왕조인 한나라의 역사를 잘 알고 있었고, 선조들처럼 정복을 하고자 하는 의도를 공공연히 표명했다. 공식 역사서에 따르면, 한 제국은 흉노를 물리치고 타림 분지를 점령했으며 한반도까지 세력권에 두었다. 이 모든 것이 전적으로 사실이었던 것은 아니다. 그렇지만 당나라의 통치자는 스스로를 한 제국의 후예로 자처했고, 고대를 회복하고자 했을 뿐만 아니라 한 제국보다도 더 멀리 나아가고자 했다.

태종(太宗, 이세민, 재위 626~649)은 고조의 아들인데, 왕조 내부 쿠데타를 통해 집권에 성공했다. 그 과정에서 그의 두 형제가 살해되었으며,(그의 형인 왕세자는 그가 직접 죽였다.) 아버지를 강요하여 권력을 강제로 이양하게 했다.[46] 태종은 곧바로 튀르크에 그의 관심을 돌렸다.

중국이 전통적으로 견지했던 영토 밖 이민족 정책은 "분열시키고, 주도하고, 파괴하는" 것이었다. 이러한 목적에 따라 당나라는 능동적으로 동튀르크와 서튀르크에 개입하여 내부 분열을 일으켰다. 태종은 먼저 수나라 말기 이래로 남아있던 유일한 반란군 세력 양사도(梁師都)를 공

---

46 Wechsler(1979a: 185-186).

격함으로써 전쟁의 빌미를 만들었다. 그 때 양사도의 근거지는 오르도스 북부였다. 양사도는 대규모 튀르크 군대를 요청하여 겁도 없이 자신을 공격한 풋내기 당나라를 공격했다. 626년 튀르크 군대는 위수까지 이르렀는데, 당나라 수도 장안(長安)으로부터 서쪽으로 불과 15킬로미터에 불과한 거리였다. 태종은 *헬리그(*Hellig) 카간에게 조공을 바치는 수밖에 없었다.

그러나 이후의 운명은 *헬리그에게 좋지 않게 돌아갔다. 627년 동튀르크에 복속했던 몇몇 민족들, 위구르와 발야고(拔野古), 설연타(薛延陀)가 반란을 일으켰다. 그리고 연말에 기후도 나빠져서 엄청난 눈이 내렸고 그로 인해 스텝 지역에 기근이 들어 수많은 동물들이 굶어 죽었다. 튀르크의 도움을 받지 못하게 된 양사도는 힘을 잃었고, 태종은 그 기회를 놓치지 않았다. 628년 태종의 군대는 양사도를 공격했다. 그때 양사도는 부하의 손에 죽었다. 또한 당나라는 튀르크에 반대하는 민족들이 선택한 새로운 카간에게 전폭적인 지지를 보냈다. 629년 *헬리그 카간은 당나라에 복속하겠다는 요청을 보냈다. 태종은 이를 거절하고 대신 거대한 군대를 그에게 보냈다. 그들은 고비 사막 남쪽에 있던 *헬리그의 진영을 공격하여 수많은 튀르크족을 사살했다. 630년 *헬리그는 산 채로 포로가 되어 장안으로 압송되었다. 그리고 634년 감옥에서 죽었다.

약간의 문제들이 있었지만, 당 제국은 초기부터 사방으로 뻗어나갔고, 현종(玄宗, 685~756, 재위 712~756) 때에는 최대 영토에 도달했다.[47] 8세기 전반 당나라는, 특히 서부의 수도 장안은, 20세기에 이르기까지 중국

---

47 Dillon(1998: 360).

역사 전체를 놓고 보더라도 가장 번성했던 국제 도시였다. 장안은 당시 세계의 다른 어느 도시보다도 가장 크고, 가장 인구가 많고, 가장 부유한 도시였다. 인구는 대략 1백만 가량이었고, 영주하거나 특별한 능력으로 방문하게 된 외국인들의 수도 엄청났다. 현종은 서방 음악과 그로부터 영향을 받은 시뿐만 아니라 서방 스타일의 영향을 받은 회화도 후원했다. 서방의 문화는 호탄(Khotan)을 통하여 당나라 초기부터 소개가 되었다. 이 때가 중국 시의 최전성기였고, 많은 대문호 시인들이 살았는데, 중국의 가장 뛰어난 두 시인 이백(李白)과 두보(杜甫)도 그 때의 사람이다.[48] 그들은 이미 살아생전에 유명 인사였다. 이백은 중앙아시아에서 태어났는데, 중국인 혼혈이었던 것으로 추정된다. 그는 사회적으로 아웃사이더였으며, "심오하고, 고독하며, 독특한 모습으로 남아 있었다." 아마도 그의 "이국적인" 행동과 일정 부분 중국인답지 않은 외모 때문에 스스로 시의 세계에 빠져들었을 것이다.[49] 그의 시세계의 특징은 일반적으로 이국취향 애호를 드러낸다.

그러나 당나라는 어떠한 대가를 치르더라도 영토 확장에 매달렸다. 특히 현종 때가 심했다. 그래서 후대의 위대한 역사가 사마광(司馬光)은

---

[48] 그러나 그들은 현종의 후원을 받지는 못했다. 안록산의 난 발발 이전 그가 안록산에 취한 태도나, 다른 여러 사례를 고려할 때, 현종은 사람을 보는 눈이 거의 없었던 것으로 생각된다.
[49] Owen(1981: 143). 이백(701~약 763)은 중앙아시아에서 태어나 수이얍(Suyab, 현재의 키르기스스탄 Tokmak 근처)에서 살았다. 그는 소년기에 가족을 따라 사천(四川)으로 이동해 거기서 성장하였다. 아마도 상인 집안이었을 것인데, 유독 이백만 중국인 혼혈이 아니었을까 하는 의혹이 있다. Eide(1973: 388-389) 및 Owen(1981: 112) 참조. 이백은 당시 가장 유명했던 두보를 비롯하여 주요 시인들에게 많은 영향을 주었지만, 생전에는 거의 인정을 받지 못하였다.

이를 비판하여 "당나라는 집안에 사방의 민족들을 모두 삼키려 하였다."
고 적었다.[50] 내부적으로 끝도 없는 징병과 과도한 세금으로 북부 지역
은 황폐화되어갔으며, 많은 시인들과 역사가들이 이 점을 지적하였듯이,
머지않아 당나라는 그 대가를 치러야 했다.

티베트 제국

대개 역사적으로 새로운 세력이 출현할 때면 경제적, 문화적, 외교적 동
기 등 여러 가지 이유가 확인이 된다. 그러나 티베트의 경우는 전혀 양상
이 다르다. 유일하게 확인되는 양상이라면 중앙유라시아 문화복합체의
사회정치적 측면뿐이다.[51]

　7세기 초 티베트 남부 부족장 그룹은 그들 중에서 지도자를 선출하
여 충성을 맹세하고 그를 첸포(btsanpo), 즉 황제로 칭하기로 했다. 그들
은 힘을 합쳐 징포르제(Zingporje)를 무너뜨릴 계략을 짰다.* 당시 티베트
고원 대부분은 잘 알려지지 않은 샹슝(Zhangzhung)이라는 왕국이 통치
하고 있었다. 징포르제는 그 왕국에 소속된 폭압적인 이방인 지역 군주
였을 것이다. 공모자들은 성공적으로 계획을 수행했고, 그 결과 황제로

50　TCTC 216: 6889.
51　티베트의 경우, 다음과 같은 요소들이 이에 포함된다. 사회 최고위층으로서의 통치자와 영웅
　　적인 그의 동료들, 즉 코미타투스; 통치자를 매장할 때 그의 코미타투스, 말, 그가 소유했던
　　재산을 거대한 무덤에 함께 매장했던 점; 그리고 교역에 큰 관심을 가졌던 점.
*　(역자 주) 티베트어 한글 표기에 대해서는 존경하는 이종철 선생님의 큰 도움을 입었음을 밝
　혀둔다. 그럼에도 불구하고 남아 있는 오류는 전적으로 역자의 불찰일 것이다.

부터 상을 받았다. 그들은 황제를 또한 푸갈(Spurgyal)이라고도 불렀다.[52] 황제는 그들에게 상으로 봉토를 하사했다. 그리고 황제와 부족 간의 관계를 확고하게 하기 위해서 각 부족의 귀족 청년들이 황제의 코미타투스로 참여했다. 그들의 땅에 스스로 나라를 건설한 뒤, 그들은 창(Rtsang) 지역과 보드(Bod) 지역의 왕국도 몰아냈다. 그곳은 현재 티베트 중앙에 해당하는데, 애초 봉기 지역 바로 북쪽에 있었다. 그들은 새로운 나라의 이름을 예전의 나라 이름인 보드(Bod)라고 하였지만, 외부에는 티베트(Tibet)라는 외국어로 알려지게 되었다.[53]

티베트인들이 최초로 중국인들과 분쟁을 일으킨 시기는 알려져 있다.[54] 634년, 당나라는 코코노르(Kokonor) 지역의 토욕혼(吐谷渾) 왕국에 거대한 규모의 원정군을 보냈다. 토욕혼은 선비계 몽골족이었다. 그들은 3세기에 코코노르 주변 목초지를 점령했다.[55] 그리고 감숙성 지역을 거쳐 동투르크의 동부 지역까지 진출해서 중국과 중앙아시아의 남부 교역 루트를 장악했다. 당나라는 성공적으로 토욕혼을 정복했지만, 그로 인해 중국인과 티베트인들 사이에 전쟁이 벌어졌다. 토욕혼은 티베트에 복속

---

52 푸갈(Spurgyal)이라는 명칭과, 현재 일부 역사가들이 역사와 무관하게 이 명칭을 사용하는 풍조에 대해서는 미주 68번 참조.
53 '티베트'는 일종의 외국어 지명으로, 외국에서 이 나라를 지칭하는 명칭이다. 이 명칭은 몽골계 탁발족(혹은 *Taghbač)과 관련이 있는 것으로, 실제 이 나라에서 사용하는 명칭 '보드(Bod)'와는 아무런 관련이 없다. 자세한 설명은 Beckwith(2005b) 참조.
54 사실 티베트가 중국 수나라와 일찍이 조우한 바 있었다. 마찬가지로 조우의 여건 역시 결코 유쾌하지 못했다. 그들의 강역은 중국에서 Fu kuo 즉 Fu 왕국으로 알려져 있었다.(Beckwith 1993: 17-19). Fu의 표기는 Spu 또는 Bod로부터 비롯되었을 가능성이 높은 것으로 주장하는 이들이 많다. 그러나 어느 경우든 매우 이례적인 표기라 할 수 있다.
55 Molè(1970: xii).

된 지역 왕국이었기 때문이다. 티베트는 당나라와 정치적으로 해결하려 했으나 당나라가 거절했다. 역사상 최초로 잘 알려진 티베트의 황제 티송첸(Khri Srong Rtsan, 송첸감포, Srong Btsan Sgampo, 재위 약 618~649)은 638년 티베트를 정벌하러 온 당나라 군대를 무찔러 버렸다. 다시 당나라가 티베트를 공격하여 약간의 승리를 거둔 뒤, 티베트는 당나라에게 혼인 동맹을 요구하였다. 당태종은 이에 동의하고 티베트 황제의 아들 혹은 동생에게 당나라 공주를 시집보내는 것으로 티베트와 평화협정을 맺었다.[56] 당나라는 점령했던 토욕혼을 안정적으로 관리하지 못했고, 티베트의 요구를 받아들여 하서회랑을 제외한 나머지 지역을 티베트에 돌려주었다. 하서회랑은 당나라가 타림 분지의 도시들을 공격하기 위해서는 필수적이었기 때문이다.

이렇게 왼쪽 옆구리를 안정화시킨 뒤, 태종은 서쪽 타림 분지로 나아가 그곳의 도시국가들을 차례차례 점령하였다. 640년, 코초(Qocho, 高昌), 투르판 오아시스에 있는 동부토하리족의 중심 도시.[57] 648년, 아그니(Agni) 혹은 카라샤르(Karashahr). 648년, 쿠차(Kucha), 서부토하리족의 중심 도시이자 상업 및 설일체유부(說一切有部, sarvâsti-vāda) 불교의 중심지. 카슈가르(Kashgar), 야르칸드(Yarkand)와 사카족(Sakas, 타림 분지 서부의 동부이란어족)의 중심 도시 호탄(Khotan)[58] 등은 632년과 635년 사이 자청해서 당나라에 복속되었다. 이후 당태종은 대신의 조언을 듣지 않고 그곳

---

56 Beckwith(1993: 23). 이 결혼에 대해서는 오해가 계속되고 있다. 미주 69번 참조.
57 그러나 그들은 당시 서부 토하리어를 사용한 것으로 보인다. 동투르키스탄에서 토하리어가 사용된 정확한 시점 및 위치는 아직 미상이다.
58 다른 여러 북부 도시들과는 달리 호탄은 대승불교의 강력한 중심지였다.

식민지들을 지휘할 사령부로 안서도호부(安西都護府)와[59] 4곳의 군사 주둔지 안서4진(安西四鎭)을 설치하였다. 안서도호부는 코초에 설치되었다가 649년 서쪽 쿠차로 옮겼다. 당나라는 이제 중앙유라시아 동부 지역의 대부분을 지배하게 되었다.

649년 당태종과 티베트의 티송첸이 둘 다 죽고 나서부터 두 제국 사이에 점점 냉기류가 흐르기 시작했다.

657년 당태종의 아들 당고종(唐高宗, 재위 649~683)의 군대가 서투르크를 격파했다. 카간 하로(賀魯)는 생포되어 당나라의 수도로 압송되었다. 타림 분지와 준가리아는 당시 유라시아인들이 이미 투르키스탄(Turkistan)이라 부르는 곳이었는데, 그곳에서 당나라가 서투르크를 무너뜨리자 명목상으로 그곳은 당나라의 지배를 받게 되었다. 그러나 서투르크 전체가 실제로 당나라의 지배 하에 들어간 것은 아니었다.[60] 서투르크의 지배 부족이 제거되자 투르크 내부의 권력투쟁이 벌어지게 되었다.

같은 시기 티베트 제국은 티베트 고원 서부의 과거 샹슝 왕국의 영토로 확장하기 시작했고, 나아가 파미르 지역까지 나아갔다. 그곳은 중앙아시아 동부의 타림 분지에서 중앙아시아 서부의 토하리스탄으로 가는 무역 루트가 거쳐 가는 곳이었다. 661년에서 663년 사이 티베트는 발루르(Balur, Bruza), 와칸(Wakhan) 등 파미르의 왕국들과 카슈가르 주변 지역을 복속했다. 또한 663년에는 정복왕 가르통첸(Mgar Stong Rtsan)이 토욕혼을 확실하게 점령하여 왕국의 땅과 백성들을 티베트 제국에 병합했다.

---

59 Protectorate General of the Pacified West 또는 Pacify-the-West Protectorate.
60 거의 모든 사료들이 그들이 진짜로 그러했다고 반복적으로 강조했지만, 중국왕조사의 주장들을 액면 그대로 받아들이는 것에는 무리가 있다.

토욕혼의 카간과 그의 중국인 왕세자비, 토욕혼의 수많은 가문들은 당나라로 달아났다. 665년 초 티베트는 호탄을 복속했고, 당나라의 끊임없는 공격을 막아낸 뒤, 서투르크는 명목상 티베트의 종주권을 인정했다. 이는 티베트-서투르크 동맹으로 발전해서, 양측의 조약 내용을 몇 번 바꾸기는 했지만, 거의 1세기 동안 지속되었다.

668년에 티베트는 당나라의 공격에 대비하여 토욕혼 영토였던 지마콜(Jima Khol) 강에 방어 요새를 건설했다. 670년 이른 봄, 티베트는 호탄의 군대와 연합하여 악수(Aksu)를 점령하였다. 이리하여 4개의 당나라 주둔지 가운데 두 곳, 쿠차와 카라샤르만 남게 되었다. 당나라는 맞서 싸우는 대신 나머지 두 곳을 철수시켰고, 결과적으로 동부 투르키스탄 지역을 티베트에 넘겨주었다. 그 이듬해 봄, 당나라는 다시 공격을 개시했다. 당나라는 거대한 규모의 군대를 보내 과거 토욕혼 지역에서 티베트를 공격하였다. 지마콜 강에서 대규모 전투가 벌어졌는데, 당나라 군대가 가르통첸의 아들 가르티링(Mgar Khri 'Bring)의 군대를 격파했다. 당나라는 안서도호부를 서쪽 코초로 다시 옮겼다. 이후로 22년 동안 동투르키스탄 지역은 명목상 티베트의 통치 하에 있었다. 그러나 실제로는, 호탄과 그 서쪽은 티베트의 직접 지배를 받은 것으로 보이지만, 타림 분지 대부분의 지역들은 반(半)독립적인 상태에 있었다.

680년대의 특징은 아랍과 티베트와 당나라 제국이 모두 내부적으로 불안정한 조건에 놓여 있었다는 점이다. 중앙아시아 지역은 상당 부분 그들 나름대로 존재했고, 명목상 이들 제국의 지배를 받는다고 할 뿐이었다. 680년대 후반, 티베트가 쿠차 등 북쪽 지역을 공격했을 때 변화가 시작되었다. 당나라의 저항에도 불구하고 티베트 지배 지역은 늘어났다. 티베트의 젊은 황제 티우송(Khri 'Dus Srong)은 온통 내부적인 문제에 골몰하고 있었다. 자신이 어릴 때 실권을 행사했던 가르(Mgar) 부족의 족장과 정권을 다투는 중이었다. 같은 시기, 당나라는(690년부터 새롭게 떠오른 여성 황제 측천무후(則天武后, 재위 690~705)의[61] 통치 하에 주(周)나라로 국명을 바꾸었다.) 안서4진을 회복할 계획을 준비하고 있었다. 692년, 당시 쿠차는 다시 당나라의 손에 들어가 있었다. 쿠차 총독은 중국인과 투르크인으로 구성된 군대를 이끌고 티베트를 공격하여 티베트를 물리치고 안서4진을 다시 설립했다. 티베트가 그들 수하의 서투르크 동맹군과 합세하여 잃어버린 지역을 되찾으려 했지만, 694년 당나라는 티베트가 중앙아시아에 접근하는 두 곳의 요충지에서 이들을 확실하게 무찔렀다.

티베트 안에서는 황제 티우송이 가르 부족 전체를 냉혹하게 학살하는 일이 벌어졌다.[62] 그리고 나서 그는 군대를 이끌고 티베트 제국 동쪽 국경에 있던 남조(南詔) 왕국(현재 사천성과 운남성에 위치)을 정벌하러 갔다가 죽고 말았다. 실권은 그의 어머니 티말로드(Khrimalod)에게 넘어갔다. 그녀가 티베트를 다스릴 당시 당나라는 무측천과 그녀의 여성 후계자가 통치하고 있었다. 티베트 제국은 그 후 10여 년 동안 아주 천천히 국력을 회복했지만, 당나라에 대해서는 점점 방어적인 태도를 취하게 되었다.

---

61 측천무후는 실제로 당의 황제에 올라, 전무후무한 중국의 여성 황제가 되었다.(따라서 그녀를 무후(무 황후)라 지칭하는 것은 정확하지 못하다.) 그럼에도 불구하고 그녀는 자신이 세웠던 중종(中宗, 재위 684, 그리고 이후 705~710)과 예종(睿宗, 형식적으로는 684~690 재위, 이후 710~712 다시 재위)을 제거하지는 않았다. 왕망처럼 그녀도 찬탈자로 기록에 남게 되었다. 두 사람 모두 중국을 효과적으로 다스렸지만 정통성을 획득하지는 못했다. 정통 황실이 복원되면서 그들에 대한 역사적 평가도 부정적인 것으로 확립되었다.
62 일부는 중국으로 도피해 당나라 군대에 복무하였다.

두번째 튀르크 제국의 건설

동부 스텝 지역에서 튀르크족은 중국인의 지배 하에서 행복할 수는 없었다. 그들은 몇 차례 반란을 시도했지만 실패했다. 마침내 *헬리그 카간의 먼 후손인 엘테리스 카간(Elteriš KAGhan, 재위 682~691)은 스텝 지역에서 정열적으로 일해서 흩어지고 약해진 튀르크족을 자신의 깃발 아래 단합시켰다. 682년 튀르크는 다시 봉기했다. 이번에는 성공이었다. 엘테리스는 동부 스텝 지역에 독립 튀르크 제국을 다시 세웠다. 그의 형제 카파간 카간(Kapghan) '북 초르'(Buk Chor, 默啜, 재위 691~716)가 그를 계승하여 더욱 힘을 기르고 영토를 확장했다. 8세기 초 준가리아와 동부 트란스옥시아나를 기반으로 하는 서투르크 지역은 새로운 부족 연합에 참여했다. 그 연합체의 이름은 튀르기스(Türgiš)였다. 712년 동투르크는 엘테리스의 아들 퀼 테긴(퀼 티긴 Köl Tigin)의 지휘 아래 튀르기스의 카간 *사칼(*Saqal)을 격파했다. 그들은 오래도록 잃어버렸던 서투르의 주도권을 되찾았고, 튀르기스의 영토 중에서 페르가나, 타슈켄트(Tashkent), 그리고 아마도 대부분의 소그디아나를 차지했다.

아랍의 중앙아시아 서부 점령

중앙아시아 후라산(Khurasan)에서 일어난 반란은 671년~673년 아랍에 의해 다시 평정되었다. 673년 무아위야(Muʿāwiya)는 후라산을 분리 통치 지역으로 설정하고, 우바이드 알라 이븐 지야드(ʿUbayd Allâh ibn Ziyâd)를 첫번째 총독으로 임명했다. 그는 674년 옥수스(아무다리야) 강을 건너 바이칸드(Baykand, Paykand)로 쳐들어갔다. 그곳은 부하라(Bukhara) 왕국의 상업 도시였다. 부하라는 조공을 바쳐야 했다. 무아위야가 681년에 사망하자 후계 분쟁이 벌어져 내전이 일어났다.(684~692) 이 시기 동안 후라산은 또 다시 사실상 독립 지역이 되었다. 반란과 내부 분쟁을 겪은 뒤 마침내 압달 말릭('Abd al-Malik, 재위 685~705)이 칼리프가 되었고, 후라산에서 가까운 지역의 통제권을 다시 회복하였다. 695년 그는 이라크와 동방에 새로운 총독 알 하자즈 이븐 유수프(al-Ḥajjâj ibn Yûsuf)를 임명했지만, 후라산은 시스탄(Sîstân)과 함께 독립 지역으로 여전히 남겨 두었다. 심각한 반란과 유약한 중앙 정부에도 불구하고 압달 말릭은 697년 시스탄과 후라산을 알 하자즈의 통제 하에 복속시킬 수 있었다. 이렇게 해서 알 하자즈는 압달 말릭과 그의 아들 알 왈리드 1세(al-Walîd I, 재위 707~715)가 통치하는 지역을 제외한 아랍 제국의 절반을 지배하게 되었다.

7세기 말에 이르자 아랍인들의 거주지는 후라산 지역의 도시에만 한정되지 않았다. 일부는 땅을 가지게 되었고, 그 지역 주민들에 동화되었다. 또 일부는 자신이 세금을 면제받는 아랍인이란 사실도 잊어버렸다. 아랍인들과 지역 주민들의 연대감은 다른 지역보다 메르브에서 더욱 강고하였다. 아랍 정부는 심지어 696년에 소그드인으로부터 자금을 빌려 소그디아나 지역 정벌에 나서기도 했다.[63] 세기가 바뀔 무렵, 상인 집단

---

63 Shaban(1970: 48)은 그것이 그들의 근거지 공국에 부과된 세금을 줄이기 위해서였을 것이라 보았다. 이 공국들은 적성지역(dâr al-harb)보다는 복속된 지역들(dâr al-salâm)이었을 것이다.

의 두 지도자 타비트 이븐 쿠트바(Thâbit ibn Qutba)와 후라이스 이븐 쿠트바(Hurayth ibn Qutba)는 각각 차카르(châkar)라 불리는 코미타투스를 가지고 있었다. 마침내 그들은 티르미드(Tirmidh)의 아랍 반란 세력 무사 이븐 압달라 이븐 카짐(Mûsâ ibn ʿAbd Allâh ibn Khâzim)에 가담했다. 그들은 트란스옥시아나와 토하리스탄에 있는 왕공들과 바드기스(Bâdghîs)의 에프탈족을 규합해서 우마이야 왕조에 대한 반란을 일으켰다. 그러나 결국 반란군 연합은 깨졌다. 그리고 타비트와 후라이스 형제는 살해되었다. 알 하자즈는 또 다른 총독 알 무파달 이븐 알 무 할랍(al-Mufaḍḍal ibn al-Mu-ḥallab)을 지명했다. 알 무파달은 704년 마침내 티르미드의 반란 세력 무사(Mûsâ)를 격파했다. 그리고 나서 알 하자즈는 후라산 총독으로 쿠타이바 이븐 무슬림 알 바힐리(Qutayba ibn Muslim al-Bâhilî)를 지명했다.(705~715)

쿠타이바는 알 하자즈가 키운 인물이었다. 그는 메르브에 도착하자 지방 행정 조직을 정비했다. 또한 토하리스탄 지역의 아랍 지배를 더욱 굳건히 했다. 그리고 이듬해 중국인의 무역 거점인 바이칸드를 차지하고, 부하라를 공략하여 709년 완전히 점령하였다.[64] 709년~710년, 그는 키스(Kišš)와 나사프(Nasaf)를 점령하고, 토하리스탄과 에프탈족의 반란을 평정했으며, 토하리스탄의 야브구(지역 군주)를 생포하여 당시 아랍의 수도였던 다마스쿠스(Damascus)로 압송했다.[65] 712년 쿠타이바는 계략을 써서 호레즘(Khorezm)을 장악하고 그곳을 아랍 식민지로 만들었다.

---

64 Shaban(1960: 66).
65 Shaban(1960: 67).

같은 해, 그는 사마르칸트를 포위했다. 사마르칸트의 왕은 타슈켄트에 도움을 청했다. 그러자 타슈켄트의 지배자로서 동튀르크는 퀼 테긴이 지휘하는 군대를 소그디아나로 보냈다. 그러나 쿠타이바를 어찌할 수는 없었다. 튀르크족은 쫓겨났고, 아랍은 사마르칸트에 주둔군을 설치했다.[66]

714년, 쿠타이바는 트란스옥시아나 깊숙이 페르가나(Ferghana)까지 치고 들어갔다. 이 때는 쿠타이바도 궁수(Archer)라고 알려진 개인적 코미타투스를 가지고 있었다. 쿠타이바는 사쉬(Shâsh, 타슈켄트)를 정벌하고 돌아오는 길에 그의 후원자 알 하자즈가 죽었다는(714) 소식을 들었다. 그러나 알 왈리드는 여전히 쿠타이바를 총독으로 재확인해 주었다. 715년 쿠타이바는 약사르테스(시르다리야) 강을 다시 공격했다. 이번에는 티베트 및 페르가나 왕족의 일 분파와 동맹을 맺은 상태였다. 그들은 함께 힘을 합쳐 페르가나의 통치자 바삭(Bâšak)을 무너뜨리고 대신 다른 왕족이었던 알루타르(Alutâr)를 왕위에 올렸다.

같은 해, 쿠타이바가 아직 페르가나에 머무르고 있을 때, 알 왈리드가 죽고 술라이만(Sulaymân, 재위 715~717)이 왕위를 계승했다. 새로운 칼리프가 쿠타이바를 소환하자 쿠타이바는 반란을 일으켰다. 그러나 군대는 그의 말을 따르지 않았다. 오직 그의 코미타투스만이 그의 곁에서 그와 함께 최후를 맞았다. 모두 죽음을 면치 못했다.

한편, 바삭은 당나라의 지배를 받고 있는 쿠차로 도망쳤다. 그곳의 당나라 군사령관은 바삭과 함께 원정군을 조직하고, 같은 해 12월 페르가나를 공격하여, 알루타르를 퇴위시키고 바삭에게 왕위를 돌려주었다.

66 Shaban(1960: 67-75).

물론 당나라에 종속된 왕이 되었다.[67]

　동투르크의 카파간 카간은 튀르기스 지역에서 철수한 직후인 716년 원정에 나섰다가 살해되었다. 후계자는 그의 조카이자 엘테리스의 아들 빌게 카간(Bilgä Kaghan)이었다. 빌게 카간은 동생 퀼 테긴의 도움도 많이 받았다. 한편 *술룩(*Suluk)은 튀르기스 흑골족의 지도자였는데,[68] 서튀르크의 카간이 되었다. 그는 신속하게 튀르기스의 권력을 되찾았고, 물려받은 영토보다 훨씬 넓은 지역으로 재빨리 팽창해 나갔다. 튀르기스는 트란스옥시아나와 토하리스탄에서 과거 서투르크의 헤게모니를 주장하였다. 이렇게 해서 그들은 그 지역민들이 아랍과 이슬람에 저항하는 데 후원자가 되었으며, 티베트와도 긴밀한 동맹을 맺었다.

　당나라의 입장에서는 튀르기스와 티베트의 동맹이 과거 한나라를 위협했던 남북동맹을 재현하는 것이었고, 당나라를 서방에서 몰아낼 수도 있다고 생각했다.[69] 한 제국을 답습하고자 했던 당나라는 당연히 이 동맹을 깨트리려 했다. 당나라와 아랍은 서로 비밀리에 동맹을 맺었고, 튀르기스와 티베트를 무너뜨렸다.

67　Beckwith(1993).
68　이전의 통치자들은 Yellow Bone 씨족에 속해 있었다.
69　이러한 공포는 한 및 당의 왕조사에서 상당한 분량으로 언급되고 있다. 당시나 이후의 중국 역사가들은, 중국은 국제 교역을 필요로 하지 않으며, 관심도 없다고 흔히 말했지만, 사실 중국은 명백하게 국제 교역을 필요로 했고, 관심도 엄청나게 많았다.

당나라와 신라의 고구려 정복

한(漢) 제국의 남만주 및 한반도 북부 지배를 회복하고자 했던 수나라와 당나라 초기의 대규모 원정은 실패를 거듭했다. 고구려 왕국은 놀라운 힘으로 이들을 물리쳤다. 그러나 642년 내란이 고구려를 덮쳤다. *우르갑 소문(*Ür Ghap Somun, 연개소문)이[70] 쿠데타를 일으켜 권력을 장악했던 것이다. 그는 왕과 수백 명의 귀족들을[71] 죽이고 왕의 아들을 꼭두각시 왕으로 앉혔다. 그가 실권을 장악하고 있는 동안에도, 이번에는 당나라 황제 태종이 직접 군대를 이끌고 왔지만, 고구려는 당나라의 대규모 공격을 막아내는 데는 문제가 없었다.(645)[72]

당 고종(재위 649~683)은 신라와 연합했다. 신라는 한반도 동남부 지역의 왕국들을 병합하며 성장했던 왕국이었다. 당나라와 신라 연합군은 바다와 육지 양쪽에서 백제를 공격했다. 백제는 한반도에서 가장 문명이 발달했던 왕국이었고, 두번째로 강성한 나라였다. 고구려에서 군대를 보냈고, 일본에서 함대를 지원했지만, 당-신라 연합군은 660년 백제와 그 수하들을 완전히 무너뜨렸고, 663년 정복을 마무리했다.

---

70 고대 고구려어로 그의 이름의 첫 두 음절은 *우르(*Ür)와 *갑(*Ghap, *fiaip~*γap)이다. Beckwith(2007a: 46, 62-63) 참조. 두번째 음절은 한국식으로는 '개'라고 읽고, 중세 중국어로는 카이(Kai)라고 읽는데, Pulleyblank는 그 발음상 선조에 해당하는 *kaj³(Pul. 102)이라고 하지만, 그렇지 않다. 중세 중국어에서 독음상 오류가 있었던 것 같다. 그의 이름은 한국 한자음으로 소문(somun)이라고 음사되어 있지만, 원래 발음은 알 수 없다. 고대 고구려어의 *fiaip(위대한 산), 상고 고구려어 *fiapma(위대한 산)'는 고대 일본어 *yama(산)'로 파생되었다.(Beckwith 2007a: 46, 121).
71 이들은 아마도 왕의 코미타투스였을 것이지만, 사료가 너무 간략해 더 이상의 확인은 어렵다.
72 Wechsler(1979b: 232-233).

그런데, 666년에 *우르 갑 소문이 죽었다. 그의 아들 남생(男生)이 그의 자리를 승계했지만, 다른 두 아들이 이에 저항했다. 남생은 당나라에 도움을 요청했다. 당나라의 전략가들은 이 기회를 놓치지 않았다. 당나라와 신라는 고구려의 양쪽 국경에서 대규모 공격을 감행했다. 처절한 저항에도 불구하고 668년 고구려는 무너졌고, 고구려의 왕과 백성 20만여 명이 포로가 되어 당나라로 끌려갔다. 670년, 남아 있던 고구려인들이 반란을 일으켰다. 그러나 당나라는 4년 뒤 잔혹하게 반란을 진압하여 지도자들을 처형하고 생존자들은 당나라 내부 먼 지역으로 유배를 보냈다. 676년, 당나라 총독부는 평양에서 요동으로 쫓겨났고, 불과 몇 년 만에 한반도 북부 지역을 제외한 과거 백제와 고구려 지역은 당나라 대신 신라가 지배하게 되었다. 북부 지역에는 발해(渤海)라는 새로운 왕조가 들어섰다.[73] 8세기 중반까지는 고구려어를 사용하는 사람들이 남아 있었지만, 그로부터 머지않아 완전히 사라지고 말았다. 분명하게 확인되는 언어적 친족관계는 단지 류큐어에 남아 있을 뿐이다.[74]

프랑크족

민족대이동은 최종적으로 서유럽에서 끝났다. 갈리아 지역 북부와 게르마니아 지역 서부를 주도했던 사람들은 프랑크족이었다. 그들은 선조의

---

73 Twitchett and Wechsler(1979: 282-284), Beckwith(2007a: 46-49).
74 고구려어(또는 부여-고구려어), 그리고 고구려어와 일본-류큐어 사이의 관계에 대해서는 Beckwith(2005a, 2006e, 2007a) 참조.

지도자들로부터 물려받은 기술을 보유하고 있었다. 가장 유명한 이는 클로비스 1세(Clovis I, Hludovicus, 재위 481~511)였는데, 실데릭 1세(Childeric I, 481/482)의 아들이자 메로베치(Merovech, 사망 456/457)의 손자였다. 클로비스는 508년 파리를 프랑크족의 수도로 지정했다. 그는 주로는 여러 프랑크계 부족 지도자를 죽임으로써 프랑크족을 하나로 통합하는 데 성공했다. 그리하여 프랑크족은 갈리아 지역 북부와 그 인근에서 대적할 자 없는 지배자가 되었다. 그의 아들들은 대부분의 갈리아 지역과 벨기에, 게르마니아 서부, 현재 스위스 지역의 일부도 정복했다. 그들의 지역 지배는 때때로 후퇴하기도 했는데, 후계 문제로 인한 내부적인 살육 때문이었다. 이는 메로빙거 왕조의 고질적인 문제였다. 그러나 다고베르 1세(Dagobert I, 재위 629~639)에 이르러 그의 아버지 클로타르 2세(Chlothar II, Lothair, 재위 584~629)로부터 단합된 왕국을 물려받았다. 다고베르와 그의 후계자들은 피핀(Pippin) 가문의 강력한 영향력 아래 놓여 있었다. 피핀은 궁궐의 집사장이었는데, 그의 가문은 하나하나 가지를 뻗어 점차적으로 메로빙거 왕국의 정부를 거의 실질적으로 지배하기에 이르렀다.[75] 다고베르가 죽은 뒤, 메로빙거의 통치자들은 꼭두각시에 불과했고, 집사장 피핀 가문의 천하여서 "예비 카롤링거 왕조"라고 할 만한 상황이었다. 궁정 집사장이었던 샤를르 마르텔(Charles Martel, 재위 714~741)은 왕국 전 지역에서 반란을 평정했는데, 아키텐(Aquitaine) 지역의 유도(Eudo) 또한 725년에 제압했다. 한편 711년에 아랍이 북아프리카로부터 스페인으로 건너와 그곳을 정복했다. 유도는 가스콩(Gascon) 혹은 바스크(Basque) 출

75 Wood(1994: 146-147); Scherman(1987: 232-233).

신이었는데, 주변의 베르베르족 지도자 문누자(Munnuza)와 연맹을 맺었다. 문누자의 강력한 기반은 피레네 산맥 지역에 있었다. 스페인의 새로운 통치자 압달 라흐만('Abd al-Raḥman, 재위 731~733/734)의 지휘 아래, 아랍은 피레네 산맥에서 문누자를 격파했고, 갈리아 지역 남쪽까지 진출하여 가론느(Garonne) 강 북쪽에서 유도를 물리쳤다. 아랍은 보르도 지역과 푸아티에 지역까지 휩쓸었으며, 투르(Tours) 지역을 공격했으나 733년 혹은 734년에 샤를르 마르텔이 이를 막아내었다.[76] 샤를르 마르텔과 그의 형제 일데브랑(Hildebrand, 힐데브란트, 니벨룽의 아버지)은 아랍과 긴밀한 연맹을 체결했던 것으로 추측되는 나르본느(Narbonne) 지역과 프로방스 지역까지 복속시켰다.[77] 샤를르 마르텔은 죽을 때 궁정 집사장 자리를 안전하게 아들에게 물려주었다. 그가 바로 피핀 3세(Pippin III, Pippin the Short, 재위 741~768)였다. 그는 아버지의 정책을 따라 프랑크 왕국의 영토를 넓혀나가 남쪽으로는 스페인과 지중해, 이탈리아까지, 북쪽으로는 작센(Sachsen)까지, 동쪽으로는 판노니아 평원의 아바르까지 이르렀다.

실크로드와 중세 초기의 정치적 이상

유라시아 전체의 초기 중세 역사 자료에서 가장 주목할 만한, 그러나 흔

---

76 이것이 그 유명한 푸아티에(Poitiers) 전투이다. q.v. Wood(1994: 283).
77 자세한 사항 및 문제들에 대해서는 Wood(1994: 273-274, 281-284) 참조.

히 간과되는 사실 중의 하나는, 중앙유라시아, 특히 중앙아시아에 대한 당시 사람들의 과도한 관심이라고 할 수 있다. 중국어 자료, 고대 티베트어 자료, 아랍어 자료들에는 모두 중앙아시아에 대한 상세한 설명이 넘쳐난다. 심지어 이들보다 편협한 그리스어나 라틴어 자료들에서조차 그들의 왕국에 대한 중앙유라시아의 중요성을 강조하고 있다. 이렇게 주목을 끌었던 이유를, 요즘 역사학자들은 당시 유목민 전사들의 침략을 두려워했기 때문이라고 생각한다. 그러나 명백하게 그렇지 않다. 사료에는 실제로 그런 언급이 없다. 그 이유는 오히려 번성했던 실크로드의 경제 때문이었고, 유라시아를 가로질러 공유했던 정치적 이데올로기 때문이었다. 거의 끊임없이 이어졌던 전쟁은 바로 그 이데올로기 탓이었다.

이러한 공통의 이데올로기가 바로 튀르크 이후 초기 중세 유라시아의 모든 나라들이 팽창에 나서도록 하는 정치 이데올로기적 배경이 되었다.[78] 모든 제국에서 통치자는 직접 공식적으로 이를 천명했으며, 이 점에 대해서는 다른 어떤 외국 통치자의 이름을 빌리지 않았다.[79] 각각의 나라는 자신의 황제만이 유일하게 "하늘 아래 모든 곳을" 지배할 권리가 있다고 믿었다. 그래서 이미 굴복하고 순종했던 사람들이건, 아직 복속되지 않고 반항하는 "노예들"이건 막론하고, 모든 이들은 그의 신하가 되어야 한다고 생각했다. 저항하거나 복속을 거부한 데 따른 처벌은 곧 전쟁이었다. 초기 중세 유라시아를 통틀어 전쟁은 피할 수 없는 일이었다. 이는 당시의 공통된 제국주의적 정치 이데올로기 때문이기도 했

---

78 이러한 이념은 몽골 제국의 시대까지 이어졌다. 몽골의 통치자들이 다른 통치자들에게 보낸 복속을 요구하는 편지들 속에 명확하게 표현되어 있다.
79 Beckwith(1993: 14-15, 19-20). 프랑크와 아바르의 '황제' 칭호에 대해서는 미주 70번 참조.

고, 선사시대 이래로 정기적인 전쟁이 삶의 일부였던 탓도 있다.

각각의 황제는 이처럼 온 사방을 지배할 것을 천명했고, 실제로 그렇게 시도했다. 사방의 모든 이들은 이론적으로는 그의 신하였을 뿐이다. 이상적인 중앙유라시아 정치 구조는, "칸과 네 명의 지역 군주 시스템"으로 적절하게 명명된 적이 있는데,[80] 그 분명한 사례는 부여 왕국과 고구려 왕국에서 보인다.[81] 비잔틴 제국의 사절로 튀르크 제국을 다녀간 마니아크(Maniakh)는, 튀르크 제국에 네 개의 "군사 정권"과[82] 더불어 하나의 통치자가[83] 있고, 그는 *아르실라스(*Aršilas)[84] 부족에 속한다고 전했다. 티베트 제국의 굉장히 이론적인 4개의 뿔 시스템도[85] 이와 같은 방식으로 설명될 수 있다. 당나라도 서쪽에 안서도호부를 설치했을 뿐만 아니라, 다른 세 방향에도 도호부를 설치했다. 거란 제국(Khitan Empire)과 후대의 몽골 제국[86] 및 그 후예들도 마찬가지였다.[87]

---

80 Schamiloglu(1984a) 참조. 이 책은 몽골 제국과 이후 시대에 대해서 상당한 분량을 할애하였다. 이 체제는 중앙유라시아 대부분의 지역에서 상당히 "이상적인" 정치 체제였으며, 시기가 가장 올라가는 자료에서도 꽤 언급이 되어 있다. "지상의 모든 영역들"이 실제로는 어디까지였는지는 신중히 검토할 필요가 있다.

81 초기 부여 왕국에 대한 중국 측 기록을 보면, 부여는 중심부와 4개의 하위부로 나뉘어졌다. 고구려와 관련해서는 5개의 방향, 혹은 5개의 하위부가 나오는데, 중앙 또는 황색 하위부는 왕족에 해당하였다.(SKC 30: 843; HHS 85: 2813; Beckwith 2007a: 41-42). 이는 이후 역사적으로 확인된 거란(요나라)의 체제와도 비슷하다.

82 이것이 Menander가 사용한 헤게모니아(hêgemonia)라는 용어의 취지에 가장 가까운 단어일 것이다. Blockley(1985: 114-115)에 따르면 "공국(principalities)"으로도 번역된다.

83 Blockley(1985: 115). 튀르크(Türk) 왕족의 이름 *아르실라스(*Aršilas)에 대해서는 미주 71번 참조.

84 *아르실라스라는 이름의 어원을 제기한 논문에 대한 검토는 미주 72번 참조.

85 Uray(1960) 참조.

이러한 이데올로기가 일부 작동해서, 모든 초기 중세 제국들은 사방으로 팽창하고자 했다. 다른 시대 다른 곳의 제국들은 그렇지 않았다. 오직 초기 중세에만, 역사상 최초로, 거대 제국들이 서로 직접 맞닥뜨렸고, 그들이 홀로 존재하지 않는다는 것을 알고 있었다. 각각의 제국은 서로 얼굴을 맞대었고, 각각은 사실 동등했다. 처음에는 아무도 이 사실을 받아들이지 못했다. 그래서 다른 제국을 통제하기 위한 현실적인 수단으로서 외교 규약이 발달하였다. 외국에 파견된 사절단은 그 나라에서는 통치자에게 복종하는 태도를 취해야 했다. 그 지역에서는 사신들의 복종을 마치 다른 지역 제국이 자신들에게 복종하는 것처럼 기록하였다. 그 사신단이 돌아갈 때는 대개는 방문지의 사신단을 동행했는데, 이들 또한 자신이 방문하는 제국의 황제에게는 비슷하게 복종의 표시를 했다.[88]

8세기 초, 유라시아의 문화들과 국가들이 서로 충돌했을 때, 각자는 서로가 힘닿는 데까지 중앙유라시아를 지배하고자 하는 욕심을 가지고

---

86 Manz(1989: 4)에 따르면, "칭기스칸은 그의 스텝 제국을 네 개의 거대한 강역으로 나누었다. 이후 그를 4개의 울루스라 불렀다. 그 지역과 군대는 칭기스칸의 아들들에게 상속되었다." 칭기스칸의 왕조는 4분할 구조로 유명하다.(Schamiloglu 1984a).
87 그 중 하나가 '안남(安南)'으로, 평화로운 남부라는 뜻이다. 이 명칭은 근대 시기까지 남아 있었다. 베트남의 과거 명칭이다. 수도 장안(長安, "영원한 평안")은 중세에 형성된 개념인 듯하다. 이 또한 오래된 지명이지만, 4분할 지역 구분과 관련해서 언급된 적은 없는 것 같다. 중국인들은 자신의 나라를 일반적으로 중국(中國)이라고 했는데, 그 의미는 원래 '가운데 위치한 나라'라기보다는 '중심 국가'라는 뜻이었다. 나중에는 위치상 가운데로 재해석되기도 했다.
88 그러한 관행은 9세기 초까지 거의 모든 공식적 차원에서 계속되었다. 9세기 초에 이르러서야 최초의 진정한 쌍방 조약이 유라시아 동부에서 중국과 티베트 제국 사이에 체결되었다.(Beckwith 1993). 그러나 제국주의적 이념이 유라시아에서 완전히 사라진 것은 아니었다. 칭기스칸 치하의 몽골은 13세기에도 그러한 이념을 견지하였고, 중국은 근대에 이르기까지도 그렇게 했다.

있다는 것을 알고 있었다. 하나의 제국은 다른 제국에서 기꺼이 물자와 지식과 인력을 구했다. 그들은 정치적인 연맹을 맺고 세부사항에 이르기까지 군사 행동을 조율하였으며, 심지어 연맹을 위해 혹은 연맹을 거부하기 위해 자신의 관습과 신앙을 바꾸기도 했다. 이 시대에 유라시아 전체적으로 부끄러운 줄 모르는 전쟁이 늘상 벌어졌지만, 그럼에도 불구하고 실크로드의 경제는 번성했고, 최소한 8세기 중반까지는 강력하게 성장했다. 유라시아 세계는 정치적, 문화적으로, 특히 경제적으로 전례 없이 가깝게 연결되었다. 이에 가장 중추적인 기여를 한 이들은 중앙유라시아인들이었다.[89]

---

89 de la Vaissière(2005: 186) 참조.

CHAPTER 6

실크로드, 혁명, 붕괴

그는 당신을 끌고 가 버렸네,
당신을 나에게서 빼앗아갔네.
모든 고통을 나에게 남겨두고,
모든 즐거움은 가져가 버렸네.
― 이름 모를 어느 토하리 시인의 시[1]

상인 권력과 수도원, 예술, 그리고 학문

8세기 중반의 이른바 13년 시대에는, 유라시아의 모든 제국들이 굵직한 반란이나 혁명 혹은 왕조 교체로 곤란을 겪었다. 742년에 동부 스텝 지역의 튀르크 제국이 무너지면서 혼란은 시작되었다. 그곳에는 소그드인의 영향을 받은 위구르 제국이 들어섰다. 같은 시기에 비잔틴 제국에서도 중대한 반란이 일어났다. 곧이어 아랍 제국에서도 아바스 혁명(Abbasid Revolution)이 일어났다. 혁명 주도 세력은 중앙아시아의 무역 도시 메르브 상인들에 의해 조직되었다. 프랑크 왕국에서도 카롤링거 왕조(Carolingian Dynasty)가 혁명을 일으켰다. 755년에는 티베트 제국에도 중대한 반란이 있었다. 같은 해 연말 즈음, 중국 지역에서도 안록산(安祿山)이 이끄는 대규모 반란이 일어났다. 안록산은 당나라 군대의 장군이었는데, 출신이 투르크-소그드계였다.

뒤이어 섬세하게 계획된 문화적 중심의 건설을 통해 평화가 다시 회복되었다. 이러한 문화적 중심의 건설은 보다 젊은 제국 세력에 의해 이루어졌다. 아랍에서는 바그다드(Baghdad)에 국제적인 '평화의 도시(City of Peace)'가 건설되었다. 도시는 원형으로 설계되었고, 중심에는 궁궐이자 사원이 위치하였다. 이러한 도시 계획은 중앙아시아 이란어족의 이상에 부합하는 것으로, 중앙아시아에도 정착되었다. 티베트에서도 원형의 사원 복합 도시 삼예(Samye)와 랑마(Bragmar)가 건설되었다. 프랑크족의

---

1 이것은 원본 Nr.496=TIII.MQ 17.39, q.v. Sieg et al.(1953: 307-308)을 다소 자유롭게 번역한 것이다. Mallory(Mallory and Mair 2000: 273)가 시 전문을 제시한 바 있다.

새로운 수도 아헨(Aachen)에서는 16각형의 사원이 세워졌다.[2] 이들 나라들은, 다른 젊은 제국들도 그러했듯이, 특정 세계 종교 혹은 그 분파에 대한 공식적인 후원을 공표하였다.

다음 세기에 가장 의미심장한 발전은 다음과 같다. 먼저 유라시아 전역에 국민문학이 전파되었다. 그리고 세계의 상업, 문화, 학문 중심지로서 서부 중앙아시아는 한 단계 더 도약하게 되었다. 서양에서는 무역로가 북쪽으로 이동했다. 즉 칼리프 제국과 유럽의 무역 루트는 중앙아시아에서 볼가 강을 거쳐 올드 라고다(Old Ladoga)와 발트 해에 이르는 북방 루트로 옮겨갔다. 이로 인해 북유럽 경제는 크게 성장하였다. 한편 동양에서는 중국 지역과 중앙아시아의 무역 루트가 북쪽으로 이동해 위구르의 영토를 통과하게 되었다. 아랍 제국의 수도는 알 마문(al-Ma'mûn)의 치하에서 십여 년 동안 중앙아시아의 도시 메르브에 있었다. 마침내 칼리프가 바그다드로 옮겨갔을 때, 칼리프는 수많은 중앙아시아 사람들과 중앙아시아 문화를 함께 가지고 갔다. 이는 아랍 제국에 빛나는 지적 학문적 융합을 가져다주었다. 이 시대의 성과들은 후대에 스페인의 이슬람 세력을 거쳐 유럽으로 전해졌고, 유럽 과학 혁명의 기초가 되었다.

❖❖❖❖❖❖❖❖❖

---

2 사실 교회는 외부에 총 16개의 면을 지니고 있지만, 내부에서는 면의 수가 8개로 준다. 그 결과 밖은 원형이지만 안은 8각면체의 모습을 보인다.

8세기 중반의 혁명과 반란들

8세기 중반 유라시아를 휩쓸었던 대격변의 원인은, 아직은 밝혀져야 할 역사적 사실로 남겨져 있다. 당시 유라시아 세계가 서로 연결되어 있었다는 사실로부터 미루어 짐작해 보면, 중앙아시아와 동부 스텝 지역에서 737년에서 742년 사이에 일어났던 변화의 도미노 효과가 대륙 전체로 퍼져나갔던 것으로 추정된다. 그러나 이것으로 751년 프랑크 왕국의 카롤링거 혁명과 755년 티베트의 반란을 설명하기는 어려워 보인다. 그런데 공통점이 약간 알려졌다. 공통점들 중에서 무엇보다 중요한 사실은 분명, 동부 스텝 지역에서 일어난 최초의 반란으로 시작된 이후의 모든 반란이나 혁명이, 상인들이나 국제 무역과 긴밀하게 연계된 사람들에 의해 일어났다는 점이다.

중앙아시아와 동부 스텝 지역의 투르크족

서투르크 지역의 튀르기스는 중앙아시아 무역 도시의 지배자였고, 실크로드 무역 시스템의 핵심이었다. 아랍어와 중국어로 된 많은 자료들에서 분명하게 드러나는 바는, 그들이 준가리아 지역뿐만 아니라 대부분의 중앙아시아 지역에서도 상업의 보호자이자 후원자였다는 사실이다.[3] 그러나 730년대 아랍과 중국 세력의 끊임없는 공격 때문에, 마침내 튀르기스 칸국은 737년에서 740년 사이에 무너지고 말았다.[4] 이로 인해 권력

---

3 Beckwith(1993) 참조. 사마르칸트의 아랍인들에 대한 동튀르크 원정과 관련한 논의 참조.
4 Beckwith(1993: 111-124).

의 공동 상태가 빚어졌고, 부족들 간의 공방이 시작되었다. 그들은 아랍과 중국 세력으로부터 중앙아시아 도시들의 해방시키고, 장악력을 더욱 확고히 하고자 했다.

동부 스텝 지역에서 튀르크 제국은 731년 퀼 테긴이 죽고 734년에 빌게 카간(Bilgä Kaghan, 재위 716~734)이 죽은 뒤 급속하게 쇠락했다. 이들 두 형제는 비록 이십여 년 동안 용감하게 싸웠고, 수많은 승리를 거두기도 했다. 그러나 그들은 궁극적으로 동부 스텝 지역을 넘어서까지 튀르크 파워를 유지하지는 못했다. 742년, 위구르(Uighur), 바스밀(Basmïl), 카를루크(Karluk)로 이루어진 반투르크 연맹이 튀르크 제국을 무너뜨렸다. 이들 세 연맹 민족들 중에서는 위구르가 수적으로도 가장 많았고 가장 강력했다. 튀르크 제국이 무너진 뒤 그들은 서로 싸우기 시작했다. 먼저 바스밀이 패배했고, 그 다음으로 카를루크가 패했다. 744년 위구르 칸국이 설립되었다. 준가리아 지역과 중부 스텝 지역의 동부에서는 카를루크가 재빨리 튀르기스의 땅을 차지했다. 그들은 예전에 튀르기스의 동쪽 국경을 마주하고 있던 민족이었다. 그들은 튀르기스의 잔존 세력을 흡수했지만, 예전의 튀르기스만큼 정치 군사적 힘을 갖지는 못했다. 동부 스텝 지역의 위구르는 예전의 튀르크처럼 소그드인의 영향을 강하게 받았다.

비잔틴 제국

741년 혹은 742년, 새로 등극한 비잔틴 제국의 황제 콘스탄티누스 5세(Constantinus V, 재위 741~775)는 독실한 성상파괴주의자(iconoclast)였다. 그는 카자르 카간의 딸 지작(Tzitzak)[5] 공주와 결혼했다. 그의 처남이었던 아르메니아의 장군 아르타바스도스(Artavasdos)가 그를 공격해 왕위를 빼앗았다. 아르타바스도스는 콘스탄티노플에서 황제의 자리에 올랐지만, 743년 콘스탄티누스 5세가 다시 그를 물리치고 황제의 자리에서 끌어내렸다.

아르타바스도스는 아르메니아인이었고, 성상숭배의 후원자였기 때문에, 그도 당연히 성상숭배자들(iconodules)의 지지를 받았다. 역사학적 자료나 현대의 역사학자들은 이외의 문제에 대해서는 거의 주목을 하지 않는다. 그가 콘스탄티누스의 왕위 계승을 괴롭혔다는 것만으로 반란을 모두 설명할 수는 없다. 그 숨겨진 이유는 아직 밝혀지지 않은 듯하다. 아마도 737년 카자르 지역에 대한 아랍의 침략을 물리쳤던 사건과 당시 아르메니아 인근의 다른 분쟁들이 이 반란 사건과 연계되었을 것으로 추정된다.[6]

아랍 제국

아바스의 반란 사건은 당시 유라시아 최대의 상업 도시 메르브에서 시작되었다. 반란 주도 세력은 아랍과 중앙아시아 출신 상인들이었다.[7] 그들은 750년 우마이야 왕조를 무너뜨리고 새로운 아바스 왕조(Abbasid Dynasty)를 주창했다. 초대 칼리프는 아부 알 아바스(Abû al-'Abbâs, al-

---

5 지작(Tzitzak)은 고대 투르크어의 치책(Čičäk) 즉 '꽃'을 그리스어로 표기한 것이다. 그녀는 기독교인으로 세례를 받았고 이렌느(Eirênê)라는 세례명을 받았다.
6 이 반란에 대한 상세한 연구로는 Speck(1981)이 유일한데, 종교적인 사안만을 다루었다. 반란의 원인은 앞으로 아랍 문헌 검토에 익숙한 비잔틴 연구자들이 해명해야 할 것이다. 아랍과 카자르의 전쟁에 대해서는 Golden(2006) 참조.
7 아바스 혁명은 상인들 및 상인들로 가장한 이들에 의해 조직, 주도되었다.

Saffāḥ, 재위 749/750~754)였다.

중앙아시아 반란에서 매우 강력했던 상업적 성격은 무시하기 어렵다. 아랍화된 중앙아시아라기보다는[8] 중앙아시아화된 아랍에 더 비중을 두는 의견도 있지만,[9] 어떤 의견을 따르든 움직일 수 없는 사실은 바로 이것이다. 즉 반란이 중앙아시아 도시들에서 중앙아시아인들에 의해 그리고 중앙아시아인들을 위해 광범위하게 조직되었다는 사실이다. 이들의 출신은 아랍인도 있었고 아랍인이 아닌 사람들도 있었다. 반란은 중앙아시아의 도시 메르브에서 공공연하게 일어났다. 메르브에는 소그드인의 시장도 있었고, 부하라인의 구역도 있었다. 부하라 구역 안에 부하라의 왕 부하르 후다(Bukhâr Khudâ)의 궁궐이 있었다.[10] 우마이야 왕조를 무너뜨리는 임무를 수행했던 군대는 중앙아시아의 군대 즉 후라사니야(Khurâsâniyya)였다.[11]

프랑크 제국

751년, 프랑크 왕국의 집사장이었던 피핀 3세(재위 741/751~768)는 메로빙거 왕조를 무너뜨렸다. 메로빙거 왕조는 당시 이미 수십 년 동안 명목상으로만 존속되었을 뿐이었다. 피핀 3세는 카롤링거 왕조를 수립하고, 대대적인 선전 작업과 대중적인 작품들로 왕조의 정통성을 홍보했다. 카

---

8 Daniel(1979).
9 Shaban(1970).
10 de la Vaissière(2005a: 282) 참조.
11 이러한 점들은 널리 알려져 있고, 논란의 여지가 없다. 이들에 기초해 볼 때 혁명에는 정치적인 홍보 그 이상의 무언가가 있었다. 역사 자료에는 오직 정치적 측면만 나와 있고, 그래서 근대의 수많은 학자들이 주목한 바도 정치적 측면을 벗어나지 않았다.

롤링거 왕조에서 비로소 프랑크 제국의[12] 기초가 확고하게 자리 잡았다. 그들이 메로빙거 왕조를 무너뜨린 배경은 충분히 알려져 있다. 기존에 알려졌던 바는, 전적으로 정치적이며 내부적인 문제로 해석되었다.

그러나 다른 사실들도 개입되었을 수 있다. 유태인 상인들은 카롤링거 왕조에서 막강한 영향력을 행사했다. 카롤링거 왕조는 그들을 보호해주었고 후원하기도 했다.[13] 또한 카롤링거 왕조는 아랍 은화를 모델로 드니에(denier) 은화를 만들어 프랑크 제국과 아랍 제국 사이의 국제무역을 장려했다. 그들은 아바스 왕조와 좋은 관계를 유지했고, 중앙유라시아 무역로를 확장했다. 작센 지역을 점령함으로써 북동쪽까지, 판노니아 지역의 아바르족을 점령함으로써 남동쪽까지 무역로를 확장할 수 있었다.[14]

티베트 제국

755년 거대한 반란이 티베트 제국을 뒤흔들었다. 제위에 있던 황제 티데축첸(Khri Lde Gtsug Brtsan, Mes Ag-tshoms, 재위 712~755)이 암살된 뒤, 세자 송데첸(Srong Lde Brtsan)은 1년 동안 제위에 오르지 못했다.[15] 마침내 제위에 올라 티송데첸(Khri Srong Lde Brtsan)이 되었지만, 20여 년 동안

---

12 유럽의 역사 용어에서 '왕국'에 대비해서 '제국'은 로마와 비잔틴을 염두에 둔 것이다. 그래서 프랑크 왕국의 경우에는 적용하기가 어렵다. 그러나 현대적 용어로 보자면 프랑크 왕국은 '제국'에 해당하는 존재였다.(Scherman 1987: 258) 참조.
13 Bachrach(1977).
14 8세기 중엽은 유라시아 전체적으로 변화의 시기였다는 점을 고려할 때, 이러한 점들 중 어떤 요소들 때문에 피핀이 메로빙거 왕조의 왕을 몰아내기로 결정하거나 혹은 결정할 수밖에 없었는지 검토해볼 필요가 있겠다.

정치적으로 매우 약한 위치에 머물러 있었다.

숨겨진 반란의 이유를 말하는 것은 금기시되었다. 그러나 두 가지 사실만은 분명하다. 반란은 정통성 문제와 관련이 있었다. 또한 분명히 당나라의 티베트 공격이 성공한 것과 모종의 관련이 있다. 티베트는 너무 많은 영토를 잃어버려서 제국의 존립 자체가 위태로울 지경이었다. 티베트 북동부의 지역 군주들은 755년 초에 당나라에 의해 포위된 적이 있었다. 분열과 당나라의 정벌로부터 티베트 제국을 구하기 위해 노력했던 이는 오직 반란을 이끌었던 제국의 수상뿐이었다.[16]

중국 지역의 제국

750년에 고구려 출신의 당나라 장군 고선지(高仙芝)는 파미르 지역에서 티베트인들을 공격해 그들을 쫓아내었다. 여기서 성공한 이후 고선지는 페르가나와 사쉬(Shâsh, Cac, 현재 타슈켄트) 왕들 사이의 전쟁에 개입했다. 고선지와 페르가나의 왕은 연대하여 750년에 사쉬의 왕을 생포했다. 사쉬의 왕이 평화적으로 물러났지만, 고선지는 약속을 지키지 않았다. 그는 군대를 보내 강간, 살인, 약탈을 자행했고, 왕을 장안으로 압송했으며, 당 현종은 그를 처형해버렸다. 사쉬의 왕세자는 도망쳐 사마르칸트의 아랍인들에게 도움을 청했다. 아바스 왕조는 군대를 파견했고, 탈라스(Talas) 강 근처 아틀라흐(Atlakh)에서 고선지의 군대와 마주친 때가 751

---

15 고대 티베트 역사 관련 주요 자료인 『고대 티베트 연대기(Old Tibetan Annals)』에는 불행하게도 이 점에 대해서 파편적으로만 언급될 뿐이다. 그래서 반역의 정확한 원인과 직접적인 결과에 대해서 확정짓기는 어렵다. Beckwith(1983; 1993: 142) 참조.
16 사료에서 암시하고 있는 몇 가지 문제에 대해서는 미주 73번 참조.

년 7월이었다. 막 전투가 시작될 무렵, 당나라 군대의 일부였던 카를루크 투르크가 배신을 하고 중앙아시아와 아랍 편을 들었다. 당나라 군대는 패배했고 승리는 아랍에게 돌아갔다.[17]

여기서 잠시 주춤하기는 했지만, 당 현종의 팽창 정책과 당나라 군대의 정복 전쟁은 계속 되었다. 때문에 당나라의 수도에서는 심각한 문제들이 일어났다. 753년에 이르러 당나라는 중앙아시아에서 티베트가 관할했던 영토 거의 전부를 차지했고, 티베트 고원 더 깊숙이 파고들어가는 중이었다. 755년, 티베트 제국은 심각한 반란으로 갈라지고 말았다. 머지않아 티베트 제국은 당나라에 복속될 운명이었다.

그런데, 755년 말, 소그드-투르크계 상인 출신의[18] 당나라 장군 안록산이[19] 오래도록 자신을 후원했던 황제 현종에 대해 반란을 공표했다. 그리고 당나라를 거의 무너뜨렸다. 안록산은 소그드인과 투르크-소그드인들의 도움을 받고 있었다. 이들도 전사이면서 동시에 상인이기도 했다.[20] 모든 소그드인 혹은 투르크인 지도자들이 그러했던 것처럼, 안록산

---

17 Beckwith(1993: 139). 일반적으로는 탈라스 전투로 알려져 있다. 이 전투의 여러 간접적 결과들 중 하나는 중국의 종이제작 기술이 포로로 잡힌 중국 병사들에 의해 사마르칸트의 아랍인들에게 전파된 것이었다. 포로 중 하나였던 두환(杜環)은 아랍의 수도까지 여행하였다. 그는 이후 귀향하였고 『경행기(經行記)』라는 여행기를 저술했는데, 불행히도 이 저술은 현재 남아 있지 않다. 다만 그 일부가 두환의 친척 중 하나였던 당나라의 학자 두우가 집필한 백과사전 『통전』에 인용돼 남아 있다.
18 그의 진짜 출생 기원은 미상이다. 분명한 것은 그가 소그드인 아버지와 투르크인 어머니의 가정에 입양되어 길러졌다는 사실이다.(Beckwith 1993: 142 n.212; Des Rotours 1962: 1-2; de la Vaissière 2005a: 215-216; cf. Pulleyblank 1955).
19 록산(祿山)은 소그드어 이름을 한문으로 전사한 것이다. 소그드어로 Roxšan은 빛나는 자라는 뜻이다. 알렉산드로스 대왕과 결혼한 유명한 중앙아시아 여성 록사나(Roxanan)와 어원이 같다.

도 개인적으로 대규모 코미타투스를 거느리고 있었다. 안록산의 코미타투스는 거란족 및 기타 중앙유라시아인들로 구성되었다.[21]

한편 놀라운 점은, 안록산과 그의 동조자들이 중국 북부와 중국 인근의 중앙유라시아 무역 네트워크를 활용해서 8년에서 9년 동안 반란을 준비했다는 사실이다. 다시 말해 당 제국의 소그드인들이 반란을 준비하던 바로 그 시기에, 아랍 제국의 소그드인들도 우마이야 왕조에 대해 반란을 준비했다는 것이다. 안록산과 그 주변 상인-전사들의 행태를 보면,[22] 메르브에 기반한 중앙아시아 동조자들이 우마이야 왕조에 대항해 아바스 반란을 준비했던 것과 거울에 비친 듯이 똑같다. 적어도 이 두 가지 사례에서 볼 때, 반란군들은 서로를 알고 있었을 것이며, 실크로드 무역 시스템을 통해 접촉을 유지하고 있었음을 추정할 수 있다. 실크로드 무역 시스템은 바로 소그드 상인들이 주도하고 있었다. 동부 스텝 지역에서 튀르크 제국을 무너뜨린 위구르족에 대해서 소그드인이 얼마나 강력한 영향력을 행사했는지는 잘 알려져 있다. 따라서 755년에 있었던 티베트의 반란도, 유라시아 대부분을 휩쓸었던 소그드인 반란 세력과 모종의 관계가 있지 않을까 하는 생각을 하게 된다. 반란과 혁명을 배후조종했던 어떤 중앙 조직이 있지 않았을까 하는 의문도 든다.

757년에 이르러서야 당나라는 위구르의 도움을 얻은 끝에 수도 장안

---

20 안록산의 난과 중국 내 소그드 전사-상인에 대해서는 de la Vaissière(2005a: 217-220) 및 Moribe(2005) 참조. 소그드 문화권 내에서의 전사와 상인에 대해서는 특히 Grenet(2005) 참조.
21 미주 25번 참조. de la Vaissière(2005a: 219; 2005b: 142-143) 참조.
22 de la Vaissière(2005a: 217-220) 참조.

과 낙양(洛陽)을 가까스로 수복할 수 있었고, 북중국 중심지들을 장악하게 되었다. 그러나 북동부의 대부분 지역, 특히 반란의 중심이었던 하북(河北) 지역은 반독립적인 상태에 놓였다. 당나라는 기존에 정복했던 외방의 주요 점령지 대부분을 잃어버렸다. 티베트 제국의 동쪽 국경 지역, 한반도 인근의 요동과 요서 지역도 마찬가지였다. 반란 이후 당나라의 군사력과 경제력은 심각하게 손상되었기 때문에, 동투르키스탄의 대부분과 고비 사막 남쪽에서 티베트 및 위구르에 이르는 지역도 곧바로 잃어버리게 되었다.

혁명기 이후의 종교와 국가

아랍이 상업에 관심이 많고 또한 상업을 장려했기 때문에, 아바스 왕조의 아랍 제국은 점차적으로 번영을 구가하였다. 제2대 칼리프 아부 자파르 알 만수르(Abû Ja'far al-Mansûr)는 바그다드의 옛 도시 근처에 새로이 제국의 수도를 건설하였다. 그곳은 티그리스 강 근처였는데, 티그리스 강과 유프라테스 강이 모두 연결되어 있고, 예전 사산조 페르시아의 수도 체시폰에서 상류로 그리 멀지 않은 곳이었다. 궁궐과 도시의 복합체였던 '평화의 도시(City of Peace)'는 사산조 페르시아의 수도 건설 도시 계획에 기반한 둥근 모양의 디자인이 주목할 만하다. 예전 페르시아의 수도 체시폰도 그러했고, 애초에 발흐(Balkh)에서 사산조의 지방 수도로 건설되었던 중앙아시아 불교 사원 나우바하르(Nawbahâr, New Vihâra)도 마찬가지였다. 사산조의 원형 도시 계획은 파르티아, 즉 사산조 이전에 페르시아를 지배했던 중앙아시아 이란어족으로부터 전래된 것이다. 평화의 도시 건설 계획을 세운 사람은 칼리드 이븐 바르막(Khâlid ibn Barmak)이었다. 그는 과거 제국의 대신이었고, 나우바하르 불교 사원장의 아들이었다.[23] 평화의 도시 중앙에는 칼리프의 궁전이 세워졌다. 거대한 지붕에는 "하늘과 같은" 하늘색 돔이 얹혔다.[24] 아부 자파르는 수도 주변을 둘러 중앙아시아 군대 후라사니야(Khurâsâniyya)를 배치했다.

티베트의 반란이 급속도로 잦아들자, 티베트 제국은 곧바로 여러 국경 지역으로 팽창을 시도했다. 티베트 제국은 이후 20여 년 동안 군사적 성공을 거두었다. 736년에는 한때 당나라의 수도 장안을 점령하기도 했고,[25] 오르도스 남부와 그곳의 만리장성 주변 도시들을 점령하기도 했다.[26] 새로운 황제 티송데첸(Khri Srong Lde Brtsan, 재위 756~797)은 정치적으로 충분히 안정을 되찾은 후 불교를 국교로 선포했다. 그는 거대한 원형 불교 사원을 건설했는데, 삼예(Samye, Bsam-yas)라고 하는 티베트 남

---

23 Beckwith(1984b) 참조. 이 연구에서 제시된 도시 계획 관련 서술은 현재 이 책에서 제시된 관점에 맞춰 조정될 필요가 있다.(1984년 논문 집필 당시에는 고대 파르티아의 도시 체시폰의 도시 설계가 원래 원형이었음을 알지 못했다). 미주 28번 참조. 칼리드(Khalid)는 우마이야 칼리프조의 차카르였던 것으로 언급돼 왔다. "바르막(Barmak)은 500명의 차카르 부대의 일원으로 히샴 압달 말릭(Hishām b. 'Abd al-Malik) 앞에 대령되었다. 히샴은 그를 명예롭게 대우했고, 그의 위상을 높여주었으며, 그에게서 좋은 인상을 받았다. 바르막은 이후 무슬림이 되었다."(de la Vaissière 2005b: 146-147, Bosworth 1994: 274 재인용; Bosworth가 일찍이 아랍의 샤키리(shâkirî, 중앙아시아 차카르의 아랍 차용어)를 "노예"로 오역했던 것이 여기서는 교정돼 있다).
24 Beckwith(1984b). 칼리프가 도시를 만들면서 벌인 의례에 대한 기록의 번역, 그리고 그에 대해 논의한 부분을 참조.
25 Beckwith(1993: 146).
26 Beckwith(1987b).

서부의 중요한 황실 건축물이다.27 이 건물은 불교적 우주를 상징하는 것이었다. 이를 통해 황제의 지위는 정당한 불교도 통치자로 자리매김 했고, 불교가 티베트 제국의 공식 종교로 자리 잡게 되었다. 당시 불교의 한 형태로서 자리 잡은 것이 인도의 마하야나(Mahâyâna, 대승불교)였고, 설일체유부(Sarvâstivâda) 제도의 기초가 되었다. 티베트 제국의 통치하에 사방에서 불교 스승과 번역가들이 티베트 중부 지방으로 모여들었다. 오늘날의 네팔과 인도, 카슈미르, 아프가니스탄, 중앙아시아, 중국 등지에서 온 사람들도 있었고,28 더 멀리 한국과 태국에서 온 사람들도 있었다.

위구르 제국은 736년 마니교를 채택하여 국교로 선포하고, 수도 칸발릭(Kanbalik, Karabalgasun)을 거대 도시로 건설하였다. 제국의 정치적 중심은 환상적인 황금 텐트였다. 돔 형태의 유르트 안에서 카간은 "황금 왕좌에 앉아 계셨다."29 위구르의 주요 적대 세력이었던 키르기스(Kyrgyz)는 황금 텐트를 포획하기로 맹세하기도 했다. 위구르족은 일부가 수도에 정착하기는 했지만, 대체로 전통적인 중앙유라시아 스텝 민족으로 남아 있었고, 국제 무역에 상당한 관심을 가졌으며,30 나중에는 자신의 제국을 엎어버렸다. 마니교의 평화로운 성향은 그들의 정치에는 거의 영향을 미치지 못했다.

유라시아의 반대편 끝에서 프랑크족은 샤를르마뉴(Charlemagne,

---

27 바그다드에서 아부 자파르 알 만수르(Abû Ja'far al-Manṣûr)가 그랬던 것처럼, 티송데첸(Khri Srong Lde Brtsan)도 의례의 관점에서 상징적인 도시 계획을 구상했고, 세부 내용까지 상세하게 설명했다.(Beckwith 1984b의 번역 참조). 이는 사실상 로마의 기초를 설명하는 것과 같다. 로물루스에 의해 건설된 원형 도시 로마 또한 같은 방식에 기초하고 있었다.
28 불교의 티베트 전파와 관련한 역사학적 문제들에 대해서는 Walter(출판예정) 및 미주 74번 참조.

Carolus Magnus, 재위 768~814)의 통치 하에 아바르 왕국을 포함하여 서유럽 거의 전부를 정복했다. 아바르족의 고리(ring)라고 불렸던, 강력하게 요새화된 왕국의 수도를 정복했으며, 뒤이어 판노니아 지역도 복속했다. 샤를르마뉴의 전기를 썼던 작가는 이를 샤를르마뉴의 가장 위대한 업적 중의 하나라고 평했다. 다른 하나는 작센 지방 정복이었다. 이 두 지역에는 중앙유라시아 무역 루트의 최대 요충지가 포함되어 있었다. 메로빙거 왕조와 달리 카롤링거 왕조는 로마 카톨릭의 진정한 정통성을 주장했다. 왕조의 새로운 수도 아헨(Aachen, Aix-la-Chaelle)에서 샤를르마뉴는 십육각형(기본적으로 원형에 가까운) 교회 건물을 지어 성모 마리아에게 헌상했다. 위에는 거대한 돔을 얹었고,[31] 중앙에는 황제의 자리를 마련했다. 카롤링거 왕조는 또한 카톨릭 교황과 긴밀한 관계를 맺었다. 교황은 난쟁이 피핀과 샤를르마뉴를 프랑크 제국의 정당한 통치자로 승인했다. 교황

29 Allsen(1997: 65). 이와 유사하게, 카자르의 카간도 금색 돔을 소유하고 있었다.(Dunlop 1954: 98). 위구르 카간의 유르트도 이러한 부류에 속한다. 티베트의 황제도 화려한 금색 텐트를 가지고 있었다. 여기에는 수백 명이 들어갈 수 있었다.(Demiéville 1952: 202-203; Beckwith 1993: 168 n.160 참조). 아바스 왕조의 칼리프도 비슷한 걸 가지고 있었다. 바로 궁궐의 황금 돔이었다. 왕좌는 바로 그 아래 있었고, 그 위치가 원형 도시 설계상 정중앙이었다.(Beckwith 1984b). 프랑크 제국 황제 샤를르마뉴도 마찬가지였다. 그의 왕좌는 아직도 아헨에 있는 성당의 거대한 돔 아래 놓여 있다. 아직은 아무도 이러한 돔에 대해서 깊이 있는 연구를 한 바가 없는 것 같다. 그리고 특정 시기 유라시아 전역에 걸쳐 돔이 왜 그렇게 중요했는지도 밝혀진 바가 없다. 케레이트의 칸은 "찬란한 황금 텐트-궁전(ORDO)을 가지고 있었다. 거기에는 금으로 된 그릇과 특별 인력이 배치되어 있었다." 케레이트가 칭기스칸에게 패한 뒤, 그것은 칭기스칸이 가졌다.(Atwood 2004: 296, Dunlop(1954 n.38) 참조). Allsen(1997: 13-15)은 이후 중세 몽골 칸들의 황금 텐트를 아주 상세하게 묘사했다. 그에 따르면 텐트에는 황금 비단(nasij)으로 장식돼 있었다.
30 Beckwith(1991) 참조.
31 당시에는 물론 이후로도 오랫동안 그것은 서유럽에서 가장 높은 돔이었다.

의 적들을 물리친 데 대한 보상이었다. 교황은 또한 카롤링거 왕조가 프랑스 지역 교회들을 지배하는 것도 지원해 주었다.

비잔틴 제국의 긴밀한 동맹이었던 카자르는 공식 종교로 유대교를 채택했다. 시기는 분명 740년이었는데,[32] 아랍 제국의 마르완 이븐 무함마드(Marwân ibn Muḥammad)가 침략한 지 3년 뒤였다. 그 때 마르완은 계략을 썼었다. 카자르 사절에게 평화롭게 카자르 영토로 들어갈 것이라고 미리 말해두었던 것이다. 그리고 나서 그는 불순한 의도를 드러내었고, 카자르 영토 깊숙이 쳐들어간 뒤에야 사절단을 풀어주었다. 아랍은 목초지를 황폐화시켰으며, 많은 카자르인 등을 포로로 잡아갔고, 이 때문에 상당수 인구가 우랄 산맥으로 도망쳐야 했다. 마르완이 내건 조건은, 카간과 그의 백성들이 이슬람으로 개종해야 한다는 것이었다. 선택의 여지가 없었던 카간은 이에 동의했고, 아랍은 승전보를 안고 돌아갔다.[33] 아랍이 떠나자 카간은 곧바로 이슬람교를 버렸다. 카간이 얼마나 화가 났을지는 충분히 짐작할 수 있다. 카자르 왕국이 유대교로 개종한 이유는 바로 이러한 역사적 배경이 잘 설명해 주고 있다. 또한 8세기 중반 당시는 유라시아의 주요 국가들이 특정 세계 종교를 공식적으로 채택하던 시기였다. 유대교를 채택한 것도 기민한 정치 행위였다. 이는 곧 카자르 왕국이 더 이상 아랍 칼리프나 비잔틴 황제에게 복속되지 않겠다는(설사 말로만이라 하더라도) 의미였다.[34]

32 카자르가 유대교로 개종한 시점에 대한 논란은 미주 75번 참조.
33 Dunlop(1954: 80-86).
34 미주 75번 참조. 많은 유태인들이 흑해 근처 카자르 영역에서 오래도록 살았다. 그리고 더 많은 이들이 비잔틴의 박해를 피해 유민으로 이주해 오게 된다.

당 제국과 비잔틴 제국은 흔들리던 나라를 바로잡고 반란을 제압하여 회복기에 들어섰다. 당나라는 하지만 심각하게 약화되었다. 혁명기 이후 새로 태어난 유라시아 제국들의 지도자와 달리, 당 제국과 비잔틴 제국의 통치자가 정당성을 확보하기 위해 노력했던 일이라고는 고작, 과거 영광스러웠던 조상들의 황금 시대에 귀를 기울인 것뿐이었다. 그들은 선조의 종교 정책을 그대로 계속했다. 양 제국은 모두 조만간 극히 파괴적인 전환점을 맞닥뜨려야 했다.

이러한 관점에서 보자면, 오래된 제국 두 곳에서 특이하게 중세 초기의 종교 정책을 유지한 셈이다. 이들은 둘 다 다른 역사 시기에는 엄정한 태도를 취했는데, 이 때만큼은 예외였다.

당 제국은 공식적으로는 도교(道敎)를 지원했다. 도교는 중국사에서 통치자에게 별 인기가 없었다. 정부 요직을 차지했던 관료들은 엄격한 유교주의자로 도교에 대한 인상이 별로 좋지 않았다. 당나라는 점차 다른 모든 종교들을 엄격하게 다루기 시작했다. 당나라의 상당수 통치자들이 실제로 불교 수행을 했음에도 불구하고 심지어 불교까지도 탄압에서 예외는 아니었다.

이와 유사하게 비잔틴 제국도 다른 역사시기에는 대체로 엄격했다. 공식적으로 몇몇 이단 종교를 후원할 때도 있었지만, 대체로 성상파괴주의를 오래도록 옹호했다. 중세 초기에는 거의 전 시기를 그러했다. 정부 차원에서 이러한 세계관을 강요하여 고문과 살인을 자행했고, 특히 8세기 콘스탄티누스 5세 치하에서 가장 심했다.

후기의 중앙유라시아 문화복합체

자살 의례 혹은 코미타투스의 살해는 사후세계에 대한 믿음과 분리될 수 없다. 이러한 생각을 가진 사람들은 핵심 코미타투스로 맹세한 사람들이었다. 그들은 주군을 위해 전쟁터에서 싸우다 죽는 것이 "집으로 돌아가는 것과 같다."고 생각했다.[35] 그리고 죽은 뒤의 세계는 살았을 때의 세계와 똑같다고 생각했다. 특히 주군을 위해 싸워야 하는 임무 면에서, 그리고 그에 대한 대가로 사치품을 지급해야 하는 주군의 임무 면에서는 변함이 없다고 믿었다. 주군은 사후에도 많은 재산이 필요했기 때문에 막대한 보물이 함께 매장되었다. 전사들 또한 말과 무기가 필요했으므로, 그것을 함께 매장해 주었다.

초기 중세 주도적인 중앙유라시아인들은 모두 코미타투스를 운용하고 있었다. 그들은 8세기에 세계 종교를 받아들였다. 그 뒤 사후 세계에 대한 생각도 바뀌게 되었다. 자살과 살해는 주요 세계 종교에서 죄악시되었다. 코미타투스가 필요하다는 것은 그들로서는 명백한 사실이었기 때문에, 코미타투스를 유지하기 위해서는 자살이나 살해 의례를 없애야 했다.[36]

현실적으로 코미타투스를 필요로 했던 주요 이유는 주군 개인의 친위대 업무였다. 이들은 주군 개인에게 충성할 뿐 나라에 충성하는 것은

---

35 프롤로그의 상세한 논의 및 인용들 참조.
36 물론 그것이 하룻밤에 이뤄진 것은 아니었다. "이미 유대교로 개종한 10세기의 카자르 카간들도 여전히 사람을 희생물로 삼아 함께 매장되었다. 마찬가지로 이슬람으로 개종한 오스만 제국의 초기 통치자들도 그랬다."(Peter Golden, per.comm., 2007).

아니었다. 막대한 비용에도 불구하고 이 제도를 포기하기에는 너무나 아쉬웠다. 그래서 근대 초기 중앙유라시아가 독립을 잃어버릴 때까지 어떤 식의 형태로든 코미타투스가 유지되었다. 그러나 그 변화 또한 적지 않았다.

소그드인 및 기타 서부 중앙아시아인들의 경우, 코미타투스는 매우 발달했고, 수적으로도 상당히 규모가 컸던 경향이 있다. 그리고 실제로 거의 변화가 없었다. 그들이 이슬람을 받아들이자, 결과적으로 중앙아시아 코미타투스 시스템은 굴람(ghûlam) 시스템으로 변했다. 이는 본질적으로 기존 코미타투스와 아무 변화가 없는 것이었다. 다만 자살 혹은 살해 의례만 빠졌을 뿐이다.[37]

자료가 부족해서, 티베트 제국에서는 불교가 들어온 뒤 얼마나 오래도록 코미타투스가 유지되었는지 말하기 어렵다. 그러나 적어도 코미타투스가 수도사 형태로 전환되었다는 정도는 말할 수 있다. 티베트가 받아들인 불교는 영적인 스승에게 헌신하는 것을 강조했다. 이러한 헌신은 코미타투스 전사가 주군에게 헌신하는 것과 별로 다를 것이 없었다.[38] 티베트 황제가 불교 통치자[법왕, 종교적인 왕(dharmaraja) 혹은 법륜을

---

[37] 아랍 제국의 친위대에 대해서 지난 이십여 년 간 수많은 저술이 쏟아졌다. 불행하게도 일부 학자들은 자료가 말해주는 바에 대해서 주의를 기울이지 않았다. 특별히 명백하게 말해주고 있는데도 말이다. 대신 그들은 근대 민족주의나 혹은 다른 의도에 따라 논의를 전개했다. 이미 Beckwith(1984a)에서도 자세히 언급한 바와 같이, 중앙아시아에 진출한 아랍 세력은 아바스 왕조의 칼리프들보다 한 세기도 이전에 이미 똑같은 코미타투스를 받아들였다. 코미타투스에서 굴람(ghulâm) 체제로의 전환과 관련하여, 직수입된 샤키리야(shâkiriyya, 또는 châkar) 체제에서 자체적으로 만든 굴람 체제로 전환하는 데 시간이 좀 걸렸을 것이라고 de la Vaissière는 주장하였다. de la Vaissière(2005b, 2007) 및 Golden(2001, 2004) 참조.

굴리는 자(cakravartin)]라고 주장했기 때문에, 승려들은 궁극적으로 황제에게 충성해야 했다. 제국 시대 후기 당시로서는 승려가 군대에 복무하는 것이 별로 이상한 일이 아니었다.[39] 초기 중세가 끝날 무렵, 티베트 제국에는 거대한 승단이 존재했다.

위구르의 경우, 마니교를 받아들였다. 그리고 카자르는 유대교를 받아들였다. 이들에게서 코미타투스가 어떻게 되었는지 그 결과는 알 수 없다. 그럼에도 불구하고 분명한 것은 세계 종교를 받아들인 뒤에도 오래도록 어떤 식으로든 코미타투스가 유지되었던 것만은 분명하다.[40] 카자르 북쪽에서도 코미타투스 관습은 변함이 없었다. 카자르를 제패했던 노르웨이나 슬라브에서 특히 코미타투스를 보유하고 있었다. 위구르의 북쪽과 동쪽에서도, 특히 위구르의 뒤를 이어 동부 스텝의 종주권을 차지했던 거란과 몽골에서 코미타투스는 그대로 유지되었다. 이들은 모두 수백 년 뒤에도 어떤 형태로든 코미타투스를 보유했던 것이 확인되었다. 슬라브족의 코미타투스는 드루지나(drûzina)라고 했는데, 그 이름이 역사 자료나 기타 문헌에서 확인될 당시에 그들은 이론적으로는 기독교인이었다. 아마도 그때 주군과 함께 순장되는 관습이 사라지게 되었을지도 모르고, 아니면 그 이전에 이미 바뀌었을 수도 있다.

---

38 티베트 제국이 몰락한 지 얼마 지나지 않아서, 티베트의 정신적 지도자들이 정치권력을 장악했다. 그리고 환생 확인 체제인 룰스쿠(sprulsku, 영어권 불교도들 사이에서는 차용어로 tukku라고 표기하는 것이 표준이다.)를 통해 일종의 불멸성을 획득하였다.
39 Beckwith(1993: 169-170 n. 174; 1983: 11 et seq.) 및 Uray(1961) 참조.
40 Golden(2002: 141-144; 2006)의 카자르 코미타투스에 대한 논의 참조.

중앙아시아의 불교도와 초기 이슬람 문화

이슬람 시대의 초기 100년 동안 아랍의 수도는 자주 옮겨 다녔다. 8세기 중엽, 아바스 혁명으로 인해 중앙아시아화된 아랍인과 아랍화된 중앙아시아인으로 구성된 대규모 군대(이들을 후라사니야, 즉 후라산인 혹은 동방인이라 불렀다.)가 아랍 제국의 심장부로 들어왔다. 알 만수르가 바그다드 근처에 '평화의 도시'라는 새로운 수도를 건설했을 때, 이들은 마침내 그곳에 정착하게 되었다. 수도는 계속 바그다드에 있었지만, 하룬 알 라시드 (Hârûn al-Rashîd)의 아들 알 마문(al-Ma'mûn, 재위 808/813~833)의 재위 때만은 예외였다. 그의 수도는 중앙아시아의 메르브에 있다가, 10여 년 뒤인 818년에 서서히 바그다드로 되돌아왔다.[41] 중앙아시아의 토하리스탄과 그 주변에는 불교가 강력하게 자리 잡고 있었다. 그런데 아랍이 그곳을 점령한 뒤로는 이슬람 문화가 큰 영향을 미쳤다. 당시 중앙아시아의 사상가들은 무슬림 교육을 받은 사람들이 아니었다. 그러나 갈수록 국제화되던 아랍 제국의 도시에서, 그들의 지식과 수행 방식은 아주 높이 평가되었을 것이다.

최초의 칼리프 왕조에서 정부의 수반은 대개 바르막(Barmak) 가문에서 배출되었다. 칼리드 이븐 바르막(사망 781/782)이 최초의 수상이었다. 바르막 가문의 사람들은 인도 과학을 연구했다. 인도의 책을 구하고 학자를 초빙하기 위해 수차례 군대를 보내기도 했다. 그렇게 얻어진 학문의 일부는 아랍어로 번역되기도 했다.[42] 이슬람 신학과 형이상학은 원자

---

41 Daniel(1979: 174-182), Shaban(1976: 47). 바그다드에 도착한 때는 819년이었다.

론(atomism)을 발전시켰다. 이는 "9세기 중엽 신학자 그룹에서 확고하게 자리 잡았다." 그들의 근본적인 관점은 그리스의 원자론이 아니라 "인도의 영향"을 받은 것이었다. 아직 분명하게 분석되지는 않았지만, 인도의 원자론이 중앙아시아 불교를 거쳐 아랍으로 전파되었다는 것만은 의심의 여지가 없다. 중앙아시아 불교의 두드러진 특징이 원자론이었다.[43] 인도의 위대한 천문연구서 『브라마스푸타 시단타(Brāhmasphuṭa-Siddhānta)』는 7세기 브라마굽타의 저서이다. 무함마드 이븐 이브라힘 알 파자리(Muḥammad ibn Ibrâhîm al-Fâzârî, 사망 806)가 이 책을 아랍어로 번역하고, 다른 자료들을 취합하여 『신드힌드(Sindhind)』라는 책을 편집하였다. 이것이 이후 이슬람 천문학과 수학의 기초가 되었다.[44] 당시의 가장 뛰어난 과학자였던 무함마드 이븐 무사 알 콰리즈미(Muḥammad ibn Mûsâ al-Khwârizmî, 알고리드무스, 전성기 807~847)는 알 마문의 재위 시기에 저술을 남겼다. 그의 저술 가운데 두 권은 근대 수학의 기초가 되었다. 중세 유럽에서 이 책이 번역되어 『알고리드무스의 책』으로 알려졌다. 이 책에서는 수를 공간에 표시하는 인도 수학과 "알고리즘" 계산법을 소개하고 있다. 이 책은 서양에서 알게브라(Algebra), 즉 대수학이라는 이름으로 알려졌다. 알고리드무스는 이 책에서 대수학 계산법을 적용하여 인도 천문학을 다시 계산하고 더욱 체계화했다.[45] 당시 세계 최초의 기념비적 언어

---

42 "인도 지역의 이슬람 반세기"에 대한 현대 학자들의 연구는 미주 76번 참조.
43 Fakhry(1983: 33-34, 213 et seq.). 중앙아시아 불교 사상의 초기 이슬람 전파와 관련해서는 미주 77번 참조.
44 Fakhry(1983: 7-8), Sezgin(1978: 116 et seq.).
45 Vernet(1997: 1070). 'algebra(대수학)'라는 단어는 아랍어로는 알 자브르(al-jabr) 즉 "복원"의 의미를 지닌다.

학 연구가 이루어지기도 했다. 고전 아랍어에 대한 심도 깊은 연구였다. 연구자는 시바와이(Sîbawayh, *Sêboê, 전성기 8C 후반)였다. 그는 아랍 출신이 아니면서 바스라(Basra)에서 연구했던 학자였다. 아마도 페르시아 출신으로 추정된다. 그의 연구에서 음운론은 인도 언어학 전통에서 비롯된 것으로 보인다.[46] 현재 확인할 수 있는 『알 키탑(al-Kitâb, 책이라는 뜻)』은 그의 제자 알 무자시이(al-Mujâshi'î, al-Akhfash al-Ausaṭ로 더 많이 알려져 있다.)의 저서이다. 그는 중앙아시아 발흐 출신으로, 생전에 스승의 관점을 심각하게 왜곡한 것으로 고발되기도 했다.[47]

중앙아시아 학자들은 또한 중앙아시아 불교의 비하라(vihâra, 사원 학교)에 기초하여 이슬람의 고등교육 체계를 발전시켰다. 비하라는 세금을 면제받는 종교 재단의 후원으로 운영되었다. 재단에서는 학생과 선생에게 필요한 비용을 제공했으며, 그들은 같이 비하라에서 살았다. 주요 교육 방식은 강의와 토론이었다. 연구 주제는 다르마, 즉 불법(佛法)과 신학이었다. 이 제도의 기본 요소들을 아랍은 그대로 베꼈다. 심지어 중앙아시아 특유의 비하라의 건축 설계까지도 그대로 따라 했다. 가운데 마당을 사각형의 건물이 둘러싸는 형태였다. 각 건물에는 학생과 교사를 위한 방이 있었고, 네 개의 이완(îwân, 반쯤 개방된 대형 강의실)이 출입문의 역할을 했다. 중앙아시아에서 비하라가 이슬람화되어 마드라사(madrasa)로 변화한 것은 8세기에서 9세기 사이에 추정된다. 다만 문헌 자료에는 이보다 조금 늦은 시기부터 출현한다.[48]

---

46 초기 아랍 언어학에 대한 외국의 자료들과 관련한 학계의 논쟁에 대해서는 미주 78번 참조.
47 Sezgin(1984: 43-54, 68).

칼리프 알 마문의 통치 하에 그리스 과학과 철학 문헌들이 번역에 용이한 시리아어를 거쳐 아랍어로 번역되었다. 나중에는 그리스어에서 직접 번역되기도 했다. 그리스 전통과 인도 전통은 빠르게 습합되었다. 그러나 고전 이슬람 문화가 학문의 많은 영역을 차지하고 있었다. 천문학, 언어학, 수학, 형이상학, 신비주의 명상, 일부 의학까지도 그러했다. 그럼에도 불구하고 마드라사의 교육 제도와 교육 방식에서 알 수 있듯이, 근본적인 인도의 영향도 광범위하게 남아 있었다. 또한 아랍은 751년에 아틀라흐(Atlakh, Talas) 전투에서 사로잡은 중국인 포로에게서 종이 만드는 비법을 알아냈다. 그래서 책 만들기가 더 쉬워졌고, 비용도 적게 들어 도서관이 늘어나게 되었다.

유라시아 전역에 걸친 문헌과 지식 전파

세계 종교 조직에 대해 공식적인 지원이 이루어지자, 문헌 자료가 확산되고 문헌에 기반한 문화가 발전되었다. 이는 제국을 더욱 발전시켰고, 전근대 세계의 대부분 민족들에게도 문자가 만들어지는 계기가 되었다. 중세 초기 이전, 유라시아 대륙의 대부분 지역, 중앙유라시아는 전부가

---

48 Barthold, Pedersen et al.(1986: 1136)에서 R. Hillenbrand이 인용. Litvinsky and Zeimal(1971) 참조. 마드라사(madrasa)는 10세기 이후 이슬람 세계에 급속도로 퍼져 나갔다. 이슬람 마드라사와 그것이 서유럽에 컬리지(college)로 전파된 일에 대해서는 Makdisi(1981) 참조. Makdisi의 주장은 대체로 옳으나, 세부사항들은 여전히 보완되어야 할 필요가 있다.

기본적으로 백지 상태였다. 유라시아 대륙 어느 지역에서 어떤 구어가 사용되었는지는 알 수가 없고, 많은 경우 외국 문자를 차용해서 기록한 문헌조차 없었다. 그래서 그 지역의 역사, 문학 등 어떠한 문화적 기록도 없었다. 이는 문자가 있는 지역에서도 대부분 마찬가지여서, 이란 지역이나 인도 지역도 그러했다. 이들 지역에 대한 역사 자료는 동전 쪼가리를 주워 모은 것이거나, 외국인 여행자들이 남긴 글이 대부분이다. 그렇지 않으면 이웃 나라에서 역사를 서술하면서 남긴 코멘트들이다. 중세 초기가 끝날 무렵에 이르러 유라시아 대륙 대부분 지역에서 지역 문학이 존재하게 되었다. 예외라면 아주 동떨어진 지역, 극지방이나 아극지방, 동남아시아 산악 정글 지역 정도였다. 이전에는 어떻게도 교육을 받거나 글을 배울 방법이 없었지만, 이제 왕국이든 제국이든, 유라시아 대륙의 거의 모든 나라에서 필요하다면 어떤 언어로든 읽고 쓰는 법을 배울 수 있었다.

아일랜드도 문자 문화 지역에 포함되게 되었다. 아일랜드 텍스트는 고대 아일랜드어와 라틴어로 기록되었다. 영국은 고대 영어와 라틴어로, 스칸디나비아의 나라들은 룬 문자와 고대 노르웨이어로, 스페인은 아랍어와 라틴어로 기록했다. 프랑크 왕국 지역에서는 라틴어, 고대 프랑스어, 고대 고지대 독일어로, 키에프 공국은 고대 러시아어로, 비잔틴 제국은 그리스어로, 아랍 제국은 아랍어로, 카자르 카간국은 아랍어와 히브리어로 기록했다.[49] 중앙아시아 서부 지역은 아랍어, 박트리아어, 소그드

---

49 당시에는 카자르족, 불가르족 및 여타 중앙유라시아인들은 룬 문자(runic script)를 썼다. 이 문자는 아직 완전히 해독되지 못했다. Kyzlasov(1994) 및 Shcherbak(2001) 참조.

어, 신페르시아어로, 중앙아시아 동부 지역은 소그드어, 서토하리어, 동토하리어, 고대 호탄어, 고대 티베트어, 고대 투르크어, 중국어, 티베트 지역은 고대 티베트어와 기타 언어들을 기록했다.[50] 인도 지역은 산스크리트어, 빨리어, 여러 가지 프라크리트어, 드라비드어로 기록했다. 동남아시아에서는 빨리어, 피우어, 고대 몬어, 크메르어, 참어, 고대 자바어로 기록했다. 중국에서는 중국어로 기록했다. 동부 스텝 지역에서는 고대 투르크어와 소그드어로 기록했다. 한국에서는 중국어로 기록했고, 일본에서는 고대 일본어와 중국어로 기록했다.

  이와 같은 새로운 문자 문화는 대부분의 경우 하나 혹은 여러 세계 종교가 그 민족에게 전파되면서 시작되었다. 세계 종교는 모두 문자 텍스트에 기반하기 때문이다. 먼저 성스러운 경전을 읽을 수 있어야 했고, 텍스트를 복제하여 그 민족의 영토 안에 확산시키는 과정이 있었다. 언어가 완전히 다르다면, 해당 지역 언어로 텍스트를 번역해야 했다. 서유럽 카롤링거 왕조 치하에서 거대 규모의 복제 작업이 실행된 적이 있었다. 여기서 고전 라틴어 텍스트와 그리스어 텍스트의 라틴어 번역본이 복제되었다. 이슬람 세계에서는 산스크리트어, 시리아어, 그리스어, 중세 페르시아어 텍스트가 아랍어로 번역되었다. 티베트 제국에서는 산스크리트어와 중국어 텍스트가 티베트어로 번역되었다. 중앙아시아의 투르크 지역에서는 토하리어 텍스트와 프라크리트어 텍스트가 고대 투르크

---

50 고대 티베트 알파벳으로 기록된 티베트-버마어가 몇몇 남아 있다. 그 중 일부는 상당히 긴 텍스트이다. Thomas(1948)가 출간한 것도 그 중 하나다. 텍스트의 판독은 어렵지 않고, 몇몇 학자들이 최근에 작업을 하고 있지만(예를 들면 Takeuchi 2002), 여전히 그 언어 자체에 대해서는 해독되거나 확실하게 밝혀진 것은 전혀 없다.

어로 번역되었다. 일본에서는 중국어 텍스트가 복제되었다. 이러한 전파 행위의 중요성은 끝이 없었다. 복제된 텍스트나 번역된 텍스트는 하나의 문화에서 다른 문화로, 하나의 세대에서 다른 세대로 전해졌다. 이는 고중세뿐만 아니라 근대 이전까지 유라시아 문명 전체적으로 지성이 만개하는 기초가 되었다.

예전에는 오직 고대 문명 지역에서만 문학 작품이 존재했다. 문자를 이용할 수 있는 능력, 이전 시대나 이웃 지역에서 배운 문장 형식을 활용하여, 이제 각 지역의 저술가들도 문학 작품을 발전시켰다. 일본의 시문학, 중국의 시문학, 아랍의 시문학, 영국의 시문학 등은 특히 이전이나 이후에도 볼 수 없는 높은 성취를 이루었다. 시문학과 함께 음악도 발달하였다. 시는 언제나 단순히 읽는 것이 아니라 예배에서 찬송하거나 낭송하는 작품이었기 때문이다.[51] 중앙아시아 음악은 중국으로도 전파되었다. 전체 연주단도 함께 장안으로 보내졌거나 불러서 갔을지도 모른다. 머지않아 이전의 중국 음악 전통은 완전히 대체되었고, 일본에까지 전해졌다.[52] 문학 작품은 글로 쓰는 것이고, 글을 쓰는 것 자체가 서예 같은 고급 기술을 필요로 하기 때문에, 문학의 전파는 예술 스타일과 모티프의 전파와도 관련이 된다. 초기 중세는 이처럼 시, 음악, 그림에 있어서 역사상 가장 창조적인 시대였다.

---

51 근대 시기 전통예술의 파괴와 몰락에 대해서는 제11장 참조.
52 "새로운" 전통은 악보와 거의 관계없이 구두로 전파되었다. 아주 여러 측면에서 바뀌긴 했지만,(특히 템포는 충격적으로 변했다.) 오늘날 가가쿠(gagaku)라는 이름으로 남아 있다. 일본의 궁정음악으로 고전 오케스트라이다. Picken(1981, 1985-2000)의 중요한 연구들 참조.

정치의 약화와 경제의 쇠락

아바스 왕조가 시작할 때는 스페인을 잃어버렸기 때문에 우마이야 왕조 치하에 있을 때보다 조금 규모가 줄어들었다. 그러나 곧 예전보다 더 크게 성장하였다. 중앙아시아 남동쪽 인도 지역으로 깊숙이 확장을 시도했기 때문이었다. 양쪽 방향 모두에서 그들은 티베트와 맞부닥쳤다.

8세기 후반에 티베트는 중국에게 빼앗겼던 영토를 모두 회복하고 더 멀리 팽창하는 중이었다. 그들의 영향력은 서쪽으로 카불(Kabul)까지 미쳤고, 북쪽으로 준가리아까지, 북동쪽으로는 오르도스를 가로지르는 모든 길에까지 미쳤다. 790년 중국은 타림 분지에 남아 있던 영토를 포기하고 철수했다. 동투르키스탄은 티베트와 위구르에게 남겨졌다. 이 둘은 이 땅을 두고 치열하게 싸웠다. 몇몇 도시들은 여러 차례 주인이 바뀌었다. 820년대에 이르러 티베트는 타림분지 남부를 확고하게 장악했고, 위구르는 준가리아와 타림분지 북부지역을 차지했다.[53]

국제 교역은 일반적으로 중앙아시아에서 벌어진 전쟁 때문에 크게 손상을 입었다고 알고 있다. 그러나 그랬을 것 같지는 않다. 7세기와 8세기 초반까지는 훨씬 파괴적인 전쟁이 계속되었음에도 불구하고 중앙유라시아 경제는 번영을 계속했었다. 경기 후퇴로 인해 중국과 티베트 및 위구르 제국뿐만 아니라 멀리 떨어진 지역에 이르기까지 점점 더 경제가 나빠졌지만, 그 원인은 아직 명확하게 밝혀지지 않았다. 분명한 것은 중국의 대량 학살이 중국을 포함한 국제 교역에 도움이 되지는 못했다

53　Beckwith(1993, 1987b).

는 사실이다. 안록산의 난 이후 중국은 소그드인이라면 남자, 여자, 아이 할 것 없이, 심지어 멀리서 보기에 중국인처럼 보이지 않으면 무조건 학살을 자행했다. 살아남은 사람들은 출신지를 속여야 했고, 중국인이 되어야 했다.[54] 이런 일들이 국제 무역 시스템을 유지하는 데 도움이 될 수는 없는 것이다.

이름뿐일지라도 당나라가 회복은 되었다. 그리고 북쪽 위구르 제국을 거치는 국제 무역이나 광동(廣東)을 거치는 동남부 해상 무역에도 참여했다.[55] 그러나 당나라 지배층이나 당나라 정부조차 장안의 위구르인들에게 크게 빚을 지게 되었다. 9세기 초가 되면 경제 상황은 더욱 나빠졌다. 중국 경제는 화폐가 완전히 자리잡은 적도 없었지만, 점점 더 물물교환에 의존하게 되었다. 공직자들에게는 돈이 아니라 물건이 지급되었다. 중국의 경제 문제는, 그 이유가 무엇이든 간에, 유라시아 대륙 동반부 전체에 악영향을 끼쳤다. 왜냐하면 이미 거대 규모의 인구와 물산이 통합 경제 체제 속에 들어가 있었기 때문이었다.

930년대에 이르러, 티베트 대 중국-위구르 연합 간의 전쟁이 벌어졌다. 아무도 이 전쟁을 지원할 수 없었다. 그 이유는 갑자기 평화가 그리워서 그랬던 것 같지는 않다. 오히려 전쟁을 지원할 돈이 없었을 것이다. 세 나라는 821년~822년 사이에 평화 협정을 맺었다. 티베트와 중국은 두 개의 언어로 비석을 세웠다. 한편 위구르는 위구르 카간과 중국 공주의 결혼을 통해 동맹을 강화했다. 위구르는 티베트와는 별도로 협정을

---

54 de la Vaissière(2005a: 220 et seq.).
55 Beckwith(1991).

맺었다.[56] 중앙유라시아 대부분 지역에는 마침내 평화가 찾아왔다. 하지만 이미 너무 늦어버렸다.

초기 중세 세계 질서의 붕괴

유라시아 대부분 지역의 경제 상황은 점점 나빠지고 있었다. 중국 측 역사 자료에 의하면, 830년대 말기의 기후 변화가 직간접적 원인이었다.[57] 서양에서도 상업이 눈에 띄게 쇠퇴하였다. 심지어 아랍 제국 내부에서도 그랬다. 하룬 알 라시드가 통치할 때, 그리고 알 마문이 통치하던 중앙아시아의 시대는 굉장히 번성했고, 엄청난 수의 새로운 디르헴(dirhem) 은화가 주조되었다. 그러나 820년부터 새로운 은화 주조가 급격하게 줄었고, 이후 수십 년 동안 새로 주조되는 경우가 거의 없었다.[58]

830년대 말, 위구르 통치 부족 내부에서 분쟁이 일어났다. 의심할 여지없이 악화된 경제 상황 때문이었을 것이다. 분쟁 끝에 그 중 누군가가 위구르의 숙적 키르기스에게로 도망쳤다. 그가 키르기스 군대를 이끌고 위구르의 방어망을 뚫고 수도까지 쳐들어오자 위구르는 깜짝 놀랐고, 결국 840년에 완전히 무너졌다. 키르기스는 동부 스텝 지역을 통제할 능력

---

56 Szerb(1983).
57 Mackerras(1990: 342).
58 "유럽 지역 러시아에서 820년~849년에 주조된 디르헴이 상대적으로 적게 나타나는 이유는 아마도 이슬람 세계에서 주조를 적게 했기 때문일 것이다." Noonan(1981/1998: 55-56, 79). 869년 새 동전이 주조되었던 해에는 비율이 다시 한 번 올랐다.

도 없었고 그럴 의지도 없었다. 그렇다고 다른 투르크 왕조로 위구르를 대체하지도 않았다.[59] 그들 대신 동쪽에서 이주해온 몽골어족이 점차로 스텝 지역의 주도권을 쥐게 되었다.

살아남은 위구르족의 일부는 위구르 영토의 서부 지역으로 도망쳐 그곳에서 코초와 베슈발리크(Beshbalik)를 기반으로 조그만 왕국을 유지했다.[60] 하지만 대다수는 840년에 북쪽으로 도망쳐 황하가 크게 구부러진 곳에 있는 오르도스로 가서 중국인 관계자들의 도움을 청했다. 어느 중국 국경 관리의 말에 따르면, 그들의 유르트가 지평선을 가득 메웠다. "동서 60리에 나는 그 끝을 보지 못했다."[61]

무종(武宗, 재위 840~846)의 재상이었던 이덕유(李德裕)는 위구르족을 북쪽으로 돌려보내고자 했지만, 위구르족으로서는 그럴 수가 없었다. 그는 위구르족이 현재 있는 곳에 머물고자 하며, 굶주리고, 비도덕적이고, 위험하다고 판단했다. 게다가 그들은 여느 피난민들과 달리 당나라에 복종하려고도 하지 않았다. 피난민의 카간은 점점 독립성을 강화하였고, 호전성마저 드러내었다. 아마도 당나라로부터 더 많은 도움을 얻어내고 영토 할양까지 요구할 것 같았다. 당 조정에서는 그들이 공격을 감행할지도 모른다는 걱정을 하게 되었다. 당나라는 그들에게 음식과 옷을 보내 잠재적인 공격을 막는 동안 북쪽에서 힘을 길렀다. 마침내 당나라는 강

---

59 Drompp(2005: 200-201).
60 베슈발리크는 동투르키스탄 북부의 오늘날 짐사르(Jimsar) 근처에 있었다. 위구르족은 티베트 제국 동북부 지방으로 도피했고 거기서 정착하였다. 그 후손이 오늘날까지 그곳에 남아서 유구르(Yugur) 혹은 황색 위구르라 한다. 이들이 고대 위구르족의 직계 후손 중 살아남은 유일한 사례이다.
61 Drompp(2005: 42).

경한 입장을 취했다. 843년 초, 당나라는 군대를 보내 위구르 캠프를 공격했고, 대부분을 학살했다.[62]

위구르와 그 연맹 및 경쟁자의 힘이 스러진 것을 완전히 확인한 뒤, 당나라는 인종청소를 감행했다. 위구르 피난민 학살이 있은 지 한 달 뒤 당나라의 통치자는 내부의 마니교도들을 억압하기 시작했다. 그에 따라 모든 마니교 사원(과거 위구르의 후원으로 지어졌던)이 문을 닫았고, 그 재산은 몰수되었으며, 성직자들은 처형되었다.[63] 이 일이 수지맞는 일이라는 것을 알게 되자, 비슷한 일이 불교에 대해서도 행해졌다. 당시 불교는 이미 황제와 그 측근들에 의해 학대를 받던 중이었다. 845년에 비극은 극에 달했다. 당나라가 모든 불교 사원의 재산을 몰수하고 영토 내 대부분의 사찰을 폐쇄하였다. 매우 잔혹한 처형이 그 뒤를 이었다. 불교의 승려 비구와 비구니들이 대량 학살을 당했다.[64] 이로 인해 중국 지역 내 불교의 힘이 사라졌을 뿐만 아니라 중국 역사상 빛나는 문화의 시대 또한 사라지고 말았다. 제국은 남은 수명을 반세기 이상 이어갔지만, 전에 없이 약화되었고, 잃어버린 과거의 권위와 권력과 재산 혹은 문화를 다시는 회복하지 못했다.

62　Dalby(1979: 664-665). 세부사항과 관련해서는 Drompp(2005) 참조. 1차 자료 번역이 포함되어 있다. 문서의 작성자는 당시 재상이었던 이덕유이다. 그는 당시 중국에서 이방 종교 탄압과 위기 관리의 책임을 맡고 있었다.

63　Weinstein(1987: 121).

64　Weinstein(1987: 121-128). 이 박해는 '회창(會昌) 불교박해'로 언급된다. 그것이 발생한 시점이 회창 연간(841~846)이었기 때문이다. 무종(武宗)의 후계자는 박해를 즉시 중지시켰다. 그리고 당시 살아 있던 박해 책임자들을 처벌하였다. 불교를 회복하려는 그의 노력에도 불구하고, 불교는 중국에서 최소한 제도적으로는 다시 그 세를 회복하지 못했다. 물론 지성적 또는 정신적 차원에서는 이전에 비해 더욱 흥성하였다.

샤를르마뉴의 아들이자 그의 후계자였던 루이 르 피유(Louis le Pieux, 재위 814~840)는 어쨌거나 겨우 프랑크 제국을 유지하였다. 위대한 아버지의 아들은 대체로 위대하지 못한 법이다. 840년에 그가 죽자 세 아들은 후계를 두고 서로 싸웠다. 내전은 843년에 끝났다. '스트라스부르의 맹세(Oaths of Strasbourg)'로 알려진 휴전협정은 세 개의 언어로 보존되었다. 고대 프랑스어, 고대 고지 독일어(high german), 라틴어가 그것이다. 지금의 프랑스가 된 핵심 지역은 샤를르 르 쇼브(Charle le Chauve)가 차지했고, 루이 르 제르마니크(Louis le Germanique)가 차지한 영토는 나중에 독일이 된다. 장남 로테르(Lothaire)는 언급이 되지 않지만, 제국의 후계자로서 그에게 할양된 영토는 중앙 지역이었고, 나중에 로타린기아(Lotharingia, 현재의 로렌느)로 불렸다. 당시 그 지역은 북부 이탈리아에서 프랑스 남부와 북해까지였고, 수도 아헨(Aachen)을 포함하고 있었다.

티베트 제국은 경제가 나빠지자 거대해진 불교 사원에 대한 막대한 후원을 중단할 수밖에 없었다. 842년에 밀교 승려 라룽 펠기 도르제(Lhalung Dpalgyi Rdorje)는 통합 티베트 제국의 통치자 티우둠첸(Khri U' i Dum Brtsan, Glang Darma, 재위 838~842)을 암살했다.[65] 뒤이어 후계자 다툼이 벌어졌고 티베트 제국은 갈라지고 말았다. 제국의 영토에서 북동부의 중앙아시아 지역은 티베트 제국보다 오래 살아남았지만, 866년 제국

---

65 이야기 자체가 사실로 보이기도 하고, 암살자의 이름도 역사적 사실로 생각되긴 하지만, 랑다르마(Glang Darma) 암살에 관한 전통적인 설명에는 상징적인 요소들, 반역사적인 의심스러운 요소들이 많이 포함되어 있다. 그럼에도 불구하고 티베트 제국의 정치사에 대해서는 알려진 것이 거의 없고, 몰락 이후의 상황은 더욱 그러한 바, 이 시기 전체에 대한 심도 깊은 연구가 필요하다. 제국 시기 및 제국 멸망 직후 불교사에 관련해서는 Walter(출판예정) 참조.

의 잔여 세력들마저 모두 사라졌다.

비잔틴 제국은 혈기왕성한 황제 테오필로스 2세(Theophilos II, 재위 829~842) 치하에서 잘 다스려졌다. 그가 죽자 독실한 우상숭배자였던 그의 아내 테오도라(Theodora)는 세 살 난 아들 미카엘 3세(Michael III, the Drunkard, 재위 842~867)를 대신하여 섭정을 하였다. 그녀는 종교개혁을 실시하여 제국 전체에서 성상숭배를 복권시켰고, 성상파괴주의자들을 거칠고도 철저하게 탄압했다. 주변 세력이 약화된 반면 비잔틴 제국은 정치 경제적으로 강화되어서 과거 동로마 제국 영토까지 영향력을 점차 확대하였다.

아랍 제국은 알 마문의 통치 하에 대부분의 중앙아시아 서부 영토에 대한 통제권을 포기했다. 그곳은 제국 내에서 가장 부유하고 번화한 지역 중의 하나였다. 그 대신 알 마문은 자신의 "제2의 아바스 혁명"을 도왔던 지도자들 중 하나인 타히르 이븐 알 후사인(Tâhir ibn al-Ḥusayn)에게 후라산을 통치하도록 지명했다. 그리하여 타히르와 그의 후계자들은 칼리프를 대신하여 후라산 지역의 정통성 있는 통치자가 되었고, 때때로 이란과 이라크의 일부 지역까지 포괄하기도 했다. 타히르의 통치 하에 아랍 중앙아시아는 급속도로 반(半)독립적인 상태로 변해갔다. 타히르는 자신의 이름을 새긴 동전을 주조했으며, 그의 자리는 세습되었고, 나중에는 독자적인 타히르 "왕국"이 되어갔다. 그러나 서부 중앙아시아는 확고하게 무슬림으로 남아있었고(820년대 후계 승계가 이루어진 뒤에도), 성장을 계속했다. 성장 이유 중의 일부는, 광대한 이슬람 세계의 일원으로 속해 있었기 때문이었을 것이다. 하지만 중요한 이유는, 중앙아시아 지역 경제가 그만큼 강했기 때문이다. 중앙아시아 지역 경제는 지역의 농업과 내부 교역에 강고한 기반을 두고 있었다.⁶⁶ 뿐만 아니라 대륙 간 무역도 지속되었다.

바그다드의 중앙 정부는 이슬람화된 중앙아시아 코미타투스 샤키리야 혹은 차카르의⁶⁷ 영향을 점점 더 강하게 받게 되었다. 코미타투스는 통치자의 후계자와 함께 단일하게 이어졌고, 점점 커졌으며, 점점 많은 권력이 주어졌고, 점점 더 많은 비용을 소모했으며, 점점 독립적으로 변해갔다. 마침내 칼리프는 친위대와 점점 늘어난 세습 관료들의 손에 들어가고 말았다.⁶⁸ 명목상이 아니라 실제로 제국을 통치했던 칼리프로는 마지막 칼리프였던 알 무타심(재위 833~842)은 836년에 수도를 사마라(Sâmarrâ)로 옮겼다.⁶⁹ 바그다드 북쪽으로 75마일 가량 떨어진 곳이었다. 수도를 옮긴 이유는 자신의 코미타투스와 바그다드 시민들 간의 분쟁을 해소하기 위한 것으로 알려져 있다. 하지만 아마도 실제로 중요했던 이유는 바로 그 자신이 바그다드에서 생명을 위협받는 정치 사회적 혼란으로부터 빠져나오기를 원했을 것이다. 그가 죽은 뒤 그의 아들 알

---

66 Shaban(1976)은 타히르인들(Tahirids)이 "전통적 지도자들로서, 지역 내에 오랜 역사를 자랑하던 가문들에 신경을 쓰고 있었다. 아랍인들이 현지 디칸인들(dihqāns)을 정복할 당시, 그들은 조건부 항복조약들을 강화하기 위해 (그런 가문들과) 경쟁하고 있었다. 이 디칸인들이 당시 대규모 토지소유자들이었던 것에서 당시 경제가 주로 농경에 기반해 있었음을 확인할 수 있다."고 하였다.
67 이 시기와 관련된 대부분의 현대 역사책에는 그들이 투르크인으로 나오지만, 그들 중 다수가 소그드인 또는 다른 중앙유라시아인이었다. 프롤로그, Beckwith(1984a) 및 de la Vaissière(2007) 참조.
68 코미타투스의 초기 형태는 이처럼 현실정치(Realpolitik)의 관점에서 보는 것이 더 나은 것 같다.
69 892년까지도 공식적인 수도로 남았다.(Northedge 1995: 1039).

와틱(al-Wâthiq, 재위 842~847)이 후계자가 되었지만, 그는 통치에는 관심이 없었고, 통치를 하기 위한 자리에도 별다른 집착이 없었다. 중앙 정부는 과거 아랍 제국 대부분의 지역에서 상당히 권위를 인정받고 있었지만, 아바스 왕조는 이후 수백 년 동안 명목상으로만 유지되었을 뿐이다. 842년 알 무타심의 사망으로 실제 제국으로서의 아랍 제국은 사실상 끝이 났다.

CHAPTER 7

바이킹과 키타이

Братие и дружино
Луче же бы потяту быти
　неже полонену быти
а въсядѣмъ братие
　на своѣ бързыѧ комонѣ
да позьримъ синего Дону
—Слово о пълку Игоревѣ[1]

형제들 그리고 동료들이여!
포로가 되느니
죽는 것이 낫도다!
그러니 형제들이여,
전투마의 안장에 올라타고
짙게 푸른 돈 강을 바라보시라!
—⟨이고르 공의 대군 이야기⟩ 중에서

왕공들의 시대

중세 초기 세계 질서가 무너진 뒤, 새로운 나라들이 출현했다. 그러나 그들은 예전에 비해서 규모가 훨씬 작았다. 유일한 예외라면 비잔틴 제국이었다. 비잔틴 제국은 아무런 손상도 없이 살아남았고 조금 확장되기도 했다. 하지만 아랍에게 빼앗긴 영토는 결코 회복하지 못했다. 아마도 중앙아시아와 그 주변 지역에서 새롭게 생겨난 나라들이 갑자기 많아졌기 때문에, 세계 경제는 회복기에 접어들어 점차 성장하기 시작했고, 그 결과 유라시아 전역에서 문화도 다시 발전하였다.

초기 중세와 달리, 이 시대의 고급 문화는 방향에 있어서 시작부터 매우 종교적이었다. 이로 인해 이후의 발전 방향도 결정되었다. 수도원 제도가 모든 유라시아 주요 지역에서 급격하게 번성했고, 문자 문화를 더욱 심도 있게 전파하였다. 동시에 유라시아 대부분 지역에서 강력한 수도원 질서 체계가 성장하였다. 이는 동시에 엄격한 근본주의자들도 또한 크게 증가했다는 것을 의미한다.

이슬람 세계의 문화적 번영은 아랍 제국이 무너진 그 다음 시대가 상승기였다. 그 무대는 특히 중앙아시아였다. 실제로 고전 이슬람 문명의 위대한 철학자들과 과학자들은 중앙아시아 출신이거나 그 후예였다. 그러나 아직은 젊은 이슬람의 지적 전통은 근본주의자들의 공격 아래 놓여 있었다. 근본주의자들은 신비주의를 선호하여 철학을 거부했고, 결

---

1 인터넷 에디션(http://titus.uni-frnakfurt.de/texte/etcs/slav/aruss/slovigor/slovi.htm)의 10번째 및 11번째 단락은 Roman Jakobson, prepared by Sigurdur H. Palsson(Vienna 1994), TITUS version by Jost Gippert, Nov. 13, 2004에 기초하고 있다.

과적으로 이슬람 세계에서 무조건적인 신앙이 이성의 자리를 빼앗는 데 성공했다.

한편 중부 스텝 지역은 여전히 유목민들이 지배하고 있었다. 서부 스텝 지역과 동부 스텝 지역의 나라들은 다 같이 지리적으로 유목 지역과 비유목 지역 사이의 경계에 걸쳐 있어서, 갈수록 스텝 지역에 농업의 영향이 증대되었다. 바이킹-슬라브족의 루스 카간국은 유럽의 농업-도시 문화를 서부 스텝 지역으로 확장시켰다. 중국도 중앙유라시아인들이 세운 왕조들의 후원에 힘입어 농업-도시 전통을 동부 스텝 지역으로 확산시켰다.

소규모 헤게모니의 형성

초기 중세 거대 제국들이 무너지자, 당시 급격한 기온 하강 국면도 있고 해서, 중앙유라시아 북쪽 끝에 있던 민족들이 남쪽으로 이주하기 시작했다. 이는 과거의 민족대이동을 소규모로 반복한 것과 같은 모양새였다.

서부 스텝 지역

830년대에 누군가 카자르를 위협했다. 아마도 그들의 연맹 혹은 복속민이었던 헝가리인들(Hungarians, Onogurs)이었을 것이다.[2] 카자르는 비잔틴 제국에 도움을 요청했다. 그리스인 기술자들이 카자르를 도와 840년~841년 돈 강 하류에 거대한 요새 사르켈(Sarkel)을 세웠다.[3] 헝가리인들은 839년에 서부 스텝 지역에 살았던 것으로 확인되는데, 그곳에서부터 도나우 강 유역을 침공하여 862년에 판노니아 평원으로 들어왔고, 870년~880년 슬라브족을 공격했다.[4]

889년, 카자르와 구즈(Ghuzz)는 볼가 강과 우랄 강 사이 중부 스텝의 서쪽에 있던 그들의 고향에서 페체네그족(Pechenegs)을 공격했다.[5] 페체네그족은 서부 스텝 지역으로 도망쳐 헝가리인들을 쳐부수고 그들의 땅을 차지했다. 도나우 강 유역으로부터 헝가리인들은 또다시 북쪽으로 이동해 판노니아 평원으로 들어왔다. 892년, 아르파드(Árpád, 전성기 895)의 지휘 아래 헝가리는 동프랑크 왕국의 아르눌프(Arnulf) 왕과 연맹을 맺고 모라비아(Moravia)의 왕 스바토플루크(Svatopluk)에 대항했다. 894년 그들은 다시 판노니아와 모라비아로 쳐들어갔다. 895년 불가리아인들에게 패하고, 스텝 지역에서는 페체네그의 압박을 받게 되자, 헝가리인들은 아르파드의 지휘 아래 판노니아 지역에 정착했다. 헝가리인들의 이동 경로는 예전에 훈족이나 아바르족이 이동했을 때와 마찬가지였다. 헝가리

---

2 투르크와 핀우고르(Finno-Ugric) 요소들이 섞인 사람들을 사료에서는 흔히 투르크인들로 통칭하는데, 핀우고르어족이었던 마자르인들(Magyars)이 판노니아로 이주하면서 투르크인들을 압도하였고, 마자르의 언어가 헝가리의 언어가 되었다. 헝가리라는 명칭 자체가 투르크를 일컫는 이름 '오노구르(Onogur)'에서 나온 것으로 받아들여지고 있다.
3 Zuckerman(1997). Dunlop(1954: 186-187)은 그들이 요새를 쌓아 막으려고 했던 적이 바로 루스(Rus)였다고 주장한다. 루스가 카자르를 공격한 일은 그처럼 이른 시기의 자료에는 나오지 않는다.(그렇다고 그런 일이 없었다고 말할 수는 없다.) 그러나 만약 루스가 적이었다면, 그들을 막기 위해서는 돈 강 하류에 성을 쌓는 것이 적당했을 것이다. 왜냐하면 루스는 카자르의 북서쪽에 있었고, 일부는 바이킹 혼혈이라 항해에도 능했으며, 대개는 물길을 따라 교역과 침략을 실행했기 때문이다.
4 Sinor(1959: 17).
5 Sinor(1959: 17).

인들은 그곳으로부터 중부와 서부 유럽을 공격했다. 대개는 용병으로 일하거나 유럽의 왕공들과 연맹을 맺는 방식이었다. 그들이 이탈리아에 도달한 때는 899년 봄이었다.[6] 그들의 활동은 이후로도 수십 년 동안 계속되었다. 마침내 942년 그들은 멀리 스페인까지 도달했다.[7] 그들은 가는 곳마다 연맹을 맺거나 조공을 바치도록 요구했다. 다른 말로 표현하면, 그들은 전통적인 방식으로 제국을 건설한 것이다. 최종적으로 그들은 955년 8월 10일, 아우스부르크 근처의 레흐펠트(Lechfeld) 전투에서 패했다.[8] 적장은 게르만족 라이벌 오토 1세(Otto I, der Große, 사망 973)였다. 오토 1세도 헝가리인들과 같은 방식으로 자신의 제국을 건설하는 중이었다. 이번의 승리로 오토 1세는 제국 설립에 확실하게 성공했다. 그 뒤 헝가리인들은 판노니아 평원에 정착했고, 헝가리 왕국을 수립했다. 서기 1000년 크리스마스에 헝가리의 통치자 스테판(Stephen)은 헝가리 왕에 즉위하였고, 백성들을 기독교로 개종시켰다.[9]

카자르는 다른 방향에서도 위협을 받고 있었다. 프랑크 왕국의 후계 나라들이 점차 지중해 문화에 강하게 경도되기는 했지만, 스칸디나비아 지역의 민족들은 여전히 보편적으로 중앙유라시아 문화복합체를 받아들이고 있었다. 그래서 그들은 중앙유라시아 문화복합체의 서북쪽 경계

---

6 Sinor(1959: 21-22) 참조. 이 책에 따르면, 수도사 헤리발두스(Heribaldus)는 콘스탄스 호수(Lake Constance, 현재 스위스에 위치) 남쪽에 있는 세인트 갈(St. Gall) 수도원 연대기에 다음과 같이 적었다. "헝가리인들이 수도원에 머무를 때보다 더 좋은 시간은 가져본 적이 없었다."
7 Schamiloglu(1984b: 216).
8 Sinor(1959: 27-28).
9 Sinor(1959: 28-36).

를 형성하고 있었다. 이를 받아들인 여느 민족들처럼, 바이킹도 마찬가지였다. 이들은 전사로 악명이 높았지만, 최근에 밝혀진 바에 의하면 그들은 1차적으로 상인들이었다. 그들이 남쪽의 보다 문명화된 나라들로 내려온 것은 무역을 하기 위해서였다. 그들이 북해를 통해 브리티시 섬이나 프랑크 지역에서 군사행동을 했던 것으로 유명하지만(혹은 악명이 높지만), 그리고 이들 나라의 일부 지역에 정착하기도 했지만, 그들이 동쪽으로 진출한 것은 결과적으로 보면 보다 큰 의미가 있었다. 그들은 동쪽으로 발트 해를 건너 핀란드 지역으로 나아갔고, 남동쪽으로 강을 타고 내려와 카자르 칸국의 서쪽 슬라브 지역까지 진출했다.

9세기 초, 바이킹은 러시아의 강을 타고 근동 지역 이슬람 세력과의 무역에 깊숙이 개입했다. 이 무역로는 처음에 카자르, 유태인, 무슬림들에 의해 개척되었지만, 당시에는 오직 바이킹만이 이를 주도하게 되었다.[10] 류리크(Ryurik)가 이끄는 세 명의 추장들은 862년경 노브고로드(Novgorod) 지역에서 루스 카간국을 수립했다.[11] 그리고 882년경, 류리크의 후계자 올렉(Oleg)은 키에프(Kiev)를 정복했고, 루스 카간국을 발트해에서 흑해에 이르는 거대 제국으로 발전시켰다.[12] 루스는 정교회를 국교로 하는 비잔틴 국가들과 마주하게 되었다. 슬라브화된 불가리아 왕국과 제국의 수도 콘스탄티노플도 루스와 국경을 마주했다. 비잔틴 황제들은 이미 페르가나인들과 카자르인을 코미타투스로 보유하고 있었

---

10 Noonan(1981/1998: 53).
11 Golden(1982) 참조. 루스가 왕의 칭호로 카간을 사용했다는 인용에 대해서는 Dunlop (1954: 237) 참조.
12 Christian(1998: 334).

지만,[13] 바이킹도 쓸모가 있다는 사실을 곧바로 알아차렸다. 그래서 바이킹을 용병으로 고용했고, 이렇게 해서 유명한 바랑기아 가드(Varangian Guard)가 구성되었다.

바이킹은 볼가 강을 따라 카스피 해에 이르렀고, 바다를 건너 이슬람 지역까지 진출했다. 그러나 볼가 강 하류 평원을 지배하고 있던 카자르와 분쟁을 일으키게 되었다. 머지않아 카자르와 루스 사이에 전쟁이 벌어졌다. 965년, 그리고 968년/969년에 키에프 루스의 왕 스비아토슬라프(Sviatoslav)는 카자르를 잔혹하게 휩쓸어버렸고, 그들의 요새 사르켈을 접수했으며, 그들의 수도 아틸(Atil, 혹은 Itil, 볼가 강 하류에 위치)과 다른 도시들을 파괴했다. 정복을 완료하고 루스가 키에프로 되돌아간 뒤에도 카자르는 오래도록 하나의 민족으로 살아남았다.[14] 그러나 다시는 예전의 세력을 회복하지 못했다. 카자르는 점점 움츠러들었고, 다른 적들의 먹잇감으로 전락했다. 마침내 카자르 왕국은 소멸하고 말았다.

중앙아시아 서부 지역과 남부 지역

아랍 칼리프 왕국이 약화되고 무너진 뒤, 중앙아시아 서부 지역에서는 지역 장관이 권력을 세습하게 되었고, 반독립적인 상태가 되었다. 타히르 왕조(Tahirid danasty, 821~873), 사파르 왕조(Saffarid danasty, 873~900), 사만 왕조(Samanid danasty) 등은 아바스 왕조의 이름으로 그 지역을 통치했다. 이들은 모두 중앙아시아 이란어족에 기원을 두고 있었다. 사만 왕

---

13 프롤로그 참조.
14 Dunlop(1954: 254 et seq.).

국은 이스마일(Ismâ'îl, 재위 893~907)이 기초를 닦았다.[15] 이 왕국은 오래도록 카라한 왕조(Karakhanid danasty)의 압박을 받았다. 카라한은 약사르테스(시르다리야) 강에서 천산 산맥에 이르는 광대한 영역에 기반을 둔 투르크계 카를루크 부족의 나라였다. 카라한은 10세기에 이슬람으로 개종을 했다.[16] 사만 왕조는 999년에 무너졌고, 사만 왕조의 마지막 통치자도 이름이 이스마일이었는데, 1005년 카라 쿰 사막에서 살해되었다. 그 뒤 카라한 왕조는 트란스옥시아나의 대부분을 다스렸지만, 호레즈미아는 예외였다. 이곳은 칼리프조의 전성기에도 거의 독립 상태로 남아 있었다.

카라한 왕조가 중앙아시아 서부 지역으로 확장해 가는 동안, 남부 중앙아시아의 동쪽은 사만 왕조의 지배를 받았다. 예전에 굴람이었던 알프티긴(Alptigin 혹은 Alp Tegin, 알프 왕자)은 962년에 가즈니 지역(Ghazne, 혹은 Ghazna, 현재 아프가니스탄의 동남부)에서 스스로 왕위에 올랐는데, 여전히 사만 왕조의 주권을 인정받고 있었다. 세뷕티긴(Sebüktigin 혹은 Sebük Tegin, 세뷕 왕자, 재위 994~997)은 예전에 알프티긴의 굴람이었고 카를루크족이었던 것으로 추정된다. 그는 옥수스(아무다리야) 강 남쪽 사만 지방의 반란을 평정하고 그곳을 복속시켰다. 이로서 사실상 가즈나 제국이 이루어졌다. 그의 아들 마흐무드(Maḥmûd of Ghazne, 재위 997~1030)는 사만 왕조로부터 독립을 선언했다. 그는 998년 예전의 영토를 병합한 뒤 1017년 호

---

15 Christian(1998: 313-319).
16 그들의 선조는 틀림없이 카를루크이다. 알 야쿠비(al-Ya'qûbî)에 따르면(Beckwith 1993: 127 n.114), 카를루크의 카간은 8세기 말에서 9세기 초에 이슬람으로 개종했다. 카라한 왕조의 기원에 대한 다른 견해와 관련해서는 Kochnev(1996) 참조.

레즘을 공략해서 전 지역을 제국에 포함시켰다. 그 뒤 카라한 왕국을 포함하여 서쪽과 남쪽으로 영토를 더욱 확장해 나갔다. 인도 북서부 쪽으로도 치고 들어갔는데, 생을 마감할 무렵에는 이란 북부도 차지하였다.[17] 마흐무드가 죽은 뒤, 가즈나 왕국은 급속하게 지지기반을 잃어버렸는데, 특히 고향에서 멀리 떨어진 지역일수록 그러했다.

10세기 말, 셀주크(Seljuk 혹은 Saljuq)가 이끄는 투르크멘족(Turkmen, Türkmen)이[18] 호레즈미아의 약사르테스(시르다리야) 삼각주 근처로 이주해 들어왔다. 셀주크의 아버지는 과거 카자르 왕의 신하였는데, 아버지가 죽은 뒤 셀주크는 왕궁에서 자랐다. 셀주크의 아들들은 이름이 구약성서에 나오는 인물들과 비슷하다. 무사(모세), 미카일(미카엘), 이스라일(이스라엘) 같은 이름들은 이들이 카자르를 배경으로 하고 있음을 확인해주고 있다.[19] 호레즈미아에 도착한 뒤 얼마 지나지 않아서 그들은 이

---

17 Bosworth(1968: 6-8, 12), Christian(1998: 370).
18 그들은 투르크인들의 오구즈(Oghuz) 분파에 속했다. 그들 중 일부는 921년~922년 사이 카프카스 북쪽 스텝 지역 인근에서 유목민화되었다. 아랍의 사절 이븐 파들란(Ibn Fadlân)이 볼가 불가리아(Volga Bulgaria)로 가던 중 그 지역을 통과한 적이 있었다.(Bosworth 1968: 16). 그의 매혹적인 기록에 대해 여러 번역본이 존재하는데, 가장 최근에는 Frye(2005)의 번역이 있다.
19 Dunlop(1954: 260). Bosworth(1968: 18)의 논문에서 투르크의 왕이 어떤 자료에서는 야브구(Yabghu)라고 나온다고 했다.(야브구는 호레즈미아 지역의 오구즈족이 지방 통치자를 일컫는 말이다.) 그러나 이는 카자르 카간과 혼동해서 생긴 결과일 것이다. 셀주크가 호레즈미아에서 약사르테스(시르다리야) 강 하류로 이동했을 때, 그곳은 오구즈가 통치하고 있었는데, 그들의 왕이 야브구였기 때문이다. 많은 자료에서 셀주크의 아버지(셀주크 당시 생존해 있었다.)가 카자르를 위해 일했다고 분명하게 언급하고 있는 데다가, 그의 아들들은 모두 이름이 워낙 특이한 것으로 보아, 의심할 여지 없이 셀주크는 사료에서 언급되는 것처럼 카자르 통치자의 궁정에서 양육되었을 것이다.(Dunlop 1954: 260-261 참조).

슬람으로 개종했고, 인근 지역의 비무슬림 투르크멘이나 여타 민족들을 공격했으며, 주로는 트란스옥시아나의 공국들을 옮겨 다니며 용병으로 복무했다. 1030년대에 그들은 경쟁에서 패하고 점차 남쪽 소그디아나로 이주했다. 셀주크는 중앙아시아에서는 새로운 존재였고 유명하지도 않았다. 그러나 가즈나 왕조가 워낙 타락한 상태였고, 탐욕스러웠으며, 군사-정치적으로 급격하게 쇠락한 덕분에, 후라산 지역의 도시들은 하나하나 자발적으로 셀주크에게 복종하게 되었다. 가즈나 왕조의 술탄 마수드(Mas'ûd)가 마침내 셀주크를 공격하기로 결정했지만, 1040년 메르브 서쪽 사막에서 셀주크에게 완패하고 말았다. 2년 뒤, 셀주크는 호레즘으로 되돌아왔다. 그들은 경쟁자들을 무너뜨렸고 호레즘 정권을 장악했다. 가즈나 왕조는 그들의 고향 가즈나 주변과 인도 북서부 지역에서 세력을 회복했다. 그래서 셀주크가 더 이상은 자신들의 영역으로 밀고 들어오지 못하게 저지할 힘이 충분했고, 때로는 셀주크를 북서쪽으로 밀어내기도 했다. 그러나 알프 아르슬란(Alp Arslan, 재위 1063~1072)과 그의 아들 말릭 샤(Malik Shâh, 재위 1072~1092)의 재위 기간에 셀주크는 서부 카라한 왕조와 연맹을 맺고 국경을 안정시킬 수 있었다. 카라한 왕조는 이에 앞서 1041년/1042년에 이미 분열되어 있었다.[20] 셀주크는 서쪽으로 팽창을 계속하여 이란을 가로질러 이라크, 아르메니아, 아나톨리아 깊숙이까지 진출했다. 1071년 아나톨리아의 만지케르트(Manzikert) 전투에서 셀주크의 알프 아르슬란은 비잔틴 제국의 황제 로마누스(Romanus)에게

---

20 동부 지역의 중심지는 처음에는 발라사군(Balasâghûn)이었다가 이후 카슈가르(Kashgar)로 옮겨갔다. 서부 지역의 중심지는 처음에는 우즈칸드(Uzkand, 페르가나 동부)에 있다가 이후 사마르칸트로 이동하였다.

유명한 패배를 안겨주었다. 이때부터 아나톨리아 쪽은 점점 투르크화되어 갔다. 많은 투르크멘인들과 셀주크의 지배를 받지 않는 다른 오구즈(Oghuz)인들도 이쪽으로 이주를 했다. 과거 투르크족이 몇 차례 아나톨리아를 공격하기는 했지만, 비잔틴 제국의 지역 지배는 흔들림 없이 확고하였고, 변함없이 그리스어와 아르메니아어 사용 지역으로 남아 있었다. 그러나 이제는 투르크어가 뿌리를 내리기 시작했다.

티베트

10세기 중반부터, 그러니까 알려진 사실이 거의 없는 1세기가 지나고 나서, 과거 티베트 제국의 영토에서는 불교 조직이 회복되는 형태로 문화가 되살아나기 시작했다. 불교가 되살아나게 된 정치적 배경을 살펴볼 수 있는 역사학적 자료는 거의 없다. 왜냐하면 티베트에서 제국 이후의 역사학적 자료는 거의 모두가 승려들에 의해 오직 종교적인 관심사를 주제로 기록되었기 때문이다.[21] 불교의 부흥을 지원했던 정치체에 대해서는 알려진 바가 거의 없다. 일반적으로 알고 있기로는, 국가 지원에 의해서 불교 사원이 광범위하게 확산되었는데, 실제로 불교 조직을 재정비하려는 초기의 움직임은 서티베트 구게(Guge) 왕국의 왕 예세 오(Yeśes 'Od)가 주도했다고 한다. 그는 카를루크 투르크 정벌에 나섰다가 포로가 되어서 감옥에서 죽었다. 그러니 종교가 다시 부흥한 것은 영토 확장에 뒤이어 일어난 일이었다. 이는 유라시아의 다른 지역에서의 경우와 정확하게 일치한다.[22] 구게 왕조가 티베트 제국 황실의 자손임을 주장했다

---

21 이를 검토한 몇 안 되는 근대 사학자들은 대개 모두 종교적 사안에만 관심을 두고 있다.

는 사실을 감안하면, 그 주장이 진실이든 허구든 간에, 그들로서는 오래도록 잃어버렸던 가문의 제국 경영을 회복하는 것이 주된 목적이었음을 짐작케 한다.

불교 운동은 티베트 중앙부가 아닌 변방의 세 지역에서 시작되었다. 동부는 현재 캄(Khams) 지방, 북동부는 현재 암도(Amdo) 지방, 그리고 북서쪽 구게 왕국은 현재 가리(Mngáris) 지방이다. 티베트에서 다시 확산된 불교의 다양성은, 아마도 제국 시절 해당 지역에서 발전했던 종파가 국경 지역에 살던 승려들에 의해 간신히 맥을 이어 지속된 결과일 것이다. 그러나 새로운 형태의 불교가 옛날의 가르침을 대체하고 확산된 것은, 인도 유학 경력이 있는 위대한 구게의 스승 린첸상포(Rinchen Bzangpo, 985~1055)의 영향도 있었고, 특히 인도의 마가다에 있던 비크라마실라(Vikramaśila) 사원에서 온 인도인 스승 아티사(Âtiśa, 사망 1054)가 도착한 이후부터였다. 아티사는 1042년 구게 왕국의 왕 오드이데('Od-Ide)의 형제인 양춥 오(Byang-chub 'Od)의 초청으로 구게 왕국에 오게 되었다. 새로운 형태의 이국적인 불교는 무엇보다도 린첸상포와 아티사가 번역한 새로운 탄트라에 기반을 두고 있었다.[23] 이후 아티사는 티베트 중부로 이주해서 생을 마감할 때까지 그곳에서 가르쳤다. 그의 이동과 같은 방향으로 정치적 이동도 있었을 것으로 추정된다. 그가 이동할 때 그의 후원자였던 구게 왕국의 지도층도 함께 이동했을 것이다.

당시 티베트에서 정교일치가 발전했던 가장 중요한 계기는 아티사

---

22 그의 원정과 사망에 대한 이야기는 철저히 종교적인 내러티브를 보이고 있으며, 액면 그대로 해석돼 왔다. 그러나 사료에 따르면 그는 군사 원정 중 포로가 되었다.
23 Hoffmann(1961: 112-122).

와 같은 시대의 스승 독미('Brog-mi)였다. 그는 티베트로 돌아오기 전 8년 동안 비크라마실라에서 공부했다. 1043년에 그는 티베트 중부의 창(Gtsang) 지방에서 사원을 짓고 인도에서 스승을 모셔와 학생들을 가르쳤는데, 학생들 중에는 강력한 콘('Khon) 부족이 포함되어 있었다. 1073년 그는 사키야(Saskya) 사원을 건설했다. 이 사원은 콘 부족의 어느 일파에 의해 상속이 되었다. 당시 일반적으로 수도원장 자리는 독신 남성으로부터 그 조카에게로 상속되었다. 사키야파(Saskyapa) 종단으로 인해 콘 부족의 세력이 성장한 결과 13세기 초에 이르러 그들은 티베트 불교를 대표하는 종단이 되었고, 아마도 정치적인 권력도 주도했을 것이다.

티베트 불교 주요 종단은 바로 이 시기에 발전하여 자리를 잡았다. 많은 수행자들이 산스크리트어에서 번역된 텍스트에 의존하여 불교를 최(Chos)라고 이해했고,[24] 다른 수행자들은 뵌(Bon)으로 이해했다.[25] 최 전통 안에서도 많은 종파들이 발전했다.[26] 불교는 이러한 새로운 형태로 티베트 전역으로 빠르게 확산되었고, 이전의 종교들을 대체해 나갔다.

---

24 그들은 'chos'의 의미를 일반적으로 통용되던 것에서 다소 축소시킨 것 같다. 'chos'는 이미 고대 티베트어에서 '관행적 믿음'을 뜻하는 용어였다. 해당 시기에 산스크리트어의 다르마(dharma)와 같은 의미를 지니기 시작했다. 티베트어에서 'chos'의 원래 의미에 대해서는 논란이 있다. '창조하다, 만들다'는 의미의 동사에서 파생된 단어일 수도 있다.
25 문제가 많은 티베트 단어 'bon'과, "Bon", "Bonpo" 등의 이름과 관련해서는 미주 79번 참조.
26 결국 'Chos' 전통 내에서 두 개의 파가 갈라졌다. 즉 '구 탄트라(Old Tantras)'를 주로 따른 이들과(이들이 나중에 닝마파 교단으로 발전), '신 탄트라(New Tantras)'를 주로 따른 이들(닝마파 이외의 모든 교단)로 나뉘게 된다.

중국 지역 북부와 동부 스텝 지역

황소(黃巢, 사망 884)의 반란군은 도적떼 무리에서 시작해서 당나라의 상당 지역을 황폐화시켰다. 심지어 동남쪽으로 광동 지역 항구까지도 그들에게 짓밟혔다. 반란군은 약 12만 명이나 되는 사람들을 학살했는데, 주로 아랍인, 페르시아인, 기타 외국 상인들이 포함되어 있었다. 이로 인해 당 왕조의 정권은 사실상 막을 내리고, 중국 바깥의 연안 무역항들이 광동보다 더 중요하게 부각되었다.[27] 당나라의 영토였던 북부와 서부 지역, 동부 스텝의 남쪽 일부 지역에서는 중앙유라시아 민족들이 다시 주도권을 잡고 중국 스타일의 반독립 정부 상태로 일어섰다가 점차 완전 독립국으로 나아갔다.[28] 중앙유라시아 일부와 북중국 지역이 모두 그들의 세력권에 들어갔다. 그들은 서로 간에 경쟁을 벌였고, 남방의 중국 정권과도 경쟁했다.

당나라가 무너짐에 따라 지나치게 많은 지역별 소국들이 난립하게 되었다. 소국을 세운 주역들은 예전에 당나라의 관료였거나 장군이었다. 이들 중국식 중앙유라시아 왕국 중에서 가장 먼저 상당한 규모로 나라를 일으키는 데 성공했던 이들은 투르크 사타(沙陀)족이었다. 이들의 근거지는 오르도스에서 황하 건너 동쪽 하동(河東)이었다. 지도자는 사타족 출신의 당나라 장군 이극용(李克用, 재위 883~907)이었는데, 그는 883년 황소의 반란군을 격파하여 북중국 지역에서 그들을 몰아냈다. 913년,

---

27 왕조 체제가 공식적으로 종료된 것은 907년이었지만, 황소의 난 이후 얼마 지나지 않아서 수도 이외의 지역에서는 명목만 유지할 따름이었다.
28 동부 스텝 지역과 북중국 지역에서 당나라 이후 상황에 대한 최근까지의 연구 성과를 반영한 개관은 Drompp(2005: 197 이하) 참조.

이극용의 아들 이존욱(李存勗, 재위 907~926)은 중국 북동부에서 오래도록 독립적으로 유지되던 노룡(盧龍)을 점령했다. 이곳은 안록산의 근거지였던 곳이다. 923년에는 거대한 왕국이었던 후량(後梁, 907~923)을 무너뜨렸다. 당시 당나라의 수도였던 두 도시가 모두 후량의 영토에 속해 있었다. 후량의 건국 세력은 원래 황소의 난에 가담했었는데, 이후 당나라 조정에 들어갔다가 결국 당나라를 잔혹하게 마감하는 역할을 했다.[29] 이존욱은 후량을 무너뜨린 뒤 후당(後唐, 923~937)을 세웠다. 통합된 사타족은 북중국 지역과 더불어 만주 서쪽에서 중국과 중앙유라시아 국경지역 대부분을 장악했다.(동부 오르도스 만리장성 지역은 예외로 탕구트가 지배했다. 사타족과는 황하를 사이에 두고 있었다.) 사타족은 뒤에 후진(後晉, 937~946), 후한(後漢, 947~950)으로 이어졌는데, 이들은 새롭게 성장하는 요(遼)나라와 마주쳐야 했다. 요나라는 예전에 사타족과 동맹이었던 몽골계 거란족이 세운 나라로 사타족의 북쪽 및 북동쪽에 걸쳐 세력을 얻었다. 요나라는 940년대에 반복적으로 사타족을 공격했다.[30]

오르도스에 기반을 둔 서하(西夏) 왕국은 오르도스에 남아 있던 티베트-버마어족의 후예 탕구트(Tangut, Miñak)족이 세운 나라였다. 그들은 대부분 티베트 북동부의 고향으로부터 티베트 제국의 압박에 밀려 오르도스로 이주했던 사람들이었다. 그들은 당나라 초기에 오르도스 동부에 자리를 잡았다. 안록산이 반란을 일으켰을 무렵, 탕구트족은 이 지역의 중요한 토착 세력이었다. 당나라 말기, 탁발사공(拓跋思恭, 재위 881~약 895)

29 Somers(1979: 760-765).
30 Francke and Twitchett(1994: 6).

은 전통적으로 탕구트족을 지배했던 부족의 추장이었다. 그는 당나라의 수도 장안에서 황소의 반란군을 몰아내는 공을 세우고, 그 대가로 세 지역(夏州, 綏州, 銀州)의 지방 장관으로 임명되었다. 그의 후계자들은 점차로 남서쪽으로 팽창했다. 그들의 고향인 티베트 북동부 방향이었다. 또한 서쪽 중앙아시아 방향으로도 나아갔다. 1002년에는 영주(靈州)를 점령했다. 그곳은 그들의 고향인 하주(夏州)의 서쪽으로, 이곳을 최초의 수도로 정하고 이듬해 도시 이름을 서평부(西平府)라 하였다. 1038년에는 공식적으로 건국을 선언했다. 탕구트족이 번성하고 그들의 나라가 계속 커지자 그들은 새로운 수도를 건설했는데, 서평부에서 황하 건너 바로 서쪽이었다.[31] 그들은 점차로 영토를 넓혀 감숙성의 절반을 차지했고, 서령(西寧, 현재 청해성 수도) 남쪽에서 칭탕(Ch'ing-t'ang) 왕국에 이르기까지 과거 티베트 제국의 영토를 장악했다. 이후에 서하는 남서쪽으로는 티베트 및 여러 민족들, 남동쪽 국경에서는 중국 지역의 송나라(북송 960~1125, 남송 1125~1279)와도 자주 전쟁을 치렀다.[32] 그럼에도 불구하고 그들은 화려하고 안정된 제국을 건설해서 몽골의 시대까지 지속하였다. 탕구트족은 중국 지역에서 중앙아시아에 이르는 동서무역을 주도했다. 이런 점에서는 이들이 과거 토욕혼 왕국을 되살린 것으로도 볼 수 있다. 이뿐만 아니라 탕구트족은 중국 지역에서 동부 스텝 지역으로 이어지는 남북 무

---

31 그 중국 이름은 흥주(興州)였고, 1033년 흥경부(慶興府)로 바뀌었으며, 이후 다시 중흥(中興)으로 바뀌었다. 그 이름은 몽골어로는 에리카야(Eriqaya, Erighaya)로 알려졌다.(de Rachewiltz 2004: 552, 968; Dunnell 1994: 178 참조). 탕구트인들의 이 기록은 Dunnell(1994)에서 인용하였다. Dunnel(1996) 참조.
32 Dillon(1998: 294).

역로 일부도 장악했다. 영토가 오르도스 건너 동쪽으로까지 확장되었기 때문이다. 여기서 그들은 북쪽과 동쪽으로 거란족을 마주하게 되었다.

감숙성과 코코노르 지역에서는 상당수 소국들이 중국인, 위구르인, 티베트인들에 의해 일어났다. 여기는 원래 티베트 제국 암도(Amdo, Mdo smad) 지방의 핵심부였다. 그 중에서도 가장 중요한 지역은 코코노르 지역의 칭탕 왕국이었다. 이 왕국은 중앙아시아 동부 지역과 송나라를 연결하는 또 다른 무역로를 장악하여 번영을 누렸다. 때로 송나라와 탕구트족이 전쟁을 할 때면 군사적으로 송나라를 돕기도 했다. 탕구트는 칭탕과 국경을 접하고 있었는데, 칭탕 왕국을 강력하게 압박하고 있었다.[33]

거란은 몽골어족으로, 그 조상이 고대 말기의 선비족 연맹체에서 갈라져 나왔다.[34] 이들은 당나라 초기부터 중국 북동부 지역을 주도하기 시작했다.[35] 당나라가 무너진 뒤, 거란은 야율아보기(耶律阿保機, 재위 907/916~926, 사후에 태조로 추존)의 지휘 아래 요(遼, 916~1125)나라를 세웠다. 그들은 중국 북동부, 동부 스텝 지역(924)과[36] 만주 남부 지역을 장악했다.[37] 이리하여 중국 국경의 동부는 거란이, 서부는 탕구트가 지배하게

---

33 칭탕의 교역에 대한 가장 정확한 설명은 Shiba(1983)이다. 이 탁월한 연구는 이 시기 유라시아 동부 지역 전체에서의 교역에 대한 귀중한 정보를 담고 있다. 이 왕국의 정치사에 대해서는 Petech(1983) 참조.
34 거란어의 언어적 연관관계에 대해서는 미주 80번 참조.
35 안록산은 여러 차례 그들을 정복하고자 했으나 대체로 실패하였다. 거란족과 또 다른 민족으로 구성된 그의 코미타투스는 8,000명이 넘는 강력한 전사들이었다. 안록산은 그들을 아들로 대했다.(*TCTC* 216: 6905). 미주 25번 참조.
36 Biran(2005: 15).
37 Twitchett and Tietze(1994: 60-62); Drompp(2005: 200-201, 202-205)에 따르면 키르기스(Kirghiz)는 위구르를 대체할 스텝 제국을 건설하지는 못한 것으로 보인다.

되었다. 이들 두 왕국은 각각 중국인 거주 지역과 중앙유라시아인 거주 지역을 모두 포함하고 있었다. 북동쪽의 여느 중앙유라시아 민족들처럼 거란족도 전통적 방식으로 코미타투스를 운용하고 있었다. 적어도 왕국을 실현해가는 과정에서는 분명히 그랬다. 그리고 그들의 왕국은 "칸과 네 명의 지방 장관" 시스템으로 분명하게 조직화되었다. 이들은 특히 흥미로운 변형을 가미했는데, 5개의 수도, 즉 오르두(ordu)를 운영했던 것이다. 각 방위에 따른 지방에 수도를 하나씩 배치하고, 중심부에도 하나를 배치했던 것이다.[38] 거란은 동부 스텝 지역에서 강력한 영향력을 유지했다. 그 이유 중의 일부는 거란 내부 보수주의자들이 중국화에 반대하고 거란의 유목민적 생활방식을 유지하고자 했기 때문이었다. 스텝 지역의 거란이나 정주 지역의 거란 모두 이후 몽골이 중국 북부에서 성공하는 데 결정적인 기여를 하게 된다. 거란은 요나라 시절 위구르와 매우 긴밀한 관계를 유지했다.[39] 1120년에서 1123년 사이 요나라는 퉁구스계 여진족에게 패했는데, 이들은 거란의 오랜 적이었다.

여진족은 그 기원이 남부 퉁구스어족으로 만주 극동부 삼림지대(현재 러시아 프리모르스키 지방) 사람들이었다. 그들은 몽골계 거란족이나 이후에

---

38 이 주제 및 거란 관련 여러 주제에 대해서는 Wittfogel anf Fêng(1949)의 고전적 연구를 참조할 것. 거란은 연경(燕京, 현재의 북경, 북쪽의 수도라는 뜻)을 건설했다. 연경은 제국 내 농업 지역에 건설한 다섯 개의 행정 중심도시 중 하나였다. 이를 계기로 도시가 번성하기 시작했다.(Francke 및 Twitchett 1994: 16). Johannes Reckel(Di Cosmo 1999: 10 n.29에 인용)의 주장에 따르면, 거란은 발해(만주 남부와 한반도 북부에 걸쳐 있었던 나라)를 정복한 뒤 발해로부터 여러 개의 수도를 운영하는 시스템을 받아들였다. 발해는 고구려의 유산을 이어받은 나라였다.
39 요나라가 무너진 다음에도 카라키타이(흑거란)는 이러한 관계를 계속 유지했다. 이는 몽골 정복이 시작되기 직전까지 계속되었다.

등장할 몽골족들과 같은 유목민이 아니었다. 그들은 스텝 지역 스타일의 전쟁에 익숙해본 적도 결코 없었고, 오래도록 나라를 세워본 적도 없이 거란의 복속민으로 살았을 뿐이었다. 만주 지역으로 그들을 쳐들어온 거란을 완전히 물리친 다음, 1115년에 여진족은 국호를 금(金, Gold)이라 칭하며 제국을 선포했다. 그들은 먼저 약해진 요나라를 압박해서 만주 남부 지역의 영토를 확보했다. 1117년, 송나라는 금나라와 협력하여 요나라를 무너뜨리고 영토를 나누자는 협상을 시도했다. 송나라는 이를 통하여 당나라 이래 잃어버렸던 북부 영토를 되찾고자 했다. 그러나 여진은 이미 충분히 강해져서 송나라 따위는 필요가 없었다. 게다가 송나라는 요나라를 공략했으나 성공하지 못했다. 금나라와 송나라가 1123년에 협약한 바에 따르면, 금나라는 송나라가 요나라 땅 일부를 차지하도록 허용하는 대신, 송나라는 그 영토에 대한 대가로 금나라에게 매년 은 20만 냥과 비단 30만 필을 지불하기로 했다. 1125년 요나라 태자를 사로잡은 여진은 중국 북동부 지역과 만주 지역의 주인으로서 이제 거란을 대신하게 되었다. 그러나 여진과 송나라의 관계는 악화되었고, 1125년 여진이 송나라를 공격하여 산서(山西)와 하북(河北)을 점령하고 황하를 건너 낙양의 동쪽 바로 옆에 있었던 송나라의 수도 개봉(開封)에 주둔했다.

송나라는 금나라의 평화 협상 조건을 받아들였다. 협약에 의하면, 송나라는 매년 30만 냥의 은과 30만 필의 비단, 동전 100만 꾸러미를 바쳐야 했다. 1126년에는 고려(高麗)의 왕이 금나라의 신속(臣屬) 요구를 받아들였으며, 이미 탕구트의 서하도 마찬가지였다. 송나라가 협약의 몇 가지 조항을 어기자, 금나라는 다시 송나라를 공격했고, 이번에는 개봉을 정복하고 약탈까지 자행했다. 황제와 전임 황제 휘종(徽宗, 그는 중국 역사상 가장 위대한 예술가이자 서예가 중 한 사람이었다.) 및 여러 황실 인사들이 포로로 잡혀갔다. 송나라는 휘종 대신 다른 황제를 옹립하였지만, 근본적으로 패배를 돌이킬 수는 없었다. 금나라는 1127년 무너진 송나라를 버려두고 되돌아갔지만, 송나라로서는 1138년 수도를 훨씬 남쪽의 항주(杭州)로 옮기지 않을 수 없었다. 송나라가 여진보다 강했던 적은 결코 없었고, 잃어버린 영토를 조금이라도 되찾은 적도 없었다. 마침내 1142년 새로운 협약이 맺어졌다. 이에 의하면 국경은 회하(淮河)로 하며, 송나라는 매년 25만 냥의 은과 비단을 공물로 바쳐야 했다.[40]

요나라가 여진에게 밀려난 뒤, 1124년 거란의 황족이었던 야율대석(耶律大石)은 스스로 왕을 칭하고, 시대를 거스르는 거란의 마지막 황제를 따르지 않기로 했다.[41] 그는 북쪽으로 달아나 오르콘 강 유역의 거란군 주둔지 케둔(Kedun)으로 가서 남아 있는 군사들을 모았다. 1130년에 이르러 그를 따르는 무리에는 거란인, 몽골인, 중국인 등이 포함되어 있었다. 그는 이들 무리를 이끌고 케둔의 북서쪽으로 이동했다. 1131년 혹은 1132년에,[42] 조금씩 서쪽으로 신중하게 이동하던 야율대석은 새로운 칭호인 구르 칸(Gür Khan)을 선포했다. 이는 우주의 지배자라는 뜻이었다.[43] 더불어 중국식 연호를 선포하고, 북부 타림 분지의 위구르 왕국에 대하여 전통적인 거란의 종주권을 새롭게 갱신하였다.[44] 1134년, 이

---

40 금나라와 금나라의 대 요나라, 송나라 전쟁에 대한 설명은 Francke(1994)를 근거로 했다.
41 Biran(2005: 25-26).
42 Biran(2005: 36).
43 칭호에 대한 논의는 미주 83번, Biran(2005: 39 n.146) 참조.
44 Biran(2005: 32-38).

식 쿨 근처 추(Chu, 楚河) 강 유역에 있던 동부 카라한 왕국의 통치자 발라사군(Balâsâghûn)은 야율대석에게 도움을 요청했다. 그의 영토 내에 있는 카를루크와 캉글리(Kangly, 康里)족을 물리쳐달라는 것이었다. 야율대석은 요청을 받아들였다. 그는 아무런 저항 없이 발라사군에게로 진군했고, 갑자기 태도를 바꿔 카라한 왕국을 자신의 영지로 만들어버렸다. 야율대석은 그곳을 수도로 정하고, 새로운 거란 스타일 황제 캠프인 쿠즈 오르도(Quz Ordo)를 설치하였다. 그리고 동부 카라한 왕국에 속했던 영토에 지방관을 파견하기 시작했다.[45] 1134년, 야율대석은 여진을 공격했으나 실패했다. 그 뒤로 그는 더 이상 떠나온 동쪽의 요나라를 회복하려는 시도는 포기했다. 그럼에도 불구하고 그가 설립한 새로운 제국은 팽창을 계속했다. 동쪽으로 카슈가르, 호탄, 키르기스, 베슈발리크가 모두 이에 복속했다. 서쪽으로는 1137년 5월 후잔트(Khujand)에서 서부 카라한 왕국을 무너뜨렸다. 그리고 이로부터 셀주크와의 전쟁이 비롯되었지만, 1141년 9월 9일 사마르칸트 근처 카트완(Qatwân) 전투에서 셀주크의 술탄 산자르(Sanjar)를 무찌름으로써 승리를 확고하게 굳혔다. 결과적으로 야율대석은 자신의 영토에 트란스옥시아나를 더하였으며, 여세를 몰아 호레즘까지 세력을 넓혀 호레즘으로부터 조공을 받아냈다.(1142부터)[46] 야율대석의 새로운 제국은 카라키타이(Kara-Khitai) 즉 '검은 키타이(흑거란)'로 알려졌으며, 중국식 왕조 명칭으로는 '서요(西遼)'라고 했다. 1143년 구르 칸 야율대석이 사망한 뒤, 카라키타이는 오직 그들의 새로

---

45 Biran(2005: 39).
46 Biran(2005).

운 제국에만 관심을 기울였다. 제국의 영토는 동쪽으로는 동투르키스탄과 준가리아를 넘어서 몽골 서부 지역까지 이르렀으며, 서쪽으로는 트란스옥시아나에서 호레즘의 신흥 왕조에까지 세력을 미쳤다.

동부 스텝 지역에서는 여진이 거란을 무찌른 후 정치적 판도가 바뀌었다. 여진은 거란이나 탕구트보다는 중국 영토를 훨씬 많이 차지했기 때문에, 여진 중심부에는 중국인 인구가 많았다. 여진도 5경 시스템 등의 북방식 전통을 유지했지만, 시간이 지나면서 거란보다 훨씬 더 중국화되었다. 그들은 건국 초기에조차 스텝 지역에서 미미한 영향력을 행사할 뿐이었고, 동부 스텝 지역을 장악하려는 진지한 시도는 곧 포기하는 대신, 간접적으로 영향력을 행사하는 데 만족했다. 이로 인해 동부 스텝 지역은 불안정한 상태에 놓이게 되었다. 그 지역에는 언어민족학적으로 보면 대체로 몽골계와 투르크계에 속하는 다양한 민족들이 존재했는데, 각자가 주도권에 도전했다. 가장 강력한 민족은 타타르(Tatar)였다. 여진은 몽골의 힘이 강해지는 것을 견제하기 위해 타타르를 지원했다. 금나라가 몽골을 복속하기 위해 실제로 스텝 지역을 공격하기도 했지만 성공하지 못했고, 1146년 혹은 1147년에 몽골을 독립국으로 인정할 수밖에 없었다. 몽골의 지도자 카불 칸(Khabul Khan)은 "조상 대대로부터 정통성을 지닌 황제"임을 천명했다. 금나라는 그에게 제후의 지위를 부여하고 "매우 관대한 선물"도 함께 주었다.[47] 이처럼 몽골이 신흥 세력으로 성장하였지만, 여전히 동부 스텝 지역에서 정치적 주도권을 잡은 세력은 여진의 지원을 받는 타타르였다.

---

47 Francke(1994: 238).

중세 중기 학문의 성장

초기 중세 이후 몽골의 시대 이전, 그러니까 중기 중세에는 제국 혹은 왕국들의 규모가 제한적이었고, 정부 혹은 정치가들이 백성들을 괴롭히는 일도 그만큼 제한적이었다. 특히 서유럽, 이슬람 세계, 티베트, 동아시아 등지에서 철학자, 과학자 등 창조적인 사람들은 만약 고향에서 위험에 처할 일이 있으면 보다 안전한 나라로 옮겨가는 것이 가능했다. 그 결과 국경을 넘어 이주하는 일이 증가했고, 학문의 성장도 계속되었다.

당시 이슬람 세계는 과학과 수학, 철학과 형이상학에서 최고점에 이르렀다. 이들 분야에서 가장 위대한 학자들, 알 파르가니(al-Farghânî, 전성기 833~861, 페르가나 출신), 알 파라비(al-Fârâbî, 사망 950, 파랍[우트라르] 출신), 이븐 시나(Ibn Sînâ, 980~1037, 부하라 근처 아프사나 출신), 알 비루니(al-Birûnî, 973~약 1050, 호레즈미아 카트 출신), 알 가잘리(al-Ghazâlî, 1058~1111, 후라산 투스 출신) 등을 포함한 많은 이들이 중앙아시아 출신이었다. 역사상 최초의 수피(Sufi) 신비주의자 아부 야지드 알 비스타미(Abû Yazîd al-Biṣṭâmî, 사망 875)는 서부 후라산의 비스탐 출신이었다. 그는 인도의 요가 수행을 소개했으며, 무슬림이 아니었던 자신의 구루(guru), 아부 알리 알신디의 가르침을 전했다.[48] 그리하여 중앙아시아는 수피즘의 본거지가 되었으며, 많은 수피 승단 조직의 고향이 되었다.

중앙아시아의 대도시들은 문화, 도서, 교육의 중심지였다. 사만 왕조는 루다키(Rudaki)와 다치치(Daqîqî)를 후원했던 것으로 유명한데, 이들은 새로운 페르시아 문학에서 위대한 시를 남긴 최초의 시인들이었다. 한편 가즈나 왕조도 새로운 페르시아 문학을 후원했는데, 가장 유명한 작품은 피르다우시(Firdausî, 사망 1020)가 쓴 『샤나메(Shâhnâmeh, 왕들의 책)』라는 서사시이다. 이는 이란의 구전 서사시에 기반을 둔 작품이었다.[49] 위대한 시인 니자미(Niẓâmî, 1141~1209/1213)도 이 시기의 사람이었다. 주목할 만한 사실은 이 문학 활동이 이란(페르시아)이 아니라 중앙아시아에서, 중앙아시아 통치자들의 후원으로 이루어졌다는 점이다.

알프 아르슬란과 말릭 샤의 치하에서 최전성기를 맞이한 셀주크를 실질적으로 움직였던 배후조종자는 니잠 알 물크(Niẓâm al-Mulk, 1017/1019~1092)였다. 그는 수준 높은 정치가였고 때로는 과감한 전략가였다. 그의 가장 유명한 작품은 『시야사트-나메(Siyâsat-nâmeh, 왕자들의 거울)』이다. 이 작품은 통치자들이 어떻게 효과적으로 절대 권력을 가질 수 있는지를 가르치려 한 책이다. 니잠 알 물크는 또한 교육을 후원했고, 표준화된 거대 마드라사(madrasa)들을 건설하거나 재정을 보탰다. 마드라사는 고등 교육 기관으로 그의 이름을 따 니자미야(Niẓâmiyya)라고도 알려져 있다. 그로 인해 대부분의 근동 지역에 마드라사들이 확산되었다.

---

48 Fakhry(1983: 241)는 초기 신비주의적 수피즘(이는 수피즘의 다른 여러 초기형태와 구분되어야 함에도 그렇지 못한 경우가 많다.)에 대한 가장 균형 잡힌 개론적 설명이다. 서구학계는 오랫동안 그에 내재한 인도적 요소들을 힌두교와 결부시켜 봐 왔지만, 이에는 재고의 여지가 있다. 이는 주로 초기 유럽학자들의 지식의 한계에서 비롯되었다. 그들은 남아시아 및 동남아시아 드라비다 불교 이외에는 잘 알지 못했다. 남방불교는 무함마드 시대의 다른 불교들과는 뚜렷하게 달랐다. 이슬람과 불교를 아우르는 전문 학자의 객관적인 연구는 너무도 늦은 감이 있다. 후라산(Khurasan)의 비스타미(Bistâmî) 본거지 근처 중앙아시아 지역이 이슬람의 도래 이전 수 세기 동안 불교를 믿고 있었고, 이후 아주 서서히 무슬림화되었음을 고려한다면, 그가 "인도" 사상으로부터 영향을 받은 것은 결코 이상한 일이 아니다. 미주 77번 참조.

49 마흐무드(Mahmûd)는 피르다우시(Firdausî)의 저작을 살짝 고쳤고, 피르다우시는 분노하여 신랄한 풍자시를 지었다.

그의 동기는 정치적인 부분이 없지 않았지만, 이들 마드라사들은 근동 지역과 이를 중심으로 한 이슬람 세계에서 이후 2세기 동안 문화가 번성하는 데 기여를 했다. 변증법적 논증이라는 학문의 방법론은 중앙아시아에서 발전했고 이슬람 세계로 퍼져 나갔다. 이를 스페인으로 가져간 사람은 코르도바의 아부 압달라 알 아즈디(Abû 'Abd Allâh al-Azdî, 사망 969)였다.[50] 이는 스페인에서 다시 번성을 하게 되어 결국 위대한 철학자 아베로에스(Averroës, Ibn Rushd, 사망 1198)가 탄생했다.

중앙아시아의 이슬람 도시들은 모두 당시 유라시아의 빛나는 상업적 지적 중심지였지만, 종교적 보수주의자들 사이에서 반지성적인 반작용도 발전하였다. 이러한 움직임을 강력하게 뒷받침한 이는 중앙아시아의 철학자이자 신학자였던 알 가잘리(al-Ghazâlî)였다. 그는 한동안 바그다드의 니자미야에서 교수를 역임한 적도 있었다. 그는 궁극적으로 철학 그 자체를 거부했으며, 수피즘의 보수주의적 양상을 선호했다. 그는 자신과 제자들을 위해 니샤푸르(Nishapur)에 수피 사원(khânqâh)를 설립했고, 생의 마지막 몇 년 동안 그곳에서 가르쳤다. 그와 다른 보수주의자들은 도그마를 벗어나는 사상의 자유를 억압하려 했다. 그래서 위대한 그리스와 이슬람 사상가들의 관점과 방법론을 이용함으로써 목적을 이루려 했다. 그가 쓴 가장 유명한 책은 『철학자들의 비일관성(Tahâfut al-falâsifa)』이었는데, 1095년에 완성되었다.[51] 그 내용은 철학을 억압하는 것이었다. 누구든 강력하게 어떤 철학자의 입장을 고수한다면 죽음을 면치 못

---

50 Makdisi(1981: 1331).
51 이 제목은 '철학자들의 종말' 또는 '철학자들의 몰락'으로도 번역된다. 포괄적 논의는 Fakhry (1983: 특히 222 이하) 참조.

할 것이라는 한 가지 논점에 집중되었다. 알 가잘리의 주장은 얼마 못가서 아베로에스(이븐 루시드)의 비판을 받았다. 그는 『비일관성의 비일관성(Tahâfut al-tahâfut)』이란 글을 썼다. 하지만 그는 스페인어로 글을 썼고, 때는 이미 너무 늦었다. 아베로에스가 유럽의 사상에 강력한 영향을 미치기는 했지만, 이슬람 세계에는 전혀 그렇지 못했다. 이슬람 세계에서는 근대에 이르기까지 그의 작품이 거의 알려지지 않았다.[52] 그는 살아 있는 동안 보수주의자 광신도들에 의해 이슬람의 지적 생태계가 무너지는 것을 보아야 했다. 학문적 변증법 논쟁 속에서는 신성한 텍스트를 포함하여 사상을 논리적으로 분석하고 논쟁할 수 있었다. 보수주의자들의 핵심적 의도는 이를 억압하고 사상의 독립을 부정하는 것이었다. 알 가잘리와 보수주의자들은 승리했다. 갈수록 엄격해지는 교리에 의문을 제기하는 사상가들은 처형되거나 격리되었다. 자유로운 사상이 불가능한 것은 다만 철학에 한정된 것이 아니라 다른 거의 모든 분야에도 적용되었다. 과학도 점차 대부분의 이슬람 세계에서 사라져갔다.[53]

중세 서유럽 문화의 성장은 무슬림 스페인 및 팔레스타인과 접촉한 직접적인 결과였다. 라틴어로 번역된 아랍의 책들은 새롭고, 흥미롭고, 종종 기발한 사상들을 전해주었다. 알 콰리즈미의 책은 『알고리드무스(Algorithmus)의 책』으로 번역되어 아랍의 수학을 소개해주었다.[54] 여기

---

52 Bergh(1954).
53 Makdisi(1981: 136-139) 참조. 다만 그는 토론과 논쟁이 혼란해지고 참가자들이 다치면서 박해가 발생했다고 보았다. 이슬람 세계에서 지성의 퇴보는 몽골인들의 도래 이전에 이미 진행 중이었고, 유럽은 말할 것도 없다. 근래 이 사안에 대한 몰역사적 주장들에 대해서는 미주 81번 참조.
54 제6장 참조.

에는 숫자 영(0)의 개념과 알고리듬(algorithm) 계산법이 들어 있었다. 한편 『알게브라(Algebra)』는 선진적인 대수학을 소개했다. 이러한 책들은 가히 혁명적이어서 서유럽의 사유를 과학으로 돌려놓았다. 이전에 알려지지 않았던 아리스토텔레스의 철학 및 논리학 저서들, 이슬람의 위대한 아리스토텔레스 연구자의 책들도 서유럽 사상을 근본적으로 재구성하는 원인이 되었다. 책들과 함께 제도상 중요한 아이디어도 최소한 하나는 들어왔다. 최초의 유럽 대학은[55] '콜레쥬 드 디즈위트(Collège des Dix-huit)', 즉 '학자 18인의 대학'으로, 1180년에 런던의 조시우스(Jocius de Londiniis)가 성지 순례를 다녀온 뒤 파리에 세운 학교였다.[56] 이 대학은 이후 파리 대학교(Université de Paris)의 기원이 되었다. 대학은 그 직접적인 선조, 즉 마드라사와 비하라의 기본적인 특성을 그대로 간직하고 있었다. 예컨대 기부 재단이 포함되어 있었는데, 이는 학생의 주거와 교수를 지원하는 것이었다.[57] 아마도 건물의 형태도 따라했을 것이다.[58] 이처럼 유럽으로 전해진 이슬람의 지식, 기술, 제도 등은 중세 중반 지적 혁명의 원동력이 되었다.

55 컬리지(college)는 재정 후원을 받는 종교 재단이었다. 거주하는 학생들과 교사(들)의 비용은 재단에서 부담했다. 유니버스티(university)는 재정을 스스로 충당하는 회사라는 점에서 컬리지와 구분되어야 한다. 유니버스티는 유럽 자체 내에서 발전한 것이다.
56 Makdisi(1981: 226, 228)에 의하면, "예루살렘 안에 마드라사들이 소재했는지는 알려져 있지 않지만, 1180년대에는 인근 지역에 수많은 마드라사들이 있었다." Original charter(CUP I: 49)에는 런던의 조시우스(Jocius)가 예루살렘에서 돌아왔다고 특별히 기록이 되어 있는데, 내륙 도시 예루살렘에 가기 위해서는 불가피하게 "인근 지역"을 통과할 수밖에 없다. 근동 지역 이슬람 세계에서는 마드라사들이 거미줄처럼 퍼져 있었기 때문에, 조시우스가 마드라사를 하나도 마주치지 않고, 그게 무언지 모른 채로 성지 순례를 할 수는 없었다. 아마도 실제로는 마드라사에서 하룻밤 묵기도 했을 것이다.

티베트 제국이 무너진 뒤 한 세기 동안의 회복기를 거치면서 수많은 소규모 왕국들이 티베트에 성립되었다. 이들 왕국들은 대체로 도시가 아니라 요새나 더욱 강화된 사원에 자리 잡았다. 그리고 그 속에서 중세 티베트 불교 문화가 발전하였다. 새로운 여러 종단들 사이의 교리 차이로 인해 말뿐만 아니라 글로도 활발한 논쟁이 이루어졌고, 불교 대장경, 교리, 기타 주제들이 논점이 되었다. 글쓰기 관습은 이 때 확고하게 뿌리를 내렸다. 그리 많지 않은 수의 티베트인들이 신속하게 방대한 저술을 쏟아냈다. 주로 형이상학, 신비주의, 의례에 대한 주제들이었지만, 역사, 의학 등 다른 주제들도 포함되었다. 이 시대의 정치사는 아직도 잘 알려져 있지 않다. 국가는 사원 권력과 긴밀하게 연결되었던 것으로 짐작된다. 그러나 어떤 관계였는지는 불확실하다.[59]

서하 왕국의 탕구트족은 티베트 불교도와 긴밀한 관계로 발전해서, 탕구트 왕실에서 거주했던 티베트 불교도들도 있었다. 탕구트족이 티베트족과 관련이 있을 것으로 추정되고,(이들의 언어는 같은 어족에 속한다.) 간단명료한 티베트 알파벳도 있었지만, 탕구트족은 티베트 문자를 받아들이지 않았다. 그 대신 중국 한자의 형태에 기반해서 복잡한 문자 시스템

---

57 파리 18대학의 간단한 chater에는 '교사'의 존재가 언급돼 있지 않지만, 다음 세기 초 파리의 컬리지는 "스승이 지휘하는 일군의 학생들"로 구성돼 있었던 것으로 전해진다.(Rashdall, Makdisi 1981: 236에 인용). 이를 고려하면 불과 몇 년 전에 설립된 최초의 컬리지도 이런 형태로 만들어졌을 가능성이 크다.
58 이러한 가능성은 필자가 옥스퍼드에 소장된 몇몇 옛날 수도원 설계도를 간략하게 검토한 결과에 근거하고 있다. 유사한 구조를 가진 곳들이 더 많았을 수도 있다. 이 가설은 심도 깊은 연구를 필요로 하는데, 그 결과 입증될 수도 있고, 논박될 수도 있을 것이다.
59 아마도 가장 큰 영감을 주는 연구는 여전히 Wylie(1964)일 것이다.

을 개발했다. 그들은 중국어 고전을 자신들의 문자로 번역했으며, 여러 주제에 대해서 새로운 저술을 남기기도 했다. 그들이 익숙한 불교 경전을 탕구트어로 번역했기 때문에, 현존하는 탕구트 텍스트의 해독이 가능했던 것이다.[60] 거란도 중국 한자를 모델로 고유의 문자 시스템을 개발했지만, 별로 사용되지는 않았다. 마지막으로 한자는 금(金) 제국에서도 가장 중요한 문자였다. 그러나 여진은 탕구트와 거란의 패턴을 따라 한자 스타일의 문자를 개발해서 여진어를 기록했다.[61] 여진어는 만주어의 직계 조상이다.

중국 지역의 상당 부분이 송나라로 통합되었지만, 북부 지역, 동부 스텝 지역과 겹치거나 혹은 그와 연결되는 지역, 중앙아시아 등지는 독립국으로 남아있거나 비중국 왕조에 의해 통치되었다. 이들 중 어느 누구도 다른 왕국을 압도하지 못했기 때문에, 중국으로서는 다소간의 우열에도 불구하고 평등을 전제로 국제 관계를 관리하는 방법을 개발할 수밖에 없었다. 과거의 인종 학살이나 주종 관계 방식은 오래도록 중국인들을 괴롭혀왔고, 당시에도 어느 왕국에서나 정치가들 사이에서는 같은 방식이 지속되고 있었다. 그러나 여러 개의 왕조가 존재함으로써, 자신의 백성들에 대해 통치자가 자행하는 테러의 정도는, 중국 통일에 성공했던 통치자가 그랬던 것에 비하면 상당히 약화되었다.

---

60 탕구트 문자 체계 및 그 해석과 관련해서는 미주 82번 참조.
61 탕구트나 거란 문자와 달리 여진 문자는 음운학적으로 좀 더 체계적이다. 또한 다른 두 언어와 달리 여진어는 근대 초기 및 근대 시기 확인이 가능하며, 잘 기록되어 있는 만주어와 밀접한 관련이 있다. 따라서 여진어는 아주 높은 수준으로 확실하게 재구성이 가능했다. q.v. Kiyose(1977).

송나라는 중앙아시아나 스텝 지역과 직접 접촉하지는 않았다. 따라서 유라시아의 나머지 대부분 지역과도 접촉이 없었다. 아마도 이러한 상대적 고립 때문에 지식인 엘리트와 작가들은 계속 내면으로 파고들었는지도 모른다. 화가들은 중국 예술사상 최고의 걸작을 만들어냈다. 대부분 유명한 작품들에는 영웅이나 제국의 테마가 나타나지 않고, 대신 자연과 은둔을 귀하게 여겼다.

중국에서 판화 기술이 완성되고 활자가 개발된 것도 이 무렵이었다.[62] 책과 종이 화폐도 본격적으로 인쇄되었다. 같은 스펙트럼의 다른 극단에서 보자면, 폭탄과 로켓, 원시적 단계의 총 등도 당시 중국, 즉 오대와 송나라 시대에 발명되었다.[63]

마침내, 아마도 송나라의 정치가 중앙유라시아로부터 일정한 거리를 유지하고 있었기 때문에, 중국의 해상 무역이 유라시아의 반대 방향으로 번성하기 시작했다. 이는 정부에서 공식적으로 후원한 것이 아니었다. 사실 송나라에서는 남부 지역과 그곳 사람들을 항시 문화적으로 낮추어 보는 경향이 있어서, 대부분의 변화들은 중국 정치가 미치는 영토를 벗어나 이루어졌다. 따라서 남방으로 남중국해 연안과 동남아시아, 남아시아 해안 지역을 연결하는 무역로를 개척했을 때, 중국 문화를 전파한 세력은 중국의 엘리트가 아니라 독립적인 마인드의 상인들이었다.

---

62 Gernet(1996: 335). 이는 목판 인쇄술로도 알려져 있다. 이 기술은 수많은 글자를 가진 중국어 인쇄에 더욱 저렴하고 또 효과적이었다. 활자가 이를 대체한 것은 근대에 들어와서였다.
63 Gernet(1996: 311). 화약은 당나라 시기 중국의 연금술사들에 의해 발명되었다.

CHAPTER 8

칭기스칸과 몽골의 정복

In Xanadu did Kubla Khan
A stately pleasure dome decree:
Where Alph, the sacred river, ran
Through caverns measureless to man
Down to a sunless sea.
　　—S. T. Coleridge, *Kubla Khan*

자나두에다 웅장하고 멋진 돔을 지으라,
쿠블라 칸께서 명령하셨다.
그곳에서는 거룩한 알프 강이
인간이 도달할 수 없는 깊은 동굴들을 지나
햇살 없는 바다로 흘러들었다.
— 새뮤얼 테일러 콜러리지, 〈쿠블라 칸〉 중에서

팍스 몽골리카

여진(女眞)은 카불 칸을 동부 스텝 지역 최고의 통치자로 인정했었다. 그가 죽은 뒤, 막 싹이 트던 몽골 왕국은 깨지고 말았다. 내전이 계속 이어지다가, 마침내 카불 칸의 증손자인 테무진이 몽골을 하나로 통합했다. 칭기스칸은 번개 같은 정복 전쟁을 잇달아 성공시킴으로써, 중앙유라시아 대부분과 그 주변 지역을 하나로 통합했다. 그의 아들들도 정복 사업을 계속했다. 제국의 최전성기에는 영토가 동유럽에서 중국 동부 해안까지, 시베리아에서 페르시아 걸프 만까지 이르렀다. 몽골은 중앙유라시아를 다시 통합했고, 다시 확장시켰다. 모든 중앙유라시아와 일부 연안 지역, 스텝 지역, 러시아, 페르시아, 중앙아시아, 티베트, 중국을 점령했다. 몽골 제국은 세계 최초의 육지 기반 슈퍼파워였다.

칭기스칸의 후계자들은 곧 내분에 휩싸였다. 그러나 유라시아 대부분 지역을 하나의 상업 지역으로 유지하는 데는 성공했다. 그래서 몽골인들과 상업 종사자들은 엄청난 부를 축적할 수 있었다. 그러나 14세기에 유라시아 대륙은 수많은 지역과 특히 서유럽에서 창궐했던 흑사병으로 황폐화된 곳이 많았고, 후계자들 사이의 내전도 계속되어서 몽골 제국의 세력은 약해졌고, 마침내 팍스 몽골리카의 시대는 막을 내리게 되었다.

14세기 말, 중앙아시아의 몽골 계승 국가들이 약화되자, 몽골계 천재적인 장군 티무르가 이를 공략했다. 그가 정복한 제국은 근동에서 인도까지, 그리고 러시아에서 페르시아 걸프 만까지 이르렀다. 그가 죽은 뒤 제국은 급속하게 갈라졌지만, 그 핵심 지역이었던 서부 중앙아시아는 티무르와 그 후계자들의 통치 아래 마지막 문화적 광영을 맛보았다.

몽골의 정복

몽골 제국(Mongol Empire)은, 여진이 거란을 물리친 후 동부 스텝 지역에서 펼쳐진 부족들 간의 정치와 전쟁에서 그 시작점을 찾을 수 있다. 퉁구스어족인 여진은 거란과 같은 스텝 지역 민족이 아니었다. 스텝 지역으로 군대를 보내지도 않았다. 그 대신 여진은 스텝의 강력한 어느 민족을 지원했다. 바로 타타르였다. 동부 스텝 지역의 민족들은 분열되어 있었다. 타타르가 지켜보고 있었기 때문에 그 중 어느 민족도 다른 민족들을 정복하지 못했다. 보르치긴(Borjigin) 가문의 우두머리였던 카불 칸(Khabul Khan)은 겨우 몽골 연합을 구성할 정도였다. 여진도 힘으로 그를 어쩌지는 못했다. 그래서 여진은 카불 칸을 몽골의 최고 통치자로 인정했다.(1146/1147) 몽골은 공식적으로는 여진의 제후국일 뿐이었다. 카불 칸이 죽은 뒤 사촌인 암바가이(Ambaghai)가 후계자가 되었다. 타타르는 암바가이를 체포해서 여진의 금나라 조정으로 보냈고, 여진은 그를 처형해버렸다. 그러자 몽골은 카불 칸의 셋째 아들 쿠툴라(Khutla)를 칸의 계승자로 선출했다. 그 뒤로 암바가이의 후손들은 쿠툴라와 그의 후손들에 대해 원한을 갖게 되었다. 쿠툴라는 타타르를 공격했지만, 대체로 성공적이지 못했다. 쿠툴라의 최후가 어떻게 되었는지는 알려지지 않았다. 쿠툴라 이후로 몽골 왕국을 통합하려는 초기의 움직임은 동족상잔의 비극으로 얼룩졌다. 동부 스텝 지역이 이런 상황에 빠져 있을 때, 카불 칸의 손자 예수게이(Yesügei, 사망 1175/1176)는 보르치긴 연합을 재건하던 중 타타르의 손에 살해되고 말았다. 예수게이의 후계자를 자처한 자는 예수게이의 부족민과 가축들을 데리고 떠나버렸다. 예수게이의 아내와 아이들은 초원에 버려졌다.

몽골이 동부 스텝 지역에서 성장한 때는 몽골계 이웃 민족인 서쪽의 카라키타이가 쇠락한 시기와 겹친다. 최후의 구르 칸이었던 마니(Mânî, 재위 1177/1178~1211)는[1] 허약했고, 호레즘 제국의 성장을 막아낼 수 없었다. 호레즘 제국은 호전적인 통치자 무함마드 호레즘샤(Muḥammad Khorezmshâh, 재위 1200~1220)의 치하에서 괄목한 성장을 이루었다. 무함마드는 카라키타이의 제후 중 한 명이었는데, 1210년~1212년에 카라키타이로부터 트란스옥시아나를 빼앗았다. 카라키타이가 막대한 부와 권력을 잃어버리자 다른 제후들도 무너지고 말았다.

동부 스텝 지역에서 예수게이의 큰아들 테무진(Temüjin, 약 1167~1227)과 그의 형제들은 어머니와 함께 야생에서 살아남아 농사를 지어 먹고 살았다.[2] 테무진은 매우 의지가 굳고 용감하며 강한 사나이로 성장했다. 그의 부족민들은 서서히 테무진의 깃발 아래로 다시 모여 들었다. 마침내 다른 부족들까지 테무진에 합세하자 테무진은 강력한 연맹을 결성했

---

1 Biran(2005: 58).
2 이와 관련해서, 그리고 중앙유라시아의 국가창업주들에 대한 "역사적인" 설명들에 대해서는 프롤로그 참조. 그러나 테무진의 아버지와 선조들이 타타르 또는 타타르의 후원자였던 여진에 의해 살해된 것은 엄연한 역사적 사실로 보인다. 타타르는 적을 여진에게 넘겨 잔혹하게 살해하곤 했다.(Atwood 2004: 529).

다. 1196년 테무진과 케레이트(Kereit) 부족의 추장은 여진과 동맹을 맺었다. 타타르와 여진의 동맹은 이미 깨진 상태였다. 이들은 합세하여 타타르를 공격해 물리쳤다. 이에 대한 보상으로 금나라에서는 케레이트 부족장에게 옹 칸(Ong Khan)이라는 칭호를 내렸고,[3] 테무진에게는 그보다 낮은 칭호를 주었다. 1202년에 테무진은 군대를 이끌고 다시 한 번 타타르를 공격해 이번에는 아주 박살을 내버렸다. 테무진의 아버지와 선조들을 살해한 데 대한 복수로 타타르의 모든 성인 남자들은 처형되었다.[4]

테무진은 주요 라이벌 가운데 마지막으로 자무카(Jamukha)를 이겼다. 자무카는 한때 테무진의 친구였으며, 1201년 '우주의 지배자'라는 뜻을 가진 구르 칸으로 선출되기도 했었다. 동부 스텝 지역의 민족들을 통합한 테무진은 1206년 몽골 부족장 회의에서 '우주의 지배자'라는 뜻의 칭기스칸(Chinggis Khan)이라는 칭호를 얻었다.[5] 테무진과 그의 아들들은 하늘로부터 힘과 통치권을 부여받았다고 믿었다. 그들은 사방의 민족들

---

3 'Ong'은 중국어 왕(王, Wang)의 몽골식 발음이다. 옹 칸은 1190년대 초 카라키타이 제국으로 숨어들었다. 그러나 카라키타이 제국은 이미 그를 도울 수 있는 처지가 아니었다. 이후 옹 칸은 몽골로 돌아와 테무진과 동맹을 맺었다. 『몽골비사』에 따르면 옹 칸은 구르 칸(Gür Khan)이라는 타이틀을 이미 지니고 있었다.(Biran 2005: 64-65).
4 여느 제국의 창업주들처럼 스텝 지역의 창업주들 또한 타협할 수 없는 적들은 제거하였고, 정복된 자들로부터는 공물을 징수했으며, 정복된 군대의 전사들을 자신의 군대로 편입시켰다.
5 Allsen(1994: 331-343). 이러한 시점과 칭호는 결코 우연의 일치가 아니었다. 타타르 정복이 완료된 후 이러한 선포가 내려졌고, 더 구체적으로는 테무진의 최대 경쟁자 자무카를 사로잡아 처형한 후 이뤄졌다. 자무카의 칭호는 구르 칸(Gür Khan, 또는 Gür Qa) 즉 세계의 통치자(universal ruler)였다. 주와이니(Juwayni)와 주자니(Juzjani)는 이 칭호를 칸이 카난(khân-i khânân) 즉 '칸 중의 칸'으로 규정하였다.(Bosworth 2007). 이 칭호는 카라키타이의 지도자가 지녔던 칭호와 동일한 것이다. 테무진의 새로운 칭호 칭기스칸에 대해서는 미주 83번 참조.

을 정복하러 나섰다.

1209년, 칭기스칸은 크고 강력한 여진의 금나라를 직접 공격하는 대신(금나라의 영토 대부분은 몽골인에게 낯선 중국 지역에 있었다.) 군대를 이끌고 탕구트를 공격했다. 탕구트는 금나라의 서쪽과 서남쪽에 있던 민족이었다. 탕구트의 서하 왕조는 동부 스텝 지역의 서부에서 중앙아시아와 중국에 이르는 남북 교역로뿐만 아니라 중국과 중앙아시아를 잇는 주요 동서 교역로도 통제하고 있었다. 몽골은 서하 왕국의 수도를 포위 공격했으나 실패했다. 그러나 1210년 서하의 왕은 칭기스칸을 주군으로 모시는 데 동의했다. 그리고 향후 몽골이 군사 행동을 할 때 군대를 보내기로 했다. 조약을 확정하기 위하여 서하의 공주와 칭기스칸은 결혼을 했고, 몽골군은 물러갔다.

칭기스칸의 세력이 성장할 무렵, 탕구트의 서쪽에서는 카라키타이 제국이 권력의 핵심이었다. 호레즘샤의 공격으로 카라키타이의 힘이 현저하게 약화되었지만, 그래도 카라키타이는 그 중심지인 트란스옥시아나 동부 지역에서는 세력을 유지하고 있었다. 나이만(Naiman) 부족의[6] 지도자 쿠츨룩(Küčlüg)은 테무진의 성장을 끝내 반대하다가 서쪽으로 도망쳐 카라키타이의 영토로 들어왔고, 1208년 카라키타이는 그를 받아주었다. 그는 카라키타이의 왕 마니(Mânî)의 참모가 되었다가, 쿠데타를 일으켜 1211년 카라키타이의 실권을 장악했다.[7]

---

6 그들은 아마도 민족 정체성으로는 투르크였을 것이다. 즉 몽골족이 아니었다. 민족의 명칭만 몽골식 이름을 가졌을 뿐이다. 그 이름 나이만(Naiman)은 "여덟 (씨족 또는 혈통)"이라는 뜻이다. Atwood(2004: 397) 참조.
7 Biran(2005: 75-78).

바로 그 해, 타림 지역 북부에 있던 위구르가 칭기스칸에게 자발적으로 복종을 맹세했다.[8] 카를루크도 마찬가지였다. 이들은 모두 카라키타이의 제후국이었다.[9] 이들은 카라키타이가 내부적 혼란과 외부의 침입으로 무너지는 것을 보고는 몽골에 보호를 요청하였던 것이다. 그리하여 몽골은 아무런 저항 없이 중앙아시아 동부 지역을 손에 넣을 수 있었고, 그곳을 간접 통치하게 되었다.

같은 해, 칭기스칸은 마침내 여진의 금나라를 공격하였다. 그러나 예상치 못한 문제가 있었다. 초원에서는 몽골군이 여진을 쉽게 물리쳤지만, 중국 지역의 도시에서는 거의 성공을 하지 못했다. 그곳에는 거대한 성벽이 있었기 때문이었다. 그러나 몽골은 금나라 내부에 아주 쓸모 있는 동맹세력이 있다는 사실을 알아차렸다. 바로 거란족이었다. 그들은 요나라 시절에 중국 지역에 정착했다가 여진의 치하에서도 계속해서 그곳에 살고 있던 사람들이었다.[10] 거란족과 중국인들을 더불어 위구르족을 몽골은 자신들의 군대 내에 편입시켰다. 이들의 도움을 받아 몽골은 성을 공격하는 기계 사용법을 배웠고 도시를 점령해 나갔다. 칭기스칸은 금나라가 행정수도를 개봉으로 옮긴 사실을 알고는 중앙의 수도인 북경(北京)을 공격했다. 그곳은 예전에도 금나라와 전쟁을 할 때 공격해본 적

---

8 그들의 지도부는 차가타이 칸국의 압박 때문에 1283년경 동쪽으로 감숙(甘肅) 지방에 있던 원(Yüan)의 강역으로 퇴각할 수밖에 없었다.(Allsen 1997: 41).
9 Allsen(1994: 350).
10 거란은 급성장하는 몽골 제국을 전반적으로 도와주었을 뿐만 아니라, 중국의 행정 체계를 이해하고 있었기 때문에, 몽골이 북중국 점령지를 통치하는 일도 도와주었다. 칭기스칸과 그의 아들 우구데이 칸의 가장 중요한 자문역 중 하나가 야율초재(1189~1243)였는데, 그는 거란 황족의 후손이었다.(Biran 2005: 6).

이 있는 곳이었다. 1215년 5월 31일, 북경은 몽골에 함락되었다.[11]

12세기와 13세기 초, 호레즘의 통치자들은 영토를 확장하여 제국으로 성장하였다. 그들은 중앙아시아와 이란, 이라크를 정복하였다. 호레즘은 이렇게 획득한 거대한 정복지역에 군대를 주둔시켰다. 1215년에 이르러 당시의 호레즘샤였던 알라 앗딘 무함마드('Alā' al-Dīn Muḥammad, 재위 1200~1220)가[12] 통치하던 영토는 이란과 중앙아시아 서부 및 남부의 거의 모든 지역에 이르렀다. 다만 예전의 주군이었던 카라키타이로부터 빼앗지 못했던 몇몇 지역들만이 예외였다. 호레즘이 팽창하던 중에, 호레즘샤는 수도를 보다 중앙 지역인 사마르칸트로 옮겼다. 그의 군대는 규모도 거대했고, 강력했으며, 전투에 단련되어 있었다. 그는 당시 이미 이슬람 세계에서는 가장 강력한 통치자였고, 그의 영토는 여전히 확장되는 중이었다. 그의 관심은 오직 정치적 활기를 회복하던 바그다드에 초점이 맞추어져 있었다. 바그다드의 통치자는 과거 아바스 왕조의 직접적인 후계자였고, 이슬람 통치자들로부터 정당성을 인정받고 있었다. 그러나 동시에, 허약해진 카라키타이의 영토에도 입맛을 다셨다. 1215년, 동부 스텝 지역이 새로이 통일되었다는 소식을 들은 호레즘샤는 몽골에 사절단을 보냈다.

1216년, 칭기스칸은 도망간 쿠츨룩을 잡으러 장군 제베(Jebe)를 카라키타이로 파견했다. 제베는 자신을 상대하러 나온 카라키타이 군대를 물리치고 몇 개의 도시를 점령했다. 쿠츨룩은 불교로 개종해서 무슬림들을

---

11 Francke(1994: 254).
12 그는 1220년 12월 또는 1221년 1월까지 재위하였다.(Boyle 1968: 310).

처형했기 때문에, 대부분 무슬림이었던 현지인들은 쿠츨룩을 증오했다. 제베가 쿠츨룩과 정반대의 종교 정책을 선포하자 무슬림들은 지나치게 기뻐하며 제베에게 투항했고, 쿠츨룩은 겨우 도망쳐 목숨을 건졌다.[13] 제베의 군대는 쿠츨룩을 쫓아 바닥샨(Badakhshan, 현재 아프가니스탄 북동부)까지 들어갔고, 1218년 그곳에서 쿠츨룩을 죽였다.[14] 이렇게 해서 몽골은 중앙아시아 서부에서 안정적인 전략적 거점을 마련하게 되었다.

같은 해, 칭기스칸은 호레즘에 사절을 보내 평화 협정을 제안했다. 사절단이 도착한 뒤 불과 며칠 만에 협정은 체결되었다. 그로부터 얼마 지나지 않아 대규모 몽골 무역단이 우트라르(Utrâr)에 도착했다. 대략 450여 명의 무슬림으로 구성된 상단이었다. 그런데 호레즘샤의 지방 정부에서 이들을 가로막고, 몽골 스파이 혐의를 씌워 그들의 재물을 약탈하고 상인들을 처형하는 사건이 일어났다. 그러나 그 중 한 명이 탈출하여 몽골로 돌아왔다. 칭기스칸은 호레즘샤에게 사절을 보내 처형된 상인들에 대한 보상금과 무도한 폭력 행위의 책임자 처벌을 요구했다. 호레즘샤는 그 요청을 받아들이지도 않았고, 협상을 위한 사절단을 다시 보내지도 않았다. 그 대신 호레즘샤는 몽골을 모욕하고 사절단을 죽여 버렸다.

그러자 칭기스칸은 여진과의 전쟁을 잠시 미뤄두고 호레즘샤를 처치

---

13 Boyle(1968: 305). 쿠츨룩(Küčlüg 또는 Güčülüg)이라는 이름은 투르크어로 강하다는 뜻이다. 이것은 이름일 수도 있고, "나이만 왕족"의 표지일 수도 있다.(de Rachewiltz 2004: 699). 앞의 서술 참조. 제베(Jebe)가 쿠츨룩을 제압했다는 이야기는 액면 그대로 받아들이기에는 지나치게 단순한 서술로 보인다.

14 Biran(2005: 74 이하). 카라키타이는 트란스옥시아나에 있던 과거 영토를 지키기 위해 싸웠지만 성공하지 못했다. 그 뒤 대부분은 몽골에 귀부하였다.(Biran 2005: 87).

하기로 했다. 1219년, 몽골은 대규모 군대를 셋으로 나누어 호레즘 제국으로 쳐들어갔다. 호레즘샤의 군대는 새로운 정복지 주변에 주둔군으로 나가 있는 상태였다. 호레즘샤는 이들을 모아 몽골에 대항하지 않고, 주둔지를 사수하라고 명령했다. 몽골은 주둔지 도시들을 손쉽게 하나씩 점령했고, 대규모의 숙련된 호레즘 군대를 무너뜨렸으며, 1223년에 이르러 중앙아시아 서부와 남부 대부분을 장악했다. 몽골은 호레즘 제국의 영토 끝까지 호레즘샤를 추적했지만, 그를 생포하지는 못했다.[15] 그럼에도 불구하고 몽골은 호레즘 제국을 몽골에 복속시켰고, 몽골에 복종하는 지방 통치자들에게 작위를 주었으며, 몽골의 세금 징수자를 그곳에 남겨 두었다. 그 뒤 몇몇 도시들이 반란을 일으키고 몽골 대표부를 살해했을 때, 몽골은 다시 그 도시를 점령하고, 아시아의 전쟁 관습에 따라 그 도시의 주민 대부분을 처형했다.[16]

칭기스칸은 1223년 몽골로 물러갔다. 그는 이제 다시 탕구트에게 관심을 돌렸다. 탕구트는 몽골이 1218년 호레즘과 전쟁을 할 때 군대를 보내지도 않았다. 이는 몽골의 제후국으로서 맹세했던 서약을 어긴 것이었다. 또한 탕구트는 1222년 금나라와 몽골의 전쟁 때도 군대를 철수시킨 바 있었다.[17] 칭기스칸은 사절단을 보내 경고를 하고 태도를 바꾸어 협정을 준수하라고 요구했지만, 탕구트는 사절단에게 욕설을 퍼부었다. 칭기스칸은 탕구트를 정복하지 못한 채 생을 마감했다. 그러나 탕구트는

---

15 그는 1231년 쿠르드족 무리에게 피살당했다.(Allsen 1994: 357, 370).
16 고대 이래 중세에 이르기까지 유라시아 대부분 지역에서 '저항했던' 도시들의 일반적 운명에 대해서는 에필로그 참조.
17 Allsen(1994: 359).

1227년 몽골에 정복당했다. 탕구트는 완전히 몽골 제국에 병합되었으며, 몽골의 중요한 수입원이자 직속령이 되었다. 탕구트 영토가 중요했던 이유 중의 하나는, 탕구트 제국이 중국만큼이나, 혹은 그와 유사한 정도로 세련된 문화를 발전시켰음에도 불구하고, 결코 중국화되지도 않았기 때문이다.(물론 탕구트는 여진의 금나라에 동화되지도 않았다.) 몽골은 중국 지역을 통치하기 위해서는 필연적으로 중국인들의 도움을 받을 수밖에 없었다. 그러나 그들은 대체로 중국인들을 믿지 못했고, 싫어했다. 특히 종교나 국가 조직과 관련된 문제에 있어서는 중앙유라시아의 동지들을 훨씬 더 믿는 편이었다.

칭기스칸은 네 명의 아들이 있었는데, 그 중에서 세 명이 살아남았다. 그의 아들 우구데이(Ögedei, 재위 1229~1241)는 대칸(Great Khan)의 지위를 물려받았다. 몽골은 계속해서 금나라를 공격했으며, 1234년 마침내 금나라를 무너뜨렸다. 같은 시기에 우구데이는 서쪽을 향한 대규모 원정군을 조직하였다. 예전 호레즘을 정복할 당시, 몽골은 러시아 남부 지역을 지나간 적이 있었다. 그런데 이번에는 그 지역을 완전히 복속시켜서 바투(Batu)에게 유산으로 주었다. 바투는 칭기스칸의 큰아들 조치(Jochi)의 아들이었다. 조치는 1227년 칭기스칸보다 먼저 사망했다.[18] 바투를 사령관으로 하고, 우구데이의 아들 구육(Güyük), 톨루이(Tolui)의 아들 뭉케(Möngke), 몽골 최고의 장군 수베데이(Sübedei)가 파견되었다. 1236년 몽골은 볼가 강 유역의 핀우고르어족(Finno-Ugric)과 투르크족을

---

18 조치는 사실 테무진의 아들이 아니었다. 이것이 그와 다른 형제들 사이의 반목의 원인이었던 것으로 보인다.

공격했다. 그 뒤 북서쪽으로 러시아를 공략했으며, 1238년 블라디미르(Vladimir, 모스크바 동부), 1240년에는 키에프를 점령하여 1241년에는 지역 전체를 장악했다. 수베데이는 서쪽으로 정복전을 계속하여 폴란드와 독일 동부까지 진출했다. 그곳 리그니츠(Liegnitz)에서 실레지아의 헨리 공작(Duke Henry of Silesia)이 지휘하는 폴란드 및 독일 연합군을 물리치고, 남쪽으로 기수를 돌려 헝가리와 오스트리아를 점령한 뒤, 겨울을 보내기 위해 헝가리로 돌아왔다.[19] 그러나 그 해 12월, 대칸 우구데이가 사망했다. 그 소식을 듣자마자 몽골군은 곧바로 철수했다.

바투는 대규모 군대와 함께 서방에 남아 있었다. 그는 볼가 강 하류의 사라이(Saray)를 수도로 정하고 중앙유라시아의 서부, 즉 흑해와 카프카스 북부로부터 위로는 모스코비(Muscovy)까지, 그리고 동으로 볼가-카마(Volga-Kama) 지역을 지배했다. 그의 군대는 대부분 카잔(Kazan)에 정착했다. 그곳은 고대 도시 불가르(Bulghâr)에서 그리 멀지 않은 곳이었다. 그곳의 몽골군들은 곧 군대 내에서 인종적으로 다수를 차지하고 있던 킵차크 투르크어를 사용하게 되었다. 이들이 타타르로 알려졌다. 나중에 골든 호르데(Golden Horde)라고 불렸던 바투의 영토는 머지않아 사실상 독립적인 나라가 되었다. 바투는 할아버지 칭기스칸이 꿈꾸던 세계 제국 몽골을 계속 추구했으며, 제국적인 통치를 이어나갔고, 제국의 정복 전쟁도 계속하였다.[20]

우구데이의 아들 구육(Güyük, 재위 1246~1248)이 잠시 통치를 하다가

---

19 벨라 4세(Béla IV, 재위 1235~1270)는 나라를 떠나 도피했지만, 몽골인들이 떠난 후 돌아와 죽을 때까지 국정을 계속하였다.
20 Allsen(1994).

대권은 툴루이의 아들 뭉케(Möngke, 재위 1251~1259)에게로 계승되어 뭉케가 대칸에 즉위하였다.[21] 뭉케는 거대한 정복군을 조직하여 중앙아시아와 근동 지역의 몽골 세력을 더욱 공고히 하고자 했으며, 해가 지는 곳 끝까지 몽골 제국을 밀고 나아가려 했다. 뭉케의 형제 훌레구(Hülegü)는 제국의 군대를 이끌고 1253년에 출정했다. 1256년에 그들은 아사신(Assassin)을 격파했다. 이들은 이란 북부의 엘부르즈 산맥에 본부를 두고 오래도록 이슬람 세계를 테러의 공포로 몰아넣었던 이스마일파 조직이었다. 1257년 몽골은 아사신의 주요 요새인 알라무트(Alamut)를 점령했으며, 아사신의 지도자는 뭉케가 직접 처형을 명했다. 그 뒤 몽골은 이라크까지 진출했고, 1258년 바그다드를 공격했다. 몽골이 괜찮은 조건을 제시했고, 만약 거부하면 어떤 일이 일어날지 설명을 해주었지만, 칼리프는 항복을 거부했다. 몽골군은 바그다드를 포위 공격했고, 마침내 바그다드는 무너졌다. 도시를 약탈하는 과정에서 약 20만 명이 살해되었고, 칼리프도 죽음을 면치 못했다.[22]

몽골은 계속해서 서쪽으로 나아가 시리아의 맘루크(Mamluk) 영토까지 진출했다. 몽골군은 승승장구했지만, 뭉케 칸의 사망 소식을 듣자 훌레구는 제국의 군대 대부분을 이끌고 철수해 버렸다. 남아있던 몽골군

---

21 이 책에서 몽골과 관련된 설명은 대부분 Allsen(1994)에 의존하고 있다. 이 부분도 마찬가지다. 뭉케의 치세에 대한 그의 탁월한 설명(1987) 참조.
22 Allsen(1994: 404). 칼리프의 사망과 관련해서는 몇 가지 이야기가 있는데, 모두 흥미롭다. 가장 끌리는 이야기는 마르코 폴로가 전해주는 이야기다. 마르코 폴로에 따르면 몽골인들은 칼리프를 그의 보물 창고에 가두고는 보물을 먹으라고 했다고 한다. 그러나 이 이야기보다는 몽골의 전통 관습을 따랐을 가능성이 크다. 즉 카페트에 말아서 질식사시키는 것이다. 이렇게 하는 이유는 통치자의 피가 땅에 뿌려져서는 안 된다는 몽골의 금기 때문이다.

은 맘루크의 공격을 받았고, 1260년 9월 6일, 갈릴리의 아인 잘루트('Ayn Jalût) 전투에서 패배했다.[23] 이는 서남아시아에서 최초로 몽골군이 후퇴를 한 사례이다.

하지만 훌레구는 곧 되돌아왔고, 대부분의 근동 지역은 몽골이 장악했다. 마침내 몽골은 타브리즈(Tabriz) 근처 이란 북서부에 본부를 설치했다. 그곳에는 아주 좋은 목초지가 있었다. 훌레구는 일칸국(Il-Khanate)을 세웠는데, 이라크, 이란, 그리고 주변 지역들을 포함했다. 일칸국은 때때로 북부의 골든 호르데 및 중앙아시아의 차가타이 호르데(Chaghatai Horde)와 전쟁을 벌이기도 했다. 차가타이 호르데는 칭기스칸의 아들 차가타이의 후계자들이 다스리던 지역이었다. 일칸국의 영향력은 멀리 티베트에까지 미쳤다.

쿠빌라이 칸, 티베트, 그리고 원나라

톨루이의 영지는 과거 탕구트의 영토를 포함하고 있었다. 우구데이 칸 재위 시기에, 우구데이의 둘째 아들 쿠덴(Köden, 사망 1253/1260)은 탕구트를 영지로 배정받았는데, 별다른 희생을 치르지 않고 티베트를 복속했다. 1240년 쿠덴은 도르다 다르칸(Dorda Darkhan)이 지배하던 티베트로 소규모 군대를 파견하였다. 티베트 사원들은 이에 분명하게 저항했고, 두 개의 사원이 공격을 받아 피해를 입었으며, 승려들도 몇몇 살해

---

23 Rossabi(1988: 54-55).

되었다고 한다.[24] 몽골은 티베트의 지도적인 승려 사키야 판디타(Saskya Paṇḍita, 사망 1251)를 만나고 나서 물러났다고 전해진다. 쿠덴은 1244년 사키야 판디타에게 몽골 캠프로 오라는 초청장을 보냈다. 1246년 연로한 승려는 양주(涼州)에 도착했다. 그는 앞서 두 명의 조카를 보내 두었다. 바로 파스빠('Phagspa, Blogros Rgyal-mtshan, 1235~1280)와[25] 챠나 도르제(Phyag-na Rdorje, 사망 1267)였다. 1247년 티베트는 몽골에 굴복했다. 사키야 판디타는 몽골 치하 티베트의 총독으로 임명되었다. 몽골과 티베트의 평화 협정을 확실히 하기 위해 챠나 도르제는 쿠덴의 딸과 결혼을 했다. 1251년 사키야 판디타가 사망한 뒤, 몽골은 다시 한 번 티베트로 원정군을 보냈다. 몽골 코리다이(Khoridai) 중의 누군가가 지휘했는데, 1252년~1253년 티베트 중부 지역을 다시 장악하는 데 성공했다.[26] 아마도 이 무렵 쿠덴도 사망한 것으로 보인다. 쿠덴은 만성적인 질병을 앓았었는데, 한때 사키야 판디타가 이를 치료해준 적도 있었다. 병약해진 쿠덴은 자신의 지위를 그의 형 구육에게 넘겼었다.[27]

쿠빌라이(Khubilai, 출생 1215. 9. 23, 재위 1260/1272~1284. 2. 18)는 톨루이의 아들 중 하나였다. 그는 독실한 불교 신자였던 차비(Chabi)와 결혼했

---

24 Atwood(2004: 320). Petech(1983: 181) 참조. Petech는 이에 더하여, 걀 라캉(Rgyal Lhakhang)의 카당파(Bkágdamspa) 사원에서 "500명의 남성이 학살당했다."고 하였다. 그러나 500명이라는 수치는 티베트의 불교 기록에서 누차 등장하는 수치로, 조작된 수치일 가능성이 크며, 역사적 수치로 인정하기는 어렵다. 따라서 이야기 전체의 진실성을 의심해 볼 필요가 있다.
25 파스빠는 티베트 존칭인데, 이것이 그의 이름처럼 알려졌다. 파스빠 라마(Phagspa blama)는 존귀하신 라마(Exalted lama)라는 뜻이다.
26 Atwood(2004: 539).
27 Atwood(2004: 321, 539).

다. 1240년, 첫번째 아들이 태어나자, 그들은 티베트 불교식 이름을 지어주었다. 바로 도르지(Dorji, 티베트어로는 rdorje 'vajra, 번개)였다. 1242년에 이르러 쿠빌라이는 중국인과 티베트인 불교 스승들을 그의 통치 하에 있던 하북의 형주(邢州)로 불러 모으기 시작했다.[28] 그의 형 뭉케가 1251년 대칸에 즉위하자, 쿠빌라이는 직접적인 후계자 순위에 들게 되었다. 뭉케는 쿠빌라이에게 중국 북부 지역 중 몇 군데를 영지로 추가해 주었다. 이는 쿠빌라이에게 강력한 힘을 더하게 되었다. 쿠빌라이는 인구가 많고 부유했던 북중국 지역에서 사실상 총독의 지위를 갖게 되었다. 1253년 쿠빌라이는 파스빠와 그의 형제를 불렀다. 그들은 도착한 뒤 몽골의 왕자로부터 융숭한 대접을 받았다. 얼마 지나지 않아 쿠빌라이는 대리국(大理國, 현재의 운남성 지역)을 정벌하라는 명을 받고 출정을 했다. 이는 송나라를 대대적으로 공략하기 위한 전초전의 성격이 있었다. 송나라는 북쪽으로 몽골 영토를 계속해서 공략하던 중이었다.

일 년여 준비를 마친 후, 쿠빌라이의 군대는 수베데이의 아들 우량카다이(Uriyangkhadai)를 사령관으로 하여 1253년 대리국으로 출정을 했다. 대리국을 공격하기 전, 쿠빌라이는 사절단을 보내 항복을 요구하는 최후 통첩을 전달했고, 항복하면 안전을 보장하겠다고 약속했다. 대리국에서는 사절단을 처형하는 것으로 대답을 대신했다. 몽골은 공격을 개시하여 대리국 군대를 물리치고 그들을 수도 안으로 몰아넣었다. 몽골은 성안의 사람들에게 항복하면 살려주겠다고 공표했고, 그들은 항복했다. 쿠빌라이는 성을 점령했고, 최소한의 피만 흘린 채 대리국에 몽골 정권을 수립

---

28 Rossabi(1988: 14-17).

했다. 우량카다이 장군은 정복전을 계속했다. 남서쪽으로 진군하여 상당한 성공을 거두었으며, 1257년 마침내 남동쪽 안남(安南, 현재의 북베트남 지역)으로 진출했다. 그러나 그곳에서는 더위와 곤충 때문에 몽골군이 견디기 힘들었다. 안남의 통치자가 몽골에 조공 사절을 보내겠다고 약속하자, 우량카다이는 철수했다.

이미 대리국 승전 이후 자신의 영지로 돌아와 있었던 쿠빌라이는, 1257년 여름 수도 개평(開平, 1263년 상도(上都)라 이름을 바꿨다.)을 건설하기 시작했다. 중도(中都, 북경)로부터 북쪽으로 약 10일 거리에 있는 도시로, 그곳에는 목초지와 농경지가 모두 있었다.[29] 1258년, 쿠빌라이가 음모가의 모함으로 법정에서 답변을 마친 뒤, 뭉케는 쿠빌라이에게 송나라 원정군의 네 날개 가운데 하나를 지휘하라는 명을 내렸다. 1258년 침공이 시작되었다. 뭉케가 사천 지역에서 대군을 지휘하는 동안, 쿠빌라이는 동쪽에 있던 자신의 영지로부터 서남쪽으로 공격을 시작했다.

뭉케가 사천의 중경(重慶)에서 열병으로 죽자(1259. 8. 11)[30] 송나라와의 전쟁은 잠시 주춤하게 되었다. 뭉케의 막내 동생 아릭 부케(Ariq Böke)는 고향을 수비하라는 명을 받고 카라코룸(Karakorum)에 남아 있었는데, 후계 경쟁을 준비하느라 군대를 모으기 시작했다. 훌레구는 시리아에서 전쟁을 멈추고 긴급하게 카라코룸으로 돌아와 쿠빌라이를 지원했다. 그러나 아릭 부케도 잠재적인 지지세력을 가지고 있어서 그들을 파견하여 쿠빌라이의 영지를 공격하도록 했다. 마침내 쿠빌라이가 자신의 수도 개

---

29 현재 내몽골 지역 내에 위치한 돌론노르(Dolon Nor) 서쪽 36마일 지점에 위치해 있었다.(Rossabi 1994: 418-419).
30 Atwood(2004: 364).

평에 도착하자, 1260년 5월에 쿠릴타이가 열렸고, 쿠빌라이는 대칸으로 선출되었다. 아릭 부케는 이 결정에 강력하게 저항했다. 아릭 부케는 강력한 지지자들을 확보하고 있었다. 바투의 후계자 베르케(Berke), 중앙아시아 지역의 차카타이 칸국 통치자 알구(Alghu)도 아릭 부케의 지지자였다. 그들은 1260년 6월 아릭 부케를 대칸으로 추대했다. 아릭 부케는 많은 지지자들을 확보하고 있었지만, 쿠빌라이는 매번 계략을 써서 아릭 부케를 고립시켰다. 1262년 알구는 아릭 부케와 결별했고, 이듬해 쿠빌라이의 군대가 아릭 부케를 굴복시켰다.[31] 내전은 끝났다. 1266년, 쿠빌라이는 새로운 겨울 수도인 대도(大都) 건설을 시작했다. 그곳은 오늘날의 북경 지역으로, 앞서 건설했던 중도로부터 약간 북동쪽으로 떨어진 곳이었다.[32] 이로써 대칸국(Great Khanate) 권력의 핵심이 보다 중국 지역 안쪽으로 이동하게 되었고, 중국 지역 통치도 그만큼 확고해졌다.

이후 몇 년 동안 대칸국을 안정시킨 후에, 쿠빌라이는 다시 송나라 문제로 돌아섰다. 그는 먼저 송나라에 사절단을 보내(1260. 5) 평화적인 해결책을 제안했다. 송나라의 재상은 사절단을 억류한 채 군대를 보내 몽골을 공격하였다.(1260. 8) 1261년, 쿠빌라이가 보복 공격을 하자, 1262년 송나라는 세 차례 더 침공을 시도했다. 송나라는 여전히 사절단을 석방하지 않고 있었다. 마침내 몽골 군대는 송나라를 공격했고, 1265년 사천(四川) 지역에서 송나라 군대를 완파했다. 1268년에는 전면전으로 밀

---

31 아릭 부케는 몇 년 뒤 감금상태에서 사망하였다.(Rossabi 1994: 424).
32 투르크어로는 이 도시가 칸발리크(Khanbalik) 즉 '왕성'으로 불린다. 마르코 폴로가 언급한 캄발룩(Cambaluc)도 같은 곳이다. 쿠빌라이는 만리장성 이북 '상도(上都)'에 '여름 수도'를 유지했는데, 콜리지(Coleridge)의 유명한 시에 등장하는 자나두(Xanadu)가 바로 이곳이다.

고 들어갔다. 송나라와의 전쟁은 쉽지 않았다. 몽골은 1276년에 이르러서야 완전한 승리를 거두고 황제의 미망인으로부터 옥새를 거둬 올 수 있었다. 1279년에 이르러 마지막 저항도 막을 내렸다.

새로운 중국식 왕조 원나라는 1272년 1월 18일, 중국식으로 새해 첫날에 시작되었다.[33] 왕조 수립에 뒤따르는 전통적인 절차를 따르기는 했지만, 새로운 정부는 행정 조직 구조상 상당 부분이 명백하게 몽골식이었다. 앞서 북중국 지역을 지배했던 여진과는 달리, 몽골은 대체로 중국인들을 믿지 않았다. 쿠빌라이는 많은 중국인 참모들을 고용했지만, 그의 후계자들은 중요한 자리에 중앙아시아 무슬림이나 티베트인, 탕구트인 혹은 다른 비중국인을 앉혔다. 대칸국은 계속해서 유지되었고, 몽골 지역과 티베트도 그 중 중요한 부분으로 구성되었기 때문에, 대칸국이 중국이라고 생각할 수는 없었다. 여러 가지 측면에서 볼 때, 원나라는 몽골 제국의 한 지방이었을 뿐이며, 대칸국은 훨씬 큰 범위로 유지되었다. 원나라와 대칸국이 서로 동일시될 수는 없었다.

이 무렵, 몽골 역사에서 가장 중요한 사건이 일어났다. 몽골은 초기부터 다양한 세계 종교의 영향을 받고 있었다. 몽골의 부족들 중에서, 적어도 이론상으로라도, 세계 종교 중 하나로 개종하는 일들이 일어났다. 예를 들면 나이만 부족과 케레이트 부족은 네스토리우스파 기독교로 개종했다. 쿠빌라이 세대의 몽골인들은 위구르인과 티베트인의 가르침을 받아들여 이미 불교도가 되어 있었다. 그러나 전체적으로 보자면 그들은 무신론자로 남아 있었다. 그리고 오래도록 조직화된 종교에 대해서는 의

---

33 왕조의 건설을 선포한 조서의 완역은 Mote(1994: 616), Langlois(1981: 3-4) 참조.

심의 눈초리를 거두지 않았다. 옛날 유럽인 여행가의 글들은, 몽골인들이 모든 면에서 얼마나 점쟁이들의 말을 신뢰하는지를 기록하고 있다. 그러나 마르코 폴로의 시대에 이르러 대칸국의 몽골인들은, 국가가 공인하는 형태는 아니지만, 굉장히 열성적으로 불교를 받아들였고, 그 대부분이 티베트 불교의 변종들이었다.[34] 다르마라자(dharmarâja), 즉 법왕(종교적인 왕)이라는 관념은 쿠빌라이의 통치를 정당화해주었고, 몽골인들에게 중국의 것과는 다른 위대한 학문과 지혜에 접근할 수 있는 길을 열어주었다.

쿠빌라이가 몽골 제국 전 지역에서 사용할 수 있는 통일된 "몽골" 문자를 개발하고자 했을 때, 그는 티베트 불교 지도자 파스빠에게 그 임무를 맡겼다. 파스빠는 국가적인 스승, 즉 국사(國師)였으며, 동시에 티베트 지역 총독이었다.[35] 티베트 알파벳에 기초한 새로운 문자는(티베트 문자는 가로쓰기지만, 파스빠의 새로운 문자는 중국 문자나 위구르 문자처럼 세로쓰기였다.) 1269년에 제국의 공식 문자로 선포되었다. 오늘날 파스빠 문자로 알려진 이 문자 체계는, 사실상 세계 최초의 다언어 전사 체계(multilingual transcription system)였다. 그 사례는 몽골 제국에 속했던 지역의 몇몇 언어에 여전히 남아 있으며, 물론 중국어에도 그러하다.[36] 그리고 나중에 한국에서 개발된 한글이라는 문자 체계도 파스빠 문자의 영향을 받은

---

34 Beckwith(1987b).
35 그는 이후 황제의 스승으로 지명되었다. 이는 제국 내 불교도의 최고 지위였다. 그는 몽골어와 몽골의 관습을 익혔다. 쿠덴(Köden)의 궁정에서는 몇 가지 탕구트의 생각(idea)들을 배웠다. 그 결과 그의 동포들이 원했던 것보다는 훨씬 덜 '티베트'스러운 인간이 되었다.
36 Coblin(2006)의 파스빠 문자로 된 중국어 사전 참조.

것으로 짐작된다. 파스빠는 이외에도 학문적인 프로젝트에 책임을 맡고 있었다. 그 중에는 중국어와 티베트어 대장경 비교 목록을 작성하고, 산스크리트어로부터 성스러운 텍스트가 각각의 언어로 번역된 개요를 작성하는 일도 있었다.

흑사병

1331년, 중국 북부 지역 어딘가에서 전염병이 발생해서 인구의 90퍼센트가 사망했다.[37] 이것이 인류 역사상 최악의 전염병이었던 흑사병(Black Death) 최초의 징후였던 것 같다. 페르시아에서는 일칸국의 마지막 황제 아부 사이드(Abû Sa'îd)가 1335년 흑사병에 감염되어 사망했다.[38] 1338년~1339년 중앙아시아의 이식 쿨 근처에 있던 네스토리우스교도 상인 집단이 선형 페스트로 인해 몰락하였다.[39] 1364년에는 흑해 연안 크림반도 지역의 항구 도시 카파(Caffa)에 주둔하던 몽골 군대에 페스트가 덮쳤다. 전염병은 도시로 번져나갔고, 도시를 운항하던 배에 실려 지중해와 유럽으로 들불처럼 번져나갔다. 최소한 유럽 인구의 3분의 1이 이전

---

[37] Atwood(2004: 41, 610)에 따르면, 흑사병은 하남(河南) 지역에서 발생해서 연안 지방까지 퍼져 나갔다.(1345~1346). "마침내 1351년, 대규모 유행병이 중국 전역을 덮쳤고, 해를 넘겨 1362년까지 계속되었다. 이는 참혹한 인구 감소의 원인이 되었다."(Atwood 2004: 41). McNeill(1977: 143, 263) 참조.
[38] Boyle(1968: 412).
[39] 이러한 판단은 근대의 고고학 연구 및 유행질병학 검토에 기반해 있다.(McNeill 1977: 145-146).

에 알려지지 않았던 병으로 사망했는데, 나중에야 그것이 선형 페스트라는 사실이 알려졌다.[40]

이 전염병이 몽골의 정복 때문에 전파된 것이라고 대개들 알고 있다. 그 논거는 전염병이 만주 지역 중부 평원과 고비 사막에서 최초로 발생했으며, 몽골인들도 알지 못하는 사이에 그들에 의해 서쪽과 남쪽으로 전파되었다는 것이다. 그러나 정복의 시대와 중국 지역에서 페스트가 발생한 시기는 크게 어긋나서, 거의 100년의 간극이 있다. 따라서 몽골의 정복 전쟁 그 자체가 전염병의 전파와 아무런 관계가 없다는 것은 명백한 사실이다.[41] 그러나 팍스 몽골리카 시대에 중앙유라시아를 거쳐 동양과 서양, 그리고 남아시아의 직접적인 소통이 증대했고, 이것이 전염병을 옮기는 쥐와 벼룩에게 준비된 길의 역할을 맡아서 결국 발생지로부터 유라시아 전역과 그 너머에까지 전염병이 퍼졌다고 할 수는 있다. 어쨌든 간에 흑사병은 당시 몽골 계승 국가들이나 다른 나라들에도 엄청난 재앙이었다.

몽골의 정치적 유산

14세기는 흑사병, 기근, 홍수 및 기타 세계 역사상 전례가 없는 재앙으로 괴로웠던 시대였다. 세계의 대부분 지역은 너무나 큰 고통 속에 있었

---

40 McNeill(1977: 147 et seq.).
41 McNeill(1977).

기 때문에, 반란이 일어나고 왕조가 무너지는 일이 만연했다고 해서 놀랄 것도 없다. 자연재해에 맞서 열심히 노력했지만, 몽골 왕국들, 즉 이란 지역의 일칸국과 중국 지역의 원나라는 모두 무너졌다. 아마도 다른 시기였다면 그렇게 빨리 무너지지는 않았을 것이다.

중국 지역에서 일어난 반란 세력은 몽골을 사악한 이민족 통치자로 깎아내렸다. 1368년 원나라의 수도 대도가 명(明, 1368~1644)나라의 설립자 주원장(朱元璋)이 이끄는 반란군의 손에 들어갔다. 최후의 대칸이자 원나라의 황제이기도 했던 토곤 테무르(Toghon Temür, 재위 1333~1368)는 상당수 황실 인원들과 함께 말을 타고 몽골 지역으로 탈출했다. 그는 1370년 사망할 때까지 동부 스텝 지역에서 쇠락하는 대칸국을 통치했다.[42]

중부 및 서부 스텝 지역에서 골든 호르데는 아주 잘 살아남아서 이후로도 2세기를 유지하였다. 이와 반대로 일칸국은, 마지막 일칸 아부 사이드(Abû Saʿîd)가 1335년에 죽자 부족과 분파주의자들의 폭력으로 갈가리 찢어지고 말았다.

중앙아시아에서 차가타이 호르데는 마주 일찍 분열되어 몇 개의 파벌들이 전쟁을 일으켰고, 항구적인 불안정 상태로 고통을 받았다. 타르마시린(Tarmashirin, 재위 1318~1326) 칸이 죽은 뒤 차가타이 호르데는 동과 서 둘로 갈라졌다. 서부는 트란스옥시아나를 중심으로 했는데, 차가타이의 명칭을 획득했다. 반면 동부는 유목민 비중이 훨씬 더 많았는데, 무굴리스탄(Moghulistan) 몽골리아로 알려졌다. 또 서부에는 옥수스(아

---

42 Atwood(2004: 609).

무다리야) 강을 건너 남쪽으로 당시의 가장 중요한 도시들, 발흐, 헤라트 (Herat) 등이 속했다.

중앙아시아에서 칭기스칸의 직계 후손이라는 점이 통치자의 정당성을 확인해주는 요소가 되었다. 그러나 차가타이계가 중앙아시아에서 확고한 통치자로 자리 잡지 못했기 때문에, 카라우나스족의 왕 카자간(Kazaghan, 재위 1346/1347~1357/1358)이 1346년/1347년 차가타이 칸국 최후의 칸 카잔(Kazan)을 살해한 뒤, 직계 라인은 끊어지고 말았다. 카자간과 그의 후계자들이 차가타이 칸국의 이름을 계속 내세우고, 통치의 정당성을 확보하기 위해 꼭두각시 칸을 세우기도 했지만, 사실상 그들은 자신의 이름으로 통치를 한 것이나 마찬가지다.

티무르와 티무르 제국

티무르(Timur, Tamerlane)는 1320년대 혹은 1330년대 키스(Kišš, 현재 우즈베키스탄의 Shahr-i Sabz)에서 태어나 중앙아시아 서부의 사마르칸트 근처 농경지대에 정착하였다.[43] 그는 바를라스(Barlas) 부족에서 태어났다. 바를라스 부족의 기원은 몽골의 바룰라스(Barulas) 부족이었다. 그러나 티

---

43 Manz(1989: 13). "테무르(Temür, 티무르) 당시 유라시아의 정치에서 차가타이 울루스는 그리 강력하지는 않았지만 중심적 위치를 지니고 있었다. 정주민들과 유목민들이 모두 그 안에서 강하게 결속되어 있었고, 국경은 스텝 세력 및 정주 세력 양쪽으로 맞닿아 있었다. 유라시아의 주요 지역 가운데 차가타이 울루스와 접하지 않은 경우는 없었다. 동쪽으로는 실크로드 도시들이 접해 있었고, 북쪽으로는 조치 세력, 남쪽으로는 이란의 공국들과 접해 있었다."

무르와 바를라스 부족은 몽골어를 사용하지 않고 중앙아시아의 투르크어와 페르시아어를 사용했다. 중앙아시아에 정착한 다른 몽골인들은 여전히 몽골어를 사용하고 있었다. 티무르는 유목민도 아니었다. 그는 스텝 지역을 정복하려는 시도를 한 적이 한 번도 없었다. 당시 그 지역의 지도자나 전사들은 대개 성벽이 둘러쳐진 도시에서 살았고, 티무르도 역시 완벽하게 그러한 도시 사람이었다.[44]

1357년/1358년 에미르 카자간이 암살되던 시기에 티무르는 개인적으로 코미타투스를 가지고 있었다.[45] 더불어 소규모의 사병도 아마 보유하고 있었을 것이다.[46] 무굴리스탄의 무굴(Moghul, 혹은 Mughal, 즉 몽골)인들이 1360년대 초기 차가타이 칸국의 영토를 침공했을 때, 티무르는 그

---

44 티무르가 성장하는 과정에서 싸웠던 이들은, 같은 편이건 적이건 간에 모두 유목민이었다고, 많은 사람들이 거듭 주장했고, Manz(1989)도 그 중 하나였다. 하지만 그건 틀린 말이다. 그들은 가축 떼와 함께 유목생활을 하기보다는 중앙아시아의 농경-도시 지역에 거주하였다. Manz 스스로도 이렇게 말했다. "차가타이 유목민들은 흔히 요새화된 도시를 은신처로 삼았다. 더욱이 1, 2년 뒤 티무르가 울루스를 장악하자, 그는 곧바로 사라르칸드에 요새를 건설했음을 주목할 필요가 있다."(Manz 1989: 55).

45 이들은 Manz(1989)가 일반적으로 그의 "개인 추종자들" 또는 "동료들"이라고 언급하는 사람들로 "어떤 부족 집단이 아니었다." 그녀는 이슬람화한 코미타투스 즉 굴람(ghulâm) 시스템에 대해서는 언급하지 않았다.

46 이슬람의 역사책에는 티무르만 나오면 대체로 욕설만 늘어놓았다. 티무르를 어느 도적으로 간주해왔던 것이다. 티무르는 호전적인 젊은이 무리의 지도자로서 명성을 얻기 시작했다. 그들도 당시 중앙아시아에서 흔했던 그런 집단 중의 하나였다. 그들이 어떤 활동을 했는지는 거의 알려져 있지 않다. 그래서 널리 알려진 바로는, 그가 양을 훔치다가 다리에 활을 맞아서 절름발이가 됐고, 그것이 별명이 되어서 '절름발이 티무르(Timur-i leng, Tamerlane)'라고 불렸다고 하지만,(클라비조Clavijo의 글에도 나온다.) 이 이야기는 허구이다. 티무르는 1364년 시스탄(Sîstân) 정복 과정에서 다리에 상처를 입었다.(Manz 1989: 48). 허구적인 이야기는 티무르 당시에 유행했던, 지금은 알 수 없는 어떤 국가 기원 설화(프롤로그에서 말한 것과 같은)의 잔재에서 비롯된 것일지도 모른다. 티무르의 어린 시절에 대해서는 거의 알려진 것이 없다.

들에게 복종했고, 그에 대한 보상으로 바를라스 부족과 키스의 영토를 관장하는 직책을 얻었다. 2년 뒤, 무굴 칸은 다시 한 번 티무르의 지위를 재확인해 주었다. 무굴 칸은 자신의 아들 일리야스 콰자(Ilyâs Khwâja, Khoja)에게 새롭게 통합된 차가타이 칸국의 영토 중에서 트란스옥시아나 지역을 다스리도록 했다. 그러나 티무르와 현지 지도자들은 무굴을 폭군으로 인식했고, 그들을 영토 밖으로 몰아내었다. 암살당한 에미르 카자간의 손자 에미르 후사인(Husayn)은 티무르보다 더 큰 규모의 군대를 가지고 있었다. 그래서 티무르는 후사인과 동맹을 맺었다. 1364년 이들은 무굴을 공격하여 승리하였다. 몇 차례 실패를 겪기도 했지만, 그들은 마침내 중앙아시아의 차가타이 칸국 영토에서 무굴을 몰아내는 데 성공했다. 그 뒤, 티무르는 훌륭한 지도력과 영리한 책략으로 차가타이 영토 내의 지도자들을 대부분 통합시켰고, 후사인을 물리쳤다. 1370년 4월 9일에 이르러 티무르는 유일한 통치자가 되었다. 이후로 십여 년 동안 티무르는 차가타이 영토에 대한 실질적인 장악력을 강화해 나갔다.

당시 티무르를 목격한 이들이 남긴 기록에 의하면, 티무르는 영리하고 관대한 통치자였으며, 전투에서 용감했다. 반란에 대해서는 냉혹했으며, 어떤 이유에서건 다른 누군가를 통치자로 인정하지 않았다. 그는 또한 역사 속에서 가장 위대한 장군들 중 한 명이기도 했다. 자신의 군대보다 훨씬 규모가 큰 군대를 마주해서도 이긴 적이 여러 번이었다. 중앙아시아 서부와 남부 지역에서 대체로 대적할 자 없는 통치자로 확립되고 나서,[47] 티무르는 군대를 이끌고 자신의 고향 트란스옥시아나를 벗

---

47 Manz(1989: 58-62, 67).

어나 멀리 정복 전쟁에 나섰다. 1384년/1385년 이란 북부와 마잔다란(Mazandaran)을 점령했을 때가 그 시작이었다.

1385년/1386년, 골든 호르데의 칸 토크타미시(Tokhtamïsh)가 왕위에 오를 때, 티무르의 도움이 절대적이었다. 그러나 그는 티무르가 지배하던 아제르바이잔의 도시 타브리즈를 공격했다. 1386년 티무르는 이란과 카프카스 지역으로 진군했다. 티무르는 이란 중부와 아제르바이잔, 조지아에서 자신의 세력을 확립하였다. 그 지역의 통치자들은 자발적으로 티무르에게 복종했다.

1387년, 토크타미시가 다시 카프카스 지역을 공격하던 중, 티무르는 군대를 보내 그를 격파하였다. 그 뒤 토크타미시는 트란스옥시아나를 공격하였다. 멀리 남쪽 옥수스(아무다리야) 강으로부터 쳐들어왔던 것이다. 티무르는 이란을 정복하기 위해 남쪽으로 원정을 떠난 뒤였다. 고향 지역에 닥친 위험을 알지 못했던 티무르는 정복 전쟁을 계속하였다. 레이크 반 호수 근처의 투르크멘 카라 코윤루(Kara-Koyunlu)를 정복하고, 쿠르디스탄을 거쳐 파르스까지 내려갔다. 파르스의 이스파한(Isfahan)과 시라즈(Shiraz)도 그에게 굴복했다. 이스파한이 반란을 일으키자 티무르는 그 도시를 다시 점령하고 모든 주민을 처형했다. 토크타미시의 트란스옥시아나 침략을 안 것은 그 이후였다.

티무르는 북쪽으로 되돌아가 토크타미시에게 협조했던 호레즘을 쳐부수고 완전히 병합해버렸다. 1388년/1389년 티무르는 토크타미시에 대한 복수를 감행했다. 그리고 다시 1390년 늦은 가을, 대규모 원정군을 준비했다. 1391년 7월 티무르의 군대는 토크타미시의 군대와 마주쳤지만 이를 격파하고, 골든 호르데의 수도를 점령한 뒤 약탈했으며, 볼가 강까지 토크타미시를 추적했다.

  1392년 가을, 티무르는 다시 이란 원정에 나섰다. 1392년과 1393년, 티무르와 그의 아들은 이란을 점령했고, 1393년 여름에는 바그다드를 차지했다. 또한 이란 서부의 투르크멘과 아나톨리아에게 자신에 복종할 것을 요구했다.

  1394년 말, 티무르는 토크타미시가 카프카스 지역에서 다시 티무르의 영토를 침략한다는 소식을 들었다. 티무르는 다시 한 번 골든 호르데를 정복하러 나섰다. 이번에도 티무르는 토크타미시를 물리치고 모스크바까지 진출했다. 그리고 돌아오는 길에 골든 호르데의 도시들을 약탈했다. 이미 토크타미시를 버렸던 골든 호르데의 민중들에게, 티무르의 약탈은 너무 심한 처사였다. 골든 호르데는 이제 너무나 심각하게 손상되어서 더 이상 티무르에게 위협이 되지 못했다.

  1398년에 티무르는 인도 북서부를 공격해서 같은 해 12월 델리(Delhi)를 정복하고 약탈했다. 거기서 티무르의 군대는 통제가 되지 않을 지경이어서, 막대한 피해를 입히고 수천 명을 학살했다. 1399년 티무르는 고향으로 돌아왔다. 그 해 가을, 티무르는 반란을 진압하기 위해 다시 이란 서부로 향했고, 다시 한 번 조지아와 바그다드를 점령하였다.

  같은 해, 그는 시리아의 맘루크 왕조를 정복하러 나섰다. 맘루크 왕조에서 티무르의 사절단을 살해했고, 티무르의 반란군을 보호했으며, 평화 협정 제안을 거절했기 때문이었다.[48] 1400년/1401년에 티무르는 알레포(Aleppo), 홈스(Homs), 다마스쿠스를 점령했지만, 시리아에서 항구

---

48 Manz(2000: 511).

적인 행정 체계를 수립하지는 못했다. 1402년 7월 20일, 티무르의 군대는 앙고라(Angora) 전투에서 거대 규모의 오스만 군대와 맞닥뜨렸다. 티무르는 이를 쳐부수고 술탄 바야지드(Bâyazîd)를 생포하는 데 성공했다.[49] 티무르는 오스만 영토를 가로질러 정복을 계속했고, 주요 도시에서 조공을 거둔 뒤 본국으로 돌아갔다. 시리아에서와 마찬가지로 아나톨리아에서도 항구적인 행정 조직을 갖추지는 못했다.[50]

1404년 사마르칸트로 돌아온 티무르는 외국 사절을 맞아들였다. 그 사절단에는 카스틸랴와 레온의 왕 엔리케(Enrique) 3세의 사절인 루이 곤잘레스 데 클라비조(Ruy Gonzáles de Clavijo)도 포함되어 있었다. 그 뒤 티무르는 그의 원정 가운데 가장 대규모로 중국 원정을 준비했다. 티무르는 거대한 규모의 군대를 불러 모아 1404년 가을에 출정했다. 티무르는 우트라르(Utrâr)에 이르러 겨울을 보냈다. 하지만 당시 이미 티무르에게는 병이 있었다. 티무르는 그곳에서 1405년 2월 17일 혹은 18일에 사망했다.[51] 그의 시신은 다시 사마르칸트로 보내져 아름답고 웅장한 무덤 속 흑단으로 만든 관 속에 안치되었다. 현재 그곳은 구르-에 에미르(Gur-e Emir), 즉 왕자의 무덤으로 알려져 있다.

전체적으로 보자면 티무르의 정복 전쟁은 유럽이나 페르시아, 중국의 왕조 설립자들이 했던 일과 별로 다를 것이 없다. 티무르의 군대는

---

49 Manz(2000: 511). 바야지드(Bâyazîd)는 사실 티무르에게서 좋은 대접을 받았다. 다만 사로잡힌 지 얼마 안 돼 사망하였다.
50 이는 그가 그들을 복속하고자 하지 않았기 때문이 아니라(Manz 1989에는 미안하지만), 두 정권이 모두 강력했고, 그의 본거지에서 상대적으로 먼 거리에 위치해 있었기 때문이었다.
51 Manz(1989: 13). 티무르의 정벌전에 대한 위의 요약은 Manz(1989: 70-73)에 기초해 있다.

원거리에서 번개처럼 기습하는 기마대도 아니었고, 물론 거대한 해군을 보유한 것도 아니었다. 티무르에게도 기마병이 있었고 효과적으로 써먹기도 했다. 그러나 군대의 절대다수는 보병이었다. 그리고 티무르가 노린 것은 모두 예외 없이 도시였다. 티무르는 도시를 정복하는 전문가였다.

티무르는 적들이 굴복하는 것에 만족했다. 특히 자발적으로 복종하면 티무르는 거의 언제나 통치자를 그 자리에 그대로 두었다. 세금만 제대로 내고 반란을 일으키지만 않으면 그만이었다.[52] "티무르는 거대 도시들을 통제하고 군대를 주둔하는 일, 자신의 영토에서 관료들을 동원해 세금을 부과하고 거두어들이는 일, 나중의 원정에 필요한 군인들을 징발하는 일에 관심을 두었다."[53]

티무르가 통치하던 때는 중앙아시아의 도시들이 최초로, 그리고 유일하게 문화 및 정치적으로 유라시아의 중심이 되었던 시기였다. 티무르는 분열 계승된 과거 몽골 제국의 영토를 다시 정복하고자 했다. 그러나 그는 자신의 제국에 안정적인 제국의 정부 조직을 수립하는 데 실패했고, 티무르의 자식들도 티무르의 계획을 물려받지 않았다. 티무르의 노력은 실패할 운명이었다. 한마디로 티무르는 뛰어난 장군이 될 수 있었던 것은, 그가 까다로운 중앙아시아가, 중앙아시아의 도시와 농촌이 길러낸 결과물이었기 때문이었다.

티무르의 상속자들은 분배받은 몫에 만족하지 못했다. 그들은 거

---

52 Manz(1989: 16).
53 Manz(1989: 12-13).

의 15년을 싸웠고, 끝내는 막내 아들 샤 루크(Shâh Rukh, 출생 1377, 재위 1405~1446)만 살아남았다. 그 때는 이미 트란스옥시아나 바깥의 제국 영토와 그 주변 지역들은 모두 각각 분열되었다. 티무르와 티무르 제국의 유산은 이후 예술가들을 후원하는 밑거름이 되었다.

중앙아시아와 실크로드의 절정기

몽골은 최초로 거대 규모의 국제 무역과 세금 시스템인 오르탁(ortaq)을 만들었다.(직접 만들지 않았다고 한다면 최소한 후원은 했다.)[54] 오르탁은 기본적으로 상인 연합 혹은 카르텔이었다. 주로 무슬림들이 이를 수행했는데, 그들은 카라반이나 어떤 기업에게 돈을 빌려주었고, 통치자들에게는 세금의 원천이 되어 주었다. 정부에서 보조금을 주기도 했기 때문에 그것은 믿을 수 없을 만큼 수익이 높았다.[55] 정부의 방침에 따라서, 오르탁에 대한 정책은 보다 쉽게 참여하거나 자유방임일 때도 있었고(우구데이 치하에서),[56] 엄격하게 통제가 될 때도 있었다(뭉케의 치하에서). 제국 전체가 상업에 열려 있었고, 상인과 기술자들에게 전례가 없을 정도의 안전을 보장했기 때문에, 유라시아 대륙의 사방에서 기업가들이 출현했다.

---

54 몽골어로는 오르톡(ortoγ). 투르크어로 오르탁(ortaq)은 '동료'를 의미한다. 몽골이 이 단어 및 그 제도를 차용했다.(Allsen 1989: 112, 117; Endicott-West 1989; 129 이하 참조).
55 Rossabi(1981: 275, 282-283; 1988: 122-123), Endicott-West(1989) 참조. 이 중요하고 강력했던 제도에 대해서는 후속 연구가 요망된다.
56 Allsen(1989)에는 조금씩 변해갔던 오르탁 상인들에 대한 몽골 통치자들의 정책 변화가 소개돼 있고, 상인들에 대한 징세도 논의돼 있다.

이탈리아의 폴로 가문 같은 경우는 몽골의 주요 도시들을 오가며 매우 이익이 높은 사업을 펼쳤다.[57] 그들은 유라시아 동부 지역에서 목격한 높은 수준의 문화와 부에 깊은 인상을 받았다. 마르코 폴로(Marco Polo, 1254~1324)는 1271년 대칸국을 향해 출발해서, 이십여 년을 그곳에서 머물렀고, 1295년이 되어서야 고향 베네치아(Venezia)로 돌아왔다. 마르코 폴로는 자신의 이야기를 로맨스 소설가 루스티첼로 다 피사(Rustichello da Pisa)에게 말해주었고, 그는 책을 완성해서 출판을 하게 되었다.[58] 루스티첼로가 윤색한 마르코 폴로의 이야기는[59] 당시 유럽인들을 매혹시켰다. 결과적으로 보자면 이는 이후 유럽의 항해가들이 동방 직항로를 찾아 나서고 발견하게 되는 근본적인 동기를 부여했던 것이다.

몽골인들은 "무신론자"였다. 때문에 조직화된 종교라면 어느 종교를 막론하고 몽골인들과 맞닥뜨렸을 때 그들을 타깃으로 삼았다. 몽골인들을 개종시키기 위해 선교사들이 파견되었다. 그러나 몽골인들은 선교사들이 전파하는 어떤 종교나 종파에도 관심이 없었다. 나중에 티베트 불교만은 예외라고 할 수 있다. 선교사들이 노력한 결과물 중에서 가장 주목할 만한 것은 선교사들이 마주친 몽골인들과 다른 민족들에 대한 1인칭 서술 자료들이다.[60]

---

57 Pegolotti(전성기 약 1340)의 서부 실크로드 상인 가이드 *La pratica della mercatura* (Pegolotti 1936) 참조.
58 좋은 번역들이 몇몇 있지만 가장 정확한 것은 Moule and Pelliot(1938)이며, 가장 읽기 쉽고 접근이 용이한 것은 Latham(1958)이다. Pelliot(1959-1963)는 이 책에 대한 심도 깊은 탁월한 주석서이다.
59 마르코 폴로가 했던 여행의 역사적 사실성에 대해서는 미주 84번 참조.
60 주요 유럽 기록들에 대한 읽을 만한 번역으로는 Dawson(1955) 참조.

몽골의 정복은 세계사에서 매우 의미 있는 사건이었다. 그것이 근본적으로 완전히 새로운 단계를 만들어낸 사건이며, 유라시아의 역사를 그 이전과 이후로 나눌 수 있을 만한 분기점이라는 관점은 널리 받아들여지고 있다.[61] 그러나 이러한 관점은 역사학적 증거들과 실제로 일치하지는 않는다. 가장 의미심장한 측면을 보자면, 유라시아에서 주요 민족언어의 분포는, 몽골 제국 이전과 이후 시기를 비교해보면, 모두 위치 변화가 없었고, 비교적 큰 변화 없이 20세기까지 유지되었다. 몽골 제국의 부수 효과 가운데 의심의 여지가 없이 분명한 한 가지는 중국의 문화와 기술 중에서 실용적인 몇 가지 요소들이 서유럽으로 전파된 것이다. 가장 중요한 것은 화약과 화약무기였다.[62] 또 한 가지를 들자면, 마르코 폴로가 말해준 동화 같은 나라의 이야기가 서유럽인들에게 그 나라를 찾아 나서도록 자극했던 자극제가 되었다는 점이다.

일칸국의 칸들은 예술과 학문에 대한 거대한 후원자들이었다. 그들은 화려한 사원과 기타 건물들을 수도 없이 건축했다. 그중 대부분은 무너져 폐허로만 남았다. 가장 주목할 만한 성취는 "페르시안" 미니어처 회화이다. 그것은 몽골인들이 일칸국 운영에 도움을 받기 위하여 수많은 중국인 학자 관료들을 데려왔기 때문에 발전할 수 있었다. 중국인들은 붓으로 글씨를 썼고, 그림도 그렸다. 그리고 몽골인들을 위해, 그리고 서로를 위해 그림을 그리기 시작했다. 무슬림들은 그들로부터 중국 스타일

---

61 이것이 지배적인 견해다.(q.v. Di Cosmo 1999: 5). 그에 대한 간략한 비판으로는 미주 85번 참조.
62 알려진 한에서 최초의 대포는 중국 흑룡강성에서 발견되었다. 이곳은 예전에는 몽골의 영토였다. 발견된 대포는 1282년의 것이다.(Atwood 2004: 354).

의 그림을 어떻게 그리는지 배웠으며, 이를 모방하여 새로운 하이브리드 스타일, 즉 비잔틴 예술과 아랍의 캘리그래피와 근동 지역 전통 스타일과 중국 스타일을 혼합한 스타일을 만들어냈다. 이렇게 해서 세계 예술의 위대한 유산인 이슬람 미니어처 회화가 탄생한 것이다. 한편 원나라 황실에서는 천문학자, 물리학자, 의약품 등의 인력과 물품을 이슬람 세계로부터 가져갔다.[63]

티무르는 사마르칸트를 자신의 수도로 만들었다. 그는 몽골인들이 부수었던 사마르칸트의 성벽을 재건했고, 궁궐과 정원과 종교 건물 등으로 아름다운 도시를 건설했다. 그 뒤에도 티무르는 계속해서 사마르칸트를 모델이 될 만한 도시로, 특별히 아름다운 도시로 만들어갔다. 정복한 도시에서 획득한 전리품들로 장식을 더해갔으며, 당대 최고의 예술가들과 건축가들을 후원하기도 했다. 티무르 당대에 세워진 건물에서는 수많은 혁신적인 요소들이 나타났다. 이러한 혁신은 곧 티무르 제국 건축 스타일(페르시아-무굴 스타일의 중앙아시아 원형 건축물)의 특징이기도 하다. 가장 유명한 건축물은 사마르칸트에 있는 그의 무덤이다. 티무르와 그의 직접적인 후계자의 시대는 세계의 가장 위대한 건축과 도시계획의 시대였을 뿐만 아니라 페르시아의 가장 위대한 시인 하피즈(Hafiz, 약 1320~1389/1390)의 시대이기도 했다. 하피즈는 티무르를 직접 만났고, 티무르는 하피즈를 존경했다.

---

63 간략한 논의 및 추가 참고문헌은 Allsen(1997: 9) 참조.

CHAPTER 9

유럽의 바다로 달려간 중앙유라시아 사람들

اگر آن ترک شیرازی بدست آرد دل ما را
بخال هندویش بخشم سمرقند و بخارا را
— حافظ

시라즈의 미녀가
내 마음을 받아준다면
나는 부하라와 사마르칸트를 기꺼이 팔겠네
그녀의 뺨에 그릴 아름다운 점 하나를 위하여[1]
— 하피즈

제3차 정주 제국의 시대

15세기 중반부터 중앙유라시아인들은 새로운 거대 제국들을 수립하기 시작했다. 이들은 중앙유라시아와 그 주변 지역을 포함해서 유라시아 대부분을 포괄했다. 다만 서유럽, 동남아시아, 일본 정도가 예외였다. 같은 시기 포르투갈인들은 아프리카를 돌아서 아시아로 가는 항로를 발견하였고, 다른 서유럽인들도 곧 그 뒤를 따랐다. 또한 포르투갈인들은 기존의 연안 교역 항로를 발전시켜 확고한 경제 시스템으로 만들었다. 바로 연안 무역 시스템(Littoral System)이 그것이었다. 이렇게 해서 전근대 세계는 중앙유라시아에서 비롯된 "대륙의" 유라시아 제국들과 "해변의" 유럽 제국들로 나뉘어졌다. 유럽의 제국들은 기본적으로 세계화를 지향했으며, 세계의 바닷길에 대한 지식을 갖추고 바다를 장악하였다.

중앙유라시아 사람들의 제2차 유라시아 정복은[2] 오스만 투르크가 비잔틴 제국을 정복했을 때 시작되었다. 이들은 해양 환경에 대한 전통적인 영향력을 회복했다. 사파비(Safavid) 왕조 휘하에 있었던 투르크멘은 새로운 페르시아 제국을 건설했다. 그곳은 전통적으로 페르시아인들의 고향이었던 이란 고원으로, 카프카스에서 페르시아 만까지 이르렀다. 한편 무굴 제국은 인도 북부 지역을 정복하고 남아시아와 인도양에 티무르-페르시아 문화를 전파했다. 16세기 중반에서 17세기 중반 사이, 대륙의 러시아인들은 골든 호르데 계승 국가들을 물리치고 시베리아를 가로

---

1 말 그대로 "힌두식 미용 점"이다.(bindi). 인도 여성들의 이마에 그린다.
2 제1차 유라시아 정복은 초기 인도유럽어족이었다. 제1장 참조.

질러 동쪽으로 태평양에까지 이르렀다. 만주족은 중국을 정복했고, 준가르는 중앙유라시아에 초원 제국을 건설하였다. 러시아는 발트 해 연안에 상트페테르부르크를 건설하고 러시아 제국의 수도를 그곳으로 옮겼다. 그 뒤로 러시아는 해양의 권력자가 되더니, 심지어 보다 큰 야심을 드러내어 중앙유라시아를 삼키고자 했다.[3]

1498년, 바스코 다 가마(Vasco da Gama)는 인도양을 가로질러 인도에 도착했다. 그로부터 반 세기 뒤에 포르투갈은 페르시아 만, 벵골 만, 말라카, 남중국, 일본 등지에 무역 기지를 건설했다. 포르투갈뿐만 아니라 스페인도 기본적으로는 대부분의 측면에서 여전히 중세적인 나라였다. 그래서 상업적인 실천에 있어서는 중앙유라시아의 모델을 따르고 있었다. 이는 스키타이와 기타 고대 이란어족들이 실크로드 경제를 통해 이루어놓은 관행이었다. 눈여겨볼 만한 유일한 차이점은, 유럽인들이 말과 석궁 대신 배와 대포를 사용했다는 점이다. 이는 개방 협상에 실패했을 때 무역을 강제하기 위해 늘 사용하던 방법이었다. 포르투갈인들은 중앙유라시아 모델을 따라 오리엔트(동방)로 가는 탐험 여행에 나섰다. 때때로 무력을 동원해 교역권을 획득했고, "팩토리(factory, 무역 거점)"를 설립하여 점차 요새화하고 정치 거점으로 이용했으며,[4] 궁극적으로는 대륙

---

3 오렌부르그 라인(Orenburg Line)은 요새를 연결한 것으로, 군사 및 상업적 목적이 있었다. 당시 북부 스텝 지역을 가로질러 구축된 이 라인은, 대 아시아 무역, "특히 부하라 칸국"과의 무역에 대해 점차 적대적인 태도로 변해간 시기와 때를 같이한다.

4 "대부분의 경우 '팩토리(factory, 무역 거점)'의 설립, 혹은 요새의 건축은 지역 유력자들과의 협의 및 교섭 이후에 이루어졌다." 중요한 예외 중의 하나는 구자라트(Gujarat)의 사례였다. "포르투갈이 디우(Diu)에 요새 건설을 허락받기 전(1535) 구자라트와 포르투갈의 관계는 대단히 적대적이었다."(Russell-Wodd 1998: 21).

의 거대 아시아 권력 및 기타 유럽 경쟁자들과도 투쟁에 나섰다. 중앙유라시아의 유목민들처럼, 포르투갈인들은 해당 지역 전문가들에게 전폭적으로 의존했다. 그들이 팽창할 때는 항해사, 지도 제작자, 상인 등 모든 인력을 아시아인들로 활용했다.[5] 또 다른 방향으로 항해를 나선 스페인은 아메리카 대륙과 필리핀을 거쳐 새로운 동서 무역 시스템을 만들었다. 유럽인들이 동방 및 아메리카로 가는 새로운 항로를 발견하고 이를 차지하게 되자, 서유럽의 정치, 군사, 문화는 세계를 주도하기 시작했다. 19세기에 이르러 영국은 기존에 유럽인들이 만들어낸 거의 모든 연안 무역 시스템과 인도 및 중국과의 해상 무역을 장악하게 되었다. 그렇다고 해서 유럽의 힘으로 다른 모든 세력과 지역별 전통 연안 무역을 완전히 제거한 것은 아니었다.

중앙유라시아인들의 제2차 유라시아 정복

전근대 유라시아 대륙의 거대 제국들이 수립된 것은 르네상스 후기의 정복 전쟁을 통해서였다. 이는 티무르의 정복 전쟁과는 별 상관이 없었다. 티무르 제국은 거의 대부분 지역에서 자체적인 발전을 방해하거나 늦추는 역할을 했을 뿐이다. 1405년에 티무르가 사망한 뒤, 오스만 제국

---

5 바스코 다 가마는 인도양을 건널 때 무슬림 항해사 아마드 인 마지드(Ahmad in Majid)의 도움을 받았다.(Russell-Wood 1998: 18).

(Ottoman Empire)은 곧바로 자신의 제국 영토를 수복했고, 오래도록 추진해왔던 팽창 정책을 다시 개시하여, 1453년 비잔틴 제국의 잔여 세력들을 소탕하였다.[6] 다른 제국들과 비교했을 때 오스만 제국의 재건은 상대적으로 이른 시기에 이루어졌다. 이는 시대를 달리하여 비잔틴 제국의 성장을 거울에 비추어보는 것과 같다. 비잔틴 제국도 대체로 유라시아 서부의 다른 지역들이 약화되었을 때 성장을 구가했었다. 오스만 제국의 성장은 분명히, 가장 큰 이유를 들자면, 영토가 바닷가에 자리 잡고 있었기 때문이다. 오스만 투르크의 영토는 천여 년 전 고대 동로마 제국의 지중해 연안 영토와 거의 겹친다. 유라시아의 다른 제국들은 티무르가 사망한 뒤 1세기가 지나서야 자리 잡기 시작했다. 투르크멘이 페르시아에 사파비 왕조를 설립한 때는 1501년이었고, 바부르(Babur)와 중앙아시아 투르크인들이 아프가니스탄과 인도 지역에 무굴(무갈) 제국을 세운 때도 그 무렵이었다.

이러한 제국들이 수립되는 과정에 있을 때, 유라시아의 권력은 바다를 향해 이동하기 시작했다. 이와 같은 시기, 정확하게 밀레니엄의 한가운데 시점에서, 거대한 전 세계적 차원의 혁명이 시작되었다. 즉 유럽인들이 유라시아 대륙의 해안을 장악하고, 이를 기반으로 유라시아 대륙 전체를 장악해나가는 것이었다. 어느 역사가가 말한 것처럼, 오스만 제국과 무굴 제국에서 "핵심의 분열은 주변의 성장과 일치했다."[7]

6 오스만의 기원에 대해서는 상당한 논란이 있었다. 최근의 선도적 견해로는 Kafadar(1995), Lindner(2005), Lowry(2003)가 있다. 오스만은 중앙유라시아식 주군과 코미타투스 그룹으로 시작했던 것 같다.
7 Matthee(1999: 10).

유럽 자체 내에서조차 같은 식의 변화가 일어났다. 스페인의 레콘키스타(Reconguista), 즉 1492년 무슬림의 수도 그라나다가 함락되면서 스페인에서 아랍 통치의 잔재는 무너졌다. 이는 거대한 중앙유라시아의 움직임이 소규모 버전으로 나타난 것으로도 볼 수 있다. 그라나다는 내륙일 뿐만 아니라 산으로 둘러싸여 있었다. 통치자의 궁전이었던 알람브라(Alhambra)는[8] 높은 언덕 꼭대기에 자리 잡은 요새였다. 그곳에서는 주변의 계곡을 한눈에 내려다볼 수 있었다. 스페인의 승리는 육지에 대한 해안의 승리였다. 기독교인들은 육지에서도 훌륭한 전사였지만, 동시에 숙련된 뱃사람이기도 했다. 이후 유럽의 식민지 탐험과 제국 수립의 역사를 보면, 주요 대서양 연안 국가들, 즉 포르투갈, 스페인, 네덜란드, 영국, 프랑스 등이 다른 모든 경쟁자들을 물리쳤다. 스웨덴 식민지, 독일 식민지, 오스트리아 헝가리 식민지, 이탈리아 식민지 같은 것은 존재하지 않았다.[9] 이들도 항해를 할 수 있는 나라들이었지만,[10] 그들의 해양 전통은 대개는 원래부터 일정 지역에 국한되어 있었다. 그들은 주로 대륙 세력이었고, 대륙에 남아 있었다. 반면 해안의 권력들은 팽창해 나갔다. 처음에는 바다를 건너 팽창했지만, 그 다음에는 대륙의 이웃 세력을 향해 팽창을 계속했다.

---

8 아랍어로는 알 함라(al-hamrâ), 즉 '붉은 것'이다.
9 몇몇 예외들이 있었다. 17세기 초 인도 동남부 해안 트란퀘바(Tranquebar)에 세워진 덴마크 식민지나, 아메리카 대륙 및 아프리카 대륙에서 짧은 기간에 존재했던 여러 식민지들이 그러한 경우였다.
10 어떤 경우, 예를 들면 루스 바이킹의 본거지였던 스웨덴 같은 경우, 일찍이 바다를 건너 정복에 성공하였다. 스웨덴은 이후로도 수 세기 동안 발트 해 연안을 주도하였다.

오스만 제국의 재건

1402년 티무르의 공격에 패하여 황폐화되었던 오스만 제국에는 곧이어 내전이 벌어졌다가 1413년에 이르러서야 마무리가 되었다. 최후의 승자는 메흐메트 1세(Mehmed I, 재위 1403~1421)였다. 그는 증조할아버지 무라트 1세가 정복했던 영토를 모두 회복하고, 발칸 반도의 일부까지 복속시켰다.

메흐메트 1세의 손자 메흐메트 2세(Mehmed II, 정복자, 재위 1451~1481)의 통치 하에 투르크는 남아 있던 비잔틴 제국의 영토 중 수도 콘스탄티노플을 포위했다. 한때 거대 도시였던 콘스탄티노플에는 당시 고작 2만 명이 거주할 뿐이었고, 성벽 안쪽은 대부분 농경지로 변해 있었다. 방어막은 오로지 거대한 성벽뿐이었다. 오래도록 이 도시의 적들을 물리칠 수 있었던 것도 성벽 덕분이었다. 그러나 비잔틴 제국의 기술자들이 적들보다 우월한 기술을 보유했던 때는 이미 오래 전이었고, 비잔틴 제국의 해군이 에게 해와 흑해를 지배하던 것도 옛날 일이었다. 이제는 공격하는 자들이 기술적으로 더 앞선 무기를 보유하고 있었다. 투르크는 이탈리아와 기타 유럽의 나라들에서 군사 기술자들을 고용했다. 그리고 그들은 성벽을 부술 수 있는 대포를 만들었다. 간단한 명령 한 마디로 방어막은 무너졌고, 1453년 5월 29일 메흐메트는 성 안으로 들어갔다. 그는 이곳을 오스만 제국의 수도로 선포하고 즉시 도시 재건을 시작했으며, 거주할 사람들을 불러들였다.

콘스탄티노플은 동로마 제국의 수도였기 때문에, 콘스탄티노플 점령은 시대의 분기점이 되는 상징적인 사건이기는 했다. 그러나 현실적으로는 그렇게 의미심장한 일이 아니었다. 오스만 제국은 이미 쇠락할 대로 쇠락한 비잔틴 제국의 영토를 모두 차지했고, 약간의 변방 지역만 남겨 둔 상태였다.[11] 그리고 콘스탄티노플을 넘어 수백 년 동안 통치자 없이 버려져 있던 지역으로 팽창해 나가기 시작했다. 메흐메트 2세의 통치 하에 오스만은 그리스와 발칸 반도의 미점령 지역을 정복했고, 1461년 트라비존드(Trabizond) 왕국을 무너뜨리고 제국 내에 편입시킴으로써 아나톨리아를 완전히 정복했다. 또한 메흐메트는 1473년 페르시아 북서부에서 문제를 일으켰던 아크 코윤루(Ak-Koyunlu)를 물리쳤으며, 남쪽으로는 영토가 맘루크 시리아의 국경에까지 이르렀다. 셀림 1세(Selim I, the Grim, 재위 1512~1520)는 마침내 맘루크를 무너뜨렸고(1516~1517), 쿠르디스탄과 메소포타미아 북부, 시리아, 이집트를 차지했으며, 오스만 제국의 세력을 아라비아 해안 메디나와 메카에까지 확장시켰다. 그의 후계자 술레이만 대왕(Suleyman the Magnificent, 재위 1520~1566)은 헝가리의 대부분을 점령했고, 빈(Wien)을 포위 공격했으며,(성공하지는 못했다.) 직접 지배하지는 않았더라도, 북부 아프리카의 대부분과 홍해 지역에 이르기까지 오스만 제국의 정치적 영향력을 확장시켰다. 서부 지중해로 진출하던 오스만 제국은 1751년 서유럽 기독교 연합국과 맞붙은 레판토(Lepanto) 해전에서 멈추어 섰다. 그럼에도 불구하고 오스만 제국은, 아랍의 정복 이전 헤라클리우스가 통치하던 동로마 제국의 최대 영토를 모두 차지하였다.[12]

---

11 오스만의 성공 비결 중 하나는, 그들이 정복한 민족들에게 관대했기 때문이었다. 특히 공정한 거래, 선한 통치로 명성을 얻었다. 이로 인해 비잔틴 제국의 백성들은 비잔틴의 독재적인 통치를 벗어나기 위해 기꺼이 투르크에게 문을 열었다.

12 이 부분은 Bosworth et al.(1995)을 폭넓게 참조하였다.

사파비 제국

이란 북부에서 티무르 제국의 후예들이 무너지자 아크 코윤루 투르크멘이 다시 권력을 잡았다. 아크 코윤루가 사파비 가문의 공격적인 수피 교단을 박해하자, 사파비 가문에서는 혁명 운동이 일어나기 시작했다. 사파비(Ṣafawiyya) 가문은 이슬람 시아파(Shiism) 극단주의자들로[13] 키질바스(Kïzïlbaš, 붉은 머리)라고도 알려져 있으며, 주로 투르크멘에서 번성했다. 아크 코윤루는 1473년 오스만 제국에 패한 뒤 약화되었고, 이는 사파비 가문이 왕조로 나아갈 수 있는 길을 마련해 주었다. 사파비 가문에서는 코미타투스와 같은 전사 집단이 지도자에게 충성을 바쳤고,[14] 수많은 패배를 극복하고 마침내 성공을 거두었다. 1501년 이스마일 1세(Ismâ'îl, 출생 1487, 재위 1501~1524)의 군대는 아크 코윤루를 물리쳤고 타브리즈를 점령했다. 사파비 왕조는 시아파를 페르시아의 공식 종교로 선포했다.[15] 샤 이스마일은 왕위에 오른 후 처음 10여 년 동안 이란 북부와 남동부 지역을 점령했고, 파르스(이란 중남부)와 이라크 동부(1508)도 확보했다. 1510년에는 페르시아인들이 메르브에서 우즈벡(Uzbek)을 물리치고 전투 중에 그 지도자 샤이바니 칸(Shaybânî Khan)을 죽였다. 그러나 트란스옥시아나에서는 우즈벡이 승리했고, 사파비 왕조는 이후로도 그들을 몰아내

---

13 그들은 공공연하게 신앙을 공포하였다고 한다. 그들은 사파비 왕조의 지도자를 신으로 믿었으며, 그의 아들은 신의 아들로 믿었다.(Savory et al. 1995: 767).

14 Savory et al.(1995: 767)에는 사파비 군사력의 핵심 요소 세 가지에 대한 논의가 있다. 그 중에서 다음의 대목이 주목된다. "사파비 교단의 수피 제자들(murīds)은 교단의 우두머리이자 정신적 지도자였던 무르시디 이 카밀(murshīd-i kāmil)에게 무조건적인 복종을 해야 했다."

15 이로 인해 오래도록 지속될 문제가 발생했다. 왜냐하면 페르시아 무슬림의 대부분은, 나머지 이슬람 세계에서와 마찬가지로, 수니파였기 때문이다.

지는 못했다. 1514년 오스만 제국은 총과 대포로 사파비 왕조를 물리치고 동부 아나톨리아와 이란 북부 지역을 되찾았다. 이후로 이 지역은 계속 오스만 제국의 영토로 남았다.

샤 이스마일의 아들 샤 타마습(Tahmasp, 재위 1524~1576)은 강력한 통치자로 오스만 제국과 무굴 제국을 공격하기도 했지만, 이후의 후계자들은 연약하고 논란에 휩싸여 오스만 제국에게 영토 상당 부분을 빼앗겼고, 우즈벡이 이란 북부 지역을 쳐들어오는 것도 막아내지 못했다. 샤 아바스 대왕(Shâh ʿAbbâs the Great, 아바스 1세, 재위 1588~1629)이 즉위하자, 그는 곧바로 오스만, 우즈벡, 포르투갈 등에게 빼앗겼던 선조들의 땅을 되찾았다.

1515년 포르투갈은 페르시아 만에 있는 호르무즈(Hormuz, Hormoz) 섬에 식민 무역 거점 및 항구를 건설했다. 그러나 페르시아인들은 이들을 몰아내지 못했다. 한 세기가 지난 뒤 영국과 네덜란드가 점점 페르시아 만과 인도양에서 세력을 키우자, 샤 아바스는 조약을 맺었다. 그는 페르시아 경제를 강화하는 동시에 경제를, 특히 실크 무역을 통제하고자 했다.[16] 그는 영국 동인도회사에게 이스파한(Isfahan) 과 시라즈(Shiraz)에 무역 센터를 건설할 수 있도록 허락하였다. 당시 영국 동인도회사는 거의 국가 조직과 마찬가지였다. 1621년 샤 아바스는 네덜란드 동인도회사에게도 페르시아 만의 도시 반다르 아바스(Bandar ʿAbbâs)에 무역 거점

---

16 Matthee(1999: 7). "사파비의 비단 교역에는 변함없이 국가가 개입되어 있었다. …… 사파비 왕조는 무너지기 전까지 계속해서 비단 수매, 판매, 국내 생산, 분배에서 핵심적인 역할을 했다." 국가의 통제 때문에 페르시아의 경제는 근대에 이르기까지 서서히 쇠락을 향한 긴 행로를 걷게 된다. 문화적 쇠락에는 분명 이와 다른 이유가 있었다.

을 건설하도록 허락했다. 이듬해에 샤 아바스는 영국 함선의 도움을 받아 호르무즈 섬으로 군대를 파견했고, 결국 포르투갈인들을 섬에서 몰아낼 수 있었다. 영국인들은 또한 항구 도시 반다르 아바스에 무역 거점 설립을 허가받았다. 이 도시는 이후 급성장하여 규모가 그리 크지는 않지만 매우 중요한 무역항이 되었다. 오래지 않아 영국인들은 네덜란드인들에게 패했고 자리를 내주었다. 네덜란드는 17세기 후반 페르시아 만 해상 무역을 장악했지만, 끝내 영국인들에게 다시 쫓겨나고 말았다.

샤 아바스도 이란 중남부 이스파한에 아름다운 수도를 새롭게 건설하였다. 시인들과 예술가들, 카페트 장인들, 기타 기술자들과 상인들이 새로운 수도로 이주했고, 도시의 부를 길렀다. 그러나 샤 아바스가 유일하게 잘못한 일이 바로 후계 문제였다. 그는 자신에게 대항할 음모를 꾸민다고 의심하여 아들을 모두 죽이거나 장님으로 만들어 버렸다. 그의 왕위를 물려받은 자는 유약한 손자 샤 사피(Ṣafi, 재위 1629~1642)였다. 그 뒤를 이은 아바스 2세('Abbâs II, 재위 1642~1666)는 그보다는 조금 나았다. 사파비 왕조는 점점 더 편협해졌고, 세계 정세에 어두워져 갔다. 그들의 세력은 급속히 쇠락했다. 마침내 1722년 아프간의 한 부족이 수도를 포위해 정복하였고, 사파비 왕조는 막을 내렸다.[17]

무굴 제국

티무르의 막내 아들 샤 루크(Shâh Rukh)가 경쟁자들을 물리치고 티무르 제국의 왕좌를 차지했을 때, 계속되었던 내전은 끝났지만, 트란스옥시아

---

17 Savory et al.(1995).

나와 후라산 경계 너머 티무르가 정복했던 광대한 영토는 거의 남아 있지 않았다. 심지어 중앙아시아 내에서도 계속되는 전쟁으로 인해 티무르의 영토는 점차 줄어들었다.

페르가나의 왕자 바부르(Babur, 1483/1484~1530)는 티무르의 후손이면서 동시에 무굴(Mughal, Mongol) 칭기스칸 황실의 후손이기도 했다. 1504년에 바부르는 군대를 이끌고 남쪽으로 진출하여 현재의 아프가니스탄에 이르렀다. 그는 카불을 공격하여 점령했고, 가즈니 지방을 간접적이나마 영향권 안에 장악했다. 1522년에는 칸다하르(Kandahar)를 차지했다. 델리의 로디 술탄국(Lodi Sultanate) 후계 투쟁에 뛰어들었던 바부르는 1526년 1만 2,000명 정도 되는 소규모 군대를 이끌고 인도로 진출했다. 그곳에서 그는 훨씬 규모가 큰 대군과 맞닥뜨렸는데, 거기에는 인도인들뿐만 아니라 아프간 전사들도 포함되어 있었다. 그러나 중앙아시아 전사들과 대포 및 머스켓 소총을 이용하여(적군은 이러한 무기를 가지고 있지 않았다.) 바부르는 델리 근처 파니파트(Pânipât) 전투에서 델리 술탄국의 군대를 무너뜨렸고, 델리를 점령하였다. 또한 아그라(Agra)도 점령하여 그곳을 자신의 수도로 삼았다. 1528년 바부르는 라지푸트(Rajputs)의 세력을 격파하고 라자스탄 지방도 손에 넣었다. 1530년 카불에서 바부르가 사망할 당시, 무굴 제국은 이미 아프가니스탄 대부분과 인도 북서부에 걸친 대제국이 되어 있었다.

바부르의 아들 후마윤(Hûmayûn, 재위 1530~1540, 1555~1556)은 사방에서 무굴 통치 반대 세력과 맞닥뜨렸다. 아프가니스탄을 영지로 상속받은 그의 형제 캄란(Kamran)도 반대 세력 중 하나였다. 후마윤은 자신이 물려받은 지역에서 제국의 통치 기반을 안정화시키지 못했다. 1540년 그는 비하르와 벵골의 아프간 통치자, 세르 칸 수르(Sher Khan Sur, 재위 1540~1545)의 군대로부터 공격을 받아 심각한 타격을 입었다. 세르 칸 수르는 인도 북부 지역을 모두 장악하고 스스로 샤의 지위에 올랐다. 후마윤은 라자스탄을 거쳐 사파비 왕조의 페르시아 신드(Sind)로 도망쳤다. 샤 타마습이 그곳에 그의 은신처를 제공해 주었기 때문이었다.[18]

바다를 통해 유라시아 주변으로 진출한 유럽인들

1498년 5월 20일, 포르투갈의 탐험가 바스코 다 가마는 역사상 최초로 아프리카를 돌아 아시아로 항해하는 데 성공하여 캘리컷(Calicut, 현재 케랄라 주의 Kozhikode) 근처에 도착하였다. 캘리컷은 인도 남서부 말라바르 해안의 항구 도시였다. 유럽인들이 유럽과 동방의 페르시아, 인도, 서남아시아를 직접 연결하는 직항로를 발견한 일은, 유럽뿐만 아니라 이후 유라시아 전체의 연안 무역 시스템이 발전하는 데 있어서도 혁명적인 일이었다.

돌아가는 길에 바스코 다 가마는 무역을 통해 획득했던 상품을 거의 대부분 도둑맞아 잃어버렸고 겨우 목숨만 건져 돌아갔지만, 그가 포르투갈에 도착했을 때 남아 있는 물건만 해도 애초에 투자자들이 투자한 금액에 비해 3,000배의 수익을 남길 수 있었다.[19] 그 다음으로 인도에 도

---

18 이 부분은 Richards(1993)의 서술을 주로 참조하였다.
19 바스코 다 가마의 일기, http://www.fordam.edu/halsall/mod/1497degama.html.

착한 포르투갈 탐험대는 페드로 알바레즈 카브랄(Pedro Alvarez Cabral)이 대장이었다. 그는 도중에 브라질을 발견하기도 했다. 그는 캘리컷의 힌두 왕자 자모린(Zamorin)으로부터 심각한 공격을 받았다. 자모린은 인도양 해상 무역을 주도하던 무슬림 상인들과 동맹 관계에 있던 인물이었다. 자모린의 공격으로 인해 많은 포르투갈인들이 살해되었다. 이에 대한 보복으로 탐험대장 카브랄은 그곳에 있던 무슬림 배들을 파괴했고, 도시를 포격했으며, 상당한 손상을 입혔다. 그러나 자신의 임무를 만족할 만큼 완수하지 못한 채 포르투갈로 돌아갈 수밖에 없었다. 포르투갈에서 인도를 왕복하는 사이에 탐험대의 배 12척 가운데 6척을 잃어버렸다.[20]

1502년 바스코 다 가마는 군대를 이끌고 인도로 돌아와서 캘리컷의 무슬림을 공격했다. 대포를 이용해서 도시에 포격을 가해 도시의 상당 부분이 파괴되었다. 1510년에는 아폰소 데 알부케르케(Afonso de Albuquerque)의 지휘 아래 포르투갈인들이 항구 고아(Goa)를 무슬림으로부터 빼앗았고, 아시아 연안에 대한 포르투갈인들의 기습 공격은 계속되었다. 1511년에 그들은 말레이 반도의 항구 말라카(Malacca)를 정복했다. 1515년에는 페르시아의 호르무즈 섬을 점령하였고, 이곳을 무역 거점이자 항해 기지로 만들었다. 1518년에는 실론에 콜롬보(Colombo) 요새를

---

20 카스탄헤다(Fernao Lopes de Castanheda)의 『역사』 2장 6절 3항에서 인용. 이 자료의 상당 부분은 포르투갈 탐험가의 기록을 거의 그대로 수록하고 있다.(http://www.columbia.edu/itc/mealac/pritchett/oogenerallinks/kerr/vol02chap06sect03.html 참조). 이 책은 코임브라(Coimbra)에서 1552년~1554년 출간됐으며, 1582년 최초로 영어로 번역 출간되었다.(http://www.columbia.edu/itc/mealac/pritchett/oogenerallinks/kerr/vol02chap06sect01.html).

건설하였으며, 1535년에는 정치적인 협상을 통하여 인도 북서부 해안의 항구 디우(Diu)를 획득했다. 1535년 중국인들은 포르투갈인들이 마카오(Macao)에 상륙하여 무역하는 것을 허락했고, 1577년에 포르투갈인들은 마조르 선장의 지휘 아래 마카오에 식민지와 무역 거점을 건설했다.[21] 1543년에 이르러 포르투갈인들은 일본에 도착했고, 1550년부터 나가사키를 매년 정기적으로 방문했는데, 이는 1571년까지 지속되었다. 그들이 싣고 간 상품은 대부분 중국의 마카오에서 가져간 것들이었다. 멀리 인도의 고아에서 가져간 것들도 있었고, 그 중에는 유럽에서 온 것들도 있었다.[22] 해로를 장악하고 부분적으로는 총 덕분에 길을 닦게 된 포르투갈 무역상들은 머지않아 자신을 위협하는 세력을 깨달았다. 그 세력은 아시아의 통치자가 아니라 자신들이 데려온 선교사들과(일본에서 선교사들의 공격적인 전략으로 인해 마침내 일본의 통치자는 포르투갈을 적대시하게 되었다.) 자신의 뒤를 따라 온 다른 유럽인들이었다.

포르투갈인들은 인도로 처음 항해를 했을 때조차 무역을 하기 위해 혹은 안전하게 고향으로 돌아가기 위해 무력을 사용했다. 중앙유라시아의 역사적 관점에서 보자면 이는 크게 놀랄 일은 아니다. 알려진 가장 오래된 실크로드 무역상들이었던 스키타이와, 문화적으로 그들과 인척 관계에 있었던 흉노도 마찬가지로 사나운 전사들이었다. 그들의 이웃들, 그 중에서도 특히 그리스, 로마, 페르시아, 아랍, 중국 등이 얼마나 잔혹했는지를 생각해보면, 중앙유라시아인들도 사나워질 수밖에 없었다. 중

---

21 Wills(1998: 343).
22 교역 상품에 대해서는 아래 참조.

앙유라시아인들이 무역보다는 전쟁으로 유명하고, 그들이 세운 제국들도 다른 모든 제국들과 마찬가지로 주로는 정복 전쟁을 통해 건설된 것이었기는 하지만, 역사학적 자료들을 통해 의심할 여지없이 분명하게 드러난 바는, 역사적으로 잘 알려진 중앙유라시아의 제국들의 팽창 뒤에 숨어있는 원동력은 무역과 세금 문제였지 약탈과 파괴가 아니었다는 사실이다. 이는 튀르크, 루스, 몽골뿐만 아니라 대항해 시대 유럽인들이 바다를 통해 팽창할 때도 다르지 않았다.

처음 아라비아 해에 접근할 무렵, 포르투갈인들이 차분하게 접근하는 대신 무력을 사용한 것은 사실이다. 그러나 전체적으로 보면 그들이 사실상 놀라울 정도로 인내한 것도 사실이다.[23] 아시아에서 유럽인들은 대체로 지역 통치자의 묵인 하에 무역항과 요새를 건설했다. 대개 인근 지역과 분쟁 중에 있었던 통치자들은 이러저런 이유로 유럽인들의 행동을 허락하거나 심지어 장려하기조차 했다.[24] 이러한 점 또한 중앙유라시아인들이 팽창을 시도할 때와 놀라울 정도로 유사하다.

그렇다면 유독 아라비아 해에서만 왜 그토록 엄청난 무력이 사용되어야만 했을까? 역사적 서술이건 바스코 다 가마의 일기와 같은 1인칭

---

23 Russell-Wood(1998: 21). 유럽인들(포르투갈, 스페인, 프랑스, 네덜란드, 영국 및 기타 유럽 관계인들)은 아시아인들에 대해서는 상대적으로 절제를 보였다. 반면 아시아에서 유럽인들 서로 간에는 그리고 특히 유럽에서 유럽인들 서로 간에는 관습적으로 폭력을 행사했다. 이렇게 상반되는 대비는 상당히 충격적인 양상이다.

24 Russell-Wood(1998: 21), Pearson(1987: 31 이하). 후자는 종종 포르투갈을 무모하고 호전적인 정복자로 그리고 있다. 예를 들면 "또 하나의 거대한 항구 디우(Diu)는 1535년에 정복되었다."고 표현하는 식이다. 그러나 바로 그 다음 단락에서 "디우와 바셍(Bassein) 및 다만(Daman)을 협약을 통해 획득하였다."고 하였다.(Pearson 1987: 32). 디우가 그렇게 "거대한" 도시도 아니었다는 사실도 기억할 필요가 있다.

서술이건 간에, 충분한 자료가 남아 있는 경우를 보면, 반대 세력은 그 지역 상인들로부터 나왔다. 그들은 이미 해당 지역에서 국제 무역에 참여하고 있었던 사람들이다. 그리고 포르투갈인들이 무역을 하고자 했던 항구 도시의 통치자들도 반대 세력이었다. 각각의 지역 통치자들은 기존의 연안 직항로(point to point) 무역에서 해당 거점을 통제하는 데 익숙해져 있었으며, 상인들의 영업권에 의존하고 있었다. 이러한 지방의 항구 권력이 유럽인들이 나타나기 전에는 자유 무역을 지원했을 것으로 짐작하는 경우가 많지만, 실상은 지역 상인들과 정치 권력 간의 결탁으로, 누구든 사실상의 독점권에 끼어드는 새로운 경쟁자가 있다면 이를 물리치는 데 주저 없이 무력을 사용할 의지가 충분히 있었다. 이는 바스코 다 가마가 처음 캘리컷에 도착했을 때 발견했던 사실이기도 하다. 더욱이 아라비아 해에서는 무슬림이 어느 정도 배타적으로 무역을 장악하고 있었다. 무슬림이 아니라면 환영받을 수 없었다. 포르투갈인들은 자신이 기독교도임을 기탄없이 공표하고 다녔다.[25]

바스코 다 가마는 바다를 통해 인도에 도착한 최초의 유럽인이었기 때문에, 무슬림이나 힌두교도들로서는 유럽의 기독교도가 그들의 무역로나 항구를 빼앗을 것이라는 두려움 따위는 없었다. 그들은 단순히 경쟁을 하기 싫었을 뿐이다. 그래서 새로운 경쟁자가 누구든 상관 없이 그저 속이고, 훔치고, 무력을 써서 없애버릴 생각이었다. "[무슬림] 상인들 사이의 경쟁은 매우 잔혹했고, 심지어 목을 베기도 했다. 고독한 아웃사

---

25 만약 1498년에 인도의 배가 리스본 항구에 입항해 이상한 물건을 팔다가 포르투갈인들과 대립하고, 승무원들이 자신이 무슬림이며 현지의 무슬림을 찾고 있다고 공공연히 떠들고 다니면 어떤 혼란이 벌어졌을지 상상하기 어렵지 않을 것이다.

이더로서는 기존의 거의 독점적인 무역로에 절대로 끼어들 수가 없었다. 세관에서는 말도 안 되는 세금을 부과하기도 했고 지방 관리들은 제멋대로 행동했던 증거들이 있다. 더욱 불미스러운 일은, 해적질이 [16]세기 초부터 인도양에 널리 퍼져 있었다는 사실이다. 지방 정부는 여기에 대해서 거의 아무런 조치를 취하지 않았다. 조치를 취했다 하더라도 이들을 어쩌지는 못했다."[26] 신참내기였던 유럽인들은 이에 대해서 필요하다면 무력을 사용할 준비가 되어 있었다.

하지만 대개는 무력을 사용할 필요조차 없었다. 아시아에 접근했던 유럽인들의 분명한 상업적 특징은, 포르투갈인들도 그랬고 이를 따랐던 다른 유럽인들도 마찬가지였던 것처럼, 그들이 거의 예외 없이 사적인 무역회사였다는 사실이다.[27] 물론 그들의 배후에는 정부가 있었고, 그들이 필요할 경우 무력을 사용해도 좋다는 허가도 받았으며, 무기도 가지고 있었다. 그러나 어쨌든 그들은 무역회사였다. 그래서 유럽인들이 해로를 주도했던 처음 2세기 동안, 유럽인들이 아시아에 정치적 혹은 문화적으로 별다른 영향을 미치지 않았다는 사실은 그리 놀라운 일이 아니다.[28]

한편에서는 포르투갈과 유럽 국가들, 다른 한편에서는 아시아 국가들이 맞섰던 통치자와 상인들, 그리고 군대 지휘자들 간의 경쟁은 마침내 아라비아 해에서 군사적 충돌을 불러 일으켰다. 그곳에서 포르투갈

---

26 Pearson(1987: 29).
27 포르투갈 왕실이 개입하긴 했지만, 포르투갈인들을 추동한 것은 대부분 교역이었다.
28 Matthee(1999: 9). "근대 초기 유럽이 아시아에 끼친 정치적, 문화적 영향은 미미했다는 주장이 있는데, 중국이나 일본에서 그랬던 만큼 사파비 왕조의 이란에서도 마찬가지였다."

인들에 대한 저항은, 처음에는 인접한 제국들(페르시아의 사파비 왕조나 델리의 술탄국, 무굴 제국 같은)이 아니라 주로 아라비아 상인들과 지방 통치자들로부터 시작되었다. 그들은 캘리컷, 디우 및 인도 서부 해안의 항구들로부터 서쪽 및 북서쪽으로 페르시아, 아라비아, 이집트의 항구들까지, 뿐만 아니라 인도 동남 해안에서 벵골 만을 거쳐 말레이의 말라카까지 해상 무역을 장악하고 있던 세력이었다. 이 노선은 고대 연안 무역 루트, 즉 일본에서 근동의 육로를 거쳐 지중해와 유럽 서부 해안에 이르는 무역로의 가운데에 해당하는 수익이 좋은 노선이었다. 포르투갈인들은 근동 지역을 거치지 않고 바로 동방 세계를 연결하는 직항로를 발견했던 것이고, 무슬림 상인들(특히 유럽과 인도 사이에서 장사하던 상인들)은 직항로가 자신들의 이익을 위협할 것이라는 사실을 금세 알아차렸다. 경쟁자들 및 그 정치적 후원자와의 투쟁으로 포르투갈인들은 인도에서 홍해에 이르는 무역로를 장악해 버렸다. 맘루크와 캘리컷의 통치자를 비롯하여 베네치아의 지원을 받던 여러 무슬림들이 포르투갈을 막아서려 했다. 1507년과 1509년, 맘루크는 대규모 함대를 파견했지만, 1509년 디우 해전에서 포르투갈인들은 그들에게 치명적인 패배를 안겼다. 1535년 포르투갈인들이 디우를 사실상 점령했을 때, 인도양 서부 무역 경쟁은 중대한 국면을 맞이했다. 이제는 오스만 제국도 이 상황을 심각하게 받아들였다. 1538년 술레이만 대제는 디우를 점령하기 위해 대규모 오스만 함대를 파견했다. 그러나 포르투갈인들은 이를 물리쳤고, 인도 서해안에서 자신의 존재감을 더욱 강화하였다. 1546년 오스만이 이라크와 바스라를 차지했고, 1551년~1552년, 그 근처에 있던 호르무즈를 포위했지만, 포르투갈인들을 몰아내지는 못했다. 포르투갈인들은 바다를 장악했고 여전히 팽창을 계속하고 있었다. 서유럽인들이 보유한 함선의 속도, 항해술, 무기 등이 우월했기 때문에, 포르투갈의 승리는 피할 수 없는 일이었다.[29]

16세기 중반에 이르러, 포르투갈인들이 인도양에 나타난 지 불과 50년밖에 되지 않았지만, 그들은 서유럽에서 일본에 이르는 모든 해양 루트를 안정적으로 장악했다. 그리고 중간중간 주요 지점에 요새와 무역 거점을 건설했다. 이 모든 일은 내륙의 주요 정치 권력을 장악하거나 위협하는 일과는 상관없이 진행되었다. 포르투갈인들이 설사 그걸 원했다 해도 그럴 수도 없었을 것이다.[30]

무슬림 상인들과 그들의 이탈리아 동맹 세력도 가만있지만은 않았던 것은 틀림없는 사실이다. 그들의 반격으로 포르투갈인들은 고통을 겪었다. 그들이 새로운 해양 제국을 보다 잘 운영했더라면, 그리고 그들이 한창 팽창하던 세기 후반에 심각한 경기 침체가 없었더라면, 그들은 더 많

---

29 역사적으로 포르투갈인들의 성취가 별것 없었다는 Pearson(1987)의 주장에 대해서는 미주 86번 참조.
30 Matthee(1999: 9-10). 전근대 초기 "이란은 인도와 달랐다. 인도는 자연지리적으로 해안에서 내륙으로 들어가기가 상대적으로 쉬웠다. 그러나 이란은 오직 남쪽의 항구들을 통해서만 들어갈 수 있었다. 이들 항구는 나라의 수도와 나라에서 가장 부유한 지역으로부터 1,000킬로미터나 떨어져 있었고, 그 사이에는 준사막지대와 거대한 산맥이 놓여 있었다. 실론이나 동남아시아 대부분 지역, 예컨대 인도네시아 군도와도 달랐다. 여기서는 정치 권력이 분산되어 있어서 유럽인들이 지역에 교두보를 마련할 수가 있었다. 그러나 이란은 중앙집권 국가였다.(최소한 권력구조상으로는 그랬다.)" 포르투갈과 그 후계자들은 지역 정치 무대에 참여했다. 많은 경우, 시기적인 차이는 다소 있을지라도, 그들이 건설한 항구 도시에 연결된 지역을 직접 통제했다. 그럼에도 불구하고 인도 내부로 유럽인들이 진출한 때는 무굴 제국이 쇠락한 이후였다. 포르투갈이 인도 해안에 최초의 무역 거점을 설립한 지 2세기가 지난 후였다. 다른 지역들에서도 내부로 진출한 과정은 이와 비슷했다.

은 수익을 거둘 수도 있었을 것이다.[31] 그러나 포르투갈인들이 유럽과 동아시아를 잇는 해양 루트를 정복함으로써 시작되었던 아시아 연안 지역에서의 유럽 세력은 시간이 갈수록 증대되었던 것도 부정할 수 없는 사실이다. 근동과 베네치아를 거치던 과거의 연안 무역이 일시적으로 되살아나기도 했지만,[32] 새롭게 열린 해양 루트를 유럽인들이 압도함으로써 결과적으로 과거 근동과 지중해를 서유럽에 연결하던 향료와 비단 무역이 쇠락하게 되었다.

유럽인들이 동방 해로 탐험에 나서도록 만들었던 원동력은 비단이나 향료 혹은 기타 값비싼 물건의 생산자들과 직접 무역을 하고 싶은 욕망이었다. 유럽에서 이런 상품들의 가격은 아시아 지역에서의 가격과 비교하면 천문학적인 수치였다. 세상의 모든 상인들의 꿈은 바로 이 가격으로 만들어진 것이다.[33] 경제사학자들이 "사치품"이라고 제쳐둔 것들이,[34] 사실은 새로운 해양 무역에서 가장 근본적인 경제적 중요성을 띠는 것들이었다. 이는 대륙의 실크로드 무역에서도 마찬가지였다.

연안 무역 지대에서 유럽인들이 참여하는 것을 아시아인들이 반대하자, 유럽인들은 주저 없이 바다와 내륙 지역에 해군을 투입했다. 처음에는 예외 없이 연안 지역에서 벌어진 일이었다. 현대의 많은 역사가들은

31　이 부분은 Pearson(1987: 30 이하)을 주로 참조하였다.
32　이는 또한 사업의 사이클과도 연관돼 있었을 것이며, 그 점에서 경제 '부흥'보다는 '쇠락'의 징표였을 가능성이 있다. Pearson(1987)도 그렇게 보았다.
33　Pearson(1987: 41). 심지어 "도난, 폐기, 배의 파손, 화물 운송비까지", 그리고 "말라바르의 요새 유지 비용까지" 계산하더라도, 포르투갈인들이 리스본에서 거둔 이윤은 90퍼센트 정도였고, 다른 계산법에 따르면 "그 이상"이 되기도 했다.
34　컴퓨터와 휴대폰이 근대의 "사치품"이라는 몰이해에 대한 논의는 미주 87번 참조.

이를 도덕적으로 비난하지만,[35] 유럽인들이 아시아의 "땅에서" 군사행동을 실행했던 동기는 19세기 말까지는 그 본성상 순수하게 제국주의적인 경우가 거의 없었다.[36] 심지어 19세기 말에도 아라비아에서 일본까지 유럽의 상인들이 상대했던 여러 나라의 정부들은 유럽인들을 그리 달가워하지 않았다.[37]

처음에는 거대 제국의 정부에서 해상 무역에 대한 관심이 별로 없었기 때문에,[38] 유럽인들이 마주쳤던 문제는 주로 신참내기와 경쟁해야 했던 지역 상인 집단이나 지방의 권력자들이었다. 거대 제국들은 거시적으로 보자면 해상 무역이든 육로 무역이든 별 관심이 없었고, 거의 전적으로 무역을 무시했다. 예를 들면 "이란 사파비 왕조에서 남아 있는 무역 관련 서류들은 대부분 서양의 회사 직원들이 작성한 것들이다. …… 페르시아어로 쓰여진 자료들은 사실상 무역에 대한 데이타가 없다. 국내 상업이든 국제 무역이든 대개 비슷한 상황이다."[39] 이러한 무관심은 인도의 무굴 제국의 사례를 보면 아마도 잘 설명이 될 것이다. 무굴 제국의 수입 중에서 해상 무역은 매우 작은 비중을 차지할 뿐이었다. 많이 잡아도 대략 5퍼센트 정도에 불과했다. 수입의 대부분은 토지 관리에서 나왔다.[40] "무굴인들은 아시아 내륙에서 온 사람들이었다. 제국의 첫번째 왕

---

35 예컨대 Pearson(1987) 참조.
36 당시 아시아의 주변 정주 지역 정부들은 부패했고 힘이 없었다. 이로 인해 유럽 상인들의 개입은 불가피했고(이후의 주석 참조), 이로 인해 유럽인들이 획득한 권력을 남용하게 된다.
37 당시 유럽의 정부들이 더 나았다는 얘기는 결코 아니다. 그럼에도 불구하고 예측가능한 법 집행이 아시아에서는 이루어지지 않았다는 점이 주목된다.
38 Pearson(1987: 26-27).
39 Matthee(1999: 6).

바부르(재위 1526~1530)는 바다를 본 적이 없었다." 마찬가지로 현재 인도 남부의 분쟁에서 "해양 문제는 아무런 관련이 없다."[41]

유럽인들은 바다를 장악하고 연안 지역과 그 주변에 근거지를 마련한 뒤, 점차 절대 권력자들과 직접 교섭을 시도했다. 페르시아의 사파비 왕조와 카자르 왕조, 인도의 무굴 제국, 중국의 청나라, 일본의 도쿠가와 막부(에도 막부) 등이 대상이 되었다. 초기 무역상이자 탐험가들이 남겨둔 글을 보면, 그들은 때때로 아시아의 통치자들이 평화로운 외교관계와 무역 질서를 따르도록 강제할 필요가 있다는 생각을 했다. 예를 들어 유럽인들의 무역 이익을 빼앗아갔던 광범위한 해적 세력들에 대해서, 항구 도시의 지방 관료들은 이를 묵인하거나 심지어 후원하기도 했다. 지방 관료들도 오히려 육지의 해적처럼 굴었던 적이 한두 번이 아니었다. 중앙유라시아인들과 마찬가지로, 유럽의 무역상들 또한 본국의 지원을 받았다. 아시아 항구에서 지방 정부의 관료나 군대에서 관습적으로 자행했던 방해나 일시적인 폭력이 극에 달할 경우, 유럽인들이 굳이 그것을 감내해야 할 이유는 없었다.

간단히 말해서 국제 무역에 참여하려면 유럽인들은 무역로와 항구 도시를 안정시켜야 했고, 그러기 위해서 그 지역의 정치 권력을 장악해야 했다. 이는 중앙유라시아의 경제가 번성했던 시대, 실크로드가 존재

---

40 "1500년 당시 인도의 주요 국가들 중 어느 누구도 바다의 일에 대해서 별다른 역할을 하지 못했다. 북쪽에서 쇠락의 길을 걷고 있던 로디(Lodi) 술탄국이나 새롭게 확장의 길을 걷고 있던 무굴 제국이나, 모두 수입 면에서나 정서적인 면에서나 전적으로 토지에 기반하고 있었다. 무굴 제국의 엄청난 수입은 거의가 토지 수입에서 나왔다. …… 관세 수입은 5퍼센트에 불과했다. …… 무굴 제국 수입의 원천은 압도적으로 토지였다."(Pearson 1987: 26-27).
41 Pearson(1987: 26-27).

했던 시대에 중앙유라시아인들이 지난 2천여 년 동안 수도 없이 반복해 왔던 일과 마찬가지였다. 결과적으로 유럽의 군대는 아시아의 지방 통치자들을 제압했고, 그들에게 압력을 행사했으며, 아시아에서 유럽인들의 정치 권력을 강화해 갔다. 아시아의 주요 국가들이 충분히 강했기 때문에, 유럽의 기술력이 우월하다 해도 그것은 별로 중요하지 않았다. 유럽인들은 기껏해야 연안 지역 거점을 확보할 수 있었을 뿐이었다.[42] 그들은 해당 지역에서 해상 무역 권리를 확립했으며, 무역 거점을 요새화함으로써 안정을 기하였고, 그로부터 드넓은 바다를 통제하였다.[43] 19세기 아시아의 여러 제국들이 실질적인 권력을 상실하고 나서야 비로소 유럽인들은 내륙으로 진출할 수 있었고, 그곳의 힘의 공백을 메워나갔을 따름이다. 그러나 유럽인들의 주요한 목적은, 처음에는 새로운 제국을 건설하는 것이 아니라, 단지 평화롭고 수익률이 좋은 무역을 계속할 수 있도록 정치적 상황을 안정시키는 것이었다. 이것도 또한 중앙유라시아인들이 해당 지역의 정치 권력과의 관계에서 반복적으로 행했던 바와 똑같다. 중앙유라시아인들이 강력하고 통일된 도시-농경 제국을 공격했던 적은 거의 없었다. 대체로는 그럴 기회도 없었다. 도시-농경 제국이 팽창할 때는 먼저 중앙유라시아인들을 공격했기 때문이었다. 도시-농경 제국이 쇠락할 때조차도 그들보다 규모도 작고 힘도 약했던 중앙유라시

---

42 Pearson(1987: 45 이하).
43 러시아의 내륙 확장도 이런 식이었다. 코사크족(Cossacks)이 주도했던 모피 무역에 참여하고, 시베리아를 가로질러 태평양 연안에 이르는 일련의 요새를 건설하는 등 러시아는 초기에는 실크로드 시스템에 속했다.(예를 들면 키예프 루스 칸국 당시). 그런데 점차적으로 변화를 거쳐 마침내 러시아 제국으로서 유럽 세력의 일원으로 연안 무역 시스템 속에 등장하였다.

아 국가들에게 공격을 당할 만큼 약하지는 않았다. 주변 지역의 제국들이 완전히 허약해졌을 때, 혹은 사실상 무너졌을 때, 중앙유라시아인들은 정부를 다시 수립하려고 시도했거나 아니면 상황을 안정시키기 위해 개입했을 뿐이었다. 이는 19세기와 20세기 초 인도와 중국에서 유럽인들이 했던 일과 마찬가지였다. 실크로드나 연안 무역이나, 중앙유라시아인들이나 유럽인들이나, 다들 점차적으로, 조심조심하면서 직접 지배에 개입을 시도했을 뿐이었다.

남아메리카와 동아시아의 직항 무역로는 유럽인들의 탐험의 시대가 초래한 예기치 못한 결과였다. 스페인 제국의 부는 전적으로 신세계 식민지에 기반을 두고 있었다. 그곳에서는 무엇보다도 은이 생산되었다. 스페인인들도 다른 유럽인들처럼 비단, 향료, 도자기, 보석 등 동양의 값비싼 물건들을 원했다. 그들은 태평양을 가로질러 마닐라와 중국으로 무역선을 보냈다. 그렇게 보낸 은이 신대륙에서 생산한 은의 20퍼센트에 달했다. 이 무역을 통해 스페인은 국부를 더했고, 유럽 제국들과의 전쟁 자금을 충당했다. 뿐만 아니라 중국에서도 은이 대규모로 유통되기 시작했다.[44]

끝으로, 유럽인들은 그들의 종교를 가지고 왔다. 그들은 아시아 지역 종교에 비해 기독교가 우월하다고 믿었다. 그래서 그들은 아시아인들에게 이를 심어주기 위해 노력했다. 유럽이 팽창하던 초기, 예수회 수사들(Jesuits)은 일본과 중국 청나라 지배 계층에게 강력한 첫인상을 남겼다.

---

44 Wakeman(1985, I: 2-6) 또한 중국으로 은이 유입된 이유가, 부분적으로는 중국에서 은 가격이 상대적으로 높았기 때문이라고 보았다.

그러나 이후의 선교사들은 예수회만큼 학식이 높거나 잘 훈련된 사람들이 아니었다. 대부분의 아시아인들은 기독교를 받아들이지 않았다. 왜냐하면 그들은 이미 다른 세계 종교의 신도들이었고, 유럽의 기독교인들이 그랬던 것처럼, 자신이 믿는 종교 이외에 다른 종교는 대체로 열등하다고 생각했다. 특히 이슬람 및 불교 문화권에서는 학식 있는 지배 계층 사람들은 신앙의 기본 이상을 알고 있었기 때문에, 서양 선교사들이 어떤 식으로든 전도에 성공했던 대상은 단지 가난하고 배우지 못해서 해당 지역 종교를 잘 모르는 사람들이었다. 게다가 아시아의 통치자들과 종교 지도자들은 유럽의 종교 전파와 유럽의 정치 권력의 전파가 서로 연관이 있다는 사실을 제대로 알고 있었다.

새로운 연안 무역

포르투갈인들과 그 후계자들이 국제 무역에서 굉장히 빠른 속도로 성장했지만, 그 영향력에 대해서는 다들 충분히 이해하지 못했다. 유럽은 바다를 통해 인도, 동남아시아, 말레이 제도, 중국, 일본과 직접 연결되었다.[45]

포르투갈인들은 유럽에서 천, 와인 글라스, 크리스탈, 렌즈, 프리즘, 괘종시계 등 여러 상품들을 가지고 동양으로 갔다. 여기에는 소총, 칼 등 무기들도 포함되어 있었다. 그 중 일부는 멀리 일본에까지 판매되었다.[46]

---

45 같은 시기의 유럽 선박들은 이 지역들을 서로 간에 연결시켜 주었음에 틀림이 없다. 그런데 이상하게도 아시아인들 역시 그렇게 연결돼 있었음에도 불구하고, 근대 이전까지는 별다른 효과가 없었다.
46 Russell-Wood(1998: 133).

포르투갈 무역선은 모항인 고아(인도)를 출발하여 말라카, 마카오 등 극동의 항구들을 거쳐 나가사키로 항해한 뒤 3년 만에 고아 항으로 돌아갔다. 포르투갈인들에 의해 일본에 수입된 상품에는 생사, 비단, 목화 및 모직 천, 상아, 산호, 설탕이 포함되어 있었다. 수출품은 주로 은이었지만, 철이나 병풍 같은 예술품, 칼 등이 있었다. 수입 화물 중에는 특이한 것들도 있었는데, 예를 들면 호랑이 같은 것이었다.[47]

포르투갈 무역선은 아시아 지역을 오가면서 마카오에도 들렀다. 거기에는 유럽 상품들뿐만 아니라 인도 상품들, 특히 후추도 들어 있었다. 마카오에서 그들은 비단(비단천, 생사, 풀솜), 도자기, 사향, 금 등을 구입했다. 그리고는 나가사키로 가서(1571 이후) 싣고 간 상품을 팔고 은, 칠기, 가구, 병풍, 기모노, 칼, 금 등을 구입했다. 돌아가는 길에 그들은 다시 마카오에 들러 은을 주고 더 많은 금과 구리, 비단, 사향, 도자기, 상아, 진주를 구입한 뒤 다시 고아 항으로 항해했다.

포르투갈인들이 세력을 확장하는 데에는 명나라의 배타주의가 큰 도움이 되었다. 명나라는 쇄국정책을 썼기 때문에 중국 상인들이 일본인들과 거래하는 것을 금지하고 있었다. 이로 인해 유럽인들은 사실상 독점적인 지위를 얻을 수 있었다. 유럽인들은 중국의 상품들, 예컨대 비단, 금, 사향, 도자기 등을 나가사키로 가져가 은이나 구리로 교환했다. "포르투갈인들은 중국 전역의 비단 중에서 3분의 1에서 2분의 1 사이로 추

---

47 http://www1.city.nagasaki.nagasaki.jp/dejima/en/history/contents/index001.html. 포르투갈인들은 과연 살아 있는 호랑이들을 어디서 샀을까? 일본인들은 그것을 가지고 무엇을 했을까?

정되는 양을 구입했다. 1630년대에 이르러 일본에서는 비단 수입이 금보다 더 중요해졌다."⁴⁸

무역은 막대한 이익을 창출했을 뿐만 아니라 유라시아 대륙의 먼 곳으로부터 상인들을 끌어들였다. 생산자와 소비자의 거리가 좁혀졌으며, 이전에는 희귀했던 물건들이 보다 많이 소비되고 보다 친숙해지게 하였다. 옛날에는 이야기 속의 나라였던 동방이 이제 현실이 되었다. 여기에 매혹된 유럽의 여행가들은 인도, 중국, 일본 및 그 중간에 있는 지역들에 대해서도 상세한 기록을 남겼다. 그들은 다른 언어를 관찰했고, 연구했으며, 그에 대한 글을 썼다. 세계에 대한 유럽인들의 호기심은 이미 상당했지만, 더욱 높아졌다. 머지않아 자연과학과 기술뿐만 아니라 역사, 문학, 언어학, 인류학 등 아시아와 관련된 학문 분야에서 유럽인들의 학문적 수준은 급속도로 성장했다. 그래서 아시아 전통에 대한 많은 분야에서 아시아 출신 학자들보다 더 많이 알게 되었다.⁴⁹

무굴 제국의 복원

페르시아에 피난 가 있던 후마윤은 사파비 왕조의 압력도 있고 해서 시아파 이슬람을 받아들였다. 그제서야 사파비 왕은 그를 도와주기로 했다. 8년의 전쟁 끝에 페르시아-무굴 연합군은 칸다하르를 되찾았고, 1553년에는 카불을 점령했다. 후마윤은 카불에서 (자신을 배신했던) 동생을 왕좌에서 끌어내리고 눈을 멀게 했다. 1553년 세르 샤의 아들 이슬람

---

48 Russell-Wood(1998: 135).
49 아시아의 서양 과학 수용 과정에서 발견되는 변화상, 그리고 아시아를 연구하는 서양학자들에 대한 모더니스트의 반지성주의적 반응에 대해서는 미주 88번 참조.

샤 수르가 죽자, 인도 북부는 후계 문제로 분열되었고, 가뭄이 들어 세력이 약해졌다. 1554년 말, 후마윤은 인도로 내려갔다. 펀잡 지방에서 수르 가문의 통치자와 맞닥뜨려 이를 처부수고 1555년 중반 델리로 진출해 무굴 제국을 복원했다.[50]

몇 달 후 후마윤이 사고로 죽자 제국은 어린 아들 악바르(Akbar, 재위 1556~1605)의 손에 넘어갔다. 악바르는 남아 있는 반란 세력들로부터 압력을 받았다. 아프간의 수르 가문, 카불에 있는 그의 형제, 우즈벡의 반란 세력 등이었다. 그는 아직 점령하지 못했던 북부 인도 지역들, 구자라트, 카슈미르, 데칸 북부, 인도 고원 남부 등을 점령했다. 그는 문화를 진작하고, 어느 정도까지는 이슬람과 힌두교를 융합하려고 애썼다. 그의 치하에서 무굴 제국과 제국의 문화는 최전성기에 이르렀다.

악바르의 후계는 그의 아들 자한기르(Jahângîr, 재위 1605~1627)가 이었고, 다시 그 뒤를 샤 자한(Shâh Jahân, 재위 1628~1657)이 계승하였다. 이들 두 통치자는 대체로 선대의 정책을 그대로 유지했고, 예술 특히 건축을 더욱 발전시켰다. 1657년 샤 자한이 병석에 누운 뒤 후계 분쟁이 일어났으나, 아우랑제브(Aurangzeb, 재위 1658~1707)가 이를 제압하고 제위에 올랐다. 샤 자한이 병에서 회복되었지만, 그때는 이미 아우랑제브가 아그라를 정복하는 과정에서 제국의 군대와 주요 경쟁자들을 모두 물리친 뒤였다. 그는 아버지 샤 자한이 죽을 때까지 5년 동안 아그라의 요새에 가두어 두었다. 아우랑제브는 편협한 광신도였다. 그는 선조들이 행했던 자유방임정책을 거부하고 힌두교도를 처형했으며, 인도 남부의 왕

---

50 Richards(1993).

국들과 전쟁을 계속했다. 그는 무굴 제국의 영토를 최대한 넓히기는 했지만, 제국 내의 많은 사람들이 소외되어 반란이 자주 일어났고, 해양 무역은 네덜란드와 영국의 동인도회사가 장악해버렸다. 1661년 봄베이(Bombay)의 섬과 항구를 점령한 영국은 아우랑제브와 부딪히게 되었지만, 영국의 협상가가 곧바로 무굴 제국에 배상금을 지불하는 것으로 마무리되었다. 그럼에도 불구하고 영국은 봄베이에 요새를 건설했고, 인도의 다른 항구들까지 빠르게 세력을 확장해 나갔으며, 마드라스(Madras)도 영국의 손에 들어갔다. 그 뒤에는 아우랑제브도 영국인들을 쫓아내지 못했다. 아우랑제브가 죽은 뒤 오랜 억압에 대한 반발로 반란이 일어난 곳이 제국의 절반에 이르렀다. 그 뒤 무굴 제국은 다시는 회복되지 못했고, 영국은 인도 대륙에서 사실상 실권을 장악하게 되었다.[51]

러시아 제국

티무르가 러시아를 침략했을 때, 모스크바 공국은 뇌물을 썼거나 혹은 그들이 믿는 것처럼 기적이 일어나서 파괴를 모면했다. 골든 호르데라는 이름으로 더 잘 알려져 있는 조치 계열의 후계 국가들은 운이 좋지 못했다. 토크타미시가 어리석게도 티무르를 공격하는 바람에, 티무르는 골든 호르데의 영토를 남쪽 끝에서 북쪽 끝까지 휩쓸어버렸다. 15세기 중반 골든 호르데는 몇몇 조그만 칸국들로 분열되었다.[52] 볼가 강과 카마 강이 합류하는 지점의 카잔(Kazan) 칸국, 볼가 강이 카스피 해로 흘러드는

---

51 무굴의 역사에 대한 이 연구는 Richards(1993)를 주로 참조하였다.
52 Golden(1992: 317-330).

하류 지역의 아스트라한(Astrakhan) 칸국, 노가이 혹은 시비르(Sibir) 칸국의 블루 호르데(Blue Horde) 등이었는데, 우랄 산맥 남쪽, 볼가 강에서부터 동쪽으로 시베리아의 이르티쉬 강까지 중부 스텝 지역의 백성들은 유목민이 되었다.

1547년, 모스크바 대공 이반 4세(Ivan IV, the Terrible, 재위 1533~1584)는 스스로 최초의 러시아의 짜르(카이사르) 즉 황제가 되었다. 그는 러시아가 비잔틴 정교회의 후계자이며, 러시아 제국은 이제부터 동로마 제국의 후계자가 되었다고 선언했다. 러시아는 이미 카잔에서 벌어진 후계 분쟁에 개입되어 있었다. 러시아인들이 평화적으로 카잔에 진입하도록 약속이 되어 있었지만, 그들이 막 도시로 들어가려는 순간 도시 내 권력 균형에 변화가 생겼다. 이반은 러시아 군대에 명하여 카잔을 포위 공격하도록 했고, 1552년 10월 도시를 점령했다.[53] 1556년에 러시아는 아스트라한을 차지하고 아스트라한 칸국의 영토를 제국 내에 편입시켰다.

한편 1563년에 노가이 호르데(Noghay Horde)의 칸 쿠춤(Kuchum)이 우랄 산맥 동쪽에 위치했던 골든 호르데의 후계 국가 시비르 칸국을 공격하여 왕을 살해하는 사건이 발생했다. 시비르의 칸은 명목상 이반 4세의 제후였다. 쿠춤은 즉시 자신이 러시아 제후국의 후계자임을 자처하고 조공 사절을 보냈다. 당시 러시아의 짜르는 리보니아(Livonia) 전쟁 때문에 경황이 없어서 제후국 정권 탈취에 대해서 뭐라고 하지도 않았다. 그 대신 짜르는 스트로가노프(Stroganov) 가문에 상을 내렸다. 즉 우랄 산맥 동쪽에 정착지를 건설할 권리와 코사크족(Cossacks)을 고용하여 외적을

---

53 Perdue(2005: 81).

방어할 권리를 준 것이다. 스트로가노프 가문이 서부 시베리아에서 은광과 철광을 발견하자, 그들은 자신의 영지를 늘려달라고 요청했고 승인을 얻었다. 그들은 예르마크 티모페예비치(Yermak Timofeyevich) 휘하의 코사크족 전사 5, 6백 명을 고용했다. 1581년 9월 1일, 총으로 무장한 840명의 코사크 군대는 쿠춤 칸을 공격해 그의 군대를 처부수었다.[54] 1583년 10월 25일, 예르마크는 수도 시비르를[55] 점령했다. 쿠춤 칸은 남쪽으로 물러나 고향인 노가이 호르데로 가서 러시아를 공격할 군대를 모았다. 예르마크는 이반 4세에게 편지를 띄워 지원군을 요청했다. 러시아 황제는 군자금과 군사 500명을 보내 주었다. 쿠춤은 다시 북쪽으로 진군하여 러시아인들과 전투를 벌였다. 전투 중에 예르마크가 사망했고, 러시아인들은 후퇴했음에도 불구하고, 쿠춤은 예전처럼 시비르 칸국의 영토를 되찾지는 못했다. 1587년 러시아인들은 전쟁으로 파괴되었던 시비르 인근의 도시 토볼스크(Tobolsk)와 이르티쉬 강변의 타라(Tara)를 재건했고, 1598년에는 다시 쿠춤을 패퇴시켰다. 쿠춤은 얼마 뒤 자신의 백성들의 손에 죽었고, 쿠춤의 칸국은 러시아에 병합되었다.[56]

동쪽으로 팽창하려는 러시아에게는 지역 토착 세력인 낯선 적들이 장애물이 되었다. 팽창의 동기는 주로는 상업적인 이유였다. 가장 중요한 것은 모피 무역이었다. 게다가 러시아인들은 삼림지대와 삼림-초원 복합지대 출신들이었다. 그들은 중앙유라시아 북쪽 지대에 치우쳐 동방으로 진출함으로써, 초원을 영유하고 있었던 강력한 초원 민족들을 피해

54　Perdue(2005: 86).
55　이는 전통적, 역사적 명칭이다. 최근에는 여러 가지 다른 이름들이 붙여지곤 하였다.
56　이 부분은 Hosking(2001), Perdue(2005) 및 Bergholz(1993)를 주로 참조하였다.

갈 수 있었다.[57] 많은 강들과 그 지류를 고속도로 삼아 러시아인들은 동쪽으로 계속해서 뻗어 나갔다. 북동쪽으로 레나 강을 따라 1632년에 야쿠츠크(Yakutsk)를 건설했고, 동쪽으로 방향을 틀어서 태평양까지 도달했다. 1647년에 태평양 연안에서는 최초의 러시아 거주지인 오호츠크(Okhotsk)를 건설했다.[58] 그들은 또한 바이칼 호 동쪽으로 나아가 아무르 강 평원에까지 이르렀다. 1651년 그들은 아무르 강 상류의 강줄기가 남쪽으로 꺾어지는 곳에 위치한 도시 알바진(Albazin)을 습격했다. 그리고 그곳에 요새를 건설하고 군대를 주둔시켰으며, 정착 식민지가 시작되었다. 당시는 만주족이 중국에서 정권을 장악한 지 얼마 되지 않은 때였다. 홍타이지가 1641년에서 1643년 사이에 이 지역을 정복한 적이 있었기 때문에, 만주족은 그곳이 자신의 영토라고 생각하고 있었다.[59] 그들은 러시아의 처사에 강력하게 반대했다. 외교적인 노력이 성과를 거두지 못하자 만주족은 마침내 1685년 알바진을 공격해 점령해버렸다. 1689년 네르친스크(Nerchinsk) 조약에 의해 러시아인들은 그 땅을 만주족에게 돌려줄 수밖에 없었다.[60] 대신 러시아인들은 만주족으로부터 무역 허가를 얻어냈으며, 태평양 연안의 오호츠크는 계속 유지할 수 있었다.

다른 한 편으로 러시아 제국은 북서쪽으로도 팽창을 하여 발트 해 동

---

57 Bergholz(1993: 27).
58 1647년 이곳에 코사크의 동계 캠프가 마련되었다. 그리고 2년 후 방어벽(stockade)이 건설되었다.(*GSE* 19: 116). 오호츠크의 캠프 건설 연대를 달리 보는 견해도 있다. 1647년 (Perdue 2005: 95), 1648년(Hosking 2001: 143), 1649년(Perdue 2005: 87), 1650년 (Bergholz 1993: 27). 이에 대해 필자는 『소비에트 대백과사전』을 따랐다. Spence(2002: 151)에 따르면 네르친스크는 1658년, 알바진은 1665년 세워졌다.
59 Bergholz(1993: 123-127).

부의 핀란드어 사용 지역까지 뻗어 나갔다. 표트르 대제(Pyotr Veliky/Peter the Great, 1672~1725, 재위 1682/1696~1725)는 1703년 그곳의 스웨덴인들을 물리치고 상트상트페테르부르크를 건설했다.[61] 그곳이 러시아의 서쪽 항구였으며 또한 제국의 수도가 되었다. 발트 해에 거점을 마련하자 표트르 대제는 그 즉시 대규모 함대 조성을 명하였다. 이 함대를 이용해서 러시아인들은 1714년 강력한 스웨덴 해군을 격파하였고, 그 지역의 러시아 영토를 넓혀 나갔다.[62] 1769년~1770년, 러시아는 오스만 제국의 군대를 육지와 바다에서 모두 이겼다. 러시아는 마침내 크림 반도를 제국에 편입시켰다.(1783) 흑해는 이제 러시아의 남쪽 국경이 되었다.[63] 러시아는 흑해 함대를 설립하고, 드네프르 강 입구에 새로 건설한 항구 헤르손(Kherson)에 그 본부를 두었다.

사방의 해안(흑해, 발트 해, 북극해, 오호츠크 해)을 장악한 뒤에 러시아인들은 남쪽의 카프카스와 초원 지대로 팽창해 나가기 시작했다.

만주족의 청 제국

1616년에 남만주 요동 북쪽 여진의 지도자 누르하치(奴兒哈赤, Nurhachi,

---

60 1860년 중국-러시아 간 조약에서, 러시아인들은 아무르 강 북쪽 및 우수리 강 동쪽의 청나라 영토를 획득했다. 이는 한반도 동북쪽 국경지대에까지 이르는 지역이었다.(Fletcher 1978: 347). 이 조약은 몽골 및 바다를 경계로 러시아와 중국의 근대 국경선을 확정지었다. 만주 동쪽은 프리몰스키 크라이(Primorskiy Kray) 즉 '해안지방', 또는 Primor'e로 불린다. 제10장 참조.
61 Millar(2003: 1168).
62 Hosking(2001: 186-187).
63 Hosking(2001: 231).

1559~1626)는 중국 스타일의 왕조를 수립하고 후금(後金)이라 이름하였다. 여진 선조들이 세웠던 금나라의 이름을 빌린 것이었다. 1618년에 명나라로부터 요동을 빼앗았고, 1625년에 수도를 남쪽 목단(牧丹, 현 瀋陽)으로 옮겼다. 1636년, 그의 아들이자 후계자인 홍타이지(皇太極, Hung Taiji, 1592~1643)는 왕조의 이름을 청(淸, 맑음)으로 고치고 1643년에 민족의 이름도 만주족(滿洲族)으로 바꾸었다. 이는 지혜의 보살 만주쉬리(mañjuśri, 문수보살)에서 따온 이름으로 추정된다.[64]

같은 해 극심하게 분열된 명나라에서 반란이 일어났고, 북경이 반란군의 손에 들어갔다. 명나라 정부는 당시 만주의 섭정으로 있었던 도르곤(Dorgon)에게 반란 진압을 요청했다. 도르곤은 반란군을 물리치고 1644년 북경을 되찾았다. 그러나 북중국 지역에서 명나라가 이미 무너진 것을 알게 되자, 만주족은 만주로 돌아가는 대신 중국을 정복하기 시작했다. 1662년 그들은 명나라 영토를 완전히 장악하였다.[65]

여진 선조의 금나라처럼, 그러나 몽골과는 달리, 만주족은 중국 문화를 기꺼이 받아들였다. 최소한 어떻게 하면 중국을 더 잘 통치할 수 있을지를 배우고자 하였다.[66] 중국 한족들은 청 제국에서 고위직에 임명되지는 못했지만, 지방 정부의 책임자급까지는 승진할 수 있었다. 그 이전에 몽골이 그러했던 것처럼, 만주족도 "중국"과 "제국 전체"를 동일

---

64 만주족의 불교 개종 및 그들의 새로운 국가명에 대한 논란은 미주 89번 참조.
65 아래 참조. 명나라에 충성하던 무리들이 1622년 네델란드로부터 포모사(Formosa, 대만)를 빼앗아 점령하고, 수십 년 간 해안지대를 노략질했다. 이 섬은 1683년 최종적으로 청나라에 정복되었다.(Struve 1984: 256 n.99). 만주어와 중국어로 병기된 여러 개의 기념비가 섬에 세워졌고, 지금도 대남(臺南, Tainan, 옛 수도)에 서 있다.

시하지는 않았다. 그러나 몽골의 "원(元)"은 몽골 제국 중에서 "중국 지방"을 의미한 반면, "청(淸)"은 "제국 전체"를 의미했다. 그럼에도 불구하고 만주족은 중앙유라시아인들과의 관계를 공고히 하기 위해 왕조간의 혼인, 제후들의 개인적인 맹세, 종교적 관계 등을 활용했다. 중앙유라시아인들의 영토는 대체로 청나라의 지방으로 편입되지 않았다. 나중에 동투르키스탄은 눈에 띨 만한 예외적인 경우였다. 동투르키스탄은 청나라가 멸망하기 직전에 신강(新疆, 새로운 강역)이라는 지방으로 편입되었다. 만주족과 중국 한족의 융합은 급속도로 이루어져서 나중에는 완전히 통합되었다. 이들의 결합은 강력한 만주족-한족 융합 국가를 만들어냈다.[67]

만주족은 현실적이면서도 에너지가 넘치는 통치자였다. 청나라 때 중국은 급속한 인구 성장을 이루었고, 중앙유라시아를 정복한 덕분에 영토도 굉장히 넓어졌다. 몽골 제국 시대에 중국에 들렀던 여행객들처럼, 명말청초에 처음 바다를 통해 중국에 도착했던 유럽인들은 나라의 번영과 높은 문화적 수준에 무척 놀랐다. 당시 중국은 그들이 보기에도 유럽보다 훨씬 앞서 있었다. 그러나 이 때도 이미 유럽인들은 중국에는 전혀 알려지지 않은 몇 가지 선진 기술을 보유하고 있었다. 이를 알아본 강희제(康熙帝)는, 아마도 만주족 통치자 중에 가장 학식이 높았던 인물었는

---

66 몽골, 투르크, 티베트는 중국 문화에 대한 거부를 상대적으로 강하게 표현했던 반면에, 여진과 만주는 이를 받아들였다. 그 이유는 여진의 생활 터전이 스텝 지역이 아니었고, 중앙유라시아 문화권의 동쪽 변경 지대였기 때문으로 설명될 수 있다. 다른 민족들보다 여진족은 농경의 비중이 훨씬 컸다.
67 따라서 나는 청나라 지배층을 지칭할 때 민족 명칭을 결합하여 만주-중국인(Manchu-Chinese)이라는 표현을 쓴다. 중국어에도 비슷한 표현으로 만청(滿清)이라는 표현이 있다.

데, 몇몇 유럽인들, 특히 예수회 수도사들을 후원하기도 했다. 이들은 17세기에 유럽의 천문학을 중국에 소개했다.[68] 만주족 정권이 마침내 쇠락하게 되자, 아시아에서 유럽인들의 힘은 그만큼 성장하게 되었다. 청나라는 군사적, 정치적으로 유럽인들의 위협에 직면하게 되었다.

준가르 제국

러시아인들이 노가이 호르데를 무너뜨린 뒤, 그에 속했던 서부 몽골족 혹은 오이라트족(Oirats)은 자유를 되찾고 자신의 영토를 확장하기 시작했다. 1591년 러시아는 그들이 오이라트 북쪽 국경지대의 타라와 기타 도시들에서 자유무역을 해도 좋다는 허가를 내주었다. 이들 중 일부가 1606년 타라에 도착했다. 1607년~1608년, 서부 오이라트 지도자들은 형식적으로 러시아 황제에게 복속하여, 러시아가 그들의 적인 카자흐족이나 동부 몽골족으로부터 자신을 보호해 주기를 기대했다. 준가르족의 추장 카라 쿨라 칸(Khara Khula Khan, 사망 1634/1635)은 16세기에 오이라트족을 잠시 통일한 적이 있었던 에센 타이시(Esen Taiši, 재위 1443~1454, 칸 1453~1454)의[69] 후손이었다. 그는 1608년~1609년부터 새로운 오이라트 연맹을 결성하여 자신의 지위와 권력을 만들기 시작했다. 러시아가 혼돈의 시기로 알려진 정치적 불안정 시기에 놓여 있었기 때문에 오이라트 지도자는 러시아와 관계를 끊었다. 러시아인들은 몇 년 뒤 안정을

---

68 그러나 이미 16세기 명나라 때 예수회 수도사들(마테오 리치가 가장 유명하다.)이 중국 과학에 상당한 영향을 미쳤다.
69 전성기 그의 영역은 "동쪽으로는 오량해(烏梁海, Uriyanghai) 및 여진으로부터 서쪽으로는 하미(Hami)에까지 이르렀다."(Perdue 2005: 59).

회복했다.(새로운 황제로 미하일 로마노프가 선출되었고, 그는 로마노프 왕조를 수립하였다.) 러시아는 코사크족 군대를 보내 오이라트족을 공격했고, 1612년~1613년 그들을 남쪽으로 밀어냈다. 혹독한 추위가 찾아왔던 겨울이 지나고, 동부 몽골족들에게 몇 차례 중대한 패배를 겪은 뒤, 오이라트족은 영토의 상당 부분을 잃어버렸다. 그들은 다시 러시아에 복속하여 러시아의 보호와 평화를 기대하였다. 그러나 러시아인들은 기대했던 만큼 동부 몽골족을 막아주지 않았고, 1623년 오이라트족은 러시아와의 조약을 포기했다. 그 해 오이라트 군대는 명목상 그들의 칸이자 강력한 호슈트족(Khoshuts)의 부족장이었던 바이바가스(Baibaghas)의 지휘 아래 통합되었다. 그들은 옴보 에르데니 칸(Ombo Erdeni Khan, 사망 1659)이[70] 지휘하는 동부 몽골족을 공격하여 겨우 승리를 거두었다. 당시 일부 오이라트족, 특히 토르구트족(Torgut)은 오이라트족의 통합 국가 건설에 확고하게 반대했다. 그들은 서쪽으로 이주하여 볼가 강 하류까지 이동했고, 볼가 강을 건너 카프카스 북부 스텝 지역으로 들어가, 러시아 황제와 조공 관계를 맺었다. 1628년~1629년 오이라트족은 다시 한 번 옴보 에르데니 칸을 공격하여 승리를 거두었다. 그래서 준가리아와 동투르키스탄에서 오이라트족의 영토를 다시 한 번 되찾았다.[71]

1630년 오이라트의 칸 바이바가스가 죽고 호슈트족 지도자 구시 칸(Gushi Khan, 사망 1655)이 후계를 이었다. 구시 칸과 카라 쿨라 칸은 결혼

---

70 그는 러시아 코사크에게는 알틴(Altïn) 칸으로 알려져 있었고, 칭기스칸 가문에 속했다.(Atwood 2004: 310).
71 준가르라는 이름 및 여러 가지 표기법, 그리고 그 기원, 준가르인들에 대한 역사학적 연구에 대해서는 Beckwith(출간예정-b) 참조.

을 통해서 연맹을 공고하게 했다. 구시 칸의 딸은 카라 쿨라 칸의 아들이자 바아투르 훙타이지(Baatur Khungtaiji, 재위 1635~1653)의 후계자와 결혼했다. 카라 쿨라 칸은 1634년 스스로 칸의 지위에 올랐다. 그러나 그는 칭키스칸 가문이 아니었기 때문에 많은 몽골인들은 이러한 움직임에 반대했고, 그 이듬해 그를 죽여 버렸다.[72] 처음에는 이 사건이 가문 간의 연맹에 별 영향이 없는 것처럼 보였다. 구시 칸과[73] 카라 쿨라의 아들이자 바아투르의 후계자는 1634년~1635년 함께 카자르족을 정복했다.[74] 그러나 구시 칸은 칭기스칸의 핏줄이었기 때문에 바아투르가 통일된 준가르 제국을 세우는 데 장애가 되었다. 리그단 칸(Ligdan Khan, 사망 1634)의 후계자 코그투 타이지(Coghtu Taiji)가 코코노르 지방의 겔룩파(Dgelugspa) 사원을 공격하자, 제5대 달라이 라마(Dalai Lama)는 도움을 요청했다. 구시 칸은 1636년 약 10만 명의 호슈트족을 이끌고 코그투 타이지를 정벌하러 나서서[75] 1637년 초 그의 군대를 격파했다. 같은 해, 그는 청나라 황제에게 사절단을 보냈다.[76] 1642년에 제5대 달라이 라마는 그의 도움에 대한 보상으로 구시 칸을 티베트의 칸으로 지명했다.[77]

1634년에 남부 몽골 지역이 청 제국에 병합되기는 했지만, 1635년 만주족은 현재 내몽골 지역에서 몽골 팔기군을 조성하기 시작했다.[78] 만

---

72 그의 준가르 선임자 에센(Esen)은 칭기스칸 혈통이 아니었다. 그런데 비슷한 칭호를 사용했다가 같은 운명을 겪어야 했다.
73 Ahmad(1970: 187).
74 이 부분은 Perdue(2005: 101-107)를 주로 참조하였다.
75 Perdue(2005: 105).
76 Bergholz(1993: 48).
77 Atwood(2004: 550, 633).

주족은 이제 막 중국에서 자리를 잡기 시작했다. 1662년 명나라 최후의 후계자를 자처하는 자를 체포하여 처형할 때까지[79] 만주족은 중국 내에서 반대 세력을 제거하는 데 온통 정신을 쏟고 있었다. 당시 만주족의 중앙유라시아 정책은 평화주의였고, 거의 모든 파벌에 대해서 불개입원칙이었다.

중앙유라시아의 경제는 국제 무역을 포함해서 준가르 제국의 치하에서 다시 한 번 번성기를 맞았다.[80] 1641년, 바아투르는 러시아와의 분쟁을 협상을 통해 해결했다. 이로 인해 토볼스크, 타라, 톰스크(Tomsk)에서 자유 무역이 허락되었다. 이 도시들은 무역을 통해 번성했고, 중계무역을 하던 중앙아시아의 이슬람 "부하라 상인들"을 끌어들였다.[81] 바아투르는 야미쉬 호수와 이르티쉬 강 사이의 도시 쿠박 자르(Kubak Zar)와 몇몇 다른 도시에 소규모 요새를 건설했다. 그리고 중앙아시아로부터 농부들을 데려와 그 주변의 들판을 경작하도록 했다. 준가르의 수도는 주요 상업 중심지로 성장했다. 그곳에서 말과 중국산 상품들, 노예, 금속, 천, 유리 등의 상품들이 교환되었다. 야미쉬 호수 근처의 정착지는 "1689년 키악타(Kiakhta)가 중국 무역 센터로 지정되기 이전에는 시베리아에서 가장 규모가 큰 무역센터였다."[82] 바아투르는 생전에 많은 것을 이루

---

78 Di Cosmo and Bao(2003: 14). 이들은 초기 300명의 남성으로 구성돼 있었다. 이들은 토지세 및 국가로부터의 급여를 받았다.
79 Struve(1988: 710).
80 Gommans(2007: 46-47)에 의하면, 볼가 강에서 온 토르구트(Torgut, Kalmyk) 말들이 현재의 북중국에 위치한 쿠케호토(Köke Khoto)에서까지 팔렸다고 하였다.
81 Perdue(2005: 106)에 의하면, 준가르인들은 "말, 소, 양피 및 털을 팔고, 옷감, 가죽, 비단, 은, 상아 및 금속 공예품을 샀다."

었다. 그러나 1653년 그가 죽고 나자 그의 아들이자 후계자 셍게(Sengge)와 다른 아들들이 분쟁에 휩싸였다. 준가르 왕국은 내전과 셍게의 대 러시아 적대 정책으로 인해 약화되었다.[83] 결국 셍게는 1670년 살해되었다. 그의 동생 갈단(Galdan, 출생 1644, 재위 1671~1697. 4. 4)은 불교 승려였는데, 환속하여 집으로 돌아왔다. 그는 셍게를 죽인 형제들을 처형했다. 그는 또한 자신의 장인인 호슈트족의 부족장도 죽였다.(1676/1677) 뒤이은 반란을 제압하고 자신의 권력을 확고히 한 후에 그는 러시아와 관계를 개선했다.[84] 오이라트족은 마침내 준가르 제국 건설에 성공했다. 이는 칭기스칸의 몽골 이후 최초의 초원 제국이었다.

유라시아 르네상스

르네상스(Renaissance)는 서유럽뿐만 아니라 유라시아 대륙 전체에서 발생했다. 여러 관점에서 보더라도 르네상스는 중앙유라시아의 예술적, 지적 최정점을 반영하고 있다. 유럽인들이 예술과 건축 및 음악에서 어떠한 성취를 했는지는 잘 알려져 있다. 그러나 서부 중앙아시아, 페르시아, 북부 인도 등 이슬람의 성취와 티베트 등 불교 문화권의 성취는 거의 알려져 있지 않다.

이슬람 세계에서 르네상스는 티무르의 시대와 함께 시작되었다. 당

---

82 Perdue(2005: 106-107).
83 Bergholz(1993: 60-61).
84 Perdue(2005: 108-109), Bergholz(1993: 66-67).

시 페르시아의 시(詩)는 하피즈의 작품에서 절정을 이루었다. 이슬람의 미니어처 회화(소형 세밀화)도 최고 수준에 이르러 이슬람의 위대한 미니어처 화가 비자드(Bihzad, 약 1450/1460~약 1535)와 헤라트의 티무르 화가들이 탄생했다. 샤 이스마일은 예술 전반을 후원했지만 특히 미니어처 회화와 건축을 후원했다. 그는 1522년에 헤라트에서 타브리즈로 비자드를 데려 왔다. 비자드는 티무르 화가들에게 미니어처 회화를 소개하고 신세대 예술가들을 교육시켰다. 샤 타마습도 이슬람 미니어처 회화, 문학, 필사본 제작을 후원했다. 샤 아바스의 성취 가운데 가장 오래 지속된 것은 이란 중남부에 위치한 새로운 수도 이스파한의 건물이었다. 도시 계획은 티무르의 도시 설계에 기초한 것이었다. 즉 중앙에 거대한 광장 마이단(maidân)을 두고 주변에 아름다운 사원과 바자르(bazaar)와 궁전을 배치하는 형식이었다.

티무르 건축 스타일의 페르시아식 변형은 이스파한의 보석 같은 건물로 완성되었다. 이와 유사하게 오스만 제국에서는 이슬람과 비잔틴 형식을 응용하여 거대한 사원과 기념비를 만들었다. 이슬람 세계 전역에 걸쳐 사원 조직이 수적인 면에서나 양적인 면에서 성장을 구가하였으며, 이와 함께 사원 건축 즉 칸카(khânqâ) 등의 건물도 많아졌다. 탁발 승단과 성지 순례도 널리 퍼져서 여행자 숙박 시설 수요도 높아졌고, 성소의 규모도 커지고 화려해졌다.

무굴 제국에서 악바르 대제는 델리와 여러 도시에, 특히 아그라에 건물들을 지었다. 아그라는 바부르가 아람바그(Arambagh) 정원을 만든 곳이다. 아그라는 악바르의 오랜 재위 기간 동안 네 곳의 수도 가운데 하나였는데, 제일 중요한 무굴 제국의 수도가 되었다. 악바르와 그 다음 후계자가 후원해서 만들어진 예술 작품들은 악바르가 시도했던 이슬람과 힌두교 융합을 반영하고 있다. 티무르 스타일의 무굴식 변형 혹은 "페르시아-무굴식" 건축 스타일은 샤 자한의 치세에 최고 정점에 이르렀다. 그 중 최고의 영예는 바로 타지 마할(Tâj Mahâl, 마할의 왕관)인데, 그의 사랑하는 아내 뭄타즈 마할(Mumtaz Mahâl)의 거대한 능묘이다. 많은 건축사가들은 이를 세계에서 가장 완벽한 기념비적 건물이라고 평한다. 무굴 제국의 후원으로 인도 북부에서는 문화 전반이 활짝 꽃피었다. 건축, 회화, 문학, 음악 등에서 무굴 제국의 위대한 걸작들이 쏟아져 나왔다.

티베트어, 몽골어, 투르크어, 만주어 등을 사용하는 유라시아 동편의 불교도들 사이에서는 위대한 지적 부흥이 자리 잡았다. 이는 환생하는 달라이 라마의 권위 아래 티베트 불교에서 겔룩파의 통치가 자리 잡은 뒤에 나타난 경향이었다. 티베트, 몽골, 투바(Tuva), 중국과 그 인접 지역에서 불교 학자들은 방대한 문학 작품을 생산했다. 대다수는 전통 티베트어로 쓰여졌으며, 불교 철학과 기타 여러 주제들에 대한 것이었다. 티베트어는 "아시아 고원 지대"에서 "중세 라틴어"와 같은 지위가 되었다. 티베트의 화가들은 독특한 티베트 스타일을 발전시켰고, 세계에서 가장 숭고한 회화 작품을 만들어냈다.[85] 또한 티베트 건축은 하늘에 닿을 것처럼 솟아오르는 빌딩을 남겼는데, 그 중 가장 유명한 것은 라사(Lhasa)에 있는 포탈라(Potala) 궁으로, 세계에서 가장 놀라운 건축물 가운데 하나이다.

---

85 그러나 티베트 연구자들은 이 그림들을 무시하거나(q.v. Combs 2006), 미학적 측면이 아닌 다른 측면에 관심을 갖고 있다. 티베트 음악이나 문학도 비슷한 취급을 받고 있다.

CHAPTER 10

길이 닫히다

Vois se pencher les défuntes Années,
Sur les balcons du ciel, en robes surannées;
Surgir du fond des eaux le Regret souriant;
Le Soleil moribond s'endormir sous une arche,
Et, comme un long linceul traînant à l'Orient,
Entends, ma chère, entends la douce Nuit qui marche.
—Charles Baudelaire, *Recueillement*

보라, 낡은 옷자락을 걸친 채
하늘의 발코니에 기대어 서 있는 지나간 세월을,
깊은 물속에서 미소 지으며 솟아오르는 회한을.
죽어가는 태양은 하늘 아래 잠들고,
마치 동방으로 드리워진 긴 수의 자락 같은,
들어보라, 사랑하는 이여, 달콤한 밤이 걷는 소리를.
— 샤를르 보들레르, 〈고요히 생각함〉

정주 제국의 정복과 중앙유라시아의 분열

준가르 제국은 거대 중앙유라시아 스텝 왕국으로서는 마지막이었다. 제국이 수립된 후 얼마 지나지 않아 1689년 러시아와 청나라의 네르친스크 조약이 체결되면서 준가르의 세력은 약화되고 말았다. 이 조약으로 인해 중앙유라시아는 사실상 양대 세력이 나누어 가지게 되었다. 1756년~1757년 청나라는 준가르의 대부분을 정복해서, 제국으로서의 준가르는 제거되었다. 18세기에 청나라는 중앙유라시아 동부를 완전히 복속시켰다. 동부 스텝 지역, 동투르키스탄, 티베트도 여기에 포함되었다. 19세기에는 러시아가 카프카스 지방과 나머지 중앙아시아 칸국들을 정복했다. 몽골과 티베트는 청나라의 지방 체제에 편입되지 않고 반(半)독립 상태로 머물러 있었다. 이외에 중앙유라시아에서 온전하게 독립 국가로 살아남은 나라로는 아프가니스탄 왕국이 유일했다. 그곳이 러시아, 청나라, 영국령 인도의 완충지대가 되었다.

대영제국은 세계적인 해양 슈퍼파워가 되었다. 대영제국은 세계 곳곳에 수많은 식민지를 확보했다. 그 중에는 대부분의 인도 지역, 아프리카와 북아메리카의 상당 부분, 오스트레일리아, 뉴질랜드도 포함되었다. 그러나 유럽 각국의 연맹이 계속 변화하면서, 대영제국조차 혼자서는 공해(公海)를 배타적으로 장악할 수 없었다.

서유럽의 관할 아래 아시아 연안 무역의 규모와 가치는 급속도로 성장해서 해안 도시로 사람, 문화, 기술을 끌어들였다. 19세기에 이르러, 유라시아의 상업, 부, 권력은 이른바 연안 무역 시스템으로 완전히 옮겨졌다. 유럽인들이 주도하는 항구 도시는 규모에서나 정치 경제적으로나 성장을 지속했다. 심지어 러시아 제국에서도 이와 같은 현상이 일어났다. 러시아 제국이 중앙유라시아 여러 지역들을 정복하기는 했지만, 그 수도는 발트 해 연안에 있었다. 19세기 러시아에서 전략적으로 가장 중요한 도시는 태평양 연안의 블라디보스토크(Vladivostok)였다. 러시아는 오래도록 이 도시를 거쳐 바다로 나아갔다. 러시아와 달리, 유라시아의 오래된 나라들은 재빨리 변신을 도모하지 못했고, 결국 차례차례 무너져 갔다. 인도의 무굴 제국은 대영제국에 합병되었다. 페르시아의 카자르 왕국은 아프간 지배 시절을 거쳐 사파비 왕조로 교체되었지만, 러시아와 대영제국 관할 지역으로 나라가 쪼개졌다. 중국의 청나라도 유럽의 각 세력권으로 나뉘어졌다. 유라시아의 경제는 대륙 기반 실크로드 시스템 위주에서, 유라시아 연안을 잇는 해양 기반 시스템으로, 즉 연안 무역 시스템으로 바뀌게 되었다.

━━━━━◆◆◆━━━━━

만주 세력의 중앙유라시아 정복

만주족의 꿈은 여진족 조상들이 세웠던 제국 금나라를 다시 세우는 것이었다. 이를 실현하기 위해서는 몽골을 복속시키면 훨씬 좋겠지만, 안 되면 없애버려야 한다는 것을 잘 알고 있었다. 그래야 금나라와 같은 운명의 굴레를 벗어날 수 있었다. 과거 금나라는 몽골에 정복당할 수밖에 없었다.(물론 몽골이 금나라를 정복할 때와 현재의 상황 및 배경이 어떻게 다른지를 만주족이 명백하게 파악하고 있었던 것은 아니었다.) 만주족은 고도의 전략을 짜서 몽골을 평범한 복속민이 아니라 주체적인 참여자로 끌어들였다. 최근 불교로 개종한 몽골은 충실한 불교 신자였고 달라이 라마에 대한 충성심이 높았다. 만주족은 티베트 불교를 받아들이되 몽골과 같은 종파를 받아들였고, 부분적으로는 몽골인 스승들을 거쳐서 받아들이기도 했다. 그리고 몽골과 같이 문수보살(Mañju-śrī)을 수호신(patron)으로, 마하칼라(Mahâkâla, 大黑天)를 호법신(fierce protector)으로 선택했다. 앞에서 언급한 바와 같이 그들은 심지어 나라 이름을 만주(Manju)로 바꾸기까지 했다.[1] 몽골은 만주족을 막아보려 했지만 불가능했다. 몽골 내부에 끊임없이 이어진 내전, 새롭게 수립된 만주 제국 청나라의 풍부한 자산, 청나라와 러시아 사이의 협정 등이 그 이유였다.

1679년 10월에 이르러 준가르의 갈단(Galdan)은 동투르키스탄 정복을 마무리하고 동쪽으로 코코노르(이곳은 호슈트족의 손에 들어가 있었다.) 경계까지 진출했다. 그는 청나라에 편지를 보내 코코노르 지역에 대해서 이렇게 말했다. "나는 그곳을 돌려받아야겠소."[2] 그는 또한 제5대 달라이 라마가 자신을 보슉투 칸(Boshughtu Khan), 즉 "하늘로부터 위임을 받은 칸"으로 임명했다는 사실도 알렸다. 만주족으로서는 준가르가 위협이 된다고 생각하지는 않았지만, 그래도 편지의 의미가 청나라의 황제와 자신이 동등하다는 선언으로 들렸다.[3]

1680년대에 청나라는 아무르를 사이에 두고 러시아와 거의 전쟁 단

---

1 미주 89번 참조. 불교적 색채가 강한 새로운 민족 명칭을 의도적으로 선택한 것은 *타그바치(*Taghbač, 탁발족)의 경우와 대단히 흡사하다.(q.v. Beckwith 2005b).
2 Perdue(2005: 140).
3 Perdue(2005: 140-141).

계까지 치달았으며, 1684년과 1686년에는 아무르 강변에 있는 러시아의 알바진(Albazin) 요새를 공격하기도 했다. 또한 청나라는 동부 스텝 지역에서 몽골에 대한 장악력을 유지하면서 더욱 확대하고자 했다. 아무르 강 유역에서 확고한 군사적 지위를 확립하고 있었음에도 불구하고 청나라는 준가르 및 러시아와 우호관계에 신경을 쓰지 않을 수 없었다.

1687년, 동부 스텝 지역에서 오래도록 지속된 몽골 내부의 분쟁과 관련이 되어, 갈단 칸의 동생이 할하(Khalkha)족의 탁월한 지도자 투시예투 칸(Tüsiyetü Khan)에 의해 살해되는 사건이 벌어졌다. 그에 대한 복수로 갈단 칸은 준가르 군대를 이끌고 몽골 지역 깊숙이 쳐들어가서 할하의 군대를 쓸어버렸다. 또한 그들은 에르데니 주(Erdeni Zuu, 카라코룸에 위치)를 점령하고 약탈했다. 그곳은 몽골 지역에서 가장 거대한 규모의 사원 건출물이었다. 표면적인 이유는 투시예투의 동생인 그 사원의 대표자 옙춘담바 쿠툭투(Jebtsundamba Khutukhtu)가 달라이 라마와 같은 지위를 주장했다는 것이었다.(달라이 라마는 갈단의 예전 상관이었다. 그는 티베트에서 오래도록 승려로 살았다.) 할하족은 흩어져 사방으로 도주했다. 청나라와 러시아로 가기도 했고 준가르 영토로 달아나기도 했다.[4] 준가르 제국의 통치자 갈단이 동부 몽골족을 쳐부수자, 이는 몽골 지역에서 청나라 세력에게 위협이 되었다.

1687년 최초로 몽골 지역에서 승리를 거둔 뒤, 갈단은 1688년에 또 다시 투시예투 칸과 싸워 승리하였다.[5] 이제 준가르가 몽골을 정복하고

4　Perdue(2005: 148-149), Bergholz(1993: 260-261, 267-269).
5　Perdue(2005: 150).

진정한 초원 제국을 이루는 것(과거 칭기스칸의 초원 영토를 모두 차지하는 것)을 막아낼 청나라의 유일한 방법은, 러시아와 확실한 평화조약을 체결하는 길뿐이었다. 러시아도 마찬가지로 평화를 원했다. 왜냐하면 극동 지방에서 러시아의 힘은 상대적으로 약했고, 러시아의 본거지 가까이에 있는 크림 반도의 타타르족에게 일부 영토를 빼앗긴 와중이었기 때문이다. 청나라와 러시아는 둘 다 얻을 것은 많고 잃을 것은 적었다. 그들은 오래지 않아 합의에 도달했고, 1689년 8월 29일 네르친스크에서 조약에 서명했다. 이 조약으로 양대 제국의 국경이 확정되었고 국제 무역에 대한 엄격한 규칙이 수립되었다.[6] 이 조약은 19세기 중반에 이르기까지 청나라와 러시아 관계의 기반으로 남아 있었다.

청나라는 더 이상 러시아와 싸울 이유가 없어졌고, 준가르가 러시아와 협력할 가능성 또한 사라졌기 때문에 이제 청나라는 몽골 문제로 관심을 돌릴 수 있었다. 투시예투 칸과 동부 몽골족 대부분은 이미 청나라에 복속된 상태였다. 청나라는 이들을 몽골 팔기군 체제로 편입시켰다.[7] 강희제(康熙帝, 재위 1662~1722)는 형식적으로 달라이 라마에게 준가르와 할하 사이의 평화 정착을 위한 협상을 중재해 달라고 요청했다. 이는 아무런 효력도 없었다. 아무도 모르고 있었지만, 사실 제5대 달라이 라마는 이미 죽고 없었기 때문이다. 섭정(sdesrid) 상계감초(Sangs-rgyas Rgyamtsho, 사망 1705)는 달라이 라마가 죽었다는 사실을 비밀로 감추고[8] 사실상 통치

---

6 Perdue(2005: 138, 161-171).
7 Perdue(2005: 151). "원래 청나라의 팔기군은 300명 단위로 구성되었다. 이들은 나라에서 봉급을 받고 토지도 받았다."
8 그는 달라이 라마가 깊은 명상에 빠져 있다고 밝혔다.

자의 위치에 있었다. 섭정 상계갈초는 몽골 지역의 할하나 코코노르 지역의 호슈트족과는 반대편에 있던 준가르를 지원하고 있었다.

이 즈음, 갈단의 조카 체왕 랍탄(Tsewang Rabtan, 살해된 갈단의 동생 셍게의 아들)은 자라 성인이 되었고 갈단의 권력을 위협하고 있었다. 1688년 갈단은 조카를 제거하려 했으나 실패했다. 갈단 칸이 몽골의 할하족을 정벌하기 위해 떠나고 없을 때, 체왕 랍탄은 하미(Hami)를 공격했다. 이 때문에 갈단은 서쪽으로 되돌아올 수밖에 없었고, 돌아온 뒤 1689년~1690년 동안 자신의 세력을 회복하기 위해 애썼다. 마침내 1690년 7월 9일, 갈단은 군대를 이끌고 다시 동쪽으로 가 투시예투 칸과 그의 연합 세력들을 공격했다.[9] 1690년부터는 체왕 랍탄이 사실상 준가르와 그 인접지역의 통치자로 남아 있었다. 갈단은 분명 힘을 가지고 있었지만, 이제는 예전에 비해 약한 위치에 놓였다. 러시아는 청나라와의 조약을 근거로 준가르의 추가 파병 요청을 거부하였다.

갈단이 청나라를 위협할 의도를 내보이지도 않았고, 계속해서 평화로운 이웃으로 행동했지만, 그가 케룰렌 강을 따라 동쪽으로 들어왔을 때, 그리고 열하(熱河, Jehol)를 향해 동남쪽으로 진군하자, 이제는 북경을 공격할지도 모른다는 말이 나왔다.[10] 그러나 사실 그는 너무 멀리 있었고, 청나라는 인구도 많았으며, 만주와 새로 점령한 중국 지역의 요새도 굳건했기 때문에, 갈단이 청나라를 침략할 생각을 품었다고 생각하기는 어렵다. 오히려 정반대로, 갈단은 청나라 군대가 공격하기 용이한 곳에

9 Perdue(2005: 151).
10 Spence(2002: 154).

있었고, 갈단이 약하고 취약점이 노출되어 있다는 사실을 청나라의 정보 당국에서 간파하기도 어렵지 않았을 것이다. 청나라가 준가르를 공격하기로 결정한 동기는, 그들의 침공이 두려워서라기보다는 기회를 포착했기 때문이었다. 강희제는 신속하게 군대를 조직하여 몽골의 준가르를 향해 세 방면으로 원정에 나섰고, 본인 스스로 북쪽을 향하는 군대를 이끌었다. 그러나 원정은 성공적이지 못했다. 8월에는 준가르에게 패했으며, 뒤이어 9월에도 전투에서 승부를 내지 못했다. 그리고 이 때 황제는 북경으로 돌아갔다. 아마도 병이 났기 때문이었을 것이다. 그러나 상당 규모의 청나라 군대는 여전히 갈단과 대치하고 있었다. 그러던 중에 준가르의 통치자는 청나라 국경으로부터 멀리 떠나겠노라고 공식적으로 맹세를 했다. 이 맹세가 황제에게 보고되자, 황제는 공식적으로 이 맹세를 받아들였다. 그러나 개인적으로는 여전히 갈단을 체포하기를 원했다. 이 무렵 갈단은 이미 적들의 손길이 미칠 수 없는 곳으로 이동한 뒤였다. 너무 먼 거리까지 나가버려서 보급조차 어려웠던 청나라 군대에게 황제는 마침내 철수하라는 명령을 내렸다.

이후 10여 년 동안의 평화는 단지 휴전 상태였을 뿐이다. 적어도 청나라의 관점에서는 그랬다. 휴전 기간 동안 그들은 준가르를 다시 한 번 공격할 힘을 비축할 수 있었다.[11] 1696년 청나라 정부는 갈단에 대한 총력전을 치를 준비를 마쳤다. 다시 한 번 황제 스스로 군대를 이끌고 북쪽으로 진군했다. 1696년 7월 12일, 우르가(Urga, 현재 울란바타르) 근처 조모

---

11 Perdue(2005: 152-159)는 이 시기 양쪽 모두 상대방을 제압하려 했다고 말했지만, 준가르가 그에 준하는 행위를 한 것 같지는 않다.

다(昭莫多, Jao Modo)에서 양쪽의 군대가 마주쳤다. 청나라가 준가르를 쳐부쉈고 갈단의 아내도 살해되었다. 갈단은 소수의 패잔병들과 함께 가까스로 도망쳤다.[12] 청나라 군대는 그를 따라 서쪽으로 진군하며 쉬지 않고 준가르를 추격했다. 계속되는 압박 속에 마침내 갈단을 따르던 병사들은 더욱 줄어들었고, 1697년 4월 4일 남은 병사들이 반란을 일으켜 갈단을 죽였다.[13]

청나라가 갈단을 물리쳤음에도 불구하고 준가르는 여전히 중앙유라시아에서 거대 세력으로 남아 있었다. 갈단의 조카 체왕 랍탄(재위 1697~1727)은 갈단을 계승하여 황제가 되었고, 계속해서 중심 지역 준가르와 동투르키스탄을 통치했다.

그러나 티베트에서는 일이 더욱 안 좋게 돌아갔다. 청나라의 황제 강희제는 갈단을 쫓아 원정을 가는 중이던 1693년[14] 혹은 1696년에,[15] 제5대 달라이 라마가 사실은 1682년에 죽었고, 그 이후로는 그의 아들이자 갈단의 강력한 후원자였던 섭정 상계갸초(Sangs-rgyas Rgyamtsho)가 통치를 하고 있다는 사실을 알게 되었다. 황제의 분노는 하늘을 찔렀지만, 당장에는 특별한 조치를 취할 수 없었다. 마침내 전방위적인 압박에 못 이겨 섭정은 제6대 달라이 라마를 모셨다. 그의 이름은 창양갸초(Tshangs-

---

12 Spence(2002: 155). 그의 아들은 하미(Hami) 지역의 지도자에게 사로잡혔고 만주인들에게 건네졌다.
13 Perdue(2005: 202). 그는 독살당한 것으로 보인다.(Perdue 2005: 202-203). Ahmad(1970: 322)에 따르면 그는 1697년 6월 3일 자살을 결행했다고 하는데, 이는 갈단의 죽음이 청나라 본진에 전해진 시점을 혼동한 것으로 보인다.(Perdue 2005: 202).
14 Perdue(2005: 178).
15 Perdue(2005: 192).

dbyangs Rgyamtsho, 1683~1706)였는데, 티베트에서는 정당한 절차를 거쳐 그를 찾아냈으며, 비밀리에 교육을 시키고 있었다. 그러나 이 젊은이는 방탕한 자유주의자거나 혹은 자유분방한 밀교 신비주의자였다.[16] 어느 쪽이든 겉으로 보기에는 별로 구별이 되지 않았다.[17] 그는 대중적인 사랑 노래 작곡에 재능이 있었다. 종교적 보수주의자들 사이에서 그에 대한 반대 기류가 일어났고, 1705년 호슈트족의 라장(Lhazang) 칸은 청나라의 지원 하에 라사로 쳐들어갔다. 젊은 제6대 달라이 라마는 체포되어 코코노르 지역으로 끌려갔다. 그러나 1706년, 가는 도중에 알려지지 않은 상황 속에서 사망했다. 호슈트족은 청나라의 지지를 등에 업고 가짜 달라이 라마를 등극시키려 했으나, 티베트인들은 그를 거부했다. 1706년 티베트 동부 리탕(Lithang)에서 한 소년이 태어났는데, 그가 달라이 라마의 환생으로 검증을 거치자 청나라에서는 그를 서령(西寧, 현재 청해성의 수도)에 연금시켜 두었다.

한편 티베트인들은 호슈트족의 행태에 저항하며 준가르에 도움을 청했다. 체왕 랍탄의 사촌 체렌(체링) 돈둡(Tseren Dondub)은 1만의 군대를 이끌고 험준한 곤륜 산맥을 넘어 북서쪽으로부터 티베트로 진격했다. 그들은 호슈트족을 물리쳤고 전투 중 라장 칸을 죽였다.

준가르가 달라이 라마의 수호자를 자처했던 것은 분명하다.[18] 그러나 그들은 겔룩파를 지나치게 질투하는 신도들이었다. 준가르가 티베트를

---

16 Hoffmann(1961).
17 제6대 달라이 라마의 '사랑의 노래들'에 대해서는 다양한 번역이 있다.
18 확실히 갈단 칸은 그렇게 느꼈고, 준가르는 동몽골 수석 환생 라마 옙춘담바 쿠툭투(Jebtsundamba Khutukhtu)의 불복종 및 달라이 라마에 대한 무례함에 분개하였다.

점령한 뒤 체왕 랍탄의 대표 승려는 다른 종파들을 억압해서 광범위한 불안을 야기했다. 라사와 라이벌 도시였던 시가체(Shigatse)의 승려였던 체렌 돈둡은 상황을 더욱 나쁘게 만들었다. 1717년 11월 30일, 체렌 돈둡은 라사와 라사의 사원들을 약탈해도 좋다는 명령을 내렸다. 청나라의 서령에서 구원군을 보내왔지만, 그들은 도착도 하기 전인 1718년 9월에 준가르에게 박살이 났다.[19]

1720년 봄, 새로운 청나라 군대가 티베트로 진격했다. 그리고 곧이어 젊은 달라이 라마도 티베트로 왔다. 준가르는 티베트를 청나라에게 내주었고, 청나라 군대는 1720년 9월 24일 아무런 저항 없이 라사로 들어왔다. 그리고 제7대 달라이 라마 깰상감초(Bskal-bzang Rgyamtsho, 1708~1757)를 형식적으로 즉위시켰다.[20] 그리고 얼마 뒤 청나라는 티베트를 보호령으로 병합했다.[21] 청나라는 준가르의 영토인 동투르키스탄과 준가리아를 제외하고는 중앙유라시아 동부 전체를 확실하게 장악하게 되었다.

1727년 체왕 랍탄이 죽자 그의 아들 갈단 체렌(Galdan Tseren, 재위 1727~1745)이 후계자가 되었다. 그는 제국을 다시 조직화했고, 1730년

---

19 Perdue(2005: 234-235).
20 Perdue(2005: 234-235), Hoffmann(1961: 178-181).
21 그러나 티베트 고유 지역은 만청 제국이나 청나라 영토에 병합된 적이 결코 없었다. 코코노르(Koko nor) 지역과는 달랐다. 티베트는 1911년 청나라가 멸망할 때까지 "보호령"으로 남아 있었다. 독립국 티베트에 보호자로서 만주족이 거주할 뿐이었다.(그에게는 개인적으로 약간의 만청 호위부대가 있었다.) 그는 종주권을 감독할 뿐, 티베트의 국내 행정에 대해서는 형식적이든 실질적이든 아무런 권한이 없었다. 만주인 보호자(및 소수의 청나라 병력으로 구성된 호위부대)가 지휘부로 존재했을 뿐 티베트는 독립국이었다. 당시에 임의로 개진한 의견들은 현실과는 상관없다.

과 1731년에 청나라를 할하 몽골(외몽골) 지역에서 밀어내려는 시도를 했다. 그러나 두 번 다 실패하자 1739년 청나라와 평화 협정을 맺었다. 그리고 나서 갈단 체렌은 카자흐를 공격했다. 서쪽으로 멀리 볼가 강 하류에 있는 토르구트(칼미크)족은 준가르와 친척 관계였는데, 카자흐가 이들을 갈라놓고 있는 상황이었다. 준가르는 중앙아시아 서부 깊숙이 자신의 세력을 뻗어 나갔다.

이와 같은 시기, 준가르와 청나라의 평화 협정에는 무역 허가도 포함되어 있었다. 준가르는 그 수혜를 톡톡히 보았다. 공식적으로 준가르 상단의 청나라 방문은 격년에 한 번 허락되었지만, 청나라 국경 도시의 관료들은 이들을 관대하게 처분하라는 명령을 받았기 때문에, 준가르는 매년 국경 무역을 할 수 있었다. 준가르 상인들 중에는 인종적으로 몽골인종이 아니고 직업적으로 유목민이 아닌, 동투르키스탄이나 혹은 더 멀리서 온 투르크족 무슬림들이 높은 비율로 포함되어 있었다. 상단은 "고대 실크로드를 따라 막대한 상품과 현금을 운반하는 경험 많은 중앙아시아 상인들이 주도하고 있었다." 예를 들어 1748년의 한 상단은 총 136명이었는데, 몽골인이 46퍼센트, 투르크 무슬림(纏頭回)이 90명이었다. 상단 우두머리 중 4분의 3은 투르크족이었다."[22] 공식 상단 하나가 참여한 무역의 규모를 짐작해볼 수 있는 한 사례를 보면, 1750년에 준가르는 "18만 6,000타엘(tael)의 상품을 구매했다. 이전의 최대 규모는 16만 7,300타엘이었다. 이들은 은을 지불하고 그만큼의 옷감과 차를 교환했다."[23]

---

22 Perdue(2005: 263-264).
23 Perdue(2005: 265). 타엘(tael, 냥, 兩)은 중국의 무게 단위로서 40그램에 조금 못 미치는 무게였고, 트로이 온스(troy ounce)보다는 조금 더 많은 양이었다.

국경 도시의 시민들이나 무역에 참여한 상인들처럼, 준가르도 틀림없이 무역을 통해 이득을 취했을 것이다.

중앙유라시아 유목민 통치자라면 누구나 그러했듯이, 준가르도 무역을 진작하는 데 크게 관심을 두었고, 이를 위해 고유의 동전을 주조하여 동투르키스탄 영역 내 다양한 소국들의 다양한 통화수단을 통일시켰다.[24] 준가르의 관리 하에 적어도 18세기 중반에는 중앙유라시아의 번영은 현저하게 증대되었다.[25] 1745년 갈단 칸이 죽었고, 뒤이어 1750년에 그의 후계자도 죽었지만, 그 후 준가르 제국 내부의 후계 분쟁과 내전에도 불구하고 중앙유라시아의 번영은 멈추지 않았다.

그러나 준가르는 내전뿐만 아니라 전염병인 천연두의 확산 등을 포함하는 자연 재해 때문에도 피해를 입었다. 마침내 준가르의 한 파벌 지도자 아무르사나(Amursana)가 청나라 황제를 찾아가 자신을 준가르의 지도자로 인정해 주면 청나라에 복속하겠다는 제안을 했다. 청나라는 이 기회를 놓치지 않았다. 청나라에서 두 개의 군대가 도착했을 때, 준가르는 분열되어 있었고, 동맹 세력이나 카자흐 같은 제후국의 지원을 잃어버린 상태였다. 청나라 군대는 손쉽게 준가르를 격파했고, 1755년 준가르 지역을 점령했다.[26] 이후 준가르는 아무르사나의 지휘 아래 독립을 회복하려 노력했다. 아무르사나는 남아 있는 준가르 독립 세력들을 이끌고 청나라에 대항해 "반란"을 일으켰다. 청나라 군대는 2년 동안이나 전력을 다해 아무르사나를 뒤쫓았지만 그를 체포하지 못했다. 청나라의 황

---

24 Perdue(2005: 392-393).
25 Cf. Millward(2007: 92-94).
26 Perdue(2005: 256-265), Millward(2007: 94-95).

제 건륭제(乾隆帝, 재위 1735~1796)는 분노와 절망감으로 거의 미칠 지경이었다. 1756년에서 1757년으로 넘어가는 겨울날, 건륭제는 준가르인들을 몰살시키라는 명령을 내렸다. 황제의 군대는 준가르인의 절반 가까이를 학살했다. 남자와 여자, 어린아이를 가리지 않았다. 살아남은 사람들도 대부분 천연두나 굶주림으로 죽어나갔다. 겨우 준가르인의 10퍼센트만이 마지막까지 살아 남았고, 대부분 여자와 어린아이들이었다. 이들과 예전에 청나라에 항복했던 준가르인들은 모두 준가르 지역을 떠나 보다 인간적인 사람들 속으로 들어가 정착했다. 아무르사나는 지치고 힘없는 준가르인들의 지원만으로는 부족해 토볼스크(Tobolsk)에서 러시아의 지원을 요청하던 중, 1757년 9월 21일 천연두에 걸려 죽었다.[27] 준가르에서 대학살이 벌어지고 토르구트(칼미크)도 병합되자,(볼가 강 유역에 남아 있던 토르구트는 러시아에, 나중에 러시아를 피해 동쪽으로 준가르 지역으로 돌아온 토르구트는 청나라에 병합되었다.) 마지막 남은 독립 스텝 민족인 서부 몽골 세력도 파괴되었다.

동투르키스탄의 지도자들은 그들의 보호자였던 준가르가 없어지자 이제 직접 청나라의 압력에 맞서야 했다. 그들은 용감하게도 준가르를 흉내내어 청나라를 쫓아버리려 시도해 보았지만, 1759년 청나라에 패했다. 청나라 세력은 동부 중앙아시아 전체에 걸쳐 확립되었다.[28] 동부 중앙아시아 지역은 청나라가 그곳을 정벌하는 동안 '새로운 국경'이라는 의미의 신강(新疆)으로 불리게 되었다.[29] 청나라는 동투르키스탄의 준가

---

27 Perdue(2005: 275-288).
28 Perdue(2005: 291).
29 Perdue(2005: 32), Millward(2007: 97).

르 제국 동전을 청나라 동전으로 바꾸어 1759년부터 야르간드에서 주조를 시작했다. 그러나 예전의 번성했던 동투르키스탄의 경제는, 2천여 년 동안 유라시아 동부의 제국들이 그렇게도 추구했던 바였지만, 이미 쇠락의 길로 접어들었다. 청나라에게 점령당한 뒤부터 동투르키스탄(신장)뿐만 아니라 중앙유라시아와 경계를 마주하고 있는 감숙성을 비롯한 광대한 지역들은 사실상 보다 부유한 중국의 중심지로부터 거둬들인 세금으로 보조를 받아야 했다.³⁰ 중앙유라시아의 경제적 문화적 파괴가 시작되었던 것이다.

연안 지역에서부터 시작된 유럽인들의 유라시아 장악

청나라가 중앙유라시아 동부를 정복했던 그 다음 세기에는 러시아가 서부 중앙아시아를 점령하고 식민지화했다. 같은 시기, 영국은 무굴 제국을 대신해 인도 아대륙의 통치자가 되었다. 이들 3대 제국이 자신의 주변 지역에 대한 강력한 장악력을 확립해둔 상태였다. 이는 중앙유라시아를 닫아버리는 결과를 초래했다.³¹ 초원 제국 준가르가 무너짐으로써 중앙유라시아 실크로드 경제에 찬바람이 불었지만, 그 자체로 치명적이지

---

30 Perdue(2005: 392-393), Millward(2007: 103, 116).
31 비록 인도의 영국인들은 여전히 중앙유라시아와 교역을 하고자 했지만, 아시아의 정치인들을 감내하지 못했다. 1904년 영국인들은 티베트를 침공했고, 저항하는 티베트 병력을 격파했으며, 요구사항을 관철시켰다.

는 않았다. 결정타를 날린 것은 러시아와 청나라의 정치인들이었다. 그들은 1689년에 네르친스크 조약을, 1727년에는 키악타(Kiakhta) 조약을 체결했다. 이 조약들은 국제 무역에 대한 엄격하고 배타적인 통제를 확립하는 것이었다.

1689년 이후, 도망을 친 자, 버려진 자, 부족 단위로 생활하던 사람들 등은 모두 러시아 아니면 청나라로 소속을 확정해야 했다. 그들이 누구인지, 어디로 가야할지 결정해준 것은 지도나 탐험가, 국경수비대, 민족학자들이었다. 조약을 통해 양대 제국은 안팎으로 도움을 받았다. 조약을 근거로 국경 통행을 안정화시켰고, 제국에서 정한 공간 범주에 알맞지 않는 사람들은 억압했다.[32]

사실상 국경은 닫혔고, 국제 무역은 엄격한 제한을 받았으며, 어느 정도 의미 있는 중앙유라시아 정치 조직들은 모조리 제거되었다. 이로써 중앙유라시아의 경제는 파탄을 맞았다. 실크로드 경제에 직접 참여했던 사람들뿐만 아니라 간접적으로 관련되었던 사람들도 이렇게 해서 대개 할 일을 잃게 되었다.[33] 그 직접적인 결과로 중앙유라시아에는(특히 그

---

32 Perdue(2005: 161).
33 물론 그것이 완전히 사라진 것은 아니었다. 어떤 것도 완전히 사라질 수는 없으며, 이 카라반들은 어떤 형태로든 오늘날까지 남아 있다. 그렇다고 해서 실크로드 경제 역시 근대에까지 예전의 중요성을 유지했다고 할 수는 없다. 일부는 그렇게 주장하기도 하지만(예를 들면 Millward 2007: 76-77), 그러한 연구들이 제시하는 근거는 오직 정반대 결과를 보여줄 뿐이다. 중앙유라시아의 교역은 사실상 준가르 제국이 파괴된 이후 급격히 위축되었다. 실크로드 경제의 심장이라 할 수 있는 중앙아시아를 포함해, 중앙유라시아는 20세기가 도래하기 전 이미 기술적으로(뿐만 아니라 지성적으로, 예술적으로) 심각한 퇴행을 겪는 동시에 치명적 빈곤에 빠졌다.

중심지인 중앙아시아에는) 극심한 가난이 찾아왔다. 기술적인 면에서나 기타 모든 문화적인 면에서도 급속히 암흑 속으로 후퇴했다.

주변 지역의 제국들은 어느 정도 국제 무역에 의존하고 있었고, 국제 무역에서는 전통적으로 중앙유라시아 육로가 가장 중요한 요소였기 때문에, 중앙유라시아 경제의 쇠락은 제국들에게도 손해를 끼쳤다. 그러나 이 시대에는 새로운 실크로드가 있었다. 즉 새로운 연안 무역 시스템이 급성장하는 중이었다. 청나라는 해상 무역에는 관심도 없었지만, 그럼에도 불구하고 스페인과의 은 무역에서 상당한 이득을 보았다. 러시아가 서쪽으로부터 중앙아시아에 도달하자, 동방의 상품들을 직접 획득할 수 있었고, 청나라와 맺은 조약 덕분에 동아시아의 상품들도 직접 구할 수 있었다. 러시아도 사방으로 연안 지역 항구를 가지고 있었기 때문에, 연안 시스템을 발전시키는 데 참여할 수 있었다.

당연히 내륙 아시아의 거대 세력들은 조선술이나 항해술 면에서 유럽만큼의 기술력을 보유하지 못했고, 그래서 바다에서 유럽인들과 싸울 수 없었다. 그들은 중앙유라시아 출신들이었고, 전통적으로 대륙을 지향하고 있었다는 점을 생각해보면 쉽게 이해가 된다. 대륙 세력들은 시도조차 하지 않았던 것 같다. 기술을 획득하려고도 하지 않았고, 심지어 자신의 연안 무역 통제를 도와줄 유럽인들을 고용하지도 않았다. 분명한 것은 그들이 연안 무역에 거의 관심을 기울이지 않았다는 사실이다.[34] 뿐만 아니라 그들은 그것을 이해하지도 못했고, 육지에서의 정치적 우위를 활용하여 연안 무역을 통제하거나 아니면 그로부터 이익을 얻으려

---

34 Pearson(1987: 26-27).

하지도 않았다.³⁵ 따라서 서유럽 연안 국가들, 포르투갈, 스페인, 네덜란드, 영국, 프랑스 등은 페르시아에서 일본에 이르기까지 유라시아 동쪽에서 마음대로 항구를 손에 넣거나 무역 거점을 설립할 수 있었다. 이러한 항구들이 발달하여 아시아 전체에서 거대 도시가 성장했고, 이와 함께 이탈리아와 오스만 제국이 대부분의 지중해를 장악했다. 그러자 19세기에 이르러 연안 무역 시스템은 유라시아에서 유일한 국제 경제 시스템으로 확립되었다.

일본과 유라시아 연안 시스템의 완성

약 2천여 년 동안, 연안 무역은 유라시아의 해안에서 점차적으로 확장되어 북서쪽 유럽에서부터 북동 아시아에까지 이르게 되었다. 그 종점이 일본 열도였다. 일본에서는 기원전 1000년경 바다를 통해 건너간 이주자들이 여러 섬들을 지배하면서 나라가 세워졌다. 그들은 동북아시아 이웃들, 특히 한반도와 무역을 계속하다가 마침내 해류를 거슬러 중국 및 그보다 더 먼 곳까지 항해할 수 있는 기술을 개발했다.

유럽인들이 일본에 도착했을 때,(처음 일본에 도착한 유럽인은 1543년 중국 배를 타고 간 포르투갈인 두세 명이었다.)³⁶ 일본은 문명이 상당히 발달했고, 인

---

35 Millward(2007)에 따르면, 일부 청나라 관리들은 내륙보다는 연안 지역으로 관심을 돌리기도 했다. 그러나 청나라 정부의 전통과 전략적 관심은 중앙유라시아에 머물러 있었다. 역사 자료에 등장하는 전략적 관심은 당대의 현실에서 비롯된 것이 아니라, 전통적으로 그렇게 해 왔던 것이다.

구도 많았으며, 금과 비단 등 유럽인들이 탐내어 사고 싶어 하는 상품들을 생산하고 있었다. 유럽인들은 소총 등 그때까지 일본에 알려지지 않았던 상품을 들고 갔지만, 당시 대부분의 무역 상품은 가까운 중국에서 온 물건들이었다. 일본인들은 이미 유럽인들이 오기 전에 오래도록 형성되어 있었던 연안 무역에 일익을 담당하고 있었으므로, 국제 무역에 익숙해져 있었고, 기꺼이 통상을 하고자 했다. 그러나 유럽인들은 일본에서 환영받지 못할 새로운 어떤 것을 가지고 왔다. 바로 기독교였다.

편협한 맹신도였던 포르투갈 예수회 소속 성직자들은 일본에 처음 도착한 뒤 곧바로 기독교를 전파하였다. 그리고 분리주의자 정치 세력이 기독교에 끌려들어가자 결국에는 강력한 반작용을 초래했다. 16세기 내내 일본을 괴롭혔던 내전은 1590년대 도요토미 히데요시(豊臣秀吉) 장군(쇼군)이 대부분 지역을 통일함으로써 막을 내렸다.[37] 그는 1597년 기독교를 압박하는 포고령을 내렸고, 예수회 선교사들에게 일본을 떠나라고 명령했다. 그러나 실제로 포고령을 강제하지는 않았다.[38] 고집스런 선교사들은, 특히 새로 도착한 스페인 프란치스코회 성직자들은, 일본의 수도 교토에서 설교를 하였고, 일본에 대한 스페인 정부의 계획을 공공연히 드러냈다. 이로 인해 히데요시는 극단적인 조치를 취하게 되었다. 프란치스코회, 예수회 성직자들과 일본인 신도를 합하여 모두 26명이 처형되었다. 그리고 1597년 2월 5일, 히데요시는 일본에서 기독교를 금지

---

36 Elisonas(1991: 302).
37 Hall(1991: 4). 이는 모모야마(Momoyama) 시대로, 당시 쇼군의 수도는 여전히 간사이 지역 오사카의 히데요시의 성에 있었다.
38 Elisonas(1991: 360-363).

한다는 포고령을 내렸다.[39] 일본-한국-중국 사이의 전쟁(임진왜란, 1592~ 1598)이 진행되던 중인 1598년 히데요시가 갑자기 사망하자,[40] 후계 분쟁이 일어났고, 최종적으로 도쿠가와 이에야스(德川家康, 1542~1616)가 1600년 세키가하라 전투에서 승리하였다. 분리주의 운동이 계속되는 가운데, 기독교적 요소가 분리주의 운동이 강하게 자리잡게 되자, 마침내 도쿠가와 이에야스는 1639년 포르투갈인들을 쫓아내고 카톨릭 국가들과는 관계를 단절해 버렸다. 1635년 이후 일본인들은 해외로 나가면 사형에 처해질 수도 있었다. 일본은 사실상 문을 닫았다.[41]

유럽인들의 일본 접근은 철저하게 차단되어 있었지만, 단 하나의 항구가 네덜란드인에게 허용되었다. 개신교도였던 그들은 나가사키에서 그들을 위해 만들어진 인공섬 데지마에 남아있어도 좋다는 허락을 받았다. 이 창구를 거쳐, 일부 유럽의 선진적인 과학 기술, 유럽인들이 발견한 세계에 대한 지식이 조금씩 일본으로 흘러들어갔다.

2세기 이상 고립되어 있었던 일본의 쇄국은 미국인들이 도착한 뒤 바로 깨졌다. 미국인들은 일본에 표류한 미국인들의 송환에 대하여 협의를 하고자 했지만, 거절당했다. 심지어 미국에 표류한 일본인들에 대한 논의조차 거부당했다. 분노한 미국인들은 매튜 페리(Matthew C. Perry) 제독의 지휘 아래 함대를 편성하여 원정에 나섰다. 이들이 에도(江戶) 만에 도착한 때는 1853년이었다. 1854년 일본은 강제로 조약에 서명하였다. 그 내용은 사실상 미국 함선에 일본을 개방하는 것이었다. 그 뒤 1854년

---

39 Elisonas(1991: 363-364).
40 Asao(1991: 70-73).
41 Elisonas(1991: 369).

에 영국도 비슷한 내용의 조약을 체결하였으며, 1855년에는 러시아도 조약을 맺었다.[42] 그 결과 갑작스레 유럽과 미국의 사람들, 사상들, 기술들이 쏟아져 들어와 혁명적인 움직임을 촉발했다. 1868년 1월 쿠데타가 일어나 쇼군을 무너뜨리고 황실에 권력을 돌려주었다. 도쿠가와 쇼군의 근거지였던 에도는 이제 제국의 수도가 되어 명칭이 도쿄로 바뀌었다.[43] 메이지 황제(재위 1866[1868]~1912)의[44] 개혁 통치로 일본은 유럽과 미국의 방식에 적응했다. 40년도 안 되는 짧은 기간에 일본은 산업을 현대화하고 유럽식 육군과 해군을 창설했으며, 1905년 러일전쟁에 승리하여 러시아와 전 세계를 놀라게 했다.[45]

일본이 어째서 그렇게 빨리 "근대화" 되었고, "서구화" 되었는지, 그리고 배타적으로 유럽과 미국이 주도하는 세계에서 어떻게 유일한 아시아 세력으로 참여할 수 있었는지에 대해서는 중요한 몇 가지 이유가 있다. 섬나라였던 일본은 배, 바다, 해상 무역과 친숙한 연안 지역의 특성을 가지고 있었다. 사고방식이나 실천적인 측면에서, 유라시아인들이 세웠던 내륙 아시아 제국들에 비하면 일본은 유럽 해양 세력들과 훨씬 더 가까웠다. 또 한 가지 이유로, 일본은 문맹률이 굉장히 낮았다. "사원 학교" 시스템 때문이었다. 그리고 마지막으로, 일본은 사실상 완전히 문을 닫은 적은 없었다. 난학(蘭学, らんがく), 즉 나가사키 항구에 있던 네덜란드

42　Beasley(1989: 270-271).
43　도쿄(東京, 동쪽의 수도)는 예전의 수도 교토(京都, 수도라는 뜻)와는 이처럼 대조적이다.
44　사실 메이지(Meiji, 明治)는 그의 재위 기간을 일컫는 명칭으로, 중국에서 청나라 황제들을 일컫는 방식으로 하자면, 그 또한 명치체(明治帝) 정도로 불려야 할 것이다.
45　그들은 일찍이 1894년~1895년 중일전쟁에서도 승리를 거둔 바 있었다. 이 전쟁을 통해 일본이 얻어낸 가장 의미심장한 지역은 한반도와 요동반도, 그리고 대만이었다.

인들을 통해 입수한 책들을 번역함으로써, 유럽 과학 발전에서 가장 중요한 내용들을 상당 부분 흡수하고 있었던 것이다.

해안 지역으로 거대 도시의 이동

유럽인들은 남아시아, 동남아시아, 동아시아로 가는 직항로를 확립한 뒤, 서남아시아는 들르지 않고 지나가 버렸다. 기존에 2천여 년 동안 국제 무역으로 이득을 보았던 페르시아와 근동 지역은, 처음에는 그렇게 많은 손실이 없었다. 초기 사파비 왕조는 여전히 강력했다. 샤 아바스가 지정해준 반다르 아바스의 영국 및 네덜란드 무역 거점에서는 일시적으로 무역이 번성하기도 했다. 1622년 호르무즈에서 영국 페르시아 연합이 포르투갈을 쫓아낸 뒤, 페르시아 만의 조그만 도시가 호르무즈 대신 페르시아의 중심 항구 역할을 했다.[46]

그러나 여러 가지 이유에서 페르시아 무역은 영국인들에게 별로 이익이 못 되었다.[47] 영국인들은 네덜란드의 압력 때문에 그들의 무역 거점을 바스라로 옮겼다. 바스라는 페르시아 만 제일 안쪽에 위치해 있었다. 7세기에 이슬람에 의해 건설된 이래 바스라는 유럽인들이 아프리카 우회 항로를 발견하기 전까지는 연안 무역에서 가장 중요한 서쪽 종착지였다. 17세기 후반, 네덜란드는 바스라의 영국 무역 거점을 공격하여

---

46 Savory(1995: 772), Matthee(1999: 105-106).
47 부분적으로는 사파비 왕조의 상업과 산업에 대한 통제 때문이었다. 위의 서술 참조.

파괴해 버렸고, 페르시아 만을 완전히 장악하였다. 그러나 그 뒤에 네덜란드 무역선이 감소하게 되는데, 왜냐하면 18세기 초에 사파비 왕조가 기울기 시작했고, 그 지역에 해적들이 늘어났기 때문이다.[48]

오스만 제국과 중동은 대체로 오래 전부터 문화적, 정치적, 경제적으로 서서히 부지불식간에 쇠락의 길을 가고 있었다. 이 지역의 남부 항구들은 시골이었거나 시골이 되어버렸다. 이들은 인도, 페르시아, 아라비아, 에티오피아, 이집트를 연결하는 전통적인 지방 거점 무역(point-to-point trade)의 중심지였을 뿐이다. 연안 시스템에서 새로운 대규모 국제 무역은 몰락하는 중동 지역을 곧장 지나치는 경우가 날로 늘어났다. 18세기 후반이 되면 페르시아는 경제적으로 매우 빈곤한 상태에 놓인다. 영국 동인도 회사는 이렇게 보고했다. "페르시아의 과거와 현재 상태를 비교해 보면, 모든 측면에서 개탄스럽다."[49] 바스라가 그 지역에서는 중요했지만, 거대한 연안 무역 도시로 성장했던 적은 없었다. 반다르 아바스도 또다시 작고 따분한 도시로 되돌아갔다. 과거 번성했던 반다르 아바스의 영광을 대신할 항구는 더 이상 페르시아에서 나타나지 않았다. 페르시아는 오직 내부를 향한 대륙 국가로 남아 있었고, 거의 모든 측면에서 시류에 반대되는 방향으로 나아갔다.[50]

---

48 Savory(1995: 772-773).
49 Savory(1995: 774)에서 Issawi(1971: 86) 인용.
50 수에즈 운하의 개통은 처음부터 끝까지 유럽 측의 프로젝트였다. 그로 인해 중동 지역의 상업 그 자체가 회복되지는 못했다. 지성적인 측면이나 예술적인 측면은 말할 것도 없다. 사파비 왕조의 쇠락 이후, 페르시아가 이와 같은 어둠의 나락에서 잠시나마 벗어날 수 있었던 유일한 예외가 있다면, 그것은 19세기 중반 팔라비 왕조였다. 왕조의 운명은 오늘날 중동의 문제를 총체적으로 함축한 것과 같다.

중동 지역과 페르시아 동쪽의 아시아 연안 지역의 역사는 놀라울 정도로 대조적이다. 16세기만 하더라도 페르시아 만 동쪽에서 그렇게 거대한 항구 도시는 없었다. 당시는 모두 어촌이거나 작은 도시였다. 고대 연안 무역로에서는 주요 항구들조차 매우 규모가 작았고, 그 통치자들도 워낙 보잘것이 없어서 제국의 중심부에서는 별다른 간섭 없이 내버려둘 뿐이었다. 캘리컷과 기타 많은 도시들은 독립적이었다. 그러나 포르투갈인들이 동방으로 가는 항로를 장악한 이후 3세기 동안의 과정에서 상황은 완전히 뒤바뀌었다. 19세기에 아시아의 해안을 따라 형성된 거대 도시들은 사실상 모두 유럽인들이 세웠거나, 유럽인들의 영향력에 힘입어 시골 마을에서 도시로 발달하였다. 해상 무역이 급속도로 성장했기 때문이었다. 내륙 도시들은 점점 더 과거에 집착했고 보수와 반동의 중심지로 변해갔다. 새로운 해안 도시들은 문화와 기술의 전파 거점이 되었고, 아시아에서 정치 경제를 주도하는 중심이 되었다.

인도 지역

무굴 제국 후기 내륙의 수도였던 인도 북부의 도시 델리는 방치된 구닥다리 도시가 되었다. 영국 동인도회사의 초기 수도였던 봄베이와 영국령 인도의 수도였던 캘커타(Calcutta)가 델리를 능가했기 때문이다. 1911년 영국인들이 수도를 델리로 옮긴 뒤에야 델리는 다시 회복되기 시작했다.

봄베이(현 뭄바이)는 수심이 깊은 항구로서, 인도 서부 해안에서는 이런 항구가 아주 드물었다. 포르투갈인들이 1534년 구자라트의 술탄으로부터 그곳을 얻어내기 이전까지는 잘 알려지지 않았었다. 당시 포르투갈인들은 이와 함께 봄베이에서 디우에 이르는 북서부 해안을 함께 얻어냈다. 1661년 영국의 찰스 2세는 포르투갈 공주 캐서린(Catherine)과 결혼을 하면서 영국과 포르투갈 사이에 조약을 맺었다. 이 조약에 따라 영국은 봄베이를 지참금의 일부로 받았다.[51] 이후 봄베이의 새 주인은 봄베이에서 상업을 엄청나게 진흥시켰고, 도시는 급속도로 성장해서 인도양 서부에서는 비견할 예가 없을 정도로 중요한 도시가 되었다.[52]

캘커타(현 콜카타)는 갠지스 강 하류 델타에 자리 잡고 있는데, 1690년 영국의 동인도회사가 건설한 도시였다. 십여 년 뒤에는 윌리엄 요새를 건설하여 도시를 더욱 안정화시켰다. 캘커타는 인도 동부에서 영국 무역 수입의 핵심을 차지하게 되었다. 다음 세기에 영국은 점차적으로 인도 아대륙 전체로 자신의 세력을 키워 나갔다. 캘커타는 1772년 영국 식민지의 수도가 되었고, 인도 최대의 도시로 성장하였다.

버마(미얀마)

영국이 정복하기 전의 버마는 수도가 파간(Pagán, 만달레이 남서쪽 약 90마일 거리의 이라와디 강변), 아바(Ava, 만달레이에서 몇 마일 거리), 만달레이(Mandalay) 등이었는데, 모두 해안과 항구 도시로부터는 북쪽으로 멀리 떨어져 있었다. 랑군(Rangoon, 현 양곤)은 이라와디 강 하구에 있는 고대 몬족의 땅이었다. 영국이 제1차 영국-버마 전쟁(1824~1826) 이후 이곳을 점령했다.[53] 1885년 제3차 영국-버마 전쟁에서 영국이 승리하자 영국은 버마의 수도를 랑군으로 옮겼다.[54] 랑군은 애초에 조그만 도시였지만 오래지 않아

---

51 Newitt(2005: 258, 245).
52 Conlon(1985).
53 Thant Myint-U(2001: 18-20).

정치경제적으로 버마의 중심지가 되었으며 거대 도시로 성장하였다.

태국

태국은 동남아시아 중에서 유일하게 유럽의 식민지 혹은 정권 탈취를 벗어난 나라였다. 아마도 태국은 때맞춰 위기를 인식했고 이에 대응하여 정치 경제적 상황을 바꾸었기 때문일 것이다. 아유타야(Ayutthaya, Ayodhya)는 바다에서 약 100킬로미터 거리에 있는데,(강을 따라 소형 선박은 운행이 가능하다.) 1767년 버마가 공격하여 도시를 파괴할 때까지는 그곳이 태국의 수도였다.[55] 뒤이어 왕국을 정복한 태국의 왕 탁신(Taksin)은 수도를 챠오 프라야(Chao Phraya) 강가의 항구 도시로 옮겼다. "바다에서 불과 20킬로미터 거리의 톤부리(Thonburi)가 바다에서 하는 무역에 더 알맞았다."[56] 탁신의 뒤를 이어 라마 1세(Rama I, 재위 1782~1809)가 즉위했는데, 그는 수도를 강 건너 방콕(Bangkok)으로 옮겼다. 수도를 충분히 일찍 연안 지역으로 옮긴 것뿐 별다른 조치를 취한 것도 아니지만, 탁신과 라마는 효과적으로 태국을 유럽의 식민지가 되지 않게끔 구해냈던 것이다.[57] 방콕에서는 인구와 부가 증대한 반면, 아유타야는 과거 태국 왕족들의 잔재가 남아 있는 시골 도시가 되었다.

---

54 Becka(1995: 217).
55 Wyatt(2003: 122). "포르투갈인들이 1511년 말라카를 점령했을 때, 그들은 곧바로 아유타야(Ayutthaya)로 사절단을 보냈고 …… 1518년 세번째 사절단이 1511년 체결된 평화협정을 확인하고 왔다. …… 샴(Siam)의 국제 교역은 이어지는 해상 교역의 점진적 발전과 궤를 같이 했던 듯하며, 1500년~1560년 사이 '두 배'로 늘었다."(Wyatt 2003: 74, 강조 추가).
56 Wyatt(2003: 124).
57 유럽인들이 아유타야와 맺었던 경제, 정치적 관계에 대해서는 Wyatt(2003: 95-104) 참조.

말레이 반도

싱가포르는 1819년 영국의 무역상 토마스 라플 경(Sir Thomas Raffles)에 의해 따분한 지방 항구에 건설된 도시였다. 당시 인구는 약 1000여 명 정도였다.[58] 그곳은 아주 이상적인 항구이자 전략적 요충지였다. 말레이 반도 남쪽 끝에 위치하고 있으며, 동시에 남중국해의 서쪽 끝에 닿아 있고, 말라카 해협의 입구이기도 했다. 주요 항로는 서쪽으로 인도양과 연결되었다.[59] 그곳이 유럽의 무역선이 자주 다니는 중국과 인도의 중간 지점에 위치하고 있었기 때문에, 상업적 중요도 측면에서 중국과 인도 사이의 다른 도시들은 금새 빛을 잃었다.

중국

19세기 말에 이르러, 청나라의 수도 북경(베이징)은 중국의 선두적인 문화 및 경제 중심지의 지위를 잃어버렸고, 해안의 유럽인 무역 도시들에 밀리게 되었다. 외세와 청나라 정부에 저항하는 민중들 속에서 성장한 보수주의자들, 즉 의화단(義和團)이 북경으로 진출하자 서태후(西太后)는 황실의 군대를 내주었다. 그들은 북경의 외국인 거주지를 공격했다. 수많은 외국인과 기독교 신자들이 살해되었다. 러시아, 영국, 프랑스, 미국, 이탈리아, 일본 등이 주도한 국제 연합군은 1900년 8월 의화단과 청나라 정부군을 격파하였고, 이 과정에서 북경의 일부와 기타 여러 도시들이 파괴되었다.[60] 국제 연합은 청나라에 어마어마한 배상금을 부과했고,

---

58 Joo-Jock(1991: 6).
59 Joo-Jock(1991: 12).
60 Hsu(1980: 118-125).

청나라에 대한 장악력도 더욱 심화시켰다. 국제 항구 도시는 성장을 계속했지만, 북경은 관료들의 부패와 타성, 외국인 혐오 분위기의 무게를 견디지 못하고 가라앉았다. 북경은 여전히 중앙아시아 내륙에 뿌리를 둔 과거의 영광을 기대하고 있었다.

19세기가 끝날 무렵, 유럽인들과 일본인들이 중국 해안 전체를 장악했을 뿐만 아니라, 일부 유럽 세력들은 실질적인 통치를 집행하기도 했다. 1841년 영국은 포르투갈령 마카오에서 주강(珠江) 하구를 건너 홍콩섬을 획득했다.[61] 세기말에는 십여 곳의 중국 해안 항구 도시가 외국인들에게 개방되었다. 그 중에서도 가장 중요한 곳은 상해(上海)였다. 그곳은 1843년부터 유럽인들의 식민지가 되었는데, "조그만 시골 동네"에서 "중국의 거대 도시"로 성장하였다. 왜냐하면 그 위치가 양자강 하류에 있어서 남방의 광동과 북방의 천진(天津) 및 일본 사이 중간 지점이었기 때문이다.[62] 상해는 정치적으로 중국과 분리되어 외국인에게 "할양"된 지역이어서, 외국 문화의 전초 기지이기도 했다. 청나라가 쇠락하면서 상해는 규모나 영향력 면에서 급성장했고, 오래지 않아 중국 경제와 금융의 중심지가 되었으며, 세계에서 가장 큰 도시 중의 하나가 되었다. 현대의 중국인들과 중국학자들은, 유럽인들에 의해 권력의 핵심이 내륙에서 연안 지역으로 이동했다고 생각하는 것 같다. 그 생각은 틀리지 않았다. 그러나 그 원인은 제국주의적 식민화가 아니라 국제 무역이었다. 일부 중국인 관료들은 그것을 이해하고 있었다. 그러나 청나라 정부가 여기에

---

61 Wakeman(1978: 199-201).
62 Fairbank(1978: 224, 237 et seq.).

어떻게 대응해야 할지 확고하게 설득하지는 못했다. 내륙에 뿌리박은 정권을 흔들어볼 도리가 없었던 것이다.[63]

일본

오래된 제국의 수도 교토는 일본 서부 간사이 지방 내륙 깊숙한 곳에 산으로 둘러싸여 있다. 포르투갈인들이 반세기 동안 일본과 교역을 할 당시까지도 일본 수도는 대체로 그 지역에 있었다. 그런데 도쿠가와 쇼군의 수도는 일본 동부 간토 지방의 항구 도시 에도에 수립되었다. 그 뒤에 이어진 쇄국정책 기간 동안 일본 제국의 수도는 명목상 교토였지만, 사실상은 여전히 에도였다. 이미 교토는 거대 도시로 발전해 있었다. 1868년 미국이 강제로 일본의 문호를 개방한 직후, 도쿠가와 쇼군 정권은 무너졌고, 그 이듬해 에도는 공식적인 수도가 되었으며, 이름을 도쿄로 바꾸었다. 도쿄에 남아있던 예전 도쿠가와의 성채가 황궁이 되었다.[64] 교토는 제2의 수도가 되었지만, 바뀐 것은 별로 없었다. 규모는 줄었지만 이후로도 교토는 수많은 유적과 문화 유산, 정치적 자유주의 때문에 여전히 중요한 도시로 남았다.

러시아

상트페테르부르크는 1703년 표트르 대제가 바로 그 해에 스웨덴으로부터 획득한 땅에 세운 도시였다. 그는 1712년 러시아 제국의 수도를 그

---

63 Millward(2007: 126-127). 그는 그러한 상태가 오늘날까지도 계속되고 있음을 적절히 지적하였다.
64 Frederic(2002: 624); cf. Jansen(1989).

곳으로 옮겼다.[65] 스웨덴에 승리한 뒤 러시아는 유럽의 군소 해양 세력 중 하나로 등장했다. 러시아의 동쪽 국경은 오호츠크 해까지 이르렀다. 이 바다 이름은 러시아의 조그만 항구 도시 오호츠크의 이름을 따서 지은 것이었다. 일년 중 대체로 얼어있는 항구였지만, 19세기 중반까지 러시아의 주요 태평양 항구 역할을 맡았다.[66] 1689년의 네르친스크 조약에 의거 러시아 영토로 인정되었던 프리몰스키 크라이, 즉 해양 영토에 대하여 러시아는 1858년부터 실질적인 통치를 시작하였다. 1860년 러시아는 프리몰스키 크라이의 남쪽 끝이자 중국과 한국에 가까운 동해안 블라디보스토크에 항구를 건설하였다.[67] 이 항구는 매우 빠르게 성장하여 1880년에는 하나의 도시가 되었다. 1903년 시베리아 횡단 열차를 완공한 뒤로 블라디보스토크는 크고 번성한 도시로 성장했으며, 러시아의 핵심 태평양 항구가 되었다.[68]

실크로드 시스템과 연안 시스템

대륙의 육지 기반 국제 무역 시스템은 그 역사가 선사시대까지 거슬러 올라간다. 바다를 통한 국제 무역 또한 매우 이른 시기에 시작되었지만,

---

65 *GSE*(14: 380). 상트페테르부르크(St. Petersburg)는 1712년부터 1728년까지, 그리고 1732년부터 1918년까지 제국의 수도였다.
66 *GSE*(19: 116).
67 러시아는 얼마 후인 1867년 알래스카를 미국에게 팔았다. 그로 인해 유럽의 아메리카 대륙 정복에서 러시아는 빠지게 되었다.
68 *GSE*(5: 539).

청동기 시대까지 해양 무역은 매우 한정된 지역에 국한되어 있었던 것으로 추정된다. 청동기 시대가 되어서야 해상 무역이 지중해를 포괄했고, 대서양을 건너 영국까지 확장되었을 뿐이다. 동양에서 해로는 안전을 보장하기 어려웠고, 아마도 그 때문에 오래도록 국한된 지역 범위를 넘어서지 못했을 것이다. 그러나 나중에 고전 고대(Classical Antiquity) 시기 이전에 이미 지역별 해상 무역은 아시아 연안 전체에서 번성하였고, 간접적인 단계를 거쳐 동아시아와 근동 지역의 해상 무역과도 연결되었다. 말하자면 당시 배는 해안선을 따라 한 항구에서 인근 항구로 왕복 운행을 했다. 당나라 중기 이전에 이미 전체 해로를 여행하는 상인이 나타나기는 했다. 당시는 상당 규모의 이슬람 및 페르시아 상인들이 광동에 거주하고 있을 때였다. 하지만 한 척의 배가 동아시아에서 심지어 인도까지도 직접 가는 경우가 없었다. 이러한 지역적, "내부적" 거점 무역(point-to-point trade)은 "내부적" 대륙 실크로드 무역과 구별되지 않았다.

역사 시기를 통틀어 근대 초기에 이르기까지, 국제 무역로라고 하는 것이 육로든, 강이든, 해로든, 명확한 선이나 구분이 있었던 것은 아니다. 그러나 중앙유라시아가 분열되자 유라시아 경제를 연결했던 지역 범위가 전체적으로 지워져버리고, 두 개의 분명한 노선이 일컬어지게 되었다. 실크로드 시스템(Silk Road System, 현실적으로 더 이상 존재하지도 않았다.)은 유라시아 해상 무역, 즉 연안 무역 시스템(Littoral System, 이것은 현실을 정확하게 반영한 명칭이다.)의 대비되는 개념이 되었다. 예전에는 실크로드 무역로와 연안 지역 무역로의 비중을 동등하게 생각했을 수도 있지만, 그 둘은 동등하지 않았다. 예를 들어 실크로드가 닫히기 직전 시기 중국어, 아랍어, 페르시아어 등으로 작성된 중세 역사 자료들을 아주 피상적으로만 읽으면, 그 자료들이 작성자의 해당 지역 내부 정치 말고는 주로 중앙유라시아에 초점을 맞추고 있음을 보게 된다. 여기에 대해서는 놀라울 정도로 세밀하게 분석한 역사학자들이 많았다. 이와 대조적으로 연안 시스템은 거의 언급되지 않는다. 이방인(주로 유럽인들)의 자료가 아니라면 연안 시스템에 대한 자료는 찾아보기 어렵다.[69] 이러한 뚜렷한 차이는 그 자체로 주목할 필요가 있다.

유라시아의 지역별 거대 제국들은 중앙유라시아, 특히 중앙아시아에 깊은 관심을 가졌다. 이는 스키타이의 시대부터 준가르 제국 말까지 이어지는 전통이었다. 그리고 이 지역을 향해 진출하고자 하는 정책에 엄청난 양의 시간과 돈과 에너지를 쏟아왔다. 유라시아 해안에 위치한 국가들 중에서 연안 무역로에 두드러지게 투자한 나라는 하나도 없었다. 심지어 최고의 연안 국가였던 것으로 보이는 비잔틴 제국조차, 분명 연안 무역으로 이득을 보기는 했지만, 해상 무역을 지원하기보다는 오히려 내륙에서 로마인들에 의해 정복당한 뒤 비잔틴 제국으로 상속되었거나 새로 정복당한 민족들로부터 세금과 조공을 거두는 데 관심을 기울였다. 마찬가지로 무굴 제국도, 그들의 동료 무슬림들이 인도와 근동 사이 무역을 활발하게 수행했음에도 불구하고, 국가 수입의 절대적인 비중을 내륙에서 거두어들였다. 그리고 중국은 이미 한나라 때부터 광동을 거쳐 연안 무역에 참여했지만, 심지어 당나라 때조차도 거리가 멀고 인적이 드문 골칫거리 국경 도시로 간주했을 뿐이다. 도시의 규모 면에서 북부의 거대 도시들에 비해 너무 작았기 때문이다. 단지 외국인 인구가 많다

---

69 이는 심지어 고대에도 마찬가지였다.

는 것 때문에 어쨌거나 관심을 끌기는 했다.

영국에서 이집트까지(지중해를 경유하여), 아라비아에서 일본까지, 고대의 연안 항로 상에 존재했던 모든 항구들도 광동과 비슷한 처지였다. 제국의 수도나 거대 도시는 대체로 큰 강을 끼고 들어섰고, 항구에서 가까이 있었던 적은 있지만, 바다를 면한 항구에 있었던 적은 결코 없었다. 유럽에서는 콘스탄티노플이 특이한 예외라고 할 수 있고, 런던이 강을 따라 배를 타고 접근할 수 있어서 항구를 만들었을 뿐,[70] 지금도 대부분의 동유럽과 서유럽 수도는 내륙 도시이다. 파리도 내륙, 베를린도 내륙, 로마도 내륙, 아테네도 내륙, 마드리드도 내륙이다.[71] 근동 지역의 수도, 예컨데 카이로, 예루살렘, 다마스쿠스, 메카, 바그다드는 물론이고 역사적으로 페르시아의 수도였던 수사, 페르세폴리스, 체시폰, 이스파한, 테헤란 등등도 모두 내륙이다. 더 동쪽으로 가서, 인도의 델리, 파간, 통구, 아바, 버마의 만달레이, 태국의 아유디아, 중국의 장안(서안), 낙양, 북경, 한국의 평양과 서울, 일본의 나라와 교토도 모두 내륙이다. 연안 무역이 이 모든 나라의 핏줄과 같았다면, 이런 식의 위치들이 설명이 되지 않는다. 또한 지난 1천여 년 중에서 마지막 몇 백 년 동안의 움직임도 설명될 수가 없다. 심지어 상업을 지향했던 도시 국가였던 아테네의 경우에

---

70 그러나 초기 중세 시기, 선도적 앵글로색슨 왕국이었던 메르키아(Mercia)의 수도는 확실히 내륙에 위치해 있었다.
71 이상하게도, 모든 스칸디나비아 국가들이 항구 지역을 수도로 삼았음에도, 이들 중 아무도 대탐험 시대에 탁월한 성장을 보이거나 이른바 '연안 무역 체제'의 형성에 크게 기여하지 못하였음이 주목된다. 반면 포르투갈의 수도이자 선도적 도시였던 리스본은 역사적으로는 그리 큰 대도시가 아니었지만, 포르투갈의 개척적 탐험 및 정복에 큰 역할을 했던 항구였다. 바로 이 포르투갈인들이 아시아 연안 지역에서 유럽 세력을 구축하는 데 핵심적인 역할을 했다.

조차, 투키디데스가 주목한 것처럼, 도시의 위치를 내륙으로 9마일이나 들어간 곳으로 선정했던 이유는 해적이 두려웠기 때문이었다. 다른 고대 그리스 도시 국가들도 마찬가지였다.[72] 연안 시스템이 세계에서 주류가 되기 전까지는 바다와 해적에 대한 두려움 때문에 어떤 나라든지 바다에서 뭔가를 하기가 어려웠다.

이상과 같은 상황을 감안해보면 이해가 될 것이다. 해안을 따라 무역을 하는 것은 오래도록 생각 밖이었고, 대개는 "레이더에 잡히지 않았다." 역사적으로 최근에 이르기까지는 아무도 바다에 주의를 기울이지 않았다. 하지만 바다를 이용했던 상인들은 분명 많은 이득을 취했다. 실제로 역사학적으로나 지리학적으로 검증해 봐도 그렇고, 천일야화나 기타 낭만적인 이야기들을 봐도 그렇다. 그러나 유라시아에서는 규모나 형태를 막론하고 국가 차원에서는, 영토 내에 해안선이 포함되어 있었음에도 불구하고 바다를 간과했다. 어떤 나라도 바닷가에 거대 도시를 건설한 적이 없었다. 이러한 나라의 사람들은, 통치자를 포함해서 모두가 무역에 굉장한 관심을 가지고 있었다. 공식적으로 언급되는 경우가 드물다 하더라도 이는 마찬가지였다. 중국인들과 로마인들은 특히 상인과 상업을 우습게 봤고, 문헌 자료에 상업에 대한 이야기는 별로 남기지 않았다. 실제로 유럽인들의 탐험이 시작될 무렵, 해안에서는 정치적으로 의미 있

---

[72] Lattimore(1998: 6)는 번역하기를, "해상 활동이 증가한 이후의 시기, 많은 부를 구축했던 도시들은 대개 연안 지역에 설치된 요새화된 도시들이었다. 이들은 무역 거점이었을 뿐만 아니라 이웃으로부터의 공격을 방어하는 역할도 했다. 반면 오래된 도시들은, 섬이든 내륙이든 막론하고, 해적을 피해 오래 살아남기 위해서 바다에서 멀리 떨어진 곳에 건설되었다.(해적들은 서로를 공격하기도 했고, 연안 지역에서 해상활동을 하지 않는 사람들도 공격했다.) 옛날 도시들은 오늘날까지도 내륙 정착지로 남아 있다."

는 아시아의 도시가 단 하나도 없었다.[73] 심지어 어떤 나라들은(특히 무굴 제국이 그랬다.) 유럽인들이 해안 영토를 상당 부분 직접 통치하는 것도 내버려 두었다. 해안 지역은 지방 실권자가 통치하고 형식적으로 본국에 복종하면 그만이었다. 이와 대조적으로 메카, 다마스쿠스, 바그다드, 델리, 장안 등과 같은 수도들은 내륙에 있었다. 그곳은 정치 권력의 중심이었을 뿐만 아니라 상업 도시이기도 했다. 모든 중앙유라시아의 도시들이 마찬가지였다.

유라시아 어느 곳에서나 전통적인 국가들은 땅을 지배하는 데 초점을 맞추었다. 이러한 목적을 달성하기 위해서는 반드시 자신의 땅에 성벽으로 방어막을 쳐야 했다. 이것이 영어로 "요새(fort or fortresse)"라고 잘못 번역되기도 한다. 영어로는 두 단어지만, 중세 초기 유라시아 전역에는 한 가지 개념밖에 없었다. 즉 아랍어로 마디나(madîna), 페르시아어로 샤흐리스탄(shahristân), 고대 티베트어로 카르(mkhar), 중국어로 청(城, chéng), 고대 고구려어로는 구루(kuru)와 같은 것이었다. 이 단어들이 지칭하는 것은 실제로 한 가지였다. 즉 성벽으로 둘러싸인 도시가 그것이다. 각각의 도시를 요새화함으로써 통제를 극대화하고, 적에게 빼앗기거나 적과 내통하는 것을 방지하며, 각각의 도시를 확고하게 유지하여 중앙의 통제를 벗어나 독립하려는 시도를 막기 위해서는, 도시들이 그 나

---

73 도쿠가와 이에야스는 간토 지방의 에도로 이동했다. 당시 그의 동맹이었던 도요토미 히데요시와의 거래의 결과였다. 그가 1600년 일본의 유일한 지도자가 되자, 에도는 사실상의 수도가 되었다. 이후 도쿄가 된 에도는, 당시에는 여전히 지방의 한 항구일 따름이었다. 그러나 에도는 말 생산으로 유명한 지역이었다. 말은 중요한 군사 자원이었다. 오늘날에도 도쿄 중심지의 몇몇 지역 명칭은 말 사육과 관련된 이름을 가지고 있다.

라 영토의 내륙 깊숙한 곳에 위치하는 것이 가장 좋다. 어떤 나라의 국경 지역이란 곧 중앙 정치 권력으로부터 가장 멀리 떨어진 곳을 의미한다. 그래서 언제나 상인들은 무역이 자유로운 국경 지역에 관심이 많았고, 그곳에서는 정치 권력의 간섭이나 세금을 가능한 적게 받을 수 있었다. 국경 지역에서 상인들은 그다지 눈에 띄지 않고 사업을 할 수 있었던 것이다.

단순히 지리적 현실 때문에, 서유럽이나 아라비아, 동남아시아, 동북아시아는 거대 제국을 만들고 유지하기가 어려웠다. 그래서 이 지역들이 주로 국경 지대가 되었고, 또한 그래서 바다를 통한 연안 무역을 하기가 좋은 여건이었다. 일본과 한국은 역사학적으로 가장 오래된 자료를 보더라도 이미 방대한 규모의 무역을 바다를 통해 하고 있었고, 중국과도 무역을 했지만, 그 이상 진출하지는 않았다. 그러니까 남쪽으로 더 멀리, 광동으로부터 동남아시아나, 혹은 동남아시아에서 인도까지는 또 다른 상당 규모의 해상 무역이 존재했다. 벵골 지역에서 아래로 내려가 실론(스리랑카)과 인도 남부의 항구까지, 그리고 거기서부터 인도 서부와 페르시아, 아라비아, 이집트의 항구까지, 무역선은 항상 육지와 인접한 항로로 운항되었다. 상업은 동남아시아 남부의 왕국에서는 더욱 중요한 요소였지만, 특히 말레이 반도 남부와 수마트라 섬을 중심으로 오래도록 유지되었던 스리비자야(Srivijaya) 왕국으로서는 더욱 그러했지만, 그럼에도 불구하고 그곳 왕국의 정치 권력은 주로 농업에 기반하고 있었고, 그들의 부는 주로 천연자원(특히 금)으로부터 나왔으며, 다른 아시아 국가들처럼 군대의 주력은 육군이었다. 유럽에서는 발트 해와 북해에서 상당한 규모의 무역이 이루어졌다. 중세 초기부터 상당수의 주요 무역 도시가 존재했다.(사실상 도시 규모가 된 것은 상당히 나중이긴 하다.) 그러나 그들이 남쪽으로 지중해까지 항해하는 일은 거의 없었다. 거기까지 가는 것은 멀고 위험한 항해였기 때문이다.

더욱이 연안 지역 어디에서도 방대한 제해권(thalassocracy)을 가진, 그러니까 해양에 기반을 둔 해양 제국은 없었다.[74] 제해권이라는 말 자체를 만들었던 고대 그리스에서 세워진 왕국 중에는 예외가 있을 수도 있다. 그래봤자 그 규모는 그리 크지 않았고, 무역을 장려하고 무역을 통해 번성했던 나라도 무역 자체에 기반을 둔 경우는 아예 없었다.[75] 철기 시대 초기 가장 큰 규모의 상인이었던 포에니인들은 스페인까지도 무역을 했지만, 그들의 상업 활동을 지원할 만한 실질적인 제국을 건설하지는 않았다.[76] 훨씬 나중에 범 바이킹족이나 인도양에서 활동했던 무슬림 상인들도 마찬가지였다. 이 모든 경우, 정치 권력은 무역 중심지를 벗어나 있었다. 무역은 어디까지나 지방의 일이었을 뿐이다. 예를 들어 노르망디에 수립된 바이킹 정권은 애초에 영국이나 아일랜드, 러시아 등지에 수립된 바이킹 왕국과 관련이 없었다.

간단히 말해서, 유럽인들이 아프리카, 아시아, 아메리카를 향해 바닷길을 열기 시작하기 이전에 이미 2천여 년 동안 연안 무역 항로가 존재했음에도 불구하고, 그것이 정치적으로, 그리고 문화적으로 중요한 존재가 아니었고, 따라서 별로 주목받지도 못했다. 유럽인들이 무역 거점을

---

74 더 거대한 동남아시아 지역들, 예컨대 스리비자야(Srivijaya) 등은 제해권을 지녔던 것으로 알려져 있다. 그러나 맥락은 좀 달랐던 듯하다.
75 그나마 어느 정도 강력한 제해권을 가졌던 존재로는 고대 아테네 '제국'을 들 수 있다.
76 카르타고를 비롯한 몇몇 후손들은 그랬지만, 이는 페니키아의 전성기가 한참 지난 후의 일이다.

세우고 국제 무역에서 막대한 수익을 거둬들이기 시작했을 때에야 비로소 연안 무역 지대가 의미 있는 지역이 되었다. 항구 도시들 중 일부는 아예 처음 건설된 도시도 있었다. 이들을 포함한 항구 도시들은 규모가 성장하고 번성하기 시작했고, 유라시아의 해양 국제 무역은 새로운 연안 무역 시스템으로 새로 태어났으며, 마침내 항구 도시가 경제적으로 매우 중요한 거점이 되자, 아시아에서 상대적으로 규모가 작았던 나라들은 정치적 수도를 항구 도시로 옮기기도 하였다.

연안 무역이 눈에 잘 띄지 않았던 것처럼, 대륙 횡단 무역도 마찬가지였다. 대륙 횡단 무역은 선사시대부터 시작되었다. 대륙 횡단 무역도 처음부터 간접 무역으로 지속되어 왔다. 마침내 스텝 지역 유목민들, 즉 스키타이나 흉노에 의해 중앙유라시아 최초로 거대 제국이 형성되었을 때에야 비로소 직접 무역으로 변화되었고, 유목민들은 이를 통해 괄목할 만한 부자가 되었다. 이때부터 중앙유라시아의 스텝 유목민과 도시의 번영은 내부 경제의 번영과 분리될 수 없었다. 내부 경제의 요소로 국제 무역이 포함되어 있었고, 이 모두를 합쳐서 실크로드 경제 시스템이 만들어졌던 것이다.

고대 연안 항로의 항구들과는 달리, 중앙유라시아에서 상업 중심지는 내륙에 위치하고 있었다. 실크로드의 요새화된 도시들은 따라서 규모가 큰 경우가 많았고 정치적으로도 중요했다. 그러나 중앙유라시아에서 무역의 대부분은 소규모 상인들에 의해 소규모로 해당 지역에서 행해졌다. 마찬가지로 고대 연안 무역도 아시아의 어떤 나라에서 인근 지역까지 운행되었을 뿐이다. 이는 심지어 유럽인들이 연안 무역을 장악하고 유럽의 무역선이 아시아의 지역별 무역선을 대체한 뒤에도 여전히 그러했다.77 따라서 연안 무역에서 제해권을 장악한 제국이 없었던 것처럼, 중앙유라시아 대륙에서 소그드 제국이나 유태인 제국 같은 것은 존재하지 않았다. 소그디아나 역사에서 주목할 만한 한 가지는 바로 그들의 분열이었다. 그들의 역사를 통틀어 그들이 통합되었던 것은 오직 정복을 당했을 때뿐이었고, 그 시기도 매우 짧았다. 그러나 소그디아나는 언제나 제국의 종주권 아래 놓여 있었다. 예컨데 아케메네스조 페르시아, 흉노, 쿠샨, 튀르크 혹은 아랍 제국은 사실상 독립적 도시국가들 사이에서 무역이 번성하도록 보장하는 역할을 맡았다. 티무르는 과거 소그디아나의 핵심이었던 사마르칸트 인근 도시 출신이었지만, 그는 이란인도 아니었고 상인도 아니었다. 아마도 그래서 그는 수도 사마르칸트로부터 거대 제국을 세울 수 있었을 것이다. 하지만 그가 세운 제국은 그가 죽은 뒤 바로 무너졌다.

실크로드를 따라 형성된 거대 도시들에서 주목할 만한 정치 현실이 있었다. 고대와 늦어도 중세 초기부터 그들은 기본적으로 도시 국가였다는 사실이다. 어떤 왕국도 도시 하나 이상을 가져본 적이 거의 없었다. 이러한 상업 도시들은 중앙유라시아의 중앙 정치와는 연결되지도 않고 별 비중도 없이 그들만의 방식 그 자체로 남아 있었다. 이는 연안 무역로 주변의 도시들과 같은 처지였다. 전근대 역사에서 여러 차례에 걸쳐 이

---

77 일반적으로는 진정한 국제 교역은 소그드인, 유태인을 비롯한 "제3의" 상업 세력들에 의해 수행되었다고 알려져 있다. 그들은 국경을 자유로이 건널 수 있었던 데다가, 이들 상인들의 최고 관심사항은 누구나 쉽게 알아볼 수 있게끔 뚜렷한 중립국으로서의 정체성을 유지하는 것이었다. 그리고 이들은 어떠한 정치적 측면과도 공개적으로 연결된 바 없었다고 알려져 있다. 그러나 이는 정밀한 분석이 아닌 것 같다. 최소한 소그드, 튀르크, 바이킹의 경우가 그렇다. de la Vaissière(2005a) 및 de la Vaissière and Trombert(2005)의 논문 참조.

들 도시들이 물리적으로나 다른 측면에서 몰락하였던 것도, 중앙아시아인들이 역사의 무대에서 잊혀졌던 것도 바로 이런 이유 때문이었다. 이들의 역사가 단절되고 그 결과 경제가 위축되었던 원인은 명백하다. 즉 주도권을 장악한 초원 제국이 없었기 때문이었다. 스텝 지역 사람들의 뒷받침과 보호가 없을 때면 어김없이 실크로드도 움츠러들었다.[78]

기록상 모든 경우에, 전통적인 그리스-로마, 페르시아, 중국 등의 정주 제국들이 너무 강해져서 중앙유라시아의 유목 국가를 정복하거나 혼돈에 몰아넣었을 때, 그 결과는 최소한 중앙아시아에서만이라도 경기 후퇴가 나타났다.[79] 한나라가 흉노를 파괴하자 중앙유라시아 대부분 지역에 무정부상태를 초래했다. 동부 스텝 지역에서 선비가 흉노를 대신하기는 했지만, 흉노 다음으로 실크로드를 장악한 유목 제국 튀르크가 시스템을 회복하기까지는 수백 년이 걸렸다. 당나라는 이론의 여지없이 거대하고 번영했던 제국을 건설하는 데 성공했다. 여기에는 중앙아시아 식민지도 대규모로 포함되어 있었다. 그러나 중앙아시아의 번영은 그 때문에 고난을 겪었다. 중국과 아랍 연맹이 티베트와 튀르기스의 서투르크 제국을 압박하는 데 성공하여 결과적으로 튀르기스가 완전히 파괴되

---

78 이는 여러 연구자들에 의해 은연중에 제기되었는데, Millward(2007: 93-94)도 그 중 한 예다. "준가르는 내륙아시아 유목 국가들에게 카라반 교역이 가졌던 중요성을 잘 정리된 기록으로 보여주는 사례라 할 것이다."
79 아랍의 정복이 중앙아시아의 경기 침체로 이어지지는 않았다는 반론도 가능하다. 이는 분명 사실이긴 하지만, 그럴 만한 충분한 이유가 있었다. 아라비아는 고대 연안 지역 경제에 속해 있었다. 아랍은 역사상 대단히 친상업적이었다. 그리고 아라비아 내에 중요한 유목 요소가 들어 있었다. 아랍 제국이 정복 전쟁을 수행했던 시기(9세기 초 칼리프의 권위가 무너질 때까지), 아랍의 행태는 여러 측면에서 스텝 유목민들이 정복활동을 했던 행태와 유사했다.

자, 그 결과 중앙유라시아에서 튀르기스가 지배했던 영역은 또한 혼돈에 빠져 들었고, 이와 함께 심각한 경기 후퇴가 찾아왔으며, 대륙 전역에 영향력을 행사하던 소그드인들과 기타 상인들이 이끌었던 반란과 혁명이 그 뒤를 이었다. 마침내 청나라와 러시아가 중앙유라시아를 나눠가지고, 청나라가 중앙유라시아 최후의 거대 유목 제국 준가르를 파괴했을 때, 중앙유라시아에서 그들이 초래한 경제적 황폐화는 워낙 치명적이라서 2000년도 밀레니엄이 바뀔 때까지도 지역 경제가 회복되지 못했다. 그로 인해 유라시아 전체의 경제가 붕괴되지 않았던 유일한 이유는 그나마 연안 무역 시스템이 발전했기 때문이다. 유럽인들의 주도 하에 연안 무역이 성숙하게 되자, 이는 여러 측면에서 실크로드를 완전히 대체하게 되었다.

무역에서 단지 유목 국가의 존재뿐만이 아니라 실크로드의 존재도 꼭 필요한 요인이었다. 유목민과 도시 정주민들은 중앙유라시아 제국들에서는 서로가 필수불가결한 존재였다.[80] 이러한 제국들은 모두 유목민과 농민과 도시를 함께 가지고 있어야 했다. 유목민들은 무역에 참여했고, 무역에 활기를 불어넣었으며, 무역의 밑거름이 되었다. 이는 농민과 도시민들이 제국에 대하여 그러했던 것과 마찬가지였다. 통치자가 유목

---

80 이는 티베트 제국이 몰락한 뒤 왜 티베트인들이 다시 거대 국가를 수립하지 못했는지 그 이유를 설명해주는 것으로 보인다. 그러나 역사적인 사실은, 티베트는 몽골에 복속되었고(더 간단히 말하면, 그들이 몽골에 항복했고), 더 큰 몽골 제국에 병합되었다는 것이다. 간헐적인 정치적 공백기를 제외하면, 티베트는 준가르가 청나라에 패할 때까지 계속해서 또 다른 몽골 국가의 지배 하에 통합되어 있었다. 몽골의 보호령으로서 티베트는 대체로 통일 국가로 유지되었다. 따라서 티베트가 일반 법칙에서 예외라고 할 수는 없다. 하나의 국가로서 단일한 티베트의 역사가 쓰여질 필요가 있는 것이다.

민 출신이라고 해서 유목민들이 무역 허가를 쟁취하기 위한 전쟁을 하지 않았던 것은 아니다.[81] 이런 점에서 중앙유라시아 초원 민족들은 연안 무역 시스템을 건설하고 유지했던 서유럽 해양 민족들과 거울에 비춰본 것처럼 똑같다. 초원 민족들의 노력의 결과, 실크로드와 중앙유라시아 내외의 경제가 번성했다. 중앙유라시아가 워낙 번성했기 때문에, 각 지역 제국들은 그곳이 황금알을 낳는 거위라고까지 생각하게 되었다. 그러나 제국의 수많은 정치가들, 참모들, 역사가들이 말도 안 되는 주장들을 늘어놓기는 했지만, 어떠한 제국도 중앙유라시아를 제대로 이해하지는 못했다. 정주 제국은 여러 차례에 걸쳐 그곳을 정복하고 유목민 통치자를 제거하려고 시도했다. 그들이 성공하지 못하는 한 중앙유라시아의 경제(실크로드)의 번영은 계속되었다. 마침내 그들이 성공하자, 그들은 실크로드를 죽여 버렸다.[82]

그러나 때마침 서유럽 국가들이 아시아로 가는 해로를 개발했다. 그리고 유목민들이 육지에서 했던 것과 꼭 같은 역할을 수행하게 되었다. 유럽인들도 또한 무역에 뜨거운 관심을 보였다. 그래서 그들은 무역을 진작했고, 보호했으며, 직접 뛰어들었다. 그들의 관심은 이익에 있었다. 이는 유목민들과 같았다. 이 두 가지 경우에 모두, 그들의 정치적 후원자는 이타심이라고는 없이 온갖 문제를 일으켰다. 그러나 그것이 "야만인의 탐욕"은 아니었다. 그것은 동서양에서 전통적인 역사가들이 중앙유라시아 유목민이나 유럽 무역상들 모두에게 달아준 꼬리표일 뿐이다. 오

---

81 에필로그 참조.
82 실크로드가 사실 그리 쇠퇴한 것이 아니라는 최근 주장에 대한 논의로는 미주 90번 참조.

히려 그것은 "이기심의 미덕" 같은 것이었다. 유럽의 통치자들은 단지 자국의 상인들과 그 거래처에 관심이 있었을 뿐이었다. 그러한 경제적 관심이 마침내 유럽 국가들에 활기를 불어넣어 그들이 연안 무역 시스템을 장악하게 된 것이다. 마치 유목민들과 그들의 기마대가 중앙유라시아의 육지를 뒤덮었던 것처럼 유럽의 해군이 열린 바다를 뒤덮었다. 그러자 연안 무역 시스템에는 자기만의 길이 만들어졌다. 유럽의 대부분뿐만 아니라 인도, 동남아시아, 중국 해안의 항구 도시와 오지 마을들, 심지어 일본의 무역 거점까지도 유럽인들이 장악하고 통제하게 되었다.

국제 해양 무역은, 그 막대한 수량과 금액에도 불구하고 오래도록 대륙 무역에 비해 훨씬 적은 비중으로 인식되었다. 주요 이유 중의 하나는, 유럽인들이 정복할 때까지 해당 지역 상인들에 의해 연결된 지역 경제에서는 연안 무역 지대가 분명하게 드러나는 필수 구성 요소가 아니었기 때문이다. 또한 연안 무역이 중앙유라시아 경제 지역에서 분명하게 구분되는 경제 지역으로 되었던 적은 결코 없었다. 오히려 실크로드를 중심으로 하는 유라시아의 대륙 시스템에 완전히 포섭되었다.[83]

고대 해양 무역로와 대륙 무역로는 서로 상충되는 것이 아니었다. 물론 하나의 루트에서보다는 두 개의 루트에서 상품을 구할 수 있는 가능성이 커지기 때문에, 일정한 경쟁으로 인한 가격 하락 요인이 될 수는 있

---

83 이는 David Christian(1998)이 "유라시아 내부(Inner Eurasia)"에 대응하는 용어로 새롭게 만들어낸 "유라시아 외부(Outer Eurasia)"와는 다르다. 이러한 용어 사용에 필자는 동의할 수 없다. 중앙유라시아 연구에서 이미 사용되고 있는 용어들과 충돌해 혼선을 빚을 가능성이 크기 때문이다. 그는 이후 "아프리카-유라시아 지역(Afro-Eurasian region)"이라는 표현도 사용하고 있다.(Christian 2000: 2).

었다. 이 두 가지 루트는 역사적으로 공존해왔다. 그러나 유라시아 대륙 무역 시스템에서 양자는 물류 기반이 전혀 다른 별개의 시스템이었다. 그리고 이를 포괄하는 유라시아 시스템의 중심에는 실크로드, 즉 중앙유라시아 경제가 놓여 있었다. 두 가지 루트가 만나 가장 활발히 교류했던 지역은 서남아시아였고, 주로는 이란, 이라크, 이집트, 시리아, 그리고 아나톨리아였다. 역사를 통틀어 페르시아의 정치 권력은 육지와 바다 모두 동방과 남방과 서방을 연결하는 지정학적 위치와 분리해서 생각하기 어렵다. 아나톨리아와 그리스도 마찬가지다. 동로마 제국, 비잔틴 제국, 오스만 제국이 이 지역을 기반으로 했다.[84]

유럽인들이 유행했던 연안 무역 시스템이 최고조에 이르렀을 때, 유라시아의 국제 무역은 대부분 바다를 통해 이루어졌다. 이 때에 이르러 육지를 통해 가는 무역은 멀리 가지 못했다. 가격 면에서 소규모 거래가 이루어지는 지방 무역이나 가끔 나타나는 카라반에 의해 거래되는 소소한 물건들을 제외하면 실크로드 무역은 더 이상 존재하지 않았다. 그 이유는, 지역 기반 정치 세력이 중앙유라시아 스텝 지역의 대부분과 중앙유라시아에 기반한 국가들을 모두 점령해 버렸기 때문이었다. 중앙유라시아의 정부는 모두 제거되었고, 정주 제국의 식민지 관료들이 그 자리를 대신했다. 중앙유라시아는 독립을 잃어버렸고, 독립운동가들은 완전히 억압되었으며, 그곳의 군주와 왕실, 근위대(코미타투스의 후기 형태)뿐 아니라 훨씬 많은 것들이 제거되었다. 이로 인해 중앙유라시아 경제에서

---

84 트로이의 강역뿐만 아니라 히타이트의 강역도 이에 포함시킬 수 있겠다. 다만 히타이트는 중앙 아나톨리아에 기반해 있었다.

비단이나 기타 값비싼 상품들에 대한 수요도 함께 사라졌다. 러시아와 청나라는 공식적 국경 무역 지점을 설정했지만, 이는 특히 두 나라 사이의 "공식적인" 무역을 위한 것이었고, 중앙유라시아인들의 참여는 배제되었다. 중앙유라시아 내부의 경제적 기반이 파괴되었을 뿐만 아니라 이미 쇠락한 카라반 무역마저 지속할 수 없게 되자, 19세기 중반에 이르러 실크로드 경제는 무의미할 정도로 쪼그라들었고, 중앙유라시아도 가난 속으로 가라앉았다.

이러한 과정은 중앙유라시아의 모든 주요 지역에 영향을 미쳤다. 현대식 이름으로 열거하자면, 몽골, 티베트, 아프가니스탄, 중앙아시아 서부(혹은 서투르키스탄), 동투르키스탄(신강)도 영향권에 포함되었다. 최근 들어 학계의 비상한 관심을 모으고 있는 동투르키스탄이 그 좋은 사례가 될 수 있을 것이다.

준가르 제국의 팽창은 청나라, 러시아, 대영 제국과 같은 시기에 이루어졌다. 그러나 정주 제국 세력들은 "효과적으로 신강 및 나머지 중앙유라시아 지역을 포위했고, 유목민의 초원 제국에 마침표를 찍었다." 준가르 제국은 정주 제국으로부터 상품과 기술을 소개하는 등, 앞선 어느 누구보다도 중앙유라시아를 더 폭넓은 세계 무대와 접촉하도록 했던 반면,[85] 청나라와 러시아가 준가르 제국을 파괴하고 중앙유라시아를 병합하자 그 반대의 일들이 일어났다. 지역 경제는 더더욱 고달파졌고, 급기야 19세기 중반에 이르러서는 굉장히 도식화된 국제 무역만이 존재하게 되었다. 예컨대 중국 상품은 "전차(磚茶, 말려서 벽돌 모양으로 뭉친 차)와

---

85 Millward(2007: 79-80).

옷감", 러시아 상품은 "가축, 가죽, 모피, 공산품"이었다.[86] 18세기 건륭제 때 청나라가 그곳을 점령했을 때부터 "군대가 주둔하는 데 필요한 재원을 충분히 조달할 만큼의 수입을 신강에서 확보할 수 없었다. 그래서 군인들의 급여를 충당하기 위해 해마다 수백 만 온스의 은을 중국에서 신강으로 가져와야 했다."[87] 19세기 동투르키스탄에서는 "마지막으로 쥐어짜낸 무역이라곤 중국의 차나 은 등의 상품을 중계무역하는 것뿐이었다."[88] 20세기 초 "신강의 시장에서는 러시아의 술, 금속 제품, 천, 램프, 도자기, 시계, 담배 등이 중국산 같은 제품보다 훨씬 저렴했다."[89] 이런 상품들은 모두 개별 가격이 낮은 값싼 물건들이었다. 고가의 사치품이 현저하게 줄어든 것은 고대로부터 중세 말기에 이르기까지의 상황과는 아주 대조적이었다. 심지어 준가르 제국 전성기와 비교해도 마찬가지였다. 시장에서 사치품이 사라진 것은 중앙유라시아에 닥친 극심한 경기 후퇴를 단적으로 보여주는 증거이다.

마침내 동투르키스탄은 참을 수 없는 상황에 저항하여 1864년 반란을 일으켰고, 야쿱 벡(Yaqub Beg, 재위 1865~1877)의 통치 하에 놓였다. 그는 교묘한 외교 수완으로 동투르키스탄에 국제적 관심을 모았다. 그러나 불행하게도 청나라는 그를 내버려두지 않았다. 청나라는 다시 정복에 나섰고, 1878년 임무를 완수했으며, 1884년에는 전 지역을 청나라의 한 지방 행정 단위로 편입하여 신강(新疆, 새로운 영토)이라 이름하였다.[90] 19

---

86 Millward(2007: 156).
87 Millward(2007: 102-103).
88 Millward(2007: 121).
89 Millward(2007: 158).

세기 말에 이르면, 겨우 살아남은 조그만 무역조차 러시아인 아니면 중국인 상인들의 차지가 되었다. 몇몇 외국인 여행자들이 당시 동투르키스탄의 경기 침체와 문화적 후퇴를 기록으로 남겼다. 그들은 제국의 지방 관료들에게 용감하게 맞섰고, 위험을 무릅쓰고 그 지역에 들어가 상황을 기록했다.[91] 끊임없는 전쟁과 청나라의 오랜 관리 실패로 인해 경제와 인프라 등 실용적인 모든 것이 무너졌다.[92]

중앙유라시아에 대한 접근은 모든 방면에서 너무나 엄격하게 통제되었기 때문에, 그곳은 문화적으로 고립되었고, 기술이나 당대 세계의 변화를 따라갈 수 없었다. 특히 산업-상업 혁명과 이에 따른 문화적 변화의 물결은 중앙유라시아를 완전히 건너뛰어 버렸고, 중앙유라시아는 점

---

90 Millward(2007: 130-137). 전통적으로 '중원, china proper'로 불리는 중국 지역 및 청 제국의 다른 지역들(티베트 제외)이 모두 근본적으로 동일한 정치적 지위를 갖고 있었다는 주장은 사실과 다르다. 몽골의 상황은 동투르키스탄과 달랐고, 이들은 또한 티베트와 달랐다. 신강이 공식적으로 자치구로 변한 것은 정치적으로 의도된 것이었다. 그러한 조치가 현지 거주민들에게 처음에는 별 영향을 끼치지 않았을 수도 있겠지만, 시간이 지날수록 그 영향은 엄청난 것이었다. Millward(2007: 158)의 동투르키스탄 사람들에 대한 언급 및 이후의 주석 참조.

91 Millward(2007: 159). 그는 서양인들의 관측을 "제국주의자들의 가증스러운 인종주의"로 보았다. 서양의 독선적인 인종주의와 같은 시기, 중국 제국주의자들도 추가되어야 할 것이다. 그 시대 서양인들 중 일부는 중국의 제국주의를 주목하고, 이에 대해 소리 높여 비판을 하기도 했다. 그러나 이들의 목소리는 중국에서는 주목을 받지 못했고, 외부 세계에서도 대부분 마찬가지였다. 이는 오늘날까지도 그대로 이어지고 있다. 이를 방패삼아 동투르키스탄의 무고한 사람들은 지금도 핍박을 받고 있지만, 강대국 정부 가운데 이에 항의하는 소리는 단 한 마디도 없다.

92 오늘날에도 "신강은 …… 중앙 정부의 거대한 보조금을 필요로 하고 있다."(Millward 2007: 103). 소련도 마찬가지였다. 중앙아시아 국가들이 독립을 선포했을 당시, 파산한 러시아는 그 가난한 연방국가들을 붙잡아두기 위해 아무런 노력도 하지 않았다. 이는 발트 해 연안 국가들을 계속 잡아두고자 했던 것과는 대조적이었다. 경제적으로 중앙아시아는 러시아인들의 눈에는 경제적 수렁으로 보일 따름이었다.

점 더 원시적으로 변해갔으며, 과거와 같은 세계 문화의 중심지가 아니라 중앙아프리카나 아마존 정글처럼 극심한 가난에 시달리는 식민지 후방으로 전락하였다.

중앙유라시아의 상황이 아무리 나빠져도 러시아나 청나라는 그곳에 관심을 갖지 않았다. 그들은 갈수록 그곳 식민지에 신경을 쓰지 않았다. 그러면서도 유럽인들이나 미국인들이 그곳에 가는 것은 기를 쓰고 막았다. 게다가 아프가니스탄과 동서 투르키스칸, 몽골, 티베트를 막론하고 중앙유라시아를 여행하는 것은 거의 전적으로 금지되었고, 외부 세계 어디에서도 그곳에 대한 정보는 들을 수 없었다. 그 내부에서조차 고립되고 가난해진 중앙유라시아 사람들은 교육을 제대로 받을 수 없었고, 그 결과 자신의 영토와 역사 및 문화에 대해서도 대체로 무지하게 되었다.

실크로드가 미스터리 속으로 사라짐과 동시에 새로운 연안 무역 시스템이 나타났다. 당연히 역사학자들은 이 두 개의 분명하게 대립되는 무역 시스템이 등장하고 사라지는 현상에 어떤 인과관계가 있는지를 탐구하기 시작했다. 실제로 중앙유라시아는 독립과 아울러 통상을 이해하는 통치자를 잃어버린 뒤, 세계사에서 가장 혹독하고도 오래 지속되는 경기 침체로 고통을 겪었다. 이곳이 망각 속으로 기울어 가는 동안, 유라시아의 해안 지역은, 통상을 기대하는 유럽 해군의 지원 아래, 예전에 겪어보지 못한 번영을 맞이하게 되었다.

CHAPTER 11

중심을 잃어버린 유라시아

April is the cruelest month,
Breeding lilacs out of the dead land.
—T. S. Eliot, *The Waste Land*[1]

4월은 가장 잔인한 달,
죽어버린 땅에서 라일락을 키우네.
— T. S. 엘리엇, 〈황무지〉 중에서

모더니즘, 전쟁, 문화적 쇠퇴

20세기는 각종 혁명이 겹쳐진 모습이다. 그것은 문화적으로 모든 분야, 모든 층위, 모든 양상에서 전통과 자연의 법칙, 그리고 자연 그 자체와 싸웠던 모더니즘(Modernism)의 혁명적 운동이었다. 그것은 특히 유라시아에 돌이킬 수 없는 재앙을 가져다주었다. 유라시아에서 모더니즘 혁명은 다양한 종류로 나타났다. 포퓰리스트, 전체주의자, 폭압적 근본주의자들은 참담한 전쟁을 초래했고, 전례 없는 수준의 대규모 학살이 자행되었다. 재앙과 같은 근대 경제 정책은 근대사에서 최악의 세계 경기 후퇴인 대공황을 초래했고, 이는 1929년부터 제2차 세계대전 때까지 많은 나라에서 지속되었다. 문화적으로 근본주의적인 "혁명" 프로그램이 거칠게 적용되자 중앙유라시아의 문화는 황폐화되었다. 수천 곳의 사원, 성지, 모스크, 교회, 시나고그들이 파괴되었고, 불교, 이슬람, 기독교, 유태교와 연결된 교육 기관이 무너졌으며, 뿐만 아니라 책은 불태워졌고, 성직자들은 처형되었다. 모더니즘의 파괴 행위에 의해 중앙유라시아는 세계의 다른 어느 지역보다 큰 고통을 받았다.

몽골과 티베트는 1911년 청나라가 망한 뒤 독립을 되찾았고, 동투르키스탄 일부 지역도 곧 뒤따라 십여 년 뒤에 독립했다. 그러나 제2차 세

---

1 엘리엇의 작품은 여러 측면에서 20세기 모더니즘과 민중주의의 승리를 가장 잘 표현했다. Rossa(2006)에 의하면 "시는 출판되는 순간부터 굉장한 영향력을 지닌다. 비평가 로렌스 레이니(Lawrence Rainey)는 '〈황무지〉의 출간이 극명한 분기점이다. 모더니즘은 소수의 문화에서 제도권과 재정적 지원을 받는 (주류)문화로 전환되었다.'고 평가했다." http://www.lib.udel.edu/ud/spec/exhibits/pound/wasteland.htm에서 인용, 강조는 필자 추가.

계대전 직후, 중국 내전에서 공산주의자들이 승리하자, 중국은 재빠르게 내몽골과 동투르키스탄, 그리고 마침내 티베트를 다시 점령했다.(1951) 이 세 나라에는 점령군이 주둔했고, 중국인 이주민들이 넘쳐났다.

제2차 세계대전 및 중국의 침략 이후, 중앙유라시아는 예전보다 더 고립되었다. 유라시아의 동쪽과 서쪽 끄트머리에서는 유라시아의 나라가 아닌 미국이 주도권을 잡았고, 전 세계는 공산주의 진영과 자본주의 진영으로 나뉘었다. 양대 진영의 오랜 전쟁은 냉전이라는 이름으로 알려져 있다. 왜냐하면 그들의 군사력은 서로 직접적인 전쟁에 사용되기보다는 특히 유라시아를 장악하는 데 초점이 맞춰졌다.[2] 거대 공산주의 제국(소련과 중공)의 반시장적 "사회주의" 체제는 자기 나라뿐만 아니라 특히 중앙유라시아를 빈곤 속으로 몰아넣었다. 중앙유라시아의 대부분은 이들 두 나라에 군사적으로 점령당한 상태였다.

연안 무역 시스템과 실크로드

근대 유라시아는 여전히 연안 무역 시스템이 주도적이었다. 이는 훨씬 오래 전 연안 거점 무역으로부터 성장해온 것이었다. 여기서 과거의 무역 방식을 간과해서는 안 될 것이며, 그것을 평가절하해서도 안 될 것이

---

2 소련과 중국 공산주의자들이 서로 대립하게 되자, 중소 냉전도 뜨거워졌다. 머지않아 1969년 우수리 강 사건이 터졌다.

다. 그런데 아시아의 해상 무역이 실크로드만큼 중요했던 것이 아니라, 그보다 훨씬 더 중요했다고 주장하는 사람들이 있다. 이러한 주장을 하는 이들은 실크로드가 무엇인지, 가장 전통적인 개념으로도 잘 설명하지 못하며, 그곳에서 무슨 일이 일어났는지에 대해서도 잘 알지 못한다.

실크로드는 연안 지역의 어떤 것과도 비교될 수 없었다. 포르투갈인들이 유럽을 출발해서 직항로를 발견하기 전까지, 그리고 그들이 그 직항로를 발전시키기 전까지, 연안 지역의 해상 무역 시스템은 본질적으로 상업적 물류 네트워크, 혹은 보다 정확하게 말하자면 지역 물류 거점의 연결망에 불과했다. 이와 달리 실크로드는 본질적으로 상업적 물류 네트워크가 전혀 아니었다. 그것은 중앙유라시아 경제의 총체였고, 사회-경제-정치-문화 시스템이었다. 실크로드의 번영은 고대와 중세 사람들에게 큰 영향을 미쳤고, 그로부터 남겨진 기록이나 유물을 통해 오늘날을 살아가는 사람들에게까지도 그 영향이 남아 있다.

근대에 이르러 최후의 초원 제국이 붕괴되고 지역 제국들이 그 영역을 나눠가지기 전까지는, 중앙유라시아의 사회, 경제, 정치, 문화 시스템은 어느 측면에서 보더라도 당시 유라시아의 나머지 주요 지역, 즉 동아시아, 동남아시아, 남아시아, 서남아시아, 유럽 등지와 동등했다. 제10장에서 설명한 바와 같이 근대 초기에 중앙유라시아는 가난한 낙후지역으로 전락했다. 근대 시기에도 여전히 그렇게 머물렀고, 심지어 더 심하게 가라앉았으며, 전 세계에서 가장 낙후되고 가난에 찌든 지역이 되었다. 이 지역을 정복했던 정치 세력들은 이러한 결과를 전혀 예상치 못했을 것이다. 오직 몇 안 되는 기념비나 유적들만이 한때 찬란했던 문명의 기억을 증언하고 있을 뿐이다. 왜 이런 일이 벌어졌을까? 이 질문에 대해서는 반드시 대답을 해야겠다.

이 책에서 제시하는 대답은, 근대 초기 유럽인들과 아시아 정주 세력들이 중앙아시아를 점령하고 나눠가진 것이 그 원인이라는 것이다. 이로써 근대에는 중앙유라시아가 더 이상 독립적인 단위 혹은 그룹으로 존재하지 않게 되었다. 식민지 권력자들에게 그곳은 단지 "국경 문제"일 뿐이었다.[3] 이렇게 해서 그 지역 전체가 20세기 동안 대체로 아무런 주목을 받지 못했고, 현대사에서 그 역할은 매우 제한적이었으며, 거의 전적으로 희생자 혹은 또 다른 근대의 공포일 뿐이었다. 따라서 20세기 중앙유라시아의 역사는 대부분 유라시아의 지역 제국들, 서유럽, 러시아, 중국의 역사에 포함되었다.[4] 여기서 그 역사의 대강을 설명하되, 그들이 중앙유라시아에 미친 영향과, 그 결과 세기 말에 새롭게 시작된 제국주의적 질서에 주안점을 둘 것이다.

극단적 모더니스트 혁명

제1차 세계대전이 일어나기 전, 유럽인이 주도하는 세계에서는 대부분 왕정과 귀족 문화 전통을 이상형으로 알고 있었다. 그리고 정부 형태로 공화정을 채택한 나라들로부터 뻗어 나오는 포퓰리스트 세력이 이러한

---

3 중앙유라시아 연구는 심지어 "변경 지역 연구"라고 불리기도 했다. 이렇게 말하는 학자들은 중앙유라시아 언어를 모르기 때문에, 주변 정주 지역의 저술가들의 글을 보고 그런 인식을 갖게 된 것이다. 정주 지역, 특히 중국과 러시아가 그들의 전공 지역이었기 때문이다.
4 근대 시기에 대한 오늘날의 연구에서 활용되는 자료들에 대해서는 미주 91번 참조.

이상에 도전하고 있었다. 제1차 세계대전의 참화 이후, 남아 있던 유럽의 왕정들은 대부분 무너졌거나 실권이 없는 군주만 남게 되었다.[5] 왕정을 대신한 것은 모더니스트들의 "민주주의"였다. 이들은 모두 최소한 이론적으로라도 공화정을 채택했다. 모든 근대식 공화국에서는 의무 교육 제도가 실시되었고, 아이들에게 "민주주의" 이념을 주입시킨 결과, 이들은 실제 정치 권력을 잡고 있는 세력이 하는 일에 대해서 반대하지 않았고 별 생각 없이 그들을 지지하게 되었다.

중국 최초의 모더니즘 혁명

제대로 된 최초의 모더니즘 혁명은 20세기 초 중국에서 시작되었다. 지도자는 광동의 지식인 손문(孫文, 1866~1925)이었다. 그는 1897년 하와이로 이주하였다가 다시 홍콩, 일본, 영국, 미국 등에 거주하였다.[6] 혁명정부가 내세운 목적은 그들이 "외세"라 지칭했던 만주족을 몰아내는 것이었다. 그러나 당시 이미 인종적인 면에서나 문화적, 언어적, 국가 정체성 면에서 현실적으로 만주족을 한족과 구별하기란 불가능했다. 그들은 "민주주의" 정부를 수립했다. 그들의 극단적인 목적 설정은 유럽으로부터 파생된 것으로 특히 미국의 영향을 받았다. 그들은 마침내 1911년 청나라를 무너뜨리는 데 성공했다. 몽골과 티베트 등 중앙유라시아의 보호국들은 즉시 이 점을 지적하고 나섰다. 즉 그들은 "외세"인 만주족에 종속되었던 것이지 중국인에게 종속된 것은 아니라는 것이다. 그들은 완전히

---

5 이는 부분적으로는 포퓰리즘적(대중선동적) 정치인들이 희생양을 필요로 했기 때문이었는데, 군주와 군주정 그 자체가 전쟁의 원인으로 비판받곤 하였다.
6 Dillon(1998: 302).

독립했다. 동투르키스탄에서는 청나라 점령군이 무너지고 새로운 공화국 정부에 의해 통치가 이루어졌다. 그곳에는 다양한 인종들이 살고 있었고, 결과적으로 단일한 정치 체제를 갖추지 못했기 때문에 여전히 중국 정부의 지배를 받았던 것이다.[7]

중국의 새로운 공화국 정부는 힘이 약했고, 전국 각지에서 군벌들이 일어났다. 장개석(蔣介石, 1887~1975, 재임 중국 1926~1949, 대만 1949~1975) 장군은 당시 수도 북경을 점령하고[8] 그가 세운 국민당 당수로 취임한 뒤 수도를 남경으로 옮겼다.[9] 새로운 수도는 양자강변으로 배가 들어갈 수 있는 도시였는데, 상해에서 불과 140마일 거리에 있었다. 당시 상해는 이미 국제적으로도 선진적인 항구였고, 중국에서 가장 크고 번성했던 도시였다.

제1차 세계대전

유럽의 주요 세력들 사이에 이전 세기부터 이어져온 상호 불신과, 순전히 전쟁에 대한 욕망이 합쳐져서 긴장과 군비 증강이 계속되다가, 마침내 일이 터졌다. 발칸 반도에서 전쟁을 위한 핑계거리가 만들어지자 몇

---

7 Millward(2004: 4).
8 장개석의 부대는 1928년 6월 8일 북경(北京)을 점령한 후 그 이름을 북평(北平)으로 바꾸었다. 이는 북경의 수도로서의 지위를 박탈하고, 남경(南京)을 새 수도로 하기 위함이었다.
9 Dillon(1998: 160). 중국 국민당 정부는 남경에서 1927년 4월 18일 출범하였다.(Eastman 1986: 116).

몇 나라들이 연맹을 맺었고, 제1차 세계대전(1914~1918)이 시작되었다. 전투는 두 그룹으로 나뉘어졌다. 연합국은 영국, 프랑스, 세르비아, 러시아, 일본이었고, 전쟁이 시작된 뒤 이탈리아(1915), 포르투갈과 루마니아(1916), 그리스와 미국(1917)이 이에 합세하였다. 동맹국은 독일, 오스트리아-헝가리, 오스만 제국이었고, 불가리아(1915)가 나중에 참여하였다.[10] 전쟁은 특히 북유럽을 휩쓸었다. 주요 전투나 파괴 행위가 대부분 거기서 벌어졌다. 불과 몇 주 동안의 전투에 약 100만 명의 젊은이들이 살해되었다.

공개적으로 전쟁에 참여한 나라는 대체로 유럽의 나라들이었다. 그럼에도 불구하고 전쟁 과정에서 광범위한 연맹이 결성되는 바람에 전쟁의 여파는 남동쪽 오스만 제국에까지 미쳤다. 거기서는 정권이 무너졌다. 그러니까 이 전쟁은 실제로 "세계"대전은 아니었다. 다만 주요 참전국들은 유럽 및 유럽에 직접 이웃한 근동의 나라들이었으므로, 여기서 세계가 뜻하는 범위는 그 정도일 뿐이다.[11]

미국은 1917년에 전쟁에 참여했다. 미군이 전투에 투입된 것은 1918년 봄이었다. 이후 미국은 영국 및 기타 연합국들과 긴밀한 관계로 발전하였다. 제1차 세계대전은 1918년 독일과 동맹국이 패함으로써 막을 내렸다. 연합군은 전쟁의 모든 책임을 동맹국에게 돌렸으며, 그들을 처벌하는 데 자비를 베풀지 않았다. 독일 제국과 오스트리아-헝가리 제국은 베르사유 조약(Treaty of Versailles, 1919)에 따라 해체되었다. 대규모 전쟁

---

10 Teed(1992: 506).
11 제1차 세계대전과 세계사에 대해서는 여전히 유럽중심주의가 바뀌지 않고 있다. 이에 대해서는 미주 92번 참조.

을 방지하기 위해 국제연맹(League of Nation)이 결성되었지만, 미국은 참여를 거부했다. 언제나처럼 미국 의회는 무식하고 과격한 이기주의 포퓰리스트들이 주도하고 있었다. 미국의 불참으로 새로운 국제연맹은 실효성이 매우 약화되었다.

제1차 세계대전을 마감했던 베르사유 조약은 유럽에 재앙의 불씨를 남겼으며, 제2차 세계대전의 주된 원인이 되었다. 유럽 경제 전체에서 독일이 차지하는 비중이 당시 충분히 고려되지 못했다. 대공황을 초래하게 된 데에는 제1차 세계대전으로 인한 물리적 손상, 유럽의 주요 세력들이 부과했던 막대한 전쟁 배상금, 그리고 그들이 강요했던 엉뚱한 경제정책 등에도 일부 책임이 있다. 한편 전쟁 배상금, 조약이 부과한 제재, 패전국의 굴욕 등을 감내해야 했던 독일과 오스트리아 등 동맹국에서는 기회만 되면 다시 무장을 하겠다는 정치적인 입장이 점차 확고해졌다. 제1차 세계대전이 끝났을 때, 주요 참전국들에서 극단적인 사회주의 혹은 공산주의 혁명이 일어났다. 특히 러시아와 독일에서 그랬다.

제1차 세계대전 후의 극단적 모더니스트 혁명

러시아 혁명

오래도록 곪아터진 러시아의 사회경제적 문제들에다가 제1차 세계대전에 대한 불만이 더해졌다. 1917년 3월 민주주의 혁명이 일어나 로마노프(Romanov) 왕조를 무너뜨렸다.[12] 그러나 신정부는 여전히 전쟁에서 군대를 철수시키지 못했다. 새로운 정부는 힘도 약했고, 전쟁으로 인해 계속 지지자들이 이탈하자, 보다 극단적인 혁명 쪽으로 대중의 지지가 쏠리게 되었다. 1917년 11월 7일(율리우스력 1917년 10월 25일), 막스주의 혁명가 블라디미르 레닌(Vladimir Iljič Lenin(Uljanov), 1870~1924, 재임 1917~1924)은 임시정부의 종료를 선언했고, 다음날 새로운 사회주의 "소비에트(Soviet)" 정부를 선언했다.[13] 그러나 레닌은 전쟁에서 러시아군을 즉시 철수시키지 않았다. 이후로도 독일의 공격을 막아내느라 많은 손실을 감수해야 했다. 1918년 2월 레닌은 수도를 상트페테르부르크에서 예전의 수도였던 모스크바로 옮겼다.

새로운 사회주의 정부를 선언하자마자 러시아에서는 서로 다른 혁명 분파 사이에 내전(1917~1920)이 일어났다. 사회주의자들은 홍군이었고, 반사회주의자들은 백군이었다. 레닌과 그의 지지자들은 테러와 대량학살을 통해 권력을 잡았고, 병력을 투입해 러시아의 반대파와 백군을 지원하는 유럽 및 미국 세력에 맞섰다. 그리고 상당수 병력을 국내 주요 지점에 파견하였다. 극단적인 모더니즘으로 무장한 군대의 지원 아래 사회주의가 승리하였다.

소비에트 정부는 거대 제국 전체를 근본적으로 바꾸어야 할 책임을 자임했다. 소비에트 소속 국가들에서는 모조리, 심지어 부족 단위의 소집단에까지 읽고 쓰는 능력과 일반 교육이 실시되었다. 애초의 목표는 모든 인민들에게 "사회주의" 이념을 가르쳐주는 것이었지만, 이와 함께

---

12 마지막 황제 니콜라이(Nikolay) 2세는 1917년 2월 왕위에서 물러났다. 1918년 7월 17일 볼셰비키는 황제와 러시아에 있던 그의 가족(먼 친척들 포함)들은 모두 처형하였다.
13 당시 러시아는 여전히 율리우스력이 사용되고 있었기 때문에, 전통적으로 10월 혁명으로 불리고 있다.

소비에트 중앙아시아와 위성국가 몽골 등 유라시아 북부 전체에 유럽의 선진 과학기술이 전파되었다.

레닌은 1924년에 사망했고, 이오시프 스탈린(Iosif Vissarionovich Stalin, 1879~1953, 재임 약 1929~1953)이 그 뒤를 이었다. 스탈린은 조지아 출신이었다. 스탈린의 당파가 경쟁 세력을 이긴 때는 1927년이었다. 1929년 스탈린은 전권을 장악했고, 절대적인 독재자가 되었다. 그는 수백만 인민의 죽음에 책임이 있다. 처형된 사람들은 특히 지식인과 농민이었다. 그 중 약 1천만 명은 굶어 죽은 것으로 추정된다. 그의 통치하에 자행된 테러와 대량 학살은 세계 역사상 전례가 없는 일이었다.[14]

독일 혁명

1918년 말 제1차 세계대전이 끝나면서 독일에서는 강력한 사회주의를 지향하는 대중적 혁명 운동이 일어났다. 카이저 빌헬름 2세 (Kaiser Wilhelm II, 1859~1941, 재위 1888~1918)가 퇴위하자 호엔촐레른(Hoenzollern) 왕조도 막을 내렸다. 사회주의와 공산주의를 물리치고 보다 온건한 민족주의가 득세하여 1919년에 "바이마르(Weimar)" 공화국이 수립되었다. 그러나 새로운 정부는 힘이 약했고, 경제는 난장판이었으며, 유럽의 다른 정부들은 독일을 계속 2등급 국가로 취급했다. 이런 상황 속에서 극단적 민족주의가 성장했다.

대공황으로 독일 경제가 혹독한 시련을 겪을 때, 오스트리아 출신 아

---

14 Stearns(2002), Florinsky(1961). 스탈린의 테러(숙청) 및 당시의 대기근에 대해서는 여러 문학작품들이 있다. 그 중에서도 특히 Conquest(1968, 1986, 1990) 참조.

돌프 히틀러(Adolf Hitler, 1889~1945, 재임 1933~1945)는 극단적인 국가사회주의 정당인 나치(Nazis)의 지도자가 되었다. 히틀러는 십여 년 전 쿠데타를 시도하다 실패하여 잠시 구금된 적이 있었는데, 이제 그에게 기회가 찾아왔다. 히틀러는 고통 속에서 독일을 구하고 과거의 영광을 되찾겠다고 약속했다. 몇 차례 선거가 연속되면서 히틀러의 정당 지지도는 급속도로 성장했다. 마침내 1933년 그의 정당이 득표수 2위를 기록하자 히틀러는 독일 공화국 수상에 임명되었다. 나치는 신속하게 전권을 장악했고 그들의 혁명공약을 실천에 옮기기 시작했다.

새로운 정부의 정책 중에는 굉장한 것들도 있었다. 독일인 누구나 차 한 대씩을 가질 수 있도록 새롭고, 저렴하지만 기술적으로 뛰어난 자동차인 폭스바겐, 즉 국민차가 개발되었다.[15] 국민들이 전국을 여행할 수 있도록 전국적인 고속도로망이 건설되었다. 또 다른 개혁들도 이해할 만했다. 히틀러는 비밀리에 군대를 재건했다. 이는 베르사유 조약 위반이었다. 어느 정도 힘이 생겼다고 확신이 들자, 히틀러는 전쟁 배상금 지급을 전면 중단했다. 독일의 산업은 독일의 과학과 결합했다. 독일 과학은 당시 세계 최고였다. 이들의 결합으로 히틀러는 독일을 군사적 경제적 선진국으로 만들어갔다.

그러나 히틀러는 너무 많이 나갔다. 히틀러는 군중 집회를 통해 자신의 권력을 강화했다. 집회에서 히틀러의 연설은 많은 군중을 감동시켰다. 어떤 주제를 선정하건 간에 그의 선동적인 연설 기법은 사람들을 광란의 도가니로 몰아넣었다. 히틀러와 그의 추종자들은, 당시 유럽과 미

---

15 그러나 제2차 세계대전이 시작되기 전에는 생산이 시작되지 않았다.

국의 많은 사람들이 그러했듯이, 나라의 고통을 소수집단 탓으로 돌렸다. 히틀러는 정권을 잡자 곧바로 정부 차원에서 유태인을 제거할 수 있는 정책을 시행하도록 명령했다. 극단적인 인종주의와 경제적 탄압이 시작되었다. 많은 사람들이 가족을 부양할 수조차 없게 되었다. 독일을 떠나 안전한 곳을 찾는 피난민 행렬이 줄을 이었다.[16] 제2차 세계대전 당시, 독일 점령지 전체에서 나치가 같은 정책을 실시하자, 이는 조직적인 인종 학살로 변했다. 이로 인해 제거 대상으로 선별된 약 6백만 명이 살해되었다. 독일과 폴란드에 남아 있었던 유태인들은 거의 모두 죽었다.[17]

터키 혁명

제1차 세계대전에서 오스만 제국이 독일 및 오스트리아-헝가리 제국과 동맹을 맺었기 때문에, 이집트에 주둔했던 영국군은 오스만 제국과 직접 전투를 벌였다. 또한 영국은 아라비아인 등 오스만 제국에 반란을 도모하는 세력들과 연합하여 근동 지역 전역에서 오스만 제국을 간접적으로 공격했다.

오스만 제국이 패전하고 식민지 상당 부분을 상실하자, "청년 투르크" 혁명의 길이 열렸다. 카리스마 넘치는 지도자 케말 아타튀르크(Kemal Atatürk, 무스타파 케말, 1881~1938, 재임 1922~1938)가 혁명을 이끌었다. 1922년 오스만 왕조가 무너졌고, 세속적이며 "민주적"인, 유럽 방식의 터키

---

16 알버트 아인슈타인을 비롯하여 탈출에 성공한 여러 선도적 과학자들이 재능과 지식을 발휘했다. 그들은 제2차 세계대전에서 연합군을 도와 독일 및 이탈리아, 일본 등 주축국을 물리쳤다.
17 Weiss(2000). 나치는 특히 싫어했던 언어민족학적 그룹, 특히 루마니아인(집시)뿐만 아니라, 동성애자들, 장애인들도 타깃으로 삼았다.

공화국(Turkey Republic)이 수립되었다. 1923년 아타튀르크는 수도를 콘스탄티노플에서 아나톨리아 내륙의 앙고라(Angora, 과거 Ancyra)로 옮겼다. 도시의 명칭도 콘스탄티노플은 이스탄불로,[18] 앙고라는 앙카라(Ankara)로 바꾸었다.

오스만 제국에 대한 연합국의 보복으로 영국은 식민지를 구축하고자 했지만, 기대는 오래 가지 못했다. 영국은 제2차 세계대전이 끝난 뒤 잠시 동안 이집트뿐만 아니라 팔레스타인, 요르단, 이라크 등지를 장악했지만, 종전 후 영국의 국력이 급격히 쇠퇴하면서 대부분 지역을 포기할 수밖에 없었다. 1947년 영국이 팔레스타인에서 철수하자 그곳에서 내전이 발생했고, 극단적인 유태인 민족주의자인 시오니스트(Zionist)의 나라가 수립되었다. 그 결과 그곳은 화약고가 되었다.[19]

영국 주도 하에 제1차 세계대전에서 오스만 제국이 무너지고, 터키가 국수적인 민족주의에 기반한 터키 공화국을 수립하자, 그 결과 서남아시아는 오래도록 심각한 문제를 떠안게 되었다.[20] 페르시아 또한 계속 약화되었다. 이렇게 해서 서남아시아에서는 역사적으로 오래된 양대 세력, 즉 그리스 혹은 콘스탄티노플 중심 세력과 페르시아 중심 세력을 구

---

18 이스탄불이라는 명칭의 어원에 대해서는 미주 93번 참조.
19 2002년 영국의 외무장관 잭 스트로우(Jack Straw)는 과거 영국 정부가 서남아시아 및 남아시아 여러 나라들 중 특히 팔레스타인 및 인도에서 "대단히 심각한 잘못"을 범했음을 공개적으로 시인하였다.(http://news.bbc.co.uk/2/hi/europe/2481371.stm).
20 "유럽의 [중동] 개입이 초래한 가장 심각한 결과는 제1차 세계대전 이후 '오스만 제국의 붕괴'였다. 이전에 단합돼 있던 지역에서 유럽인들은 완전히 '새로운 다국적 체제'를 기초했다. 이는 억지스럽게 만들어진 것임에도 불구하고, 20세기에 이르기까지 별다른 변화 없이 고착화되었다."(Stearns 2002: 751; 강조는 원본에서) 여기서 '새로운(novel)' 또는 '억지스럽게(artificial)'만으로는 그리 충분한 수식어가 못 된다.

심점으로 다시 뭉칠 수가 없게 되었다. 중동의 분열과 서로 간의 증오는 점점 악화되었고, 20세기 후반 이 지역에는 전례 없는 불안정 상태가 증폭되었다.

제2차 세계대전 이전 근대 중앙유라시아

중앙유라시아의 투르크어권에서 1880년경 카잔과 타타르스탄을[21] 중심으로 자디디즘(Jadidism)이라는[22] 계몽운동이 일어나서 이슬람권 주요 도시로 확산되었다. 동투르키스탄 지식인들은 근대 서양식 학교와 교육과정, 저널과 근대식 대중매체를 도입했고, 이와 함께 근대 민족주의 사상도 들여왔다. 중앙아시아에서 혁명이 번져나가자 자디디스트 중에서는 볼셰비키 혁명에 초기부터 가담했던 사람도 있었다. 볼셰비키 혁명이 보수적 무슬림 통치와 낡은 지역 정권으로부터 중앙아시아를 해방시켜줄 것으로 믿었기 때문이었다.[23]

제1차 세계대전의 간접적 영향으로 1921년 몽골에서 공산주의 혁명

---

21 근대 타타르스탄(Tatarstan)의 수도인 카잔(Kazan)은 19세기 말 러시아는 물론 유럽 전체에서도 선구적 지식 중심지 중 하나였다. 이 시대의 위대한 지성들 중 몇몇이 이 대학에서 가르쳤다.
22 자디디즘(Jadidism)이라는 명칭이 별도로 있기는 하지만, 번역하자면 모더니즘(modernism)으로도 번역될 수 있다. 자디디즘이 추구하는 "근대화(modernizing)"의 내용은 여기서 설명하고 있는 서양의 20세기 모더니즘과는 아무런 상관이 없다. 자디디즘은 근본적으로 자유주의 이슬람의 맥락에서 이루어진 서구화 또는 유럽화의 다른 이름일 뿐이다.
23 Khalid(2007).

이 일어났다. 이후 한 세기를 거치면서 몽골에는 러시아의 영향이 점점 더 강해졌다.

동투르키스탄에서 1930년대에 반란이 일어나자, 소비에트는 이를 진압하고, 중국 군벌을 내세워 우룸치(Ürümchi)에 정권을 수립했다. 그 뒤 카슈가르에서 제1차 동투르키스탄 공화국(1933. 11~1934. 2)이 수립되지만 금새 진압되었다.[24] 그러나 동투르키스탄에서 소련의 영향력은 여전히 지속되었다.

티베트는, 중국인 군벌이 한두 차례 동부지방을 공격하기는 했지만, 이에 아랑곳없이 약 반 세기 동안 완전한 자유를 누렸다.

소련과 대공황

전쟁 이후 유럽의 경제 상황은 좋지 않았다. 과거 러시아 제국 전역에서 실행된 레닌의 새로운 경제 정책은 경기를 더욱 악화시켰다. 레닌을 뒤이은 스탈린의 사회주의 경제 정책은 재앙에 가까웠다. 1929년 중앙집중식 제1차 경제 5개년 계획이 시작되었고, 그 이듬해에는 "집단" 농장이 강제로 출범하였다.[25] 대외 무역은 아주 엄격하게 제한되었다. 외화의 환전이 되지 않았고(1926~1928), 뿐만 아니라 환전하는 것 자체가 범죄로

---

24 Millward(2004: 4-5).
25 사건의 전개 과정이 아직 분명히 밝혀지지 않았지만, 1932년~1933년 사이의 혹심한 기근으로 수백만 명이 사망한 것은 확실하다. 비록 정부의 정책이 그를 초래하지는 않았겠지만, 그것을 악화시킨 것은 분명하다.

규정되었다. 결과적으로 소비에트 경제는 철저하게 무너져 내렸다. 소비에트 연방(러시아와 거의 모든 중앙유라시아가 포함됨)은 "자본주의" 세계 무역과 거의 전적으로 단절되었다.[26]

제1차 세계대전이 초래한 유럽 경제의 손상, 그리고 전후 독일과 오스트리아에 대한 경제 제재, 그리고 소비에트 연방과 세계 무역의 단절 등으로 볼 때, 대공황(the Great Depression), 즉 전례 없는 세계 경기의 후퇴는 어쩌면 당연한 결과였다. 1929년 말 대공황이 불어 닥쳤다.[27] 수백만 인구가 저축과 일자리와 집을 잃고 굶어 죽을 지경에 내몰렸다. 이전의 경기 후퇴와 달리, 대공황의 여파가 강하게 미친 나라에서는 경기 침체가 몇 년 동안 이어졌다. 대공황과 전후 경제 제재 지속의 직접적인 결과로 독일에서는 새로운 정부가, 완전히 "민주적인" 방식으로 등장했다. 새롭게 수상 자리에 오른 국가사회주의 정당(나치)의 당수 아돌프 히틀러는 자신의 조국과 유럽 전체를 또 다시 전쟁으로 몰아넣었다. 히틀러는 혼자가 아니었다. 많은 추종자들이 그와 함께 했다.

20세기 초, 서양의 지식인들과 예술가들은 정치적, 지성적, 예술적 이슈들에 대한 다양한 해답을 놓고 투쟁하는 것이 가치가 있다고 생각했다. 여러 가지 이유로, 그들 중 상당수가 당시 세계의 사회정치적 질서를 거부했고, 오히려 전체주의 시스템을 선호했다. 20세기 전반 영어권 유명 작가 대부분도 이러한 부류에 속했다.[28] 그 중에서도 특히 에즈라

---

26 Florinsky(1961).
27 대공황은 특히 북아메리카와 오스트레일리아를 이례적으로 강타했는데, 그 이유는 알려져 있지 않다. 대공황의 원인에 대해서는 여전히 치열한 논란이 계속되고 있다.
28 Harrison(1966).

파운드(Ezra Pound)는 공공연하게 파시즘과 나치즘을 지지했는데, 제2차 세계대전 중에는 물론 전후에도 마찬가지였다.[29] 파운드의 가까운 친구 엘리엇(T. S. Elliot)은 프랑스 파시스트 이념의 영향을 강하게 받았다. 이들 두 사람과 로렌스(D. H. Lawrence)도 공개적으로 반유태주의를 표방했다.[30] 심지어 예이츠(W. B. Yeats)도 1920년대와 1930년대에는 폭력을 동원해서 서유럽의 사회정치 질서를 뒤엎는 것에 매력을 느꼈다. 당시 많은 지식인들이 그러했던 것처럼, 예이츠도 전면전을 통해 과거와 완전히 단절해야 구원에 이를 수 있다고 생각했다. 이들 작가들이 공유했던 생각은, 당시 세계의 상황 속에서는 위대한 예술이 태어날 수 없고, 보다 나은 예술이 탄생할 수 있는 환경을 만들기 위해서는 극단적인 조치가 필요하다는 것이었다. 제2차 세계대전은 피할 수 없었다. 예전처럼 많은 사람들이 사실상 전쟁을 환영했다.

유라시아 지역에서의 제2차 세계대전

다시 한 번 유라시아, 특히 유럽과 동아시아와 동남아시아는 전쟁의 중심지가 되었다. 이번에는 거의 전 세계적인 범위로 전투가 확대되었다.

29　파운드(Pound)와는 달리, 루이스(Wyndham Lewis)는 전쟁 전에 파시즘에 대한 지지를 철회했다. "파시즘이 발생시킨 대규모 히스테리를 목도했기 때문"이었고, 특히 나치 정권이 "그가 민주주의라 부르던 체제와 닮은 점을 지니고 있음을 발견했기" 때문이기도 하였다.(Harrison 1966: 93-94, 103).

30　이 이슈에 대한 그들의 미사여구는 아무리 좋게 얘기하려 해도 "구역질" 이상의 표현은 못 찾겠다.

동북아시아, 동아시아, 동남아시아, 오세아니아, 유럽과 북아프리카 대부분 지역뿐만 아니라 미국 식민지, 오스트레일리아도 전쟁에 휩싸였고, 세계 곳곳에서 전투병들이 모집되었다.

동아시아에서는 1931년~1932년 일본이 만주 지역을 점령한 것이 전쟁의 서막이었다. 그곳은 옛날에는 중앙유라시아의 동쪽 끝에 해당하는 지역이었다. 그러나 당시에는 중국 식민지가 되어 대체로 중국화되어 있었다. 일본은 1932년 만주국(滿洲國)이라는 꼭두각시 왕국을 세웠다. 그리고 청나라의 마지막 황제였다가 퇴위한 푸이(溥儀, P'u-i)를 황제의 자리에 앉혔다. 식민지 한국과 만주에 주둔했던 일본군 지휘관들은 제2차 세계대전을 개시한 장본인들이었다. 그들을 포함한 일본 군부는 점차 일본 정부를 장악했고, 일본을 사실상 군사 통치 국가로 만들었다. 북경의 노구교(蘆溝橋)에서 벌어진 사소한 사건(1937. 7. 7)을 핑계 삼아 전면전이 벌어졌다. 1939년에 이르러 일본은 남은 만주 지역뿐만 아니라 중국 해안 지역과 중국 북동부 지역을 점령했다.

1939년 8월, 소비에트 연방과 독일은 몰로토프-리벤트로프 조약(Molotov-Ribbentrop Pact)으로 불가침 협정을 체결했다. 여기에는 양국이 폴란드를 나누어 가진다는 내용도 포함되었다. 9월에 이들 두 나라가 폴란드에 침공하자, 영국, 프랑스, 폴란드 연합군은 독일에 대해 선전포고를 하였다. 이렇게 해서 제2차 세계대전이 유럽에서 시작되었다. 1940년 여름, 독일은 침공 계획을 실행하기 위한 준비 단계로 영국에 공중 폭격을 가했다. 소비에트 연방과 히틀러의 관계가 근본적으로 바뀜에 따라, 히틀러는 1941년 7월 22일 소비에트 침공을 시작했다. 1941년 말에 이르러 나치는 서유럽 대륙의 대부분을 장악했고, 동쪽으로는 돈 강과 흑해 연안의 서부 스텝 지역까지 뻗어 나갔다. 중립국 스웨덴과 스위스, 스페인, 그리고 남부 프랑스와 같은 동맹국인 이탈리아만을 남겨두고 있었다. 동맹국은 북아프리카 상당 지역도 손에 넣었다.

1941년 7월, 일본은 프랑스령 인도차이나를 완전히 점령했다. 그해 여름, 미국(공식적으로는 아직 중립국이었다.)을 포함한 서방 국가들은 일본의 해외 원정 때문에 공포에 질렸다.[31] 그들은 일본과 통상 금지 조치를 취했고, 일본이 중국에서 철수하도록 압박했다. 일본 군부는 당시 전쟁을 수행하면서 정부도 이끌고 있었다. 일본의 석유는 전적으로 수입에 의존하고 있었다. 일본으로서는 석유를 구하려면 미국, 영국, 네덜란드와 전쟁을 하는 수밖에 없었다. 그들이 아시아 석유 수출을 장악하고 있었기 때문이다.[32] 1941년 12월 7일, 일본은 미국 식민지 하와이에 있던 해군기지 진주만(Pearl Harbor)에 폭격을 가했다.[33] 2,000명 이상의 선원과 시민들이 살해되었고, 태평양 함대도 일부 손상되었다. 이로 인해 마침내 미국도 동맹국에 대해 선전포고를 하게 되었다.[34]

가끔 언급되는 것처럼, 진주만 공격이 그 자체로 따로 떨어진 사건이 아니었고, 제대로 된 계획 없이 실행되지 않았으며, 어쨌든 우연한 일이

---

31 미국은 이미 일본과 싸우고 있던 중국 국민당 정부를 지원하고 있었고, 비밀리에 전투기 편대를 보내 중국 국기를 달고 일본과 싸우도록 했다. 이 파견 부대가 진주만 폭격 이전에는 중국 내 실전에 투입되지 않았지만, 일본군은 이러한 병력의 투입 자체를 거의 모르고 있었다.
32 Dunnigan and Nofi(1998: 164-165).
33 미국인들이 일으킨 쿠데타에 의해 1893년 1월 17일 릴리우오칼라니(Liliuokalani) 여왕이 물러났다. 1894년 7월 4일 하와이의 미국인 지도자들은 '공화국'을 선포하고, 1898년 미국이 하와이를 '병합'하였다.(Brune 2003).
34 진주만 음모론과 관련하여, 그 공격의 배경이나, 그것이 미국의 리더쉽에 손상을 끼쳤는지 여부 등은 미주 94번 참조.

아니라는 점을 강조할 필요가 있다. 진주만 폭격과 동시에 일본은 분명 영국 식민지 홍콩(Hong Kong)을 공격했고, 미국의 식민지 필리핀을 침공했다.[35] 5월이 되면 일본은 미국을 물리치고 필리핀을 차지한다.[36] 55일 동안 일본군은 말레이 반도를 진군해 내려가며 모든 저항을 물리쳤고, 전략적 요충지 싱가포르 항구를 점령했다.[37] 더욱이 진주만 폭격 한 달 후인 1942년 1월, 일본은 영국 식민지 버마를 침공했다. 3월에 랭군을 점령했고, 4월에는 버마 중부 지방을 점령하여 중국과 연결되는 유일하게 남은 육로였던 버마 통로를 차단했다. 5월까지 일본은 남아있던 모든 연합군 세력을 버마에서 몰아냈다.[38]

이들 지역은 모두 당시 미국과 유럽의 식민지들이었다. 중국 또한 부분적으로는 그들의 식민지였다. 일본이 점령한 지역은 원래 서양의 식민지였던 중국 해안 지역과 중국의 식민지였던 만주 지역이었다. 태국은 당시 남아시아와 동남아시아에서 유일한 독립국가로 식민지가 아니었다. 일본은 무력으로 태국을 점령하는 대신 태국과 연맹을 맺었다.(1941. 12. 21) 이렇게 해서 동양에서의 전면전은 동남아시아와 태평양 지역에서 벌어졌다. 이곳은 4세기 전 포르투갈에 의해 시작된 무역 팽창의 시대를 거치면서 유럽의 식민지가 되었거나 유럽이 장악한 지역들이었다.

미국이 전쟁에 참여한 뒤로 연합군 세력은 동맹국 세력을 조금씩 밀

---

35 이 침공이 필리핀 시간을 기준으로 12월 8일 시작되었지만, 하와이 시간 기준으로는 12월 7일이었다. 스페인은 1898년 필리핀를 미국에 양도했다. 스페인-미국 전쟁에서 미국이 승리했기 때문이었다.(Brune 2003).
36 Whitman(2001).
37 Dunnigan and Nofi(1998: 387-388).
38 Dunnigan and Nofi(1998: 120-121).

어내기 시작했다. 서부 전선에서 미국과 영국은 해전과 공중전에서 독일과 붙으면 항상 이겼다. 1942년 11월, 영미 연합군 공군이 프랑스령 모로코와 프랑스령 알제리에 착륙했다. 동맹국 공군은 1943년 5월 프랑스령 튀니지에서 연합국에 항복하였다. 그러나 공군의 우위만으로 전쟁이 다 되는 것은 아니었다. 독일을 정복하기까지 느리고 어려운, 그리고 예측할 수 없는 지상전은 계속되었다.

서부 전선에서 팽팽하던 전세가 분명하게 바뀐 때는 1944년 6월 6일, 연합군의 대규모 병력이 노르망디에서 상륙작전을 전개했을 때였다.[39] 연합군 병력에는 미군, 영국군, 프랑스군, 기타 독일에 점령당한 유럽 나라들, 특히 폴란드의 군대가 포함되어 있었으며, 아메리카 대륙, 아프리카 대륙, 오스트레일리아 대륙에서 연합군의 식민지 혹은 과거 식민지로부터 징발된 병사들도 있었다. 이들은 급속도로 진격했다. 1944년 8월 15일, 미국과 프랑스 군대는 니스와 마르세이유 사이 프랑스 남부 해안에 상륙하여 론(Rhone) 강 계곡을 따라 북쪽으로 진군했다. 노르망디로부터 진격한 연합군은 8월 25일에 파리, 9월 4일에 벨기에, 9월 11일에 룩셈부르크를 되찾았다.[40]

서양 연합군이 서쪽과 남쪽으로부터 동맹국 영역을 치고 들어가자, 동부전선에서 소비에트와 독일군 간의 길고도 피비린내 나는 진지전이 멈추었다. 가장 치열했던 전투는 스탈린그라드(Stalingrad, 스탈린 이전에는 Tsaritsyn, 현재는 Volgograd)에서 1942년 8월부터 1943년 2월까지 이어졌

39 Dear and Foot(1995).
40 Brune(2003).

었다. 이제는 소비에트의 승리가 이어졌다.[41] 미국과 영국에서 공급해준 군대, 산업, 기타 보급품 지원에 힘입어 소비에트는 독일을 서쪽으로 밀어붙였다.

전쟁에서 연합국에 크게 도움이 되었던, 그러나 동맹국에서는 알지 못했던 두 가지 기술이 있었다. 연합국은 독일과 일본에서 일급기밀 통신 코드를 해독했다.[42] 그리고 1940년부터 기능적인 레이더 방어 시스템을 개발했다. 이 두 가지 기술은 연합국의 승리를 앞당긴 핵심 요소였다. 불게 전투(Battle of Bulge, 1944. 12. 16~26)로 알려진 독일군의 강력한 반격으로 잃어버렸던 영토를 연합국은 1945년 1월 말에 이르러 모두 되찾았다. 연합국은 남은 독일 저항군을 신속하게 제압하고 동과 서 양쪽에서 독일로 진군했다. 1945년 4월 28일, 이탈리아 파시스트 당수 베니토 무솔리니(Benito Mussolini)가 체포되었고, 이탈리아의 반파시스트들이 코모(Como) 호수 근처에서 그를 처형했다. 이틀 뒤인 1945년 4월 30일, 아돌프 히틀러가 베를린에서 자살했다.[43]

동아시아에서 제2차 세계대전은 일본 제국의 종말을 초래했다. 미군은 상해와 기타 중국 해안 도시들을 점령했고, 북경과 천진에도 군대를 보냈다. 그리고 한국 남쪽의 부산도 차지했다. 미군이 일본 남서부 도시 히로시마(1945. 8. 6)와 나가사키(1945. 8. 9)에 원자탄을 투하한 뒤, 일본은 1945년 8월 15일 무조건 항복을 선언했고,(공식적인 문서에는 1945년 9월 2일

---

41 그러나 소련이 다른 어느 나라보다도 더 큰 고통을 겪었음을 염두에 둬야 한다. 전쟁 중 사망한 소련인은 2천만 명으로 추정된다.
42 Layton(1999: 1193).
43 Brune(2003).

자로 서명했다.) 미군이 일본을 점령했다. 1945년 9월 8일, 미군은 한반도 남부를 점령했고, 한반도는 남부의 미군정 지역과 북부의 소비에트 군정 지역으로 분단되었다.[44] 이렇게 해서 한반도에서 일본 식민 통치를 몰아낸 두 승리자 서양과 소비에트는 이후 수십 년 간 계속될 한국의 비극에 기반을 만들고 말았다.

제2차 세계대전 중의 중앙유라시아

중앙유라시아 동부에서는, 당시 일본이 지배하던 내몽골과 몽골인민공화국 사이 국경이 불확실한 가운데 발생했던 소규모 분쟁이 비화되어 노몬한(Nomonhan, 할힌골 강) 전투가 일어났다. 소비에트 연방과 연맹 관계에 있던 몽골인민공화국으로 3만 명의 소비에트 군대가 들어왔다. 1939년 봄부터 적대 관계가 시작되어 7월에는 전면전으로 확대되었다. 소비에트 군대는 8월 말까지 일본군을 모두 격파하였다. 휴전협정은 9월 16일에 이루어졌다. 그리고 1941년 5월에는 불가침 조약도 체결되었다.[45] 불과 한 달 전까지 전쟁을 벌이던 두 나라가 조약의 증인으로 참석하였다.

중앙유라시아 서부도 전쟁을 피하지 못했다. 독일군이 우크라이나와 러시아 남부 스텝 깊숙이까지 밀고 들어와, 동쪽으로 볼가 강까지, 남

---

44 Stearns(2002: 781).
45 Atwood(2004: 302).

동쪽으로 카프카스까지 진주했다. 1942년 말에 이르러 독일은 칼미크(Kalmyk) 공화국에 진입했다. 일부 칼미크인들은 스탈린의 압제로부터 공화국을 해방시킬 수 있을 것으로 믿고 독일에 협력하기도 했다. 많지 않은 수지만, 그들 중에는 독일군에 협력하여 독일군이 철수할 때 후방 경계를 맡아주기도 했다. 소비에트가 돌아왔을 때, 칼미크 자주 소비에트 사회주의 공화국은 무너졌다.(1943. 12. 27) 칼미크는 배신자로 찍혔고, 칼미크 몽골족 전체가 시베리아나 중앙아시아, 사할린 섬 등지의 "특별 정착촌"(원래는 강제 수용소로 건설되었던 곳이다.)으로 추방되었다.[46] 이와 마찬가지로, 소비에트가 독일로부터 크림 반도를 되찾은 직후, 1944년 5월 17일~18일, 그곳의 타타르족은 모두 화물차에 실려 중앙아시아로 보내졌다. 도중에 약 20만 명이 사망한 것으로 알려져 있다. 전쟁 기간 중 소비에트 군대에 복무했던 타타르족도 중앙아시아 "특별 정착촌"에 있는 고향 사람들에게 보내졌다. 소비에트 정부는 크림 반도 타타르족의 역사와 문화, 언어 등 그들의 정체성 모두를 지워버리고자 했다.[47]

동투르키스탄에서는 두번째로 공화국이 탄생했다. 사회주의 동투르키스탄 공화국이 1945년 여름 동투르키스탄 북부 지역에서 수립되었다.

---

46 Atwood(2004: 291-292). "특별 정착촌"에 수용된 자들은 정착촌으로부터 5킬로미터 이상 이탈하는 것이 금지되었다.
47 소련의 타타르인들에 대한 가혹한 처우와 관련해서는 Lazzerini(1996) 참조. 다른 민족들, 특히 볼가 강 유역의 게르만족 역시 협악한 취급을 받았다.(Hyman 1996). 제2차 세계대전 중 미국이 일본계 미국인들을 수용소에 가두었는데, 이는 미국이 아메리카 인디언에게 자행했던 근대의 인종주의적 "해법"을 계승한 것으로서, 일부는 일본계 미국인 "처리"에 직접적인 모델이 되었다. 이에 대해서는 Drinnon(1987) 참조. 미국 기업과 정부가 외국의 인종주의 프로그램에 개입되었다고 주장하는 연구들도 있다. 역사학자들의 심도 깊은 연구가 필요한 대목이다.

제2공화국은 소비에트 연방의 영향을 강하게 받았고, 또한 강력한 지원을 받았다.[48] 이곳의 학교는 더욱 근대화되었고, 젊은 동투르키스탄 사람들은 러시아어를 제1외국어로 배웠다.[49]

티베트는 양쪽의 적과 맞서고 있었다. 이들 양쪽, 즉 영국과 중국은 모두 일본과 싸워야 했던 나라들이다. 그래서 티베트는 제2차 세계대전 중에 중립국으로 남아 있었다.

제2차 세계대전 이후의 혁명

인도 혁명

제1차 세계대전의 여파로 전 세계에 걸쳐 전해진 충격파는 특히 영국령 인도에 크게 작용하였다. 그곳에서 인도 사람들은 식민통치자가 전쟁으로 힘이 약해지는 것을 목격하고, 독립을 강하게 요구했다. 1919년 영국은 인도인들의 제한적인 자치를 허용했다. 델리의 식민지 정부 아래 영국 스타일 "민주" 의회를 설치했던 것이다.

제2차 세계대전 동안, 일본은 태국을 제외한 동남아시아 지역을 점령했다. 여기에는 영국의 식민지 말레이와 버마도 포함되었고, 인도에도 위협이 되었다. 영국은 일본군이 북아프리카의 독일군과 합류하는 것을 막기 위해 인도 식민지의 군대를 동원해 일본을 막게 하였다. 그러자 인

---

48 Millward(2004: 5).
49 Shih, per.comm., Taipei, 1974.

도인들은 당연히 더 많은 자율성을 요구하게 되었다.

1946년 영국은 마침내 인도의 완전 독립에 동의하였다. 그리고 1947년 8월 15일, 인도 지역은 두 개의 나라, 즉 인도와 파키스탄으로 분단되었다. 버마와 실론도 그 이듬해 독립되었다. 인도가 지리적 문화적 지역, 즉 아대륙 일부의 명칭이 아니라 국가의 이름으로 사용된 것은 역사상 처음이었다. 불행하게도 정치가들은 정치적 괴물을 만들어냈다. 인도의 무슬림들은 그들만의 나라를 원했다. 그래서 영국은 인도 아대륙을 두 개의 종교 국가로 선명하게 갈라놓았다. 이는 믿을 수 없을 만큼 앞을 내다보지 못한 정책이었다. 무엇보다 나빴던 점은, 인도의 무슬림을 위해 만들어진 나라인 파키스탄이 또 두 지역으로 나누어져 인도를 사이에 두고 무려 800마일이나 떨어져 있었다는 사실이다.

이와 같이 영국과 인도의 정치인들이 함부로 결정한 정책들 때문에 정기적으로 전쟁과 내전이 발생해 피로 물들었고, 1945년 이후 기타 불필요한 고통이 계속되고 있다.

중국의 제2차 혁명

1927년 중국에서 민족주의 진영과 공산주의 진영 사이에 발생했던 내전이 1945년 일본이 항복하고 제2차 세계대전이 끝나자마자 다시 시작되었다. 중국 공산당의 지도자는 모택동(毛澤東)이었다. 그는 북중국에서 항복한 일본군으로부터 상당량의 근대식 무기를, 그리고 항복한 민족주의 진영의 병사들로부터 근대식 미국 무기를 넘겨받았고, 이들을 결합시켰다. 처음에는 민족주의 진영이 승리하였으나 그 뒤에는 마침내 공산주의 진영이 승리하였고, 1949년 10월 1일 중화인민공화국(中華人民共和國)

을 선포하였다.[50] 모택동과 그의 추종자들은 극단적인 모더니스트였다. 그들은 유럽과 미국의 영향이면 무엇이든지 거부했지만, 근대의 "과학적인" 공산주의만큼은 받아들였다. 그들은 수도를 해안 도시 남경에서 다시 내륙의 북경으로 되돌렸고, 연안 지역과 외부 세계로부터 중국의 주안점을 중앙유라시아 내륙으로 돌렸다.

몽골과 중국의 공산 혁명가들은 1949년 이전에 이미 몽골 지역을 장악하고 있었다. 1949년 12월 3일, 모택동은 몽골이 중화인민공화국의 일부가 되어야 한다고 선언했다.

동투르키스탄 공화국은 1949년 말까지는 유지되었다. 그 해 중국 공산군이 그곳으로 진군해 공화국을 점령했다. 그리고 이 지역을 다시 신강 식민지로 병합했다.

티베트인들은 갈수록 힘을 키워가는 중국에 대해 민감해졌다. 중국 공산당은 공공연하게 티베트를 침공할 것이라고 위협했다. 내부 정치가들과 새로 등극한 나이 어린 달라이 라마는 어떤 효과적인 대책도 마련하지 못했다. 때는 그렇게 수습할 수 없을 만큼 늦어져 버렸다.

1950년~1951년, 중국이 막대한 규모의 군대를 이끌고 티베트를 침공했다.[51] 중국은 병력과 무기에서 상대가 되지 않았던 티베트에게 항복을 강요했다. 티베트는 어떤 측면에서도 중국 공산당의 상대가 될 수 없었다. 1949년 국민당을 이겼을 당시의 중국 공산당은 세계에서 가장 규모가 크고 가장 현대적이며 전투경험이 풍부한 군대였다.

50 Buck(2002), Buell(2002).
51 침공 병력의 수는 티베트 전체 남성 인구수와 비슷했거나, 혹은 그보다 많았을 것으로 추정되고 있다.

중국은 주변 나라들을 새로운 공산주의 제국에 편입시킨 뒤 명목상 "자치주"라 이름을 붙였다. 이는 소비에트 연방의 시스템을 표면적으로 모방한 것이었다. 그러나 실제로는 명백한 중국화 노선을 즉시 채택하였고, 자치주 전체에 대해 근대화를 강요했다. 여기서 말하는 근대화란 무신론을 포함한 막스주의 도그마를 강요하는 것으로, 이는 워낙 극심하여 중앙유라시아의 문화를 거의 전부 파괴하는 데까지 이르렀다.

순순히 중국 사람이 되고 싶지 않았던 내몽골 사람들은 막힘없는 초원과 사막을 가로질러 몽골로 달아났다. 그곳에는 소련 군대가 있어서 중국인들이 따라올 수 없었다. 내몽골은 인구, 언어, 문화 면에서 급속하게 중국화되었다.

이와 비슷하게, 동투르키스탄에도 머지않아 수백만의 중국인들이 넘쳐났다. 중국인들은 위구르 및 여러 민족들로부터 나라를 빼앗았다. 이들은 어디로 달아날 곳도 없었고, 미국이나 유엔, 혹은 국제기구 같은 힘 있는 세력들 중에서 그들을 편들어줄 곳도 없었다. 위구르는 잠시나마 반격을 시도했다. 그러나 중국인들의 숫자는 너무 많았고, 압도적인 군사력을 거리낌 없이 사용하였다.

티베트 동부와 북동부에서도 중국인들이 똑같은 정책을 실시하자, 티베트 사람들도 저항에 나섰다. 1959년 수도 라사에서 공개적으로 반란이 일어났고, 중국은 14살에 불과했던 티베트의 영적 지도자 달라이 라마를 협박했다. 당시 달라이 라마는 비밀리에 소규모 호위 군사들을 데리고 히말라야를 넘어 인도로 들어갔다. 중국 정부는 거칠게 반란을 진압했다. 그리고 티베트 전역에 훨씬 더 억압적인 체제를 구축했다. 티베트 자치주 정부의 통계에 따르면, 1965년까지 티베트의 2,700여 사원들 중 80퍼센트가 파괴되었다.[52] 죄 없고 평화로웠던 티베트 사람들에게 중국이 가한 테러는 중앙유라시아 근대의 역사를 통틀어 전례가 없을 정도였다.

중국이 티베트의 반란을 제압하고 국경을 다시 폐쇄하기 전, 10만여 티베트인들이 히말라야를 넘어 인도, 네팔 등 이웃 나라로 탈출했다. 어떤 사람들은 몇 권의 책 말고는 아무런 짐도 가져가지 못했다. 중국인들의 파괴로부터 고유문화를 구해내기 위함이었다. 인도 망명지의 달라이 라마와 그의 추종자에게 세계의 여러 나라 사람들은 동정어린 시선을 보냈다. 이들은 자기 나라의 정치가들에게 행동을 촉구했다. 유엔과 긴밀하게 연관된 국제법학자협의회(International Commission of Jurists)는 1959년 티베트에서 중국인들의 행위를 조사했고, "티베트에서 인종 학살과 같은 일이 벌어져왔다."고 선언했다. 이에 따라 유엔 총회는 1959년, 1961년, 1965년에 티베트인들의 인권 침해 중단을 촉구하는 결의안을 도출했다.[53]

엄청난 규모의 중국인 이민과 대약진 운동(1958~1961)의 결과로 초래된 기근으로 인해 카자흐인, 위구르인 등 6만여 명이 동투르키스탄 국경을 넘어 소비에트 연방 소속 카자흐스탄으로 탈출했다.[54] 그럼에도 불구하고 위구르에 대한 군사적 점령과 억압은 줄어들 기미가 없었다.

극단적인 모더니스트의 테러라 할 수 있는 중국의 문화대혁명(약 1966~1976)은 특히 티베트, 동투르키스탄, 내몽골 지역을 황폐화시켰다.

---

52 Shakya(1999: 512 n.24).
53 Van Walt van Praag(1987: 169, 195-196).
54 Millward(2004: 6).

1967년 포스터에 등장한 구호는 그 운동이 뭐라고 설교를 하고 무슨 짓을 했는지 분명하게 요약해주고 있다. 그 구호는 바로 "타파구세계, 창립신세계(打破舊世界, 創立新世界, 구세계를 부숴버리고 새로운 세계를 창립하자.)"였다. 이 포스터는 중국 공산당 제복을 입은 남자가 십자가, 불상, 중국 고서 등을 쌓아놓은 더미 위에 올라가 큰 망치로 막 내려치는 장면을 담은 것이다.[55] 티베트의 수천 개 사원 중에서 그나마 20퍼센트만 살아남았었는데, 문화대혁명 기간 중에는 그 중에서도 단 13곳만 제외하고는 모두 파괴되었다. 네 가지 낡은 것(舊四: 舊思想, 舊文化, 舊風俗, 舊習慣)을 척결하는 거친 운동이 티베트에서 행해졌다. 티베트 문화 고유의 의례, 공예, 신앙 등은 공식적으로 금지되었고, 이를 따르지 않는 자는 처벌되었다.[56]

달라이 라마는 1989년 노벨평화상을 수상했다. 이는 중국 정부에 대한 전 세계의 압력을 유지하는 데 도움이 되었다. 세계의 여론은 중국 정부가 티베트에 대한 군사적 점령과 탄압을 중지하도록 촉구했다. 그러나 변한 것은 거의 없었다.

이란 혁명

카자르(Qajar) 왕조(약 1779~1921)는 부패하고 쇠락했다.[57] 1921년 레자 샤(Rezâ Shâh, 재위 1925~1941)는 카자르 왕조를 뒤엎고 팔라비(Phalavi) 왕

---

55 밝혀지지 않은 저자. http://buddhism.2be.net/image:Destroy_old_world.jpg.
56 Shakya(1999: 320-323). 문화대혁명 이후 대부분이 파괴되었던 간덴(Ganden) 사원의 폐허 사진이 유명하다.(예를 들어 Shakya 1999, 15번 사진 참조). 이 사원은 한때 티베트에서 가장 큰 사원이었다.
57 Hambly(1991: 114 이하).

조를 세웠다. 제2차 세계대전이 진행 중이던 1941년, 레자 샤는 강제로 퇴위되고, 그의 아들 모하메드 레자 샤(Mohammed Rezâ Shâh)가 왕위에 올랐다. 제2차 세계대전이 끝난 뒤, 젊은 샤는 이란에서 점차적으로 폭넓은 자유화와 근대화를 추진하였다. 1970년대 초, 그의 나라는 주변국들보다 훨씬 부유하고, 안정적이며, 성장 속도도 빨랐다. 샤는 미국 및 서유럽 세력과 굳건한 동맹을 맺었다. 머지않아 이란은 해당 지역에서 경제적, 정치적, 군사적 패권을 가지게 되었다.

그러나 자유화, 경제 성장, 세속화는 극보수주의 시아파 무슬림 사제들로 대체되었다. 이들은 과거 지방에서 대다수가 문맹이었던 대중에게 전방위적 권력을 행사했던 자들이었다. 이라크에서 망명 생활을 하던 극단적 원리주의자 아야톨라 호메이니(Ayatollah Khomeini, 1899~1989, 재임 1979~1989)의 지도 아래, 이란은 왕정을 뒤엎고 근대적 "민주주의"를 수립하기 위해 저항에 나섰다. 병약한 샤는 왕년의 "민주주의" 서구 동맹 세력을 모두 잃어버렸다. 그들은 공개적으로 "민주화" 운동을 지지했다. 마침내 샤는 나라를 떠나야 했다. 1979년 2월 1일, 호메이니가 이란으로 돌아왔다. 그와 그의 추종자들은 즉각 권력을 장악했다. 11월 15일, 이란 이슬람 공화국 헌법이 선포되었다. 당연히 "공화국"은 실제로는 독재 체제가 되었다. 호메이니와 그의 추종자들이 절대 권력을 휘둘렀다. 호메이니가 죽은 뒤 최고 종교지도자 왈리이 파치(Walî-i Faqîh)가 "공화국"의 대통령으로 지목되었다. 종교적인 극단주의자들(근본주의자들)은 통치에 반대하는 자를 모두 거칠게 제거했고, 어리석게도 그들을 지지했던 상인층을 검열했으며,[58] 이란은 문명 세계로부터 고립되었다.[59]

냉전

유럽에서 연합국은 전쟁에 승리한 뒤 독일을 미국, 영국, 프랑스, 소련 점령지로 나누었다.[60] 베를린은 소련 점령지 안에 있었지만, 그 자체로 네 지역으로 또 나뉘어졌다. 소련을 제외한 연합국들은 거의 즉시 소련과 갈라섰다. 소련이 점령한 중부 및 동부 유럽 전역에서 사회주의 "혁명"을 지원했기 때문이었다. 소련은 그곳에 꼭두각시 정부(서양에서는 "위성국가"라고 했다.)를 수립했다. "자본주의" 서유럽, 미국, 일본 등 여러 나라가 한 편이 되고, "사회주의" 소련, 중국, 위성국가가 다른 한 편이 되어, 양자의 관계는 날로 악화되었다. 제2차 세계대전 이후 유라시아 대륙 전역에서 두 가지 서로 다른 경제체제가 대립했지만, 전면전이 일어나지는 않았다. 그 이유는 핵무기 때문이라고 일반적으로 알려져 있다. 핵무기는 지구 전체를 파괴해버릴 만한 위력이 있었다. 그리하여 핵전쟁 위협은 역설적으로 실제 전쟁을 억제하는 역할을 했다. 이러한 투쟁 양상을 냉전(Cold War)이라고 했다. 냉전은 궁극적으로 러시아 주도 "공산주의"와 미국 주도 반공주의 혹은 "자본주의"의 대립이었다.

냉전 기간 동안, 양대 진영의 가장 첨예했던 경계는 독일, 특히 베를린의 소련 관할 지역과 비소련 관할 지역 사이였다. 베를린 비소련 지역

---

58 예컨대 잠잠(Zamzam)은 혁명 이전에는 미국의 청량음료 펩시에 병을 제공하던 회사였다. "잠잠은 강력한 보냐드(bonyad)의 통제를 받게 되었다. 이 보냐드는 개인의 재산을 몰수하여 만든 것으로, 호메이니가 이란의 유사 국가주의 경제체제 하에서 운영하였던 수많은 종교 재단 중 하나였다. …… 보냐드는 권력자의 재물 창고가 되었다. 잠잠의 경우, 이란의 최고 지도자 아야톨라 알리 하메네이의 금고가 되었다."(Ellis 2007).

59 Calmard(1993: 300).

60 오스트리아도 유사한 형태로 분단됐지만, 1955년 완전한 독립을 되찾았다.

은 서독과 떨어져 있었고, 그 사이에는 소련 관할 구역이 가로막고 있었다. 베를린 비소련 관할 구역을 독일연방공화국(서독)에 편입시키기로 서방 세력들이 결의한 뒤(1948. 6. 1), 소련은 이에 반발하여 서베를린에서 서독으로 통하는 모든 육로와 수로를 폐쇄해버렸다. 그러나 이러한 조치는 서방 세계를 더욱 단단하게 결속시킬 뿐이었다. 서방 세력들은 소비에트 블록에 혹독한 제재를 가했다.

미국과 기타 서유럽 세력들은 비행기를 통해 서베를린에 물자를 공급함으로써 11개월간 소련의 차단(1948. 6. 24~1949. 5. 11)을 극복했다. 1949년 5월 8일, 차단을 해제하기 위해 소련과 서방 세력이 협상을 벌이는 도중에 독일연방공화국(서독)이 성립하였다. 수도는 쾰른(Köln) 근처의 조그만 도시 본(Bonn)으로 정했다. 이곳은 과거 영국 관할 구역이었다. 3일 후 스탈린은 차단을 해제했다.[61] 그러나 소련은 이에 맞서 공산국가 독일민주공화국(동독)을 같은 해에 수립하였다. 그 수도는 동베를린이었다.

유럽의 여러 나라들과 미국의 지원에 힘입어 서독은 전쟁의 참화로부터 회복되었고, 마침내 경제적으로 서유럽에게 가장 막강한 나라가 되었다. 동독과 기타 동유럽 국가들은 전후 경기침체가 계속되어 서유럽에 훨씬 뒤떨어져 버렸다. 이들이 가끔 정치적 자유를 되찾기 위한 시도를 했지만, 심지어 단지 경제적 자유를 추구했을 때조차 소련 군대는 언제나 이들을 꺾어버렸다. 서독이 1955년 미국의 지원을 받는 북대서양조약기구(NATO)에 가입하자 소련은 곧바로 바르샤바 조약기구를 만들어

61 Brune(2003).

이에 맞섰다. 그리하여 유럽은 미국 영향 지역과 소련 영향 지역으로 분단되었다. 미군은 서유럽에, 소련군은 동유럽에 자리를 잡았다.

소련의 지배하에 중앙아시아나 시베리아로 추방되었던 칼미크 등의 민족들은 스탈린 사망(1953. 3. 5) 후에 마침내 부분적으로 제재를 벗었다. 1957년 1월 7일 칼미크 소비에트 사회주의 자치 공화국이 복권되어 과거의 영토를 대부분 회복했고, 칼미크인들은 볼가 강 델타 서쪽의 고향으로 돌아갈 수 있었다.[62] 크림 반도의 타타르족과 볼가의 게르만족은 완전히 제재를 벗어나지 못했고, 고향을 되찾지도 못했다. 그들에 대한 탄압은 소련이 해체될 때까지, 그리고 그 이후에도 계속되고 있다.[63]

전쟁 이후 가끔씩 러시아는 중앙유라시아 식민지를 도우려고 했지만, 그 지역은 고립된 채 깊은 빈곤의 수렁으로 계속해서 미끄러져 들어갔다. 동시에 러시아 교육 체제가 근대 학문과 지식을 중앙유라시아 사람들에게 소개했고, 지도자들 중 몇몇은 다국적 소비에트 연방에서 고위직까지 오르기도 했다.

중국식 사회주의인 모택동주의(Maoism)에 대해서 미국에서는 별로 주의를 기울이지 않았다. 미국은 단지 중국을 고립시키려고만 했다. 모택동주의 체제는 중국인들에게만 해악을 끼친 것이 아니다. 중국의 지

---

62 Atwood(2004: 291-292).
63 흐루시초프는 크림 반도의 타타르인들을 우크라이나로 이송시켰다. 스탈린이 죽은 뒤 흐루시초프가 권력을 장악했다. 이로 인해 타타르인들은 고향에서의 정치적 입지가 더욱 어려워졌다. 그러나 크림 반도 타타르 중 많은 사람들이 공식, 비공식적 박해와 가혹한 빈곤에도 불구하고 되돌아왔다.(Lazaerini 1996). 다만 볼가 강 유역 게르만인들의 경우, 소련 붕괴 이후에도 고향으로의 귀환을 포기하고 독일로 이주했다.(Hyman 1996). 이들 모두 자치 공화국을 아직 복원하지 못한 상태다.

배하에 놓인 중앙유라시아 또한 그로 인해 황폐화되었다. 중국 근처에 있는 국가나 문화권에서도 모택동주의에 젖어들었다. 모택동주의는 대중선동적 모더니즘의 한 변종으로 매우 중독성이 강했다.[64] 동남아시아는 공포의 도가니에 빠져들었다. 공산주의의 아시아적 변종이 캄보디아에 전해지자 더욱 치명적인 독성을 띠게 되었다. 이는 폴 포트(Pol Pot, Saloth Sar, 재임 1975~1979) 휘하의 캄보디아 혁명집단 크메르 루즈(Khmer Rouge)가 백만에서 이백만 사이의 인구를 대량 학살하는 원인을 제공했다. 버마에서는 억압적인 민족주의적 군사 정권 아래(1958부터) 소수민족에 대한 대량 학살에 가까운 정복전이 펼쳐졌다. 그 외에도 여러 비극적인 사태들이 다음 세기까지도 이어지고 있다.

20세기 전쟁으로 인해 유라시아에서는 더 많은 죽음과 파괴가 일어났다. 특히 스페인 내전(1936~1939), 한국전쟁(1950~1953), 베트남 전쟁(1956~1975), 이란 이라크 전쟁(1980~1988), 발칸 전쟁이 예비한 과거 유고슬라비아 전쟁(1991~1995), 그리고 중앙유라시아에서는 아프간 내전(1978부터)을 들 수 있다. 이들 전쟁 대부분은 내전의 형태를 띠었지만, 사실상 대규모 외국 병력이 개입되었다.

20세기 유럽과 유라시아 상당 지역을 할퀴고 지나간 국제전 및 내전의 결과, 과거 유럽 세력이 지배했던 지역은 어디나 친미 권력이 확산되었다. 예외도 적지 않지만, 미국은 언제나 자신의 모더니즘 이데올로기를 가지고 갔다. 이에 따르면, 미국이 "민주주의"라 부르는 것(공화정의 한

---

64 베트남에서 공산주의를 몰아내려는 미국과 프랑스의 시도는 공산주의가 승리한 이후로도 계속되었다.

형태인)은 무조건 좋고, 다른 정부 형태는 나쁘다는 것이다.[65] 미국은 전 세계에서 정당한 정권을 무너뜨리고 미국 스타일의 근대 공화정으로 그를 대체하고자 능동적으로 노력해왔다. 세기 말에 이르러, 공화정은 전 세계에서 가장 주도적인 정부 형태가 되었다. 네팔 같은 군주정은 아주 조금 남아있을 뿐이며,[66] 유일하게 남은 거대 공산주의 세력 중국조차 미국식 모델의 영향을 강하게 받게 되었다.

중앙유라시아에서의 극단적 모더니즘

청나라와 러시아가 중앙유라시아를 정복했을 때부터 20세기 말에 이르기까지, 중앙유라시아는 독립적인 정치 지형으로 존재하지 못했다. 그곳은 정복자들의 자산일 뿐이었다. 정복자들은 어떤 반대도 폭력적으로 억압했다. 중앙유라시아 사람들은 정복자가 무엇을 하더라도 반대할 수 없었다. 극단적 사회주의(공산주의)가 마치 흑사병처럼 유라시아 전역을 휩쓸고 지나가자, 그에 접촉한 모든 문화는 전염이 되었다. 중앙유라시아

65 정부의 형태를 놓고 보자면, 이는 "민주주의" 고유의 형태는 아니다. 오히려 "공화정"이라 할 만하다. 이 두 단어가 공교롭게도 미국의 두 정당의 이름이기도 하지만, 이름만 갖다 쓴 것일 뿐이다. 미국은 형태상 공화국이지만, 두 정당의 실제 정책들은 정부에 대한 민주적 또는 공화적 사상과는 관계가 없다. 미국인들은 그들의 근대 체제를 세계 다른 나라에 강요해 왔는데, 이는 똑같은 짓을 시도했던 공산주의자들의 행태와 놀라우리만치 닮아 있다.
66 네팔의 왕정은 2006년 권력 투쟁에서 졌다. 여기에는 여러 가지 이유가 작동하였다. 가장 중요한 이유는 포퓰리즘적 "민주" 담론이 카트만두에서 국제적 매스미디어를 통해 노골적으로 퍼졌기 때문이었다. 그들은 모더니즘에 완전히 빠져서 스스로가 무슨 일을 벌이는지도 잘 몰랐다. 왕정은 나쁘고 근대 "민주주의"는 무조건 좋다는 식이었다.

는 전통적인 라이프 스타일, 복식, 문화 등 모든 것을 포기하도록 강제되었다. 몇 가지 변화는 나쁘다고 할 수 없다. 예를 들어 공중보건, 교육, 세속 정부 등은 분명 긍정적이다. 그러나 너무나 많은 것이 파괴되었다. 티베트가 폭압적 침략자에 맞섰다가 실패한 뒤, 공산주의 중국은 티베트와 그들의 문화를 파괴해버렸다. 이에 동정하는 서방 세력은 정의를 외쳐댔지만,(중국의 문화적 학살을 고발하는 선언문과 비난 성명이 발표되었다.) 중앙유라시아에 대한 행패를 막을 수 있는 방법은 그 무엇도 없었다.

20세기 모더니즘으로 황폐화된 세계의 다른 지역들처럼, 중앙유라시아도 그로 인해 고통을 받고 있다. 중앙유라시아는 두 차례의 세계대전에 직접적으로 연관되지 않았던 지역임에도 불구하고, 왜 이렇게 되었을까? 그 원인은 중앙유라시아 외부에 놓여 있다. 즉 중앙유라시아 지배자의 본거지 문화 때문이다. 이 문제에 대한 답변을 위해서는 20세기 유라시아 전체가 맞닥뜨렸던 고통스런 변화를 이해하지 않을 수 없다.

경제, 인구, 정치, 지식이 모두 연계된 변화가 유럽과 유럽이 주도하는 연안 무역 시스템에 불어 닥쳤다. 극단적으로 상업화되고 산업이 집중된 거대 도시가 유라시아 연안 지역에 들어섰다. 도시들의 존재 이유는 시작부터가 무엇보다도 상업과 산업이었다. 이 도시에서는 인구가 폭발적으로 증가했다. 20세기 초, 전 세계에서 가장 규모가 크고, 가장 산업화되고, 가장 부유하고, 가장 영향력 있는 도시는 유럽의 거대 도시들, 유라시아 대륙의 연안 지역, 그리고 유럽의 식민지에 있었다. 이러한 도시들에 인구가 집중되자 커다란 의식적 변화가 전례 없이 급속도로 일어났다. 학문과 과학기술이 발달하고, 그와 더불어 지성과 예술 분야에서 "옛날(ancient)"에 반대하는 "현대(모던, Modern)"가 부상했다. 도시 대중

문화의 지도자들 또한 포퓰리즘(대중추수주의)을 선호했다. 이는 계몽사상가들과 혁명가들이 발달시킨 관념이었다. 여러 관념과 유행이 결합되어 새로운 사조가 근본적인 추진력으로 자리 잡았다. 이는 정치, 사회, 문화적 측면에서, 유라시아 대륙 전역에서 너무나 큰 영향을 미쳤다. 바로 모더니즘(Modernism)이다.[67]

모더니즘의 핵심 관념은 단순하다. 그리고 그 자체로는 별다른 해를 끼칠 것 같지 않다. 즉 새롭고 유행에 맞는 현대적인 것(모던)이 옛날 것보다 좋다는 생각이다. 패션이나 기술적 진보에 대한 일반적인 느낌 정도라면, 그리고 고전주의(classicism, 새로운 것보다는 옛것이 낫다는 생각)가 여전히 살아있는 한에서는, 전근대기의 모더니즘은 세상에 별 영향을 미치지 못했을 것이다. 그러나 고전주의와 귀족주의가 각각 모더니즘과 반귀족주의의 대립항이 되고, 산업화와 도시화가 확산되면서, 귀족이 아닌 사람들이 근대 산업과 도시의 일들을 맡아 수행하면서, 이들이 유럽과 북아메리카, 급기야는 유라시아 상당 지역을 주도하게 되었다. 더 이상 고전주의나 반도시적 귀족주의가 설 자리가 남아 있지 않았다. 그러나 모더니즘은 단지 새로운 것(산업화되고 도시화된 것)이 낡은 것(귀족적이며 시골적인 것)을 대체하고 마는 그렇고 그런 정도가 아니었다. 오직 새로운 것이 좋은 것이라면, 그 말뜻 그대로라면 끊임없이 새로운 것을 만들거나 새로운 일을 해야 한다. 전성기의 모더니즘의 의미는, 지금도 그렇지만, 바로 영속적인 혁명이다. 끊임없이 전통을 거부해야 하며, 직전의 정치, 사회, 예술, 지성조차 거부해야 한다.

---

67 현재 역사학에서의 모더니즘에 대해서는 미주 95번 참조.

영구 혁명이 의미하는 바는, 이전에 행해진 것은, 과거의 혁명과 그 결과물도 포함해서, 모두 나쁘고 거부해야 할 대상이다. 이성(Reason, 자유로운 질문, 독립적인 사유, 논리, 문제제기)조차 낡은 관념의 하나로 치부되고, 과거 귀족적 지식인의 소유물로 간주된다. 이성은 끊임없이 공격을 받는다. "보수적인" 종교 지도자, 정치가, 저널리스트 등이 이성을 공격한다. 이러한 "보수주의자"들은 흔히 가장 광신적인 모더니스트들이다. 독재정권(파시즘)의 독재자들, 공산주의자들, 종교-정치의 근본(극단)주의자들의 사회정치적 결과는 본질적으로 모던하다. 모더니즘의 최대 성과가 바로 무서운 세계 전쟁과 20세기 대량 학살이라는 것은 놀라운 이야기도 아니다.[68]

모더니스트가 군주정을 낡은 정부 형태로 낙인찍어버리자, 포퓰리스트(대중추수주의자)들이[69] 이러저러한 형태의 현대적(Modern) 비군주정을 수립하는 데 성공했다. 그 형태는 파시스트의 전체주의 혹은 공산주의 독재에서 이른바 "민주" 공화정까지 다양하다. 1951년에 이르면 유라시아의 거의 모든 나라에서는 이러한 정부 형태가 수립된다.[70] 그 이름이야 어찌됐건 간에 모든 정부는 "인민"의 이름으로, "대중"의 이름으로 수

---

68 그러한 참극들이 끝난 이후에도 예술에서 모더니즘은 계속해서 중앙유라시아에 퍼져 나갔다. 특히 건축 분야가 그러했다. 외국인 지배자들이 중앙유라시아 전통 양식으로 지어진 건축물들을 허물고 그 자리에 근대식 빌딩을 세웠기 때문이다. 중앙유라시아 도시들의 외형은 급변했으며, 전통적 문화유산은 고갈되었다.
69 포퓰리즘은 여러 다양한 의미로 쓰여 왔다. 이 책에서 사용하는 포퓰리즘의 개념은 여기서 분명해졌을 것이라 생각된다. 중동 및 다른 몇몇 지역으로 종교-정치적 근본주의(극단주의)가 확산되면서 특히 근대 포퓰리즘의 최악의 형태를 띠었는데, 이는 미래를 위해 결코 바람직하지 않은 현상이었다.

립되었다. 가장 전형적으로 "대중문화"는 "과학적 공산주의"에서 받아들일 수 있는 유일한 것이었다.

혁명적인 사회적, 정치적 지식인들(사실은 반지성주의자들)과 예술가들(사실은 반예술가들)의 모더니즘은 유럽 주도 연안 무역 지대에서 시작되었고, 그 본거지는 유럽이었다. 정치적 모더니즘은 최근 정치적 생사 여부를 판가름하는 원동력이었다. 그러한 정치적 모더니즘의 원천은 계몽주의에 있었다. 가장 영향력 있는 사상가는 루소(Jean Jacques Rousseau, 1712~1778)였다. 루소는 삶의 거의 모든 부분에서 혁명을 제안했다. 그 중 많은 생각들은 아주 훌륭한 생각이었다. 그러나 이러한 생각들이 선동적인 사상으로 변질되고 말았다. 프랑스 혁명(1789~약 1799)은 말로 다 할 수 없는 잔인함의 고삐를 풀어버렸고, 뺀드르르하게 말 잘하는 선동가들이 "민주"나 "자유" 등 계몽철학자들의 사상을 이용해서 대량 학살을 자행했다.(계몽철학자들은 자신의 사상이 이렇게 활용될 것이라고는 상상도 못했을 것이다.) 프랑스 혁명은 유럽에 불어닥친 모더니즘이 실제 충격으로 구현되었던 첫번째 사례였다. 그러나 이건 시작에 불과했다. 더 끔찍한 일들이 기다리고 있었다. 신기술로 인해 한꺼번에 수많은 사람을 죽이는 일이 훨씬 더 쉬워졌다. 19세기의 끔찍했던 전쟁들과 함께 산업혁명과 급격한 도시화의 총공격이 서유럽과 북아메리카, 일본에 불어닥쳤다. 군대, 산업, 도시의 삼박자는 전통적인 시골 귀족과 그들의 높은 문화적 소

---

70 20세기 말에 이르러 포퓰리스트들은 다른 식의 정부 형태를 모두 바꿔 버렸다. 소규모 고립된 국가들을 제외하고는 세계 거의 모든 나라들이 근대 민주주의를 표방하고 있다. 사실상 그들 중 어느 누구도 진정한 민주주의를 구현하고 있는 경우는 없으며, 일부는 심지어 진정한 공화국도 아니다. 대개는 독재 체제거나 기껏해야 과두정치의 형태를 보일 뿐이다.

양으로부터 힘을 빼앗아버렸다. 모더니즘은 19세기 말 광범위한 승리를 거두었고, 20세기에 최고로 발전된 상태에 도달하였다.

연안 무역 세력들, 즉 영국, 프랑스와 유럽 및 아메리카의 그 동맹 세력, 아시아의 일본 등은 제1차 세계대전으로 대륙 세력을 쳐부수고 처벌했다. 그 결과는 당연히 유라시아 대륙의 근본적인 혁명을 촉발했다. 독일, 러시아, 중국에서 차례차례 혁명이 일어났다.(중국에서는 초기 공산주의 혁명이 1927년의 대량 학살로 억압되기도 했다.) 20세기를 통틀어 이전의 과학 이론, 기술, 이념과 사상 등은 끊임없이 새로운 것으로 대체되었다. 포퓰리스트 민주주의 정부 형태의 압승으로 인해 파렴치한 통치자에게 권력이 넘어갔다. 그들은 새로운 가능성을 쉽게 차지했다. 그 결과 유라시아에서 무고한 수천만의 사람들이 의도된 대량 학살로 희생되었고, 모더니즘 중에서도 가장 사악하고 가장 파괴적인 문화에서의 모더니즘이 중앙유라시아 전역에 퍼져나갔다.

모더니즘과 예술의 파괴

모더니즘은 유럽의 고도로 산업화된 도시와 유럽이 주도하는 연안 지역에서 일어났다. 그것이 어떤 면에서는 토지를 기반으로 한 대륙의 엘리트, 귀족 등에 대한 반작용으로 일어난 도시, 상업, 산업화 세력의 사상이었기 때문에, 당연히 식민 통치자의 손에 좌우되던 중앙유라시아에도 강력한 영향을 미치지 않을 수 없었다.

소비에트 연방에서 고삐 풀린 막시스트 사회주의가 통치하고 있을 때, 특히 1930년대 스탈린 치하에서, 그리고 다시 나중에 중화인민공화국에서, 특히 1966년에서 1976년 사이 모택동 치하에서, 극단적인 모더니즘이 중앙유라시아에 잔혹하게 나타났다.[71] 수많은 수도원, 사원, 교회, 모스크, 마드라사, 기도원, 시나고그 등 중앙유라시아의 예술과 건축 유산을 가지고 있었던 곳이 폐쇄되거나 혹은 파괴되었다. 예를 들어 1930년대 말 소비에트 연방에서는 "눈에 띄는 종교적 삶이 완전히 파괴되었다. 러시아 제국 내 5만 개의 러시아 정교 교회당 중에서 혁명 전야에 살아남은 곳은 불과 수백 곳이 안 되었다."[72] 러시아 제국에서 수많은 시나고그들 중에 1966년까지 살아남은 곳은 러시아 연방 전체를 통틀어 62개에 불과했다.[73] 한편 1917년 러시아 제국에 이슬람 모스크가 2만 6,279개가 있었지만, 브레즈네프(Brezhnev, 재임 1964~1982)가 러시아 연방을 통치할 때는 약 200개밖에 없었다. 아제르바이잔만 하더라도 1917년에는 약 2,000개의 모스크가 있었으나 1990년에는 불과 50개만 남아 있었다.[74] 티베트 자치주에 있었던 약 2,700개의 사원 중에서,(이는 티베트 자치주 전체의 반만 계산한 것이다. 나머지 반은 분리되어 중국의 인접 행정구역에 편입되

71 중국에서도 거의 대부분이 파괴되었다.
72 Walters(1993: 16). 대개의 경우 다른 용도, 즉 헛간이나 창고로 전환되었다.
73 Rothenberg(1978: 190). 정부 자료에 따르면, "1917년에서 1927년 사이에 교회 및 시나고그(synagogue)의 26퍼센트(1,400개 중 366개)가 문을 닫았다. 실제 수치는 이보다 훨씬 높았을 것이다. 일부 도시에는 1백 곳 이상의 시나고그가 있었다. 정부에 의해 폐쇄된 것을 포함해서 전체 피해 수치는 훨씬 더 많았을 것이다." 1,400이라는 수치는 우크라이나 지역만 따진 것이다. 이 지역 시나고그는 "1927년까지 1,034곳으로 줄었다."(Levin 1988: 82). 1980년대에 이르러 탈스탈린주의를 표방했음에도 불구하고, 소련 전체에서 살아남은 시나고그는 92곳에 불과했다.
74 Ramet(1993: 40).

었기 때문이다.) 중국 정부의 발표에 따르면 1965년까지 그 중 80퍼센트가 파괴되었다. 문화혁명 이후에는 단지 13곳만 살아남았다.[75] 스탈린 시대 몽골에서도 비슷한 일이 일어났다.[76] 사원에 봉직하던 사람들은 오래된 전통 지식을 가지고 있었지만, 강제로 이주를 시키고 성직에 종사하지 못하도록 했으며, 흔히 감옥에 갇히거나 강제 노역소로 보내졌다.[77] 그도 아니면 무조건 처형을 당했고, 그들이 가지고 있던 책이나 예술작품들은 파괴되었다. 소비에트나 중국 공산당이 나중에 중앙유라시아에 건설한 학교와 대학들은 교육 수준이 유럽이나 미국에서 가장 작은 규모의 대학 만큼도 안 됐으며, 지금도 여전히 그러하다. 새로운 연구나 학문에 대한 투자는 말할 필요도 없다.[78] 과거 세속 문화를 대표하던 엘리트들은, 귀족이든 쁘띠 "부르조아"든 지식인을 막론하고 최악의 대우를 받았다. 감옥에 갇히거나 공개적으로 처형을 당했다. 이처럼 모더니즘은 중앙유라시아를 세계의 어느 곳보다 문화적으로 척박한 지역으로 만들었다.

[75] Shakya(1999: 512). "중국에서는 내몽골의 사원들이 대체로 1958년~1960년의 '대약진 운동' 와중에 폐쇄되었다. 1960년대가 되면 더 이상 살아남아 기능하는 사원이 없었던 것으로 보인다."(Christopher Atwood, per.comm., 2007). 소련의 경우, "부랴트 공화국(Buriatia)에서는 1932년경 불교 종식 운동이 시작되었고, 1937년에는 더 이상 살아남은 사찰이 없었다. 이볼가 다창(Ivolga Datsang, 울란우데 근처)이 다시 문을 연 것은 제2차 세계대전 이후였다. 칼미크 공화국에서도 비슷한 시기에 같은 일들이 벌어졌다. 하지만 여기서는 1980년대까지 다시 문을 연 사원이 하나도 없었다."(Christopher Atwood, per.comm., 2007).
[76] "내몽골에서는 1932년 무장봉기로 인해 정부가 양보를 할 수밖에 없었다. 그러나 1936년 다시 탄압이 시작되었고 1939년에 이르러서는 남아 있던 마지막 사원들이 모두 문을 닫았다. 간단 테첸링(Gandan Tegchenling)은 1944년에 다시 문을 열었다."(Christopher Atwood, per.comm., 2007).
[77] 몽골 및 인근 지역에서의 '강요된 환속'에 대해서는 미주 96번 참조.
[78] 외국의 NGO들이 개선하려는 노력을 하고 있지만, 불행하게도 그들은 여전히 경쟁력이 없다.

예술에서도 정치와 마찬가지로 모더니즘의 시작은 18세기 계몽주의까지 거슬러 올라갈 수 있다. 20세기 이전의 위대한 예술가들은 대부분 전통에 대항하면서, 때로는 규칙을 어김으로써 성공을 거두었다. 그럼에도 불구하고 두 방향의 힘에는 균형이란 것이 있었다. 즉 위를 지향하는 귀족적 시스템의 목적은, 자연의 질서에 바탕한 전통적 규칙의 기준 안에서 가능한 완성도를 높임으로써 예술 작품의 성공을 얻으려 했다. 아래를 향한 모더니즘적 경향은 현실 속에서 앞 시대나 혹은 전통적으로 따르던 규칙을 변혁함으로써 작품의 성취를 이루려 했다. 이러한 두 방향의 힘에 균형이 맞았기 때문에, 과거의 위대한 예술가들은 기존의 규칙을 파괴하지 않았으며, 그것을 확장하거나 변형시키는 결과를 가져왔다. 그러나 20세기 초 서양의 정치 문화적 시스템이 전체적으로 모더니즘으로 이동하자, 군주정만 무너진 것이 아니었다. 그와 함께 궁궐과 왕공들과 기타 고대 문화의 요소들이 한꺼번에 버려졌다. 특히 전통적인 지식인과 예술가의 이상형도 무너졌다. 포퓰리스트의 이상형이 귀족주의의 이상형을 대신하면서, 영웅에 대한 기대도 사라졌다. 예이츠가 영웅을 이렇게 설명했다. "영웅은 금으로 수놓은 옷을 입고 걸으며, 열정적인 가슴을 내보인다. 평민들은 이를 보고 자신의 영혼이 더욱 빛나는 것을 느낀다."[79] 사회의 모든 측면에서 이제 더 이상 동경할 만한 보다 높은 모델은 없어졌다. 19세기 말에서 20세기 초, 누구라도 똑똑하고 과감하기만 하면 도달할 수 있는 돈과 권력은 "도둑놈 백작"이라는 신흥 부자를 만들어냈다. 이들은 과거의 귀족을 거칠게 그리고 분명하게 몰아내

---

79 Harrison(1966: 47).

고 그 자리를 대신 차지했다. 그러나 그들과 새로운 포퓰리스트 정치 지도자들은 대체로 일반적인 탐욕으로부터 영감을 얻었다. 자신의 백성에 대해 전통 귀족이 가졌던 책임감 따위는 그들에게 없었다. 책임감이란 봉건제도나 중앙유라시아 문화복합체 코미타투스에서 비롯된 궁정 문화로, 지난날의 빛바랜 기억일 뿐이었다. 계몽 군주의 귀족적 이상이나 문화적 영웅은 폄하되었다. 마찬가지로 과거의 질서에 속하는 모든 것들도, 예술 창작에 있어서 자연의 질서에 기반한 일체의 법칙이 있다는 생각도 그랬다.[80]

사회정치적으로 평민 위에 군림했던 귀족들의 지위가 박탈되자, 이는 지식과 예술에서도 그대로 반영되어, 완벽을 추구하는 엘리트와 평범을 지향하는 일반인이라는 이항구분도 폐지되었다. 근대 시인들은 산문과 달리 시에게만 주어졌던 귀족적 지위를 박탈했다. 자유시란 산문과 거의 구별이 되지 않는 시로, 누구나 쓸 수 있고, 따라서 누구나 감상할 수 있는 시다. 이런 시들이 과거의 시를 대체했다. 회화도 많은 훈련이나 심오한 미적 감각을 요구하지 않게 되었다.(심지어 모더니즘은 공공연하게 그런 것들을 억제하자는 주장을 펼쳤다.) 모더니즘이 요구한 능력은 단지 캔버스에 물감을 뿌릴 줄만 알면 되었다. 고급 예술 중에서도 회화, 시, 음악 등에서 전통적인 형식은 거부되었고, 끊임없이 과거를 대신해서 새로

---

80 예술가들이 규범의 중요성을 몰랐던 것은 아니다. 12음계 작곡법은 오스트리아의 작곡가 쇤베르크(Schönberg, 1874~1951)에 의해 개발됐으며, 반드시 지켜져야 할 작곡의 규범으로 제시되었다. 그러나 이러한 규칙은 전통으로부터 나온 것이 아니었다. 전통적인 규범은 궁극적으로 자연의 배음(overtone) 시스템에 기반을 두고 있었다. 12음계 작곡법은 전통적 규범과 그 규범이 만들어 낸 자연의 하모니에 대한 명백한 반란이었다.

운 형식을 개발해야 한다는 압박이 주어졌다.[81] 그 결과는 말 그대로 예술의 의미 혹은 아름다움 그 자체의 상실이었다.[82] 그리고 과거 예술 형식의 보존과 개발로 방향을 전환한 예술가들은 대중적으로 인기를 얻지 못하게 되었다. 새로운 형식의 대중음악, 로큰롤, 간단한 멜로디, 간단한 하모니, 간단한 리듬, 실제로 누구나 연주하고 따라 부를 수 있는 음악이 엘리트 음악을 대신하게 되었다.[83] 모더니즘은 모든 예술 분야로 확산되었다. 예외라면 박물관과 대학뿐이었다. 여기가 바로 엘리트 예술과 문화의 무덤이었다.

화가나 기타 그래픽 아티스트들은 대개 원작을 직접 판매했는데, 손님을 끌고 예술 시장에서 성공하기 위해서는 인기가 있어야 했다. 그들은 가장 손쉽게 주목을 끄는 법을 터득했다. 즉 다른 예술가들보다 규칙을 더 많이 어기면 되는 것이었다. 처음에는 이런 방식이 가장 쉽게 채택되었고, 대개 특별한 의도 없이 자연스럽게 이루어졌다. 전근대 예술 작업이나 특유의 방식을 취하지 않으면 되는 것이었다. 그러나 이는 필연

---

81 지나치게 과장된 높은 "포스트모더니즘(Postmodernism)" 혹은 "후기-모더니즘(Post-Modernism)"은 어쨌든 모더니즘을 대체하지 못했다. "제2차 세계대전 이후로 '후기-모더니즘'이 유행했다. 그러나 일관성 있는 '후기-모더니즘' 미학이 출현한 적은 없었다."(Teed 1992: 309). 게다가 몇몇 분야(특히 문학)에서 포스트모더니즘은 다른 의미였지만, 그럼에도 불구하고 일관된 미학의 거부가 전반적인 후기 모더니즘의 한 특징이 되어버렸다. 이는 상당 부분 모더니즘이라는 바이러스의 또 하나의 변이태일 뿐이다. 그런 점에서 이는 결국 "구식" 모더니스트 아방가르드와 구분되는 새로운 아방가르드로 자신을 자리매김하려는 누군가의 시도일 뿐이다.
82 다양한 측면에서 이 논점을 검토한 Adorno(1997)의 방대한 논의 참조.
83 록 음악의 광범위한 성공은 젊은 엘리트들 사이에서 바로크 음악이 부흥했던 것과 비슷한 경우다. 대부분의 학생들은 록과 민속 음악 모두를 들었다. 바로크 음악의 강렬한 리듬과 깔끔한 선율은 흔히 록에 비유되곤 했다. 미주 101번 참조.

적으로 규칙을 점점 더 많이 어기는 쪽으로 나아갔다. 이러다보니 예술가의 이름값이 흔들리게 되었고, 마침내 시장 가치가 흔들리게 되었다. 예술에서 구상성이 꼭 좋다는 말이 아니라, 예술가들이 이를 거부한 것이 문제였다. 구상 그 자체는 이 문제와 관련이 없다. 문제는 예술가들이 시각적 자연질서의 완성(추상이든 아니든, 어떤 방식으로든)이라는 미의 관념을 거부한 것이다.[84] 근대 미학자 아도르노는 이를 날카롭게 지적한 바 있다. "자연의 미(아름다움)는 ...... 이제는 [미학] 이론의 주제도 거의 되지 못한다." 그러나 자연적 아름다움과 예술의 아름다움은 같은 토대를 가지고 있다. "자연적 아름다움을 반영하는 것은 예술 이론에서는 필수불가결한 요소이다." 예술 창작에서는 더더욱 그러하다.[85]

계속되는 혁명으로서의 모더니즘은 "반작용 현상"이었다.[86] 예술가는 필연적으로 이미 행해진 것을 거부하고 바꾸어야 했다. 파블로 피카소(Pablo Picasso, 1881~1973)는 흔히 20세기의 가장 위대한 모더니즘 미술가로 알려져 있다. 이고르 스트라빈스키(Igor Stravinsky)가 음악에서 그러했던 것처럼, 파블로 피카소도 같은 이유로 몇 차례나 스타일을 바꾸어야 했다. 그들에게 변화는 필수적이다. 다른 예술가들과 달라야 했고, 심지어 자신의 과거 스타일과도 달라야 했다. 그래야 모던한(현대적인) 예술가로 살아남을 수 있었다. 그들은 이렇게 해서 작품을 팔았다. 이러한 과정에서 예상치 못했던 문제는, 현대(Modern) 예술 작품들이 전근대(pre-

---

84 Adorno(1997)는 그래픽 아트의 주안점 변화와 "추(醜, Ugly)" 관념(美의 필수불가결한 전제로서)의 상대적 주도에 대해 길게 논했다.
85 Adorno(1997: 61, 62, 65).
86 Botstein(1998: 255).

Modern) 작품들과 비교했을 때 예술로서의 가치가 평가절하된다는 사실이다. 피카소의 중기작들은 당시 굉장히 충격적이었다. 그러나 20세기 말쯤에는 오직 한 작품 정도만 예술적 가치를 인정받고 있다. 세월에 따라 가치가 변하지 않는,[87] 혹은 역사적인 가치를 지니는 작품(예를 들면 그의 작품 중 가장 유명한 〈게르니카〉 같은 것)은[88] 그의 초기작들이다. 이는 구상적이고 전통적인 작품으로, 전통 가치에 대한 충격, 즉 비예술 혹은 반예술적 접근이 명시적으로 나타나지 않았던 작품들이다. 당시에는 충격적인 작품으로 유명했던 작품들도, 수십 년이 지난 뒤에는 단지 모더니즘 예술가들의 삶을 다루는 학계 혹은 박물관에서나 알아볼 뿐 다른 곳에서는 잊혀지고 말았다.

예술에서의 모더니즘은 이처럼 20세기 동안 표면적으로만 계속되는 혁명으로 자리매김되었다. 이는 정치에서 표면적으로만 계속되는 공화국의 혁명(이론적으로는 매번 선거 때마다 혁명이 일어나는 것이다.)과 병행 관계였다. 예술과 정치, 이 두 가지 경우에 그 결과는 모두 평범한 것을 선택

---

[87] 사실상 모더니즘의 관점은, 시장에서 가장 높은 가격을 받는 예술 작품이 "가장 위대한" 작품이라는 것이다. 따라서 몇몇 작품이 낙찰되는 믿을 수 없을 만큼 높은 가격이 여전히 사람들로 하여금 그것이 위대한 작품이라는 오해를 하게 만든다.

[88] 피카소의 작품이 어떤 예술적 가치가 있다고 생각하는 사람들이 많지만, 내가 보기에 피카소의 작품 대부분은 그리 대중적이지 않다. 사람들이 믿는 가치가 어떤 것이든 간에, 그 가치는 근본적으로 역사성을 가진다고 혹은 미학적으로 규명된다고 나는 믿는다. 〈게르니카〉는 대표성을 띠는 작품이다. 예술학에서 그것은 아마도 근대 예술의 대표작이라 할 수 있을 것이다. 그러나 분명 예술사에서 중요하다고 할 수는 있다. 그러나 그렇다고 해서 그것이 예술로서 위대한 작품이라고(이었다고) 할 수는 없다. 예술가보다는 순수하게 예술 그 자체에 대해서 말하자면, 미국의 추상화가 잭슨 폴락(Jackson Pollack, 1912~1956)의 작품들은 피카소의 작품들보다 훨씬 더 모던하다. 그러나 피카소는 자신을 위대한 근대 예술가라고 생각하는 추종자를 만들어내는 데 있어서는 훨씬 더 성공적이었다.

했다.[89] 예술에서 모더니스트들은 선배들의 이념이나 실천에 대해 실제로 반작용을 행사하지 않는다.[90] 그들은 단지 선배들의 유산을 던져버렸고, 전혀 새로운 어떤 것으로 그것을 대체했다. 모더니스트들은 판을 깨끗이 청소하고 끊임없이 새로 시작하길 원했다. 이처럼 무언가 "이루어진 것을 완전히 파괴해버리면, 그 필연적인 결과는 빈곤의 절규, 힘없는 손짓뿐이다."[91] 한번 판이 깨끗하게 청소되고, 예술에서 전통이 사라졌을 때, 남아있는 것 중에 예술적이라 할 만한 것은 단지 판을 청소하는 일, 그 바보 같은 짓거리뿐이다. 결과적으로 예술가들은 반드시 다른 예술가들의 선행 작업을 거부했을 뿐만 아니라 자기 자신의 선행 작업도 거부했고, 전혀 새로운 유행으로 이를 대치하려 하였다. 많은 예술가들이 굴복했던 이러한 논리를 극단적으로 밀고 나가면, 판 자체를 깨서 던져버리는 수밖에 없다. 마침내 예술가들은 어떤 식이든 예술이라고 알려진 것, 예술이라고 생각될 수 있는 것, 즉 예술 그 자체를 거부했다. 예술의 의미를 잃어버린 결과는 바로 "예술가들"이 생산한 작업물의 무의미였다.[92]

시인들은 문학에서 시라고 규정될 수 있는 전통적인 요소를 포기하고 자유시를 추구했다. 자유시는 세계 거의 모든 지역에서 역사적으로 형성된 시의 특성, 산문과 구별되는 시만의 특성이 없는 시였다. 높낮이와 강조의 반복에 기초한 규칙적인 리듬들, 다양한 형식의 리듬,(어떤 언

---

89 Adorno(1997: 29-30) 참조.
90 이러한 반작용이 옛것을 다듬고 개선시키는 결과로 나타날 수도 있었을 것이다.
91 Adorno(1997: 30).
92 근대 극단주의적 흐름 속에서 예술 그 자체가 사라진 데 대해서는 미주 97번 참조.

어에서는 주로 같은 음이나 비슷한 음을 반복해서 만들어진다.) 기타 음악적인 요소들이 전통 시의 특성이었다. 이러한 변화로 인해 유럽 문화에서 암송이나 시 낭송 전통을 쉽게 잃어버렸다. 그래서 모더니즘의 충격파가 닥치기도 전에 시는 산문처럼 읽혔다. 서양에서 대다수의 모더니즘 시인들은 전통적인 방식으로 시를 노래하거나 암송하는 것을 들어본 적이 없었다. 그들은 자라면서 시라는 것이 음율이면서 동시에 서사라는 사실을 거의 이해해본 적이 없었다. 모더니즘 시인들은 자신의 작품이 "시적"이라는 점을 드러내기 위해서 이상한 위치에 쉼표를 찍거나 이상한 어휘나 문법을 사용했다. 그들의 자유시가 산문과 다른 점은 단지 이런 점들 때문이었다. 시인들은 자기 작품을 이상한 형식으로 크게 소리 내어 읽기도 했지만, 이런 방식은 그 시에만 적용되는 것이었다.[93] 그래서 모더니즘 시인들이 어떤 기준을 갖다 대더라도 본질적으로 산문이 아닌 시를 쓰기는 어렵다고 생각하게 된 것은 당연한 일이다. 영어권에서 가장 위대한 근대 시인으로 알려진 작가 엘리엇(T. S. Eliot, 1888~1965)은 그의 친구이자 또 다른 모더니즘 시인 에즈라 파운드(Ezra Pound, 1885~1972)의 도움이 없었더라면 자신의 대표작 〈황무지(The Waste Land, 1922)〉를 출간할 수 없었을 것이다. 그럼에도 불구하고 그것이 예술이라고 하기에는 심각한 결함이 남아 있다.[94] 엘리엇의 작품을 뛰어넘는, 다른 언어로

---

93 유럽을 비롯하여 전통이 근대화되면서 시와 음악 사이의 연관관계가 사라져버린 데 대해서는 미주 98번 참조.
94 에즈라 파운드가 대폭 교정한 엘리엇 작품의 원고가 발견되기 전부터 눈썰미 있는 독자들은 엘리엇의 시에서 오류를 눈치채고 있었다. 어떤 비평가는 이미 이렇게 지적한 적이 있었다. "심지어 〈황무지〉조차 엉망이다."(Dyson 1968: 627).

쓰여진 20세기 시인들의 작품들이 많고, 심지어 영어로 쓰여진 작품들, 예컨데 아일랜드의 시인 예이츠(W. B. Yeats, 1865~1939)나 웨일스의 시인 딜란 토마스(Dylan Thomas, 1914~1953)의 작품들도 있지만, 20세기 영어권 시인 중에서는 엘리엇이 가장 유명했다.[95] 이는 그의 작품이 예술로서 다른 작품들보다 뛰어났기 때문이 아니라 그것이 시작이었기 때문이다. 엘리엇이 처음 유명해졌을 때, 그의 작품은 누구보다 충격적이었고 공격적이었다. 그래서 누구보다 더 모던했고,[96] 가장 빠른 시기에 모더니즘의 전형이 되었다.

현대 작곡가들의 "무조(atonal)"라고 하는 작곡 방식은 음악 외적인 요소를 강요했다. 이는 근본적으로 청중이 아니라 수학, 그래픽, 텍스트, 철학 같은 요소들에 관심을 둔 것이었다.[97] 그럼에도 불구하고 그들은 "음악(music)"을 생산했다. 그들의 음악은 전세계 문화에서 사실상 음악이라고 규정했던 요소들을 단순히 제거해버린 것이었다. 리듬이나 멜로디(특히 full tune), 자연적인 하모니 등이 제거 대상이었다.[98] 특히 음악가들은

---

[95] 영어권에서만도 실제로 시인이 그렇게나 많은데, 왜 그 중에서 위대한 시가 나오지 않는지, 그 이유는 바로 모더니즘의 속박 때문이다. 엄청나게 많은 수의 작곡가들도 마찬가지다.

[96] 마찬가지로 그의 첫번째 주요 작품 〈알프레드 프루프록의 연가(The Lovesong of J. Alfred Prufrock, 1915)〉에서도 마찬가지다. 이 시들은 작품성이 〈황무지〉에 비해서 우수하지만, 아마도 미학적으로는 더욱 풍미가 없는 듯 하다.

[97] 화음학적으로 보수적인 음악에 대해서도 같은 말을 할 수 있을 것이다. 예를 들면 리하르트 슈트라우스(Richard Strauss, 1864~1949)의 〈교향시(tone poems)〉 같은 것이다. 그러나 슈트라우스는 다른 면모가 있었다. 그는 수많은 아방가르드 음악을 작곡했다. 그의 오페라 〈엘렉트라(Elektra)〉는 그 정점이었다. 그 뒤 그는 유럽의 예술 음악이 잘못된 방향으로 나아가고 있다는 판단을 내렸다. 그는 음악적 구조에서 "진보"를 주장하는 모더니스트의 독트린을 거부했다. 당시는 이미 반-음악적(anti-musical) 모더니즘이 음악학을 주도하고 있을 때였다. 그는 그 뒤로 자신만의 위대한 작곡 활동을 죽을 때까지 계속했다. 미주 99번 참조.

화음 체계에 기반한 하모니와 멜로디 라인의 주도를 거부했다.(화음 체계는 인간의 언어를 포함한 자연의 소리에 기반한 것이다.) 그리고 자연적인 리듬도 거부했다. 현대 작곡가들은 클래식 전통뿐만 아니라 새로운 서양의 예술 음악 청중도 소멸시켜버렸다 해도 놀랄 일이 아니다. 인간의 청각 능력은 자연적 화음 체계와 너무 심하게 충돌하는 소리를 들으면 물리적으로 고통을 느끼게 된다. 살아남기 위해 인기를 얻어야 했던 시대에 현대 음악가들의 곡은 청중들을 콘서트홀에서 쫓아내버렸다.[99] 이들의 작곡은 배우지 못한 혹은 공개적으로 반지성적인 "대중음악"의 반대편에 놓였다. 대중음악이 극히 대중적이지 못한 현대 예술 음악에 반대한 것은 매우 적절한 일이었다. 심지어 19세기에는 전혀 대중음악을 인정하지 않았던 사람들도 1차 세계대전 무렵쯤 되면 대중음악을 선호했다. 그리고 머지않아 재즈를 듣는 것이 보다 모던하고 유식한 일이 되었다. 지루하고 귀에 고문을 가하는 현대 작곡가들의 "비밀스런 표현"을 듣느니, 차라리 재즈를 듣는 것이 훨씬 즐거운 일이었다.[100]

98 이러한 경향의 논리적 극단이 금세기 후반에 나타났다. 주역은 아방가르드 작곡가 존 케이지(John Cage)였다. 그의 가장 유명한 작품은 〈4'33"〉(4분 33초)〉이다. 이 곡은 오로지 침묵으로 구성되었다.(이는 회화에서 카지미르 말레비치(Kazimir Malevich)의 작품 〈흰색 위의 흰색(White on White)〉, 〈검은 네모(Black Square)〉나, 기타 1910년대 중반의 작품들에 비견할 만하다.) 모더니즘식 접근들 중에서 가장 성공적인 것은 미니멀리즘(minimalism)이었다. 필립 글래스(Philip Glass) 같은 음악가들의 작품에서 그 전형을 볼 수 있다. 필립 글래스는 12음계 작곡법에 반대하여, 약간의 피치(pitch) 혹은 단순한 구절이 지루하게 늘어지고, 최소한의 변화로 계속해서 반복되게 만들었다. 내가 말하는 "자연의 하모니"란 유럽이나 아시아나 기타 특정 지역의 전통 하모니 시스템을 뜻하는 것이 아니라, 단지 자연적인 배음 시스템에 기초한 하모니를 뜻한다는 점을 주목해주길 바란다.
99 어떤 학자들은 음악이란 규칙을 벗어나는 것이라고 생각하지만, 이는 정확한 견해가 못 된다. 미주 100번 참조.

가장 위대한 현대 작곡가로 알려진 러시아의 이고르 스트라빈스키(Igor Stravinsky, 1882~1971)는 일생 동안 몇 차례나 새로운 스타일을 선보였다. 다른 현대 작곡가들이 그 곡들을 새롭게 변형하기도 했다. 스트라빈스키의 초기작으로 1913년 파리에서 〈봄의 제전(Le Sacre du printemps)〉이라는 발레곡이 발표되었는데, 첫번째 공연에서 소요 사태가 일어났다.[101] 스트라빈스키는 그 때의 충격 효과를 얻으려는 시도를 계속 반복했다. 마침내 현대 작곡가들을 제외하고는 모두가 자신의 음악을 싫어하게 만드는 데 성공했다. 현대 작곡가들은 대개 스트라빈스키에게 아무 잘못이 없다고 생각했다. 20세기 말, 스트라빈스키의 작품들 중에서 발레 공연 레퍼토리에 가장 자주 등장하는 곡은 〈봄의 제전〉 같은 초기작이었다.[102] 초기작들은 이후 작품들에 비해 넓은 의미에서 화음

---

100 현대 음악은 "겉모습이 워낙 불가사의하다. 그 덕분에 20세기 말의 지성인과 예술가들은 대중음악이나 상업음악에 다시금 열광하게 되었다. 그리고 이러한 음악들이 수준 높고 비평적 관심을 끌 가치가 있는 음악이라고 생각하게 되었다."(Botstein 1998: 259). 여기서 "불가사의한 겉모습"이란 완곡한 표현으로, 사실을 직시하기 어렵게 만든다. 평범한 말로 하면 이렇다. 즉 자연적인 배음의 하모니 체계를 벗어난 "음악"은 세계의 어느 지역 사람이 듣더라도 거칠고 심지어 고통을 느낄 것이다. 그것은 순전히 물리적인 이유 때문이지, 이론이나 교육이나 취향 때문에 그런 것이 아니다.
101 〈봄의 제전〉 초회 공연을 관람한 관객들은 그 음악뿐만 아니라, 노골적인 성적 표현 때문에 분노했다. 음악과 춤은 의식적으로, 의도적으로 관객에게 충격을 주도록 기획되었다. 스트라빈스키 음악의 가능한 영향들에 대해서는 미주 101번 참조.
102 12음계 작곡법의 창시자 쇤베르크는 공공연하게 스트라빈스키를 풍자했다. 자신의 작품〈혼성 합창단을 위한 세 편의 풍자곡(Drei Satiren für gemischten Chor, opus 28)〉에서 스트라빈스키를 모던스키(Modernsky)라 일컬었다.(http://www.schoenberg.at/6_archiv/music/works/op/compositions_op28_texts_e.htm#Seitenanfang). 그럼에도 불구하고 스트라빈스키는 쇤베르크가 사망한 뒤 얼마 지나지 않아 12음계 작곡법을 받아들였다.

체계에 기반하고 있는 곡들이었다. 마침내, 그리고 오래도록, 전문 작곡가들 사이에서는 시리얼리즘(Serialism)이 유행했다. 이는 자연적인 화음 체계에 기초한 하모니를 철저하게 거부하는 음악이었다. 그 결과 새로운 예술 음악은 청중을 잃어버렸다.

지루한 데다가 의도적으로 반미학을 추구했던 현대 예술은 무식했던 시대의 결과물이었다. 인간은 분명 자연에서 만들어진 존재이기 때문에, 인간이 만들어낸 것을 찬양하고 자연을 적대시했던 인간의 반란은, 언젠가 모순에 부딪히고 파괴될 운명이었다. 이성을 높이 사는 계몽주의 속에서 모더니즘이 시작되긴 했지만, 모더니즘이 점점 더 포퓰리즘과 뒤섞였기 때문에, 지식과 이성의 법칙은 인간의 특징이라기보다는 전통적 질서와 동일시되었다. 그리고 그 다음에는 귀족 엘리트와 마찬가지로 인식되자, 미와 질서를 추구하는 전통 예술 사상과 더불어 이성의 가치도 거부되었다. 아마도 이런 점 때문에 최근 학계에서 모더니즘을 벗어나 포스트 모더니즘으로 변화가 일어나는 것이리라.

자연의 질서나 혹은 그에 기반한 과거의 작품으로부터 어떠한 영향도 받지 않은 채 새로운 스타일을 창조하기란 불가능하다는 사실이 입증되었음에도 불구하고, 모더니즘은 예술가들에게 작품과 자연의 연관성을 거부하도록 강요했다. 그 결과 예술가들은 자신이 만들어낸 "예술적인" 그것이 무엇인지, 무엇을 전제로 해야 할지, 왜 그런지를 확정할 수가 없었다. 궁극적으로는 미술, 음악, 시라는 단어의 의미조차 규정할 수 없었다.

예술의 역사에서 현대의 특징은 예술의 개념 속에 예술 작품에 대한 아무런 내부적 제한이 없다는 것이다. 그래서 어떤 작품이 예술 작품인지 아닌지를 더 이상 말할 수 없게 되었다. 더욱 문제는 무언가가 예술 작품이 될 수 있지만, 그와 비슷한 어떤 것은 예술 작품이 될 수 없다는 점이다. 눈으로 보기에는 별 차이가 없는데도 말이다. 이는 무언가가 예술 작품인지 아닌지 멋대로 규정된다는 뜻이 아니라, 전통적인 기준이 더 이상 적용될 수 없다는 뜻이다.[103]

대중 예술가들이 처음 안티-예술주의자들이 만들어낸 영역을 채우기 시작했을 때, 그들은 대체로 예술가로 전혀 인정받지 못하는 사람들이었다. 예술적 가치가 시장 가치와 동등해졌을 때 비로소 대중 예술가들(주로 음악가와 무용가)이 분명하게 예술가라는 명칭을 사용하기 시작했다.[104] 그러나, 그들의 작품이 예술로 생각되었을지는 몰라도, 그들 스스로 자신을 결코 예술가라고 생각하지는 않았다. 그들이 생각하기에 예술가란 아름다운 어떤 것을 만드는 데 종사하는 사람들이었다. 예술, 아름다움, 심지어 예술가라는 단어에 대해 어떠한 규정도 거부하는 모더니즘

---

[103] Danto(2003: 17), Adorno(1997: 1) 참조. "분명한 것은 이제 예술과 전혀 관련되지 않는 것은 더 이상 자명하게 존재하지 않는다는 사실이다. 내면적인 삶도, 세계와의 관계도, 심지어 존재할 권리 그 자체도 그러하다."

[104] 시장 가치로 보자면, 몇몇 대중 예술가들(주로 음악가들)의 작품은 다른 어떤 분야의 모더니즘 예술 작품보다 더 가치가 크다. 그들은 갈수록 전문적인 수준을 높여왔다. 몇몇 대중 음악가들, 무용가들 등은 진정으로 자신의 예술 세계에 몰두하고 있다. 이들 자체는 "예술가"라는 이름에 부족함이 없다. 그러나 불행하게도 그들의 작품은 대부분 엘리트적 요소(즉 우아함, 아름다움, 완벽 추구 등)가 부족하다. 이것이 그들 작품이 "고급" 예술의 반열에 오르는 것을 가로막고 있는 요인이다. 그리고 이것이 기껏해야 박물관에서나 관심을 보이는 모더니즘 예술을 완전히 대체하지 못하는 이유가 되기도 한다.

"예술가"와는 다른 의미였다.

창작을 하는 사람들의 삶은 언제나 곤궁하기 마련이었다. 그러나 예술가 혹은 장인들에 대해서는 분명하게 고정된 사회경제적 위치가 있었다. 실제로는 나쁜 짓을 할지라도 귀족이라 하면 그들을 우러러보는 사람들뿐만 아니라 귀족들 스스로도 이상적인 어떤 것을 추구했다. 우러러보는 사람들 때문에, 귀족들에게는 완벽함 혹은 가능한 완벽에 가까운 정도가 요구되었다. 그래서 귀족들은 최고의 예술가들과 장인들을 고용하여 완벽한 것을 만들도록 했고, 그들로서는 자신의 작품이 최선을 다해 완벽을 추구하는 것이었다. 만약 예술가가 신을 우러러보고 신에게 봉사하기 위하여 최선을 다하는 것이 아니라면, 그들이 보기에 "우월하다고" 생각하는 사람을 위해 최선을 다했다. 그 교회나 그 귀족이 실제로 우월한가 하는 것은 별개의 문제로, 예술가의 주관적 판단과는 아무런 상관이 없었다. 세상의 위계를 뒤집는 것, 가장 미천한 자를 윗자리에 올려두는 것(가장 미천한 자를 우러러볼 사람은 없다.)으로 전근대의 질서를 바꿀 수는 없다. 그러니 위계질서 그 자체를 제거했던 것이다. 오늘날, 예술가/장인의 사회경제적 위치는 현실 속에서 더 이상 존재하지 않는다. 그리고 그 위치를 대체할 만한 다른 것도 사실상 없다. 거시적으로 예술의 목적 혹은 목표라고 할 만한 것도 사라졌다. 모더니즘의 완벽한 승리는 곧 이성, 귀족적 질서, 아름다움 등 전통적인 가치를 거부하는 의식을 뜻한다.

🙊🙊🙊

모더니즘은 단지 철학이나 운동이라기보다는 하나의 세계관이기 때문에 생활의 모든 측면에 적용되었다. 정치적 극단주의로서의 모더니즘, 특히 러시아에서 막스레닌식 사회주의(1917부터)와 중국식 사회주의(1949부터)로 인해, 그들의 전체주의적 방식이 중앙유라시아 전역에 뿌리내렸다. 중앙유라시아 사람들의 저항에도 불구하고, 러시아와 중국 공산주의의 횡포 아래 예술 작품을 포함한 거의 모든 전통 문화가 파괴되고야 말았다.

중앙유라시아와 서유럽에서 모더니즘의 역사는 충격적이리만치 서로 다르다. 유럽에서는 제2차 세계대전으로 파괴되기도 하고 가끔 새로운 건물이 들어서기도 했지만, 예컨대 파리에서는 여전히 아름다운 전통 건물들이 특징적이며, 도서관과 박물관에는 보물들이 그득하다. 서유럽에서는 새로운 예술 창작을 가로막는 것이 모더니즘의 주된 역할이었다. 이와 대조적으로, 중앙유라시아에서는 몇 안 되는 굉장히 유명한 건물들만 살아남았고, 옛날 수많았던 책들 중에 남은 것은 불과 몇 퍼센트 되지 않는다. 20세기 말에 돌이켜 보면, 모더니즘과 "진보"라는 이름의 악마는 중앙유라시아로부터 과거의 대부분을 빼앗아 가버렸다.

CHAPTER 12

다시 태어나는 중앙유라시아

ياش ئىدۇق ئۇزۇن سەپەرگە ئاتلىنىپ ماڭغاندا بىز،
ئەمدى ئاتقا مىنگىدەك بوپ قالدى ئەنە نەۋرىمىز.
ئاز ئىدۇق مۈشكۈل سەپەرگە ئاتلىنىپ چىققاندا بىز،
ئەمدى چوڭ كارۋان ئاتالدۇق، قالدۇرۇپ چۆللەردە ئىز.
قالدى ئىز چۆللەر ئارا، گاھى داۋانلاردا يەنە،
قالدى نى-نى ئارسلانلار دەشت-چۆلدە قەۋرىسىز.
قەۋرىسىز قالدى دېمەڭ يۇلغۇن قىزارغان دالىدا،
گۈل-چىچەككە پۈركىنۇر تاغنا باھاردا قەۋرىمىز.
قالدى ئىز، قالدى مەنزىل، قالدى ئۇزاقتا ھەممىسى،
چىقسا بوران، كۆچسە قۇملار ھەم كۆمۈلمەس ئىزىمىز.
توختىماس كارۋان يولىدىن گەرچە ئاتلار بەك ئورۇق،
تاپقۇسى ھىچبولمىسا، بۇ ئىزنى بىر كۈن نەۋرىمىز،
يا ئەۋرىمىز.
-- ئابدۇرېھىم ئۆتكۈر، "ئىز"

말을 타고 먼 길을 떠날 때 우리는 젊었노라.
지금쯤 손자놈들도 말을 타겠지.
그 험난할 길을 갈 때는 몇 안 되는 수였지만,
지금은 우릴 보고 그레이트 캐러밴이라 부르네,
황무지에 발자국을 남기는.

발자국은 황무지를, 계곡을,
산을 지나가네, 그리고
수많은 영웅들이 사막에 남겨졌네 무덤도 없이.
무덤 없다 말하지 말게, 능수버들 붉게 물든
봄날 새벽 들판에,
우리의 무덤은 붉은 장미로 가득하리라.
우리의 발자국은 남아있네, 우리의 꿈은 남아있네,
모든 것이 남아있네,
멀리 멀리까지.
바람이 불어도, 모래가 날아도,
뒤덮지 못하리 우리의 발자국은.
캐러밴은 갈 길을 멈추지 않네,
비록 말은 무척이나 야위었지만.
이 길 혹은 저 길에서 언젠가 발자국을 보리라,
우리의 손자들이.
혹은, 우리의 증손자들이.
— 압두르힘 우트쿠르, 〈발자취〉 중에서[1]

제4차 정주 제국의 시대

20세기가 저물어갈 무렵, 자본주의가 중국과 인도로 전파되었고, 이 두 나라의 경제는 급속도로 성장했다. 그러나 이들 제국의 정치는 별다른 변화가 없었다. 1991년 소비에트 연방이 무너지자 냉전으로 인한 긴장도 느슨해졌다. 예전의 러시아 소비에트 사회주의 공화국은 독자적으로 민족적 제국주의 러시아로 재탄생했다. 기타 연방에 소속되었던 공화국들도 독립을 회복했다. 여기에는 중앙아시아 서부의 국가들과 카프카스, 서부 폰틱 스텝 지역 국가들도 포함되었다. 갑작스레, 게다가 예상치도 못한 상황에서 중앙유라시아 대부분이 다시 한 번 독립 상태로 되돌아갔다.

이 시대에 가장 놀라운 발전 중의 하나는 유럽연합(EU)이었다. 유럽연합은 크기 면에서나 통합성 및 경제적인 역량 면에서 상당한 성장을 이룩하였다. 2007년에 이르러 유럽연합은 러시아와 벨라루스, 우크라이나를 경계로 그 서쪽의 유럽 지역 거의 모두를 포괄하게 되었다. 자국 이기주의나 멀리 내다보지 못하는 포퓰리스트 정치인들의 방해가 종종 있었지만, 유럽연합은 새로운 혹은 새롭게 회복된 제국으로서 정치적으로 발전했으며, 이와 함께 유라시아 지역 경제도 성장하였다. 이로써 유라시아 지역에 새로운 제국적 세계 질서가 만들어졌다. 중앙유라시아를 둘

---

1 이 텍스트는 우트쿠르(Ötkur, 1923~1995)의 소설 『흔적(Iz)』(1985/1986)의 도입부에서 가져온 것이다. 이 시는 원래 이 소설을 통해 출간되었다. 이후 대중적으로 유명한 판본 Rudelson(1997: 174)에 다시 수록되었는데, 애초의 작품과는 조금 다르다. 우트쿠르는 위구르의 가장 위대한 작가들 중 하나였다. 이 시가 바로 그 증거다.

러싸고 있는 모든 거대 규모 정치 단위들(중국, 인도, 유럽연합, 러시아)은 매우 빠른 속도로 성장하였다.

그러나 중앙유라시아만 홀로 그러한 행운을 함께 나누지 못했다. 중앙유라시아 주요 국가들 중 반 이상이 독립을 회복했음에도 불구하고, 중앙유라시아에서는 정부 차원이든 유럽연합 같은 정치경제적 블럭 형태든 막론하고, 여전히 통일이 이루어지지 못했다. 그래서 중앙유라시아에서 힘의 열세와 빈곤, 쇠퇴, 외국 의존은 계속되었다. 페르시아어권인 남부 중앙아시아(아프가니스탄)와 서남아시아(이란과 쿠르디스탄)뿐만 아니라 근동과 파키스탄도 주로 종교와 민족주의를 표방하는 독재정치의 치하에 놓여 있었다. 전체 지역의 힘의 열세로 인해 인접한 서부 중앙아시아(과거 소비에트 중앙아시아)의 정치 경제 상황 또한 힘을 얻지 못했다.

또한 불행하게도 러시아 지배 하에 남아 있던 중앙유라시아 나라들은 여전히 독립을 얻지 못했다. 카프카스 북쪽의 칼미크, 투빈(Tuvin), 알타이, 사카, 에벤키,[2] 체첸 등이 그러했다. 러시아 경제가 회복되면서, 새로운 대중추수적 독재가 발전하게 되었다. 이는 또다시 내외의 비판 세력을 위협하였다. 같은 시기 중국은 여전히 동투르키스탄, 내몽골, 티베트 지역에 군사적 점령 상태를 지속하였고, 무차별적인 테러와 폭력이 더욱 강화되었다. 이 시대 중앙유라시아 경제가 전반적으로 회복되지 못한 데에는 러시아와 중국 양측의 직접적인 책임이 크다.[3]

2 에벤키족(Evenkis)은 영어로 "Evenks"로 알려져 있는데, 이는 잘못이다. 심지어 언어학 책들에서도 그렇다.(이런 책의 저자들은 공부를 조금 더 해야 할 것이다.) 이러한 오류는 러시아인들의 유명한 오해에서 비롯되었다. 즉 러시아인들은 에벤키족의 종족 명칭을 러시아어 복수형으로 잘못 이해했다.
3 제10장 참조.

또한 문화적으로도 중앙유라시아는 황폐화되었다. 오래도록 계속된 주변 국가들의 압박 때문이었다. 특히 과거 공산주의 제국의 치하에 있었거나 혹은 여전히 남아 있는 지역에서는 더욱 그러했다. 극단적인 모더니즘의 맹공격으로 중앙유라시아에서 대부분의 전통 예술과 학문이 파괴되었고, 현실적으로 이를 대체할 어떤 것도 제공되지 못했다. 독립을 회복하거나 자본주의가 들어오면서 유라시아 대부분 지역에서는 유럽식 모더니즘이 공식적으로 강요되던 일은 끝났다. 하지만 예술 면에서 모더니즘은 이렇게 확산이 되었고, 이에 저항할 만한 전통 문화는 거의 아무것도 남은 것이 없다. 다른 한 편으로 종교 공동체가 다시 살아났고, 남아있던 많은 옛날 교회와 모스크, 시나고그 등을 비롯한 기타 종교 건물들이 수리되어 다시 문을 열었고, 그렇지 못한 경우 새로운 건물을 짓기 시작했다.

━━━━━━━━━━━━━━━━━━━━

회복이 시작된 유라시아

세계 전반에 걸친 공산주의 진영과 자본주의 진영 사이의 냉전은 마침내 소비에트 연방이 무너지면서 자본주의의 승리로 끝났다.[4] 소비에트 연방 몰락의 원인은 부분적으로는 내부 구조적 실패였고, 또 일부는 자본주의에 대항하기 위해 거대 규모의 군대 유지 및 새로운 군사 기술 개발로 인해 빈곤이 심화된 중앙유라시아 국가들을 지원하는 것이 너무 힘겨웠기 때문이다. 조그만 발트 해 연안 국가들이 주도하여 소비에트 연방 소속 공화국들이 1990년부터 하나씩 독립을 선언하기 시작했을 때, 연방 정부는 그들을 멈추어 보려고 했다. 그러나 1991년 쿠데타가 실패하면서 더 많은 연방 소속 공화국들이 독립을 선언했다. 마침내 미하일 고르바초프(Mikhail Gorbachev, 출생 1931, 재임 1985~1991) 서기장은 1991년 12월 21일 소비에트 사회주의 연방 공화국의 해체를 선언했다.[5]

카프카스와 서부 중앙아시아의 연방 소속 공화국들은 이렇게 갑작스레, 거의 예측도 못한 채 독립을 맞았다.[6] 러시아는 제2차 세계대전 이후 소비에트 점령 지역, 즉 몽골과 동유럽 및 중부 유럽에 주둔했던 군대를 철수시켰다. 그러나 불행히도 "두번째 줄"에 서 있던 소비에트 소속 자치 공화국 혹은 자치 지역들은 아무도 독립을 하지 못했다. 소비에트 연방이 무너졌음에도 불구하고 러시아는 짜르 시대의 제국과 사회주의 선배들이 정복했던 지역을, 결과가 어찌됐든 간에 붙잡아두기로 결정했다. 러시아가 자본주의를 수용하기로 결정했을 때, 처음에는 현실적이기보다는 이론적인 측면이 강했다. 그래서 러시아 정부 구성 인원은 거의 전

---

4 소비에트 연방의 붕괴는 소비에트의 용감한 작가 안드레이 아말릭(Andrei Amalrik, 1938~1980)이 이미 예고한 바 있었다. 1969년에 출판된 에세이 『소련이 1984년까지 살아남을 수 있을까?』라는 책에서였다. 그럼에도 불구하고 대부분의 서양 소비에트 전문가들은 아말릭과 그의 예견을 무시했다. 심지어 연방 해체를 실제로 선언할 때까지도 소비에트 연방이 경제적으로는 잘하고 있다고 고집을 부렸다. 황폐화된 경제를 면전에 두고도 이런 왕고집을 피웠다는 것이 믿어지지 않는다. 어느 방문객이라도 소련의 경제 상황을 확연히 느낄 수 있었다.(1972년은 확실히 그랬다. 그 해에 내가 가서 봤다.) 아말릭은 감옥에 갇혔고 1976년 강제 추방되었다. 그의 어두운 전망이 현실이 되기 전에 그는 죽었다. 그의 예언은 책 제목보다 불과 7년 뒤에 현실로 나타났다.
5 그는 1991년 12월 25일 대통령직에서 사임했다.
6 앞의 각주 4번 참조.

부가 공산주의자들이었고, 그들로부터 기업이 합법적으로 자율 사업권을 얻기까지는 매우 오랜 시간이 걸렸다. 중국이 국제 무역과 투자에 개방되자, 20세기 말 유라시아의 대부분 지역은 자본주의 경제 체제로(완전한 자본주의는 아니지만) 돌아섰다.

20세기 정치에서 모더니즘의 성공은 놀랄 만한 일이었다. 1951년 즈음에 포퓰리스트들은[7] 이러저런 형태의 근대적 비-왕조 정부 구성에 성공했다. 전체주의적 파시스트 혹은 공산 독재부터 자유 "민주주의"까지 형태는 다양했다. 20세기 말에 이르러 포퓰리즘은 완벽하게 여타의 모든 정치 형태를 대체했다. 세계의 모든 나라는(규모가 작고 고립된 몇몇 나라들을 제외하면) 근대 민주주의를 선포했다. 사실상 그 중 어느 누구도 실제 민주주의는 아니었고, 대부분은 공화국도 아니었다. 대체로 독재정치였고, 기껏해야 과두정치 정도였다. 모더니즘의 승리는 완성되었다.

중국의 경제 회복

1978년, 모택동이 사망한 뒤 불과 2년 만에 중국의 지도자들은 절망적인 빈곤에 빠진 조국을 서서히 자본주의로 돌려놓기 시작했다. 처음에는 소규모로 자본주의식 투자가 허용되었다. 대부분은 중국의 저임금 노동을 이용하는 외국인 공장들이었다. 변화는 성공적이었다. 외국인 투자자들은 막대한 이득을 얻었다. 공산당 지도자들도 마찬가지였다. 그들은 권력에 더하여 벼락부자가 되었다. 중국은 일종의 "국가 자본주의"를 발전시켰다. 이는 국가가 감독하는 전면적 자본주의로 성장가도를 달렸다.

---

7 포퓰리즘(populism)이라는 용어에 대해서는 제11장 각주 69번 참조.

중국의 경제뿐만 아니라 과학과 기술도 극단적으로 빨리 성장하자 중국은 빈곤국에서 개발도상국으로 부상했고, 세계 경제를 주도하는 나라가 되었으며, 강력한 우주 개발도 실시하였다. 불과 30년 만에 벌어진 일이다. 중국 경제 발전의 미래상은 화창했다. 그러나 러시아와 달리 중국은 그들이 점령하고 있는 중앙유라시아 국가 중에 어느 누구도 독립시키지 않았다. 오히려 더욱 가혹하게 억압했고, 특히 동투르키스탄에 대해서는 더했다.[8] 더욱 나쁜 일은, 많은 중국인들은 개방된 세계에 합류하길 원하는 것 같지만, 동시에 중국 정부의 지도자들은 그들 주위의 독립국들을 위협한다는 점이다. 그들은 그곳이 "원래 중국에 속해 있었다."고 주장한다. 중국이 이미 군사적으로 점령하고 있는 나라들에 대해서도 물론 같은 주장을 편다. 새천년이 시작되는 시점에서 볼 때, 중국 인민들이 당국의 세뇌교육을 알아채거나 저항하거나 극복하지 못한 것은 세계의 미래에 드리워진 암울한 징조라 하겠다.

인도의 경제 회복

별로 주목하는 이는 없지만, 20세기 말 인도는 중국과 거의 같은 시기에 중국과 맞먹는 수치로 경제 성장을 이루어냈다. 인구 성장 면에서는 심지어 중국을 능가했다. 세계 경제에서 인도의 경제적 및 정치적 존재감은 점점 더 부정할 수 없는 위치에 이르렀다. 불행하게도 힌두교 근본주의의 확산은 정치적 안정과 문화적 성장 가능성을 위협했다. 인도의 시골은 대부분 여전히 비참한 상태여서 비교적 원시적인 단계를 넘어서지

---

8 특히 Bovingdon(2004) 참조.

못하고 있다. 더욱이 히말라야 남쪽 끄트머리의 네팔 힌두교 주도 지역에서는 모택동주의가 성장하여 지역의 안정을 더더욱 위협하고 있다. 그럼에도 불구하고 인도의 급속한 경제 성장과 기술 발전을 보면 앞으로의 세계에서 인도가 중요한 역할을 맡을 것은 확실해 보인다.

러시아의 회복

소비에트 연방이 해체되면서 러시아는 여러 지역에 대한 부채를 스스로 벗어던졌지만, 짜르 제국 시절부터 이어받은 가장 값어치 있는 정복지역들은 그대로 소유하고 있었다. 러시아가 차지한 땅 중에서 가장 중요한 지역은 상트페테르부르크와[9] 발트 해 연안, 소치(Sochi) 항과 흑해의 북동부 연안, 육지로 둘러싸인 카스피 해의 북부 연안, 러시아의 극동 지역 태평양 연안의 블라디보스토크 항, 북극해 중에서 바렌트 해 무르만스크(Murmansk) 등지였다.

    소비에트 연방이 막을 내리면서 러시아는 황폐화된 내부 경제에 관심을 돌렸다. 나라 전체적으로 비공산주의 "민주" 정치 체제를 공식 채택했지만, 대다수가 공산주의자들인 정치가들의 반대에 부딪혀 커다란 어려움을 겪었다. 이들은 합법적 자본주의 경제 행위를 쉽게 허락하지 않았다. 초기 경제 회복의 기미는 보리스 옐친(Boris Yeltsin, 1931~2007, 재임 1991~1999) 정부 요인들의 횡령 사건으로 무너져 버렸다. 이들은 러시아 경제 안정화와 미약한 은행 시스템을 지원하기 위해 도입된 수억 달러

---

[9] 1991년 6월 12일 레닌그라드 시민들의 투표로, 도시의 이름을 상트페테르부르크(St. Petersberg)로 복원하는 안이 통과되었다. 이 도시의 이름은 일찍이 1924년 레닌을 기리기 위해 레닌그라드로 바뀌었었다.

의 외화 자금을 착복했다. 그 결과 은행이 무너졌고, 심각한 인플레가 찾아왔으며, 정부는 공무원과 수천만 공기업 노동자의 급여조차 지급할 수 없었다. 어떤 지방, 특히 시베리아와 극동 지방에서는 수 년 동안 추위 때문에 얼어 죽거나 굶어죽는 사람들이 많았다. 이로 인해 러시아 인구 감소 속도는 세계 최고를 기록했다.

이 나라를 구한 것은 비공식적으로 지속된 경제 체제였다. 이는 근본적으로 지하경제와 마찬가지였다. 공산당 치하에서부터 자연스레 원초적인 자본주의가 발달했었다. 21세기가 시작될 무렵에도 러시아 정부는 사업가를 처벌하고 있으며, 조직적인 범죄가 경제에 손상을 입히고,(이들 범죄 조직은 러시아 정부와 분명하게 구분되지 않는다.) 극단적 민족주의가 확산되고 있으며,(러시아 유태인이나 비러시아인, 그리고 단지 충분히 러시아인처럼 보이지 않는 누구나를 대상으로 공격을 가하는 인종주의자들의 증가도 포함된다.) 소비에트 시절 정치 및 군사 정책이 다시 회복되고 있지만, 그럼에도 불구하고 러시아 경제는 폭발적으로 성장하기 시작했다.

중앙유라시아의 재등장

러시아 연방에 소속되지 않은 공화국들이 독립했을 때, 카프카스의 나라들, 조지아(그루지야), 아르메니아, 아제르바이잔과 함께 대부분의 소비에트 중앙유라시아 국가들도 독립을 이루었다. 폰틱 스텝 지역 서부에 있던 우크라이나는[10] 완전히 독립했지만, 폰틱 스텝의 동부 지역부터 남쪽

---

10 우크라이나도 마찬가지다. 전통적으로 영어로는 'Ukraine'이라고 했다. 이 책에서는 나는 현지식으로 '우크라이나(Ukraina)'라고 했다. 특히 새로 독립한 우크라이나를 지칭하기 위해서다.

으로 흑해의 아조프 해에 이르는 지역, 카프카스 북부 스텝 지역에서 남쪽으로 아스트라한(Astrakhan)의 카스피 해에 이르는 지역은 러시아에 남았다. 이 지역들 중 일부는 대체로 러시아에 동화되었지만, 다른 많은 지역들, 특히 카프카스 북부 스텝 지역, 즉 볼가 강 하류 및 카프카스 산맥 사이 북부 카프카스 스텝 지역에 있는 몽골-칼미크어권 공화국을 포함하는 지역은 문화적으로 러시아에 동화되지 않았다.

중앙아시아에서 수많은 러시아 인구를 포함하고 있는 카자흐스탄과 투르크메니스탄, 우즈베키스탄, 타지키스탄, 키르기스스탄도[11] 모두 독립했다. 이들 나라들은 가까스로 경제를 유지할 수 있을 정도이고, 대체로 탐욕스런 정치인들의 먹잇감으로 전락했다. 이들은 이 지역을 빈곤과 쇠락, 어떤 방식으로도 도움을 받을 수 없는 절망 속에 묶어두었다. 그럼에도 불구하고 독립은 그들에게 희망을 주었고, 보다 넓은 세계에 접근할 수 있는 기회를 주었다.

수많은 비러시아 "자치 공화국" 및 "자치주"의 인민들도 독립에 대한 요구를 봇물처럼 터뜨렸다. 가장 성공적인 경우가 과거 타타르 소비에트 사회주의 자치 공화국의 타타르족과 과거 사하(Sakha, Yakutia) 소비에트 사회주의 자치 공화국의 사하족(야쿠트족)이었다. 이들의 지위는 이미 제후국 수준의 공화국에 가까웠다. 이들은 규모도 컸고 풍부한 천연자원도 가지고 있었다. 이를 활용하여 러시아와의 거래에서 강력한 힘을 행사할 수 있었다. 이들은 반(半)독립적인 지위를 획득했는데, 그것이 전적으

---

11 'Kirghizstan'은 그 이름의 전통 영어식 명칭이다. 요즘은 보통 키르기스 키릴 문자를 러시아식으로 전사해서 '키르기스스탄(Kyrgyzstan)'이라고 한다.

로 독립하는 것보다 더 유리했기 때문이다. 이렇게 함으로써 막대한 군사비 부담 등 독립국가가 감수해야 할 비용 부담을 지지 않을 수 있었고 그 에너지를 경제 개발에 쏟을 수 있었다. 그러나 러시아 경제가 회복됨에 따라 러시아의 민족주의와 정치군사적 제국주의도 다시 거세졌고, 이는 타타르와 사하 인민들이 그들의 천연자원을 활용하는 것을 위협하기 시작했으며, 그들이 러시아와 분명하게 구분되는 민족 및 문화를 유지하기가 어렵게 만들었다.

다른 사람들, 예컨대 체체니야(Chechnya, 체첸 공화국)의 체첸 사람들은 훨씬 더 못했다. 과거 체첸-인구시(Chechen-Ingush) 소비에트 사회주의 자치 공화국은 무너져버렸고, 1944년 모든 국민들이 모조리 추방되었다. 그들이 다시 고향에 돌아오는 것은 1956년~1957년에 이르러서야 가능했다. 카프카스에 있는 그들의 이웃이 독립했을 때, 체첸 또한 완전 독립을 요구했다. 처음 러시아와 전쟁을 벌인 뒤 체첸은 5년 뒤 독립시켜주겠다는 조약에 서명했다. 그러나 조약을 이행하는 대신 러시아는 이 작은 나라를 침략해 길고 피비린내 나는 끔찍한 전쟁을 시작했다. 많은 체첸인들을 살해했고, 체첸인들 또한 많은 러시아 군인들과 시민들을 살해했다.[12]

몽골은 이미 형식적으로 독립한 상태였지만, 소비에트의 연맹이자 위성국가로서 오래도록 소비에트 군대가 주둔해 있었다. 몽골에서는 빈곤과 쇠퇴가 지속되었고 이에 더하여 중국으로 인한 위험이 가중되었기 때문에(중국은 계속해서 몽골을 위협했다.) 몽골은 여전히 러시아와 매우 가까

---

12 Nichols(2004).

운 관계를 유지하고 있다.

유럽연합

이 시대의 가장 주목할 만한 발전은 유럽연합(European Union)의 결성과 급속한 성장이라 할 수 있다.[13] 소비에트의 힘이 무너졌을 때, 소련의 군대가 점령했던 나라들은 다시 완전한 독립을 회복하였다. 동독은 다시 서독에 병합되었다. 독일은 1990년 10월 3일 유럽연합이 결성되었을 때 주축이 된 나라 중의 하나였다.[14] 폴란드, 체코, 슬로바키아, 슬로베니아, 헝가리, 에스토니아, 라트비아, 리투아니아, 키프로스, 말타도 모두 2004년에 유럽연합에 가입했다.[15] 이어 2007년에는 루마니아와 불가리아가 합류했다. 이렇게 해서 유럽연합에는 러시아, 벨라루스, 우크라이나를 경계로 그 서쪽의 유럽 국가들이 모두 포함되었다. 유럽연합에는 실제 중앙정부가 없음에도 불구하고 유럽연합은 세계에서 주요 정치세력이 되었다. 주로 선동적이거나 혹은 탐욕적인 포퓰리스트 정치가들에 의해 후퇴한 적은 있지만, 그럼에도 불구하고 유럽연합의 영향력과 번영은 계속 증대되고 있다.

계속되는 중앙유라시아의 약세

많은 중앙유라시아의 나라들이 정치적 독립뿐만 아니라 문화적 독립을 회복하기 시작했지만, 소련의 오랜 지배 기간에 비롯된 지역의 극심한

---

13 이전에는 European Community(1967년 이후)였다. 1994년 이것이 EU로 바뀌었다.
14 1991년 베를린이 통일 독일의 수도가 되었다.
15 McGeveran(2006).

빈곤으로 인해 전 지역에 억압적인 독재 정권이 들어섰다. 이들 모두는 말로는 민주공화국이라고 한다. 이들 나라 중 일부는 아주 천천히 이러한 정치적 유산을 극복하고 보다 덜 억압적이고 보다 더 개방된 상태를 만들어갔다.

동투르키스탄과 티베트는 특히 탄압으로 고통을 겪었다. 이들은 중국의 군사적 점령 지역으로 남아있었기 때문이다. 이들 두 나라의 민족주의자들은 언제든 그리고 어디서든 중국인에게 발각되기만 하면 여지없이 박살 났다. 중국 상당 지역에서 목격되는 경제적 번영과 급속한 성장은 동투르키스탄과 티베트에서는 찾아볼 수 없다. 다만 그곳에 있는 폭압적인 중국 민족주의 식민지배자들만이 경제 성장의 영화를 누릴 뿐이다.

세계적으로 무역 블록이 출현했음에도 불구하고 중앙유라시아에서는 그러한 연합체가 결성되지 못했다. 이 책이 출간되는 2007년에도 연합체가 곧 출현할 것으로 기대하기는 어려운 것 같다. 왜냐하면 아프가니스탄에서는 근본주의 광신도들(주로 탈레반과 그 연맹들)이 끊임없이 안정을 위협하고 있고, 러시아와 예전 소련 소속 국가들에서는 억압적인 가짜 자본주의 혹은 모호한 공산주의 정권이 들어섰으며, 중국은 동투르키스탄과 티베트를 군사적으로 계속 점령하고 있기 때문이다. 따라서 중앙유라시아에는 전반적으로 연약하고 빈곤하며 경제적 및 문화적 발전이 없고 정치적으로 억압받는 특성이 그대로 남겨져 있다.

2001년 9월 11일, 미국인 수천 명이 살해되었다. 테러리스트 그룹 알 카에다(Al-Qaeda, al-Qâ'ida) 조직이 시민과 군대를 공격했던 것이다. 알 카에다는 아프가니스탄에 근거지를 두고 있었고, 아프가니스탄의 탈레반 정부는 공개적으로 이들을 지원했다. 이에 대한 대응으로 미국 정부는 "테러와의 전쟁"을 선포했고, 미국 군사력을 총동원하여 바닥샨(Badakhshan) 지방 북동부의 타지크(Tajiks) 등을 지원했다. 이곳은 아프가니스탄에서 유일하게 탈레반의 통치를 받지 않는 지역이었다. 짧은 내전이 있은 뒤 2001년 11월 탈레반 정권은 무너졌고 하미드 카르자이(Hamid Qarzai, 2002년에 선출된 대통령)가 이끄는 민주 정부가 들어섰다. 알 카에다 테러리스트들은 대폭 축소되어 쫓겨났다. 그러나 불행하게도 아프가니스탄은 여전히 폭력적인 분열주의자들에 의해 분열되어 있고, 탈레반 극단주의자들은 곧 세력을 회복했다. 탈레반은 점점 더 알 카에다의 테러리스트 전술을 차용하여 아프가니스탄을 또다시 파괴하려는 음모를 계속하고 있다.[16]

연안 무역 시스템과 중앙유라시아

대륙에서 새로운 통합 제국의 시대가 시작되는 가운데, 과거 연안 국가들과 주변 국가들이 분리된 채로 남게 되었다. 한국의 분단은 여전해서 바다 쪽과 대륙 쪽으로 나누어져 있다. 서남아시아는 상대적으로 소규모 국가들 여러 개로 분리되어 있다. 아라비아 해 연안 지역은 대체로 상업 지향적인 소규모 공국들로 나누어져 있다. 레반트 지역도 몇 개의 나라로 나누어져 있다. 영국은 공식적으로는 유럽연합의 일원이지만, 실제로는 비협조적이며 여러 측면에서 유럽연합 국가들과 상당히 동떨어져 있다. 전체적으로 보자면 새로운 시대가 시작되는 시점에서 연안 무역 시

16 McGeveran(2006).

스텝에 걸쳐 있는 나라들은 규모에 비해서 상대적으로 번영을 구가하며 정치적인 영향력도 크다.

중앙유라시아를 둘러싸고 있는 주요 세력들, 인도, 중국, 러시아, 유럽연합 등은 여전히 막강하고 급속하게 성장하고 있다. 오직 서남아시아에서만 주도 세력을 찾아볼 수 없다. 그 지역 혹은 외국의 극단주의자들의 억압과 파괴 때문이다.

중앙유라시아 상당 지역이 복권되자, 준가르 제국이 무너지고 중앙유라시아 나라들이 주변의 주요 세력들에 병합되기 이전의 유라시아 질서가 부분적으로 다시 수립되고 있다. 새롭게 독립한 중앙유라시아 국가들, 기본적으로 서부 중앙아시아와 중부 스텝 지역(과거 소비에트 중앙아시아), 남부 중앙아시아(아프가니스탄), 동부 스텝 지역(몽골) 등은 각각 기형적인 정치 형태를 가지고 있고, 빈곤하며, 외부의 압박에 노출되어 있다. 이들의 상황은 연안 무역 시스템에 걸쳐 있는 나라들과 비교될 수 있겠지만, 이들에게 과거의 상업적 번영과 이에 기반한 정치적 힘이 없는 이상 비교가 그리 간단하지는 않을 것이다.

정치경제적 전망

중앙유라시아에서 새롭게 독립한 나라들은 대부분 근대적 "민주주의"를 표방하고 있지만 사실상은 탐욕적인 독재자 혹은 선동가들이 통치하는 가짜 공화국들이다. 정치-종교적 극단주의는 모더니즘 추종자들의 포퓰리즘 중에서도 가장 사악하고 파괴적인 것인데, 이러한 극단주의가 이 지역에 확산될 위험성이 굉장히 높다. 이를 방지하기 위해서는 소련식의 정치와 종교 억압이 유일한 방법이라는 의견이 지배적이었다. 따라서 중앙유라시아의 번영을 회복할 전망은 매우 암울하다.

실크로드 무역을 복원하기 위해 중앙유라시아 문화복합체가 부활할 가능성은 전혀 없다. 새롭게 독립한 서부 중앙아시아 국가들은 압도적으로 소비재 생산에 의존하고 있다. 예를 들면 석유, 가스, 면, 그리고 아프가니스탄의 마약 등이다. 경제 이론에 따르면 이 중에서 마약만이 유일하게 사치품에 속한다. 그러나 마약 거래에 대한 정치적인 금지로 인해 마약이 실크로드 사치품 무역으로 자리 잡기는 어려울 것이다. 중앙유라시아 동부의 유일한 나라인 몽골도 극심한 빈곤 상태에 있으며, 이기적인 정치가들의 통치를 받고 있다. 이들은 나라의 경제를 어떻게 근대화해야 할지 아무것도 모른다. 동투르키스탄과 티베트는 계속해서 중국 군대에 의해 점령당해 있다.[17] 과연 이들이 너무 늦지 않은 시기에 독립해서 자신의 언어와 문화를 지킬 수 있을까?

다시 말해서 중앙유라시아가 세계 속의 한 지역으로 회복될 것인가? 아니면 극심한 빈곤 속에서 극단주의자들의 먹잇감이 되고 유라시아 전

---

17 중국 공산당 정부는 중국이 역사적으로 중앙유라시아를 지배해왔다는 새로운 신화를 퍼뜨리고 있다. 군대로 장악한 외국 영토 지배를 정당화하기 위해서다. 반대로 생각하면, 한때 몽골이 중국을 정복했기 때문에, 몽골이 중국을 지배해야 한다고 강변할 수도 있다.(현재 중국 영토의 일부라도 통치했던 민족들은 누구나 이런 식으로 말할 수 있다.) 중국에서는 이런 면을 별로 주목하지 않는 것 같다. 정부의 주장은 명백하게 선전용이다. 그러나 근대 의무교육 체계가 완전히 통제되고 있기 때문에, 세뇌 교육을 받은 중국 시민들 중에 이러한 정책을 생각하거나 의문을 제기하는 사람은 거의 없으며, 그에 반대하고 나서는 사람도 당연히 없다. Bovingdon and Tursun(2004) 참조.

체에 악영향을 미칠 테러리스트의 근거지로 계속 남아 있을 것인가?

이러한 질문에 대해 긍정적인 답변 여부는 중국에 달려 있다. 중국이 티베트와 동투르키스탄을 풀어주고 이들 지역 사람들이 기존의 중앙유라시아 연합에 평화적으로 참여할 수 있다면 대답은 긍정적일 것이다. 중앙유라시아는 삼면이 급속히 성장하는 경제 단위, 즉 러시아, 중국, 인도에 둘러싸여 있다. 따라서 중앙유라시아 연합이 결성된다면 틀림없이 강력한 경제 성장과 문화적 복원이 이루어질 것이며, 불안한 정세 또한 안정화될 것이다. 그러나 중앙유라시아 핵심 지역이 회복될 수 있으려면 이를 하나로 묶는 정치 체제가 발전해야 한다. 개별 국가들을 파괴하여 하나로 묶어내는 획일적인 권력이 아니라, 과거 유목 제국이 보여줬던 자비로운 영향력과 같은 관대한 종주권, 중앙유라시아의 경제 및 정치 상황을 개선할 수 있도록 모두가 함께 일할 수 있게 도와주는 권력이어야 한다. 중앙유라시아의 독립국들이 언제가 이를 이해하고 유럽연합과 같은 현명하고 자유로운 연맹체를 만들 수 있다면, 아마도 그들은 중국을 설득하여 동투르키스탄과 티베트 지역의 독립을 위해 노력할 수 있을 것이다.

마찬가지로 중동(기본적으로 이란과 근동 지역)이 회복되기 위해서는 중동 사람들이 평화롭고 번영하고 안전한, 유럽연합과 같은 다문화 연맹체를 결성할 수 있어야 한다. 중동 국가들이 그렇게 할 수 있는 가능성은 매우 적어 보인다. 안정과 경제 성장과 자유(혹은 실질적인 종교와 정치의 분리)가 아랍어권 세계와 멀리 동떨어져 있는 몇몇 나라에서 명백하게 실현되고 있다. 이로 미루어 보아 중동에서도 이러한 변화는 가능할 것이다. 그러나 근대 극단주의적 포퓰리즘이 불러일으키는 증오와 광신도적

이론이 이슬람, 유태교, 기독교의 탈을 쓰고 여전히 중동 지역의 대부분 나라들을 지배하고 있다.

현대 중앙유라시아의 모더니즘과 예술

오늘날 중앙유라시아의 도시들에서는 모더니즘이 예술을 지배하고 있다는 점을 쉽게 확인할 수 있다. 사실상 모더니즘의 맹공격에도 불구하고 살아남은 것들을 찾아보기가 점점 더 어렵다. 주요 도시들, 예컨대 타슈켄트나[18] 우룸치의 건축물은 굉장히 모던하다. 건물을 장식하고 있는 예술품들도 마찬가지다. 라사에서는 한때 티베트 고유의 사랑스런 보석 같은 건축물들이 많았지만, 이제는 박물관과 관광지로 보존된 포탈라 궁만이 중국화된 도시의 콘크리트 건물을 내려다보고 있다.[19] 중앙유라시아에서 지역 전통 문화에 입각한 오래된 건물은 흔치 않다. 그나마 크고 공격적인 근대 빌딩들 때문에 전통 건축물은 어울리지 못하고 어색해 보인다. 대학이나 예술학교에서 공부하는 젊은 예술가들은 모더니즘을 배운다. 언제나처럼 모더니즘은 새로운 것을 제시하고 오래된 것보다 새 것이 더 낫다고 가르친다.

중앙유라시아의 경제 상황이 너무 나쁘기 때문에, 그리고 정치적, 문

---

18 도시의 고대 건축물 중 대부분은 1966년의 강력한 지진으로 파괴되었다. 도시가 재건되었을 때 파괴된 과거의 건물들은 대부분 근대식 건물로 대체되었다. 당시의 건물은 모더니즘 건축의 혹독한 반예술적 지향을 따랐다.
19 Shakya(1999: 17번)에 나오는 1996년의 사진 참조. 사진 촬영 이후 상황은 더욱 악화되었다.

화적으로 전세계로부터 고립되어 있기 때문에, 모더니즘은 아직 그곳에서 승리를 거두지 못했다. 수십 년 동안 공산주의 제국에서는 가장 극단적인 모더니즘 예술 양식이 금지되어 있었고, 오직 "사회주의 리얼리즘"만이 용인되었다. 이는 서유럽의 전근대 엘리트 문화의 몇몇 요소들로 모더니즘의 눈을 가린 것이었다. 이러한 이유로 예술에서의 모더니즘은 중앙아시아에서는 여전히 새로운 어떤 것으로 받아들여지고 있다. 이곳은 바이러스가 가장 치명적인 무대이다. 그러한 한편 전통 예술이 상대적으로 잘 남아있기도 하다. 특히 종교적 보수주의자들 사이에서 그러하다. 만약 중앙유라시아 사람들이 그들의 전통의 가치를 배우기만 한다면, 예술과 아름다움이 그들의 역사를 품고 있다는 사실을 배울 수 있다면, 특히 그들이 모더니즘이 정말 어떤 것인지 제대로 깨닫고 이해할 수만 있다면, 아직은 예술을 구해낼 시간이 남아 있다.

예술에서 모더니즘의 원천은 유럽과 연안 지역 및 전 세계의 유럽 문화 식민지들이다. 모더니즘은 어쨌든 100년이나 지나버린 "혁명" 운동이다. 아직도 모더니즘은 철저하게 검토할 필요가 있다는 사실로부터 아무도 의문을 품지 않았던 많은 질문들이 나올 것이다. 예를 들면

"왜 모더니스트 예술가들은 한 세기 내내 혁신과 실험을 했음에도 실제 예술 작품을 생산해내지 못했는가?"

"모더니즘의 규칙은 왜 아직도 변하지 않으며, 아직도 그게 뭔지 사람들이 알 수 없는가?"

한 세기 동안 모더니즘 예술가들은 새로운 세대가 나올 때마다 공개

적으로 앞세대의 예술(모더니즘 예술)은 예술로서 실패했다고 주장했다. 모더니즘을 표방한 대부분의 스타일 혹은 예술 운동은 잠시 유행하다가 (즉 예술 혹은 우수한 작품으로 생각되다가), 곧 유행에서 멀어지고(즉 예술이 아니거나 혹은 저질 작품으로 간주되었고), 다음 세대 아방가르드 운동이 이를 대체하기를 계속했다. 예술에서 이런 잔인한 사이클(즉 모더니즘)이 막을 내릴 기미는 아직 보이지 않는다.

모더니즘 현상과 예술의 파괴는 이미 20세기 초 근원적인 질문을 던지는 작가나 화가에 의해서 언급된 적이 있었다. 그는 1954년에, "극단주의"가 40여 년을 휩쓸고 간 뒤 여전히 반성이 없는 상태에 대해, 젊은 예술가들이 부지불식간에, 예전에 했던 짓을 새롭다고 혹은 도발적이라 생각하고 또다시 반복하는 문제점을 지적했다. 예술가는 "진보라는 커다란 귀신의, 게다가 굉장히 질투심 많은 귀신의 노예가 되었다."[20] 이 글이 발표된 뒤로도 또 50년이 흘렀지만 변화는 없다.

예술은 왜 회복되지 않는가? 왜 예술은 20세기 이후 영원히 계속되는 혁명 속에 놓여 있는가? 왜 세상의 현실 정치의 안정성에 걸맞은 안정성을 회복하려는 기미가 예술에서는 전혀 보이지 않는가? 사회와 정치에 대한 예술가의 느낌이 작품 속에 반영된다면, 예술가들이 그들을 먹여 살리는 사회에 감사하고 예술 작품으로 감사에 대한 표현을 하는 것이라면, 이제는 분명히 두 개의 세계가 분리되고 말았다. 예술의 세계

---

20 Lewis(1954: 40). 이 책의 제목 '예술에서 진보라는 악마(The Demon of Progress in the Arts)'는 아주 적절한 제목이었다. 그러나 이 책은 예술 분야에서 전혀 아무런 영향력도 미치지 못했다. 이후로도 예술은 반세기 이상 악마의 통제 속에 머물러 있었다. 모더니즘을 맹종한 모든 변화에도 불구하고, 아무것도 변하지 못했다.

는 진심을 다해 모더니즘을 받아들인 뒤 이제는 영원한 혁명이라는 괴물에 갇혀버렸다. 반드시 바로 전에 있었던 것이라도 거부해야 하고, 모던하게, 신식으로, 아방가르드로 남아있어야 한다. 예술가들에게 잔인한 부정의 사이클 외에는 "아무것도 허용되지 않는다."[21] 이제는 거의 전면적이라서, 즉 "실험적인" 아방가르드 예술가들이 시도해보지 않은 것이 없어서, 그들의 말하는 예술의 원천은 고갈되고 말았다. "이성적인 한계는 이미 넘어섰다. 더 이상 기대할 것은 없다. 이제 남은 것은 기준을 강화하는 것뿐이다."[22] 그림을 보면 가장 눈에 잘 띄는 장식용 라벨만 남게 되었다. 필요한 것은 화가의 서명(유일하게 필수불가결한 요소), 프레임(때로 생략됨), 라벨(선택 품목)뿐이다. 예술적인 시란 모호한 어휘와 제목(생략될 때가 많다.)과 이상한 여백이 있는 문학 작품이다. 예술적 음악은 제멋대로 소리를 내는 것이다. 하모니나 멜로디(때로 생략됨), 리듬은 극단적 변화로 가득하다. 자연에서는 물론 "대중적인" 음악에서도 비근한 예를 찾기가 힘들다. 사회적인 니치 혹은 "예술가들"의 행동이라고 짜여진 틀은(경제적인 니치는 아니지만) 남아 있다. 그러나 그들이 생산한 것은 더 이상 회화나 시나 음악이 아니다. 이들에 대한 사전적인 정의는 사라져버렸고, 이들을 다시 정의내릴 수 있는 능력도 잃어버렸기 때문이다. 그래픽 아티스트는 회화를 규정할 수 없고, 시인들은 시를 규정할 수 없고, 작곡가들은 음악을 규정할 수 없다. 비평가들이 아무리 부추겨도 현상태를 유지하기조차 어렵다. 다른 말로 하자면 직업적인 전문가들은 회화가 무엇인지, 음악이 무엇인지, 시가 무엇인지 더 이상 설명할 수 없다.[23] 예술가들

21 Lewis(1954: 40).
22 Lewis(1954: 37).

도 그게 뭔지 모르기 때문에 설명하지 못하는 것이다. 모더니즘은 앞서 이루어진 모든 것을 거부했을 뿐만 아니라 예술적인 이성(Reason), 즉 자연의 법칙을 따른 규칙, 혹은 적어도 그런 원칙이 있다는 생각조차 거부하고 말았다. 이는 필연적으로 순수 예술의 정수를 생산해내는 방법론으로서의 전통 예술을 파괴하는 결과를 낳을 수밖에 없었다.

안정과 번영이 이룩되고, 심지어 상업적으로 성공한 몇몇 예술가들에게는 경제적인 지원도 주어지게 되자, 예술로서의 모더니즘이 제도화되기에 이르렀다. 바로 영원한 혁명의 연속이 된 것이다. 이는 재앙이 아닐 수 없다. "상당 기간 동안 우리 시대의 현실을 직시하는 것은 워낙에 환영받지 못할 일이었다. 그래서 일종의 침묵의 음모가 발달했던 것이다. 그래서 모두들, 수많은 가난한 예술가들을 포함해서 직업적인 전문가, 그림 판매업자들 등등, 모두가 이런 상황을 즐기는 척 했고, 심지어 예술이 번성하고 있는 것으로 생각했다."[24] 그러나 사실상, 우리는 현재 진정으로 새로운 예술이 없는 시대에 살고 있다. 영속적인 혁명은 사실상 침체상태를 의미한다.

모더니즘에 대한 문학 비평만이 홀로 진정 필요한 것이 무엇인지를 직시했다. 즉 다른 무엇보다도 진정한 예술, 즉 회화, 음악, 시나 기타 예술 작품을 창조하는 것이 필요하다는 주장이다. 진정한 고급 예술은 아주 오래도록 창작되지 않았고, 아직도 여전히 창작되지 못하고 있다. 화

---

23 그것이 "실제로" 무엇인가 하는 문제는 철학자들 말고는 주요 관심사로 삼는 사람이 없겠지만, 만약 예술가들이 최소한 이런 부류의 문제들에 대해 의문을 제기하기 시작했다면, 이런 점에서는 거의 아무런 손상도 없었을 것이다.
24 Lewis(1954: 27).

가들, 음악가들, 시인들이 이를 깨닫고 새로운 고급 작품 창작에 혼신을 기울이지 않는 이상, 우리는 계속해서 과거의 작품들에 의존할 수밖에 없을 것이다. 지나간 근대 모더니즘 작품들을 포함해서 말이다. 이들은 이미 학자들에 의해 지나치게 신성시되었고, 박물관에서 방부처리된 채 보존되어 있으며, 콘서트홀이나 도서관에 들어가 있다. 그래도 여전히 이들을 연구하고 화석화하고 아카데믹한 안티-예술 작품으로 만들기 위한 출발점으로 이들은 또다시 연구되고 분석될 것이다.[25]

예술 발전 단계에서 모더니즘은 불가피했다는 견해가 있었다. 즉 새로운 어떤 것이 만들어지기 위해서는 "판을 청소해야" 했다는 것이다. 꼭 필요했든지 아니든지 간에, 어쨌든 그것은 성공했다. 미의 이상, 자연의 질서 등 모든 위대한 예술 작품 속에 잠재해 있는 것을 명백하게 거부하고, 한 세기를 통째로 평범하고 추한 것을 이상으로 삼아 이를 대체하자, 마침내 전문 예술가들 사이에서는 전근대 예술의 어떠한 타당성도 일소되었고, 전근대 예술 작품은 다만 박물관의 유물, 골동품점의 보물, 투기의 대상으로 전락해 버렸다.

그럼에도 불구하고 모더니즘이라는 미명 하에 전문 예술가들의 작품은 스스로를 파괴했고, 이는 판을 더더욱 깨끗하게 청소했다. 모더니스트 아방가르드가 만들어낸 새로운 질서라고는 전무하다. 그들은 판을 청소하는 일을 멈추지 않을 것이다. 다만 오늘날에 이르기까지 끊임없이 계속해서 청소만 하고 있을 뿐이다.[26]

25 예술이 학자와 학교 교육을 받은 예술가들에 의해서 지나치게 이론화된 문제에 대해서는 분명 아도르노의 미학 저술 속에 거의 매 페이지마다 나온다. 그러나 내가 느끼는 바는 아도르노와는 분명히 다르다. 미주 102번 참조.

모더니즘은 모든 위계질서를 제거했다. 그리고 그 자리를 "평등"의 이념으로 대신했다. 이로써 "비예술가(unartist)"의 시대가 탄생했다. 미의 개념을 이해하지 못하고, 예술과 쓰레기를 구별하지 못하는 시대가 된 것이다. 이런 치명적인 세태는 여전히 전 세계의 예술에 해를 끼치며, 대부분의 작품들이 별볼일 없게 되는 이유가 된다. 예술가들과 주변 사람들이, 말 그대로 공공연하게 예술의 세계를 제거하는 데 헌신해온 모더니스트가 그들의 삶을 주도하고 있다는 사실을 깨닫지 않으면, 우연히라면 몰라도 절대 새로운 아름다움은 창조될 수 없을 것이다. 이에 대한 전망은 매우 서글프다.[27]

그러나 만족할 만한 새로운 엘리트 예술이 없는 상태가 지속되기를 바라는 사람은 없을 것이다. 새로운 예술 형식이 과거의 것들을 대체하

---

[26] 모더니즘은 공공연하게 새것을 주창했고 옛것을 대체하려 했다. 이러한 모더니즘의 노력이 성공했기 때문에, 그리고 모더니즘이 너무 오래 지속되었기 때문에, 이번에는 모더니즘 그 자체가 어쩔 수 없이 옛것이 되어버렸다. 아직 모더니즘이 끝나지 않았지만, 예술가들과 예술사가들은 모던 스타일을 올드 패션으로 생각하기 시작했고, 무언가 대용품을 필요로 하게 되었다. 그래서 그 중 어떤 이들은 모던 스타일을 거부한다고 선언하고, 포스트-모더니즘을 주창했다. 그러나 이는 극단적인 모더니즘으로, 모더니즘의 한 변이태에 불과하다. 포스트 모더니즘은 특히 건축에서 유행했고, 문학 비평 같은 예술의 보조적 분야에서 성행했다. 그러나 순수 예술 고유의 분야에서는 그렇지 못했다. 오늘날 전문적으로 훈련된 예술가들은 대학이나 대학과 비슷한 교육 기관에서 교육을 받는다. 이러한 교육 기관에서는 모더니즘(그리고 포스트 모더니즘)이 규범화되어 있어서 학생들의 머릿속에 무비판적으로 주입되고 있다.

[27] 모더니즘 이론이 예술사에도 확장되었고, 그들의 사이비 관념이 과거의 예술을 평하는 데에도 투영되었다. 그 결과 예술사가들은 예술가의 사회적 측면, 정신분석적 측면, 수학적 측면 등 예술 그 자체가 아닌 그 무엇으로 방향을 틀게 되었다. 예술 그 자체는 모더니즘의 관점으로 검토된 바 없고, 검토될 수도 없다. 왜냐하면 모더니즘 그 자체도 하나의 현상으로서, 대체로 검증되지 않은 채로 머물러 있기 때문이다. 최근의 모더니스트와 안티-모더니스트 사이의 학문적 긴장 관계에 대한 논의는 미주 103번 참조.

여 등장해야만 한다. 기술적 혁신의 결과 전혀 새로운 예술 형식이 소개될 것이다. 예컨데 사진이나 영화, 고전 예술의 새로운 형태가 나타나고 있다. 가장 주목할 만한 영역은 음악이다. 대중음악의 독특한 새로운 형태로 로큰롤이 반 세기 전 미국에서 갑자기 폭발적으로 등장했다. 10년도 채 못되어 로큰롤은 전 세계에 폭풍처럼 몰아쳤다.

세기말에 이르러, 몽골, 티베트, 그리고 기타 중앙유라시아의 나라들에서도, 세계의 다른 지역들에서와 마찬가지로, 그 지역의 "팝 락" 밴드가 본질적으로 같은 음악을 연주했다. 이들은 민속 음악의 영향을 강하게 받았고, 중앙유라시아 도시의 일상생활 속에서 광범위하게 민속 음악을 대체했다. 그것을 "고급" 예술이라고 부르기는 여전히 곤란하지만, 적어도 그것은 진실로 음악이다. 아마도 언젠가 그것이 엘리트 예술로 발전하게 될 것이다.[28]

오늘날 예술에 대한 희망은 교육을 거치지 않은 새로운 예술에 달려 있다. 이들은 전문적으로 훈련된 가이드 없이, 아방가르드 엘리트가 장악한 대학을 거치지 않고 만들어졌다. 대학에서는 여전히 모더니즘과 그 변형을 중얼거리고 있을 뿐이다. 아직은 원시적인 단계인 새로운 예술을

---

28 사실상 전 세계 사람들이, 예술가와 지식인뿐만 아니라, 사업가나 노동자들도 매일 삶의 매 순간마다 이 음악을 듣는다. 그러나 음악가들이 음악에 무슨 일이 일어났는지를 깨닫고, 반-예술가가 되기보다는 예술가가 되겠다는 결심을 할 때까지, 록 음악으로부터 성장해 나오는 새로운 세계적 대중음악을 포착하고, 그것을 점진적이고도 신중하게 예술의 경지로 발전시킬 때까지, 그 때까지는 새로운, 진정한 예술 음악이 나타나지 않을 것이다. 다만 원시적인 소리들이 대중적 인기를 끌며 예술 음악의 자리를 대신 차지하고 있을 뿐이다. 몇몇 음악가들이 새로운 예술 음악을 시도하고 있다. 그것을 어떻게 해낼 것인가에 대한 르네상스식 모델은 미주 104번 참조.

이해하기 위해서는, 그리고 예술 자체를 파괴하는 예술을 벗어나 새로운 예술을 발전시키는 것이 중요하다. 훈련을 받은 음악가들은 스스로 새로운 예술에 적응하고 새로운 순수 예술의 선구자가 될 것이다. 여기서 중요한 말은 "새로운"이라는 형용사다. 즉 "예술"이라는 명사에 주눅이 들어 모호해지면 안 된다. 다시 말하면, 새로운 예술은 아카데미의 "예술가"들이 만들어놓은, 어떠한 자연 질서나 전통도 무시하는 "무조건 부정하기"와는 전적으로 다른 길로 나아가야 한다. 위대한 예술가들이 작품을 만들 때는 반드시 어떤 기초가 있어야 한다. 진공 상태에서 작품을 만들 수 있는 예술가는 없다. 판 청소는 이미 깨끗하게 끝났다. 더 이상 판을 걸레질할 필요는 없다.

이제는 예술가들이 모더니즘이라는 죽음의 손아귀에서 벗어나서 자신이 사랑하는 형식의 예술, 예술 자체의 위대함을 성취하려는 욕구로 나아가야 할 때이다. 예전에 그러했던 것처럼, 한창 새롭게 피어나는 문화 속의 중앙유라시아가 위대한 예술을 성취할 수 있을 것인가? 이것이야말로 진정한 혁명일 것이다. 만약 그런 일이 일어난다면 전세계는 다시 한 번 충만한 예술적 삶을 즐길 수 있을 것이다.

🙶 🙶 🙶

고고학을 통해 알려진 위대한 고대 문명들, 즉 나일 강, 메소포타미아, 인더스 강, 황하 강 계곡의 문화들은 비옥한 유라시아의 주변 농업 지역에 위치해 있었다. 그러나 우리가 살고 있는 세계의 기원은 그곳에서 비롯된 것이 아니다. 문명의 변두리, 도전적인 중앙유라시아가 우리의 기원이다.

역동적인 원시 인도유럽어족의 문화가 그곳에서 태어났고, 그것이 고대 세계로 전해져 다시 "발견되었으며", 현지인들과 결합하여 고전 문명의 기초를 닦았다. 그리스와 로마, 이란, 인도, 중국이 그러했다. 중세와 르네상스 시기에 그들의 후손들과 또 다른 중앙유라시아 사람들은 더 많은 정복과 발견과 연구와 탐험을 통해 새로운 세계 시스템, 고급 예술, 선진 과학을 창조해 냈다. 이집트인, 수메르인 등등이 아니라 중앙유라시아인들이 우리의 조상이다. 중앙유라시아는 우리의 고향이고 우리의 문명이 시작된 곳이다.

21세기가, 그리고 새로운 2000년대가 시작되는 마당에, 유라시아는 번영과 지성과 예술적 성장의 위대한 새시대 앞에 놓여 있다. 심각한 문제들도 많지만, 동시에 조금은 밝은 빛도 비친다. 가장 전도유망한 것은 정치적으로 유럽연합과 기술적으로 인터넷이다. 이들은 강력하면서도 희망찬 영향을 가져다 주었다.

중앙유라시아의 사람들, 그리고 유럽, 러시아, 중동, 인도, 중국의 사람들은 과거의 교훈을 배울 것인가? 아니면 과거의 오류를 지속할 것인가? 모더니즘, 극단주의(근본주의), 민족주의적 인종주의가 만들어놓은 재앙으로부터 회복되어 스스로와 전세계를 파괴하지 않을 수 있을 것인가? 그리고 우리들 모두에게 핵심 지역인 중앙유라시아를 주도하고 있는 유럽인, 러시아인, 이란인, 중국인들은 새로운 창조의 원천인 자유를 허락하여 다시 한 번 번영을 맞이할 것인가?

이 모두는 그들이 이성의 법칙을 회복하고, 포퓰리스트 선동가들의 모더니즘 규칙을 거부하고, 광신도나 폭군의 자세가 아니라 동료의 자세로 주변 세계에 참여하는 확고한 책임감에 달려 있다.

에필로그

야만인들

Και τώρα τι θα γένουμε χωρίς βαρβάρους.
Οι άνθρωποι αυτοί ήσαν μιά κάποια λύσις
—Κ. Π. Καβάφης,
Περιμένοντας τους Βαρβάρους

그리고 이제 야만인들 없이 우리는 어떻게 될 것인가?
그들은 일종의 해결책 같은 사람들이었다.
— 카바피(C. P. Cavafy), 〈야만인들을 기다리며〉 중에서

현대 문명의 기원은 인도유럽어족의 이주까지 거슬러 올라간다. 그들의 이주는 4천여 년 전 유라시아 대륙의 한가운데에서 일어났다. 원시 인도유럽어족은 문명의 중심을 벗어난 변두리 지역에서 살았다. 그러나 독창적인 속도의 기술을 개발해 냈다. 주위의 어느 유라시아 민족도 이에 비견할 수 없었고, 어느 누구도 인도유럽어족으로부터 자신의 영토를 지켜낼 수 없었다. 인도유럽어족은 강력한 역동성을 가지고 있었다. 그들의 역동성은 다른 민족들에게 대체로 직접 전파되었다. 이러한 전파는 많은 경우 정복을 통해서 이루어졌다. 중앙유라시아에서(일시적인 것까지 따지면 주변 정주지역도 포함된다.) 그들에게 정복된 민족은 그들 밑에서 복무하는 동안 '최초의 이야기'를 배웠고, 중앙유라시아 문화복합체에 적응하였다. 이는 프롤로그에서 설명한 바와 같다. 이렇게 하는 동안에 인도유럽어족은 이주해간 지역의 현지인들과 뒤섞였다. 그리고 그 지역의 독특한 혼성언어가 생겨났다. 파생언어도 생겼고, 여러 인도유럽어족 계열의 선조어도 생겼다. 더불어 독특한 문화도 생겨났다. 인도유럽어족과 그 파생언어족의 역동성이 그 문화의 특성이었다.

중앙유라시아 문화복합체의 핵심은 정치적인 필요성이었다. 통치자 혹은 군주는 반드시 코미타투스 전사를 지원해야 했고, 그들에게 사치품을 선물해야 했다. 이는 강력한 경제적 수요를 만들어냈다. 이를 충족하기 위해서는 무역을 할 수밖에 없었다. 유목 제국이 성립되면서 무역을 지향하는 중앙유라시아 경제가 출현했다. 여기에는 목축 유목민, 농경민, 도시민의 작업 및 상품 경제가 결합되었다. 흔히 사용되는 "실크로드(Silk Road)"라는 명칭 자체는 오해의 소지가 있다. 그러나 이러한 통합경제의 대외 무역 요소를 지칭한다는 의미에서는 그 용어를 쓸 수도 있다.

다만 감안해야 할 사실이 있다. 즉 실크로드 경제의 엔진은 무엇보다도 중앙유라시아의 내부 수요였다는 점이다. 그들은 중앙유라시아 사람들이 만든 제품뿐만 아니라 이웃하고 있던 나라들, 또 그 주변 나라들의 상품들을 필요로 했다. 주변 나라들과 무역을 하게 되자, 주변 나라에서도 또한 중앙유라시아 상품에 대한 수요가 발생했다. 지역을 넘나드는 이러한 무역망은 건전한 국제적 무역을 만들어냈다. 실크로드 시스템의 한가운데에는 중앙유라시아 토착 국가의 귀족 계층이 있었다. 이들 나라에서 통치자들은 대개 스텝 유목민 출신들이었다.

실크로드의 파괴는 미스터리가 아니다. 그리고 그래서도 안 된다. 심지어 명백하게 자료가 남아 있다. 17세기 말, 러시아와 만주족이 지배하던 중국이 중앙유라시아를 나누어 가졌다. 청나라는 최후의 유목 제국 준가르를 무너뜨렸고, 그들의 영토를 차지했으며, 대부분의 준가르 민족을 학살했다. 러시아는 그 나머지 중앙유라시아의 대부분을 점령하고 식민지화했다. 그러는 와중에 폐쇄적인 국경선이 만들어졌다. 그 결과로 실크로드 경제(중앙유라시아 내륙 경제)가 무너진 것은 놀랄 것도 없다. 중앙유라시아 민족들은, 한때 우수했던 중앙아시아와 티베트 문화를 포함해서, 모두 가난과 쇠퇴 속으로 가라앉았다.

한때 중앙유라시아의 역사를 주도했던 나라들, 스키타이, 흉노, 훈, 투르크, 티베트, 몽골, 준가르, 만주 등등과 그 후손들은 이후 오래도록 세계사 책에서나 등장하는 이름으로 사라져 버렸다. 최근 이들 중 일부가, 때로는 이름을 바꿔서 현대 유럽식 민족국가(nation state)로 다시 등장하고 있지만, 거의 모든 경우 실제 권력이 없다. 최소한 "중앙유라시아 사람들에게 무슨 일이 일어난 거야?" 하고 물어보는 사람 정도는 있을지 모르겠다. 혹은 잘못된 질문이지만 이렇게 질문할지도 모르겠다. "야만인들에게 무슨 일이 일어난 거야?"[1]

야만인이라는 생각

헤로도토스부터 오늘날에 이르기까지 중앙유라시아에 관한 역사서들을 관통하는 상투적인 표현 즉 토포이(topoi)가 있고, 심각한 편견이 존재한다. 문제는 궁극적으로 야만인(barbarian)이라는 관념이 완전히 갖추어진 때로 거슬러 올라간다. 당시 세계는 선한 사람들과 악한 사람들, 선한 문화와 악한 문화로 나누어졌다. 이렇게 간단하게 얘기하는 것은 물론 충분하지 않다. 그래서 에필로그에서는 중앙유라시아, 특히 초원 유목민의 생활 방식을 따르는 사람들이 수립하고 통치했던 제국들과 관련된 수사법이나 주요 논점을 분석해 보겠다.

초원 유목민이 주도했던 중앙유라시아의 나라들과 초원 유목민이 주도하지 않았던 주변 정주국들 사이의 근본적인(지리적인) 차이점이 있었다. 바로 초원 유목민의 고향인 중앙유라시아 스텝 지역이 그것이다. 그곳은 말의 고향이었고, 유라시아에서 말을 기르기에 가장 적합한 목초지였다. 그들은 말과 함께 말 위에서 성장했다. 그들은 늘 이동했으며, 짧은 시간에 멀리 갈 수 있었다. 또한 그들은 석궁을 사용하여 자신의 가축을 보호하고 사냥을 할 줄 알았다. 따라서 이미 전쟁에서 유용하게 쓰

---

1 이 장에서 서술되는 중국식 용어의 배경과 관련해서는 미주 105번 참조.

일 만한 기술을 보유하고 있었던 셈이다. 이 모든 사실은 이미 잘 알려져 있으며, 의심할 여지가 없다. 그러나 과거의 이론 속에서 이 전사들은 훨씬 더 과격하게 묘사되었다. 이는 고대와 중세의 관념, 즉 몸과 마음이 그들이 처한 환경의 특성에 따른다는 생각에 기초하고 있다. 그래서 스텝 지역의 거친 기후 때문에 중앙유라시아 사람들은 오로지 말을 타고 활을 쏘는 것밖에 할 줄 몰랐고, 거칠었으며, 용맹스러웠고, 잔인했으며, 전쟁을 좋아했고, "정주 제국의 귀족 및 농민 군대보다 훨씬 전쟁에 뛰어났다."는 것이다.[2] 한편 기후와 기질에 관한 고대와 중세의 이론 같은 것을 이제 와서 신뢰하는 사람은 더 이상 없으며, 그런 식의 고정관념에 의문을 제기하기도 하지만, 그럼에도 불구하고 더욱 심각한 문제가 남아 있다. 즉 겉으로 보기에 순수하고 깨끗하며 경멸할 뜻이 없는 듯한, 하지만 2,500년이나 된 오래된 관념의 현대적 버전이 있다. 바로 야만인(barbarian) 관념이 그것이다.

중앙유라시아 사람들은 공격적이고, 무자비하고 잔인하며, 대개 폭력을 좋아한다는 오해를 한두 번 받은 것이 아니었다. 무엇보다도 이러한 오해가 "야만인"이라는 관념의 핵심이다. 중앙유라시아에 대한 대부분의 글에서 주목하는 바는, 통치자들은 무자비한 학살이나 제멋대로 사람을 죽임으로써 권력을 잡았다는 점이다. 초원의 제국은 "유목민 부족을 형성하는 중에 벌어진 잔인하고 오랜 투쟁에 의해" 형성되었으며,[3] 이른바 "피묻은 부족의 후계자"라고 하는 것이 바로 그것이었다.[4] 이러

---

2 Di Cosmo(2002b: 4). 중앙유라시아인들에 대한 기존의 시각은 대단히 강고하다. 전문가든 비전문가든 거의 모든 이들이 사실상 그러한 견해를 노정해 왔다.
3 Di Cosmo(2002b: 7); 앞의 주석 참조.

저러한 경우 발생했던 많은 사람들의 죽음에 대해, 중앙유라시아의 통치자들에게 책임이 있었다는 사실은 부정할 수 없다. 그러나 이 또한 역사적인 관점에서 봐야 할 것이다. 역사적으로 중국, 페르시아, 그리스-로마 제국 혹은 왕국은 모두 정확히 같은 방식으로 설립되었다. 길고 피비린내나는 배반과 음모의 막장드라마를 거쳐야 했다. 제국의 기초가 서고 나면, "가장 위대한" 통치자가 나타난다. 거의 언제나 마찬가지였다. 위대한 통치자는, 경쟁자와 적들과 때로 개인적인 원한으로 사람들을 많이 죽였던 이전의 통치자를 물리치고, 새로운 선한 집정관이 된다. 유럽에서 제국 수립의 가장 유명한 사례에 해당하는 로마 제국도 "도덕적으로 말하자면 야만인들보다 나을 것도 없었고 심지어 더 나빴을지도 모른다. 특히 정치적인 잔인함, 이방인과 노예에 대해 흔히 자행된 비인간적인 처사가 그러했다."[5] 모든 "위대한" 왕국은 동일한 원칙에 의거 수립되었고 지금도 그렇다. 즉 가부장적 위계질서 하에 선도적인 지도자 집단이 형성된다. 이러한 점에서 중앙유라시아의 특징이라고 할 만한 것은 전혀 없다.

그러나 아틸라, 칭키스칸, 티무르의 피비린내나는 승리는 여전히 비난을 받으며, 마찬가지로 피비린내나는 그리스-로마나 페르시아, 중국 황제들을, 과거와 현대의 역사가들은 열심히 비교하곤 한다. 중앙유라시아인이 아닌 역사가들은 고대로부터 현대에 이르기까지 자기 조상들의 만행과 끊임없이 자행된 공격성에 대해서는 모른 체 했었다. 가장 유명

---

4 Joseph Fletcher, Di Cosmo (2002a: 185)에서 인용.
5 James (2001: 19).

한, 혹은 가장 유명하지 못한 사례는 바로 로마인이다. 그들은 노예를 잔인하게 대하거나, 너무나도 악독한 방식으로 대중적인 흥미를 위해 수많은 사람들을 고문하고 죽였다고 해서 비난 받은 것이 아니라, 로마인들이 죽인 사람들 중에 "기독교인"도 있었다는 점 때문에 비난을 받았다.[6] 고대와 중세의 역사 자료를 보면, 고대 "문명" 사회의 폭력과 음모와 제도화된 야만성이 적지 않게 드러난다. 그런데도 현대 역사가들은 그들이 중앙유라시아에 대하여 거두었다는 성공을 칭송하면서, 중앙유라시아 사람들은 반대로 폭력적이고 잔인했다고 비난한다. 분명 중앙유라시아 사람들이 서로에 대해서, 그리고 주변 민족들에 대해서 비인간적으로 행동했던 사례가 적지 않았다. 그러나 순전히 잔인성과 가차없는 공격성만 놓고 보자면, 그들은 당시 로마나 페르시아, 중국인들은 물론, 오늘날까지 이어지는 그 후계자들과 비교도 할 수 없을 정도이다. 최근 스키타이에 대한 두 편의 고고학 논문에 대해 평을 썼던 어떤 학자는, 유명한 스키타이 고분에서 발굴된 황금 공예품의 아름다움에 대해서 언급한 뒤, 다음과 같이 말했다.

엘리트가 구매력을 가졌던 이유는 잘 만들어진 치즈나 털 제품이 아니었다. '그것은 바로 폭력에 가치를 두고 그에 보상하도록 만든 사회 체제였다.' 문헌 사료나 고고 발굴 성과가 너무 넘쳐서 우리가 스키타이 현상의 참된 본

---

6 모든 역사가들이 친로마적인 편견을 가졌다고 할 수는 없다.(예를 들면, Gibbon). 그러나 최근의 모든 고전 시대 연구자(classicist)들은 반기독교적인 성향을 보이면서도(이 점에서는 Gibbon 역시 마찬가지다.) 동시에 친로마적인, 적어도 친-키케로(pro-Cicero)적인 성향을 보이는 경향이 있다.

질을 보지 못하는 것인지도 모르겠다. 그리스의 문헌 자료(특히 헤로도토스와 히포크라테스)와[7] 고고학 발굴 자료가 놀랍도록 일치하는 것을 보면 '이제 풀리지 않을 문제는 그다지 없는 것 같다.'[8]

이러한 주장은 전통적인 관점을 반복하는 것이다. 즉 스키타이와 기타 유목 민족들이 특별히 폭력을 사용하여 재산을 모았다고 주장한다. 그리고 이러한 상식에 별다른 잘못이 없다고 생각하는 것이다. 그러나 이미 고대 그리스의 자료에서부터 알려진 바와 같이, 스키타이가 재산을 획득했던 방법은 전쟁이 아니라 무역과 세금이었다. 헤로도토스 이후 약 4세기가 지난 뒤, 스트라본(Strabon)은 유목민이 농산물 수출을 어느 정도 하고 있음을 언급하고, 그것이 전쟁을 회피하는 수단이 된다는 점에 주목했다.

이제 유목민들이 강도라기보다는 전사들임에도 불구하고, 그들은 조공을 받기 위해 전쟁에 나선다. 왜냐하면 그들은 원하는 자들에게 기꺼이 토지를 넘겨주고 그 대가로 그들이 부과한 조공을 바치기만 하면 만족한다. 그렇게 비싸지도 않다. …… 그러나 경작인이 조공을 납부하지 않으면 유목민은 그들과 전쟁을 하러 나선다. …… 만약 조공이 규칙적으로 지불되는 한, 전쟁이 다시 벌어질 일은 전혀 없을 것이다.[9]

---

7 가짜 히포크라테스 텍스트에 대해서는, Rolle(1989)의 타당한 비판적 주석을 참조.
8 Taylor(2003), 강조는 필자.
9 Jones(1924: 242-245).

스키타이와 스텝 지역 민족들에 대한 오해는 오늘날까지도 널리 퍼져 있는 이른바 "가난한 유목민(needy nomad)" 이론에 근거하고 있다. 이에 따르면, 중앙유라시아 스텝 지역은 생활에 필요한 물건을 그들 스스로 충분히 만들어내지 못해서 농업 생산품, 옷감, 기타 주변 정주민들이 만들어낸 물건에 의존했고, 그것을 탐냈다는 것이다.[10] 중앙유라시아 사람들이 무역을 통해 자신이 가지고 있던 동물과 이웃 제국(이들은 유목민의 한심하고 야만적인 상품을 필요로 하지도 않았고 원하지도 않았다.)의 "선진적인" 상품을 거래해서 필요한 것, 혹은 원하는 것을 얻지 못하게 되었을 때는, 힘으로라도 그것을 얻기 위해 침략을 자행했다고 한다. 이러한 이론에 대한 니콜라 디 코스모(Nicola Di Cosmo)의 비판은 아주 정확했다. 그는 문헌 자료나 고고학적 발굴 자료 모두 이러한 이론과는 어긋난다는 점을 지적했다. 중앙유라시아 사람들은 직접 농사를 지었고, 그들이 필요로 하거나 원하는 상품을 제공하는 민족들과는 평화롭게 무역을 하고 세금을 거두었다는 사실이 이제는 확실하게 밝혀졌다. 유목민들이 주변 지역을 공격할 때는(이유가 어찌 되었건 간에) 언제나 살아있는 가축과 사람들을 잡아갔지 농산물을 가져가지는 않았다.[11] 여기서 강조해야 할 사실은, 중앙유라시아 사람들, 특히 유목민들은 실제로 필요한 것보다 더 많은 식량을 생산했다는 점이다. 결과적으로 그들은 주변 농업 지역 사람

---

10 현재 광범위하게 받아들여지고 있는 Khazanov(1984)의 견해에 대한 비판과 관련해서는 미주 106번 참조.
11 Di Cosmo(2002a: 168-171). "경계 지역에 거주하던 유목민과 농경민의 관계사가 대부분 침략과 전쟁으로 얼룩졌던 것은 사실이다. 양측은 서로의 거주민, 경제적 자산(토지 및 가축), 영토의 일부를 빼앗곤 했다." 그들 사이에 놓인 지역은 "순수 유목 지역 혹은 순수 정주 지역이 아니었으며, 양자가 혼합된 상태였다." 유사한 견해로 Psarras(1994: 5) 참조.

들보다 대체로 더 컸고 더 건강했다.

그들은 또한 일상생활에 필요한 옷감, 보석, 연장, 마차, 집, 마구, 무기 등을 생산했고, 숙련된 금속기술자들이기도 했다. 여기서 문제는 물건의 생산 방식이 국가와 혼동된다는 것이다. 즉 다시 말하면 한 사회 내 주요 집단의 생계 수단이 나라 혹은 국가 전체와 혼동되는 것이다. 이러한 접근법에 따르면 국가의 형성은 사실상 어디에서도 불가능하다. 왜냐하면 통치 계급은 오직 통치하는 데에만 모든 시간을 쏟아야 하며 농사를 지어서는 안 된다. 그리고 무기를 생산하는 사람들은 그들의 전문 분야가 아닌 어떤 일에 시간을 쓸 수 없다는 것이다. 이러한 실수, 즉 간단히 말해서 중앙유라시아 스텝 지역을 근거지로 했던 나라들은 "순수하게" 유목민만 있어야 하고, 그래서 "단순하다"는 생각이다. 이것이 사실이라면, 이런 이론이 옳을 수도 있겠다. 사실 완전히 세부적으로 전문화된 사회에서 요구되는 방식으로 생산되는 제품은 없었다. 그러나 그 이론은 사실이 아니다. 우리가 조금이라도 알고 있는 모든 유목민 주도 국가는 복합 사회(complex society)였다. 헤로도토스의 책만 보더라도, 스키타이 지역에 살았던 다양한 스키타이들에 대한 내용을 보면, "자립 불가능한" 종족이라거나 "탐욕스런 유목민"이라는 이론이나, 혹은 그보다 더 사악한 이론들이 성립할 수 없다는 사실을 충분히 알 수 있다. 스키타이인들이 만들었던 물품은 아주 다양했을 뿐만 아니라 만드는 방식도 주변의 민족들과 꼭 같았다. 양측에서 주기적으로 상대편의 영토를 침략했고, 그 결과 양측 모두 농업과 목축이 존재했던 것이다.

중앙유라시아의 국가들도 마찬가지로 다민족 국가였다. 아마도 다민족, 다문화라는 속성이 많은 문제를 일으키는 원인이 되었을 것이다. 이는 일민족 일국가를 이상으로 하는 근대 민족 국가의 이상형과는 전혀 다른 종류였다. 그러한 이상형은 전근대 유럽에서 상대적으로 규모가 작은(제국 규모가 못 되는) 다민족 국가에서 유행했던 사상이었다.[12] 이러한 국가 형태가 주변 민족들에 의해 중앙유라시아에 자리 잡게 되자, 중앙유라시아는 전근대 역사를 통틀어 보더라도 비교가 되지 않는, 전혀 알아볼 수 없는 상태로 변화했다. 그럼에도 불구하고 근대의 상황과 관념을 과거에 투영하는 것은 역사가가 따라야 할 길은 아니다.

유목민을 포함해서 모든 중앙유라시아인들은 이국적이고 사치스러운 상품들을 이웃 나라에서 구하고자 했다. 이국적인 사치품에 대한 그들의 욕심이 이웃 민족들과 어떻게 달랐는가 하는 점에 대해서는 아무런 근거가 없다.[13] 아마도 예외라면, 중앙유라시아인들은 무역을 적극적으로 하려고 했다는 사실이다. 그들은 남는 물건이나 다른 지역에서 구한 물건들을 기꺼이 내놓고 원하는 것을 얻으려 했으며, 심지어 전쟁 중에도 마찬가지였다.[14]

12 Tilly(1975, 1990) 및 Hui(2005).
13 Di Cosmo(2002: 170)의 다음과 같은 지적에 동의한다. "중앙유라시아의 유목국가에도 농업 생산물이 모이는 경제 중심지가 있었다. 그곳에서는 수공업과 무역도 이루어졌다. 이러한 중심지의 존재 자체로 인해 기존 이론의 타당성에 의문을 갖게 된다. 기존 이론은, 내륙 아시아 유목 제국이 순전히 군사력으로 농경민을 위협해서 자신이 필요로 하는 것 혹은 원하는 것, 이를테면 곡식이나 사치품을 갈취했다는 전제를 깔고 있다." Di Cosmo의 논문은 기존 이론을 효과적으로 논박하고 있다.
14 Allsen(1989: 92) "도교 선사 장춘(長春)의 여행을 기록한 이지상(李志常)에 따르면 …… 그의 일행이 힌두쿠시 지역에서 산호 상인들과 조우했을 때, 그를 호위하던 몽골 장교들은 엄격한 사업상 거래를 통해 물품을 거래했다. 무력을 사용해서 물건을 빼앗으려는 시도는 전혀 없었다."

중세 아랍 지리학자들은 어떤 장소에서 어떤 물건이 생산되고 거래되는지에 큰 관심을 두었다. 중앙유라시아의 거대 규모 시장에서 거래된 상품 목록에는 모든 종류의 원재료뿐만 가공품들이 포함되어 있다. 자체 생산품도 있고 인근 혹은 원거리에서 유입된 물건들도 있다. 예를 들어, 10세기 중앙아시아에서 수출된 상품들은 다음과 같다.

호레즈미아(Khorezmia)에서 흑담비, 미니버(반점 있는 모피), 백담비, 초원 여우 모피, 담비, 여우, 비버, 점무늬 토끼, 염소; 또한 왁스, 화살, 자작 나무 껍질, 높은 털모자, 물고기로 만든 접착제, 물고기 이빨(아마도 바다코끼리의 어금니), 해리향(카스토레움), 호박(보석), 손질된 말 가죽, 꿀, 헤이즐넛, 견과류, 칼, 갑옷, 자작나무, 슬라브족 노예,[15] 양과 가축. 이 모든 것들은 불가르(Bulghâr)에서 온 것이다. 그러나 호레즈미아에서는 또한 다음의 물건들도 수출하였다. 포도, 많은 건포도, 아몬드 패스츄리, 참깨, 천 혹은 줄무늬 옷감, 카페트, 담요, 귀한 선물용 사틴, 물함(mulham) 천 모든 종류, 아란(Aranj) 천, 가장 힘센 자만이 당길 수 있는 활, 라크빈(치즈의 일종), 효모, 생선, 배(이것은 티르미드에서도 수출된다.) 사마르칸트에서 은색 직물(simgun), 사마르칸트의 재료들, 큰 구리 그릇, 받침 달린 장식 컵, 텐트, 등자, 머리 굴레, 혁대; 디작(Dizak)에서 고급 털실과 모직 천; 바나카트

---

15 막디시(Maqdisi)의 텍스트(de Goeje 1877/1967: 325 3행)에는 알 라킥(al-raqîq) 즉 '노예'라는 표현이 보인다. 이 특정 단어는 그 의미상 "가산 노예"를 암시할 뿐 코미타투스 전사를 지칭하는 데에는 쓰이지 않았다. 이들이 영어적 의미의 노예는 아니었기 때문이다. '비자유민'을 표현하는 중세 아랍어상의 용어에 대한 연구가 절실한 상황이다. 그와 관련된 많은 아랍 용어들이 중세 이슬람 사회의 맥락에서 볼 때 서로 다른 다양한 의미를 담고 있음에도, 영어로는 모두 'slave(노예)'라 번역되고 있다.

(Banakath)에서 터키산 천; 사쉬(Shash, Tashkent)에서, 안장 높은 말 덮개, 최상급 화살통, 텐트, 가죽(투르크에서 수입하여 제작됨), 망코, 기도용 카페트, 가죽 망토, 아마씨, 고급 리본, 저품질 바늘, 투르크 수출용 면, 가위; 다시 사마르칸트(Samarqand)에서, 투르크 수출용 사틴, 무라잘(mumarjal)이라는 이름으로 알려진 붉은 직물, 신지(Sinzi) 천, 많은 비단과 비단 직물, 헤이즐넛과 기타 건과류; 파르가나와 이스피자브(Farghana and Isfijab)에서 투르크족 노예,[16] 회색 직물, 무기, 칼, 구리, 철; 타라즈(Taraz, Talas)에서 염소 가죽; 샬지(Shalji)에서 은(silver); 투르키스탄(Turkistan)에서 말과 노새를 이곳까지 끌고 온다. 이는 또한 쿠탈(Khuttal)에서도 온다.[17]

바르톨트가 주목한 바와 같이, "유목민과 거래를 통해 가장 큰 수익을 남긴 이들은 호레즘 사람들이었다. 이스타크리(Iṣṭakhri)에 의하면, 그들의 부는 전적으로 투르크족과의 무역으로부터 형성된 것이었다."[18] 앞의 목록에 등장하는 무역 상품의 상당 부분이 스텝 민족들(설명에 따르면 투르크족들)과 관련되어 있다는 것은 곧 다음과 같은 사실을 직접적으로 반영하고 있다. 즉 중앙유라시아 민족들이 이론적으로는 세 개의 서로 다른 환경-문화 지역으로 나누어져 살면서 세 가지 서로 구분되는 생활양식을 가지고 있었는데, 그들은 서로가 교역을 했을 뿐만 아니라 '하나

16 막디시(Maqdisi)의 텍스트(de Goeje 1877/1967: 325 15행)에는 알 라킥(al-raqîq)으로 되어 있다.
17 막디시(Maqdisi)의 텍스트(de Goeje 1967: 323-326)에 대한 번역(Barthold 1977: 235-236); Christian(1998: 320-321) 참조. Barthold는 생선 이빨이 바다코끼리 어금니가 틀림없다고 했다.
18 Barthold(1977: 237)에서 Iṣṭakhrî(de Goeje 1870/1967: 305)를 인용하였다.

의 경제 체제(single economy)'로 긴밀하게 연결되어 있었다. 기존의 실크로드 개념은 중앙유라시아 주변 정주 제국과 관련되는 국제적 요소에만 주목했다. 그리고 실크로드 양쪽 끄트머리에서 나타나는 고급품들은 원거리 무역상(caravan)에 의해 마치 파이프라인을 통과하는 것처럼 이 끝에서 저 끝으로 운반된 것이라고 짐작했다. 이런 관점으로 보자면 중앙유라시아는 가난한 유목민들과 몇몇 "오아시스" 도시들을 제외하면 별로 볼 것도 없었다.[19] 심지어 중앙유라시아에 대해서 훨씬 더 균형잡힌 시각을 갖춘 사람들도 기본적으로 실크로드는 무역로거나 무역로의 집합으로 본다. 예를 들어 크리스티안은 실크로드를 이렇게 정의한다. "실크로드란 원거리 및 중거리 육로이다. 이를 통해 아프로-유라시아 주요 지역들 사이에 상품과 사상과 사람들이 교환되었다." 그는 실크로드의 중요성은 인정했지만, 여전히 "실크로드"를 "교환 체제"로 간주했다. 크리스티안은 "실크로드가 여러 개였다는 점이 중요하다. 왜냐하면 실크로드들은 끊임없이 변화하는 다양한 유형의 교환 통로들로 구성되었기 때문이다."라는 점에 주목했다.[20] 실크로드의 특성을 이와 같이 파악하는 것은 예전의 관점에 비하자면 진일보한 것이겠지만, 여전히 고쳐져야 할 점이 남아 있다. 실크로드는 무역로의 네트워크도 아니었고, 문화의 교

---

19 이와 관련된 Allsen의 언급을 더 보려면 미주 107번 참조.
20 Christian(2000: 2-3). 실크로드라는 용어 자체가 혼선을 자초한다. 이 용어를 복수로 구사하는 것 역시 피해야 한다. 그러한 용례는 중앙유라시아를 단지 교역로 시스템으로 이해하는 오류를 더욱 심화시키기 때문이다. 유사한 예로 Franck and Brownstone(1986: 7-9)은 스텝 지역 사람들과 "여러 실크로드(및 관련 루트들)" 주변에 거주하는 사람들 간의 교역 및 여러 가지 교류를 논하면서, "지선은 단순히 간선에 붙어있는 것이 아니었다. 지선은 간선보다 오래되었고, 언제나 통합적으로 여러 실크로드들이 작동하였다."고 하였다.

환 체계는 더더욱 아니었다. 실크로드는 그 자체로 유라시아 내 한 지역의 총체적인 정치-경제-문화 체계였다. 여기서는 내부와 외부를 막론하고 상업의 가치가 매우 높게 평가되었으며, 열정적으로 상업 행위를 추구하였다. 이러한 의미에서 "실크로드"와 "중앙유라시아"는 기본적으로 같은 내용을 지칭하는 두 개의 용어이다. 그 경제적인 의미를 보다 분명하게 특정하자면, 실크로드는 곧 중앙유라시아의 경제를 뜻한다.

중국, 그리스, 아랍의 역사 자료는 모두 스텝 지역 사람들이 무엇보다도 무역에 관심을 두었다는 사실을 인정하고 있다. 중앙유라시아 사람들이 일반적으로 참여했던 정복이라는 방식이 이제 분명하게 드러난다. 그들은 분쟁을 피하려고 했고, 평화적으로 도시를 장악하려 노력했다. 단지 도시민들이 저항했을 때, 혹은 반란을 일으켰을 때, 당시의 방식에 따라 어쩔 수 없이 제재가 가해졌다. 이러한 방식은 고대 유럽에서도 마찬가지였다.[21] 심지어 이러한 방식을 취하는 경우에도 중앙유라시아인들이 모두를 다 죽인 것은 아니었다. 상인들과 장인들, 그리고 기타 특별한 생산직에 종사하는 사람들은 죽이지 않았고, 여자와 어린이는 노예로 삼았다. 이러한 점으로 미루어 보아 역사적 자료들이 말해주는 명백한 사실은 바로 이것이다. 즉 중앙유라시아인들의 정복은 곧 무역로 혹은 무역 도시를 획득하기 위해 계획되었던 것이다. 그리고 도시를 획득하려 했던 이유는 정복지역을 안정화시켜서 통치자의 사회경제적 기반을 마련하기 위한 세금을 걷는 것이었다. 그렇다면 이 모든 것은 주변의 정주

---

21 예컨대 알렉산드로스 대왕의 군대는 저항하는 도시를 점령하면 도시의 모든 남자들을 처형했다.

제국들과 똑같지 않은가 하는 생각이 든다면, 당연히 그렇다. 그것은 같은 일이었기 때문이다.²²

일부 학자들은 여전히 유목민을 약탈과 기생에 의존했다고 주장한다. 가장 널리 인용되는 학자는 바필드(Barfield)인데, 그의 주장은 예컨데 다음과 같다.

투르크는 흉노와 마찬가지로 막강한 군사력에 기초하여 일어섰다. 그들은 나라를 세우자마자 중국 북부의 인접한 두 라이벌, 북주(北周)와 북제(北齊)를 강압적으로 복속시키기 시작했다. 투르크는 그들을 압박하기 위해서 침략을 할 필요도 없었다. 두 나라의 왕실은 앞서 유연(柔然, Avars)과 다른 스텝 지역이 정복당할 때 파괴되는 것을 보고 겁에 질렸다. 투르크는 두 왕실로부터 막대한 선물을 받았다. …… 무역이 번성했고, 투르크는 말을 비단으로 교환했다. 553년 투르크는 5만 마리의 말을 국경으로 몰고 왔다. 무칸의 재위 기간 동안(553~572) 북주 왕실은 비단 10만 필을 카간에게 바쳤고, 수도를 방문한 투르크 사절단에게 호의의 표시로 아낌없이 선물을 바쳐야 했다. 뇌물을 바치는 데 있어서 북제도 이에 못지 않았다. …… 동투르크는 중국으로부터 비단을 징발했고, 서투르크는 이를 이란과 비잔틴 제국에 팔았다.²³

이와 같은 고정관념으로 가득찬 견해는 중국 측의 역사 자료의 편향

---

22 Di Cosmo(2002a: 170)는 내부 경제나 정치 조직의 측면에서 "유목민과 정주민 사이에 특별한 차이는 없었다."고 하였다.
23 Barfield(1989: 133). 인용구는 임의로 뽑은 것이다. 다른 부분들을 보려면 미주 108번 참조.

된 왜곡에 근거를 두고 있다. 이는 자료에 담겨 있는 편견과 내부적인 모순을 고려하지 않았거나, 혹은 심지어 같은 자료에 나오는 보다 믿을 만한 설명과도 모순되는 주장이다. 중앙유라시아 역사 전문가들이 이 점을 충분히 분석해 두었다.[24]

그러나 유목민들이 정말로 강력하고 호전적인 야만인이 아니었다면, 그리고 만약 평화를 사랑하는 정주민들과 단지 교역만을 원했다면, 왜 정주민들이 만리장성을 쌓고 중앙유라시아 사람들의 공격으로부터 스스로를 지키기 위해 요새를 건설했을까 하는 의문을 제기할 사람도 있을 것이다.

실제로 고대에는 유라시아 주변 지역 국가들에 의해 국경에 많은 장벽들이 건설되었다. 전국 시대 중국 지역에는 다양한 정치체들이 존재했는데, 대부분 중국인들이었지만 모두가 그렇지는 않았다. 이들이 상당수의 장벽을 이미 쌓았다. 이는 일차적으로 이웃나라로부터 빼앗은 지역을 지키기 위해서였고, 더불어 백성들이 도망치는 것도 막을 수 있었다.(어느 정도는 현대의 베를린 장벽과도 매우 유사한 역할이었다.) 북부에 설치된 성벽들을 더욱 강화하고 연장한 것이 바로 만리장성이다. 이 공사는 진나라 최초의 황제였던 진시황이 추진한 일이었다. 이 또한 당연히 같은 목적을 가진 일이었다. 즉 흉노로부터 빼앗은 영토를 보호하고[25] 백성들이 흉노 쪽으로 달아나는 것을 막는 역할이었다. 한무제가 평화 조약을 "파기한" 후 흉노가 빈번하게 중국 지역을 "침략한" 것은 놀라운 일이 아니다. 한

---

24 Psarras(2003), Di Cosmo(2002a), Noonan(1997) 참조. 중세 초기 투르크의 말과 중국 비단의 교역에 대한 상세한 설명은 Beckwith(1991) 참조.
25 내몽골에 위치해 있다. 내몽골은 중국 공산당 치하에서 거의 완전히 중국화되었다.

무제가 독단적으로 조약을 파기한 것은 곧 흉노에 대해 전쟁을 선포한 것과 마찬가지였다.[26] 따라서 흉노의 침략은 폭력적인 흉노족이 우연히 일으킨 사건이 아니라, 자신보다 훨씬 강하고 폭력적인 팽창주의 중국인들의 전쟁 선포에 맞서는 흉노의 필사적인 군사 행동이었다.

사라스(Psarras)에 의하면 조약 위반이 발생하는 경우는 양측 모두 내부적인 문제에 의해서였다.[27] 그러나 흉노 측에서 이를 확인하는 것은 불가능하다. 왜냐하면 흉노가 남긴 자료가 없기 때문이다. 그러니 중국 측 자료의 행간을 읽고 그것을 재해석하는 수밖에 없다. 앞에서 언급한 것처럼, 중국 측 자료는 굉장히 많다. 그리고 사실상 언제나 흉노 측 행위가 방어적이었거나 혹은 중국 측의 폭력적인 정책에 대한 반작용이었음을 알려주는 데 부족함이 없다.[28]

틀림없이 흉노는, 거대 국가를 형성했던 여타 중앙유라시아 민족들과 마찬가지로(또한 중국 및 여러 주변 지역 민족들과 마찬가지로), 국가를 형성하는 단계에서는 주변 민족들에 대해서 공격적이었다. 그리고 이러한 공격에는 주변 정주 지역 국가들도 포함되었을 것으로 추정할 수 있다. 그러나 후대에 자료가 많이 남아 있는 경우, 예를 들면 준가르와 같은 사례를 보면, 스텝 지역 사람들은 주로 자기들끼리 싸웠고, 대부분은 정주 지역 국가들과 싸우는 위험한 일은 피하려 했다는 것이 명백하게 드러난다.[29]

26 Psarras(2003: 141 이하).
27 Psarras(2003: 141).
28 중국이 침략한 이유는 다양했다. 그러나 중국사 전체적으로 보면 일정한 경향이 있었다. "흉노는 한나라 이후 계속해서 주목을 받았다. 이는 그들이 중국에 가한 위협 때문이 아니었다. 오히려 그들이 중국과 동등했기 때문이었다. 동등함 그 자체를 중국은 위협으로 받아들였다." (Psarras 2003: 60).

준가르는 중국 영토를 결코 침략한 적이 없었다. 하지만 그 반대는 없지 않았다. 만주족의 청나라가 스스로를 정당화하는 가운데 분노를 표출했다. 일부 티베트 및 위구르와[30] 함께 준가르가 저질렀다고 추정되는 모든 범죄들을 모두 놓고 보더라도 한 가지 사실만은 분명하다. 만주족이 중국을 지배하는 동안 준가르 군대가 중국을 쳐들어간 적은 단 한 번도 없었다. 티베트 군대나 동투르키스탄 군대도 마찬가지였다. 만주족의 청나라에 대해서 이들이 행했던 유일한 위반이라고 한다면, 확실한 "복속"을 거부하고 고유의 중앙유라시아 영토에 대한 독립적인 종주권을 고집한 것뿐이었다. 그럼에도 불구하고 만주족의 청나라는 계속해서 스스로를 중앙유라시아 야만인들에 의한 순수한 희생자로서 정당하고 교양있고 문명화된 민족으로 그려나갔다.

서양에서 훈족이 동로마 제국을 침략한 것은 궁극적으로 고트족의 제국 수립 전쟁의 결과였음이 분명하다. 훈은 항복하지 않고 도망친 고트족을 뒤쫓아 로마 제국까지 쳐들어갔고, 그곳에서 로마인들과 싸우게 되었다. 로마인들은 당시 고트족을 메세나리로 이용하고자 했다. 로마 역사가들의 설명에 따르더라도, 로마인들이 고트족 문제를 얼마나 잘못 다루었는지를 말해주고 있으며, 결과적으로 훈족에게도 잘못하여 로마인이 저지른 잘못이 어떤 보복을 초래했는지를 알려주고 있다.

---

29 전문가들조차도 중앙유라시아가 군사적으로 우위에 있었다는 가설을 유지하고 있다.(예를 들면 Drompp 2005: 11-12).
30 이는 근대의 동투르키스탄 도시-농경지대 투르크 무슬림을 지칭하는 근대식 용어이다. 그들의 언어인 위구르어(어두의 모음은 위(w)가 아니라 우(u)로 발음한다.[uy.yur])와 우즈벡어는 서로 방언관계에 있다. 전근대 시기 위구르어는 다른 종류의 투르크어를 가리킨다.

중앙유라시아인들이 주변 정주민들을 공격한 것은 그들의 가난과 탐욕에서 비롯되었다는 주장을 흔히 볼 수 있다.[31] 그러나 사라스(Psarras)에[32] 의하면, 바필드는 화친(和親)이라는[33] 것이 한나라를 협박하기 위해 흉노가 만들어낸 방식이라고 주장하지만, 그럼에도 불구하고 실제 한나라가 지불했던 비용은 예를 들면 국경 경비대를 유지하는 비용에 비해 저렴했다는 것을 알 수 있다. 이러한 사례를 볼 때, 그런 조그만 보상을 두고 바필드는 그것을 굳이 흉노의 "협박"이었다고 생각했는지 의문을 갖지 않을 수 없다. 마찬가지로 훈족이 로마에게 요구했던 조공은 웃음이 나올 만큼 적은 금액이었다는 것도 사실이다. 이는 상징적인 조치였지 실질적인 조치가 아니었다. 그리고 이는 일반적으로 충분히 정당화될 수 있는 일이었다. 만약 중앙유라시아인들이 절망적일 만큼 가난했고 돈과 음식 등이 필요했다면, 아마도 그들은 그것을 요구했을 것이다.

더욱이 스텝 지역에서의 삶이 그렇게 힘들었다면, 그리고 그곳의 사람들이 그렇게 가난했다면, 왜 주변 지역 국가의 농민들이 스텝 지역으로 도망치려 했을까? 그 이유는, 대부분의 유목민들이 가난했겠지만, 대다수의 농민들은 더더욱 가난했고,[34] 겨우 목숨을 보전하기 위하여 상상할 수 없이 힘든 일을 했기 때문이었다. 이는 논리적으로 생각해 봐도 분

---

31 Barfield(1989)는 Khazanov(1984)를 따라 중앙유라시아인들의 생활 방식이 주변 농경민들로부터의 '착취'에 기반해 있었다고 보고 있다. 이 주장에 대한 추가 논의와 관련해서는 미주 109번 참조.
32 Psarras(2003: 300)에서 Barfield(1989: 46-47) 인용.
33 화친(和親)은 왕조 간 통혼으로 귀결되는 통상적 평화조약이었다.
34 대부분의 미국인들은 사실 가난했다. 그렇지 않다고 하더라도 부유하지는 않았다. 그럼에도 불구하고 미국인보다 더 가난한 사람들이 끊임없이 보다 나은 삶을 꿈꾸며 미국 이민을 원했다.

명하지만, 중국의 역사 자료를 보더라도 명백하게 나타나 있다.(마찬가지로 정확히 같은 종류의 진술이 로마 제국의 자료에서도 등장한다.) 놀랄 만한 것은 이러한 탈출의 성격이다.

한나라 초기, 흉노로 탈출한 중국인 도망자들 중에는 중요한 인물들, 예컨데 한신(韓信, 韓王), 노관(盧綰, 燕王), 진희(陳豨, 代王) …… 또한 중요하게 지적해야 할 것은, 한나라 국경의 장군들은 과거 상인 출신이었다. 따라서 흉노와 무역 관계를 유지했을 가능성이 크다.[35]

고대 중국 사료가 흉노를 설명하는 것을 보면, 나중에 훈족을 설명하는 그리스의 자료들과 마찬가지로, 주변 정주 지역의 일부 사람들(특히 국경 지역에 살던 사람들)은 농업국가에 사는 것보다 유목민이 다스리는 나라에서 살기가 훨씬 쉽고도 자유롭다는 것을 아주 잘 알고 있었다. 농업 국가에서는 농민들을 노예보다 아주 조금 나은 정도로 대우할 뿐이었다.[36] 타키투스가 게르만족들이 누리는 자유와 농경민들의 절망에 대해 주목

---

35 Yü(1986: 385). 일부 장군들도 틀림없이 흉노 지역으로 도망쳤다. 패전의 책임을 지고 한나라 정부로부터 처형당하는 것을 피하기 위해서였다. 혹은 조정의 암투에서 패배해서 도망친 경우도 있었다.
36 이것이 바로 중국 및 그리스-로마 관료들이 중앙유라시아의 비중국, 비로마 문화에 대한 우월성을 주장하는 동기가 되었을 가능성이 높다. 역사 자료를 살펴보면 상당히 암울한 그림이 그려진다. 왜냐하면 중국에서는 유학자들이 정부를 운영했고, 이들이 공식적 역사 자료를 남겼기 때문이다. 이런 자료가 우리가 참고할 수 있는 유일한 자료인 경우도 많다. 유학자들은 자신을 포함한 중국인들이 우월한 존재라는 태도를 견지했다. 그래서 그들은 상업과 같은 불쾌한 일에 간섭할 필요가 없다고 생각했다. 로마의 엘리트들도 정확하게 이와 같았다. 상인들은 원로원의 의원이 될 자격이 없었다.

했던 것을 고대 서양의 역사가들은 아주 잘 알고 있었다.

> 토틸라(Totila, 동고트의 왕, 재위 541~552)는 노예와 식민지 출신들도 고트족 군대에 받아들였다.(게다가 그 수도 적지 않았다.) 뿐만 아니라 심지어 자유와 토지 분배를 약속함으로써 원로원에 등을 돌리도록 만들기도 했다. 3세기 이후 로마의 하층민들이 기꺼이 하고자 했던, 즉 절망적인 경제 상황을 벗어나기 위해 "고트족이 되고자" 했던 것은 토틸라가 그럴 만한 이유를 제공했기 때문이다.[37]

중국 왕조의 역사서에도 이런 식의 코멘트가 가득하다. 그리스나 중국의 역사가들이 외국인의 입을 빌려 자신의 왕국 정부를 비판하고자 하는 의도를 가졌던 것은 의심할 바 없는 사실이지만, 그럼에도 불구하고 그들은 일관되게 같은 종류의 일을 기록하고 있고, 중앙유라시아 언어로 기록된 고대의 텍스트들(고대 투르크어 비석의 비문 등)에도 같은 일이 기록되어 있는 것을 보면, 앞에서 인용한 것과 같은 비판은 진실을 담고 있는 것이다. 간단히 말하자면, 국경 방어 이론은 역사 자료에 의해 뒷받침되지 않는다.

국경 수비대는 이러한 목적을 달성하려 했고, 또한 중국인들이 아무 잘못 없는 흉노족을 공격하는 것을 막으려는 의도도 있었고, 중국인 국경 관리가 현지에서 채용된 비중국인 고용인들을 잘못 다루지 않도록 관리했으며, 이와 유사한 임무들을 수행했다. 중앙유라시아인들에게 백

---

37 Wolfram(1988: 8).

성과 권력과 부를 빼앗기지 않으려면 유일한 길은 성벽을 건설해서 국경 도시 무역을 제한하는 것뿐이었다. 그리고 필요한대로 스텝 지역 민족들을 공격하여 그들을 물리치고 국경에서 멀리 쫓아내야 했다. 이렇게 함으로써만 정복한 지역을 안정적으로 확보할 수 있었고, 정복지 백성들이 이방인에 동화되는 것을 막을 수 있었다. 흉노의 공격을 막아내는 것은 현실적으로 중국인의 걱정거리 중에서는 가장 작은 것이었다. 이는 북부 국경 지역 요새에 대해 논의하는 한나라의 공식 문서에 분명하고도 상세하게 기록되어 있다.[38] 이러한 자료들은 심지어 실제로 흉노의 공격이 이루어졌을 때 성벽이 거의 혹은 전혀 쓸모가 없다고 주장하고 있다. 즉 장성의 목적이 중앙유라시아의 침공을 막아내는 것이라 하더라도, 매번 공격이 있을 때마다 방어 목적이 성공한 적이 없었다. 중앙유라시아인들이 기존의 주장대로 정말로 공격적이고 위험했다면, 아마도 계속해서 정주제국을 침략하고 또 정복해버렸을 것이다. 그랬다면 중국인의 제국, 페르시아 제국, 로마 제국은 존재하지 않았을 것이며, 오직 중앙유라시아 제국만이 존재하여 중국과 페르시아 및 로마를 복속시켰을 것이다.

또 한 가지 증거가 있다. 만주 지역 남부와 한반도 북부 지역에 걸쳐 존재했던 고구려 왕국도 장성을 건설하여 중국인을 막아내고자 했다. 그러나 고구려의 장성은 이러한 목적에 소용이 없었다. 성벽이 중국인들을 단념시키지는 못했다. 수나라와 당나라의 대규모 병력이 쳐들어왔

---

38 『한서』(HS 94b: 3803-3804). 동일한 염려가 당나라 때에도 존재했는데, 당나라 때처럼 잘 알려지지 않은 시기에도 틀림없이 그랬을 것이다. 근대에 이르기까지 중국과 중앙유라시아의 관계사 전체에서 항상 마찬가지였다.

을 때, 천재적인 고구려의 장수와 고구려 군대가 전면전으로 맞서서 겨우 반복되는 침략(언제나 명분도 정당성도 없었던)을 막아낼 수 있었다. 마침내 중국인들이 고구려 왕국을 파괴하고 고구려 백성들의 흔적을 없애는 데 성공할 수 있었던 것은 고구려 내부의 정치적 불화와 내부의 배신자가 있었기 때문이었다. 방어를 하는 데 장성이 쓸모가 없었다는 점, 장성을 건설했던 당사자들이 장성의 진짜 목적을 분명하게 진술했다는 점은 중앙유라시아를 둘러싼 또 다른 기념비적인 신화를 무너뜨리기에 충분하다.[39]

중앙유라시아 스텝 지역 사람들은 중국, 페르시아, 로마 제국(이들은 언제나 통일된 나라를 전제로 한다.)에게 진정으로 군사적 위협이 되었다는 생각이 널리 퍼져 있다. 이러한 신화는 중국 왕조의 역사 기록 속에 반복해서 나타나고 있고, 따라서 현대 역사가들도 그렇게 알고 있다.[40] 이는 절대로 사실이 아니다. 중앙유라시아 민족들이 실제로 이와 같이 규모가 크고, 인구가 많고, 선진적인 나라들을 침략한 적은 없었다. 간혹 분열된 시기나 내전 상태일 때 그런 일이 있었지만, 그조차도 매우 드문 경우였다. 중국의 경우, 중앙유라시아인들은 분열의 시기 일부 세력으로부터

---

39 이러한 성벽을 축조한 이들의 가장 큰 관심사는 명백하다. 즉 새로 정복한 영토와 백성들을 확고하게 장악하고, 정복군의 병력, 관리인, 및 기타 백성들을 경계 밖으로 도망치지 못하도록 유지하기 위한 것이었다.(Di Cosmo 2002a 참조). 따라서 이러한 성벽들은 주로는 공격을 위한 것이지 방어를 위한 것이 아니었다. 이미 언급한 정복자들 외에도 비잔틴, 사산조 페르시아, 그리고 루스(Rus) 역시 성벽을 쌓았다.

40 예를 들면 Sinor(1990a), Barfield(19890, Drompp(2005). Di Cosmo(2002b: 7)는 기존의 관점을 간결하게 표현한 바 있다. "정주 지역에서는 그들의 침략이 국경의 안전과 무역 및 정착에 매우 심각한 위협이 되었다. 대규모 이주의 경우 이러한 위협은 엄청난 비중으로 증폭될 수 있었다."

초청을 받았다. 이는 중국 측의 사료에 상세하게 기록되어 있다. 가장 잘 알려진 로마의 경우도 고트족과 훈족을 끌어들인 것은 이와 마찬가지다. 가장 최근의 사례를 보면 이는 가장 명백하다. 왜냐하면 방대한 자료가 남아 있고, 일부는 중앙유라시아의 언어로도 적혀 있기 때문이다. 하지만 시간을 뒤로 되돌린다고 해도 이러한 패턴에는 변함이 없다.

예를 들어, 미약하고 분열되었던 명 왕조는 만주족을 불러 반란을 제압해달라고 요청했다. 그들은 요청을 받아들였고, 반란군으로부터 북경을 되찾았다. 그런데, 역사가들의 주장에 따르면, 그들은 현지인들로부터 새로운 통치자로 추대되었다. 이에 대한 세세한 기록들은 조작된 것일 수도 있고 아닐 수도 있다. 그러나 분명한 것은, 만주족은 오래도록 명나라의 적이었으며, 양쪽은 서로를 공격했고, 파괴했으며, 살육을 벌였다. 만주족은 초청을 받았고, 하기로 했던 일을 했으며, 이후에는 중국에 그대로 머물렀다. 그리고 그곳에서 새롭고 강력한 왕조를 세워 명 왕조를 대신했다.

몇 세기 앞서 몽골은, 칭기스칸의 뛰어난 리더쉽 아래, 번개같은 속력으로 서방을 점령한 것으로 유명해졌다. 그러나 사실 칭기스칸의 주된 관심은 중국 북부 지역 여진의 금나라에 있었다. 금나라는 몽골 지역에 있던 몽골의 적을 후원했고, 칭기스칸과 그의 민족들이 금나라에 복속된 상태를 유지하려 했다. 여진과 스텝 지역에 있던 그들의 동맹 세력은 몽골에게 현실적인 위협이었다. 그러나 몽골의 유명한 속도전에도 불구하고, 그들이 중국 북부 및 만주 지역의 여진을 복속시키는 데에는 몇 해가 걸렸다. 몽골이 과거 여진의 영토를 확고하게 장악한 뒤 송나라 정벌에 나서기까지는 칭기스칸이 죽고 나서도 또 십여 년이 걸렸다. 당시 송나라는 믿기 어려울 정도로 몽골을 계속해서 공격했으며, 몽골의 사절단을 함부로 대했다.

더 이전에는 위구르족과 투르크족이 중국 고유 지역(즉 수백 년 동안 중국인들이 장악했던 지역)에 들어온 적이 있었다. 757년, 안록산의 반란을 제압해달라는 요청을 받았을 때였다. 그들이 중국을 파괴했던 것(특히 동쪽 수도였던 낙양을 반복해서 약탈했던 것)은 당나라 황실이 공식적으로 인정한 일이었다. 돈이 궁해진 당나라 황실로서는 위구르가 그들을 위해 일해준 데 대한 대가 혹은 보상으로 약탈을 허용했던 것이다.[41] 이외에 위구르가 중국 지역을 파괴했다고 기록된 사건은 모두 당나라가 조약을 파기했거나, 속였거나, 외교적인 잘못을 했거나, 모욕을 한 데 대한 대가였을 뿐이다.[42]

당나라 당시의 사료들은, 현대 역사책들도 마찬가지지만, 계속해서 유목민들은 위험하고, 중국은 그들을 궁지에 몰아넣을 필요가 있다고 역

---

41 당과 당의 동맹 위구르가 서쪽의 수도인 장안을 재탈환하기 전, 당은 위구르에게 "수도가 탈환되거든 해당 지역을 약탈할" 권리를 주었다.(Mackerras 1972: 18-20). 그런데 동쪽의 수도인 낙양이 아직도 반란군의 수중에 있었기 때문에, 당은 위구르에게 도시가 탈환될 때까지 보상을 미루는 것에 대해 양해를 구했다. 낙양은 이후 한 번 더 반란군의 수중에 떨어졌고, 위구르의 도움으로 762년 재탈환했는데, 그 때 보상이 제공되었다. Mackerras의 시각은 중국을 좀 더 우호적으로 여긴 반면 위구르에 대해서는 그러지 못했던 중국 사료의 시각과 비슷한데, 중국 사료들을 검토할 경우 드러나는 객관적 사실관계만 고려하더라도 그러한 시각은 그릇된 것이었음을 알 수 있다.
42 당나라 측 공식 기록에 나타나는 위구르 관련 기사는 Mackerras의 소중한 번역으로 볼 수 있는데, 여기에는 당시 사건의 전개 과정이 제시돼 있어서, 그것을 읽어보면 이 점이 명확히 드러난다.(1972: 14 이하). 그의 번역은 중국 사료의 강한 친중국, 반위구르 정서를 반복하고 있다. 그러나 그 기록들은 사실상 중국을 비판하고 위구르를 동정하는 내용을 담고 있다. Mackerras가 정리한 기록이야말로, 이 에필로그에 거론된 내용들을 뒷받침한다.

설한다.[43] 반면 그들이 위험한 존재였기 때문에 당나라가 이웃을 공격한 것은 정당화되었고, 중국의 팽창을 돕는 제도 개혁이나 정복 지역 차지는 본질적으로 방어였다는 것이다.

7세기 말 10여 년과 8세기 초에 더 이상 나아가지 못해 고생을 한 뒤에, 새로운 제도적 틀이 개발되었다. 확장된 제국의 영토를 유지하기 위해서였다. 이제 영토는 만주 남부에서 파미르까지, 내몽고에서 티베트까지 이르는 광대한 영역이었다. 이러한 변화는 …… 외국의 군사적 압박이 증대됨에 따른 대응이었다. 주로는 새롭게 성장하고 있던 동투르크, 거란, 티베트로부터의 압박이었다. 이처럼 강력하고 잘 조직된 이웃과의 전쟁에 직면하여 당나라 정권은 점차 거대 규모의 영구적인 시스템을 구축하도록 하였다. 이러한 체계로 인해 시간이 지나면서 상당한 공격 능력을 갖추게 되자, 애초의 방어적인 목적은 점차 모호해져 갔다. …… 그러나 당나라의 군사력이 중국인 거주 영역의 한계를 훨씬 넘어섰던 이유에 대해, 비평가들은 기본적인 전략적 차원을 흔히 간과한다. 굉장히 유동적인 유목민들의 신속하고도 파괴적인 침입을 막아내기 위해서는, 이 방법 외에는 달리 방도가 없었다.[44]

위의 글에서 언급된 바 새로 만든 "제도적 틀"(군대 주둔 시스템은 비잔틴 제국의 Theme 시스템과 놀라울 만큼 유사하다.)이란 당나라의 경우 사실상 정복 영토를 차지해서 그곳을 이후 인접 지역 침략을 위한 전초 기지로 사용

43 Peterson(1979: 467). 중국의 역사가 대다수가 이러한 오해 및 선입견을 공유했다. 문학 작품에서는 거의 아무런 의심 없이 이러한 견해를 수용해 왔다.
44 Peterson(1979: 464-465).

할 목적으로 계획된 것이었다. 이는 출발부터 그 본질이 대단히 공격적인 행위였다. 그리고 투항한 중앙유라시아인들을 군 지휘관으로 임명한 것은, 그들이 뛰어난 전쟁 기술을 가졌고, 중국인들로서는 그들이 두려웠기 때문이기도 하지만, 그들이 중국인들보다 상대적으로 충성도가 높았기 때문이기도 하다.[45]

사실은 당나라가 "위험 인물"이었다. 중국측의 사료에는 당나라의 영웅들과 그 군대가 중앙유라시아를 쳐부수었다고 주장하는 내용이 넘쳐난다. 당나라 초기에 그들은 수 차례에 걸쳐 주변 지역을 공격했고, 파괴했고, 복속시켰다. 유일한 예외는 티베트였다. 당나라의 최전성기였음에도 불구하고 티베트는 겨우 그들을 막아내었다. 당나라의 군대는 예전의 진나라나 한나라 때보다 더 깊숙이 유라시아로 진출했고, 그만큼 더 막대한 부정적인 결과를 초래했다. 로마, 페르시아, 중국은 중앙유라시아의 나라들을 침략하여 파괴할 힘이 있었고, 종종 그렇게 했다. 심지어 중앙유라시아 나라들이 강성하고 통일되어 있을 때조차 그들은 중앙유라시아의 영토와 민족을 정복하여 자신의 제국에 편입시켰다.[46] 몽골이 통일되었을 때, 중앙유라시아인의 군사력이 극대화되었지만, 금나라를 정복하는 데 19년(1215~1234)이 걸렸다. 이후 쿠빌라이 칸이 1279년 송나라를 무너뜨리는 데에는 45년이라는 세월이 더 필요했다. 이를 두고 전광석화 같은 공격과 정복이라고 말하기는 어려울 것이다. 몽골의 승리

---

45 이와 같은 당 왕조의 판단은 현실적으로 아랍의 판단과 동일하다. 9세기 초 이래로 중앙유라시아와 아랍의 관계를 바라보는 아랍의 시선 또한 마찬가지였다.
46 중앙유라시아인들에 대한 주변 정주 지역의 침공은 다른 이들도 지적한 바 있다. Golden (1987-1991, 1991) 참조.

로 끝맺은 전쟁 이전과 전쟁 기간 및 이후의 복잡한 상황을 무시할 수는 없다. 사료에 명백하게 기록된 바, 몽골은 반복적으로 어떠한 전쟁도 없이 평화적 관계와 무역을 안정시키려 했다. "몽골의 목적은 그들에게 저항하는 어리석은 나라나 요새화된 도시들을 쳐부수는 것이었을 뿐, 그를 차지하거나 통치하려는 것이 아니었다."는 잘못된 상식이 몽골을 또다시 황야의 야만인 침략자로 만들고 있다.[47] 이런 그림은 역사 자료를 직접 읽어보면 성립될 수가 없다. 사료에서 부각되는 몽골의 모습을 보면 그들의 시대 처음부터 끝까지 무역과 세금 부과를(가능하면 평화적으로) 최우선 과제로 나타나고 있다.

중앙유라시아의 영토는 기원전 1000년경부터 계속 축소되어 근대 초기 거의 사라져버리는 지경에 이른다. 심지어 강력한 중앙유라시아의 나라들도 주변 정주 제국에 의해 무너질 수 있었고 실제로 그랬다. 진나라와 한나라, 그리고 당나라 초기의 사례가 이를 말해준다. 심지어 상대적으로 힘이 약했던 주변의 나라들, 예컨대 한나라 이후의 금나라나 후기 서로마 제국 같은 경우도 막강했던 중앙유라시아 나라들과 싸워 이겼다. 이와 대조적으로 가끔씩 중앙유라시아의 나라들이 주변 정주제국을 공격하여 성공하기도 했고, 일부 영토를 차지하기도 했지만, 중앙유라시아의 강력한 통일 국가가 주변의 강력한 통일 정주제국을 정복한 적은 단 한 번도 없었다.

중앙유라시아 유목민들은 태생적인 전사들이고, 강하고, 거칠고, 두

---

47 다만 중국 내에서의 몽골의 역사에 대한 Mote(1994: 622)의 접근은 대체로 균형이 잡혀 있고, 자료 또한 제대로 검토했다.

려움이 없고, 현실적으로 정복당할 수 없는 사람들이라는 생각(모든 중앙 유라시아 역사책에 이러한 관점이 내포되어 있다.) 때문에 그와 상대되는 부드럽고, 연약하며, 겁이 많은 주변 지역의 농민군이 설정되는 것이다. 그러나 분명한 사실은, 로마의 역사가 중에 어느 누구도 로마의 농민이, 즉 로마의 군인이 연약하며 고난을 견뎌낼 수 없다고 기술한 적이 없다. 진시황이나 한무제 휘하의 중국인 군대는 거대한 제국 영토를 정복했을 뿐 그들도 전혀 연약하지 않았다. 로마와 중국 농민들은 일반 사병으로 군대에 복무했다. 그들은 거대한 제국을 위해 성공적으로 전투를 수행했다. 그 중에는 중앙유라시아인들과 싸워 승리했던 전투도 많았다. 앞에서 언급했던 것처럼, 유라시아에서 전통적 농업 사회의 농민들은 노예처럼 일했고, 근근이 살아남았다. 비록 그들이 체구가 더 작았고 더 오래 살지도 못했지만, 그들은 더욱 강인했고, 고난에 익숙했다. 유라시아 주변의 정주제국에서, 완전무장을 하고 체계적인 훈련을 받은 병사들은 중앙유라시아 스텝 지역의 유목민들만큼이나, 혹은 그보다 더 두려운 존재였다. 사실 유목민들이 전쟁에서 거칠었고, 어렸을 때 배운 기술(주로 말타기와 활쏘기)이 스텝 지역 전투에서 유용하기는 했다. 그들은 스스로의 무용담을 즐겼고, 그들의 전쟁 영웅을 찬양했으며, 주변 정주민들에게 스스로의 용맹함을 선전해서 겁을 주려고도 했다. 그러나 개인적으로 중앙유라시아 사람들을 만나보았던 여행가들의 글을 보면, 헤로도토스부터 시작해서 계속 반복적으로 나타나는 이야기는, 중앙유라시아인들의 무시무시한 명성과는 달리, 그들이 평범했고, 전쟁을 좋아하지 않았다는 것이다. 역사적 사실, 특히 오랜 기간의 역사를 돌이켜 보면, 소문은 현실과 달랐다. 중앙유라시아인들이 어떤 전쟁에서 이긴 적도 있지만, 결국에는 그들이 졌다. 전체적으로 보자면 중앙유라시아인들보다 주변의 정주민들이 사실 훨씬 더 강했고, 위협적이었고, 거칠었으며, 잔인했다.

유라시아 주변부의 농업 제국들과 비교해 보자면, 초원 유목민이 다스렸던 중앙유라시아의 나라들은 몇 가지 치명적인 약점이 있었다.[48] 여기서는 몇 안 되는 유목민들이 광대한 지역에 흩어져 살았다. 그리고 그들은 동물을 키워 얻은 생산품을 저장할 수 없었고, 동물들이 죽어나가는 흉년에 대비할 수 없었다. 그래서 농민들보다 더 기후에 의존할 수밖에 없었던 것이다. 유목국가가 통치하던 도시들의 위치는, 극소수 예외가 없지 않지만, 대체로 초원이 아니었다. 그들이 공격을 받을 때, 어떤 경우라도 도시의 성벽 안에 수많은 가축을 가두어 지킬 수가 없었다.[49] 이러한 점 때문에 유목민들은 주변 정주 지역 적들의 공격에 쉽게 노출되었다. 적들이 승리하면 언제나 수천 수만의 양과 가축들을 전리품으로 챙겨갔다. 그러고 나면 말을 타고 도망친 중앙유라시아인은 굶어 죽는 수밖에 없었다.

스텝 지역의 중앙유라시아인들은 또한 그들의 병력만으로(즉 농민 예비군 없이) 전면전을 벌이지 않기 위해서 매우 신중을 기했다. 왜냐하면 크게 한 번 패하면 다시 군대를 편성할 인원이 부족해지기 때문이었다. 그들로서는 적들을 공포에 몰아넣어서 항복하도록 만들어야 했으며, 꼭

---

48 유사한 문제들에 대한 논의와 관련해서는 Di Cosmo(2002b: 5-7) 참조.
49 유목국가의 도시들 대부분은 그들의 본거지인 스텝 지역 바깥에 위치해 있었다. 그러나 일부는 스텝 지역 내에 위치하기도 했다. 지역과 시대에 따라서는 스텝 지역 내에 더 많은 경우도 있었다. 그 중 일부는 고고학적 조사를 거친 상태다. 스텝 지역 내 도시 중 가장 잘 알려진 사례는 스키타이의 도시로, 이에 대해서는 Rolle(1989) 참조. 또한 각주 58번 참조.

필요한 경우에만 무력을 사용해야 했다. 역사책을 보면, 이는 스키타이와 흉노의 시대로부터 몽골의 시대에까지 변함없이 이어진 전술이었다. 유목민 군대의 기습 공격은 충격 효과를 노린 것이었고, 그래서 무엇보다도 심리전술이었다. 유목민 군대는 요새화된 도시를 점령할 수 없었고, 규모가 큰 도시(거대 도시는 언제나 요새화되어 있었다.)는 더더욱 어려웠다. 그런데 어떻게 유목민은 저항하는 도시를 점령했을까? 그들은 보병을 이용했고, 포위 공성전을 벌였다. 이는 정주민이 했던 전술과 똑 같았다. 문제는 유목민에게 공성전을 할 병력이 없다는 것이었다. 그렇다면 유목민이 도시를 힘으로 정복했을 때는, 복속민 중에서 동원가능한 정주민들을 모두 소집하여 정복할 도시를 향해 진군했고, 그들로 하여금 도시를 공격하도록 했음을 알 수 있다. 그러니 갑작스런 기습공격을 했을 리는 없다. "기습전"이라는 생각은 신화에 불과하다. 게다가 다른 조건이 비슷하다면, 보병이 항상 기병(유목민식 기병이든 아니든 간에)보다 강했다는 것은 전쟁사에서 잘 알려진 사실이다. 게릴라 전술이나 소규모 국지전은, 자신보다 강한 적군이 자신의 영토로 쳐들어왔을 때, 전통적으로 약자가 펼칠 수 있는 대표적인 전술이었다.[50] 이는 보병 군단이 쳐들어왔을 때 유목민이 펼칠 수 있는 유일한 방어 전술이기도 했다. 방어가 아닌 공격에서 이러한 전술을 앞세울 수는 없다.

중앙유라시아 사람들 입장에서는 주변 정주민들에게 두려움을 심어줘야 할 충분한 이유가 있었다. 그들이 시시때때로 유목민 지역을 침략했고, 유목민들을 쳐부수었으며, 영토의 상당 부분을 빼앗았기 때문이

---

50 제2장에서 페르시아의 스키타이 침공 관련 기록 참조. Arreguin-Toft(2005) 참조.

다.⁵¹ 동부 스텝 지역에 있는 고대 투르크 비문은 중국의 당나라가 최초의 튀르크 제국을 점령한 뒤 튀르크 민족의 운명이 어떻게 되었는지 절절하게 증언하고 있다. "고귀한 이의 아들들은 중국인의 노예가 되었고, 숙녀가 다 된 딸들은 그들의 노리개가 되었다."⁵²

로마가 골(Gaul)족을 점령한 역사는 딱 알맞는 사례이다. 켈트 계 골족은 박살이 났고, 그들의 영토는 로마의 식민지가 되었으며, 살아남은 켈트족은 끝내 로마인이 되고 말았다.⁵³ 이는 단순하게 보면 로마가 골족의 영토까지 확장된 것이었다. 군사적 혹은 정치적 관점에서 보면, 이는 로마에서 멀리 떨어진 다른 수많은 지역으로 로마가 진출했던 경우와 다를 바가 없었다. 로마의 군대가 진출함으로써 로마인들은 방대한 제국을 건설했던 것이다. 그러나 또 다른 관점에서 보면 이것은 경우가 다르다. 골족은 예전에는 문화적 측면에서 전형적인 중앙유라시아인이었다. 하지만 골족은 지중해문화권으로 편입되었고, 중앙유라시아 문화권에서는 떨어져 나갔다. 이와 달리 대부분의 게르마니아 지역은 성공적으로 로마에 저항했으며, 중세에 이르기까지 지중해 문화권(혹은 유럽 문화권)에 편입되지 않았다.

유라시아에서 문명화된 주변 지역 중에 일부라도 중앙유라시아 문

---

51 이는 중국에서는 대단히 일찍 시작되었다. "중부 지역 국가들[즉 중국]이 북부 지역을 점점 잠식하고, 적족(赤族) 등 변경 지역 민족들을 정복 및 병합하자, 마침내 중국은 유목민과 직접 접촉하게 되었다. 특히 오르도스(Ordos) 지역에서 그러한 접촉이 두드러졌다."(Di Cosmo 1999: 950-951).
52 퀼 테긴(퀼 티긴, Köl Tigin) 명문, 동면, 7행(Tekin 1968: 233, 그의 번역은 264쪽 참조).
53 이는 앵글로-아메리칸이 북미 지역을 정복하고 인디언의 땅을 빼앗는 과정과 흡사하다. q.v. Drinnon(1987).

화-경제 지역으로 영구히 편입된 지역은 없었다. 이와 반대로, 중앙유라시아인들은 수 세기에 걸쳐 이 주변 정주 지역의 공격에 다양한 방식으로 저항했지만, 최종적인 결과는 언제나 마찬가지였다. 즉 중앙유라시아인들이 졌다.

역사에서는 흔히 양 극단 사이 어디쯤에 진실이 존재한다. 이 경우, 고정관념의 양 극단의 한쪽에는 폭력적이고, 가난하고, 반쯤 굶어죽을 지경이고, 원시적인 중앙유라시아인이 있고, 다른 한 쪽에는 신사적이고, 부유하고, 잘 먹고, 발달한 중국인, 페르시아인, 그리스-로마인이 있다. 고정관념은 많은 오해에 기초하고 있다. 그 중 일부는 앞에서 언급한 바와 같다. 그 중에서가 가장 중요한 부분은 중앙유라시아 역사 전문가들에 의해 어느 정도 파헤쳐졌다. 그러나 부분적으로, 세부사항에서까지는 절대로 이해되지 않는 점이 남아 있다. 그것은 바로, 중앙유라시아인들은 초원 유목민 전사였고, 그들의 적은 농업 및 도시 지역 정주민들이었다는 생각이다.

전문가들 사이에서는 익히 알려진 바와 같이, 고고학과 역사학 양쪽에서 다 같이 사실로 밝혀진 바, 실제로 스텝 지역에 상당수 마을이 있었고, 심지어 상당수 도시들도 존재했었다.[54] 스텝 지역에서 농사를 짓고 살았던 사람들은 물론이거니와, 스텝 지역의 도시민들도 생활 문화는 목축을 했던 사람들과 크게 다르지 않았다. 따라서 올바로 결론을 내리자면, 스텝 지역에서 제국을 수립한 이들로서는 도시와 농업 생산지를 모두 소유하고 있었기 때문에, 주변 정주 제국의 사람들로부터 먹을 것이

---

54 Di Cosmo(2002a), Nagrodzka-Majchrzyk(1978).

나 기타 생필품을 빼앗을 필요가 없었다.⁵⁵ 게다가 그들이 그런 짓을 저질렀다는 증거도 없다.⁵⁶ 이것이 상식에 부합하는 시각임에 틀림없지만, 스텝 지역 유목 제국을 전체적으로 설명할 때는 여전히 이러한 관점을 빠트리고 있다.

중앙유라시아 사람들 중에는 목축업자도 있었고, 농민도 있었고, 도시민도 있었다. 그들의 제국 안에는 목초지가 아닌 영역도 엄청나게 많았다. 분명 목축업자들은 목초지가 소멸되지 않도록 굉장히 넓은 지역을 돌아다녔다. 그러나 우리가 알고 있는 모든 중앙유라시아의 제국들에는 세 가지 경제 요소가 모두 포함되어 있었다. 초원 유목민들은 기본적으로 "발이 달린 곡식"을 수확하는 농부들이었다.⁵⁷ 중앙유라시아 제국의 사회경제적 구조는 주변 제국들의 문화와 그렇게 다르지 않았다. 거기에도 세 가지 사회경제적 구성 요소가 존재했다. 즉 도시, 근교(도시나 큰 마을 인근에 살면서, 도시민들이 필요로 하는 것들을 공급하고, 때로는 농업이 아닌 다른 산업에 종사하기도 했던 농민들), 시골(도시나 큰 마을에서 상당히 멀리 떨어져서 사는 농민들)이 그것이다. 중앙유라시아에서 중요한 차이점 한 가지는, 도시민이나 근교의 농민들(정착 농업 종사자들)과 멀리 떨어져 사는 농민들(목축업에

---

55 그러나 중앙유라시아인들은 이국적인 음식에 깊은 관심을 갖고 있었다. 그리고 아래에서 보는 것처럼, 이를 확보하기 위해 기꺼이 교역에 나섰다. 그들이 곡물을 이용하는 주요 방식 중 하나는 파스타를 만드는 것이었다. 그들이 파스타 맛을 알게 된 것은 중국과 접촉한 결과로 추정된다. Golden(1995) 참조.
56 Di Cosmo(2002a: 169-170) "역사 자료에 반복해서 나타나는 바, 유목민의 침략은 가끔은 군대 병력만큼 대규모였던 경우도 있었다. 어떤 경우든 그들은 동물과 사람을 데려갔을 뿐 농작물을 가져가지는 않았다." 유목민의 "침략"에 대해서는 미주 110번 참조.
57 티베트 유목민을 다룬 인류학자 Robert Ekvall의 단행본(1968) 참조. "Fields on the Hoof"라는 제목이 아주 좋다.

종사하는 유목민들)이 대개 같은 인종이 아니었다는 사실이다.[58] 목축업자들은 자연히 도시민이나 근교 농민들에 비해 더 많이 옮겨 다녔다. 이는 정주 제국의 시골 사람들과 상반되는 점인데, 정주 제국의 시골 사람들은 거의 이동하는 일이 없었다. 이외에, 복잡한 도시 문화(도시민들)와 단순한 시골 문화(근교 농민들이나 원거리 목축업자들)의 대비는 주변 정주 제국에서도 마찬가지로 나타났다. 달리 말하자면, 인종적으로 유목민에 속하는 사람들이 통치하는 제국이건, 인종적으로 농민에 속하는 사람들이 통치하는 제국이건 간에, 경제적 및 정치적 구조에서는 별 차이가 없었다는 말이다.[59]

역사가들이 목축업자들을 사회의 다른 구성원으로부터 분리해서 신

---

58 Noonan(1997)의 카자르(Khazar) 경제에 대한 신중한 분석 참조. 또한 위구르 제국의 스텝 지역 내 대규모 농경 지대(수도 주변뿐만 아니라)에 대한 타밈 이븐 바르(Tamîm ibn Baḥr)의 묘사 참조.(Minorsky 1942). Barfield(1989: 157 이하)에게는 미안하지만, 이는 스텝 지역 내부 또는 인근 중앙유라시아 도시의 전형적인 양상이었다. 카자르 경제에 대한 Noonan의 연구 및 어떤 의미에서는 Pletneva(1958, 1967)의 연구 역시, 이 경제의 복잡하게 뒤섞인 측면을 잘 짚어내고 있다. 여기는 농업적 요소가 포함되어 있다. 그 중 일부는 분명하게 예전에는 유목 혹은 반농반목이었다가 나중에 농업으로 변화되었다.

59 이 점은 일찌감치 Bosworth(1968: 4-5)에 의해 지적된 바 있다. 그는 "스텝 지역 유목민"과 "지방 농경민(및 심지어 트란스옥시아나의 도시민)"을 "태생적으로 서로에 대해 반감을 가진 두 그룹"이라 설정하는 것 자체가 "아랍 지리학자들이 잘 짚어낸 경제적 사실들"을 고려할 때에도 적절치 못한 일이라 하였다. 아랍 지리학자들에 의하면 "스텝 지역 투르크 유목민의 경제는 농경 오아시스 지대나 타지크(Tājik) 이란인들의 도시 경제와는 서로 보완적이며, 상호의존적이었다." 다소 부정확한 면이 있지만, 그는 또 이렇게 말했다. "정주 지역에서는 유목인들에게 곡물, 공산품, 무기를 제공했으며, 유목민은 가축, 낙농 제품, 가죽 및 털을 농민들에게 제공했다." 양측이 각각 생산하고 교환했다는 물품의 목록이 아주 정확하다고 할 수는 없다. 예를 들면 스텝 지역 사람들도 무기와 기타 금속 제품을 생산했기 때문이다. 유목민들은 자신의 수요를 넘어서 방대한 교역에 참여했다. 그리고 그들이 곡물로 만든 음식에 관심이 높았다는 기록은 매우 드물다. 그럼에도 불구하고 Bosworth의 기본적인 논점은 아주 훌륭하다.

화적으로 "순수한" 유목민이라는 개념을 만들었고, 동시에 도시민들과 농민들은 언급하지 않은 채로 숨겨버렸다. 뿐만 아니라 신비로운 "실크 로드"라는 개념을 만들어냈다. 이는 대체로 중국에서 로마까지 통하는 파이프라인처럼 얘기되어서, 마치 그 파이프라인이 지나가는 지역은 그 것과 아무런 관계가 없는 것처럼 취급된다. 예외적으로 관계가 있다면, 유목민들이 정기적으로 상인들을 약탈하는 정도로 생각될 뿐이다. 중앙 유라시아 제국들에 속한 세 부류의 구성요소는 일찍이 헤로도토스 때부터 주목을 받았다.(그러나 헤로도토스가 이러한 측면을 명확히 인식하고 말한 것은 아니었다.) 도시민들이 유목민들과 다른 언어를 쓰는 다른 인종이었다는 사실 때문에 바뀌는 것은 아무것도 없다. 중요한 것은 초원 유목민이 통치하는 제국은 언제나 많은 도시들을 포함하고 있었다는 사실이다.(실제로는 가벼운 종주권을 주장하는 형태를 띠었다.) 스키타이는 흑해 연안과 기타 지역의 도시들에 대해서 이러한 종류의 통치권을 행사했다. 그 도시들의 거주민은 대체로 그리스인들과 트라키아인들이었다. 흉노도 실크로드의 도시들에 대해서 같은 종류의 종주권을 행사했다. 심지어 한나라 군대와 관료들이 있을 때에도 이런 식의 종주권은 그대로 유지되었다. 투르크 제국, 몽골 제국, 준가르 제국도 이와 마찬가지였다. 시골 깊숙한 곳(즉 도시로부터 멀리 떨어진 곳)에 살았던 정주제국의 시골 농민들이 따로이 도시를 형성하지 않았던 것과 마찬가지로, 목축업에 종사하는 유목민들도 도시를 건설하거나 개인적으로 도시에 거주한 경우는 거의 없었다. 유목민의 경우, 도시에 살면서 동시에 가축을 스텝 지역의 목초지로 끌고 이동했을 것으로 상상하기는 어렵다. 이런 점을 생각해보면 유목민들이 왜 스텝 지역에 도시를 거의 형성하지 않았는지 설명이 된다. 그러나 그들의 제국에서는 도시를 포함하고 있어야 했고, 실제로 항상 그렇게 했다. 간단히 말해서 중앙유라시아 제국의 구성 요소 중 도시 요소와 시골 요소는 분리할 수 없는 것이다. 이는 주변 지역 정주 제국에서 그러했던 것과 마찬가지다.

기존에 대체로 간과되어 왔던 사실은, 일방적으로 국경을 설정하고,(언제나 기존 국경을 훨씬 넘어서서 설정되었다.) 새로운 국경을 지키기 위해 요새를 건설하고,(침략자들은 일정적으로 "고유의 영토"를 주장했다.) 국경을 폐쇄하여 외부 사람들과 교역 관계를 단절하는 것, 이것이 명백하게 전쟁을 초래하는 행위였다는 점이다.[60] 이것 말고는 달리 그들을 이해할 수가 없다. 중앙유라시아인들만 이렇게 이해했던 것이 아니라, 주변 정주 제국의 침략자들도 그것을 알고 있었다. 그들의 역사 서술에서 공공연하게 이 점을 지적한 경우는 드물지만, 가끔씩은 언급이 되었고, 혹은 내부적으로도 의견이 일치하지 않는 반대의 목소리가 기록되기도 했다.(대개 반대하는 자를 반역자, 적과 내통한 자, 혹은 죄인으로 규정하는 과정에서 기록이 남았다.)

중앙유라시아인들은 실제로 주변 정주 제국이 그들에게 가하는 위험을 인지하고 있었고, 정주 제국의 호전적인 의도를 즉각적으로 알아차렸다. 성벽을 건설하고 군대를 국경 지역으로 이동시키고, 교역을 단절하는 등의 이 모든 행위는 곧 선전포고나 마찬가지였다. 주변 정주 제국이 이런 식으로 중앙유라시아인들과 전쟁을 벌이지 않을 때는 언제나 평화와 번영이 뒤따랐다. 그러나 정주 제국을 건설한 자들에게 평화는 궁극

---

60 중앙유라시아 내부로 진출하는 중국의 이와 같은 방식은, 러시아가 스텝 지역을 통해 중앙아시아로 진출했던 방식과 흡사하다.

적인 목적이 아니었다. 그들의 목적은 아무도 저항할 수 없는 절대 권력과 가능한 많은 영토 및 백성을 통치 하에 두는 것이었다. 중앙유라시아인들이 제국을 세웠을 때, 그들도 같은 목적을 추구했다. 그러나 이는 일시적일 뿐이었다. 중앙유라시아의 제국을 계획할 때는 국경과 내부 정치를 안정시키려는, 즉 평화를 추구하는 의도도 있었지만, 뿐만 아니라 지역 및 국제 경제를 지원하고 확장하려는 의도도 있었다. 이를 통해 모두에게 번영이 증대되었다.

중앙유라시아인들이 고집스럽게 가까운 도시들과 교역 관계를 요구했던 사실로 미루어 보아, 심지어 전쟁 시기조차 도시들에 대해서 분명하고도 조심스러운 정책을 유지했던 사실을 감안하면, 도시와 무역이 그들에게 얼마나 중요했는지 알 수 있다. 또한 국경 지역 분쟁의 주된 이유가 무엇이었는지도 이해할 수 있다. 유목민들로서는 그들이 자주 들렀던 도시들과 직접 교역이 필요했다. 이는 정주 제국의 농민들이 도시의 시장에 접근할 필요가 있었던 것과 마찬가지다. 더욱이 중국이나 로마 국경 지역에서는 적어도 고대 이전 시기부터 국경 도시들에서 유목민과 중국 및 유목민과 로마의 교역이 일상적으로 이루어졌다. 주변 정주 제국에서 공식적으로 국경 도시에 유목민 출입을 폐쇄했을 때, 혹은 교역을 못하게 하고 이 문제를 협상하려는 유목민에게 함부로 대했을 때, 중앙유라시아인들은 이를 전쟁 선포로 간주했다. 이와 같이 일부러 분쟁을 촉발시킨 사례는 17세기와 18세기에 중앙유라시아가 분할될 때까지 그대로 이어졌다.[61]

중앙유라시아인들이 국경 지역 시장에서 자유 무역을 요구하는 일은 천여 년 동안 중앙아시아 국경 전역에 걸쳐, 언어민족학적으로 어느 인종을 막론하고 동일하게 나타났다는 사실은 주목할 필요가 있다. 이러한 사실을 우리에게 알려주는 주변 정주 제국의 역사 자료들에는 중앙유라시아인에 대한 대량 학살과 강력한 반시장적 편견으로 가득하다. 이는 특별히 놀랄 일도 아니다. 왜냐하면 이 기록들은 대부분 토지를 소유한 귀족 계급에 의해 쓰여졌기 때문이다. 그들은 상인 계급이 아니었다. 그들은 또한 중앙유라시아인들이 상행위를 방해했다고 비난하며, 그것이 중앙유라시아 지역 침략을 정당화하는 변명이 되었다. 근대 역사가들은 정주 제국의 사료에 나타나는 중앙유라시아에 대한 부정적인 관점을 그대로 채택했다.

16세기 초 중국의 명나라와 몽골의 분쟁을 예로 들면, 퍼듀(Perdu)는 다음과 같이 말했다. "강경파들은 잔인무도한 몽골과 교역을 하거나 협상을 할 수는 없다고 생각했다."[62] 그러나 한 페이지 뒤에서 그는 이렇게 썼다. "1551년 명나라의 황제는 죽음을 무릅쓰고라도 몽골과 교역을 해서는 안 된다고 명령했다."[63] 이어지는 대목은 다음과 같다.

알탄 칸(Altan Khan, 1507~1582)은 바투(Batu)의 손자인데, 16세기 중반

---

61 필자가 분석한 바에 따르면, Di Cosmo(1999b: 11 n.32)가 비판적으로 요약한 '교역 아니면 침략' 이론에 동의하기 어렵다. Di Cosmo에 따르면 "중국과 유목민 사이의 주기적 갈등 때문에 중국으로서는 유목민들에게 교역을 허락하고 싶지 않았고, 조공을 통해 유목 경제에 도움을 주고 싶지도 않았다. 이로 인해 유목민들은 침략군을 조성하게 되었고, 군사적 우위를 이용하여 경제나 무역에서 부족한 부분을 채우고자 했다." 이 이론은 전쟁과 평화가 주기적으로 반복된 이유는 어느 정도 설명하고 있다. 그러나 유목 제국들의 성장을 해명하지는 못하며, 유목 제국의 성립을 일종의 예외적 현상으로 보고 있다.

62 Perdue(2005: 63).
63 Perdue(2005: 64).

권력을 잡아 이후 중국에 대한 대규모 침략을 주도하게 된다. 그는 몽골을 통일한 적이 결코 없었지만, 12개의 투메드(Tumed, 병사 1만 명의 단위)를 이끌었다. 그는 조공을 바칠 수 있도록 허락해 달라고 끊임없이 요구했지만, 중국 측에서는 언제나 요구를 거절했다. 그러면 그의 지휘 아래 몽골은 섬서와 산서 북쪽 국경을 공격했다. 이와 같이 반복되는 사이클, "요구, 거절, 침략"은 1570년에 이르기까지 40여 년 간 계속되었다.[64]

이 점에 있어서, 몽골과 무역을 하는 것과 전쟁을 하는 것 중 어느 쪽이 유리한지를 두고 명나라 조정 내에서도 수많은 논쟁이 있었다. "다음 황제인 목종(穆宗)의 융경(隆慶, 1567~1572) 연간에 와서야 비로소 명나라는 국경 지역의 평화 협상을 개시할 수 있었다."[65] 목종의 천재적인 통찰력이란 실상, 수십 년 간 몽골이 반복해서 시장을 개방해달라는 요구를 한 뒤였지만, "알탄 칸은 평화적인 교역을 원한다. 그는 오직 조공을 거절했을 때만 공격해왔다."는 것을 깨달은 것뿐이다.[66] 마침내 다시 교역이 허락되자, "상인들은 국경으로 떼를 지어 몰려들어서 비단, 모피, 곡식, 솥 등을 몽골인들에게 팔았다. 정부는 교역에 따른 세금을 거두었고, 그 돈으로 유목민들로부터 비싼 값에 별볼일 없는 말들을 사들였다."[67] 마지막 비난조의 논평은, 어떤 자료를 보고 썼는지는 모르겠지만, 곧이

---

64 Perdue(2005: 64).
65 Perdue(2005: 65).
66 Perdue(2005: 65). 여기서 "tribute"라는 단어는 '공무역'에 대한 중국식 용어(조공)의 영어 번역에 해당한다.
67 Perdue(2005: 66).

곧대로 믿기 어렵다. 이 대목 바로 전에 퍼듀(Perdue)는 "명나라는 장성(長城)을 강화했고, 국경수비대의 이동 수단으로 몽골의 말을 필요로 했다."고 언급했기 때문이다.[68]

이 모든 이야기는 다음과 같이 요약될 수 있다. 중국인들은 중앙유라시아의 광대한 지역을 점령했고, 중앙유라시아인들을 도시의 시장에 접근하지 못하게 함으로써 중앙유라시아 경제가 쇠락하게 되었다. 중앙유라시아에 대한 호전적이고 공격적인 자세를 취한 결과는 당연히 전쟁이었고, 전쟁 중에는 중앙유라시아인들이 중국인들을 공격하기도 했다. 그러나 중앙유라시아인들이 원했던 것은 전쟁이 아니라 무역이었다. 그래서 반복적으로 중국과 평화로운 교역 관계를 요구했다. 중국인들이 전쟁으로 인한 비용과 수고로움에 지치게 되자, 그들은 다시 중앙유라시아인들과 무역을 허용했다. 국경 양쪽 모두에게 평화와 번영이 찾아왔다.

따라서 몽골과 중국 명나라의 분쟁이 비롯된 이유는 중국인들이 고의로 무역을 금지했기 때문이라는 사실은 비밀도 아니다. 명나라 황실 내에서도 이는 공공연하게 논의되었던 사실이며, 명나라 측에서 군사적으로 해결(몽골을 격파하는 것)하려는 시도가 실패한 뒤, 금지는 해제되었고 평화가 찾아왔다.[69]

이와 유사한 관계가 준가르 제국과 청 제국 사이에서도 일어났다. 이들 사이의 유일한 문제는 청나라가 주기적으로 교역을 금지시키는 것뿐이었다. 제한 조치가 해제되면 곧바로 평화가 찾아오곤 했다.[70] 청나라

---

68 Perdue(2005: 65). 이러한 필요로 인해 정책 변화가 일어났을 것이다.
69 Perdue(2005: 63-66).
70 Perdue(2005: 256-265).

에 대한 우수한 연구들이 최근에 많이 이루어졌음에도 불구하고, 준가르와 청나라의 분쟁을 보여주는 국경 문제 및 그 원인에 대한 추정은 거의 전부가 방향 설정이 잘못되었다. 분쟁의 원인은 청나라가 중앙유라시아 내부로 팽창하고자 하는 야욕이었다. 당시 중앙유라시아를 통치하던 준가르는 청나라의 야욕을 막아내고자 했으며, 청나라는 준가르를 쳐부수기 위해 할 수 있는 모든 일을 했다. 청나라는 군사적 시도가 실패할 때마다 준가르와 평화적 관계를 다시 수립하고 교역을 허락했다. 청나라가 준가르 군대를 쳐부술 기회가 생기자마자 청나라는 그 즉시 행동에 나섰고, 분쟁은 다시 시작되었다. 최종 결과는 청나라의 성공이었다. 그들은 준가르 사람들 대부분을 학살했고, 준가르가 보호하던 중앙유라시아 상당 부분을 점령했다. 역사책에서 상세한 내용들은 대부분이 개인적 분쟁을 언급하거나 사건의 원인과 경과에 대해 왜곡을 하고 있지만, 준가르를 파괴한 것은 순전히 청나라의 팽창주의였다. 준가르가 청나라를 공격한 적은 없었고, "탐욕스런 야만인" 상인들이 개입되지도 않았다. 물론 준가르 사람들은 천사가 아니었다. 그들에게서도 때때로 잘못을 발견할 수 있다. 그러나 전체적으로 봤을 때 유라시아 역사에서 결정적이었던 그 사건을 달리 이해하기란 불가능하다.[71]

주변 정주 제국들이 국경 도시를 폐쇄하여 스텝 지역 민족들이 접근하지 못하도록 하는 것은, 정주 제국 내 농민들이 도시의 시장에 접근하지 못하도록 하는 것과 조금도 다르지 않다. 이는 일부러 그 지역 경제

---

71 그렇기 때문에, 중국 연구자들 중에는 중국이 유럽과 만났을 때 중국의 힘이 약했다고 동정하는 사람들도 있지만, 그들에게 공감하기는 어렵다. 유럽인들도 청나라 일부 지역에서 동일한 정책과 선입관에 맞닥뜨려야 했다.

를 망치려는 시도이다. 이런 짓을 할 수 있는 능력 때문에, 정주 제국은 국경 도시 교역을 지렛대 삼아 권력을 휘두를 수 있었고, 중앙유라시아 사람들에게 말도 안 되는 조건의 협상을 강요했다. 유(Yü)는 바로 이러한 점에 주목했다.(의도적으로 그랬는지는 모르겠다. 왜냐하면 같은 글에서 유(YÜ)는 국경 지역의 중국인과 흉노 사이의 막대한 상업 관계를 언급하고 있기 때문이다.) "비록 중국인과 흉노족 사이의 사적 무역은 국경을 따라 매우 오래도록 진행되었을 것이지만, 대규모로 '정부의 지원을 받는' 시장 시스템은 한 문제(漢文帝) 재위 연간(180~157 BC) 이전에는 존재하지 않았다."[72] 한(漢)과 흉노 양 제국의 국경이 중앙유라시아 지역 깊숙이 들어와서 그어졌었다는 사실을 기억해야 한다. 그러므로 중앙유라시아인들이 교역을 하고자 할 때 침략도 한다는 생각은 말이 안 된다. 과거 중국인들의 편견이 반영된 것이라면 몰라도. 더욱이 유목민이 부당하게 국경의 시장을 공격하는 것이 무조건적으로 폭력을 좋아해서 혹은 전리품이 탐나서 그랬다는 주장도 역사적 자료에서는 그 근거를 찾을 수 없고, 오히려 반대되는 근거들만 나타날 뿐이다. 톰슨은 훈족에 반대하는 선입견을 가졌음에도 불구하고(훈족 연구자들이 대개 그렇듯이), 또한 톰슨은 훈족의 경제, 사회, 정치적 동기를 근본적으로 이해하지 못했음에도 불구하고, 그는 훈족 지도자들이 무엇에 관심이 있었는지, 무엇을 보장받으려 했는지에 대해서는 올바르게 지적했다. 즉 로마의 시장 도시는 "훈족에게 개방되어야 했다. …… 그리고 계속해서 그래야만 했다. 이와 관련한 조약은 정당해야 했고, 훈족이 어떠한 위험도 없이 그 시장에 접근할 수 있어야 했다."[73]

---

72 Yü(1986: 388), 강조는 필자.

이 점과 관련해서 다소 의외의 경우가 바로 스키타이다. 헤로도토스는 그들을 무시무시한 전사들이라고 했는데, 나머지 이야기들을 읽어보면 상당히 괜찮은 사람들인 것 같다. 이와 비근한 예로 제1차 세계대전 이후 몽골을 관찰한 미국 스파이의 증언에 따르면,(당시 몽골인들의 생활 양식은 13세기 조상들의 그것과 별로 다르지 않았다.) 몽골인은 "전쟁을 좋아하지 않는" 민족이었다. 이 두 가지 경우에서 모순을 발견한 학자들은 기존의 고정관념이 옳다는 전제 하에 보다 논리적인 결론에 가깝다고 생각되는 쪽으로 글을 썼다. 말하자면 스키타이는 완전히 다른 민족임에 틀림없다거나,[74] 몽골은 시간이 지나면서 오랜 평화 시대를 거쳤기 때문에, 혹은 불교나 중국인의 통치에 교화되어 변했다는 것이다.[75] 특히 티베트 제국

---

73 Thompson(1996: 195). 더불어 그는 이 점과 관련하여 다음과 같은 인상을 서술하였다. "훈 제국의 로마인 백성들은 훈 제국의 지속이 자신들의 번영에 도움이 되리라 생각했을 것 같은 인상을 배제하기 어렵다."(Thompson 1996: 194).
74 Drews(2004: 122)에 따르면, 헤로도토스는 다음과 같이 말했다. "폰틱-카스피 해 연안 스텝 지역 사람들은 스스로를 스콜로토이(Skolotoi)라 불렀다. 단지 그리스인들만 그들을 '스키타이'라 했다. …… 그런데 흑해 북쪽의 유목 스콜로토이와 이란 서쪽 스키타이 사이에는 큰 차이가 하나 있었다. 스콜로토이는 목축에 종사했으며, 침략자가 아니었다. 친절한 흑해 북쪽의 '스키타이'가 진짜 스키타이, 한 세대에 걸쳐 근동 지역 대부분을 공포에 떨게 만들었던 그 스키타이와 같은 민족이라고 하는데, 절대 그럴 리가 없다." 이러한 결론은 무언가 이상하다. 중앙유라시아인들과 "목축 유목민" 내지는 "공포에 떨게 만든 침략자"와 동일시하는 일반적인 오해도 나타나고 있다. 헤로도토스의 이이야기에서 믿을 수 없는 점이 하나 있다. 즉 스키타이가 아무런 이유 없이 누군가를 공포에 떨게 만들었다는 말이다.(이 점에 대해서는 Strabo가 명확하게 밝혔다.) 사실은 스키타이가 왜 정복에 나섰는지 그 이유를 단지 우리가, 거의 언제나 모르고 있을 뿐이다. 어쨌든, 스콜로토이와 스키타이라는 두 개의 명칭은 같은 이름의 다른 발음이며, 실제로는 같은 민족을 지칭한다는 점은 이미 밝혀진 바이다.(Szemerényi 1980); 부록 B 참조.
75 Di Cosmo(2002b: 9)도 '타고난 전사' 이론의 정확성에 대해 일정 정도 의심을 피력하고 있다.

시대 이후의 티베트인들에 관한 글도 마찬가지 방식으로 기술되었다. 이와 같은 특이하다고 생각되는 중앙유라시아인(즉 평화로운 중앙유라시아인)을 묘사하는 방식은 훈족의 아틸라나 티무르를 설명할 때와 놀랍도록 유사하다. 이들은 중앙유라시아 역사상 가장 무시무시한 전사들이었다. 이들은 모두 똑똑하고, 겸손하며, 정신이 맑고, 관대하며, 정당한 통치자로 묘사된다.

이와 관련하여 중앙유라시아인들과 관련된 상투적인 표현은 다음과 같다. 즉 "한때 강인했던 유목민이" 주변 정주 제국 도시의 사치와 안락한 삶에 물들어 "도덕적으로 또한 육체적으로 쇠락한다. 왜냐하면 스텝 지역에서 힘들었던 삶을 버렸고, 전사의 정신도 약해졌기 때문이다. 이들은 도시민들로부터도 인정을 받지 못하게 되고 도시에 물들지 않은 순수한 유목 전사들로부터도 버림을 받는다."[76] 사치를 즐기고, 게으르고, 방종한 중앙유라시아인의 모습은 "실제" 중앙유라시아인들과는 차이가 있다. 최근에 중앙유라시아의 초원 유목민을 직접 찾아가본 인류학자들이나 다른 학자들이 보기에 유목민들의 삶은 상당히 안락했고, 꽤나 게을렀다고 한다. 그들은 인근 농업 국가의 농민들보다 더 잘 먹고 옷도 더 잘 입었다. 이는 새로운 소식이 아니다. 근대 국가의 외교관으로 중앙유라시아 초원 유목민을 만났던 사람들의 설명에 의거하더라도, 중앙유라시아인들은 말에서 내려오려 하지 않고 편안하게 말 위에 앉아서 이야기를 하려 했다고 한다. 고대 게르만족에 대한 타키투스의 설명에 따르면, "전쟁을 하지 않을 때 게르만인들은 사냥을 하느라 많은 시간을 소

---

76 Di Cosmo(2002b: 8-9).

비하긴 했지만, 게으름을 피우는 시간이 훨씬 더 많았고, 먹고 자는 것 말고는 아무 생각이 없었다." 그래서 게르만인들은 "특이한 모순을 지니고 있다. 게으름 피는 것을 좋아하면서 동시에 평화를 싫어하니 말이다."[77] 이와 유사하게, 현대에 중앙유라시아 유목민을 방문했던 사람들의 증언에 따르면, 그들은 같은 거주지 내에 있는 이웃 유르트를 방문할 때조차 걸어가는 것보다는 말을 타고 가는 것을 좋아했다. 하지만 그 반대의 사례를 언급하는 경우는 없다. 그리고 다른 시대에 비해 목격자들이 방문했던 시대의 중앙유라시아 초원 유목민들이 더 유약했다고 볼 수도 없다. 그들이 사회경제적으로 취약하고 다른 사회의 인간들보다 더 게을렀다는 점을 감안하더라도 말이다.

전통 시대 중앙유라시아 사람들에 대한 역사 자료는 대체로 지도자나 지도자와 관련된 이야기에 초점을 맞추고 있다. 이런 자료들을 보면 어떤 지도자가 이웃 나라와 전쟁을 결정할 때 감정적인 결단을 내리는 이야기들로 넘쳐난다. 이는 중앙유라시아의 국가나 주변 정주 제국이나 마찬가지다. 현대를 살아가는 우리의 눈으로 볼 때, 이러한 자료들은 흔히 타당성이 부족한 것이 사실이다. 왜냐하면 우리가 정주 제국에 대해 알고 있는 것에 비하면 중앙유라시아에 대해서는 훨씬 더 모르고 있기 때문이다. 중앙유라시아 사람들에 대해서는 거의 전 세계적으로 정당하지 못하고, 충동적이고, 폭력적이고, 욕심이 많다는 식으로 기술되어 있다.[78] 반면 주변 정주 제국의 지도자들은 균형잡히고, 신중하고, 심사숙

---

77 Mattingly(1970: 114).
78 "야만인들의 탐욕"이라는 주제에 대한 역사학적 연구에 대해서는 Sinor(1978) 참조.

고한 결정을 내렸다고 한다. 사실은 알고 보면 거의 똑같은 일을 이렇게 달리 기술한 것이다. 일반적으로 우리는 중앙유라시아인들의 역사나 그들의 관심사에 대해서, 혹은 그들이 옳거나 그른 행위를 결정했던 정황에 대해서 충분히 알지 못한다. 그러나 우리가 이러한 점들을 충분히 알고 보면, 그들의 행동을 이해할 수 있을 뿐만 아니라 그들에게 잘못이 없었다는 것도 알게 된다. 그들이 언제나 잘했다는 말이 아니라, 적어도 중앙유라시아의 국가들이나 주변 정주 제국의 국가들이나 별반 다를 것이 없었다는 말이다. 과거에 전쟁은 흔히 지도자 개인의 결단에 의해 일어났다. 개인적인 이유도 종종 있었고, 실수로 그런 경우도 있었다.[79] 역사가도 인간인지라 호불호가 반영되지 않을 수는 없었겠지만, 큰 틀에서 더 이상 진실에 접근하지 않았다고 판단될 만큼 왜곡해서는 안 된다. 하지만 기존의 중앙유라시아 역사책들은 그만큼 왜곡되었다. 그들이 침략자였건 피해자였건 막론하고 중앙유라시아인들은 악마로 그려졌다. 그들이 명백하게 공격적인 야만인이 아닌 것으로 드러날 때는, 그들이 중앙유라시아 사람이 아니라 전혀 다른 민족이라고 결론을 내리곤 했다.

이러한 오해와 관련하여 또 한 가지 널리 퍼져 있는 미신은, 중앙유라시아인들이, 예컨대 훈족이나 몽골족 같은 경우, 주변 정주 제국의 죄없는 사람들을 선전포고나 뚜렷한 이유도 없이 무턱대고 공격했다는 생각이다. 이런 생각에는 몇 가지 문제점이 있다. 가장 중요한 오류는 중앙유라시아인들만이 주변의 죄없고 평화로운 이웃을 희생시켜가며 자신의 영토를 확장시켰다는 관점이다. 다른 예는 거론할 것도 없이, 중국인

---

79 현대의 여러 무력 갈등을 봐도 여전히 그러하다.

이나 페르시아인, 로마인들이 자행했던 까닭 없는 침략들은 간편하게 잊혀져버리고, 오직 중앙유라시아인들만이 국가를 형성할 때 본능적인 충동을 따랐다 해서 비난을 받는다. 국가를 형성할 때는 어느 나라든지 반드시 이웃들을 복속시키려는 시도가 있었다. 중앙유라시아 지역의 국가 형성에 대한 역사가들의 강박관념이 사람들의 눈을 가려서는 안 된다. 정주 제국의 민족들도 마찬가지 방식으로 선사시대부터 국가를 형성했다. 이웃 민족들을 폭력적으로 정복하지 않고 제국을 수립했던 경우는 역사상 단 한 번도 없었다. 어느 지역에서건 왕조의 기틀을 세운 사람들이 유쾌하지 못한 방법으로 경쟁자들을 제거했다는 증거는 역사적으로 넘쳐난다. 그러니 어째서 유독 중앙유라시아에서만 이러한 역사적 사실들이 그토록 학자들을 곤혹스럽게 만들었는지 의구심이 들 수밖에 없다. 더욱이, 앞에서 언급했던 것처럼, 중앙유라시아인들이 주변 정주민들을 전혀 까닭 없이 공격했다는 사료들 가운데 검증 가능한 사실은, 있다고 해도 극히 드물다.

또한 중앙유라시아인들이 특정 분쟁 때문에 비난을 받는 경우가 있다. 분쟁 당시는 그들이 이미 제국을 형성한 뒤이고, 그들과 주변 정주 제국 간에 이미 적대적인 관계가 만들어진 때였다. 이러한 경우, 분쟁의 원인에 대한 근거 자료가 없고, 역사적 자료가 있다고 하더라도 편파적이라서 분쟁의 이유를 제대로 재구성하기가 어렵다. 대부분의 경우 문제가 되는 고대 시기 중앙유라시아인들이나 그들과 정주민들의 관계에 관련된 자료가 전혀 없어서 비난은 그대로 이어진다. 그러나 분쟁에 대한 상세한 기록이 있는 경우, 심지어 그것이 반대편의 자료라고 할지라도, 대개는 중앙유라시아인들이 자신을 방어한 것이었거나 혹은 적들의 배신 행위, 주로는 주변 지역의 예전 침략에 대한 복수였다. 로마인들이 남긴 역사 자료에서는 중앙유라시아인들(게르만족을 포함하여)과의 전쟁이 어떻게 로마인들 때문에 비롯된 것인지 반복해서 언급되어 있다. 로마인들은 적을 공격하기 위해 중앙유라시아인들을 고용했다가 그들을 속이거나 아니면 그들을 극악무도하게 대해서, 그들로서는 반란을 일으키는 것 외에 달리 선택의 여지가 없었다. 이는 중앙유라시아인들이 아무 잘못이 없었다거나 결코 배신을 한 적이 없었다는 말이 아니다. 오직 유라시아인들만, 혹은 대체로 유라시아인들만 잘못을 했다는 식으로 역사를 기술할 수가 없다는 말이다. 물론 주변 정주지역에 대해서도 마찬가지다. 양쪽 다 자신의 영토를 팽창하고자 했던 잘못이 있었다.

그렇다고 해서 중앙유라시아든 주변 정주제국이든 사람을 죽인 데 대해서 책임을 면할 수 있다는 말을 하려는 것이 결코 아니다. 양측에 모두 책임이 있는 이상, 예전 정주제국의 관습적인 시각을 단순히 받아들일 수는 없다는 말이다. 사건에 대해 기록한 훈족의 자료가 전혀 없는 반면, 로마 측에는 프리스쿠스(Priscus)라는 뛰어난 목격자가 있었다. 그는 오해의 소지가 없는 평이한 문체로 글을 남겼다. 그는 자신이 로마의 외교 사절로 훈족의 왕궁을 찾아갔던 짧은 시기의 일을 1인칭 시점으로 남겼는데, 로마의 반복된 배신, 살해 기도 등 로마가 훈족을 방어하기 위해 행했던 일들이 기록되어 있다. 근대 초기 주변 정주국들이 중앙유라시아를 나누어 점령한 직후에 남긴 역사 기록들도 대체로 이와 같다. 우리가 참조할 수 있는 역사 자료에 나타나는 예전 정주국들의 시각을 의심하는 이유가 있다. 상세한 세부 자료가 있는 경우(대개 같은 시기 주변 정주국에서 작성된 자료들이다.)에는 저자의 의도와 무관하게 예외 없이 다음과 같은 사실들이 드러난다. 즉 분쟁의 원인이 복합적이었다는 점, 주변 정주 제국들이 스텝 지역과 도시 국가 영역으로 군사적 팽창을 시도했기 때문에 궁극적으로는 비난받을 만한 짓을 했다는 점, 중앙유라시아인들은 스스로를 방어했거나 혹은 빼앗긴 영토를 되찾으려고 했을 뿐이라는 점 등이다.

당나라 후기 중국 북부 국경에 대한 역사서에는 온통 어느 민족이 다른 민족을 침략하고, 공격하고, 약탈하는 내용으로 가득하다. 피해자는 대체로 죄없는 중국인들로 기록되어 있다. 중국인들의 고생을 기록한 수많은 기록 중에, 세부적인 내용 몇 가지는 그러한 장면의 뒷이야기를 보여주는 경우가 있다.

> 무수한 사건들을 통해 알 수 있는 바, 가축을 길러서 부족의 재산이 증대하자 탐욕스런 중국인 국경 관리들이 이를 탐내기 시작했다. 그들은 불공정한 시장 정책으로 착취하는가 하면, 가축을 훔쳐가기도 했다. 탕구트는 종종 티베트의 도움을 받아 국경의 하주(夏州)와 은주(銀州) 지역을 공격했다. 영주(靈州)까지 연결되는 당나라의 연락 체계는 전례 없이 위태로워졌다. 동시에 가축 생산과 말 수급 문제는 중국인과 그 군대로서는 생사가 걸린 문제였지만, 결국 탕구트의 손에 넘어가고 말았다.[80]

중앙유라시아인들이 종종 서로를 공격했던 사실을 부정할 수는 없다. 뿐만 아니라 정주제국 사람들도 공격했다. 그렇지만 앞에서도 언급

---

80 Dunnell(1994: 161).

했듯이, 원인을 제공한 측은 그들이 아니었다. 정주제국 사람들도 흔히 서로를 공격했고, 중앙유라시아인들을 공격하기도 했다. 로마인들은 마르키아노폴리스(Marcianopolis) 주변의 고트족을 상대로 승리한 사실을 다음과 같이 자랑한 바 있다.[81]

수많은 왕들이 포로로 잡혔고, 다양한 부족의 귀족 여인들이 감옥에 갇혔다. 로마의 지방 곳곳에는 야만인 노예들과 스키타이 목부들이 넘쳐났다. 고트족은 국경 지대에서 농부가 되었는데, 국경 점령지 가운데 고트족 노예가 없는 곳은 단 한 곳도 없었다. 야만인들로부터 빼앗은 가축을, 우리의 선조들은 얼마나 많이 보았을까? 양이 몇 마리였을까? 켈트의 암말은 몇 마리였을까? 과연 그분들의 명성이 어떠했겠는가?[82]

양측은 모두 사람이었다. 그리고 아주 최근까지 전쟁은 일상적인 삶의 한 부분으로 간주되었다. 지역에 따라서는 평화로운 시기도 있었다. 하지만 유라시아 대륙 전체적으로 놓고 보면, 평화기가 아주 없었다고는 할 수 없겠지만 극히 드물었다.[83] 일찍이 원시 인도유럽어족의 시대부

---

81 마르키아노폴리스(Marcianopolis)는 로마의 모에시아 저지대(Lower Moesia) 지방 수도였다. 모에시아 저지대는 동쪽으로는 도나우 강 하류의 오른쪽(남쪽) 강둑을 따라 흑해에까지 이르렀다.(Vallhe 1910). 이 지역은 현재의 데브냐(Devnya)로, 불가리아의 바르나(Varna)에서 그리 멀지 않다.
82 Burns(1984: 17-18), *Scriptores Historiae Augustae*를 인용.
83 Bryce(2002: 98). "역사시대 시작 이래 대규모 전쟁이 없었던 시기는 통틀어 300년이 채 못 된다. 달리 말하자면, 지난 5천 년의 역사 중 임의로 한 세기만 선택하더라도, 그 100년 중 평균 94년은 지구상의 한 지역 또는 그 이상의 지역에서 대규모 전쟁이 진행 중이었음을 확인할 수 있을 것이다."

터, 최근이거나 과거 어느 시점을 막론하고, 부당하게 가축을 훔쳐간 이웃을 공격하는 중앙유라시아인은 영웅이 되었다. 앞의 인용문뿐만 아니라, 동서양을 막론하고 이와 같은 내용을 담고 있는 자료들을 보면, 주변 정주국 사람들도 마찬가지로 그러한 사람을 영웅이라고 생각했다.

역사 시기를 막론하고 모든 유라시아 사회에서는 전쟁에서 승리를 하면 영웅이었다. 그렇지 않은 경우는 거의 없었다. 만약 그리스인들이 적을 죽였기 때문에 영웅이라면, 어째서 중앙유라시아인들은 같은 이유로 영웅이 될 수 없는가? 혹은, 심지어 그들 중 어느 누구도 영웅이 될 수 없었는가? 더군다나 대부분 유라시아 문화에서는 오랜 세월에 걸친 피의 복수가 이어져왔기 때문에, 어느 짧은 시기에 아무 이유도 없이 극악무도한 적들이 갑자기 출현한 경우는 결코 있을 수 없었다. 중앙유라시아 사람들과 주변 정주국 사람들 사이에 오래도록 서로를 침략했던 긴 역사를 살펴보면, 실제로 전쟁이 일어났던 장소는 대개 정주국 사람들이 중앙유라시아 사람들에게서 빼앗은 지역이었기 때문에, 중앙유라시아 사람들의 관점에서 사태를 바라보지 않을 수 없다. 중앙유라시아 사람들이 공격을 받은 뒤 그에 대한 보복으로 반격을 했을 때, 정주국 사람들이 느끼는 분노 또한 이해할 만 하다. 그들의 분노는 그들이 중앙유라시아인들을 지칭했던 모욕적인 단어에서 잘 나타난다. 그리스 로마 지역에서는 바르바로스(βάρβαρος) 혹은 바바리언(Barbarian)이라 했고,[84] 중국에서는 노예(虜, 사로잡을 로)나 혹은 기타 비하하는 말들이 쓰였다. 중국인들은 외국인들에 대해서 늘 그렇게 지칭했다.[85] 이런 단어들 때문에 오늘날 우리들이 오해를 해서는 안 될 것이다.

또한 의심할 여지 없이 분명한 것은, 스키타이 및 기타 중앙유라시아 사람들은 전쟁에서 가능한 최고로 악독했고, 주변 정주국 사람들에게 공포를 심어주었다는 사실이다. 고대 게르만족이나 훈족, 중세 몽골족도 마찬가지였다. 타키투스는 북동쪽 수에비(Suebi)족에 대해서 다음과 같은 사실을 주목했다.

하리이(Harii)에 관해 말하자면, 그들은 내가 방금 말했던 다른 부족에 비해 힘이 셀 뿐만 아니라, 속임수와 교활한 타이밍을 이용해 그들의 야만적인 본능을 충족할 줄 알았다. 그들은 방패와 자신의 몸까지 모두 새까맣게 칠하고, 칠흑같이 어두운 밤을 골라 전투를 벌인다. 이러한 귀신 같은 군대의 무시무시한 겉모습을 보면 적병은 완전히 패닉 상태에 빠진다. 어떠한 적들도 그렇게 괴상하고 지옥 같은 모습을 견뎌내지 못한다. 전투에서의 패배는 언제나 눈으로부터 시작된다.[86]

---

84 '바르바로스(βάρβαρος, barbarian)'라는 용어는 원래는 폄하적인 의미가 아니었다. 단지 그리스어를 구사할 수 없는 사람을 지칭할 뿐이었다. 헤로도토스는 원색적인 이야기를 늘어놓기는 했지만, 스키타이에 대한 편견은 없었다. 그리고 폄하적인 의미로 그 용어를 사용했던 것도 아니다. 부정적인 함의를 지닌 현대적 의미는 나중에 그리스-페르시아 전쟁 이후, 그리스인들이 페르시아인에 대해 가졌던 감정에서 비롯된 것이다.(그리스인은 페르시아인도 바르바로스라고 불렀다.)(Liddell et al. 1968: 306). 예컨대 아리스토텔레스는 『니코마코스 윤리학』 제7권에서 "인간들 중에서 야수적 성격은 드물다. 바르바로스 중에서 가장 흔히 발견된다."고 하였다.(Rackham 1934: 376-377). 비록 세련되지는 못했지만, 바바리언(barbarians)도 문화를 가지고 있었다(따라서 그들도 원시인은 아니다.)는 관념도 분명 페르시아와 관련해서 파생된 것이다.
85 'barbarian'이라는 서구적 개념 및 단어에 정확히 대응되는 중국어 단어는 과거에도 없었고 지금도 없다.
86 『게르마니아』 xliii.(Mattingly 1970: 137).

그러나 묻지 않을 수 없는 한 가지는, 왜 주변 정주 지역 사람들은 간과되었는가 하는 점이다. 특히 그리스와 로마, 페르시아, 중국인들도 똑같이 악독했고, 그들이 야만인이라 불렀던 이방인들보다 훨씬 더 잔인했으며 야만적이었다. 서로에 대해서도 그랬고, 이방인에 대해서도 그랬다. 예컨대 로마 제국의 소름끼치는 역사를 대충만 살펴보더라도 금방 드러난다. 페르시아나 중국의 역사에서 소름끼치는 장면들도 빼놓을 수 없다. 그들은 바로 오늘날까지도 그랬다. 더욱이 주변 정주 제국은 중앙유라시아인들보다 전쟁에서 성공하는 경우가 훨씬 더 많았다. 그리고 정주 지역 사람들은 중앙유라시아의 적들을 공포에 떨게 했다. 양측의 허장성세를 감안하더라도 마찬가지다. 중앙유라시아인들이 악독한 체 했지만, 실제 역사에서는 그렇지 않았다. 발각된 흉노 스파이를 중국에 살도록 해주고, 결혼도 시켜주고, 아이도 낳게 하며, 공개처형하지 않는다는 것은 상상하기 어렵다. 그러나 흉노는 중국의 스파이 장건을 두 차례나 흉노 영토에 들어오도록 허락했으며, 그곳에서 살도록 허락해 주었다. 거의 예외 없이 중앙유라시아인들이 정말로 악독해졌을 때는, 예속된 조직이 반란을 일으켰거나, 새로운 총독을 살해했거나, 전쟁 중에 순순히 항복하지 않다가 정복되었을 때뿐이었다.[87]

그러나 로마의 정복은 여전히 칭송을 받고, 반면 훈의 정복은 단죄를

---

87 그런 경우 저항하던 이들 대부분을 학살하곤 하던 관습은 전근대 시기 거의 모든 유라시아인들 사이에서 확인되고 있다. 이러한 관습 및 항시적인 전쟁, 희소한 평화, 그리고 전쟁을 일상적인 삶과 죽음의 한 부분으로 받아들이게 된 당시인들의 정서에 대한 Bryce의 언급(2002: 98 et seq.)은 고대뿐만 아니라 인류의 역사 전체에도 적용될 수 있다. 물론 이는 그러한 행위를 정당화하려는 바는 결코 아니다. 다만 어떤 민족이나 국가도 특별히 도덕적이지는 않았다는 점을 언급하기 위함이다.

받는다. 훈에 대한 로마의 승리는 선이며, 로마에 대한 훈의 정복은 악이다. 훈의 경우, 다른 중앙유라시아인들과 마찬가지로, 우리가 그들의 역사를 비교적 자세히 알 수 있는 것은, 멀리서 온 적에 대해서 잘 모르면서 기록해둔 고정관념에 가득 찬 자료들을 통해서이다. 사실상 훈이 로마를 공격한 것은, 동로마든 서로마든, 명백하게 복수를 위한 것이었다. 로마가 먼저 침략했고, 폭력을 행사했으며, 다른 식의 침범을 했기 때문이었다. 훈이 승리했을 때, 로마는 때때로 평화를 구걸했고, 조공을 바쳤다. 정확히 똑같은 일이 유라시아 동부에서 흉노와 중국 사이에서도 일어났다. 그러나 이를 두고 오늘날 로마나 페르시아나 중국이, 그들이 모두 바바리언의 순수한 희생자라고 결론내릴 수는 없는 것이다.

중앙유라시아의 민족들이 선천적으로 강했고, 혹은 특별히 폭력적이거나 전쟁에 특히 능숙했다고 하는 것은 역사적으로나 고고학적으로, 혹은 인류학적으로 근거가 없다. 중앙유라시아 사람들은 도시인도 있었고 시골 사람도 있었고, 강한 사람도 있었고 약한 사람도 있었고, 악독한 놈도 있었고 신사적인 사람도 있었고, 술꾼도 있었고 술을 못하는 사람도 있었고, 사랑하는 사람도 있었고 미워하는 사람도 있었고, 착한 사람도 있었고 악한 사람도 있었다. 지구상의 다른 모든 사람들처럼, 그들도 정확히 똑같이 그 사이에 있을 따름이었다.[88]

---

88 마찬가지로, Allsen(1997: 4-5)에 따르면 "몽골 제국을 포함한 모든 전근대 제국들은 '복합적 성격'을 지녔다." 그리고 "그들은 파괴적이면서도 건설적이고, 잔혹하면서도 보살피며, 착취를 하면서도 관대한, 강제적이면서도 매력적인, 보수적이면서도 창의적인 성격을 지녔다." 이와 같이 성격을 규정할 때, 나라면 '전근대'라는 수식어만 빼겠다.

유라시아 동부에서 사라져버린 야만인들

분명한 것은 고대와 중세 유럽인의 생각, 즉 야만인(barbarian)들이 있고 그들의 고향이 중앙유라시아라는 생각은, 명시적으로 표현을 했든 안 했든 간에 근대 역사가들에게도 계속 이어졌다. 근대에 와서는 야만인이라는 단어의 의미가 조금 바뀌었을 뿐이다. 중국의 한문 텍스트에서 외국인을 가리키는 수많은 용어들이 잘못된 번역어로 널리 확산된 데에서도 이러한 면모가 나타났다. 이들 용어들과 서양의 야만인 관념은 아무런 상관도 없다. 고대 그리스인들이 외국인들, 특히 페르시아인들(그리스인들은 페르시아인들과 수많은 전쟁을 치렀음에도 불구하고 그들을 공경하고 추종하기도 했다.)을[89] 만나면서 가졌던 생각의 잔재가 오늘날까지 역사가들이 중앙유라시아를 보는 관점을 주도하고 있다는 사실은 주목할 만한 일이다.

현대 역사가들 중 일부는 야만인이라는 단어와 그 파생어들의 의미가 너무나 모욕적이라 당황한 나머지 그 용어에 의문을 제기했다. 그렇다고 해서 오류가 바로잡힌 것은 아니다. 고대나 중세 혹은 근대 저술가들이 그 용어를 사용한 것을 보면, 그것은 단지 그 용어를 사용했던 사람들이 어떤 사람들인지를 알려줄 뿐, 실질적으로 우리에게 무언가를 알려주는 것은 없다. 이미 여건은 충분히 좋지 못했다. 사실은 더 나빴다. 특히 동아시아 연구자들이 "야만인"이라는 용어를 많이 사용했지만,(요즘은 따옴표를 해서 쓰는 방식이 일반적이다.) 거의 대다수는 이 용어를 즐겨 사용하지 않게 되었다.

---

89 Miller(1999).

역사적으로건 현대에건 야만인으로 불렸던 사람들에 대해서, 야만인이라는 이름이나 그 이름 뒤에 숨겨진 생각을 적용할 수 없다는 사실을 이해해야만 한다. 〈야만인 코난(Conan the Barbarian)〉 같은 유럽과 미국의 소설과 영화에서 이런 생각들이 가장 잘 드러났다. 사실상 어떤 나라도 그 나라의 인민들을 야만인이라고 생각했던 나라는 없었다. 서로마 제국이 멸망한 뒤 서유럽의 왕국들에서도 마찬가지였다. 당시 새롭게 출현했던 나라들에 대해서 현대의 역사가들은 대체로 "야만인 왕국"이라 칭하지만, 당시의 저술가들은 다른 민족 집단을 야만인이라 불렀을 뿐 결코 스스로를 야만인이라고 하지는 않았다. 이 점만은 분명히 해야겠다. 야만인이라는 말이 경멸의 뜻을 가지고 있고 사용해서는 안 된다는 사실을 알고 있음에도 불구하고, 동아시아 역사 전문가들은 대부분 여전히 그 용어를 사용하고 있다. 이는 보기보다 심각한 문제를 내포하고 있으며, 보다 자세히 살펴볼 필요가 있다.

전근대 중국에서는 대체로 공공연하게 외국인을 싫어했다. 그리고 저급한 문화를 가졌다며 낮추어보았다. 이러한 사실을 부정하는 사람은 아마 없을 것이다. 따라서 중국인들이 이민족들의 명칭과 그들을 분류하는 용어를 쓸 때, 부정적인 의미를 담고 있는 한자를 썼다고 해서 놀랄 필요는 없다. 그럼에도 불구하고 이 점만은 강조하고 싶다. 즉 우리가 아는 한, 중국인들이 한자로 표기한 그 모든 이민족 명칭은 애초에는 발음을 따라 적은 것이었다. 이것은 전혀 문제될 것이 없다. 오히려 문제는 다음과 같다.

중국인들이 이민족이나 이민족의 범주를 언급할 때 사용했던 어휘들은 아주 많다. 아마도 중국 역사를 통틀어 이삼십 개는 될 것이다. 그 중에서 일반명사는 하나도 없다. 이민족을 표기한 어떤 한자를 놓고 어원 분석을 해보더라도, 애초의 의미는 사실상 단순히 "이방인 Y의 민족 명칭 X를 음사한 것"일 따름이다.(그 증거로 외국의 단어를 음사한 몇 가지 변이들을 들 수 있다.) 중국인들이 이방인 Y를 싫어했다는 사실과, 그가 속한 민족 명칭을 부정적인 한자어로 음사했다는 사실은 서로 아무 관계가 없다.[90] 더욱이, 앞에서 언급한 바와 같이, 대부분의 중앙유라시아인들, 혹은 최소한 그 중에서 우리가 생각을 엿볼 수 있는 사람들은, 중국인들을 굉장히 싫어했고, 중국 문화를 낮추어 봤다. 흉노도 그랬고, 투르크, 몽골 등등이 중국인을 경멸했다. 이는 역사적 문헌 자료에서 충분히 입증되는 사실이다.

유럽 문화에서 문제가 되는 영어 단어는 "바바리언(barbarian)"이다. 이 단어의 형용사 형태는 바바릭(barbaric)이다. 이 단어의 그리스어 어원은 바르바로스(βάρβαρος)인데, 고대 그리스어다. 그 뜻은 단순히 그리스어를 말할 줄 모르는(혹은 제대로 할 줄 모르는) 사람이다.[91] 이로부터 파생된 단어가 바바리즘(barbarism)이다. 2500여 년 전, 그리스는 페르시아와 전쟁에 휘말렸고, 바르바로스라는 단어의 의미에도 변화가 있었다. 그리스인들은 페르시아인들을 단지 그리스어를 모르는 사람들로만 인식하

---

90 많은 나라의 많은 사람들이 특정 민족 또는 국적 소유자들에 대해 선입견을 가지고 있으며, 심지어 그 이름을 거론하는 것조차 싫어하곤 한다. 그러나 그것을 두고 그 이름 자체가 폄하적 이름이라고 말할 수 있을까? 즉 그 이름을 다른 언어로 옮겨 적은 그 글자가 아니라, 원래 단어 그 자체가 비하적이라고 할 수 있을까? 그 나라의 국민들이 스스로를 경멸하고, 자신을 비판하는 외국인들보다 더 스스로가 도덕적, 문화적으로 미개하다고 생각할 경우, 스스로의 이름을 그렇게 폄하적으로 붙일 수는 있겠지만, 그런 경우는 상상하기 어렵다.

91 Liddell et al.(1967: 306).

지 않았다. 페르시아인들은 강하고 전쟁 기술이 뛰어나며, 사납고, 때로 적에게 잔인하며, 비록 그리스만큼 세련되지는 않았지만(물론 그리스인들이 보기에), 그들의 고유한 문화를 가지고 있다고 생각했다. 이런 복합적인 의미가 마침내 특정 언어 속에 녹아들게 되었는데, 바로 어근 barbar-였다. 그래서 이와 비슷한 관념을 표현하기 위해 모든 유럽 언어들은 그 단어를 차용하여 자신의 언어로 토착화시켰다. 이 단어와 개념의 확산은 로마에서 비롯되었다. 로마인들은 그리스어나 라틴어를 할 줄 모르는 사람들에게 이 단어를 적용했다. 그들은 훈련된 군인, 적 앞에서 사납고 잔인한 사람, 그리스-로마 문화권에 속하지 않은 사람들이었다. 이런 복합적인 의미는 오늘날까지도 전해 내려오고 있다.

그러나 중국어에서는 그리스어 barbar-를 차용한 적이 없었다. 하나의 단어로 이방인을 총칭한 적도 없었다. 중국어에서 아무리 경멸적인 명칭이라 하더라도, '중국어를 못하고, 군사 기술에 뛰어나고, 적들에게 사납고 잔인하다'는 의미를 한꺼번에 담고 있는 명칭은 없다. 현대 중국어에서 이와 대충 비슷한 단어도 찾기 어렵다. 중국어가 'barbarian'이란 단어를 차용하기 전까지, 혹은 그 기본적인 의미를 복합적으로 담고 있는 새로운 단어를 만들어내기 전까지는, 중국어로 'barbarian'이라는 관념을 표현할 수가 없다. 현대 북경어에서는 이를 야만인(野蠻人)이라고 번역한다. 이는 거칠고 원시적인 사람이라는 뜻이다.[92] 이는 분명 'barbarian'과는 의미가 다른 말이다. 영어 단어에서 'wild man', 'savage'라고 하는 것과 'barbarian'이라고 하는 것은 굉장히 다른 뜻이다. 간단히 말해서 'barbarian'을 중국어로 번역할 수 없다. 중국에는 이러한 개념이 없기 때문이다. 또한 주목할 만한 점은, 로마 측에서 'barbarian'이라고 지칭된 사람들이 서양에서 실제 이상으로 미화되었다는 사실이다. 특히 영웅을 물리친 사람들이 그러하다. 오늘날까지도 단어의 의미에서, 예컨대 소설이나 영화에서 보듯이, 이러한 미화 양상은 지속되고 있다. 〈코난 더 바바리언〉에 등장하는 허구적 인물은 'barbarian'이 함축하는 다양한 의미를 거의 종합적으로 지니고 있다. 아주 최근에 이르기까지 이러한 관념은 중국에서는 찾아볼 수 없다.

다른 방향에서 보더라도 결과는 마찬가지다. 중영 사전을 찾아보면, 중국 역사상 이방인을 지칭한 수많은 단어들을 찾아볼 수 있다. 대부분의 단어들에는 영어로 비슷한 설명이 붙어 있다. '일종의 barbarian이다'라고 하는 식이다. 유명한 어원학자인 칼그렌(Karlgren)조차도 이렇게 설명했다. 이는 마치 동식물 사전에서 어떤 식물이나 동물을 찾아보면, '일종의 풀이다', '일종의 새이다' 하는 식으로 설명하는 것과 같다. '일종의 식물'이라거나 '식물이다' 하는 식으로 설명해서는 곤란하다. 특수성과 다양성을 고려하여 '야생 호밀'이라고 하든지, 풀의 특별한 성격을 고려하여 '건초(짚)'라고 해야 하는 것이다. 그렇지 않으면 사전 편찬자도 그것이 무언지 몰랐거나, 혹은 게을러서 명확한 설명을 찾아내지 못한 셈이 된다. 중국어에서 草(cǎo, 풀 초)라고 하면 영어에서는 일반명사인 grass에 가깝다. 물론 草를 '일종의 풀'이라고 할 수는 없다. 'barbarian'

---

92 어원학적으로 이는 '오랑캐(만, Mán)'을 일컫는다. 만(Mán, 대개 남쪽 지역의 만, 즉 남만으로 많이 쓰였다.)은 대개 중국 본토를 기준으로 남쪽에 살던 이방인들을 가리키는 명칭이었다. 북중국인은 전통적으로 남방인을 낮추어 보았다. 비단 이방인만 그랬던 것이 아니다. 중국어 만(mán, Mán)은 영어의 man과는 물론 상관이 없다. 고대 중국어에서는 *mal이나 *bal, 혹은 그 비슷한 발음이었던 듯하다.

이라는 단어도 이와 같은 상황에 놓여 있다. 심지어 풀보다 더 곤란하기도 하다. 왜냐하면 중국어에는 'barbarian'을 총칭하는 일반명사가 없기 때문이다. 심지어 이와 비슷한 단어도 없다. 한편 영어에서는 한문에서 이방인을 지칭하는 여러 단어들, 예컨대 호(胡), 이(夷), 만(蠻) 등을 지칭하는 단어가 없다.[93]

좀더 자세히 살펴보자면, 중국어에는 외국인에 대하여 순전히 관념적으로 'barbarian'의 의미 전체를 포괄하는 어휘가 없다. 과거 중국에서 한문을 썼던 저자들은 때때로 이방인에 대한 존경을 표현하기도 했다. 그 대상이 되었던 인물들은 대개는 도시에 살았던 사람들이며, 문학작품을 저술했던 사람들이다. 전문 용어로 말하자면, 문명화된 사람들이었던 것이다. 문헌에서는 다른 "이방인들" 중에서도 "가장 중국인에 가까웠다."고 기록하고 있다. 이 대목에서 그 지역에 사는 외국인들 모두를 지칭하는 데 사용되는 일반명사 하나를 발견할 수 있다. 여기에는 도시인, 유목민, 기타 모든 이방인들이 포함된다. 중국 저술가들은 이방의 문화에서 특별한 어느 측면을 중국 문화의 어느 측면과 비교한다. 그것이 미개한(barbaric) 문화라면, 도대체 왜 그런 비교를 했을까? 그 글을 쓴 중국인의 눈에는 분명 그것이 미개한(barbaric) 것으로 보이지 않았을 것이다. 그러나 중국인 저술가들이 존경하는 외국인과 외국 문화를 지칭할 때 썼던 어휘는 중앙유라시아인들, 예컨대 흉노족 등을 지칭할 때 썼던 어휘와 일치한다. 예를 들면 호(胡)라는 말은 서부 도시 지역의 문명화된 인물을 언급할 때도 사용되지만, 동시에 그 지역의 흉노족이나, 혹

---

93 이 용어를 비롯한 다른 용어에 대한 신중한 논의는 Michael Drompp(2005: 172-175) 참조.

은 그보다 더 북쪽에 있는 민족을 지칭할 때도 쓰인다. 이 어휘가 영어로 'barbarian'이라고 번역될 수는 없다.

당나라 시기에는 '외국인'과 '외국'을 총칭하는 일반명사가 있었다. 바로 번(番)이 그것이다.[94] 현대 사전에서 설명하는 것처럼, '외국의, 야만스러운'과 같은 뜻이 아니었다. 당나라 시기 텍스트의 문맥에서는 어떤 부정적인 함의도 없었다. 이는 풍부하게 남아있는 당나라 시기 중국어 자료들을 통해 확인되는 바이다. 당나라의 텍스트에서 이 단어는 요즘 말로 하자면 '해외(abroad)' 정도의 의미였다. 특정 장소에 대한 명칭은 아니었다. 외교 문서에서도 이방인을 무시하는 용어 대신 이 단어가 사용되었다. 예를 들면 821년~822년 당나라와 티베트의 조약 문서에서 보이는 바와 같다. 이 문서는 두 개의 언어로 비석에 새겨져 823년 라사에 세워졌다. 그런 문서가 대개 그렇듯이 매우 공손하고 섬세한 문장이다. 이와 같이 외국인을 지칭하는 일반명사로 쓰인 어휘는 당나라 시기뿐만 아니라 중국문학사를 통틀어 다른 사례를 찾기 어려울 것이다. 그런데 그 의미는 영어의 'barbarian'과 정반대였다. 그것은 단지 '외국, 외국인'을 의미할 뿐, 무시하는 어떤 의미도 포함하지 않았다.

위구르가 낙양(洛陽)을 약탈한 뒤, 당나라의 저술가들은 위구르를 증오할 이유가 있었다. 물론 위구르가 당나라의 중국 지배를 회복하는 데 도움을 주었다는 점, 위구르의 수고에 대한 보상으로 당나라 정부가 약탈을 눈감아주었다는 점에도 불구하고 말이다.[95] 이러한 증오는 당시부

---

94 '蕃'이라고도 쓴다.
95 이는 위구르에 대한 적개심을 표현한 중국사 자료와 동일한 사료에 기록돼 있다.

터 명시적 혹은 암묵적으로 계속되어 위구르 제국이 멸망할 때까지도 이어졌다. 그럼에도 중국인들은 위구르를 지칭할 때 번(番)이라는 단어를 썼다. 대개 위구르나 중국을 괴롭힌 다른 이방인들을 지칭할 때는 로(虜)라는 단어를 썼다. 이는 죄수, 노예, 포로[96] 등을 뜻한다. 물론 누구에게도 포로가 되거나 노예로 산 적이 절대로 없는 이방인에 대해서도 이 단어를 썼다. 문맥상의 의미를 해석하자면, '감옥에 처넣어야 할 사악한 자' 정도를 뜻한다. 경우에 따라서는 이 단어가 'barbarian'의 중국어 번역으로 적당하다고 생각하는 사람도 있을 것이다. 그러나 같은 텍스트에서 중국 내부의 도적떼나 반란군, 혹은 단순히 '감옥에 처넣어야 할 사악한 자'를 지칭할 때도 흔히 이 단어가 사용되었다는 점을 간과할 수 없다.[97] 이 단어는 '외국인'이라는 의미가 전혀 아니다. 그러므로 'barbarian'과도 상관이 없다.

요컨대 'barbarian'이라는 단어에는 유럽 문화가 부여한 복합적인 의미가 들어 있다. 즉 '강력한 이방인, 거칠고, 문명화되지 않고, 도시 문화를 모르며, 군사 기술에 능하고, 어떤 면에서는 영웅적이기도 하며, 하지만 폭력적이고 잔인한 경향을 띠는 자들'이라는 의미다. 'barbarian'이라

---

[96] 이는 대개 괴이하게도 'caitiff'로 번역되곤 하는데, 이는 철 지난 영어 단어로서 어원학적으로는 '포로(captive)'를 의미하지만, 현대 용법으로는 '비겁한', '비열한' 등으로 번역된다. 이는 중국어 단어의 의미와는 전혀 거리가 멀다.

[97] 근대의 여러 중국학자들은 아직도 이방인, 외국인과 관련해 자주 쓰이는 십수 개의 단어를 번역할 때 'barbarian'이라는 단어를 계속 쓰고 있다. 그렇게 번역되는 단어들 중 사실 'barbarian'이라 번역될 수 있는 것은 하나도 없다. 중국에는 'barbarian'이라는 단어나 개념에 해당하는 단어, 개념이 없었으므로, 그리할 수 없는 일이다. 중국의 문화 및 다른 여러 주변 문화들을 있는 그대로 묘사하는 것이 중요하다.

는 관념은 중국에는 존재하지 않는다. 적당한 중국어 번역어는 과거에도 없었고 지금도 없다. 중국 역사서들을 읽어보면, 외국인을 지칭하는 단어들이 많이 나온다. 중앙유라시아의 문명화된 도시인들(때로 중국인들이 존경을 표하기도 했던), 유목민이나 어부들(만주, 남중국해 등), 시골 마을에 사는 농부들 등등을 지칭하는 단어들이다. 그 중에 어떤 단어도 유럽에서 'barbarian'이라는 단어에 부여한 주요 세 가지 의미, 즉 군사적 용맹함, 비도시적이며 비농경 생활, 야생 문화를 포괄하는 단어는 없다. 따라서 'barbarian'이라는 단어는 고대 중국어나 중세 중국어에서 중앙유라시아인을 포함한 이방인을 지칭하는 어떤 한 단어와 동일시될 수가 없다.

중국어 자료를 보고 중앙유라시아 사람들에 대한 글을 썼던 많은 학자들, 아마도 모든 학자들이 한번쯤은 중앙유라시아인을 영어의 'barbarian'과 연결해서 설명했을 것이다. 그러니 이와 같은 과거의 잘못 때문에 누군가를 비난할 필요는 없다.[98] 이제 그와 관련된 문제를 지적한 글이 출판되었다. 중국어 자료를 바탕으로 한 역사 서술에서 왜 그러한 용어를 쓰면 안 되는지에 대한 설명은 비단 유라시아의 특정 지역에 대해서만 적용되는 것이 아니다. 이는 세계의 모든 지역에 대해서도 마찬가지다. 제임스(James)는 다음과 같이 썼다. "최근 200년 동안 많은 역사학자들은, 이상하게도 지나치리만큼 제복 차림의 로마인을 존경

---

[98] 필자의 경우 첫 책(Beckwith 1987a/1993: 153)에서 '虜'를 'barbarian'이라 번역한 과오가 있으며, 다른 곳에서도 유사한 실수를 했을 수 있다. 그러한 과오를 깨닫긴 했지만(Beckwith 1987c), 이미 1986년에 책이 출판된 이후였다. 중국인(특히 반군) 또는 이방인을 대상으로 한 '虜' 및 여러 다른 비하적 용어의 용법, 그리고 이방인을 지칭하는 대부분 용어들의 의미적 중립성에 대해서는 Dromp(2005: 172-175) 참조.

했다. 전쟁에 대한 그들의 생각은 규율과 잔혹함을 강조했다. 상대적으로 켈트족 전사들의 개인적 영웅주의는 별로 존중받지 못했다. 후기 식민주의 시대는 신종 파시즘 때문에 더욱 어려워졌다."[99] 그러나 지금도 'barbarian'에 대한 책들이 동서양에서 계속 출간되고 있다.

'barbarian'이라는 단어의 의미와 함축된 바는 명백하다. 중국어 단어를 번역하는 데 이 단어를 쓰게 되면, 애초에 중국에서 외국어를 음사했을 뿐 경멸하는 의미를 포함하지 않았던 단어가, 번역 되는 과정에서 강력하고도 지극히 유럽적인 개념을 덧붙이게 되는 것이다. 그래서 유럽인들처럼 중국인들도 중앙유라시아인들에 대해서 같은 생각을 가지고 있었다는 인상을 주게 된다. 'barbarian'이라는 단어는 누구라도 더 이상 사용해서는 안 된다. 몇 가지 예외가 있다면, 그 단어가 사용된 서양 텍스트를 문자 그대로 번역할 때나, 과거 그 단어를 사용했던 학자의 글을 직접 인용할 때 정도뿐일 것이다.

중앙유라시아의 운명

그렇다면 수많은 사람들이 야만인이라고 불렀던 그 사람들에게 무슨 일

---

[99] James(2001: 19). 또한 다음을 주목할 필요가 있다. 유럽의 맥락만 놓고 볼 때, barbarian이라는 단어가 일반적으로 '인종주의적' 의미를 가졌던 것은 아니었다.(중앙유라시아에 초점을 맞춘 문헌들 중에서 이들이 비교적 오래된 글들이기는 하다.) 그런데, 전근대 및 근대 초기 동아시아의 맥락을 서술한 유럽어 문헌에서는(동아시아에 관한 문헌들 중 절대 다수가 그렇다.) barbarian이라는 단어가 절대적으로, 거의 예외 없이, 코카서스 인종 유럽인을 지칭하는 폄하적인 용어로 사용되었다. 말 그대로 인종주의적 용어가 되어버렸다.

이 있었던 걸까? 대체로 그들이 사라진 경우는 거의 없다. 그들 중 일부는 주변 민족들과 그들 문화의 맹공격에도 불구하고 가까스로 자신의 전통 문화와 전통 생활 양식을 상당 부분 보존하고 있다. 일부는 또 다시 독립을 회복했으며, 황폐화된 조국을 재건하기 위하여 정열적으로 노력하고 있다. 그러나 많은 이들은 여전히 폭압적인 이방인 통치 하에 놓여 있으며, 서서히 소멸에 내몰리고 있다. 그들의 언어와 문화, 그리고 어떤 경우는 그 사람들마저 심각한 위기에 놓여 있다.

가장 두드러지는 경우는 티베트 지역(그리고 중국이 티베트로부터 분리해낸 여러 "자치주"들)에 살고 있는 티베트인들과 동투르키스탄 지역의 위구르인들이다. 중국인들은 이들 모두를 "소수민족"이라는 이름으로 분류하고 있다. 심지어 그들이 조국의 땅에 살고 있음에도 불구하고, 그곳에서 그들은 중국의 혹독한 정치, 군사, 경제, 인구, 언어 정책과 문화적 억압에 고통받고 있다. 규모가 보다 작고 잘 알려지지도 않은 또 다른 민족들은 보다 직접적인 위협에 놓여 있다. 알타이 지역의 투르크 투빈족(Tuvins)과 북부 카프카스 스텝 지역이 몽골계 칼미크족(Kalmyks), 무엇보다도 러시아의 통치 하에 남아 있는 시베리아의 에벤키족(Evenkis)은 규모와 인구 면에서 너무나 축소되었고, 그들의 정치적 운명에 대해서는 어떠한 영향력도 남아 있지 않기 때문에, 그들의 문화 또한 심각한 위험에 처해 있다.

중국의 청나라와 러시아가 중앙유라시아를 혹독하게 정복하고 분열시켰기 때문에 완전한 회복은 어렵게 되었다. 한편 남부 중앙아시아(현재 그 지역의 대부분은 아프가니스탄이다.)는 30여 년 동안 계속된 내전에 시달렸다. 모더니즘의 극단적인 형태인 근본주의자들이 그 지역의 일부를 차지하여 일으킨 전쟁이었다.

역사적으로 그러했던 것처럼, 중앙유라시아를 유라시아의 핵심 지역으로, 주변 정치 권력들이 제대로 인정하지 않는다면, 중앙유라시아의 빈곤은 계속 심화되고 위험은 점점 더 커질 가능성이 상당히 크다.

부록 A — 원시 인도유럽어족과 그들의 확산

인도유럽어족의 이주와 그 파생언어를 알려주는 문헌 자료는 방대한 양으로 남아 있다. 이 모든 자료를 기초로 해서 궁극적으로 시원이 되는 언어, 즉 원시 인도유럽어(Proto-Indo-Europeau)를 재구성할 수 있다.[1] 그런데 원시 인도유럽어를 재구성하는 전통적인 음운론 체계는 근본적인 오류를 내포하고 있었다. 1863년 출간된 헤르만 그라스만(Hermann Grassmann)의 글에서 이러한 오류를 분명하게 지적한 바 있다. 학자들은 원시언어의 속성과 확인 가능한 파생언어(즉 독일어, 이탈리아어, 슬라브어, 인도어 등의 어족)로 이행되는 과정을 그려내기 위해 많은 연구를 했다. 그러나 이 모든 연구는 무엇보다 역사 음운론(historical phonology)에 의존했기 때문에, 많은 경우 잘못된 결론에 이르렀다. 그라스만의 연구가 큰 기여를 하기는 했지만,[2] 인도유럽어 재구성의 근본적인 문제를 해결하지는 못했다. 가장 큰 이유는 음소(phoneme) 개념이 출현하기 이전에 그의 연구가 이루어졌기 때문이다.[3]

이제는 모든 인도유럽어 연구자들이 알고 있는 바와 같이, 문제는

---

1 탁월하면서도 읽기 쉬운 연구로는 Mallory(1989) 참조. 경쟁관계에 있는 이론들에 대해서는 Mallory and Adams(1997, 2006) 참조.
2 Grassmann(1863)의 업적 중 하나는 그가 검토했던 언어적 현상이 엄격히 말해 오직 그리스어와 산스크리트어에서만 보인다는 점을 밝힌 것이다. 이를 그라스만의 법칙(Grassmann's Law)이라고 하는데, 이는 인도유럽어 연구에서 가장 중요한 독보적인 발견이다. 이러한 현상은 원시 인도유럽어로 환원될 수 없다. 이로써 그는 언어형태학적으로 융합 현상이 인도유럽어족의 분화 이후에 계통발생적으로 형성된 그룹이 아닌 다른 그룹에 영향을 미쳤음을 보여주었다. 나는 인도유럽어족의 분화를 세 개의 그룹 혹은 세 개의 물결로 표현했는데,(Beckwith 2007c) 이는 궁극적으로 그라스만의 연구에 의존한 것이다.

전통적인 원시 인도유럽어 파열음 무성무기음(예를 들면 *p, *t, *k), 유성무기음([*b], *d, *g), 그리고 유성유기음(*bh, *dh, *gh)의 재구성에 있다. 이들이 불가능하지는 않을지라도 유형론적으로 볼 때 설득력이 없는 음운 체계라는 점을 알게 되자,(여기는 또 다른 문제도 있다. 가장 중요한 문제는 이 이론에 의하면 초성 *b가 나올 수가 없다는 점이다.) 재구성 방식의 수정이 불가피하다는 데 동의하게 되었다. 문제를 극복하기 위해 몇 차례 시도가 있었다. 그리고 사실상 이것이 인도유럽어 연구의 주요 주제가 되었다. 예를 들면 세메레니(Szemerényi)의 시도에 덧붙여, 감크렐리제(Gamkrelidze)와 이바노프(Ivanov)는 성문음이론(glottalic theory)에 대한 기념비적 연구를 출간했다.[4] 그러나 아무도 여기에 대해 논의하지 않았고, 이를 일반론으로 인정하지도 않았다. 왜냐하면 그들은 실제로 문제를 해결하지 못했기 때문이다. 몇몇 저명한 언어학자들이 그들의 연구를 받아들이기는 했지만, 그들은 문제를 제대로 다루지도 못했을 뿐 아니라 실제로 더 악화시켰을 뿐이다.

그 문제에 대한 해결책은 다음과 같다.[5] 음성(phone)이 음소(phoneme)에 포함된다는 관점에서 볼 때, 전통적인 파열음의 삼중음운대립은 잘못

---

3 음소(phoneme)는 언어적 의미를 가지는 소리의 최소단위로, 음소의 대칭관계에 의해 규정된다. 예를 들면 영어 단어 pat/bat/fat은 어두자음으로 구별이 된다. 이처럼 영어에서는 /p/(무성 순음 파열음), /b/(유성 순음 파열음), /f/(무성 순치음 마찰음)의 음소 구분이 있다고 말할 수 있고, 이 모든 것이 언어에서 음소가 된다. 한편 이음(異音, Allophone)이란 음소의 하위 단위에서 인식되는 구분을 말한다. 예를 들면 pot/spot에서 p라는 철자로 표기되는 발음은 음성학적으로 동일하지 않다. pot의 p는 기음이 있는 [pʰ] 발음이고, spot의 p는 기음이 없는 [p] 발음이다. 이와 같은 두 이음(異音)의 차이는 영어에서 언어적으로 의미 있는 구분(음소의 구분)이 아니다. 따라서 표기를 할 때는 하나의 철자 /p/만이 필요할 뿐이다.

4 Szemerényi(1996), Gamkrelidze and Ivanov(1995).

된 재구성이다. 어떤 가상 음소가 어느 위치에서나 자유롭게 발생하지는 않는다는 사실이 알려진 것은 이미 100년 가까이(더 되지는 않았겠지만) 되었다.[6] 기존에 확인된 제약조건을 분석해 보면, 중음 계열([*b]:*bh, *d:*dh, *g:*gh)은 보조적인 분포를 보인다. 따라서 이들은 단음 계열(*b, *d, *g)의 이음(異音)들이다. 이는 이음들의 시기별 구분을 반영하고 있다. 후대에는 이런 이음들이 어떤 파생언어에서는 음소로 자리잡기도 했다. 다만 확인가능한 언어들 중에서는 모두 자연스러운 이중음운대립 파열음이나 사중음운대립 파열음으로 바뀌었다. 따라서 파열음의 삼중음운대립으로 재구성 가능한 언어들만 모아서, 그것도 일정 시기에 한해서만이라면 삼중음운대립이라는 특성이 나타날 수도 있다. 결과적으로 파열음 삼중음운대립은 원시 인도유럽어의 특성이 될 수 없다. 원시 인도유럽어는 파열음 이중음운대립만 있을 뿐이다.(말하자면 *p:*b, *t:*d, *k:*g) 그리고 *b가 없었다고 할 수 없다. 왜냐하면 다른 인도유럽어 파생언어에도 파열음 이중음운대립이 존재하기 때문이다. 혹은 과거 이중음운대립 흔적은 있지만 단일 음운만 남겨진 경우도 있다.(예를 들면 *p, *t, *k 음소만 있는 경우) 따라서 원시 인도유럽어에는 파열음 이중음운대립만 존재했다.

결과적으로 알려진 모든 인도유럽어가 세 개의 언어동조대(Sprachbund)에 속한다는 사실을 증명하는 것은 아주 간단하다. 확인 가능한, 즉 내부적으로 각 파생언어 어족의 파열음운 체계를 재구성했을 때, 범주가 몇 개로 나뉘어지는지를 확인하면 된다. 그룹 A는 첫번째 물결에 속하는

---

5 이 부록은 Beckwith(2007c)에 제시된 주장과 정보를 극도로 축약, 단순화한 요약에 해당한다. 세부사항들에 대해서는 Beckwith(2007c) 참조.
6 Szemerényi(1996).

언어들로, 아나톨리아어, 토하리어가 여기에 속한다.(무성파열음만 존재한다. 그 이전에는 유성과 무성 파열음이 모두 존재했었던 근거도 있다.) 그룹 B는 두번째 물결에 속하는 언어들로, 독일어, 이탈리아어, 그리스어, 인도어, 아르메니아어가 여기에 속한다.(무성, 유성, 유성유기 파열음이 존재한다.) 그룹 C는 세 번째 물결에 속하는 언어들로, 켈트어, 슬라브어, 발트어, 알바니아어, 이란어가 여기에 속한다.(무성, 유성 파열음이 존재한다.)[7]

사실 아나톨리아어에는 "무성과 유성 파열음을 물려받았다. 다만 어두에서는 그렇지 않다."[8] 그리고 이러한 아나톨리아어의 특성은 아마도 원시 언어의 특성으로 추정할 수도 있을 것이다. 그러나 "어두에서는 그렇지 않다."는 지적이 핵심이다. 아나톨리아어와 함께 그룹 A에 속하는 토하리어에도 또한 이중음운대립 파열음이 반영된 요소가 나타난다. 그러나 아나톨리아어와 마찬가지로, 어두에서는 유성 파열음이 없다. 달리 말하면, 같은 시기로 확인되는 두 개의 언어에서는 유성 파열음과 무성 파열음의 구분이 없다. 어두에 남아 있는 역사적 구분은 이음(異音)이다. 따라서 이들 두 개의 파생언어는 같은 그룹에 속한다. 이들 두 언어가 바탕하고 있는 근본적인 주요 언어 현상, 즉 파열음의 분배 원칙을 감안해 볼 때도 그렇고, 고고학적으로도 그러하다.(고고학적으로 보건대 두 개의 파생언어는 기원전 2000년경 인도유럽어족의 고향으로부터 벗어나 이동한 것으로 추정된다.) 아나톨리아어와 토하리어에 남아 있는 특징인 이중음운대립 파열음은 그룹 C의 특징으로도 알려져 있다. 따라서 동일한 이중음운대립 체계가

---

7 아베스타어는 예외다. 그러나 이란어가 B그룹에 포함되어 있었음을 추정케 하는 아베스타의 증거들에 대해서는 아래 서술 참조. 실체가 제대로 확인되지 않은 언어들은 포함시키지 않았다.
8 이 언급은 이 책의 원고를 검토한 익명의 연구자로부터 나왔다.

원시 인도유럽어에도 있었다고 추정할 수 있다.

아베스타어와 베다어: 문제의 양상

이란어 중에서 "확인 가능한 가장 오래된" 언어가 아베스타어(Avestan)라고 흔히들 언급하는데, 아베스타어는 음운, 형태, 구문, 어휘에 있어서 베다 산스크리트어와 놀라울 정도로 가깝다. 베다어(Vedic)는 인도어 중에서 "확인 가능한 가장 오래된" 언어이다. 이러한 언어적 양상에 덧붙여 이들 언어로 기록된 텍스트의 내용과 종교적 목적도 몇 가지 측면에서 매우 유사하다. 물론 겉으로 드러나는 교리적 측면에서는 근본적으로 다르지만, 그들이 근거로 삼는 점에 있어서는 비슷하기 때문에, 이를 기반으로 원시 인도이란어뿐만 아니라 그 문화도 재구성할 수가 있다. 좀더 범위를 좁혀서 말하자면, 아베스타어 텍스트와 베다어 텍스트는 원시 인도이란어라 짐작되는 어떤 언어와 매우 가까운 언어인데, 원시 인도이란어는 원시 인도유럽어와 원시 인도어와 원시 이란어의 중간 형태를 띠는 파생언어였다. 따라서 아베스타어 텍스트와 베다어 텍스트는 그 언어를 충실하게 보존하였고, 그 문화도 상당 부분 담겨 있는 것으로 추정된다. 그것이 원시 인도이란어족의 문화 그 자체는 아닐지라도 적어도 원시 이란어족의 후기 문화와 원시 인도어족의 후기 문화는 분명할 것이다. 텍스트 그 자체는 현재 일반적으로 약 3,500년 전부터 구두로 전승된 것으로 생각되며, 중간에 삽입된 내용도 거의 없었다.[9]

그러나 이상과 같이 이해하는 것에는 몇 가지 문제가 있다. 첫째, 아베스타어 텍스트와 베다어 텍스트는 사실상 1,000년이 채 되지 않은 것으로 확인되었다.[10] 이 텍스트들을 3, 4천 년 전의 것으로 간주하는 생각은 낭만적이기는 하지만 충분한 근거를 제시하기 어렵다. 그래서 일반적으로 아베스타어 텍스트와 베다어 텍스트를 해당 언어의 확인 가능한 가장 오래된 형태로 취급하는 것은 매우 왜곡된 것이다. 아베스타어 문서 중에서 확인 가능한 가장 오래된 유물은 기원후 13세기의 것이다. 그리고 문서가 작성되기 불과 3세기 전의 원형을 간직하고 있을 뿐이다.[11] 이와 대조적으로 고대 페르시아어는 기원전 1000년~0년대 중반부터 기록으로 남아 있다. 그러나 무엇보다도 인도이란어 이론 때문에 아베스타어가 고대 페르시아 텍스트보다 시기적으로 훨씬 오래된 이란어로 간주되었다.[12] 아베스타 텍스트가 조로아스터교의 성경이기 때문에, 거기에는 인도이란어족의 공통적인 신들에 대한 내용이 들어 있는 것으로 추정되었다. 그리고 원시 인도이란어족의 신앙과 문화적 관습도 포함되었을 것으로 생각했다. 그러나 고대 페르시아 비문을 포함하여, 이란어족

---

9 지난 한 세기 동안 학자들의 견해가 대단히 다양하게 제기돼 왔는데, 일부는 이보다 1,000여 년 '이후'의 시점을 주장한 반면, 다른 이들은 그로부터 수천 년 '이른' 시점을 주장하기도 하였다. 이러한 견해들에 대한 논의로는(인도 민족주의에 영향을 받은 논의들을 포함하여) Bryant(2001) 참조.

10 EIEC 306-307. 둘 다 "후대에" 외부로부터 들어온 요소들을 내포한 것으로 보인다. T.Y. Elizarenkova가 제시한 것을 Bryant가 인용하고 있는데, 그에 따르면 중대 인도-아리아적 측면들이 "베다어에는 있으나 산스크리트어에는 없다."고 돼 있다.(Bryant 2001: 138). 이는 그 구어의 전통이 전파되는 과정에서 이후의 방언적 형태들에 영향을 받아 변질되었음을 의미한다. 다만 아쉽게도, 이러한 외래 요소들이 문서의 작성 시점이나, 그 내용이 기억된 또는 기록된 최초의 시점을 알려주지는 않는다.

11 EIEC 307. 심지어 중대 페르시아어 및 다른 중대 이란어들의 경우 아베스타어보다도 훨씬 이른 시점에 그 실체가 확인되고, 그 중 다수가 상당히 상세한 문헌들에서 확인된다. 아베스타어 및 중대 페르시아어로 된 문헌들을 다량 소장하고 있다가 파괴돼 사라졌다는 전설 속의 도서관들에 대해서는 미주 111번 참조.

의 종교적 신앙에 대해서 확인 가능한 가장 오래된 데이터에는 조로아스트교 그 자체에 대한 어떤 그림자도 나타나지 않는다. 아베스타 초기 텍스트에서 발견되는 신상 체계는 고대 후기 이전까지는 확인이 안 되고 있다.

둘째, 실제로 확인 가능한 가장 오래된 이란어는 북부(혹은 동부) 이란어와 남부(혹은 서부) 이란어 어휘와 구문들로서, 아시리아 텍스트와 그리스 텍스트에 남아 있다. 이란어로 기록된 사실상 최초의 텍스트는 고대 페르시아어 텍스트이다.(비문, 점토판, 인장) 이들은 기원전 6세기와 5세기의 유물들이다. 이들 이란어와 아베스타어는 상당히 다르다.

셋째, 아베스타어는 동부 이란어족의 언어라고 했었다. 그러나 최근 일반적으로 학술 논문에서는 그 위치를(그리고 조로아스터의 고향을) 중앙아시아로 비정하는 것은 터무니없다. 아베스타어에서 "동부 이란어"의 양상이 보이는 이유는 그 텍스트가 전승되는 과정에서 동부 이란어의 영향이 있었기 때문이다.[13] 아베스타 텍스트가 중세 페르시아 문서로 남아 있지 않는 한, 아베스타어는 이란어권으로 알려진 범위 내에서 그 위치가 어디이며, 그 시기가 언제인지를 확정할 수 없다.

넷째, 모든 이란어 계열이 음운학적으로 확고하게, 의문의 여지 없이

---

12 만약 '인도이란어 가설'이 수용된다면, 아베스타어는 고대 페르시아어보다는 "고대(archaic)" 이란어의 형태가 되는 것이지만, 아베스타어는 페르시아인들이 조로아스터교를 수용하기 전, 고립된 지역에서 상당히 오랜 기간 통용되었을 수도 있으며,(그리고 그 결과 고대 "원시 인도이란어" 구조를 대부분 보전했을 수도 있다.) 그 결과 아베스타어 문서들이 이란어 사용권에서 전반적으로 알려진 것일 수도 있다. 다만 아베스타어가 실제로 이란어였는지의 여부 자체는 현재 판단하기 어려운 실정이다.

13 Schmitt(1989: 28); Keelens(1989) 같은 책에서 통찰력 있는 언급들 참조.

그룹 C, 즉 세번째 물결에 속하고, 분명하게 이중음운대립 파열음을 가지고 있는데, 아베스타어만 예외라는 점은 대단히 의심스럽다. 유독 아베스타어만이 삼중음운대립 파열음 체계의 흔적을 가끔 보이고 있다. 이는 베다 산스크리트어를 기반으로 재구성한 음운체계에서 보이는 특성인데, 이는 그룹(Sprachbund) B에 속한다.

마지막으로, 아베스타어와 관련된 주요 문제는, 기존에 철저하게 연구하지 않았음이 분명하기 때문에 신뢰하기가 어렵다는 것이다. 이에 대해서는 최소한 심각한 문제제기를 할 수 있다. 언어적 연관에 대한 기존의 관점이나, 그로부터 파생된 이론들 모두 마찬가지다. 앞에서 언급한 바와 같이, 기존에는 "아베스타어 구어는 산스크리트어와 매우 밀접한 관계가 있다."거나, 너무 놀라울 정도로 비슷해서, 사실상 "특이한 발음 규칙만 적용하면 어떤 단어라도 한 쪽에서 다른 쪽으로 옮겨놓을 수 있다."고 했다.[14] 아베스타어의 방대한 격체계와 동사 변화 체계는 베다 산스크리트어와 비슷한 정도가 아니다. 그것은 거의 동일하다. 이는 굉장이 이상한 경우다. 두 언어의 유사성을 보여주기 위해서, 인도이란어 전문가들은 아베스타어 단락을 베다 산스크리트어(혹은 고대 인도어)로 번역했는데, 다음 아베스타어 문장을 보도록 하자.(Yašt 10.6에서 인용)[15]

| 아베스타어 | təm amanvantəm yazatəm |
| 고대 인도어 | tám ámanvantam yajatám |

14 일찍이 Remy(1907)에 의해 언급된 바 있고, 이후 광범위하게 반복되었다. Byrant(2001: 131) 참조.
15 *EIEC* 304; Mallory(1989: 35) 참조, Schmitt(1989: 26-27)의 언급 참조.

| 원시 인도이란어 | *tám ámanvantam yaǰatám |
| 영어 | This powerful deity, |

아베스타어	sūrəm dāmōhu səvištəm
고대 인도어	śū́ram dhā́masu śáviṣṭam
원시 인도이란어	*ćū́ram dhā́masu ćávištham
영어	strong, among the living the strongest,

아베스타어	miθrəm yazāi zaoθrābyō
고대 인도어	mitrám yajāi hótrābhyaḥ
원시 인도이란어	*mitrám yăǰāi jháutrābhyas
영어	Mithra, I honor with libations.

이와 같은 믿을 수 없는, 전례를 찾아보기 힘든 유사성 때문에 인도유럽어 학자들은 다음과 같은 믿음을 가졌다.

"원시 인도유럽어와 최초의 이란어 사이에는 어떤 매개 언어가 있었고, 인도이란어는 그 매개 언어로부터 파생되었음이 틀림없다. 그래서 인도아리아어, 즉 원시 인도이란어를 재구성할 수 있는 것이다."[16]

앞에서 언급한 여러 논점들과 함께, 아베스타어와 베다 산스크리트어의 놀라운 유사성을 근거로 전혀 다른 결론을 도출할 수 있다.(아니 그래야만 한다.) 아베스타어는 이란어가 아니라 음운론적으로 이란어화된 인

16 *EIEC* 303-304.

도어일 가능성이 크다.[17]

아베스타어나 아베스타 텍스트에서 나타나는 문화와 관련된 수많은 미해결 문제들은 이렇게 설명될 수 있다. 즉 그것은 고대 인도어 방언으로 된 종교적 텍스트(베다와 비교해보면 분명히 이단이다.)를 이란어족이 수용하면서 만들어진 것이다. 인도에서 종교의 사제는 그것을 정확하게 암기하고 있었다. 그러나 도중에, 혹은 그 이후에, 이란어 사용자가 구술로 이를 전하면서 특히 이란어 발음으로 바뀌게 되었다. 앞에서 언급한 바와 같이, 아베스타어는 단지 조로아스터교의 문어로만 알려져 있을 뿐, 그것이 구어로 사용된 곳은 알 수 없다. 어쩌면 한 번도 구어로 사용된 적이 없을지도 모른다.(그럴 가능성은 좀 적다.) 그리고 확인 가능한 시기도 그리 오래되지 않는다.[18] 이란어 사용자가 오래도록 고대 인도어 방언으로 된 텍스트를 전수하려고 하다가 보니 생겨난 단순한 음운론적 변화라면, 사실상 아베스타어의 모든 문제를 설명할 수 있다. 만약 그럼에도 불구하고 아직도 의심의 여지 없이 아베스타어가 이란어라고 생각된다면(그럴 리는 없지만), 아베스타어만 별도로 언어분류상 하위 항목을 만

---

17 초기 인도유럽어 학자들은 아베스타어를 고대 인도어의 한 방언으로 간주하였다. 이에 대해서는 제1장 및 그 각주들 참조. 아베스타어가 고대 인도어 방언 중에서 이란화된 방언이었을 수도 있다. 즉 그것이 실제로 통용되었을 가능성도 배제할 수 없다. 그러나 그럴 가능성은 대단히 적다. 또 하나의 가능성으로, 아베스타어가 인도화한 이란어였을 가능성도 있지만, 이는 받아들이기 어렵다. 왜냐하면 고대 인도어에서는 전형적으로 나타나면서도 이란어에서는 전혀 발견되지 않은 여러 양상들이 아베스타어에서 나타나는데, 이를 설명할 수 없기 때문이다.
18 이 글에서 나는, 베다의 종교적 요소를 적대시하는 사상이 아베스타에 나타나는 것은 이란어족과 인도어족의 적대감을 반영하고 있다는 입장을 따랐다. 그러나 베다의 요소를 분명하게 악마로 묘사하는 내용이 아베스타에서 일관되지 않는다는 논문이 발표되었다. 이 문제에 대한 해결책은 역시 아베스타와 아베스타어에 대한 재검토가 선행되어야 할 것이다.

들어야 할 것이다. 그렇지 않다면 아베스타어는 이란어 계통의 그림에서 완전히 빠져야 마땅하다. 그래야 이란어가 인도유럽어족 내부의 파생언어로서 의미를 가지게 될 것이다. 원시 인도이란어 이론은 폐기되어야 한다.(이는 수직 체계가 아닌 방사형 모델의 계보도를 보여주는 놀라운 예외이다. 다른 모델을 수립해보려는 수많은 시도가 있었음에도 불구하고 어쨌든 방사형 모델을 벗어나지 못했다.) 이와 함께 인도이란어 이론에 기초한 다른 많은 이론들도 폐기되어야 할 것이다. 특히 인도이란어족의 문화를 추적하는 문화 이론, 그리고 원시 인도어족과 원시 이란어족의 이동과 관련된 이론도 완전히 재고되어야 할 것이다. 뿐만 아니라 고대 인도어 연구와 이란어 연구도 거의 모든 것을 다시 연구해야 할 것이다.

인도유럽어의 혼성언어들

인도유럽어 파생언어(현재 인도유럽어의 직접적인 조상언어) 각각에는 인도유럽어 기초 어휘가 엄청난 양으로 포함되어 있고, 인도유럽어 형태(음소의 구조)가 상당량 남아 있다. 하지만 지역별 차용어도 일정 부분 포함되어 있는데, 특히 특징적인 음운이 들어 있다. 이러한 양상의 분화가 혼성언어(creole)의 특징이다. "혼성언어"라는 말 자체가 어떤 특별한 양상으로 분명하게 제한된다는 의미가 아니라는 것을 이해할 필요가 있다. 차용어를 포함하는 언어에서부터(모든 언어는 차용어를 포함하고 있다.) 다른 언어와 융합되어 중요한 구문의 변화가 진행된 언어에 이르기까지 모두 혼성언어라고 한다.

이 책에서는 "혼성언어"라고 하면 다른 언어와 융합되어 유의미한 변화가 진행된 언어를 뜻한다. 그러나 근본적인 구조를 단순화시킨 그런 것은 아니다. 전통적으로는 혼성언어의 특성을 그런 식으로 말해왔다. 대표적인 사례는(유일한 사례는 아니지만) 프랑스어의 형태를 가진 아이티 방언이다. 많은 연구자들이 주목했던 바와 같이, 현대 인도식 영어는 영어나 다른 게르만어보다 더 인도어에 가까운 음운 구조를 가지고 있다.(인도식 영어 네이티브 스피커는[19] 완전히 영어식 문법과 어휘를 구사하며, 인도어의 차용어를 아주 조금 포함할 따름이다.) 비록 이러한 현상이 영국의 식민 정책으로 독특하게 만들어진 것이라고 주장하는 사람들이 없지 않지만,[20] 동일한(사실은 더 나쁜) 정책을 펼쳤던 북아메리카에서는 왜 또 다른 혼성언어가 생기지 않았는지 생각해보아야 할 것이다. 이러한 판단에 개입되는 정치적 양상은 논외로 하고, 분명한 것은 인도식 영어의 경우, 영어 사용자가 어느 정도 자신의 언어를 뿌리내리는 데 성공했고, 피지배 민족을 제거하지는 않았기 때문에 나타난 양상이다. 이는 북아메리카와는 경우가 다르다. 인도식 영어는 과거에도 현재에도 하나의 혼성언어이다. 현대 세계에서 영어가 침투한 지역에서는 또 다른 식의 영어가 사용되는데, 이에 대해서도 인도식 영어와 상당 부분 같다고 말할 수 있다. 다른 식의 영어 중에는 인도식 영어보다 더 "혼성언어화"된 것들도 있다.

근대 이후 접촉 상황을 관찰하고 기록한 바에 따르면, 혼성언어가 생

---

[19] 인도식 영어를 구사하는 다수의 인도인 화자들이 그것을 제2의 언어로 익혔고, 따라서 그다지 능숙하게 구사하지는 못한다.
[20] Hock(1999b: 149)의 언급과 주석 참조. 인도 북부의 인도-아리안화와 영국통치하 인도의 앵글로화에 대한 종전의 비교는 종종 비역사적인 선입견들을 노정하곤 하였음에 유의할 필요가 있다. 영국인들이 멀리 외부에서 인도에 오기 했지만, 적어도 통상적인 관념상 "정복"한 것은 아니었으며, 그 과정이 갑작스러웠던 것도 아니었다. 그들이 주도권을 완전히 확보하기까지는 적어도 수백 년이 걸렸다.

성되는 데에는 매우 짧은 시간이 소요되었을 뿐, 몇백 년, 몇천 년이 걸리지 않았다. 언어라는 것이 천 년이 넘도록 변하지 않고 사용되는 경우는 없다. 또한 중요한 변화가 천 년 동안의 과정을 거치지도 않는다. 즉 인도유럽어의 파생언어군이 천 년 동안 서서히 변해온 것이 아니다. 예전에는 인도유럽어가 그런 과정을 거쳤다고 생각했다. 대부분의 인도유럽어 연구자들은 지금도 그렇게 믿고 있다. 근대의 증거를 보면, 언어에서 진행되는 변화에 대한 요사이 연구들도 그렇지만, 전통 이론에서 설명하는 것과 같은 유형이 전례가 없었고, 따라서 근본적으로 성립하지 않는다. 언어에는 내부적으로 변화가 진행되기도 한다. 이러한 변화는 매우 느리게, 오랜 시간을 거친다. 그러나 이러한 변화가 외부의 영향으로부터 고립되어 일어나는 경우는 전무하기 때문에, 외부의 자극 없이 그 자체로 그러한 변화가 시간적으로 나타난 경우는 없다.[21] 그럼에도 불구하고 그런 식의 변화가 있을 가능성은 남겨두더라도, 중요한 언어적 변화는 접촉의 결과로 발생한다는 사실은 의문의 여지가 없다. 인도유럽어 파생언어들, 혹은 갈래들은 이처럼 어떤 식으로든 혼성언어일 수밖에 없다. 가장 오래된 인도유럽어, 즉 히타이트어, 고대 인도어, 미케네 그리스어를 포함시키더라도 마찬가지다. 이는 특이한 현상이 전혀 아니다. "모든 성숙한 언어는 혼성언어다."는 말도 있다.[22]

오히려 특이한 것은, 인도유럽어가, 세계의 다른 모든 언어와는 달리, 그 조상언어(원시 인도유럽어)의 형태를 수천 년 동안 간직하고 있다가, 순

---

21 더 많은 논의와 주석과 관련해서는 Beckwith(2006a) 참조.
22 Haiman(1994: 1636).

수하게 내부적으로 시간이 흐름에 따라 수천 년 동안 변해왔고, 마침내 우리가 확인할 수 있는 파생언어로 발전했으며, 이 모든 것이 혼성언어화 과정을 거치지 않았을 것이라는, 그 생각이 특이하다. 인도유럽어 파생언어의 발전 과정에서 한 요소로 혼성언어화가 있었다는 사실이 부정되는 이유는,[23] 파생언어가 대개 인도유럽어족의 고향에서 상당히 멀리 떨어진 지역에서 최초로 확인되며, 그 지역에서는 다른 언어가 먼저 존재했던 것으로 확인된다는 사실 때문이다. 그리고 다른 지역에서 확인되는 시기 이전에 인도유럽어족의 고향에서는 확인이 안 된다는 것이다. 이러한 사실이 의미하는 바는, 인도유럽어 사용자가 먼저 이미 다른 민족이 살고 있던 곳에 정착했고, 그들과 뒤섞여 기존의 언어와는 다른 혼성언어를 생산했으며, 그 결과 생산된 언어가 후대에 우리가 확인가능한 언어였던 것이다.

더욱이 놀라운 것은(전통 이론의 입장에서), 인도유럽어 파생언어들이 최초로 확인되는 지역이 모두 바깥에 있다는 사실이다. 기존에는 이를 간과해왔지만, 이는 간과할 수 없는 일이다. 고대 이탈리아어는 이탈리아를 벗어난 지역에서, 그리스어는 그리스 지역 바깥에서, 토하리어는 동투르키스탄의 토하리 지역 바깥에서 확인되었다.[24] 게다가 등어선(等語線,

---

[23] 인도유럽어의 연대비정과 관련한 주장들은 정도의 차이는 있지만 여전히 "느린 변화론"에 기반해 있다. 또한 그 파생언어 및 파생언어 사용자들의 시대를 비정하려는 시도 역시 격렬한 논란에 휩싸여 있다. 비학문적 의도들을 논외로 한다면, 인도-아리아인의 이주와 관련한 토론의 대부분은 언어학적 순진함에서 벗어나지 못하고 있다.(e.g., Bryant 1999, 2001).

[24] 앞서 언급한 바와 같이, 고대 인도어는 메소포타미아 상류 및 레반트 지역에서 최초로 그 실체가 확인되었으며, 인도에서는 그 이후에야 발견되었다. 그러나 이는 이주하던 인도어 사용자들이 역시 이주 중이던 이란어 사용자 때문에 갈라졌기 때문이었음이 확실하다.

isogloss, 언어적 특징으로 지역을 나누는 언어 지도상의 선)에 따라 파생언어들의 공간적인 배열을 그려보면, 그것이 지리적 배열, 즉 그 언어의 확인 가능한 가장 오래된 지역들과 일치한다.[25] 전통 이론은 유형론적으로도 그러한 선례를 세계 어디에서도 찾아볼 수 없고, 근거에 맞지도 않는다.

이처럼 각각의 인도유럽어 파생언어(각각의 인도유럽어군의 조상언어)는 하나의 혼성언어이며, 이주민이 다른 언어를 사용하는 해당 지역민과 섞이면서 생겨난 결과물이다. 이주민이 사용하던 인도유럽어를 해당 지역의 부인이나 자식들이 따라 썼을 것이며, 그 지역의 억양이나 몇 가지 문법적인 변화가 있었을 것이고, 그 결과 혼성언어가 생겨났는데, 이는 다만 인도유럽어의 그 지역 버전이었을 뿐이다.

다른 언어들에 비해 인도유럽어는 믿기 어려울 만큼 보존성이 강하기 때문에, 원시 인도유럽어를 재구성할 수 있을 가능성도 충분하다고 생각해왔다. 그러나 인도유럽어가 믿기 어려울 만큼(더 정확히 말하면 믿을 수 없는) 보존성이 강하며, 수천 년 동안 서서히 음운 변화가 있었다는 이러한 생각에 반대되는 근거도 상당히 있다. 히타이트어와 기타 아나톨리아 지역 언어들이 그들의 근거로 흔히 거론된다. 그 이론에 따르면, 아나톨리아어는 그것이 처음 기록에 남기 이전에도 수천 년 동안 아나톨리아 지역에서 사용되었다는 것인데, 이는 서서히 시간에 따라 변화했다는 과거의 관념에 기초하고 있다. 그러나 아나톨리아의 언어들과 문화들은 워낙 해당 지역의 특성이 풍부해서, 그 안에서 인도유럽어족의 종교적 신앙이나 사회정치적 행위 요소를 찾아보기가 어렵다. 어떻게 인도유

---

25 Hock(1999a: 13-16).

럽어족이 아닌 사람들에게 인도유럽어가 받아들여졌을까? 그리고 어떤 면에서 마술처럼 "순수한" 인도유럽어, 즉 "인도-히타이트어", 혹은 "원시 인도유럽어의 조상언어"를 보존할 수 있었을까? 원시 인도유럽어를 재구성할 때 사용된 몇 가지 복합적인 형태음운론적 양상들은 그룹 B에 속하는 언어들에 한정되었기 때문에,[26] 혹은 그렇게 한정되어야 하기 때문에,[원시 인도유럽어는 바로 그 언어들(그리스어, 라틴어, 게르만어, 산스크리트어)의 초기 형태에 대체로 기반하고 있다.] 아나톨리아어에서 그러한 양상이 발견되는 것은 놀라운 일이 아니다. 원시 인도유럽어의 음운을 포함하고 있는 것으로 추정되었던 근거는 사실은 그 파생언어의 분리가 후대에 일어난 일이라는 증거이다. 그들은 원시 아나톨리아어 사용자가 고향을 떠난 후에 다른 파생언어들이 분화되었을 것이다. 그러나 원시 아나톨리아어가 아나톨리아 지역에서 등장한 것은 기원전 19세기 이전일 수는 없다. 음운과 어휘에서 의미 있는 변화는 일정한 장소에서 일정한 시간 안에(한 세대 혹은 길어야 두 세대 안에) 일어났다. 인도유럽어족 집단이 다른 언어가 사용되는 지역에 침투했을 때, 달리 말하면 인도유럽어족 그룹이 다른 언어 사용자로부터 큰 영향을 받았을 때, 그룹 B가 형성되었던 것이다. 따라서 원시 인도유럽어와 각각의 파생언어들의 차이, 그리고 각 파생언어들 서로 간의 구조적 차이가 발생한 것은 수 세기가 걸려서 일어난 일이 아니다. 틀림없이 어떤 변화들은 한번 시작되면 수 세기에 걸쳐 진행되기도 한다. 그러나 이는 다른 문제이다. 근대에 발생한 파생언어의 음운 방식을 관찰해보면,(인도식 영어가 많은 사람들이 잘 알고

---

26 Grassmann(1863), Beckwith(2007c).

있는 사례이다.) 이 책에서 제시된 가설과 같이 지역 혼성언어화가 핵심적인 변화양상이다.[27]

인도유럽어 변화의 복잡한 양상은 이주의 역사와 관련해서 설명이 될 것 같다. 인도유럽어의 파생언어들이 생겨난 계기는 많아야 두 차례의 이주가 있었는데, 더 이상은 없었다. 첫번째 경우는 인도유럽어족의 고향에서 어떤 중간 지역을 거쳐(그룹 B의 경우 이는 명백하다.) 최종 목적지에 도달했는데, 우리가 확인할 수 있는 지역은 후자이다.

인도유럽어족은, 그 중에서도 특히 전사 집단은, 극단적인 가부장제로, 남성 중심의 사회였다. 많은 경우 그들의 직접적인 후손이나 그들의 피가 섞인 후손들은 원주민에 비하면 소수였고, 끝내 사라져버리기도 했다. 남겨진 것은 다만 몇 가지 언어적 흔적일 뿐이다. 예를 들면 왕이나 신들의 이름, 혹은 몇몇 문화적 용어들이다.(미타니 왕국과 근동의 고대 국가들의 경우) 혹은 짧은 비문이 남은 경우도 있다.(유럽 남부에서 사용되었던 언어들의 경우) 다른 경우, 인도유럽어족은 자신의 언어를 토착화시켰고, 이것이 충분히 오래도록 지속되어 기록에 상대적으로 많이 남겨진 경우도 있다. 어떤 경우든 간에 이러한 일들은 한 차례가 아니라 시간에 따라 여러 차례 반복해서 일어났다. 이들 과정 중에서 언어의 역사에서 가장 중요한 것은 오래 지속된 경우이다. 왜냐하면 그로 인해 충분한 자료가 남겨졌고, 이를 이용하여 신중한 재구성이 가능하기 때문이다.[28]

중앙유라시아 역사에서 타당한 추론은 명백하다. 인도유럽어족이 중앙유라시아의 고향에서 중앙유라시아 다른 지역뿐만 아니라 그 주변 지

---

27 Lefebvre et al.(2006) 참조.

역까지 퍼져 나갔다. 그들은 해당 지역 문화 요소를 받아들였고, 이를 자신의 문화와 혼합하여 분명하게 구분되는 새로운 문화 양상을 만들어냈다. 이렇게 함으로써 그들은 중앙유라시아 문화복합체의 초기 유형을 확산시켰고, 그것이 지속되어 선사 및 역사시대 초기 중앙유라시아에서 주도적인 문화가 되었다. 이것이 프롤로그 등 이 책에서 서술된 바이다.

28 똑같은 과정을 오늘날의 상황에서도 찾아 볼 수 있다. 인도유럽어들, 특히 영어, 스페인어, 러시아어 등이 세계의 많은 지역에서 토착 현지어를 제치고 여전히 확장을 계속하고 있기 때문이다. 인도유럽어들은 아프리카를 제외한 모든 대륙에서 지배적인 위상을 점하고 있다. 인구 면에서도 동아시아 및 동남아시아를 제외하고는 역시 지배적인 위상을 점하고 있다.

부록 B — 고대 중앙유라시아의 민족 명칭

고대 중앙유라시아 민족들의 수많은 이름을 읽거나 해석하는 방식에 대해서는 많은 논란이 있다. 그러다보니 어느 민족을 특정하는 것도 종종 논쟁거리가 된다. 이러한 문제는 비단 규모가 작고 잘 알려지지 않은 나라의 명칭뿐만 아니라 굉장히 유명한 제국들의 명칭에도 영향을 미친다. 이 글에서는 문제의 소지가 많은 몇몇 명칭들에 대해 논의해보고자 한다.

강(羌, Ch'iang) ~ *Klānk-: 전차를 모는 사람

중국 은나라의 이방인 적들 가운데 가장 중요한 적으로 강족이 있었다. 강족의 이름은 강(羌, Ch'iang, NMan qiâng)으로, 이방 언어를 전사(轉寫)한 것이라는 의견도 있고, 중국어로 목동을 뜻한다는 의견도 있다. 후자는 중국어 용례와는 일치하지 않는다.[1] 왜냐하면 강(羌)이라는 단어가 '목동'을 뜻하는 보통명사로 사용된 적이 전혀 없었기 때문이다. 이 단어는 언제나 어떤 이방 민족을 지칭할 때만 쓰였다. 강족의 침입이 매우 이른 시기에 이루어진 것으로 미루어 보아(뿐만 아니라 같은 시기 전쟁용 전차 기술도 유입되었다. 그리고 티베트-버마어에서 '말'을 뜻하는 단어는 대체로 후대에 중국어로부터 차용한 단어라는 점을[2] 고려할 때), 고대의 강족은 일반적으로 알고 있는

---

1 예를 들면 Beckwith(1993: 5).
2 Beckwith(2002a: 129-133; 2007a: 145-146) 참조

것처럼 티베트-버마어족이 아니라³ 인도유럽어족이었던 것 같다. 민족 명칭 강(羌)은 현대 북경어(NMan)로는 qiâng인데, 중세 중국어(MChi)로는 *kʰiaŋ이었고(Pul. 251), 고대 중국어(OChi)로는 *klaŋ이었다.⁴ 이는 인도유럽어 어근을 가지고 있다. 토하리어에서 klānk-는 '말을 타다, 전차를 타고 가다'라는 뜻이었다.⁵ 따라서 강(羌)은 사실은 '전차를 모는 사람'을 뜻한다.

아래에 계집 녀가 붙은 강(姜, Chiang, NMan jiâng from OChi *klaŋ)은 강(羌)과 관련이 있거나 기원을 같이하는 민족으로 알려져 있다. 주나라 때에는 강(羌)이 금기시되는 명칭이었던 것 같다. 혹은 아래에 계집 녀를 붙여서 다른 식으로 써서 강(姜)이 되었을 수도 있다. 강족은 주나라 왕실의 모계 조상이었기 때문이다.⁶

오손(烏孫, Wu-Sun) ~ *Aśvin : 말 타는 사람

오손(烏孫)을 현대 중국어 발음으로 하면 우순(Wu-Sun)이다. 일반적인

---

3 이러한 믿음은 한나라 시기와 그 후대의 중국인들이 사용했던 어휘에서 비롯되었다. 중국어에서 그 어휘는 현재 감숙(甘肅)과 암도(Amdo) 지역(티베트 북동부)의 고대 티베트-버마인을 지칭하였다. 그러나 이러한 용례를 통해 초기 고대 중국어의 용례를 전혀 알 수 없다. 여느 고대인들이 그러했던 것처럼 중국인들도 어느 지역에서 살던 사람들의 명칭을 그 후대에 그 근처에서 사는 사람들에게도 그대로 적용하는 경우가 많았다. 이는 실질적인 관계나 지칭 대상의 내용과는 무관했다.
4 중세 중국어에서 파열음의 유성음-무성음 구분과 첨가음에 대한 자료는 이뿐만 아니라 다른 단어에서도 많이 있지만, 연구가 되지 않았다. 최소한 몇 가지 경우를 보자면, 접두어 *s(V)-(q.v. Sagart 1999) 때문에 상나라 이후 시기 몇 가지 어근이 추가되었다.
5 Adams(1999: 220).
6 충분히 확인된 선례로 미주 44번의 부호(婦好) 혹은 부자(婦子)에 대한 논의 참조.

고대 중국어 발음 재구성 규칙을 따르면 중세 중국어로는 *ɔswən(Pul. 325, 297)이고, 고대 중국어로는 *âswin이다. 그런데 고대 중국어에서 단어의 첫번째 자음 *s는 중세 중국어에서는 *χ~로 바뀐 것으로 추정된다.(Beckwith 2006c) 그렇다면 여기서도 s가 *χ~로 바뀌어야 한다. 그런데 현대 중국어에서도 남아 있는 s 음가의 근거는 무엇일까? 같은 어근에서 파생된 중국어 단어들을 살펴 보면, 예를 들면 삼(三, NMan sân, MChi *sam, Pul. 271)과 같은 경우, 그리고 3에 속하는 것들(혹은 글에서 삼과 운율을 맞추기 위해 선택되는 글자들)의 경우, 사가트(Sagart 1999:150)가 설명한 바와 같이, "어두 자음 위치에 s-가 있었을 것 같지는 않다." 삼(三, NMan sân)의 경우 초기 고대 중국어에서는 *s가 아니라 다른 식으로 발음되었을 것이다. 가장 가능성이 큰 발음은 *tr- 혹은 파찰음(tʃ, dʒ 등)이었을 것이다.(Sagart 1999: 148-152) 오손의 현대 중국어 발음(Wu-sun)에 남아 있는 s는 *s와 비슷한 발음에서 유래했겠지만, 얼마간 다른 발음이었다. 다른 많은 요소들을 함께 고려한다면, 현재 발음에서 남아있는 s의 가능한 기원은 몇 가지로 좁혀진다. 그 중에서 가장 유력한 발음은 *ś[ɕ]이다. 이로부터 원래의 이름을 추정해보면 *Aświn이 되는데, 이는 고대 인도어 *aśvin(기마 전사)을 정확하게 전사(轉寫)한 셈이다. 이는 쌍둥이 기사(騎士) 신의 이름이기도 하다. 오손 민족은 외형상 뚜렷하게 유럽 인종이었다.[7] 그리고 분명 고대 인도어 사용자들이었을 것이다.

곤막(昆莫, K'un-mu ~ K'un-mo NMan kûnmù ~ kûnmò 〈 MChi *kwənmɔ or *kwənmak, Pul. 179, 220, 218)은 개인의 이름이 아니라 분명 *아스빈 왕의

---

7 『한서(漢書)』(HS 96b: 3901).

칭호였을 것이다. 이는 오손 왕국을 설명하는 『한서(漢書)』의 기록에서도 분명하게 나타난다.[8] 『한서』에서는 곤막(昆莫)을 곤미(昆彌, K'un-mi NMan kûnmí, 〈 MChi *kwənmji)로 적었다. 곤막의 두번째 글자를 현대북경어에서는 모(mò)로 읽으며, 중세 중국어에서는 *막(*mak)으로 읽었다. 그러나 이보다는 곤미가 원래 발음에 더 가까웠을 것이다. 첫번째 글자 곤(昆)은 한나라 당시의 고대 중국어에서는 *kʷin(혹은 *kʷil~*kʷir, kʷēr 등)으로 읽었을 것이다. 외국어의 *kin/*kēn(*kil/*kēl~*kir/*kēr) 혹은 *kon(*kol~*kor) 발음을 한자로 표기할 때 썼을 것으로 추정된다. 두번째 글자 막(莫)은 현대 북경어에서는 mù ~ mò로 읽는데, 중세 중국어에서는 *mɔ 혹은 mak으로 읽었다.(Pul. 220) 막(莫)의 가운데 해 일(日, ri)자는 고대 후기 중국어 방언으로 *ñ(r)ēk ~ *mīk(중부 지역 방언은 *ñĭč였다가 *ñĭt로 됨)였고, 고대 중국어로는 *mē(r)(e)k였다. 현재 일반적인 중세 중국어 발음 재구성 규칙에 따르면, *mɔ는 고대 후기 중국어 *mâh 혹은 *meh에서 유래했고, 이는 또한 *meks에서 유래했다. 변형태로서 미(彌, NMan mí)는 중세 중국어 *mjiə̆/mji에서 유래했다.(Pul. 212) 이는 고대 후기 중국어 *mē를 반영하고 있다. 그러나 한나라 시기에는 이론적으로 초기 중세 중국어 *m-은 종종 *ᵐb-의 음가를 가졌다. 그래서 외국어 *b-발음을 전사(轉寫)할 때 사용되곤 했다. 이는 ("후기") 중세 중국어에서도 확인된 바이다. 따라서 미(彌)는 이방 언어의 *mē ~*bē를 음사한 것이다. 혹은 *meh ~*beh였을 가능성도 있다. 민족 명칭 *아스빈(*Aśvin)의 어원이 고대 인도어였던 점으로 미루어 보아, 왕의 칭호의 어원 또한 고대 인도어였을

---

8 『한서(漢書)』(HS 96b: 3901-3910).

것으로 추정된다.

새(塞, Sai)~ *Sak~ Saka ~ Śaka~ Sogdians~ Scythians : 활 쏘는 사람

스키타이의 스키트(Scyth-, Σχύθας, 이후에는 Σχύθης)라는 명칭은 틀림없이 북부 이란어 *Skuδa로 재구성된다. 원시 인도이란어 *Skuda에서 유래했으며, 이는 원시 인도유럽어 *skud-o에서 유래했고, 이는 다시 *skeud-o-에서 유래했다. '활을 쏘는 자, 궁수'를 의미한다. 이는 제메레니(Szemerényi)가 설명한 바와 같다.[9] 헤로도토스가 설명한 스키타이 기원 설화(이에 대해서는 프롤로그 참조)에서는 후대 스키타이의 조상인 셋째 아들의 이름이 두 가지로 나온다. 하나는 콜락사이스(Κολάξαϊς)인데, 이는 아비히트(Abicht)가 지적한 것처럼 *스콜락사이스(*Σχολάξαϊς)를 텍스트에서 잘못 쓴 것이다.(그런데 아비히트는 다른 식으로 교정을 했다.)[10] 르그랑(Legrand)은 아비히트를 참조하는 대신, 신화의 내용에서 퍼즐을 맞추어 냈다.[11] 스키타이는 그들의 왕의 이름을 따라 스스로를 스콜로토이(Σχολόται)라 불렀다. 그들의 왕의 이름은 앞에서 언급한 것처럼 *스콜락사이스(Κολάξαϊς 즉 *Σχολάξαϊς)였다. 스콜로토이는 단순히 스키테스(Scythês, Σχύθης)의 후기 형태일 뿐이다. 이보다 앞서 헤시오도스(Hesiodos, 약 700BC)

---

9 Szemerényi(1980: 16-21) 참조. 이 명칭은 아테네에서 치안 용병으로 일했던 스키타이의 명칭 Τοξόται(궁수)를 거쳐 그리스어 어휘가 되었다. 이 명칭은 스키타이인(The Scythians)과 바꾸어 쓸 수 있는 말이다. Szemerényi(1980: 19).
10 Abicht(1886: 8); Macan(1895: 4-5 n.6) 참조.
11 Legrand(1949: 50-51 n. 5).

는 스퀴타스(Scythas, Σχύθας)라고 전사(轉寫)를 한 바 있다.[12] 제메레니가 보여준 것처럼, 이는 수그다~스구다(Sugda~Sguda, sωγδα~sγωδα)와 같은 이름으로(고대 페르시아어에서는 삽입음이 첨가되어 *Suguda가 된다.), 소그디아나(Sogdiana) 및 소그드인(Sogdian)을 가리킨다. 또한 헤로도토스에 의하면 페르시아인들은 스키타이를 사카(Saka)라고 불렀다고 한다. 이는 고대 페르시아 비문에서 확인되는 사실이다. 북부 이란어족의 이름으로 중국 자료에 나타나는 가장 잘 알려진 명칭은 새(塞, NMan sâi)이다. 이는 중세 중국어 *sək에서 유래했고, 이는 다시 *sak(Saka)에서 유래했다. 이는 인도이란어 명사에서 어미의 단음 a 발음이 탈락한 것이다. 다른 명사들에서는 -l- 발음과 -δ- 발음이 결여된 전형적인 사례들도 보인다. 같은 이름을 고대에 음사한 다른 경우에서는 사카의 도시 사차(莎車, NMan suôjû)가 보이는데, 이는 *Saγlâ로 야르칸드(Yarkand)를 지칭한다.[13] 그리고 색리(索離)라는 명칭도 보이는데, 이는 *Saklai로 북방의 어느 나라를 지칭한다. 부여-고구려어족 사람들의 기원설화에 의하면, 그들은 이 나라로부터 뻗어 나왔다고 한다.[14] 새(塞)와 색리(索離)는 모두 분명히 *Sakla에서 유래했고, 이 *Sakla는 명백하게 *Skula와 관련이 있다. 이는 스키타이의 후대 명칭으로, 헤로도토스에 의해 확인이 되었고, 제메레니에 의해 나중에 북부 이란어 명사로 음성학적 변화를 거쳤다는 것이 밝혀진 바이다.[15] *Skula와 마찬가지로, 사클라(Sakla)에서 연구개음은 무성음이

---

12 Szemerényi(1980: 16 et seq.).
13 Hill(출간예정) 참조.
14 색(索, So NMan suǒ < MChi *sak)의 텍스트상 문제에 대해서는 미주 13번 참조. 투르크인도 색(索) 즉 'Saka'의 후예라고 일컬어진다. 미주 53번 참조.

고, *d 발음은 l 발음으로 바뀌었다.[16] 그러나 이 경우 소그드(*Sugda)에서 보이듯이, 애초의 어두 겹자음 *sk 사이에 삽입음 모음이 첨가되었다. 소그드(*Sugda) 말고 다른 경우에는(어떤 경우에는 연구개음이 유성음이고 치음이 l 발음으로 바뀌지 않은 경우도 있다.) 일반적으로 첨가음 모음은 분명히 u가 아니라 a였다. *Sakla의 자음 체계는 스키타이의 통치자 스쿨레스(Skulēs, Σχύλης)와 같다. 그리고 그 어원 *Skula는 스콜로토이(Σχολόται)와 같다. 헤로도토스에 의하면 이는 스키타이가 스스로를 지칭하는 이름이었다.[17] 페르시아어 형태인 Skudra는 제메레니의 논의에 따르면 같은 명사 *Skuδa의 변형태이다.[18] 그러나 안타깝게도 제메레니는 옛날식 생각을 따랐다.(아마도 민속 어원학인 듯하다.) 그는 사카(Saka)가 스키타이를 지칭하는 페르시아식 명사가 된 것이, 페르시아어 동사 sak-(가다, 흐르다, 달리다)에서 파생되었다고 생각했다. 그래서 '방랑자, 부랑자, 유목민' 등의 뜻을 가진다고 해석했다.[19] 그러나 그는 명사 Skudra는 "Skuδa의 파생어이며, 스키타이인의 이름이다."는 결론을 내리고 있다.[20] 이는 고대 페르시아어가 실제로 그 예전 형태인 *Skuδa를 함축하고 있으며, 스키타이에 대한 페르시아식 명칭이 어느 순간 *Skuδa에서 Saka로 바뀌었음을 의미

15 Szemerényi(1980).
16 [d] 발음은 나중에 소그드어에서도 변화했다. 예를 들면 명사 속익(粟弋, su-i NMan sùyì 〈 MChi *suawkjik(Pul. 295, 369) 〈 OChi *soklik~*soglik(Sogdiana).
17 Szemerényi(1980: 22 n.47). "스콜로토이(Skolotai)에서 -ta가 복수 형태소인지 아닌지는 중요하지 않다."
18 Szemerényi(1980: 23 et seq.).
19 Szemerényi(1980: 45).
20 Szemerényi(1980: 46).

한다. 제메레니의 논의를 따르자면, *Saγla~*Saklai의 형태로 보건대, 사카(Saka)는 모든 스키타이인들을 가리키는 "페르시아식" 명사임이 여러 자료에서 나타나고 있고,²¹ *Skuδa와 같은 민족 명칭이며, 중간 단계로 *Skula를 거쳐 변화되었음이 확인되었다. 이러한 변화는 분명히 첨가음 모음 a가 어두 겹자음 sk 사이에 끼어들면서 발생한 것으로, 다른 경우에서도 같은 사례가 보인다. 이방인(비-페르시아인) 명칭으로서 *Sakula는 페르시아에서 사카(Saka)가 된 것이다. 아마도 중간 단계로 *Sakla 혹은 아마도 *Sak(u)δa~*Sak(u)ra를 거쳤을 것이다.²² 사카 민족이 모든 자료에서 스키타이와 분명하게 일치한다는 사실은 매우 의미심장한 일이다.(그리고 스키타이는 *Skula와 분명하게 일치한다.) 페르시아어에서 동사 sak-(가다, 흐르다, 달리다)가 존재했던 사실이 페르시아식 명칭 사카(Saka)가 발생하는 것을 촉진했을 수도 있지만, 애초부터 해당 민족의 습성을 따라서 민족 명칭을 지었을 가능성은 없다. 특정 민족 명칭은 보통명사일 수는 없으며, 그리스 자료나 페르시아 자료에서 모두, 당연히 이방인을 지칭하는 명칭이지 페르시아인을 지칭하는 명칭일 수는 없다. 이전 형태인 *Sakla가 페르시아 극동 지방 방언에 남아 있다는 점은 역사적인 사실에 근거를 더해준다. 즉 북부 이란어족(스키타이)이 청동기 후기와 초기 철기 시대에 유라시아 스텝 지역 전체를 정복했던 역사적 사실의 방증인 것이다. 이는 고고학적으로도 입증된 사실로, 이 책의 2장에서 논의된 바다. 다양한 민족들 중 일부는 사카(Saka, 대개는 *Sak으로 음사됨)로 지

---

21 Szemerényi(1980: 23).
22 *[-l-] 발음 혹은 *[-ul-] 발음의 소멸 근거에 대해서는 이란어 전문가에게 확인할 것.

칭되었다는 사실이 중국어 자료에서 확인된다. 그들은 고대로부터 중세 초기까지 동부 스텝 지역의 북부뿐만 아니라 남쪽으로 더 내려와서 준가리아와 타림분지에서도 거주했다. 제메레니가 주목한 바와 같이, "처음에는 스텝 지역의 북부 이란어족에 속하는 모든 부족이 공통의 같은 이름으로 불렸다. 바로 Skuδa(궁수)였다.[23] 중국어 전사(轉寫)는 고대 중국어 *s 발음이 중세 중국어 *χ 발음으로, 바뀐 이후, 그리고 고대 중국어의 *ś[ɕ] 발음이 중세 중국어 s 발음으로 바뀜에 따라 *s가 복원된 시기를 반영하고 있다.[24]

월지(月氏, Yüeh-chih) ~ *Tokʷar / *Togʷar : 토하리인

토하리인(Tokharian 혹은 Tocharian)의 명칭에 대해서는 현재 영어권에서나 여타 유럽권에서 많은 논의가 있었다. 고대 중앙유라시아와 중국을 전문으로 하는 문헌학자들 사이에서는 몇 가지 풀리지 않는 문제들을 제외하면 주요 논점에 대해서는 거의 합의가 이루어졌다. 그러나 자료의 태생적 한계 때문에(자료의 대부분이 중국어 역사서와 지리서들이다. 여기서는 굉장히 구닥다리 분야인 중국 역사 음운학으로 명칭을 재해석하지 않을 수 없다.) 이 분야의 연구는 매우 논쟁적이며, 대개는 중국 문헌학과 음운학에 익숙하지 못한 학자들에게 불투명한 주제로 남아 있다. 결과적으로 중앙유라시아 역사상 전근대의 어떤 명칭보다도 토하리인의 명칭(들)에 대한 혼돈이 존재한다.

---

23 Szemerényi(1980).
24 이와 같은 음운 변화는 매우 분명하지만, 그래도 여전히 더 확실하게 이론적으로 확립되기 위해서는 많은 연구가 필요하다.

토하로이와 월지의 민족의 정체성은 상당히 분명하다. 명확하게 밝혀진 것이 적어도 반 세기 이상 되었다. 다만 외부에는 잘 알려지지 않은 채, 중앙유라시아 및 중국의 고대사와 고대 언어를 연구하는 몇 안 되는 학자들에게만 알려졌을 뿐이었다.[25] 알려진 바에 의하면 토하로이와 토하리인은 같은 민족이었다. 왜냐하면 박트리아의 토하로이(Tokharoi, Tokhwar, Yüeh-chih, Tukhâr)와 타림 분지의 투하르(Tukhâr, Toχar/Toγar, Yüeh-chih)는 그들이 등장하는 모든 역사 자료에서 하나의 단일한 민족으로 나타난다. 주요 사실들을 요약하면 다음과 같다.[26]

- 동투르키스탄과 인접 지역의 몇몇 언어에서 '네 곳의 토하르(Toghar~ Tokhar, Toγar~ Toχar, 글에서는 twγr)의 땅'이라는 표현이 마니교 텍스트에 등장하는데,[27] "쿠차와 카슈가르에서 코초와 베슈발리크에 이르는"

---

25 예를 들어 중요한 인도유럽어 연구자의 글에서도 다음과 같은 주장이 있다. "토하로이와 토하리인의 동일성을 입증하는 증거는 완벽한 잣대를 요구하지 않더라도 너무 부족하다. 그러나 거부하지 않는 것보다는 동일성을 인정하는 편이 일반적이다. 하지만 더 적절한 명칭이 없는 상황에서 그렇게 지칭하는 것은 곤란하다."(*EIEC* 590).
26 이 부록은 문제의 몇 가지 주된 측면에 대한 간략한 요약이다. 가까운 미래에 마치기를 희망하는 필자의 연구에서 훨씬 더 상세하게 다룰 것이다. 이전 문헌들에 대한 방대한 논의와 인용을 참조하려면 Hill(근간)을 보라.
27 일반적으로 이 명사는 Müller를 따라 Toχri라고 읽거나 때에 따라서는 Toγri라고 읽는다. 그러나 소그드어나 소그드어에서 파생된 그 지역(예를 들면 위구르)의 문자 언어에서 매우 많은 단어들이 하나 혹은 그 이상의 모음을 생략한다는 것은 주지의 사실이다. 동투르키스탄에서 소그드어에서 파생된 문자로 설배음(舌背音, dorsal phone)을 표현하는 철자는 분명하지 않다.(γ로 읽을 수도 있고 χ로 읽을 수도 있다.) 초기 고대 중국어나 원시 중국어에서 月의 발음에는(최소한 밤이란 뜻으로 쓰일 때에는) *-k-음이 포함되어 있었다.(Beckwith 2006b). 이는 나중에 *-g- ~ *-ŋ- 로 바뀌었다. 고대 중국어 표기는 이처럼 *k ~ *χ가 아니라 *g ~*γ를 반영하고 있다. 이를 고려할 때, 중세 초기 명칭의 동투르키스탄식 형태에는 *γ가 포함되어 있었음에 틀림이 없다.

지역을 의미한다.[28] 이곳은 현재 토하리어로 불리는 언어가 중세 초기까지 사용되었던 지역과 정확히 일치한다. 위구르인들은 여러 불교 텍스트를 twγry tyly라는 언어로부터 위구르어로 번역했는데, 그 언어는 'Toχari~Toγari의 언어'이다. 뮐러(F.W.K. Müller)는 이 언어를 Toχrï tili 라고 읽었고, 독일어로 "Tocharisch", 즉 '토하리어(Tokharian)'라고 번역했다.[29] 고대 투르크어로는 Toχarï tili 또는 Toγarï tili 라고 읽어야 하지만,[30] 뮐러의 논증은 문헌학적으로 흠잡을 곳이 없다. 그러나 의문을 제기하는 사람도 몇몇 있었다. 왜냐하면 '토하르(Tokhâr)의 땅' 토하리스탄(Tokhâristân, 박트리아)이라는 명칭이 존재했고, 그것이 Tóχapoi와 관련이 있으며, 조금 더 후대에 토하리스탄에 살았던 사람들이 현재 박트리아어라 불리는 이란어를 썼다는 사실 때문이다. 그러나 이러한 반론에는 허점이 있다. 언어학적으로 확인 가능한 박트리아의 고대 정복자들, 즉 그리스, 투르크, 아랍 등은 그들의 침략 후 얼마 지나지 않아서 그 지역 언어인 박트리아어를 사용했다. 이러한 사실에 근거해 볼 때 수가 많지 않았던 토하리 연맹(세 개의 국가로 구성될 뿐이었다.)이 박트리아를 점령한 이후 자신의 언어를 유지했을 것으로 보기

---

28 Clark(2002) 참조. 같은 도시들이 Tört Küsän(네 개의 쿠차 혹은 네 개의 쿠샨)으로 언급된다. 쿠차의 지역 명칭은 Küsän이었다. 쿠샨(Kushan)의 형태를 가지고 있는 것이다. 그 변형태들에 대해서는 20세기 초부터 학술지에 방대한 글들이 수록되어 있다.

29 Müller(1907). 영어권 학술 연구에서는 이 명사에 대해서 두 가지 철자법이 있다. Tokharian과 Tocharian이다. 영어로 된 책에서 독일식 철자법 Tocharian을 따르는 것은 이해할 수 없다. 여기서 'kh' 혹은 'ch'는 모두 χ[x] 발음을 나타내는데, 독일어에서는 일반적으로 이를 'ch'로 표기하는 반면 영어에서는 'kh'로 표기한다.

30 현대 학자들은 Müller를 따라 일반적으로 Toχrï tili로 읽는다.

는 굉장히 어렵다. 그들은 심지어 박트리아 지역으로 들어오기 전부터 이미 이란어를 사용했을 가능성도 있다.

• 토하르(Toχʷar~Toχâr)와 그 변형인 월지(月氏 혹은 月支, NMan Yüeh-chih, yuèzhī)의 첫 글자 월(月, NMan yüeh, yuè, 중세 중국어 figwar[ᵑgʷar], Tak. 372-373; Pul. 388 ☆ŋuat)이 외형상 무관하다는 점이 전문가들의 해석을 받아들이는 데 있어서 주된 장애물이다.³¹ 갑골문에 나타나는 동음이의어 월(月, NMan yuè)과 석(夕, NMan xî~xì)의 음가는 중기 고대 중국어에서 서로 구분되기 시작했지만, 초기 고대 중국어에서는 다 같이 *nokwet으로 재구성된다.³² 그러나 초기 고대 중국어에서 어두의 *n 발음은 이후로 예외 없이 변화가 일어나서 중기 고대 중국어 시기가 끝날 무렵에는 모두 *d, *t, *l 발음으로 변했다. 초기 중세 중국어 시기에 이르러, 변화가 가장 늦었던 중부 방언에서 고대 중국어의 어미 *t 발음은 *r 발음이 되었다. 그러나 같은 시기의 북서부 방언(고대 월지의 고향 근처에서 사용되었던 언어)에서는 어미 *t 발음이 분명히 어미 *r 발음 및 *n 발음과 뒤섞였다.(혹은 하위음소로 변했다.)³³ 그리고 *nokwet(月)에서 모

---

31 두번째 글자에 대해서는 매우 환영할 만한 연구들이 많이 발표되었다. 그래서 그다지 문제될 것이 없었다.
32 Beckwith(2006b). 월지(月氏) 중에서 '월(月)' 한 글자만 언급하는 이유는, 나로서는 두번째 글자가 토하르인의 민족 명칭으로 쓰였을 수 있다는 생각이 한 번도 들지 않았기 때문이다.
33 이와 같은 초기 명사의 전사(轉寫) 사례로 Arsak(Arsacid)과 Alexandria가 있다. 두 경우 모두 중국어에서는 -r 발음과 -n 발음을 음사할 때 같은 어미를 쓴다.(중세 중국어와 현대 북경어에서는 -n) 이는 분명하게 이와 같은 어미 권설음(卷舌音, coronal)이 통합되었음을 보여준다. 다른 사례들도 많이 있다. 예를 들어 *Tumen과 Mo-tun(*Baγtur)의 경우, "동일란" 고대 중국어 어미(즉 중세 중국어와 현대 북경어에서 발음이 같은)가 서로 다른 이방 언어 권설음을 표기하는 데 사용되었다.

음 사이의 *k 발음은 나중에 *g 발음으로(그 뒤에는 *ŋ 발음으로) 바뀌었다. 따라서 고대 중국어권의 변방 경계 지역에서는[34] 고대의 단어 月이 *tokwar 혹은 *togwar로 발음되었을 것이다. 이와 같은 고대의 형태(즉 현재 Yüeh-chih로 읽히는 월지의 첫 글자 月의 발음)가 박트리아어의 명사 Τοχοαρ(Toχwar~Tuχwar) 및 중세의 명사 Toχar~Toχâr(이후에 다시 설명함)와 동일한 것은 우연의 일치로 볼 수는 없다. 두번째 글자 지(氏) 혹은 지(支)는 일반적으로 고대 중국어에서 *ke로 재구성된다.(Sta. 567) 이 둘은 모두 '월지'라는 단어에서 접미사로 쓰였다. 이 또한 표면적으로 보기에는 현대식 발음 zhî와 고대 중국어의 *ke는 상관이 없어 보인다.[35] 이는 흉노의 존칭에서 나온 것이다. 흉노는 월지의 복속민이었는데, 과거 주군이었던 월지를 무너뜨렸다.[36] 그래서 흉노가 월지에 대해 "존칭" 접미사 *ke를 사용했을 것으로 추정된다. 월지는 곧 *Tokʷar-ke이다. 흉노가 월지를 무너뜨린 뒤에는 그 존칭을 자신에게 사용했을 것이다. 어떤 경우든 간에 월지의 두번째 글자는 민족 명칭

---

34 고대 북방 방언의 특성을 보여주는 좋은 사례가 흉노 망명자의 이름에 있다. 그 이름에는 해 일(日)자가 쓰였는데, 일반적으로 현대 북경어로는 rì라고 읽는다. 이는 중세 중국어 *ñit에서 유래했다.(Pul. 266) 그러나 이 경우 중세 중국어 *mɛjk에서 유래한(Pul. 213) 현대 북경어 mì는 고대 중국어로 재구성하면 *mīk가 된다.(Beckwith 2002a: 142-143) 이는 명백히 초기 고대 중국어 *mērk~*wērk~*bērk에서 유래한 것이다.
35 이러한 대응 관계는 중세 서부 토하리어의 민족칭 접미사 -ke로 확인된다. 예를 들면 카슈가르인을 Kaṣake라고 했다.(Adams 1999: 148) 그런데 이러한 사례는 주로(반드시까지는 아니지만) 인도이란어 차용어에서 나타난다. Adams(1999: 141)의 서부 토하리어의 행위자 명사(nomen agentis) 참조. 이 또한 여기서는 적용되지 않는 것 같다.
36 프롤로그에서 개략적으로 언급한 바와 같이, 흉노는 정확히 '최초의 이야기' 줄거리대로 반란을 일으켰다.

의 한 부분이 아니고, 첫번째 글자만이 민족 명칭이다. 이는 중국 이외의 다른 지역에서 전사(轉寫)한 자료에서 매우 분명하게 나타나는 바이다.

- 중국어 자료에서는 분명하고도 일관되게 민족 명칭 소월지(小月氏)와 지역명 소월지를 동일시하고 있다. 지역명 소월지는 동투르키스탄의 남동부 월지의 고향을 가리킨다. 산스크리트어로는 투하라(Tukhâra), 인도어로는 토하리(Tokharian) 및 토하리스탄(Tokhâristân)이다. 쿠마라지바(Kumârajîva, 구마라습, 344~413)도 이를 확인한 바가 있다. 그는 유명한 학자로 인도와 중국을 여행했다. 쿠차 태생으로 쿠차 공주의 아들이다. 틀림없이 서부 토하리어(Tokharian B)가 그의 모국어였을 것이다. 그러니 그가 확인을 할 때 모르고 했을 리는 없다.
- 누란(樓蘭, Kroraina)의 프라크리트어 텍스트에서 토하리어 요소가 확인된다.[37] 예를 들어 누란어(Tokharian C)에서 Kilme(지역)은 동부 토하리어(Tokharian A)에서 kälyme(방향)에 대응된다. 이는 그들이 형태론적으로 토하리어를 공유했다는 사실로부터 더욱 확정적이다.[38] 이로써 월지의 고향을 알 수 있는데, 월지의 고향은 누란을 포함하고 있었고, 그 곳이 유라시아 동부에서 토하리인과 토하리어의 고향이었다.

결론적으로, 현재 월지(月氏, 月支)라고 읽는 민족의 명칭은 *Tokʷarke를 전사(轉寫)한 것이다. 그 민족은 타림 지역 북부와 남동부에 있었으며,

---

37 Burrow(1935, 1937).
38 Mallory and Mair(2000: 278-279).

분명 인도유럽어인 토하리어(Tokharian)를 사용했다. 이는 한 세기 전에 뮐러(Müller)가 입증한 바 있다. 뮐러가 부여했던 그 언어에 대한 명칭 토하리어(Tocharisch)는 토하리 지역 명칭 및 민족 명칭을 대표한다. 비록 토하리라는 말 자체의 의미는 알 수 없고, 그것이 이방인들이 그들을 불렀던 명칭인지도 알 수 없지만.

미주

1 고대와 중세 전문가들 사이에서는 거의 동시대 자료면 관습적으로 "1차 자료"라고 하지만, 사실상 거의 모두가 2차 자료들로서, 고대 혹은 중세의 저자들에 의한 편집 저작물이거나 문학 작품들이다. 이들은 이미 작가의 선입관이나 기획에 따라 만들어진 것들이다. 해당 주제에 대해서 시기가 가장 올라가는 자료(때로는 유일한 자료)라는 의미에서만 1차 자료일 뿐이다. 중국의 실록(實錄, 사실의 기록)이나 고대 투르크 비문 등도 마찬가지다. 이는 근대 시기의 근대사에도 동일하게 적용된다. 근대 역사가는 방대한 양의 1차 자료들을 손에 가지고 있더라도 마찬가지다. 이 책을 집필하기 위해 나로서는 대체로 많은 부분 2차 자료에 의존할 수밖에 없었다. 어느 시대를 막론하고 마찬가지였다. 근대 전문가에게는 훨씬 더 그렇게 보이겠지만, 내가 자료에 접근하는 데 있어서 사실상 시대별 차이는 없었다. 이런 자료들은 상당량이 그대로 이 책에 포함되었다. 하지만 나는 몇 가지 문제에 있어서는 상당히 자세하게 파고들었다. 예를 들면 고대 민족 명칭과 모더니즘 예술 같은 것들이다. 이런 경우, 필요한 만큼 1차 자료에 접근했다. 예를 들면 비문, 필사본, 혹은 민족 명칭을 연구한 논문들, 모더니즘 예술 작품들, 예술 비평 저작들 등이다.

2 나는 누구나 기존의 관념을 반복하고 있다고 주장하지는 않는다. 다만 편집적-서지학적 측면에서 서술된 중앙유라시아 역사서가 관련되는 모든 의미 있는 논문과 도서의 목록을 제시한다면 이 분야에 크게 기여할 것이다. 이런 책의 예를 들자면, 제한된 지리, 시대, 언어민족학, 주제의 범위에도 불구하고 Sinor(1963)을 들 수 있다. 누구나 그런 작업을 하고자 한다면 나는 충분히 권장하는 바이다. 물론 그것은 백과사전적인 분량의 시리즈가 될 것이며, 완성하기까지는 아마도 수년, 혹은 수십 년이 걸릴지도 모른다. 유네스코판 『중앙아시아 문명사』(History of Civilizations of Central Asia, Dani et al. 1992-2005)는 바로 그러한 작업

이 되었어야 했다. 그러나 불행하게도 그 책에 실린 논문들은 수준과 객관성의 정도가 고르지 못하고, (그들의 "중앙아시아"에는) 중앙유라시아라는 콘셉트가 없으며, 포괄하는 문헌 범위가 대부분 최소한에 머무르고 말았다.

3 지역 전체 혹은 그 안의 일부 지역에 대한 규정과 용어사용에 있어서 "중앙유라시아", "내륙 아시아", "중앙아시아" 등 여러 용어들을 둘러싼 수많은 논란이 존재했고, 많은 저자들이 이 문제를 다루었다. 종합적인 학술 논의를 펼치자면 상당한 분량의 책 한 권이 될 것이다. 여기서 중요하게 주목해야 할 것은 중앙유라시아가 중앙아시아를 포함한다는 점이다. 현대 용어법은 소련 시기의 유산으로, 카자흐스탄이 중앙아시아 국가로 간주되지만, 그러나 사실은 그렇지 않다. 심지어 현재에도 카자흐스탄은 문화적으로, 자연지리적으로 중앙아시아가 아니다. 투르크메니스탄의 상당 지역과 키르기스스탄의 대부분 지역도 마찬가지다.(그럼에도 불구하고 11장과 12장에서 나도 현대 용어법을 따랐다. 혼란을 피하기 위해서다.) 몽골과 소련 해체 이후 독립한 몇몇 나라들(특히 칼미크 공화국과 투빈 공화국) 정도가 전근대 유목 스텝 지역이 현대에까지 이어지는 지역이다. 그곳에서는 지금도 목축이 행해지고 있지만, 전통적인 유목생활은 사라져버렸다.

4 예전에는 히타이트 신화가 본질적으로 인도유럽어족 신화가 전혀 아니라는(즉 전통이 이어진 것이 아니라 차용했을 뿐이라는) 주장이 있었다. 그러나 Mazoyer(2003)가 입증한 바, 히타이트가 하티의 신 텔리피누의 이름과 문화를 받아들였고, 이를 히타이트 고유의 중앙유라시아 폭풍의 신 이야기에 적용시켜, 건국 신화의 성격을 덧붙였다. Mazoyer(2003: 27), H. Gonnet(1990)에 따르면 "처음으로 텔리피누에게서 건국의 능력에 주목하도록 이끌어냈다는 데 장점이 있었다." 텔리피누는 고향 도시(하투사)의 사원에서 나왔다. 하티 왕국의 통치자가 그를 제대로 숭배하지 않았기 때문이다. 하티 왕국은 인도유럽어족의 왕국이 아니었다. 히타이트가 이 왕국을 무너뜨렸다.(Mazoyer 2003: 27, 111-120, 149-150, 193-196). 국가 설립자로서 그의 이력은 아폴로, 카드무스, 로물루스의 건국 신화와 비

숫하다.(Mazoyer 2003: 156-158) 또한 곡식의 신 후직이 중국에서 주나라를 세운 이야기, 잘 익은 이삭의 신 *Tümen이 만주 남부와 한반도 지역에서 부여, 고구려, 백제를 수립한 이야기와도 유사하다.

5 건국 영웅은 종종 풍요로운 농사의 신으로도 나타난다.(부여-고구려 건국 신화 참조) 영웅과 풍요의 신을 건국자와 결합시키는 것은 두 개의 나누어진 민족의 결합을 나타내는 것으로 널리 생각되었다. 그러나 "성스러운" 프랑크의 왕도 같은 방식의 결합을 구현하고 있음을 주목할 필요가 있다. 이런 점에서 프랑크 신화는 고대의 유산을 함축하고 있다고 평가된다.

6 여기서 제시하는 이야기는 헤로도토스가 전해준 기원 신화를 통합한 것이다. (Godley 1972: 202-213) 어떤 버전에서 이는 제우스의 아들 헤라클레스이다. 다른 버전에서는 아버지의 이름이 타르기타우스(Targitaus)이다. 그의 아버지는 제우스이며, 어머니는 드네프르 강의 신의 딸이다. 말을 훔치는 장면이 포함된 버전에서는 그 영웅이 헤라클레스이며, 동굴에서 살고 상반신은 여인이고 하반신은 뱀인 어떤 존재와 잠자리를 한다. 그 여인은 헤스티야(Hestia)일 수밖에 없을 것 같다. 스키타이어로는 타비티(Tabiti)인데, 그들의 가장 주된 여신이다. 페르시아가 스키타이를 침공했을 당시 다리우스 대왕에게 보낸 스키타이 통치자의 답장 중에 이런 말이 있다. "다른 존재가 아니라 나의 조상 제우스와 스키타이의 여왕 헤스티야의 이름으로 맹세합니다."(Godley 1972: 328-329; Rawlinson 1992: 347 참조). 다른 대목에서 헤로도토스는 이렇게 말한다. "그들이 숭배하며 위하는 신들은 이들뿐이다. 특히 헤스티야, 두번째는 제우스와 제우스의 아내로 생각되는 대지, 그 다음으로는 아폴로, 천상의 아프로디테, 헤라클레스, 그리고 아레스이다. 스키타이는 이들 모두를 신으로 숭배한다. 또한 스키타이는 포세이돈에게도 왕실의 희생물을 바친다. 스키타이 말로 헤스타야는 타비티라 부른다. 제우스는 파파에우스(모든 아버지, Godley 1972: 257 n3.)라고 하는데, 내 생각에 이렇게 부르는 것이 가장 옳다. 대지는 아피라 하고, 아폴로는 고에토시루스, 천상의 아프로디

테는 아르김파사, 포세이돈은 타기마사다스라 부른다.(Godley 1972: 256-259; Legran 1949: 82 참조) Rawlinson(1992: 347)은 "타미마사다스"가 맞다고 했다. 이는 Abicht(1886: 54 n.5)의 견해에 따른 것이다. " ······ Denn im Zend ist Teme = mare, mazdâo = deus."

7 흉노에서 그의 칭호는 한자로 선우(單于)라고 표기했다. 전통식으로 읽으면 현대 북경어로는 Shànyú 또는 chányú 라고 읽는다.(Pul. 48) 고대 중국어 발음과 현대 발음은 별 상관이 없다. 고대 중국어에서는 *Dar-γa였거나 혹은 이후에 *Dan-γa였을 것이다. *Dar-γa는 잘 알려진 투르크 및 몽골의 칭호 다루가치(Daruγači)를 떠올리게 한다. 다루가치는 다양한 역할을 맡았던 고위 관료를 뜻한다. 이 칭호는 흉노에까지 거슬러 올라가는데, 투르크나 몽골은 물론 이를 차용해서 썼을 것이다.

8 묵특(冒頓, Mo-tun)이라는 이름은 현대 북경어로는 mòdùn이라 읽고, 중세 중국어로는 *mək(Pul. 217-218), *twən³(Pul. 84)라고 발음했다. 다른 의견도 있지만, 이 발음들은 고대 중국어 발음과 일치하지 않는다. 고대 중국어에서 이방 언어 *ba γtur를 표현하려고 했던 말이다. 후대에 중앙유라시아 문화에서 확인되는 바가투르(baγatur, 영웅)이라는 어휘와 관련이 있다. 이 단어의 어원은 알려져 있지 않다. 추측하자면, 첫번째 음절은 이란어에서 신, 주군을 뜻하는 *baγ와 비슷하다. 이는 나중에 중앙유라시아 칭호에 많은 경우 포함되었던 요소이다. 묵특은 중국 측 자료에 기록된 이야기에 따르면 건국 영웅으로 나타난다. 그러나 그는 사실 상나라를 세웠던 자(*Tumen)의 아들이다. 그는 말타기와 활쏘기에 능했고, 왕(*Tumen)과 왕이 총애하던 아들은 음모를 꾸며 그를 죽이려 했지만, 왕자는 제때에 알아차리고 기적적으로 탈출했다. 왕자는 용감한 전사들로 자기만의 친위대를 가졌으며, 마침내 사악한 왕을 공격하여 죽이고 정당하고 번성한 나라를 세웠다.

9 『사기(史記)』에 기록된 버전에 따르면(Watson 1961, II: 161; Di Cosmo 2002a: 176 참조. 중국어 원문은 인용되지 않음), 장건은 오손(烏孫)으로 파견되었는데, 이는 사실이 아닌 것 같다. 왜냐하면 다른 자료들을 보면 그쪽 방향에 있

었던 흉노의 적은 월지(月氏, 月支)로 나오기 때문이다. 흉노에 패한 월지는 오손의 서쪽으로 이주했다. 오손의 통치자는 나중에 월지를 공격했는데, 월지가 오손을 공격하여 아버지를 죽인 데 대한 복수에 나선 것이었다. 이는 다음 이야기와 관련이 있다.

10 고대 투르크어 tümen은 일 만(10,000)이란 뜻이다. 미리아르키(myriarchy, 1만 명 단위로 편성된 부대)는 때때로 *Tumen이라는 이름과 동일시되었다.(미주 21번 참조) 고대 투르크 제국 설립자의 이름 *Tumïn과 tümen이라는 단어는 둘 다 다른 언어에서 빌려온 차용어어임이 분명하다. 왜냐하면 투르크어 단어로부터 이런 형태의 단어가 나올 수는 없기 때문이다. 고대 투르크어의 수사 tümen은 틀림없이 서부 토하리어의 t(u)māne(일 만), 동부 토하리어의 tmāṃ(일 만)과 같은 단어이다. 그리고 이는 현대 페르시아어 tumân(일 만)의 알려지지 않았던 어원이기도 하다.(Adams 1999: 301) 일반적으로 간과되어 왔던 중국어 일 만 만(萬, NMan wàn)은 중세 중국어 *man(Pul. 318 *muan³)에서 유래했는데, fiban으로 확인되었고,(Tak. 370-371), 이는 다시 *man에서 유래한 것이다. 이 모든 단어들의 기원과, 어디서부터 차용해왔는지에 대해서는 밝혀지지 않았다. 중국어 단어는 주나라 금석문에서 확인이 되었다. 그러나 그것이 반드시 궁극적인 기원이라고 할 수는 없다. 만(萬)이라는 한자는 상형문자로 곤충의 모양을 나 상형한 것이다. 만의 발음은 갈 매(邁, NMan mài, 걸음, 걷다, OChi *mrāć(Sta. 574) ~ *mrats(Bax. 775)에서 유래한 것으로 추정)와 전갈 채(蠆, NMan chai, OChi *srhāć(Sta. 574) ~ *hrjats(Bax. 749)뿐만 아니라, 형용사 힘쓸 려(勵, NMan lì, OChi *rać(Sta. 573) ~ *C-rjats(Bax. 773)으로부터 유래)에도 남아 있다. 나중의 음절 재구성 세 개는 특히 의심스럽고, 전체적으로도 그리 훌륭하다고는 할 수 없다.

11 Di Cosmo(2002a: 176, 176 n.50)는 "묵특이 절대 충성을 바치는 친위대를" 조직했다는 점에 주목하면서, "사마천의 설명이 전설적이고 낭만적이기는 하지만,

어디까지나 묵특이 역사적으로 실존했음을 인정하는 한, 묵특이 효과적으로 친위대를 조직하고 아버지를 살해함으로써 권력을 잡는 데 성공했다는 사실을 배제할 수는 없다."고 결론내렸다. 여기에 덧붙이자면, 『사기』에서는 선우(單于)의 매장에 대한 평을 기록하였다. "통치자가 죽었을 때, 그가 총애하던 신하와 애첩들, 그리고 죽음으로써 그를 따라야 했던 자들은 흔히 수백을 헤아렸고, 때로는 수천에 이르는 경우도 있었다.(Watson 1961, II: 164) 이러한 매장은 코미타투스의 매장과 다른 사람들(애첩들, 노예들 등)의 매장을 합쳐서 얘기한 것이지만, 그리 놀라운 일은 아니다. 왜냐하면 중국인 관찰자는 의심할 여지 없이 당시 코미타투스가 익숙하지 않았을 것이다. 혹은 흉노가 사실상 왕실 매장 풍습에서 두 가지를 혼합했을 수도 있다. 묵특에 대한 주석과 심리적 조건에 따른 코미타투스 훈련에 대해서는 Krueger(1961b) 참조.

12 로마의 이야기에서 새는 딱따구리이다. 그러나 오손(烏孫)의 경우는 특별히 까마귀였다. 이는 중국인들이 오손의 민족 명칭을 설명하기 위해 지어낸 것이다. 중국어 전사(轉寫) 문자를 말 그대로 해석하면 '까마귀의 손자'라는 뜻이다. 전사(轉寫)는 애초에는 틀림없이 음을 따라 기록한 것이다. 다른 한편, 로물루스와 레무스 이야기에서 딱따구리는 의미가 있다. 왜냐하면 이야기의 플루타르크 버전에서는 전쟁의 신 마르스에게 바치는 희생물이 딱따구리이고, 전쟁의 신이 바로 그 두 형제의 아버지이기 때문이다. 그렇다고 까마귀 말고 다른 새였을 가능성은 더욱 낮다. 까마귀는 흔히 하늘과 연결된 존재로 간주되었다. 어쨌든 근본적인 모티프는 분명 새였다. 어떤 새였느냐 하는 데까지 상세하게 파악하기는 곤란하다.

13 *Saklai(색리, 索離, NMan suŏlí < 후기 OChi *Saklai). *Saklai라는 명칭은 스키타이, 소그드, 사카로부터 유래했다. 부록 B의 내용 참조. Beckwith(2004a: 31-32)에서 나는 불행하게도 다른 학자들의 오류가 많은 텍스트를 그대로 따랐다. 색리(索離)의 첫번째 글자는 대부분의 텍스트에서 색(索, NMan suŏ, MChi *

sak)으로 나오고, 어떤 경우는 탁(橐, NMan tuó, Mchi *tak)으로도 나온다. 이 첫번째 글자는 한국식 한자음으로 고려(*Koryŏ)의 고(*Ko) 발음을 전사한 것이 "옳다"고 주장되지만, 음성학적으로 관련이 없다. 그리고 고구려(=고려)와 부여의 신화와도 의미가 닿지 않는다. 참조했던 "교정본"을 믿었던 내 잘못이다. 불행하게도 이들 텍스트의 비판적 교정본(critical edition)이 존재하지 않으며, 내가 아는 한 심지어 단 하나의 예외(Thompson 1979) 말고는 한문 텍스트 중에서 비판적 교정본은 존재하지 않는다. 그리스어와 라틴어 텍스트는 물론 아랍어와 기타 중세 서양 언어의 비판적 교정본이 19세기 이후로 생산되었지만, Thompson(1979: xvii)이 지적했듯이, 중국 전문 학자들은 중국인 비중국인을 막론하고 대부분이 심지어 비판적 교정본이 뭔지도 잘 모른다. 스스로 안다고 생각하는 사람들은 비판적 교정본에 대해서 완강하게 반대하기도 한다. 이처럼 유감스러운 상황이 바뀌지 않는 한, 한문 텍스트는 여전히 믿을 수 없을 것이고, 중국학은 이런 면에서 뒤떨어진 학문 분야로 남아 있을 것이다.

14 어떤 버전에서는 왕자가 인간(어린아이)로 태어나기도 한다. 다른 버전에서는 알로 태어난다. 그리고 왕은 알을 파괴하려 하지만 성공하지 못하고 포기한다. 왕자는 이후 알을 깨고 나온다. 앞서 알을 깨고 나오는 버전이 시기적으로 앞설 것이라는 나의 견해를 밝힌 바 있다.(Beckwith 2004a: 29). 그러나 지금 생각에 이 두 가지 이야기는 서로 얽혀 있는 것 같다. 중앙유라시아 어디에서나 애초의 기본적인 이야기에서는 왕자가 하늘의 신으로부터 내려온 전쟁 영웅이다. 이 이야기는 다른 몇 가지 버전과 아주 비슷하다. 특히 중국의 후직 신화가 그렇다. 후직은 인간(어린아이)으로 태어난다. 알을 낳는 이야기는 동아시아나 동북아시아의 모티프가 개입된 것으로 보인다. 이는 일본의 민속 설화 모모타로(복숭아 소년)에 반영되어 있다. 모모타로는 강물에 떠내려온 커다란 복숭아를 깨고 나온다. 이 이야기는 여러 가지 면에서 TümeN 이야기와 비슷하다. 후대에 이 이야기의 중세 한국 버전에서는, 분명 구전을 통해 전해진 이야기에 기초해 있는 것인

데, 나쁜 왕의 이름이 개구리이고 성이 금(gold)이다.(부여의 금와왕). 이런 세부적인 내용은 고대의 간략한 버전에서는 나타나지 않지만, 본질적인 요소라고 할 수 있다. 탄생 설화는 결과적으로 두 개의 이야기를 합해놓은 것인데, 하나는 지역적으로 북방계이고 하나는 남방계이다. 이는 이야기뿐만 아니라 서로 다른 민족을 융합시킨 결과이기도 하다. 그 중 한 민족이 개구리 조상 이야기를 가지고 있었고, 여기에 알에서 태어난 영웅 이야기가 합쳐진 것으로 추정된다. 그러나 초기 버전의 어떤 이야기에도 개구리가 나오는 경우는 없다.

15 텍스트에서 주몽의 이름은 고구려에서 '활을 잘 쏘는 사람'을 의미한다고 한다. 주몽의 두번째 글자 몽이 '훌륭하다, 뛰어나다'는 의미라는 것은 다른 고구려 자료에서도 확인된다. 이로 미루어보면 앞 글자의 의미도 틀리지 않았을 것이다. 그러나 같은 이름이 같은 역사적 역할로 빈번하게 등장하는 것으로 봐서는, 최소한 두 개 이상의 민족들이 건국 신화에서 동일한 이름을 사용했음이 분명하며, 그들은 다른 누군가로부터 그 이름을 차용했을 것이다. 이 주석에서 주장하는 바는, 그것이 특별한 이름을 나타내는 민속 어원일 것이며, 그래서 *TumeN이 부여-고구려어에서 나온 명칭이 아니라는 것이다. 다른 한편으로 현재 일반적으로 인정되는 바, 스키타이라는 이름의 어원이 북부 이란어 *Skuδa(활 쏘는 사람, 궁수)에서 변화된 것이라는 점과, 부여-고구려어족의 "북방의" 기원지로 알려진 *Saklai로 확인되는 언어 형태가 스키타이를 지칭하는 이름이라는 점(부록 B 참조)으로 볼 때, 주몽(활을 잘 쏘는 자)이라는 이름은 *Sakla-(궁수)의 고구려식 번역어일 것으로 추정된다. 이 문제는 더 심도 깊은 연구가 필요하다.

16 오늘날 중국 악어(Alligator sinensis)는 아주 드물다. 매우 위험한 동물로 양자강 하류 안휘성(安徽省) 지역에서만 발견된다. 그러나 고대에는 황하강 유역에서도 발견되었다.(Ho 1999) 산동 반도의 신석기 대문구문화(大汶口文化, 약 4300~2500 BC) 10호 무덤에서 악어 뼈 85개가 발견되었다. 무덤에서 출토된 뼈의 대부분이 악어 뼈였다. 다른 뼈들은 사슴 이빨 두 개, 돼지 머리 두 개, 돼지

뼈 15개였다.(http://depts.washington.edu/chinaciv/archae/2dwkmin.htm).
산서성(山西省) 석루현(石楼县)에서는 1959년 악어 모양의 청동기가 발견되었다. 길이가 41.5cm이며, 상나라 시기의 유물로 비정된다.(Gyllensvärd 1974: 48-49).

17 토문(土門, NMan tümén ⟨ Mchi *thɵmən, Pul. 312, 211 *tʰɔ²-mən¹)은 고대 투르크의 오르혼 비문에서는 Bumïn으로 되어 있다. 현대 학자들은 대부분 Bumïn이 정확한 언어적 형태라고 생각한다. 예를 들어 Rybatzki(2000: 206-208, 218)에서는, Bumïn이 인도이란어에서 빌려온 차용어라고 한다.(고대 페르시아어에서 bûmí는 땅, 토지라는 뜻이며, 소그드어에서 βwm은 세상이라는 뜻이며, 고대 인도어에서 bhûmi는 땅, 바닥, 토양, 토지라는 뜻이다.) 이것이 의미하는 바, 중국어 형태에서는 차용어를 절반만 반영하고 있다. 그러나 궁극적으로는 그럴 리가 없다. Klyashtornyi and Livshits(1972)는 부구트(Bugut)의 소그드어 비문(약 582년, 튀르크 제국 역사상 연대가 확인되는 최초의 자료라고 했다.)에서 Bumïn이란 이름을 보았다고 주장했지만, 이는 최근 연구 결과에 의해 부정되었다. Yoshida and Moriyasu(1999)가 확인한 바에 따르면 그런 이름을 보지 못했다고 한다. 내가 검토한 결과 이 점에서는 Yoshida and Moriyasu와 같은 결론에 이르렀다. 중국어 형태가 시기적으로 앞서고, 단순하고, 명백하며, 일상 생활에 사용되는 한자가 사용되었다. 게다가 중국어 전사(轉寫)가 투르크에서 금기시되는 단어(즉 Tumïn이 애초에 금기시되어 Bumïn이 쓰였다면)를 전사했을 리가 없다. 그리고 최종적으로 그럴 리가 없다고 생각하는 이유는, 중앙유라시아 제국의 설립자 중에 '땅, 세상' 혹은 이와 비슷한 의미를 가진 이름을 사용했던 전례가 없다.(뿐만 아니라 투르크에서 탈락한 어미 -n을 덧붙인 것도 이상한 일이다.) 그리고 특히 흉노, 고구려 등 제국의 건국 설화에서 같은 이름이 등장하고 있다. 이들은 다른 문화적 요소에서도 투르크와 공유하는 점들이 있고, 특히 주목할 만한 것으로 조상의 동굴을 신성시했다는 점이다. 이 모든 것

은 고대 투르크어로 이름이 Tumïn이었고, Bumïn이 아니었다는 사실을 가리킨다. 고대 투르크어 비문에서 "Bumïn"이라는 잘못된 형태가 들어가게 된 이유는 알려지지 않았다. 이는 건국자의 이름을 피휘한 것일 수도 있고, 혹은 비문을 새기면서 발생한 오류일 수도 있다. 이런 오류는 여러 비문에서 발견된다. 이것이 가장 가능성이 큰 것으로 보이는데, 왜냐하면 비문 텍스트의 상당 부분은 다른 비문을 그대로 베껴 반복하는 관행에 따른 부분이기 때문이다. 더 자세한 내용은 Beckwith(2005b) 참조.

18 아바르(Avars)의 중국식 명칭은 다양하게 쓰였다. 유연(柔然, Jou-jan), 연연(蠕蠕, Juan-Juan), 여여(茹茹, Ju-Ju) 등이었다. 이들이 어떤 민족이었는지는 아직 밝혀지지 않았고, 그들이 어떤 언어를 썼는지도 아직 알려지지 않았다. 유연과 아바르를 동일시하는 문제에 대해서는 논란이 있다. 비잔틴 제국의 그리스인들이 그들을 처음 만났을 때, 동쪽에서 새로 온 사람들을 '아바로이(Αβαροι, Avars)'라고 불렀고, 튀르크는 그들을 과거의 주군으로 인식했다. 심지어 튀르크가 승리한 이후에도 그들은 카간 칭호를 계속 사용해서 튀르크를 곤란하게 만들었다. Pohl(1988: 34)에서 "유사-아바르" 문제에 대한 논의에서 올바로 지적했듯이, 아바르에는 하나의 민족이 아니라 몇 개의 언어민족학적 그룹이 소속되어 있었기 때문에, 그들을 어떤 특정 민족과 동일시하려는 시도는 오류에 빠질 수밖에 없다. 그러나 여기서 핵심적인 의미가 제대로 논의되지 못했다. 바로 아바르가 카간 칭호를 고집했다는 점이다. 카간 칭호는 동부 스텝 지역과 중국 북부 지역 이외에는, 튀르크가 아바르를 쳐부수고 유라시아 대륙을 가로질러 그들을 추적하기 전까지는 알려진 바가 없다. 따라서 아바르는 유연(柔然)의 지배 종족이었거나, 아니면 그 정당한 후계자였음이 분명하다. 그들이 판노니아 지역에 정착한 민족의 지도자였고, 서양의 역사 자료에서 아바르(Avar)로 유명했기 때문에, 나는 이 책에서 그들을 아바르로 지칭하기로 한다. 논란에 대해서는 Dobrovits(2004) 참조. 중국 자료에서 유연(柔然)의 이름들에 대한 상세한 연

구가 이루어진다면 그들이 언어민족학적으로 어떤 민족이었는지 밝혀질 수 있을 것이다. 그 이전에는 이 주제에 대해 충분한 근거를 가지고 논의할 수 없다.

19 사산조의 코미타투스와 그 구성원들을 부르는 명칭은 몇 가지가 전한다. 그 중에서 가장 중요한 것이 gyânawspâr(근세 페르시아어의 jânsipâr, '목숨을 바치는 자들'이라는 뜻)와 adiyârân(또는 adyâwarân 또는 yârân: 근세 페르시아어의 ayyârân,'친구, 후원자, 보조자'라는 뜻)이다. 그들은 냉혹한 기마전사 엘리트 집단이었고, 활쏘기와 검술에 매우 뛰어났다. 통치자와 특별히 친밀했고, 계급을 표시하는 금붙이 장식(특히 팔찌, 혁대, 귀걸이가 언급됨)을 달았다. 그들은 강하고, 용감하며, 호전적이었다. 그들 주군의 친구였고, 왕궁에서 만찬이나 연회가 있을 때 주군 가까이에 앉았다. 페르시아 코미타투스는 "자유로운 전사들의 공동체였다. 그들은 맹세 의식을 통해, 자발적으로 주군에게 충성을 맹세했고, 부하이자 추종자가 되었다. 이 그룹에 속하는 것은 특권이었고, 품위와 위엄을 가져다 주었다. 다른 한편으로 이들의 수가 늘어나는 만큼 군주의 품위도 높아졌다. 이러한 그룹을 형성하는 데 필요한 조건은, 주군의 전사로서의 명성과 타고난 귀족 신분, 그리고 풍족한 재산이 있어야 했다. 주군과 그의 부하들은 무기를 다룰 줄 아는 자유 전사들 중에서도 무장을 충분히 갖춘 전사들이었고, 언제나 전투 태세가 되어 있는 엘리트 그룹이었다."(Zakeri 1995: 87) 이러한 묘사는 사실상 고전적 코미타투스의 사전적 정의에 가깝다. 그러나 de la Vaissière(2005a: 143-144)에 의하면, 사산조에서는 차카르(châkar) 혹은 굴람(ghulâm)이 없었다. 문자 그대로 따지면 그의 말이 옳다. Zakeri가 코미타투스 존치 근거로 삼은 자료는 연대가 불확실하다. Zakeri의 논의에서 많은 부분은 그랬으면 하는 바대로 남아 있다. 그럼에도 불구하고 같은 시기 사산조의 자료들과 그들 이전 아케메네스조에 대한 자료들을 보면 코미타투스가 있었음은 아주 분명하다. 페르시아인들은 거의 확실히 코미타투스를 보유하고 있었다. 이것이 의미하는 바는, 그들이 엘리트 친위대 병사를 구성원으로 하는 전사들이었고, 따라서 관련 자료들

은, 일부 믿기 어려운 측면을 포함하고 있기는 하지만, 사산조 왕국에서 코미타투스 구성원들을 gyânawspâr나 adiyâr 등 페르시아 용어로 제대로 기록한 것이다. 다만 후대에 이를 페르시아 용어가 아닌 차카르나 굴람으로 잘못 기록했을 뿐이다.

20 몽골계 종족이었던 거란의 초기 코미타투스에 대해서는 안록산의 난에 대한 기록에서 확인된다. 후대에 거란족이 세운 요 및 요 제국의 호위부대에 대한 자세한 연구로는 Wittfogel and Fêng(1949)의 탁월한 연구를 참조하기 바란다. "모든 [거란 요] 황제들은 개별적인 오르도(ordo) 즉 캠프를 가지고 있었는데, 1만에서 2만 가구로 구성된 '복심'들을 거느리고 있었다. …… 이 호위부대의 구성원들, 특히 비거란족 출신 구성원들은 황제의 사적인 노예들이었지만, 그들은 황제와 워낙 가까웠던 탓에 지위가 높았다. 황제가 사망할 경우 그들은 황제의 후계자가 새로운 오르도(ordo)와 친위대를 구성할 때까지 사망한 황제의 황릉을 지켰다."(Atwood 2004: 297) 요 왕조에는 5개의 수도(ordo)가 있었다. 이는 "칸과 네 지방 장관"이라는 이상적인 체제를 따라 조직됐던 것으로 보인다. 테무진의 권력이 떠오를 당시 그의 경쟁자였던 케레이트의 칸은 "바아투르(ba'atur) 즉 '영웅들'로 구성된 최상급 부대를 보유하고 있었으며, 하루 1,000명이 근무를 섰다. 이후 칭기스칸이 이 제도와 더불어 그와 관련된 황금 텐트까지 모방했다." (Atwood 2004: 296).

21 기록에는 희생자들이 "그의 무덤이 [스무 개의] 묘실 중 어느 것인지를 아무도 알지 못하게 하고자" 살해된 것이라 쓰고 있다. 유사한 얘기를 아틸라의 매장을 목도한 로마인이 남기기도 했다. 그러나 무덤의 위치를 비밀에 부치기 위해 이들이 살해당한 것이라는 이 기사들을 신빙하기는 어렵다. 특히 외부인(외국인)이 그 매장을 목도할 수 있었다면(그들은 그 상황을 대단히 자세히 묘사하고 있다.) 무덤의 위치는 결코 비밀에 붙여질 사항이 아니었다는 것이다. 중앙유라시아인들이 자신의 영주와 함께 묻히기 위해, 호위부대 서약을 지키고자 자살을 감행하

거나,(그들은 기꺼이 그럴 준비가 돼 있었다.) 의식을 통해 살해됐음이 확실하다는 점을 역사 기록들을 통해 확인할 수 있다.(Beckwith 1984a: 33-34).

22 비잔틴 제국의 코미타투스는 840년경 만들어졌고, Hetaireia로 불렸다. 이 조직은 "세 개의 하부조직으로 구성됐는데, 그 중 하나는 대부분 카자르인들 및 페르가나의 상인들로 구성돼 있었다."(Golden 2004: 283-284). de la Vaissière(2005a: 285 n.82) 및 Dunlop(1954: 219)이 인용한 Constantin Zuckerman의 연구 참조. 당 황제 태종은 동튀르크를 격파했고 탱그리(Tängri) 카간이라는 칭호를 받았으며, 다수의 투르크 전사들을 제국 친위대 내부로 끌어들였다. 이들 새로운 친위대는 기존의 평범한 중국 친위대와는 달랐다. 최소한 구성원들의 의식 차원에서는 그랬다. 이는 태종이 사망했을 당시, 투르크의 지도자급 장군 두 명이 자살 후 황제와 함께 묻어달라고 요청했다는 사실에서 확인된다.(Beckwith 1984a: 33-34).

23 칭기스칸의 거주 시설에 대한 자료에 보면, 특히 호위부대(kešik) 배치 임무와 관련된 내용이 나온다. 여기서 오르도 게르(텐트)는 궁전 텐트라고 나온다. '오르도(ordo)'라는 단어는 투르크어에서 중요한 용어이며, 거란, 몽골 등으로 전파되어 나갔다. 처음에 오르도(ordo)는 칸(qan)의 엘리트 기마부대의 캠프(즉 코미타투스)를 지칭하는 것이었는데, 칸의 천막(yurt)이 그 중심에 있었다.(de Rachewiltz 2004: 453-454).

24 키예프 공국에 있었던 슬라브족 코미타투스 드루지나(družina)의 구성원 드루지니키(družinniki, 친구들)와(Christian 1998: 390 참조), 어원이 같은 원시 게르만어 *druhtiz(코미타투스)를 비교해 보자. 이는 원시 인도유럽어(PIE) *dhereugh(Lindow 1976: 17-18), 즉 PIE *dereug에서 유래했다. 고대 영어의 gedryht는 『베오울프』에서 코미타투스를 가리키는 일반명사로 등장하는데,(weored~ weorod~ werod 라고 자주 나온다.) 후기 고대 영어에서는 '군대' 혹은 단순히 '남성들의 모임, 단체'라는 의미를 가지게 되었다.(Lindow 1975:

24-26).

25 안록산의 코미타투스는(『자치통감』 TCTC 220: 7047) 예락하(曳落河, NMan yi-luò-hé)라고 불렀다. 이는 "호어(胡言)로 힘 센 장사를 뜻한다."(曳落河者, 胡言壯士也, 『자치통감』 TCTC 216: 6905) 예락하(曳落河)는 중세 중국어 북방 방언으로 *yerlak χa를 한자로 옮긴 것이다. 이는 몽골의 '지하 세계의 지배자' 에를릭 카간(erlik qaghan)과도 통하는 말이다. 이 몽골어는 투르크어의 차용어이다. 투르크어로 ärklig khan은 문자 그대로 하면 '강력한 군주'라는 뜻으로, 지하 세계의 지배자를 가리키는 별칭이다.(Clauson 1967: 224). 예락하(曳落河)의 전사(轉寫)를 살펴보자면, 칸(Khan)의 *qa(즉 Kha) 발음을 물 하(河, *χa)자로 쓴 것으로 보아, 거란어의 형태를 띠고 있다. 충분히 확인된 중세 몽골어의 qa(Khan) 형태 참조.(de Rachewiltz 2004: 457, 521 및 그의 주석들). 당나라 문헌의 맥락에서 호(胡)는 흔히 인도유럽어족을 지칭하기는 했다. 하지만 흔히들 생각하듯이 중앙아시아의 이란어족만 가리킨 어휘가 아니었다.(예를 들면 Pulleyblank 1991: 126-127). 인도의 인도인을 가리키기도 했고, 또한 위구르나 몽골, 기타 북방 국경에 사는 민족들, 그리고 더 옛날에는 흉노와 만주에 있는 흉노의 동맹들도 호(胡)라고 했다. "호어(胡言)"란 거란어일 수도 있고, 고대 투르크어, 소그드어, 혹은 당시 북방에서 사용되던 기타 다른 언어일 수도 있다. 앞에서 언급했던 Moribe(2005: 244)는 당나라 이전의 자료를 미처 보지 못한 듯하다. 그래서 안록산의 난 시기에 중국에서의 차카르(châkar)에 대한 귀중한 논의에서 예락하를 민족 명칭으로 오해를 하고 말았다. de la Vaissière(2003)에 의하면, 안록산의 반란군을 자갈(赭羯, châkar)이라고도 했다. 중국에서 소그드인 차카르에 대한 그의 논문 참조.(de la Vaissière 2005c). de la Vaissière(2007)에서는 상당한 분량을 할애하여 중앙유라시아에서 소그드인이 아닌 다른 코미타투스에 대해 논하였다. 이들은 소그드인의 영향을 받기도 했지만, 소그드의 차카르가 아닌 다른 제도의 영향을 받기도 했다고 한다. 소그드의 경우가 동시대의

투르크나 게르만 혹은 티베트 등의 경우와 다르다는 것은 의심할 여지 없는 사실이다. 문화적 요소란 같은 민족 안에서도 완전히 동일할 수는 없다. 프랑크, 티베트, 몽골 등의 시스템이 소그드의 차카르 시스템과 다르다는 것은 이해할 수 있다. 그러나 그것은 모두 중앙유라시아 문화복합체에서 하나의 핵심 요소가 다만 지역적인 변형태로 나타난 것일 뿐이다. 안타깝게도 내가 저자로부터 그의 논문이 출간 예정이란 말을 들었을 때, 이 책의 원고는 이미 출판사에 넘어가 있었다. 그래서 그의 논문을 대충 훑어보고 여기 미주에 코멘트를 덧붙이는 정도에 그칠 수밖에 없었다. 내가 그의 논문을 오해하지 않았기를 기대할 따름이다.

26 중국의 공식 역사서에서는 당 현종(때로는 明皇, 즉 빛나는 황제라고도 불린다.)의 황금시대에 말 한 필 가격이 비단 한 필에 불과했다고 한다. 당대의 중국 역사가나 그 이후의 학자들도 이를 곧이곧대로 받아들였다. 공식 역사서는 자료를 가공한 것으로, 실제 상업에서 실행되었던 현실은 이러한 내용과 모순될 수도 있다. 말하자면 공식 역사서의 저자들은 말 가격을 깎아 기록했다. 현종이 불가능할 정도로 싼 값에 말을 구입했다는 공로를 드높이고, 이후 투르크의 말들은 약하고 여위었으며, 유목민들이 중국인에게 말을 강매했고, 중국은 투르크에게 값비싼 고급 비단을 과다하게 지불했다는 공식적인 평계를 대기 위해서였다. 그러나 공식 역사서 이외에 다른 자료도 남아 있다. Beckwith(1991) 참조. 이와 대조적으로, 투르크에게 지급된 상당량의 비단이(전부는 아니겠지만) 품질이 낮은 것으로 드러났다. 중국은 다양한 종류의 비단 생산에 독점적인 지위를 가지고 있었다.

27 Allsen(1997) 및 다른 여러 학자들이 인용한 사례들을 보건대, 장인들을 납치하고 귀중한 보물들을 전리품으로 챙기는 행위는 고대와 중세 중앙유라시아 전쟁에서 나타난 전형적인 사례들이다. 중앙유라시아인들이 참여한 전쟁에서만 그랬던 것이 아니다. 변경시장에서 전개되었던 실제 교역 과정에서 어떤 두드러진 강압이 작용했던 것 같지는 않지만, 교역의 권한을 쟁취하는 것 자체가 외교적 사

안인 동시에 많은 경우 전쟁의 위협을 동반하는 일이었다.(요즘도 마찬가지다.) 더욱이 모든 나라에서는, 유목인의 지배 여부를 막론하고, 세금과 조공을 거둘 때는 폭력을 쓰거나 폭력을 사용하겠다고 위협하거나 감금하는 일들이 있었다. 이는 오늘날도 마찬가지다.

28 de la Vaissière(2005a: 283 n.73)는 궁정의 건축 설계에 특별히 불교 건축의 영향이 있었다는 사실은 근거가 없다고 타당한 지적을 한 바 있다. 아랍, 페르시아 및 중국의 자료들에 따르면, Nawbahâr는 애초 이란 궁정도시로 건축된 것이었고, 필자 역시 이전에 발표한 논문의 마지막 문단에서(Beckwith 1984b: 150-151) 그를 지적한 바 있다. Nawbahâr의 건설에 불교적 영향이 직접 작용했을 가능성(그리고 이를 통해 '평화의 도시'에 간접적 영향을 미쳤을 가능성)에 대한 내용이 괄호 속에 남게 된 것은, 일찍이 내가 간과했던 Ḥudûd al-ʿÂlam 문서를 참조하기 전에 제출된 논문이 이미 출간 작업이 진행되고 있었기 때문이었다. 이미 그 때는 본문의 내용을 고칠 수는 없는 상황이었다.(다만 괄호 안에 넣어서 추가할 수는 있었다. 편집진에서 감사하게도 이를 허락해 주었다.) Nawbahâr의 불교적 세부 요소와 관련하여 나의 과거 해석(Beckwith 1984b: 148)에서는 Ibn al-Faqîh 문서에 등장하는 집합 건물의 가운데 높은 돔 양식 건물을 al-Ašbat로 비정한 바 있었다. 이는 잘못된 해석이므로 수정되어야 하겠다. 이 이름은 틀림없이 'stûpa'를 의미하는 지역 방언을 전사한 것이다. 그러한 가능성은 1921년 Herzfeld가 이미 제시한 바 있다.(Beckwith 1984b: 159 n.64). 따라서 이 단어는 al-Istub(stupa, 사리탑) 또는 그와 유사한 형태로 읽혀야 한다. 일부 사리탑의 경우 대단히 크고, 이 경우처럼 그 속에 불상이 안치되기도 한다. 그러나 이 스투파는 도시의 다른 건물들과 마찬가지로 규모가 클 뿐이고, 원래 왕실 건물이었으며, 불교와는 아무런 관계가 없다.

29 사실상 중국이 중앙유라시아를 정복하러 가서 성공한 경우, 언제나 전리품 획득에 대한 정보가 기록되어 있다. 그러나 현대 역사가들은 대개 이를 무시하며, 그

들의 개인적 입장을 막론하고 중국인들이 중앙유라시아인들게 당한 "약탈과 침략"만을 열거할 따름이다. 예컨대 Hayashi의 "흉노 약탈 연표"(1984: 86-92)가 그러하다. 그의 책에서는 흉노족의 침략 원인이 스텝 제국에서 농경을 담당할 인구를 확보하기 위한 데 있었다고 주장하였다. 그러나 그의 논문에서 제시된 자료나 그의 글에서도 어느 정도는 다른 내용을 보여준다. 즉 당시 '피랍된' 중국인들은 본인의 의사에 따라 중국을 탈출했거나, 흉노족의 침략 시점과 동일한 시점에 중국을 떠났을 따름이다. Di Cosmo(2002a: 202, 204) 참조.

30 원거리 통신 기술이 개발되기 전에는 단일한 언어가 유지되기 위해서는 화자들 사이에 계속적이고 직접적인 상호 커뮤니케이션이 필수적이었다는 사실에 유의할 필요가 있다. 일부에서는 여러 다양한 종류의 인도유럽어의 파생언어들이, 그 존재가 처음 확인되는 지역에서 자생적으로 나타난 원시 언어라고 보기도 한다. 예컨대 Van de Mieroop(2004: 112-113)는 말하기를, "이미 시의를 상실한 19세기 시절의 발상에 영향을 받아, 인도 북쪽 어딘가에 인도유럽어족의 본거지가 존재했을 것으로 생각했고, 인도유럽어 사용자들이 언제, 어느 지역을 통해 아나톨리아에 들어왔는지를 규명하고자, 그리고 그들의 침공의 증거를 발견하고자 많은 사람들이 노력해 왔다. 그러나 이러한 연구는 소용없는 시도에 불과하다. 인도유럽어 사용자들이 아나톨리아에 존재하지 않았다고 볼 아무런 이유가 없고, 그들이 기원전 2000년~기원전 1000년경에 분명하게 특정할 수 있는 집단이었다고 생각할 근거도 없다." 이러한 주장은 역사학적으로, 그리고 언어학적으로 성립하지 않는다.

31 이 책에서 제시된 시나리오는, 인도이란어족에 대한 지금까지의 전통적 시각을 반영하고 있다. 그러한 전통적 시각은 아베스타어(Avestan)를 이란어의 가장 고대적 형태로 간주하는 데 기반을 두고 있다. 그러나 지금 필자가 보기에 그러한 견해는 옳지 않은 것 같다. 흥미롭게도 일부 초기 인도유럽어 연구자들도 역시, 아베스타어를 이란어로 간주하지 않았다. "아베스타어와 산스크리트어가 서로

너무 비슷하여, 일부 학자들은 아베스타어를 산스크리트어의 한 방언이었을 따름이라 간주하기도 하였다."는 것이다.(Mallory and Adams 2006: 6-7). 만약 아베스타어에 대한 전통적 견해가 과장되었거나 잘못된 것이라면, 인도이란어족이라는 굉장히 예외적인 어족의 성립 근거가 없어지는 것이고, 조로아스터의 초기 연대 비정 및 인도이란어족이 공유했을 것으로 추정되는 고대의 종교적 신앙과 수행 등 많은 부분에 대한 기존의 이해가 수정되어야 한다. 현재의 가설이 잘못이라면, 여기 열거된 많은 부분들은 오직 인도어족과 관련성을 갖는 것으로 남게 된다. 그러나 음운학적 문제점이 이제 막 발견되었고, 이 문제에 대한 언어학자들의 심도 깊은 연구가 이루어지기 전까지는 전통적인 견해에 대한 비판이 확정될 수 없으므로, 필자 역시 이 책에서는 수정하지 않고 그대로 따랐다. 추가 논의와 관련해서는 부록 A 참조.

32 현재 일반적으로 합의된 바에 따르면, 원시 인도유럽어족의 고향은 북쪽으로는 우랄 산맥 남부와 볼가 강 중류, 그리고 남쪽으로는 카프카스 북부 및 흑해 사이의 어딘가였을 것으로 추정된다. 그러나 그 파생언어 그룹에서 *mori(호수, 바다)라는 어휘의 분포를 보면,(Mallory and Adams 1997: 503-504; 2006: 127), 이 어휘가 원시 인도유럽어족이 최초로 팽창하던 시기에 나타났을 가능성이 크다. 필자 또한 그렇게 보고 있지만, 이는 인도유럽어족은 그 이전에는 우랄 산맥 및 볼가 강 중류에 좀 더 가까운 지역에 존재했음을 의미하는데, 바로 이 지역을 현재 많은 이들이 인도유럽어족의 고향으로 간주하고 있다.

33 문헌 자료에서 일반적으로 박트리아 마르기아나 고고학 지대(Bactria-Margiana Archeological Complex, BMAC)로 알려져 있다. Witzel(2003) 참조. 그에 따르면 "가장 오래된 인도어 텍스트와 이란어 텍스트에 각각 독립적으로 남아 있는 차용어들은 이란 북부와 아프가니스탄 북부의 접경 지대, 즉 BMAC의 인접 지역에서 통용되던 원시 인도이란어를 반영하고 있다. 이들 차용어들이 농업, 촌락 및 도시생활, 꽃과 동물, 의례와 종교 등에 관련된 단어들을 포괄하고 있다."

앞서 언급한 바와 같이, 이 책에서 제시된 시나리오는 기존의 인도이란어 관련 가설에 크게 의존하고 있으며, 특히 아베스타어 및 조로아스터교 관련 연대 비정에 근거를 두고 있다. 그 중에서도 조로아스터교에서 인도와 관련된 많은 것들을 '악마시'했다는 기존의 이해에 기반한 결론은 굉장히 의심스럽다. 만약 기존의 견해가 잘못됐다면, 시나리오도 바꾸어야 할 것이다.

34 중국 이전 시기에 해당하는 여러 발굴 지역에서 사육마의 뼈가 거의 나오지 않고, 유라시아 동부 야생말들이 기존 사육말들의 품종 개량에도 전혀 기여하지 않은 것으로 보인다는 점에서, 현재 받아들여지고 있는 바와 같이, 사육말들은 인도유럽어족을 통해 중국 이전 시기 중국의 서부 지역에 소개된 것이라 하겠다. 아래에서 언급하겠지만, 원시 토하리어족이 말을 가져오기도 했겠지만, 그들은 말을 대체로 식용으로 길렀던 것으로 보인다. 두번째 물결(Second-wave) 시기의 인도유럽어족이 전차와 전차용 말을 비롯한 여러 혁신적인 문화 요소들을 중국에 소개한 자들이라 하겠다.

35 고대 근동 지역의 언어로 쓰인 기록들은 이들 기록보다는 수백 년 이전의 기록에 해당한다. 그런데 지역을 막론하고 인도유럽어족에 대해서는 아무런 기록이 없고, 이 시점에 이르기까지 인도유럽어 차용어도 나타나지 않는다. 앞서 언급한 바와 같이 인도유럽어의 파생언어인 원시 토하리어족의 경우, 기원전 2000년경 이후에 타림 분지 동쪽에 매장되었다는 점, 그리고 원시 아나톨리아어가 원시 토하리어와 같이 인도유럽어 중에서 그룹 A에 속하는 언어였다는 점을 고려한다면, 이 두 어족은 동일한 시기에 이주를 했던 것으로 보인다. 그들은 첫번째 물결(first-wave) 세대에 속했다고 할 수 있으며, 그들의 언어는 이후 기록으로 보전될 정도로 오래 살아남았던 것으로 보인다. 간과하지 말아야 할 것은, 인도유럽어의 세 그룹 중 어느 하나에 속한다고 해서 계통적으로 동일한 계통의 언어는 아니라는 것이다. 예를 들어 인도어(그룹 B)와 이란어(그룹 C)는 서로 다른 그룹에 속하지만, 인도이란어라는 같은 계통에 속하는 언어로 전통적으로 인정되

고 있다. 부록 A 참조.

36 히타이트의 이름으로 알려져 있는 가장 오래된 이름은 Nesili(문어체로는 Nešili)이다. 히타이트인들이 히타이트 지역에서 스스로를 지칭하던 이름이다. 그러나 이 이름은 사실 아시리아의 식민 도시 카네시(Kanesh, Kaneš 또는 Kanes)의 이름에서 파생된 것으로, 단지 '(카)네시[(Ka)nesh] 사람'을 의미할 따름이다. (Melchert 1995: 2152)가 제대로 지적했듯이, "히타이트어는 모든 측면에서 인도유럽어(의 하나)임이 분명하다." 그러나 그는 또한 "히타이트어가 굉장히 많은 부분 비인도유럽어를 바탕으로 했다거나 혹은 그로부터 영향을 받아 변화했다는 이전의 주장은 …… 대단히 과장된 것"이라고도 하였다. 이는 원시 인도유럽어 그 자체가 아직 확인된 바가 없고, 모든 파생언어들이 원시 인도유럽어와도 다르지만 서로 간에도 상당히 다르기 때문에 비롯된 문제이다. 이들 언어들 사이에 커다란 차이가 존재하는 이유는, 애초에 어느 정도 단일했던 언어가 지역별로 혼합이 되면서 파생언어가 형성되었기 때문이다. 이것이 유일한 이유는 아니겠지만 그래도 설명 가능한 최선의 가설이다. 이러한 가설은 고대로부터 현대에 이르기까지 역사 기록을 통해 확인되는 언어학적 변동과도 어느 정도 맞아 떨어진다. Garrett(1999, 2006) 및 Beckwith(2006a), 그리고 부록 A 참조.

37 미타니(Mitanni)의 고대 인도어족 전차 전사들은 '마리야누(maryannu)'라고 불렸는데(ma-ri-iaan-nu로 표기), 이 명칭은 고대 인도어의 márya 즉 '젊은 전사'(여기에 후르리어 복수형 접미사 -nnu가 붙음)라는 단어에서 유래한 것이다. 고대 인도어의 마루트(marut) 즉 '전차 전사'와 함께, 말 및 전차와 밀접한 관계를 지닌 개념이었다.(EIEC 277). 이 전사들과 관련된 단어로 고대 페르시아의 marika(원시 인도이란어의 *mariyaka에서 유래, '수행집단의 구성원', 즉 주군에게 배속된 전사 집단)를 들 수 있다. "고대 인도어 márya 즉 '젊은 남성' (Avestan의 mairyō 즉 '적수, 건달')은, Veda에서 인드라(Indra) 혹은 루드라(Rudra)의 주군 주위에 모여든, 대단히 호전적인 전투집단[Maruts-CIB]을 가

리키는 데 쓰인 단어였다. 여느 인도이란어 어휘들과 마찬가지로 이 단어의 인도이란어 형태 또한 인도유럽어 어휘군과 e-등급의 *mer̥io-에서 유래하였다.(e. g., Mayrhofer 1986-2000: 329-330). 그러나 McCone은 그 기본형이 o-등급의 단어이자(*mor̥ios) 분명한 고대 이란어 어휘군에 속하는 muire 즉 '지도자, 수장'에서 유래했을 가능성을 제시하였다."(EIEC 31). 이러한 어형들의 대응 관계는, '젊은 전사'를 의미하는 단어들이(원시 인도유럽어 0-등급 어근 *mr̥-와 o-등급 어근 *mor, 죽다, 죽음, 죽을 운명인, 젊음 등의 단어에서 나타남. EIEC 150; Pok. 735: *mer-, *moro-s; Wat. 42: *mer) 파생어 *marko(EIEC 274 *márkos; Pok. 700 *marko-; Wat. 38 *marko-, 대단히 생산적인 접미사 *-ko를 덧붙임, 영어 mare의 고형태, 켈트어와 게르만어에서만 확인됨, 따라서 애초에는 '전차 전사의 말'을 의미했을 것으로 추정됨)와 관련이 있을 가능성을 보여준다.

38 최초의 고대 인도어족이 이 지역에 언제 출현했는지를 알려주는 명확한 고고학적 발굴이 이루어지지 않았기 때문에 의문의 여지는 남아 있지만, 고대 전차 전사들이 인더스 문명의 몰락에 개입되지는 않았을까?『리그베다』의 내용이 그렇다고 말해준다고 믿는 사람들도 있다. Barbieri-Low(2000: 7)는 다음과 같이 말했다. "하라파 문명이 기원전 1500년경 붕괴할 당시, 아리아인으로 알려진 이들이 북쪽으로부터 이 지역에 유입되었다. 이 인도유럽어 사용자 집단은 그들의 의식과 문화를『리그베다』라는 불멸의 서사시에 남겼다.『리그베다』에는, 아리아인들이 여러 종류의 바퀴 달린 운송수단을 사용한 것으로 나오는데, 그들이 가장 중시한 것은 말이 끄는 전차였다." 만약 이 말이 틀렸다면, 아직까지 인더스 문명 붕괴의 시기나 원인에 대한 합의가 도출되지 않은 상황에서, 과연 어떤 토착 인도인들이 있었단 말인가? 만약 있었다면, 그들은 인도유럽어족이 아니었고, 인도 북부에 도시 문명을 건설했으며, 그들의 도시는 기원전 2000년~기원전 1000년대 중엽 당시 비도시 출신 고대 인도어족 전차 전사들에 의해 함락되

었고, 『베다』가 묘사하고 있는 것은 바로 그것일 것이다. 이 문제는 현재 간과할 수 없는 문제지만, 현재 그러한 경향이 없지 않다. 이에 대한 논쟁(대부분은 정치적 동기에 의해 촉발된)과 다른 여러 문제들에는 고대 인도어족의 인도 진출과 관련이 있다. 이에 대해서는 Bryant(2001), Bryant and Patton(2005), 그리고 특히 Hock(1999a, 1999b) 등을 참조. 아울러 인도유럽어에 대한 최근의 여러 연구들(Mallory 1989, Gamkrelidze and Ivanov 1995; Mallory and Adams 1997, 2006)이 이 논쟁과 관련해 여러 중요하고 유의미한 자료들을 담고 있다.

39 미케네 인장 반지에는(Drews 1988: 161) 전차에 탄 궁수가 사냥을 하는 장면이 있다. 대부분의 미케네 그림들은 샤프트 그레이브(Shaft Grave) 문화보다 200년 이상 이후의 것으로, 전사들은 활보다는 창을 들고 있는 경우가 많다. 미케네의 전차와 관련해서는 다른 자료도 많이 있다. M. A. Littauer, J.H. Crouwel 및 Peter Raulwing은 수십 년에 걸쳐 여러 저작을 통해(e.g., Littauer and Crouwel 2002; Raulwing 2000) 꾸준히 자신들의 주장을 펼쳐 왔다. 그들은 미케네인들이 인도유럽어족으로 전차를 전쟁에 활용한 침략자들이었다는 주장에 대해 반론을 제기했다. 그들이 보기에 샤프트 그레이브처럼 뚜렷한 외래 문화는 새로운 민족의 도래를 보여주는 증거가 아니라 "(성장 과정 및 배경은 알 수 없지만) 대단히 야심만만했던 지역 군주들"의 출현을 보여주는 증거였다.(Littauer and Crouwel 2002: 70). 또한 전차가 아나톨리아나 그 밖의 미케네 인근 지역에서 전투의 핵심 무기로 사용되었음이 명백하지만, 그들에 의하면 미케네 지역에서는 그렇게 사용되지 않았고 "과시용"이었거나 혹은 "강한 군대의 부속물"일 뿐이었다. 이는 여러 문헌 및 그림 자료를 통해 확인할 수 있다고 하였다. 아울러 그들은 전차가 비록 "정복자들에 의해 미케네인들에게 전해진 것은 아니었으나", 후대에 전해진 것이었을 가능성은 있다고 보았다. 고대 근동 지역에서는 바퀴 달린 운송수단이 처음으로 개발되었고, 전차의 전신에 해당하는 유물이 최초로 확인된다. 그들은 고대 근동 지역의 왕이 미케네에 선물로 전차를 보냈을 가

능성을 제기했다. 위에서 언급한 바와 같이 미케네의 인장 반지는 운전수와 궁수를 태운 전차를 보여주는 직접적인 증거인데, 그들은 이와 관련하여 "근동 지역 및 이집트(에서 나온 자료)의 경우 전투용 전차와 궁술 사이의 관련성이 충분히 확인되지만, 그리스의 경우 양자 사이의 관련성을 보여주는 자료가 없다. 대신 그리스 지역에서 전차는 전사의 운송수단으로 쓰였다. 전투는 전차전이 아닌 지상전이었고, 근접전용 무기를 사용했다."(Littauer와 Crouwel 2002: 70-71)고 주장했다. 그러나 전차를 가지고 사냥을 했다는 것은 결국 전투를 했다는 것과 마찬가지다. 그들은 또한 원형의 말재갈과 같은 직접 증거도 무시했다. 원형의 말재갈은 "미케네에서는 기원전 1600년경으로 확인되며, 그리고 스텝 지대에서는 좀 더 이른 시기에 확인된다."(EIEC 245. 이는 샤프트 그레이브 유적과 카프카스 북부 스텝 지대의 부장품들 사이의 연관성 면에서도 부합한다.) Littauer, Crouwel과 Raulwing의 주장은 역사학적으로는 성립되기 어렵다. 그들의 주장은 그들 스스로 제시한 자료나 다른 이들이 제시하는 자료와도 맞지 않는다. 이들 자료에 의하면 고고학적으로 확인되는 최초의 전차는 기원전 20세기경 볼가강 및 우랄 산맥 지역에서 확인된다. 그리고 그림으로는 카네시(Kanesh) 지역, 즉 기원전 1950년~기원전 1890년으로 비정되는 Kanesh Karum II 현장에서 확인된다.(Littauer and Crouwel 2002: 45-46, figure 1). 바로 이 현장에서 인도유럽어(히타이트어)와 관련한 최초의 언어학적 증거가 발견되었다. 또한 히타이트는 기원전 17세기경 전투에서 전차를 사용한 최초의 사람들로 알려져 있다. 미케네 그리스인들이 전차를 발명하지는 않았을 것이며, 또한 스텝 지역에서 그리스까지 전차를 타고 가지도 않았을 것이다. 그러나 미케네인들의 출신지, 혹은 어쨌거나 거쳐왔음이 확실한 지점, 이른바 카프카스 지역에서는, 미케네인들이 전차를 획득하기 훨씬 이전부터, 설사 전차를 가지고 있지는 않았다 하더라도, 이미 전차를 알고는 있었다. Littauer와 Crouwel의 경우 훌륭한 미케네 문화가 무에서 일순간 창조되었다고 하지만, 그러한 견해는 고고학적으로 부정되었다.

Drews(1988: 176)가 지적한 바와 같이, 미케네의 샤프트 그레이브의 전신이 그리스에서 발견된 바가 없다. "샤프트 그레이브의 출현을 토착 지배세력의 성장의 결과로 보는 것은 일종의 순환논리에 불과하다. 샤프트 그레이브는 그러한 계급이 성장했음을 보여주는 유일한 증거다." 전투에서 전차의 사용 방식과 관련해서 자신의 과거 주장을 수정한 부분은 Drews(2004) 참조. 전차와 말의 기원, 확산, 그리고 사용양태 등과 관련해서 근동 지역을 중심으로 설정한 주장들은 여러 증거들과 합치하지 않는 바, 폐기되어야 한다.

40 중국을 차이나(China)라고 지칭할 경우 시대상 혼란이 생긴다는 지적이 있다. 기원전 221년 진나라(China라는 이름의 근원이 됨) 시황제가 중국을 통일하기 전, 동아시아에 존재했던 어떤 정치 단위를 차이나(China)라고 할 수는 없다는 주장이다. 진나라에 흡수되기 전까지 최소한 기원전 2000년~기원전 1000년대에는 진나라 이외의 다른 문화들이 독자적인 언어를 유지했으며, 심지어 상나라와 주나라의 지배 계급이 중국어를 사용했는지도 불확실하다고까지 주장한다. 그러나 차이나(China)라는 명칭이 진 왕조 이전에는 없었다고 하더라도, 마찬가지로 진 제국이 일찍이 통합되지 않았던 다양한 언어민족학적 그룹으로 구성된 통일국가라 할지라도, 중국인의 고향, 북중국 평원의 황하 유역에서 통일된 국가가 없었다는 주장은 사실이 아니다. 진 제국과 한 제국의 조상인 상나라와 주나라의 중심지는 바로 그 지역에 있었다. 상나라와 주나라의 민족 언어가 중국어가 아니었다는 주장 또한 사실이 아니다. 기원전 1046년 혹은 1045년에 수립된 주 왕조와, 주가 계승한 그 이전의 상 왕조도 마찬가지로 단일한 국가였다. 그 안에서 중국어는 공식 문자 언어였다. 상나라와 주나라를 정복했던 자들의 모국어가 정복 지역의 현지 언어와 같은 언어였는지 알 수 없다는 주장은 사실이다. 그러나 오캄의 칼날(Ockham's razor, 서로 다른 주장이 대립될 때, 전제가 적은 부분을 선택함)로 판단을 하자면, 정복자와 피정복자의 언어는 같았을 것이다. 언어학적으로 보자면, 상나라와 주나라의 금석문은, 지역 방언이나 시기에 따른 약

간의 변화가 있기는 하지만, 기본적으로 하나의 언어를 기록한 것이다. 그리고 그 언어는 언어학적으로 현대 중국어의 조상이다. 따라서 '차이나(China)' 지역 명칭으로 사용하는 데 있어서 더 이상의 궤변은 필요 없을 것 같다. 상나라에서 현대에 이르기까지 어느 시기든지 중국어를 모국어로 하는 사람들이 점령했던 지역이면 차이나(China)라고 지칭할 수 있다.(상 왕조의 영토는 규모가 매우 작았다는 점은 염두에 둘 필요가 있다.) 그러나 그 언어의 원천은 아직까지도 미상이다. 그 언어의 "고향"에서도 유형학적으로 이방 언어의 침투 현상이 뚜렷하기 때문이다. 적어도 일정 부분 인도유럽어의 침투 결과는 매우 분명하다. 그러니까 아직까지 확실하지 않은 점은, 중국어가 인도유럽어의 요소가 최소한만 남아 있는 인도유럽어인지, 아니면 인도유럽어의 영향을 받은 지역 고유 언어인지가 문제이다. 이는 깊이 연구해볼 주제이지만 아직까지 대체로 간과되었던 문제이기도 하다. 이에 대한 연구의 시도로 Beckwith(2002a, 2004b, 2006a) 참조.

41 현재의 통상적 견해에 대해 Barbieri-Low(2000: 8-9 et seq.)가 반론을 펼친 바 있다. "어떤 사회도, 말이 끄는 전차처럼 정교하고도 복합적인 기계를, 바퀴 달린 운송수단에 대한 포괄적인 경험 없이 그토록 원활하게 수용하기는 어렵다." 그런데, 사실 중국 본토에서는 전차 외의 어떤 바퀴 달린 운송수단도 그보다 일찍 발견된 바가 없다. "전차를 제외하고는, 안양에서 여타의 운송수단이 발견된 바가 사실상 없다."는 것이 그의 언급이다.(Barbieri-Low 2000: 48). 더구나 자동차 및 비행기로 대표되는 근대의 역사에서 알 수 있듯이, (외부의) 발전된 기술을 그와 관련된 아무런 사전 지식을 갖지 못한 사회에 전파하기 위해서는, 외래인들이 직접 그 기술을 가지고 와 사용하고, 현지인들에게 그 사용법을 가르치는 수밖에 없다. 바로 이러한 방식을 통해 기원전 2000년~기원전 1000년대에 전차 기술 및 문화가 중앙유라시아로부터 퍼져 나갔음은 의문의 여지가 없는 일이다. 중국을 포함해서 중앙유라시아 이외에서 전차가 발굴되는 모든 지역이 마찬가지다. 그가 인용한 고고학적 증거 및 기타 자료들이 지니는 이중적

함의는(Barbieri-Low 2000: 14-17) 이 가설을 약화시킬 따름이다. Barbieri-Low(2000: 37)도 동의하는 바, 전차는 완성된 형태로 갑자기 상나라 때 "무정(武丁)의 치세 즈음, 즉 기원전 1200년 전후로" 중국에 도입되었다. 다른 글에서 그는 전차 도입 시기를 100여 년 정도 앞당기기도 했다. 당시 이미 전차 기술과 수레 장식이 현지화되어 있었고(Barbieri-Low 2000: 19 n.40), 상나라가 전차를 보유한 이방인들과 대립하고 있었음을 감안한 것이었다. 초기 고대 금석문에는 "적군의 포로와 무기를 획득한 중에 두 대의 전차가 포함되어 있었다."는 기록이 있다.(Barbieri-Low 2000: 47). Piggott(192: 65)는 "중국의 전차 기술은 셈어나 인도유럽어와 어떠한 연관성도 없다. 말과 수레라는 기본적 전제조건으로부터 우연히 얻어진 황하 유역의 중국식 완성품이다."라고 하였다. 이러한 대담한 선언은 다른 모든 이들이(심지어 Piggott[1992: 45-48] 자신도) 거론해 온 바와 같이, 최소 한 개 이상의 언어(적어도 하나는 서방의 언어)를 사용하는 사람들로부터 장기간 포괄적 훈련을 받지 않고서야 전차를 사용하는 것이 불가능하다는 점을 철저히 간과한 것이다. Piggott(1992: 45-47) 역시 전차의 확보는 "전차 기술 전반에 대한 확보를 동반해야 하는 것으로 …… 물자 뿐만 아니라 사람을 얻어야 하는 일"이라 하였다.

42 무기들 중에서 특히 주목되는 것으로 흔히 발굴되는 청동 화살촉을 포함하여(이로써 전차가 어느 정도는 창이나 미늘창과 함께 사용되었다는 통상의 주장은 거짓임이 드러났다. 실제로 그렇게 사용할 수도 없다.) 반월형 칼이 있다. 칼 끝에는 고리나 동물 문양 조각이 붙어 있다. 상나라 청동기 장식의 주요 모티프와 비교해 볼 때, 이 칼들은 상당히 이국적으로 보인다. 동물 문양 예술은 상나라의 수도 안양의 북쪽과 서쪽으로 뻗어 있는 북부 지역에서 일반적인 유형이다. 기술적인 측면으로 말하자면, 이러한 칼의 모양과 재질은 탈납주조(脫蠟鑄造, lost-wax casting) 방식으로 만들어진 것이다. 상나라 청동기는 보통 거푸집 방식(piece-mold casting)을 썼다. 이처럼 이 칼들도 또한 상나라 전차 전문가들이 사용했

던 물건들 중의 일부로 보인다. 그들의 기원은 스텝 지역이며 중국 평원 지대, 즉 고대 중국 고유 지역(china proper)이 아니다."(Barbieri-Low 2000: 42-43). 사실상 이 칼들은 북중국과 멀리 서쪽의 스텝 지역 어디에서나 볼 수 있는 전형적인 것이며, 중국에 유입된 북방 요소로서 잘 알려져 많은 논의돼 왔던 것이다.(Bagley 1999: 222-226; Di Cosmo 1999a: 893-894).

43 중국 최초의 문자인 갑골문 글자가 고대 근동 지역에서 같은 시기 전형적으로 사용되던 문자 형태와 정확히 같은 구조로 되어 있다는 점은 주목할 만한 일이다. 갑골문은 대체로 형상, 상징, 음과 의미의 조합 등을 나타낸 상형문자(pictographic)[혹은 가차문자(zodiographic)]이다. 용어에 대한 보다 명확한 정의와 분석은 Boltz(1994) 참조. 전혀 다른 문자는 구조적으로도 전혀 다를 것으로 예상할 수 있는데, 갑골문의 경우는 그렇지 않다. Boltz도 이 점을 지적하였지만, 결론적으로 중국 문자는 외부 영향 없이 완전히 새롭게 만들어진 문자 체계라고 해석했다. "지금까지는 …… 중국 문자가, 설사 간접적이라 할지라도, 어떤 외래 요소의 자극이나 유입에 따른 결과라고 볼 확실한 증거는 없다."(Boltz 1994: 34). 그러나 중국 문자 체계가 완성된 것은 기원전 13세기에 이르러서인 것으로 보인다. 이 때는 인류 역사상 문자가 발명된 지 2,000여 년이 지난 시점이고, 중국에서 전차가 완성된 시기와 동시대이다. 전차 또한 서양에서는 훨씬 오래 전에 완성되었다. 인류는 원래 창조보다는 모방을 하는 편이다. 중국인에게 이 시기 이전에는 바퀴 달린 운송수단이 없었다. 중국인들은 북서쪽에서 온 이방인들로부터 완성된 형태의 전차를 입수했다. 따라서 중국의 문자 체계(체계 그 자체만 따로 떼어내서는 아닐지라도)의 바탕이 되는 사고는 궁극적으로 전차와 같은 방향에서 도래했을 가능성이 충분히 있다. Boltz(1994: 35 et seq.)는 신석기 토기류에서 발견되는 다양한 문양을 중국 문자 체계의 전신으로 설정함으로써 자신의 이론의 가치를 떨어뜨리고 있다.

44 상나라 및 주나라 초기의 관습에 따르면, 여성을 지칭하는 단어는 종종 '여자'를

의미하는 글자를 더한 형태로 표기하곤 했다. 이 때 남자 혹은 인간을 뜻하는 글자 자리에 대신 넣거나 아니면 덧붙이는 방식을 썼다. 좋은 사례 및 논의로는 부자(婦子 또는 婦好, 통상적으로 'Fu Hao'로 불림)에 대한 Elizabeth Childs-Johnson(2003)의 논문 참조. 이 경우, 강(姜, NMan jiâng)은 강(羌, NMan qiâng)과는 다르게, '남자'를 가리키는 의미요소 대신 '여자'에 해당하는 의미요소를 담고 있다. 이 경우 강(姜)은 단순히 '피휘'의 차원에서 쓰인 것으로 보이는데, 주나라 왕실의 모계가 강족(羌) 출신이었던 관계로 주나라 시대에는 이 글자가 쓰일 수 없었던 것이다. 이러한 대용의 사례는 주나라 시기에만 보이는 바, 이 두 개의 종족 명칭(姜 및 羌)의 실체는 분명해 보인다. 이것이 중국어로 목축인(남성羌, 여성姜)을 뜻하는 글자로 생각되는 경우가 가끔 있는데, 그럴 가능성은 없는 것 같다. 이 글자가 '목축인'의 의미로 사용된 적은 한 번도 없고, 다만 민족 명칭으로만 쓰였기 때문이다. 이 글자와 인도유럽어 어근에 대한 논의는 부록 B 참조.

45 말(馬)에 대한 고대 중국어 방언으로는 두 가지가 확인된다. 하나는 고대 중국어 *mrag인데, *mraga에서 유래했으며, 현대 북경어(NMan) mǎ의 선조어이다. 또 하나는 고대 중국어 *mraŋ인데, 이는 더 이전의 *mraŋa에서 유래한 것이다. 이는 고대 중국어를 차용한 버마어 mraŋ, 티베트어 rmaŋ 〈 *mraŋ, 원시 일본-유구어 *ᵐmaŋ 〈 *mraŋ의 선조이기도 하다.(Beckwith 2007a: 145-146). 두번째 *mraŋ의 발음은 빙(馮 NMan píng, 걸음을 걷다, 의지하다)을 통해 분명하게 확인이 된다. píng은 중세 중국어 *biŋ(Pul. 240)에서 유래했고, 이는 다시 고대 중국어 방언 *ᵐbrəŋ(Sta. 589: *brəŋ)과 *mraŋ에서 유래했다. 이 두 방언은 언어 변화 규칙에 따라 *mraga에서 유래했으며, 이는 다시 초기 고대 중국어 혹은 원시 중국어 *marka에서 유래했다.(Beckwith 2002a). 어미 자음은 알 수가 없지만, 고모음(高母音, high vowel)일 수는 없다. 아마도 *a였을 것이다. 방언에서 음절두음 비음(nasal onset)이 비음선행 구음(口音, prenasalized oral onset)

변화에 대해서는 Beckwith(2002a: 121-127; 2006c: 186-188) 참조.

46 '바퀴, 전차'에 해당하는 한자어는 차(車)인데, 상형문자이다. 중세 중국어에서 발음이 두 가지인데, 하나는 *tʃa이며 또 하나는 *kü이다. 두번째 발음은 고대 중국어로는 *klâ 또는 *krâ로 재구성될 수 있다. 규칙에 따라 초기 고대 중국어로 재구성하면 *kelé~*kolé~*karé~*koré 등이 된다. 초기 고대 중국어에서 *o와 *we ~ *wa는 이후 중국어에서 합쳐졌기 때문에, *kolé형은 *kwelé와 구분이 불가능하다. *kwelé는 분명하게 인도유럽어 'wheel'의 한 형태이다. 바퀴는 전차의 부속품으로 중국에 소개되었기 때문에 초기 고대 중국어에서는 한 단어가 두 가지 뜻을 동시에 가지고 있다. 그래서 *kolé ~ *kwelé가 옳은 형태일 것이다. 그러나 고대 티베트어로 '바퀴, 원'을 뜻하는 단어가 ɦikorlo인데, 규칙에 따르면 고대 이전 티베트어 *kwerlwé~*kewrlew~*kwerlo~*korlew 등에서 유래했을 것이다. 고대 티베트어에서도 마찬가지로 이전의 *o와 *we~*wa가 구분이 되지 않는다. 이러한 형태들 중에서 원시 티베트어 형태로 *kwerlo는 원시 인도유럽어의 *kweklo(바퀴)에 완벽히 조응한다. 티베트어에서는 제2차 원시 인도유럽어의 *k 대신 r이 있다는 점만 다르다. 이러한 불규칙은 아마도 고대 중국어를 매개로 했기 때문에 일어난 현상으로 추정된다. 고대 중국어에서 어미 *γ는 틀림없이 어느 한 시기에 음성학적으로 [ʁ](프랑스어와 독일어의 /r/ 발음)에 가까웠을 것이다. 왜냐하면, 다른 사례들도 있지만 특히 일본고구려어 공통 조어에서 고대 중국어 鳥(새)를 차용한 발음이 *tewr인 것으로 보아, 이들도 고대 중국어 *γ을 /r/로 받아들였기 때문이다.(Beckwith 2007a: 138. 이 책에서 *twar은 *twer로 교정되어야 함). 고대 티베트어 형태는 추측컨대 고대 중국어 *kweʁlo를 차용한 것이며, 이는 다시 *kweγlo에서 유래하였고, 이는 다시 고대 중국어 *kweklo(바퀴, 전차)에서 유래하였다. 중국어 발음에서 車는 평성이며, 일반적인 고대 중국어 어미 *γ처럼 거성이 아니다. 이는 중앙 지역 고대 중국어에서 두 자음이 모두 개음절(open syllable)이었음을 뜻한다. 따라서 *γ는 두번째 음절의 음절두음

(onset)이며(*ylo), 첫번째 음절의 종결부가 아니다.(즉 *kwey이 아니다.) 그래서 이와 같이 *kweʁ로 변화된 것이며, 원시 티베트어 사용자들에게는 *kwer로 들렸을 것이다. 물론 티베트인들이 인도유럽어족으로부터 직접 단어를 들었고, 이를 티베트식으로 변형하여 첫번째 음절을 티베트 동사 어근인 √kor(돌다, 회전하다 / 사역동사 √skor, 돌다, 원을 그리다)를 기반으로 만들었을 수도 있다. 이는 원시 인도유럽어 *o의 모음전환 형태인 *(s)ker(돌다, 구부리다)와 대응될 수 있다.(Wat. 78). 어떤 경우든 간에, 원시 중국어에서 '바퀴, 전차'를 뜻하는 단어는 분명히 인도유럽어의 차용어이고, 재구성하면 *kweylwe~*kweylo가 되는데, 이는 원시 인도유럽어 *kweklo로에서 유래한 것이다. 물론 이 주제에 대해서는 더 많은 연구가 필요할 것이다.

47 중국어 연구자들의 일반적인 견해에 따르면,(이들은 고고학자들과 사뭇 다르다. 고고학자들은 더 이상 그리 편협하지 않다.) 중국 문화는 근본적으로 고립된 섬처럼 발전해 왔고, 그 섬의 둘레에는 황무지에 야수들과 야만인들이 둘러싸여 있었다고 한다. 유일하게 인정되는 외래 문화의 영향은 남방 문화뿐이다. 고대 중국인에게 영향을 미친 것으로 추정되는 흐몽족이나 원시 묘족(苗族)-요족(瑤族) 문화에 대해서 많은 논의의 초점이 맞추어졌다. 그러나 중국 문화는 그 언어(들)이 어찌되었든 당시 동아시아 지역에서 가장 선진적이었음에 틀림이 없다. 이러한 생각이 결과적으로 믿기 어렵다는 점은 간과되어 온 듯하다. 특히 영향을 받았다는 방향(묘족-요족으로부터 수용되었다는 등)에서 더욱 그러하다. 풀리블랭크(E.G.Pulleyblank)를 제외하면 현대의 중국어 연구자들은 고대 중국어에서 단 하나의 인도유럽어 차용어만 존재한다고 생각한다. 바로 토하리어에서 '꿀'을 뜻하는 단어다. 그들은 현재 고고학적으로 논란이 없는 증거들을 주목하려 하지 않거나, 혹은 이를 언어학적 근거와 연결시키려 하지 않는데, 당혹스러울 따름이다.

48 Mischsprache, 즉 '혼합 언어'란, 너무나 뒤섞인 나머지 언어로서 그 계통

적 선조가 불분명한 경우로, 계통이 확인되는 파생언어와는 다른 개념이다. Mischsprache 이론은 일찍이 부정된 바 있다.(Beckwith 2007a: 195-213; Mous 1996). Mous(2003)에서는 Thomason and Kaufman(1988)이 지구상에서 확인되는 유일한 혼합 언어 사례라고 주장했던 마아(Ma'a)어(또는 음부구어, Mbugu language)에 대해서 다시 논하고 있다.(이는 마치 영국의 로마니인(집시)이 영어를 사용하면서 동시에 비밀유지와 민족적 연대를 위해서 영어의 레지스터(register, 언어의 장)를 로마니어와 섞어 사용하는 것과 같다. 이는 Thomason and Kaufman(1988)이 매우 분명하게 설명한 바 있다.) 음부구어 사용자들은 마아"어"를 하나의 기호체계로 사용하고 있는 것이 아니라, 사실상 두 개의 언어를 사용하고 있으며, 두 언어의 문법은 동일하다는 주장이다. 이는 일종의 퇴보이다. Mous(1996)의 아주 선명한 논문은 단순하지만 묻어둘 수 없는 진실을 해명하지 못하고 있다. 마아(Ma'a)는 하나의 언어로 볼 수 없고, 다만 음부구어의 레지스터(언어의 장)일 뿐이다.

49 신타슈타-페트로브카(Sintashta-Petrovka) 전차가 의례용 물품으로 보일 뿐 실제 운행에는 적당하지 않았을 것으로 여겨지는 바, 그것은 근동 지역 전차를 보고 만든 중앙유라시아식 "모조품"일 것이며, 따라서 이는 말이 끄는 전투용 전차가 중앙유라시아가 아니라 고대 근동 지역에서 발명되었음을 보여주는 증거라는 주장이 제기된 바 있다. 이러한 주장은 대단히 취약한 두 가지 전제에 기반해 있다. 첫째, 초기의 전차가 이러한 모습으로 개발, 확산된 것은 실제 전투에서의 효용성보다는 "위신재"로서의 가치 때문이었다는 전제, 그리고 둘째, 내용을 알아보기도 어려울 정도로 조잡한 고대 근동 지역의 그림들에 표현된, 정체미상의 짐승들에 묶여 끌려가고 있는 바퀴 두 개 달린 물건이 바로 전차라는 전제가 그것이다.(Littauer and Crouwel 2002: 45-52). 신타슈타-페트로브카 전차와 관련해서는 오히려 기존의 견해와 정반대의 견해가 타당할 것이다. 매장에 쓰인 의례용품들은 토착품이든 외래품이든 해당 문화권에서 오래 쓰인 실용품에 기초

해 있었을 가능성이 높다. 또 아직 제대로 이해가 되지 못한 외래품의 경우, 매장에 쓰였다면 실용품으로서 매장된 것들이었을 가능성이 높으며,(중국 안양 지역에 매장된 전차들이 그러한 사례라 할 수 있다.) 의례화된 변형품들이었을 가능성은 낮다. 그러나 이 문제는 고고학자들이 좀 더 다뤄야 할 필요가 있다.

50 헤로도토스는 "아시아 지역에 살던 유목인 스키타이는 마사게태(Massagetae)와의 전투에서 밀려 아락세스(Araxes) 강을 건너 킴메르인(Cimmerian)의 나라로 도주하였는데(스키타이가 지금 차지하고 있는 나라는 오래도록 킴메르의 것이었다고 말해지므로) …… 오늘날에 이르기까지 스키타이에는 킴메르의 성벽들이 있고 킴메르 선착장이 있으며, 킴메르라는 나라 이름도 있고 킴메르라는 이름의 해협도 있다. 더구나 킴메르인들이 스키타이인들을 피해 아시아로 오는 과정에서 이 반도에 식민지가 형성되었는데, 거기서 그리스의 도시 시노페(Sinope)가 발견된 바 있다. 스키타이인들이 그들을 쫓다가 진로를 이탈해 메디아(Media)를 침공할 당시, 킴메르인들은 해안을 따라 도주하고 있었고 스키타이인들은 카프카스 지역을 그들의 오른쪽에 둔 채 그들을 쫓아 메디아(Media)의 강역에 들어와서는 내륙으로 전진하였다."(Godley 1972: 210-213; Rawlinson 1992: 299-300 참조). Godley(1972: 213, n.1)는 킴메르에 대해 언급하기를, "이름은 크리미아(Crimea)에 남았다."고 하였으며, 헤로도토스가 "킴메르라 이름 붙여진 해협"이라고 한 것은 말 그대로 "킴메르 보스포로스(Cimmerian Bosphoros) 해협"을 일컫는 것이라 하였다. 이 기록 중 일부는 이후에 출현한 페르시아인들의 이야기에 근거하고 있는 것으로 보이기도 하지만, 헤로도토스의 서술은 대부분 고고학적 자료에 의해 뒷받침되고 있다.

51 여기 제시된 견해는 내가 de la Vaissiére(2005)의 논문의 존재를 알고 그것을 읽기 전에 작성된 것이다. 그는 이 논문에서 훈족이 흉노족과 무관하였다는 중앙유라시아학자들의 공통된 견해를 열정적으로 부정하고 있다. 흉노족이 이란인이었다는 주장(Bailey 1985: 25 et seq.)이나 케트인(Kets)이었다는 주장

(Pulleyblank 2000; Vovin 2000), 또는 다른 종족이었다는 주장은 이미 제기된 바 있다. 그들이 적어도 북부 이란인들의 동쪽 지파에 해당하는 사카인(Sakas)에게서 강한 문화적 영향을 받았음은 부인할 수 없으며, 흉노라는 이름 자체가 오래된 북이란 종족 명칭으로서의 *skuða 즉 '궁수'라는 단어에 대한 또 다른 전사(轉寫)였을 가능성이 높다. 그러나 이러한 가설을 논증하거나 부정하기 위해서는, 고대 중국어의 재구성이 우선 선행되어야 할 것이다. de la Vaissiére가 훈족과 흉노 사이의 연관성과 관련해 가장 탄탄한 주장을 내놓긴 했지만, 불행히도 그가 해명하지 못한 문제도 많다. 무엇보다도 그는 중국어 표기의 음운론적 측면이 이 사안의 핵심임에도 불구하고 그를 언급하지 않았다. 그와 관련한 증거들은 그 이름의 고대 중국어 표기가 중세 중국어 표기 방식과 여러 지점에서 다르며, 무엇보다도 연속자음(initial cluster)으로 시작한다는 점에서 그러함을 보여준다. 그러나 de la Vaissiére가 전후의 주장에서 제시되지 않은 자료들도 소개하고 있는 바, 그의 주장은 심층 검토될 필요가 있다. 미주 52번 참조.

52 적어도 몇 개의 *sC(C)-음절두음 겹자음(onset cluster)을 지닌 음절들이 초기 중세 중국어 시기에 이르면 단순한 음절두음 *χ-로 축약된 것으로 현재 인정되고 있다. 그러한 모든 음절두음 겹자음이 중앙 방언에서는 현저히 축약됐을 개연성이 높고, 음절두음 단자음 *s-마저도 *χ-로 변했을 가능성이 높다.(일부 사례에서는 실제로 그랬다.) 중앙 방언에서의 그러한 변화는 중세 중국어 시기에 이르러 완료되었지만, *s는 기원후 초기 수백 년 동안 여전히 남아 있었다. 인도어의 중국어 전사(轉寫)에서 이를 확인할 수 있는데, Pulleyblank(1984) 및 다른 학자들이 이를 밝힌 바 있다. 따라서 고대 중국어의 *s는 서한시대 초기에도 여전히 남아 있었을 가능성이 있다. 음성학적으로 볼 때, 흉노(Hsiung-nu)라는 명칭이 음절두음 *s로 시작되지 않았을 가능성은 적다. 첫 음절의 시작음은 따라서 *sV- 또는 *sCV-의 형태가 된다. 서한의 수도는 장안에 있었으므로, 당시 중국어의 기준어에서는 비음(nasal)이 구음화(oralize)되었을 것이다.(예를

들면, Mo-tun(묵특)은 *Maɣtur가 아닌 *Baɣtur를 나타낸다.) 따라서 현재 흉노(Hsiung-nu)라고 읽히는 표기 또한, *Soɣdâ, *Soɣlâ, *Sak(a)dâ 또는 심지어 *Skla(C)da 등의 발음을 전사(轉寫)한 것으로 추정된다. 부록 B 참조.

53 사카(Saka)라는 명칭의 중국어 전사(轉寫)로 가장 잘 알려진 것은 새[塞, Sai, MChi *sǝk(Pul. 271)]이다. 이 단어의 음운(phonetic)이 다른 곳에서의 출현 양태를 고려할 때,(Karlgren를 이를 간과하거나 무시하였다.) 이 단어는 어두음 *ś-로 재구성할 수 있으며, 프라크리트어(Prakrit) 형태로 추정되는 Śak(Śâka~Saka에서 유래함)와도 일치한다. 사카 내지 스키타이의 명칭은 야르칸드(Yarkand)의 옛 이름인 사차(莎車, So-chü~Sha-ch'e, *Saklâ~*Śâklâ)에도 남아 있다. 그러나 전사(轉寫) 시점이 후대이므로, 근본적으로는 *ś- 보다는 *s-를 반영한 것으로 추정된다. 여기서 *s- 와 *ś- 의 문제는 좀 더 연구될 필요가 있다. 야르칸드의 고대 명칭과 관련한 주석으로는 Hill(출판예정) 참조. 흉노와 사카(Saka)의 연계 가능성과 관련해서, 투르크의 기원에 대한 『주서(周書)』의 기록을 주목할 필요가 있다. 두 가지 버전 중 하나에서 말해주는 바에 따르면, 투르크는 원래 흉노의 일원이었다. 다른 버전에 의하면 그들은 흉노족의 북쪽에 있던 색국(索國, Saka, NMan suǒ < MChi *sak; Pul. 1990: 298)에서 왔다는 언급이 있다.(『주서』 CS 50: 907-908; Sinor 1990a: 287-288 참조). 일찍이 색국(索國)의 색(索)이라는 이름에 대하여 근사한 의미론적 해석이 제기된 바 있지만, 그것은 사카(Saka)라는 명칭의 발음을 전사(轉寫)한 것이 거의 확실하다. 그리스의 메난드로스 역시 동일한 언급을 한 바 있다.(Blockley 1985: 116-117): "투르크는 예전에는 사카에(Sacae, 즉 Sakas)로 불렸다." 이 자료들은 완전히 독립적인 자료이기 때문에, 이 정보는 대단히 의미심장하다.

54 다키아(Dacia)는 다키(Daci) 혹은 게태(Getae), 즉 트라키아인 혹은 프리기아인의 땅이었는데, 기원전 1세기에는 강력한 지역 국가였다. 현재의 루마니아와 몰도바 지역이다. 다키아인들은 세력을 동쪽으로 뻗쳐 폰틱 스텝 지역을 거쳐 흑

해까지 이르렀고, 카이사르(사망 44 BC)는 그들을 공격하고자 했는데, 그들이 로마에 위협이 되는 세력이었다는 것이 명분이었지만, 그보다는 그들의 금광을 [현재의 트란실바니아(Transylvania) 지역에 있던] 노린 측면이 더 강했다. 로마와 다키아 사이의 주기적인 갈등은, 트라야누스(재위 98~117)가 기원후 101년~107년 사이에 그 나라를 병합하고 로마 제국으로 편입시킬 때까지 계속되었다. 당시 다수의 로마인들이 이 지역으로 이주하였다. 현재 루마니아어는 당시 로마 이주민들이 쓰던 라틴어의 직접적 후손에 해당한다. 이 지역은 이후 고트족들에게 넘겨졌다. Tacitus, *Germania*, x, xliii, xlvi(Mattingly 1970: 101, 136-137, 140) 참조.

55 이 행은 절반만 문서에 남아 있는데, Dobbie(1953)가 제시한 교정본과는 다르다. 이외에도 몇 가지 교정을 달리 하였다. 인용된 단락에서 Dobbie의 교정본에 따르면 81b행부터 90a행까지의 번역은 Beckwith(2003)에 제시된 해석에 근거하였다. 나의 책에서는 다른 해석이 논의되어 있고, 절반 남은 행의 해석 및 교정 또한 오류하는 점을 지적했다. 여기서 제시된 번역에서는 텍스트가 원래 의도했다고 추정되는 나의 생각을 표현해보려고 했다. 고대 영어가 어떻게 재구성되는가 하는 것은 또 다른 문제다.

56 역사가들은 때때로 서부 스텝 지역 및 동부 유럽의 훈족을 중앙아시아의 에프탈 (Hephthalites) 즉 '백색 훈족(white Huns)'과 동일시하는 경우가 있다. 이 백색 훈족은 5세기에 사산조를 격퇴했으며, 박트리아와 트란스옥시아나의 거대한 영역을 점령하였다. 에프탈은 분명 훈족은 아니었다. 그런데 그들에게 훈족이라는 이름을 붙인 것은 오류이거나 혹은 포괄적인 명칭으로 그렇게 불렀던 것 같다. 최근에 발견된 에프탈 시기의 박트리아 문서에서는 에프탈(ηβοδαλο)은 언급이 되지만 훈족은 나오지 않는다.(de la Vaissiére 2005d: 19). 시온(Chion)이라는 잘 알려지지 않은 민족이 샤푸르(Shâpûr) 2세(재위 309~379) 치세에 사산조의 동쪽 국경 지대에서 활동했었는데, 샤푸르 2세가 356년~357년 그들

을 정복하였다. 이들이 훈족이었거나 혹은 훈족과 연결되었다는 주장도 가끔 있다.(예를 들면, Frye 1983: 137; Bivar 1983: 211-212). 그러나 이 또한 명백한 오류이다. 시온의 명칭이 중세 페르시아의 팔레비(Pahlevi) 문자로 Hyon으로 기록되어 있고, 『아베스타』에는 Hyaona로 기록되어 있는 것으로 보아, 그들이 이란어족이란 주장이 있었다.(Felix 1992: 485 및 다른 연구들). 그러나 이 가설은 이미 명확히 부정된 바 있으며(de la Vaissiére 2005d: 5-10) 현재 이들의 언어민족학적 정체성은 미상이다.

57 교역 시장(들)에 대해서는 프리스쿠스(Priscus)의 다른 책에서도 언급된 바가 있다.(Blockley 1983 II: 230, 243). 한 기록에서 훈족이 시장에서 로마인들을 공격한 이야기가 나온다. 이 사건 당시 로마인들이 사절을 보내 불평을 제기하자, 훈족은 그들의 공격이 심각한 도발에 대한 응전 보복이었다고 설명하였다. 마르구스(Margus, 현재 세르비아의 Pozarevac)의 로마인 주교가 [먼저] 훈족의 영토로 넘어와 왕실 분묘를 도굴했다는 것이다. 프리스쿠스를 비롯해 후대의 여러 주석가들이 훈족의 주장을 허위로 치부했지만, 이후 그 주교가 자기만이라도 살기 위해 훈족에 항복을 한 사실은, 당시 상황의 피해자가 (로마인들이 아닌) 훈족이었을 가능성을 보여준다. 로마의 국경 관리자가 중앙유라시아인들을 어떻게 대했는지, 심지어 중앙유라시아와의 국경 서쪽 끝에서 동쪽 끝까지 전역에서 벌어졌던 일들의 패턴을 보면, 훈족의 피해로 추정한 결론이 틀리지는 않았을 것이다.

58 아바르는 '선비 연맹'의 일원은 아니었지만[언어학적으로 확인 가능한 선비 연맹의 구성 민족은 *타그바치(*Taghbač, 탁발)를 포함해서 모두 몽골어를 사용했다.] 그들과 일정한 관련을 갖고는 있었다. 중국 측 자료에 전하는 기원 설화에 의하면 그들은 선비의 복속민이었다. 그 이야기가 아바르에 대해서 부정적인 편견을 담고 있고, 중국 또한 아바르의 적이었을 것으로 추정되는 부분들이 많이 있는 것으로 보아, 아바르는 뚜렷이 구별되는 민족적 정체성을 가지고 있었고,

언어 또한 달랐던 것으로 보인다. 아바르의 몇몇 이름이나 칭호들이 몽골어처럼 "들리기는" 하지만, 이는 대체로 차용어였다.(잘 알려진 예를 들자면, 훈족의 이름 중에는 고트어가 많았고, 고대 투르크족의 경우 이란어 혹은 인도어 이름이 많았다.) 아바르 최후의 카간의 이름 아나괴(阿那瓌) 혹은 *아나가이(*Anagai)는(CS 50: 908) 서쪽으로 멀리 떨어진 곳에서 메난드로스의 글에 'Ανάγαιος 즉 아나가이로 등장한다.(Blockley 1985: 172-173, 178-179). 여기서는 투르크족 우티구르(Utigur)의 통치자로 추정되는 자의 이름이었다.(Chavannes 1903: 240 참조). 아바르의 이름과 칭호는 대부분 음성학적으로 분명하게 몽골어와 구별된다. 당시 아바르와 관련해서 가장 문제가 되는 것은 자료의 부족이 아니라 그들에 대한 연구의 부족이다. 이 주제는 너무나도 오래도록 방치되어 버렸다. 중세 중국어 외국인 인명(阿那瓌와 같은)을 재구성할 때 매개음 *w는 "원래" 외국인 이름에 대응되는 발음이 없는 경우가 많다.

59 고대 한국과 일본의 언어민족학적 역사에 대한 논란은 부분적으로 근대 정치상황과 관련되어 있고, 여기에는 한국의 민족주의도 포함된다.(이에 대해서는 Pai 2000 참조). 더불어 한국, 일본 및 기타 외국인 학자들이 주요 자료와 이에 대한 연구를 방치했기 때문이기도 하고, 동아시아 연구 분야 전반에서 널리 퍼져 있는 뿌리 깊은 오해 혹은 과학적 역사 언어학 및 문헌학에 대한 공공연한 반대 때문이기도 하다. 이와 관련된 자료와 이슈들은 Beckwith(2005a, 2006e, 2007a; Kiyose와 Beckwith 2006 참조) 참조.

60 이 시대는 "일본" 문화의 시작으로 간주되는데, 대체로 기원전 4세기~기원전 3세기경에 시작된 것으로 받아들여지고 있다. 최근 일부 학자들이 탄소 측정 연대를 근거로 훨씬 이전 시기를 제안하기도 했다. 문제는 주지하듯이 탄소 측정 연대가, 특히 이 시점에 대해서는 신뢰할 수가 없다는 것이다. 기원전의 마지막 천 년 및 기원후 500여 년간의 한국 및 일본 역사와 관련해서 연륜연대학적 판단이 나오기 전에는, 야요이 시대를 정확히 비정하기 어려울 것이다. Kiyose와

Beckwith(2008) 참조.

61 세계사 연구에서 민족대이동이 중앙유라시아 주변 지역에 미친 사소한 효과에 대해서는 지나치게 관심을 기울였고, 특히 서로마 제국에 대해서 그랬지만, 그 원인에 대해서는 너무도 관심을 두지 않았다. 가능한 원인에 대한 몇몇 언급이 있기는 했지만, 여전히 근본적인 설명에 있어서는 언제나 그대로였다. 즉 중앙유라시아인들은 춥고, 배고프고, 가난했지만, 동시에 호전적이고, 정력적이며, 자연적으로 전쟁 준비를 갖추고 있었다는 것이다. 그들은 남쪽의 허약한 농경민들을 약탈할 기회를 잡아 예기치 못한 성공을 거두었으며, 그 지역에 자신들의 나라들을 세웠다는 것이다. 이 시대의 성격을 이렇게 설명하면 전적으로 오해를 초래할 뿐이다. 이러한 설명은 많건 적건 간에 전적으로 중앙유라시아 사람들(물론 전쟁 포로는 제외하고)에 대한 오해에 기반하고 있다. 그들은 고향에서 배고프고 가난했으며, 등등을 갖다 붙여서, 그들에게 원인 제공의 책임을 전가하는 것이다. 이에 대한 근거는 전혀 없다.(에필로그의 논의 참조). 중앙유라시아인도 사람인 까닭에, 주변 이웃들이 그들을 공격한 만큼 그들도 적을 공격하기는 했다. 그러나 단순한 사실은 왜 민족대이동이 일어났는지를 우리는 아직 모른다는 것이다. 주변 정주 지역 문화에서 일어난 사건을 충분히 알고 있는 만큼, 그 원인에 대해서도 아마 언젠가 알 수 있을 것이다.

62 아라비아의 내부 교역 및 대외 무역, 무함마드, 초기 이슬람의 팽창 등은 매우 논란이 많은 분야이다. Shaban(1970, 1971, 1976), Crone(1987), Peters(1994)의 다양한 논문들 참조. 이 책에서는 대체로 Shaban의 입장을 수용하고 있으며, 부분적으로는 Crone의 논리도 수용하고 있다. 특히 아라비아 외부로 팽창하게 된 원동력에 대해서는 Crone의 입장을 따랐다. Crone은 가능한 변수들을 제거함으로써, 논란거리인 아랍인들의 태생적 호전성(q.v. 미주 63번)이라는 요소로는 이슬람의 창업이라는 특유의 역사 및 그 뒤를 이었던 여러 정복전들을 해석할 수 없음을 주장하였고, 유일한 가능성으로 "외부의 아라비아 침략"을 지목하

였다.(Crone 1987: 245-250). "무함마드의 아라비아는 현대에서도 찾아보기 어려운 어떤 거대한 외부세력의 지배 아래 들어갔다."(Crone 1987: 246). 초기의 정복전과 관련해서는 또한 Donner(1981) 참조.

63 Crone(1987: 243-245) 및 다른 연구자들은 아랍인들이 탐욕스러운 정복자들이었다고 주장한다. "부족 국가들은 생존을 위해 정복을 계속할 수밖에 없었고, 그러한 부족 국가의 구성원들은 약탈을 좋아해서 언제나 절제보다는 전쟁을 선호했다."(Crone 1987: 243). Crone이 보기에는 무슬림 또한 예외가 아니었다. "무함마드는 정복전에 나서야 했고, 그의 추종자들도 그것을 좋아했으며, 그의 종교적 위엄이 전쟁을 독려했다. 더 이상 무슨 증거가 필요한가?"(Crone 1987: 244). 이러한 언급들에 과학적 근거가 있어 보이지는 않는다. 에필로그에서 논의된 중앙유라시아인들에 대한 선입견과 Crone의 아랍에 대한 선입관이 놀라울 만큼 일치하는 것은 우연이 아니다. 이슬람 코미타투스에 대해서도 이와 비슷하게 보는 관점에 대해서 Beckwith(1984a) 참조.

64 흔히들 말하기를, 중세 페르시아어나 혹은 근세 이전의 페르시아 문어체로 된 책은 매우 드문데, 왜냐하면 아랍인들이 "체시폰에 있던 거대 도서관을 파괴했기 때문"이라고 한다. 사실상 남아 있는 고대 페르시아의 책은 아주 드문데, 이유는 단순히 페르시아인들이 책을 거의 쓰지 않았기 때문이다. 페르시아인들은 이슬람을 받아들이고 아랍의 저술 관습에 익숙해진 이후에야 책을 많이 썼다. 9세기 초 아랍 제국이 해체되는 과정에서, 굉장히 아랍화된 문어인 신페르시아어(New Persian)가 발달했다. 그 뒤로 페르시아인들은 아랍인들처럼 방대한 저술을 남겼다. 이러한 연유에 의해 아랍어나 나중의 신페르시아어로 된 수많은 책들과 비교했을 때 중세 페르시아어로 된 책이 턱없이 부족한 현상이 설명될 수 있을 것이다. 아랍이 도서관을 파괴했다는 허구적인 이야기는 아랍이 알렉산드리아의 거대 도서관을 파괴했다는 주장과 함께 대표적인 역사의 쓰레기에 속한다. 알렉산드리아 도서관은 아랍의 정복 수 세기 전에 이미 사실상 사라졌다.

65 역사 기록에 따르면 중앙아시아에 속하는 남부 및 서부 지역이 페르시아에 의해 수차례 점령당한 적이 있었다. 그러나 이 지역을 페르시아가 오래도록 직접 지배한 적은 없었다. 이 지역 사람들은 문화적으로나 언어적으로 페르시아인이 아니었다. 실제로 그들의 언어는 전혀 달랐다.(박트라아어, 소그드어 등등) 설사 이들 언어가 다 같이 이란어족에 속하므로 페르시아와 어떤 연계가 있다고 하더라도, 이들은 이란어족 언어 계통에서 다른 부류에 속했다. 혼란의 원인은 상당 부분 '이란어족'이라는 명칭 때문에 비롯된 것이다. 이는 현재의 이란(과거 페르시아)과는 특별한 관계가 없는 명칭이다. 이는 어족을 분류하는 학술적인 용어일 뿐이다. 페르시아와 마찬가지로, 아랍도 한때 중앙아시아의 남부 및 서부 지역을 휩쓴 적이 있었다. 그러나 그들도 확고하게 이 지역을 통제하지는 못했으며, 비교적 초기에 실질적인 통제력을 상실했다. 중국도 중앙아시아의 동부 지역에 확고한 지배 체제를 구축하는 데 많은 문제를 겪었다.

66 현장(玄奘) 법사는 발흐(Balkh) 지방의 나우바하르(Nawbahâr)에서 한 달여간 아비달마 대비바사론(阿毘達磨 大毘婆沙論, Mâhavibhâsa śâstra)를 연구했다. 이는 설일체유부(說一切有部, sarvâsti-vāda)의 중요한 텍스트로,(TSFC 2: 33), "불교 사상에 대한 백과사전이다. 이 속에는 각기 다른 학파에 속하는 몇몇 고대 및 당대 사상론이 신중하게 수록 및 논의되었다."(Ch'en 1992: 95 n.9). 다행히도 그는 사본을 중국으로 가져와 번역했고, 이후 중국어 사본 말고는 모두 잃어버렸다. 이 문헌 및 관련 자료들에 대해서는 최근 좋은 연구가 발표된 바 있다.(Takeda and Cox, 출간예정; Willemen et al. 1998).

67 새로운 아랍 제국의 제3대 칼리프 우트만(Uthmân, 재위 644~656)이 살해된 이후 내전이 발생했다. 예언자 무함마드의 사촌 알리('Alî, 재위 656~661)가 우트만의 뒤를 이었지만, 계속되는 우트만의 정책에 대한 불만이 고조되었고, 우트만의 사촌이자 시리아 총독인 무아위야(Mu'âwiya)가 복수에 집착한 나머지, 결국 나라를 내전에 빠뜨렸던 것이다. 알리의 장남 알 하산(al-Ḥasan)이 잠시

왕위를 이어받았지만 얼마 지나지 않아 무아위야에게 왕위를 양보했다. 후라산(Khurasan)에서의 반란은 사실상 아랍이 처음 그 지역을 정복한 직후 발생했지만, 몇 차례 진압을 시도했음에도 불구하고 아랍은 내전이 끝난 이후에도 사태를 거의 진정시키지 못했다.(Shaban 1970: 26-27).

68 Spurgyal이라는 칭호는 통상적으로 "Sup의 왕"을 지칭하는 것으로 이해돼 왔다.(Beckwith 1993). 그러나 그것은 잘못된 해석일 가능성이 높다. 사실 우리는 그 칭호가 무엇을 의미하는지 알 수 없다. 다만 Spu가 티베트의 초기 왕조 명칭일 가능성은 있고, Spurgyal이라는 칭호는 제국 시기의 텍스트에 등장하였다. 최근 몇몇 티베트인과 티베트 연구자들이 Spurgyal이 티베트 제국을 의미하는 명칭으로 사용하기 시작했다. 이는 역사에 반하는 것으로, 고대 티베트어와 고대 중국어 이중 언어로 기록된 자료와 실제로 부합하지 않는다. 이 자료에 의하면 나라의 이름을 보드 첸(위대한 티베트)이라고 지칭하고 있으며, 중국어 용법 대당(위대한 당나라)과 마찬가지로 쓰였다.(틀림없이 중국을 모델로 한 것이다.) 이 문제에 대해 학자들의 주목을 요한다.

69 제국 시기 이후의 티베트 기록에 근거하여, 문성공주(文成公主, 『고대 티베트 연대기』에는 Mun caṅ koṅco로 표기)가 황제 티송첸(Khri Srong Rtsan, Khri Sron Brtsan, 별칭 송첸감포)과 혼인하기로 돼 있었다고 보는 것이 통상적이다. 『고대 티베트 연대기(Old Tibetan annals)』 앞부분의 기록에 의하면, 이는 인정할 수 없다. 뿐만 아니라 8세기 중국과 혼인 관계를 맺었던 다른 역사에 비추어 봐서도 이는 사실에 어긋난다. 그렇다면 두 가지 가능성이 있다. 첫째, 공주는 왕세자 궁송궁첸(Gung Srong Gung Brtsan)과 결혼했을 가능성이 있다. 그는 나중에 황제가 되어 6년간 재위한 뒤 죽었다. 그 뒤 티송첸은 다시 황제가 되었다. 중앙유라시아의 혼인계승 전통에 따라 문성공주는 티송첸이 649년~650년 사망할 때까지 그의 왕비 중의 하나가 되었을 것이다. 이러한 견해는 파편적으로 남아 있는 『고대 티베트 연대기』 앞부분 기록과도 일치한다. 여기에서는 분명히 티

송첸이 죽기 전에 "3년간 문성공주와 함께 거주했다."고 기록되어 있다. 그러나 같은 기록에서 두 차례나 황제로 첸포 첸(btsanpo gcen, 황제, 형)을 지칭하고 있다. 그와 함께 충[gcung, (황실의) 동생] 첸송(Btsan Srong)이 등장한다. 연대기에서 소실된 부분에 궁송궁첸이 언급되었을 가능성도 있지만, 남아 있는 자료만을 근거로 볼 때 그렇지는 않은 것 같다. 그렇다면 동생 첸송이 문성공주의 남편이 되었을 가능성이 남는다. 『고대 티베트 연대기』에서는 티송첸의 아버지 치세에서 일종의 이중 통치 체제가 등장하는데, 같은 상황이 8세기 초에도 등장한다. 이 때 당나라가 문성공주를 두고 조약을 맺었다면, 현재 첸포 첸 라(btsanpo gcen lha, 황제, 연장자로서의 형 라)를 혼인 대상으로 했을 것이다. 그러나 어떤 경우에도 분명히 티데축첸(Khri Lde Gtsug Brtsan, Mes Ag-tshoms)과 혼인을 예정했을 수는 없다. 왜냐하면 문성공주를 두고 협상이 이루어진 시점은 티데축첸이 황제의 후보로 지명되기 훨씬 전이었기 때문이다. Beckwith(1993: 69-70 참조). 중앙유라시아의 여러 지역에서 존재했던 이중적 왕위(dual kingship) 관행에 비추어 볼 때, 이 사례는 더 심도 깊은 조사가 요구된다.

70 프랑크인들이 라틴어 칭호 임페라토르(imperator)를 수용한 때는 기원후 800년 크리스마스 날이었다. 프랑크의 역사 자료에는 교황에 대해 못마땅하게 생각했던 당시 프랑크의 입장이 나타나는데, 이 사건이야말로 생생한 역사 자료라 하겠다. 당시 프랑크에는 그들 제국의 최고 통치자 호칭이 이미 있었다. 이미 그들의 제국을 다스리는 최고 지도자를 가리키는 호칭의 하나는 라틴어 렉스(rex)였고, 또 하나는 왕에 해당하는 프랑크어가 있었다. 이 둘은 주변의 비잔틴 제국이나 아랍 제국의 칭호와는 분명히 다른 것이었다. 샤를르마뉴 시대에 임페라토르(imperator)라는 칭호는 더 이상 배타적인 '황제'의 의미는 아니었다. 그들보다 작은 규모의 아바르 같은 경우에도 카간(kaghan, emporor)라는 칭호를 유지하고 있었다. 샤를르마뉴는 791년 아바르 왕국을 정복하였다.

71 튀르크 왕족의 종족 명칭은 메난드로스의 글에서는 *아르실라스(*Arsilas, Ἀρσί

λας)라고 나온다.(Blockley 1985: 172-173). 중국 자료에는 이 이름이 아사나 (阿史那)로 기록돼 있다. 이는 현대 북경어에서는 A-shih-na로 읽는데, 중세 중국어 방언 *Aṣinas에서 유래한 것으로, 이는 이방 언어의 *Aršinas~*Aršilas를 나타내는 것이 분명하다. 어미음 *s는 표준 중세 중국어에서는 "거성(去聲)"이 되었다. 이는 다른 예전 전사(轉寫) 자료에서도 확인이 되는 바, 초기 중세 중국어까지도 그대로 이어지고 있었다.(Pulleyblank 1984). 현대 중국어 발음 n은 중세 중국어에서는 n, l, d로 발음되었다. 그리스어 표기에는 이러한 특유의 모호함이 없지만, 대신 s와 ś 사이의 구분이 모호하다. 이 두 발음은 중국어 표기에서는 구분이 된다. 중국어 전사(轉寫)와 메난드로스의 그리스어 전사(轉寫)는 이처럼 아주 잘 맞아떨어진다. 기본형은 *Aršilas였다. 이 명칭의 어근은 아직 미상이지만, 일부에서 예상하는 것처럼(미주 72 참조) 고대 투르크 비문의 kök(하늘색)과는 관련이 없다. kök은 푸른 하늘을 가리키는 것이 분명하며, 튀르크 통치자들의 조상인 하늘 신 탱그리(Tängri)가 머무는 공간으로서의 하늘도 의미한다. 비문에 따르면(번역은 Sinor 1990a: 297 참조), "위로는 푸른 하늘과 아래로는 갈색 땅이 만들어졌을 때, 그 둘 사이에서 인간의 아들들이 만들어졌다."고 돼있다. 당시 비문을 썼던 사람들이 염두에 둔 것은 분명 하늘 신 탱그리와 땅의 여신 우마이(Umay)였다. 따라서 Kök Türk는 '천상의 푸른 투르크인들'을 가리키던 것으로 추정되는데, 학자들도 오래 전부터 그렇게 생각해 왔다. 비록 de la Vaissière(2007: 199-200)가 "투르크 왕족의 명칭이 소그드어로 'šn's로 전사(轉寫)되어 있다는 사실은 알려져 있는 바다. …… 그것은 정확하게 Ashinās이다."라 주장하긴 했지만, Beckwith(2005b)에서 지적했듯이, 그러한 형태가 발견된다고 언급된 두 개의 소그드어 금석문에 정작 그런 형태는 발견되지 않았다. 그는 그리스 측 전사(轉寫)를 고려하지 않았고, "투르크 왕족에 대하여"라는 제목의 부록(Beckwith 1987a/1993: 206-208)에 들어 있는 투르크 왕족 명칭에 대한 나의 논의도 대부분 참조하지 않았다. 그리고는 다만, "벡위드 씨에게는 미

안하지만, 그것은 칭호가 아니라 종족의 명칭일 뿐이다."라고만 언급할 따름이었다. 종족 명칭이라고 한 것은 분명 내 글에서 토하리의 칭호를 참조한 것인데, 그 글에서 나는 그것이 아마도 투르크 종족 명칭의 "원천일 것"이라고 쓴 바 있었다.

72 Klyashtornyi(1994: 445-448) 및 다른 연구자들은 그 이름이 호탄어로 āṣṣeiṇa(푸른, Rastorgueva and Ėdel'man 2000, I: 285 참조), 토하리어로 âśna였으며, 고대 투르크어의 kök(푸른)에 대응된다고 주장했다. kök의 경우 전통적으로, 오르혼의 고대 투르크 황실 비문에 보이듯이, Kök Türk(푸른 튀르크)처럼 이름에 붙는 별칭이라고 생각해 왔다. Klyashtornyi를 비롯한 여러 연구자들의 견해가 투르크 연구자들에게 어느 정도 수용되긴 했지만, 간과할 수 없는 문제들이 또 있다. kök을 아사나(阿史那)와 동일시하는 것은, kök이 형용사로서 Türk를 한정해야 한다는 점,(투르크어에는 형용사가 없다고 주장하는 이들이 구문론을 무시하지만, 구문론을 무시할 수는 없다.) 그리고 황실 종족의 명칭은 반드시 명사여야 한다는 점을 간과했다. kök(푸른)을 명사로 본다면, 결국 Kök Türk의 의미는 '푸른 사람들'과 '튀르크인들'이 되는데, 이는 비문의 맥락에서도 그렇고 투르크 역사에 비춰봐서도 의미가 닿지 않는다. 아사나(阿史那)와 Kök을 동일하게 보는 발상은 아사나(阿史那)에 대한 현대 북경어 발음 A-shih-na에 근거한 것으로, 그 이름이 1,500여 년 전 중세 중국어로 전사(轉寫)되었으며, 당시에는 발음이 완전히 달랐다는 점을 무시한 것이다. 게다가 이 발상은 중세 중국어 전사(轉寫)와 대체로 일치하는 명백한 그리스 측 전사(轉寫) 또한 무시하고 있다. 결과형으로서의 Aršilas는 호탄어 '푸른'과 일치될 수가 없다. 이 발상은 또한 톤유쿡(Toñukuk)이라는 방계 귀족의 종족 명칭 아사덕(阿史德, A-shih-te)을 고려하지 않았다. 올바른 어근이라면 두 명칭 모두 충족시켜야 할 것이다. 고대 투르크어 혹은 소그드어 텍스트에서 아사나(阿史那)를 찾았다는 주장에 대해서는 확인 결과 찾을 수가 없었다. Beckwith(2005b) 마지막으로, 아르실라스(Aršilas)라는 명칭과 음성학적으로 유사한 명칭을 투르크어, 아랍어 및 다른

언어로 된 자료에서 찾으려는 시도 역시 대단히 회의적이다. 이 명칭은 음운학적으로 볼 때 투르크어에서 대단히 생소한 것이며, 초기 투르크 이름들도 모두 그러하다. "중국 측 자료에서 나타나는 튀르크 지도자들의 이상한 이름 50여 개 가운데 극소수만이 투르크어에서 유사어를 확인할 수 있으며, 순수한 투르크어는 훨씬 더 적다."(Sinor 1990a: 290). 투르크인들은 아르실라스(Aršilas)라는 발음을 하기가 쉽지 않았을 것이며, 그 결과 여러 가지 변형된 명칭으로 부르게 되었고, 이것이 후대 투르크 역사에서 확인되는 바이다. 그 중 다수가 여러 외국 단어 및 이름들과 혼합되는 과정에서 변화했던 것으로 보인다. Beckwith(1993: 206-208 참조).

73 티베트 제국에서 발생한 755년의 반란과 관련한 자료들은 대부분 후대에 작성된 것인데다가 티베트에 대한 몰이해로 가득 차 있다. 그러나 한편으로, 그러한 기록들은 공식 자료인 『고대 티베트 연대기(Old Tibet anals)』의 이면에 존재하는 뭔가를 반영하는 것으로 보이기도 한다. 살해당한 황제의 비빈들 중에는 중국의 금성(金城)공주도 포함돼 있었는데, 그녀는 물론 반란이 발생하기 한참 전에 이미 사망했었다. 그의 조부의 황실 비빈들 중에는 서투르크의 공주 * 아르실라스(*Aršilas) 가문의 공주가 있었는데, 단지 고대 투르크어 칭호인 카툰(khatun, 즉 qatun, 왕비)으로만 알려져 있었다. 황제는 어린아이였지만 티말로드(Khrimalod)의 도움으로 황위를 계승했다. 티말로드는 '첸포 라(btsanpo Lha)-형'이라고만 알려져 있는 황제를 전복시킨 장본인이었을 가능성이 높다. 반란에 대한 추가 사항으로는 Beckwith(1983) 참조.

74 어느 외국에서 스승(들) 혹은 번역가(들)이 티베트로 갔다는 점에 흔히들 주목하고 있다. 그런 일 자체가 있었던 것은 사실이지만, 대부분의 경우 이들은 당시 티베트 제국의 강역 내에 살고 있었던 사람들이었을 것이다. 제국의 범위가 넓어지다보니 그들이 살고 있던 지역이 제국 내로 편입되었다. 유명한 스승 파드마삼바바(Padmasambhava)는 전설에 가까운 인물로서 우댜나(Udyâna)에서

티베트 중부 지방으로 갔다고 하는데, 당시 우댜나는 티베트 제국에 조공을 바치는 나라였다. 중앙아시아 또는 따식(Tazig, 아랍) 불교는 이전의 티베트 서쪽 샹슝(Zhangzhung) 지역으로 전파됐을 것으로 추정되고 있는데, 이후 그 지역에서 뵌(Bon)이라는 이름을 갖게 되었다.(비역사적으로 보이지만 가능한 시나리오이다.) Beckwith(출간예정-c) 참조. 만약 이러한 불교 전파가 가능성에 머물지 않고 실제로 발생한 일이었다면, 다른 지역에서도 동일한 방식으로 전개되었을 가능성이 높다. 티베트가 동부 토하리스탄(현재 아프가니스칸 동부, 우즈베키스탄 남부 및 타지키스탄)에 세력을 미쳤을 때, 그곳은 이미 완전히 불교 국가였다.

75 740년은 예후다 할레비(Jehuda Halevi, 1140년 무슬림 치하 스페인에서 집필 활동)가 히브리어로 쓴 저서에 나타나는 분명한 연대이다. 그러나 연도에 대해서는 아직도 논란이 있다. 연도는 같은 세기에서 조금 더 이후였을 수도 있고 [알 마수디(al-Mas'ûdî)는 그의 저서 *Murûj al-dhahab*에서 카자르인들이 하룬 알 라시드(Hârûn al-Rashîd, 786~809)의 치세에 유대교로 개종했다고 보았다], 혹은 그 다음 세기였을 수도 있다.[이는 "모세의 동전"에 근거한 것이다. 그 동전은 837/838년경의 것으로 비정되지만, 하룬 알 라시드가 사망한 뒤 30여 년이 지나서야 나온 동전들이다. 따라서 이를 근거로 카자르인의 개종 시기를 하룬 알 라시드의 재위 기간으로 비정할 수는 없다. 그들이 837/838년 이전의 어느 시점에서 개종했을 가능성도 얼마든지 있다.(Kovalev 2005)]. 더구나 카자르인들의 개종 자체가 대단히 중요한 사건이어서, 뚜렷한 원인이 있었을 것으로 생각된다. 카자르인들이 730년대 아랍인들 치하에서 감내해야 했던 물리적 파괴, 종교적 박해, 그리고 모욕이 그 원인이었을 것임은 다른 연구자들이 주장한 바 있다.(Dunlop 1954: 86). 아울러 앞서 언급한 바와 마찬가지로, 주요 유라시아 국가들이 아직 밝혀지지는 않은 어떤 이유로 8세기 중엽 세계 종교를 하나씩 수용, 채택했음이 주목된다. 따라서 카자르인의 '개종'이 그 무렵 발생했

을 가능성은 충분하다. 자료 및 주장들에 대한 상세하고도 깊이 있는 연구로는 Golden(2007)을 참조할 만한데, 그는 개종 시기를 9세기 초로 잡고 있다.

76 "인도의 이슬람 반세기"라는 표현은 이슬람 문화사를 연구하던 초기의 한 학자에 의해 만들어졌다. 불행히도 이 이례적으로 명민한 학자가 누구였는지가 기억나지 않는데, 수많은 연구들을 뒤졌음에도 이 학자가 이 주제와 관련해 집필한 저술을 찾아내지 못했다.(또한 내가 알고 있거나 만난 적 있는 수많은 저명한 초기 이슬람 전문가들에게 물어보았지만, 이러한 표현을 아는 이가 없었다.) 내가 아는 한 아바스조의 첫 반세기(이슬람의 지적 문화 생성기에 해당하는 시기)를 인도의 강한 영향을 받은 시기로 특정하여 검토한 이로는 이 학자가 유일하다. 그의 연구가 거의 완벽하게 간과되거나 무시되어 왔다는 점, 그리고 이슬람학자들 사이에 생성기 이슬람 문명에 중앙아시아 또는 인도의 영향이 있었다는 전제를 거부하는 경향이 있음을 고려할 때, 그의 연구야말로 올바른 방향에서 접근을 시도한 맥락의 것이었다고 하겠다. 앞서 말한 바와 같이, 고대 근동 전문가들 및 중국 연구자들이 자신들의 전문 분야에서 외부의 영향을 긍정하는 입장이 제기될 경우 그에 대해 어떤 입장을 취해 왔는지와도 비교해 볼만하다.

77 Fakhry(1983: 34)는 말하기를, "불교의 두 종파 설일체유부(說一切有部, Vaibhashika)와 경량부(輕量部, Sautrantika) 그리고 브라만교의 두 종파 니야야(Nyaya)와 바이샤시카(Vaishashika), 그리고 자이나교 등은 모두, 5세기 무렵 원자론을 제시했는데(그리스인들과는 무관했던 것으로 보임), 그러한 원자론에서는 물질, 시간 그리고 공간의 원자론적 요소가 제시되었고, 그러한 요소들의 혼합에서 발생하는 '소멸이 가능한' 세계의 이치가 강조되었다." Fakhry가 그의 논의에 불교 종파들을 포함시킨 것은 적절하지만, 이들 주제에 대한 일반 연구는 여전히 힌두교에 집중하고 있으며, 아랍인들이 기원후 7세기 말엽 중앙아시아 대부분을 침공, 복속시킨 후 해당 지역에서 고도로 발달했던 불교문화와 긴밀히 접촉한 점(20여 년 전 인도로 가던 중 이 지역을 통과한 중국 승려 현장에 의

해 상세히 기록됨)을 무시하고 있다. 같은 평가가 후라산 서부 출신의 중앙아시아인 알 비스타미(Abû Yazîd al-Bisṭâmî, 사망 875)가 일으켰던, 대단히 특징적이면서 동시에 고도로 신비론적이었지만 한편적으로 "비이슬람적 요소이기도 했던 수피즘"에 대해서도 적용될 수 있다. 그의 스승(guru)은 아부 알리 알 신디 (Abû 'Alî al-Sindî)였는데, 그는 무슬림 신자가 아니었으며, 그의 이름으로 볼 때 그 또는 그의 가족이 신드(Sindh) 출신이었던 것으로 보인다.(Fakhry 1983: 241, 243-244).

78 학자들은 초기 아랍 문법학자들에게 끼친 인도의 영향이 '어느 정도였는지'에 대해 입장을 달리하고 있다. 가장 저명한 전문가인 M.G. Carter는 다수의 저술에서(예를 들면 Carter 1997) 시리아의 영향만을 주장하고 있다. 그러나 이러한 견해는 전적으로 아랍이 시리아로부터의 모음 삽입(vowel pointing) 방식을 수용한 사실에 기반한 것으로, 그것이 사실이긴 하나, 이는 기본적으로 정서법 (orthographic) 위주의 방식으로서, 『알 키탑(al-Kitâb)』에서 나타나는 인도식 음운론 그 자체에 대한 연구와는 상관이 없는 것이다. 초기 문법학자들 중 시리아인이 보이지 않는다는 점도 주목해야 한다. 학자들 중 그 출신이 알려진 경우는 대부분 비아랍인들이었으며, 이미 지적된 바와 같이 문헌의 실제 집필자는 중앙아시아 불교 연구 중심지였던 발흐(Balkh) 지방에서 온 사람이었다. 이 문제는 인도의 문법 전통 및 아랍의 문법 전통 양쪽에 모두 정통한 학자들이 재검토할 필요가 있다.

79 본(bon)이라는 어휘는 본포(Bonpo) 텍스트에 나오는 말로, 초(chos) 즉 다르마(dharma, Dharma)와 똑같은 말이다. 따라서 티베트어에서 그 근원을 찾을 수 있는 단어는 아니라 하겠으며, 그 근원은 아직 미상이다. 또한 티베트 제국 시기 본교(bon)로 알려진 비불교적 종교 전통이 존재했다는 통상적 이해에도 불구하고, 그를 뒷받침할 아무런 증거가 없다는 점에 유의할 필요가 있다. 사실상 본교(Bon) 및 그 추종자들인 본포(Bonpo)의 존재에 대한 최초의 문헌 자료는

제국 이후 시기에나 등장한다. 다른 종파들과는 여러 모로 달랐지만, 그 또한 불교의 한 종파였음이 분명하다. Beckwith(출간예정-c) 참조.

80 Twitchett and Tietze(1994: 45-46)은 거란어의 언어적 연고에 대해 '확신이 없음'을 피력한 바 있는데, 그들이 몽골어를 구사했다는 점은 이미 오래 전에 확증된 바 있다. 이는 문서들을 해독하는 과정에서 더욱 확실히 확인되었다. 최근 거란어 및 여타 초기 몽골어들을 지칭하는 용어로 일종의 비언어학적 용어인 "범 몽골어(para-mongolic)"라는 용어가 사용된 바 있고(Janhunen 2003: 391-402), 근방의 언어들에 대해서도 유사한 용어가 사용된 바 있는데, 이러한 추세 자체가 언어적 관계의 불분명성을 보여주는 것으로, 유라시아 동부 지역의 언어를 연구하는 학자들 모두를 괴롭히는 문제라 할 수 있다. Mischsprache(혼합언어)란 존재하지 않음을 다시 한번 확인시켜주는 대목이기도 하다.(Beckwith 2007a: 195-213). 거란어가 몽골어였거나 몽골어가 아니었거나의 두 가지 경우만이 존재하는 것이다.

81 이슬람 문명의 황금기는, 철학적 사유를 포함해서, 절대 끝나지 않았고, 쇠락하지도 않았으며, 오늘날까지 계속되고 있다는 주장이 최근 제기된 바 있다. Nasr(2006)의 경우, 이슬람 세계의 팔사파(falsafa, 사상) 억압을 변호하면서, 동시에 사상 억압의 실제 증거들을 제시했는데, 이는 그의 논지와 정면으로 배치된다. 그는 철학의 어떤 양상이 시아파와 몇몇 종교적 보수주의의 성채 속에 보존되어 있다는 점을 전반적으로 강조했다. 다른 신학자들은 도그마를 해체하기 위해 노력해 왔지만, 이들은 오직 사상의 자유의 거의 전적인 박탈을 주장해 왔다. 서양의 영향(그의 표현에 따르면 "현대 사상")이 약간의 자유를 회복한 것도 그는 비판하고 있다.(Nasr 2006: 259 et seq.).

82 이상하게도 탕구트는 언어가 티베트어와 관련이 있음에도 불구하고 단순명료한 티베트 알파벳 체계를 받아들이지 않았다. 가끔 탕구트인이나 다른 민족이 탕구트 발음을 티베트 문자로 옮겨적기도 했다. 탕구트가 완전히 새로운 중국식 문자

체계를 개발한 것은 정치적인 이유 때문일 것이다. 그들은 불경을 번역할 때 대장경의 티베트어본이 아니라 중국어본을 대본으로 삼았다. 어쨌거나 탕구트어 음운론은 결과적으로 문제가 많은 주제가 되어버렸다. 탕구트인들이 중국식 모델을 따라 굉장히 복잡한 운서를 만들었는데, 그 행간에는 티베트어 전사가 기록되어 있다. Nebsky(1926)를 비롯한 이 분야 연구자들은 대체로 이를 근거로 채택하지 않았다. 대신 논란이 많은 해석을 더 선호했다. 이들은 분석적인 전사나 일반적인 언어학보다는 여전히 탕구트와 중국어 운서를 더 우위에 두고 있다.

83 칭기스칸(Chinggis Khan, 영어에서는 전통적으로는 Genghis Khan 또는 Jenghiz Khan 등으로도 표기)이라는 칭호는 '해양의(우주의) 지배자'라는 의미를 지닌 것으로 알고 있다. 이러한 해석은 람스테트(Ramstedt)와 펠리오(Pelliot)의 견해를 따른 것으로,(de Rachewiltz 2004: 460에 인용됨) 이들은 칭기스[čiŋgis]를 투르크어 teŋiz[바다, 해양, 『몽골비사』의 중세 몽골어에서는 teŋgis(바다)] 또는 그에 해당하는 어떤 방언형을 차용한 단어로 보고 있다. 첫 음절의 모음은 몽골 방언에서 투르크어 -e-가 -i-로 변한 것이다. 예를 들어 투르크어로 왕자를 뜻하는 *tigin이 몽골어에서 čigin이 되었다. 또 다른 해석으로는, 투르크어 방언에서 이미 첫 음절의 모음이 -i-로 바뀐 뒤에 몽골어로 차용되어 čiŋgis가 되었다고 한다. 칭호를 선택할 때는 과거와 현재 라이벌이 될 만한 군주들의 칭호를 고려하여 신중하게 선택해야 한다. 최근 čiŋgis가 형용사형으로 '사나운, 강한, 거친'을 뜻하며, 테무진의 칭호는 '사나운 통치자'를 의미한다는 주장이 제기되었다. 여러 저명한 학자들도 이러한 발상을 수용하였다. de Rachewiltz(2004: 460)에 소개된 논의와 주석 참조. 하지만 나로서는 이를 받아들이기가 어렵다. 전통적으로 중앙유라시아 칭호들은 하늘의 후손, 하늘이 부여한 임무, 전 세계의 통치자 등과 관련한 표현들을 담고 있었다. 칭기스칸과 그의 후계자들은 이러한 개념들을 깊이 믿었던 것으로 유명하다. 앞에서 언급한 바와 같이 테무진의 경쟁자 자무카에게 주어진 구르 칸(Gür Khan)이라는 칭호

는 '전 세계의 통치자'라는 의미를 담고 있고, 테무진의 또 다른 경쟁자 쿠츨룩(Küchulüg)이 중앙아시아 카라키타이에서 세력을 거머쥐었을 때, 동일한 명칭이 그에게 주어지기도 했다.(q.v. Biran 2005). 카라키타이는 창업 이래 지도자들의 칭호가 줄곧 구르 칸이었다. 자무카나 쿠츨룩보다 훨씬 더 위대한 중앙유라시아의 지배자였던 테무진이 그보다 못한 칭호를 취했을 가능성은 적다. '해양'을 '전 세계'와 동일시한 것은, 이후 몽골인들이 달라이 라마에게 부여한 호칭에서도 근거를 찾아볼 수 있다. 몽골인들이 처음 티베트 불교로 개종했을 때, 겔룩파의 수장에게 '해양의 라마(Ocean lama)' 즉 '전 세계의 라마(universal lama)'라는 칭호를 부여했다. 더구나 몽골의 전설에 따르면 늑대와 암사슴이 안전한 신천지를 찾아 텡기스(Teŋgis, 해양 또는 바다)를 건너고, 거기서 최초의 몽골인들을 낳았다는 이야기는 이미 잘 알려져 있는 바다. 이처럼 몽골이 국가로서 성립되던 초기부터 테무진은 칭키스칸이라고 일컬어졌을 것이다.

84 학자들은 마르코 폴로가 중국에 가지 않았다거나 유라시아 동쪽의 어느 나라에 간 적이 없었음을 입증하고자 여러 세대에 걸쳐 노력을 기울여 왔다. 이러한 연구는 잘못된 가정에서 출발한 것인데, 출간된 책이 마르코 폴로가 자신의 여행을 정확하게 사실대로 얘기했다는 전제가 있는 것이다. 마르코 폴로는 사실상 『동방견문록(Il milione)』이라는 책을 쓴 적이 없다. 그리고 출간된 내용 중에서 그의 진술을 기초로 한 것이 거의 없을 가능성도 매우 크다. 충분히 연구된 바에 의하면, 책을 쓴 사람은 루스티첼로(Rustichello of Pisa)였고, 그는 유명한 로맨스 작가였다. 그러니 루스티첼로가 책을 가능한 많이 팔아먹으려고 했을 것이라는 추정이 가능하다. 세부 내용까지 밝혀졌는데, 책의 상당 부분이 루스티첼로의 글이고, 그의 소설에서 "줄거리를 통째로" 가져온 대목도 있다고 한다.(Latham 1958: 17). 대체로 우리는 어느 대목이 마르코 폴로의 이야기이고 어느 대목이 루스티첼로의 이야기인지 구별할 방법이 없다. 그리고 많은 경우 잘못된 정보의 원자료가 무엇인지도 찾기가 어렵다. 게다가 누구나 알고 있듯이 개인적인 경

험이란, 그것도 누군가에게 말로 전해 들은 것이라면, 정확한 사실을 담고 있기보다는 왜곡된 형태일 가능성이 훨씬 더 크다. 마르코 폴로의 이야기에 대해서 말하자면, 루스티첼로의 손을 거쳤음에도 불구하고 상당히 많은 부분이 살아남았다는 것이 놀라울 따름이다. 또한 마르코 폴로의 이야기는 어떤 식의 합리적인 의심도 넘어설 만큼 기본적으로 진실되고 구체적이다. 중국과 동방 세계 전반에 대한 구체적인 내용이 『동방견문록』에 들어 있다. 이는 정보의 깊이와 정확성 면에서 그 이전에 유사한 사례가 전혀 없었다. 마르코 폴로와 루스티첼로가 중국에 대해서, 역사적인 특정 인물이나 장소에 대해서 보고 베낄 만한 책이 서양에는 존재하지 않았다. 책이 출간된 후 수백 년이 지나서도 마찬가지였다. Cleaves(1976)의 연구와 그 뒤 1985년의 『원사삼론(元史三論)』에 대한 그의 연구(Rossabi 1994: 463 n. 83)은, 마르코 폴로가 쿠빌라이 칸 재위 시기 대칸국을 방문했음을 잘 보여주고 있다.

85 세계사에서 시대 구분이 존재하는 것은(물론 그 경계선에 대해서는 논란이 있지만) 각 시대 사이에 분기점이나 단절이 있기 때문이다. 역사적인 변화란 대체로 누적의 과정이기 때문에, 균일한 속도로 진행되지는 않는다. 많은 중요한 사건들이 서로 연결되어 한꺼번에 일어나는 경우도 있다. 가장 대표적인 예를 들면 8세기 중반이 그러할 것이다. 이 때에는 반란이나 혁명 등이 유라시아 전역을 휩쓸었다. 이러한 시대를 분기점으로 볼 수도 있겠지만, 그 자체로 하나의 시대이기도 하다. 이처럼 어떤 시대는 다른 시대보다 짧지만 압축적인 경우도 있는 것이다. 몽골 정복기도 그 자체로 하나의 시대이며, 그 자체로 연구할 만한 가치가 있지만, 이는 유라시아에서 어떤 근본적인 변화를 가져오지는 않았다. 다만 예외적이라고 한다면, 당시 지식이 동양에서 서양으로 전해졌으며, 그 반대 방향으로 전해진 지식은 훨씬 더 적었다.

86 Pearson(1987: 14)은 "18세기 유럽인들은 산업혁명 및 과학기술의 발달로 (이 지역 뿐만 아니라) 세계를 정복했는데, 그러한 유럽인들의 지배력의 전신이(선

형태가) 포르투갈인들이었다고(포르투갈인들의 지배였다고) 보기는 어렵다. 위의 여러 발달상이 유럽 서부의 지배력을 만들어내어 최소한 일정시간 지속시켰던 것이지, 포르투갈인들이 희망봉을 250년 전에 돌았다고 해서 유럽인들의 지배력 형성에 포르투갈인들이 심대한 기여를 했다고 보는 것은 적절치 못하다. 15세기 포르투갈인들의 항해술의 성공은 하나의 '묘기'였다고 봐야 할 것이다."고 주장하였다. 그러나 이는 적절치 못한 발언이다. 유럽인들은 18세기 산업혁명 이전부터 세계를 다스려 왔는데, 그것은 어디까지나 포르투갈인들, 스페인인들 그리고 다른 여러 사람들이 세계를 항해하며 가능한 한 곳곳마다 무역거점과 식민지를 만들었기 때문에 가능했던 것이었다. 그리고 그들이 그러한 무역거점 및 식민지 건설에 성공할 수 있었던 것은 그들이 이미 기술적으로 우수한 무기와 선박 등을 보유했기 때문으로, 실용성을 최우선시하는(실용성에 근거한) 과학적 전통이 그들에게 주어진 기회를 적절히 활용할 수 있게 했던 것이다. 아울러 그들이 세계에 대한 궁금증과 갈증을 지니고 있었던 것도 무시할 수 없다. 전 지구적인 유럽 세력의 확장은 콜럼버스, 바스코 다 가마 그리고 다른 탐험가들의 항해와 함께 시작되었다. 오히려 18세기 유럽의 "산업혁명"의 경우 탐험가들의 항해가 없었다면 과연 발생하기나 했겠는지가 의문이라 할 것이다. 1405년과 1433년 사이 명나라는 무슬림 관료 정화(鄭和)를 해양 탐험에 내보내 아프리카 동쪽 해안에까지 이르렀지만, 그가 1434년 죽자 더 이상 해외로 사절을 내보내지 않았다. (그 결과) 명나라는 쇠퇴했고 200년 후 만주족에게 패배하였다. 중국의 선진 문화와 기술에도 불구하고, 중국에서는 "산업혁명"이라는 것이 20세기까지도 발생한 바 없었고, 이후 서양의 심대한 영향 아래에서나 그러한 현상이 진행되었다.

87 사치품이란 단가가 아주 높은 물품이다. 사치품 교역은, 곡물, 목재, 면직물처럼 단가가 상대적으로 낮은 물품의 교역과 대조적이다.(예를 들어 Pearson 1987: 24-25 참조). 과거 교역에서 "사치품"이라고 하면, 그것이 일상 생활에 필요한

물품이 아니고, 따라서 그것만 가지고는 "진정한 상업"이 존재했다고 볼 수 없다는 생각에 기반하고 있다. 이러한 생각은 암암리에 사치품이 부도덕하다는 생각도 내포하고 있다. 심지어 오늘날 컴퓨터, 핸드폰, 자동차, 비행기 등등의 사치품이 국제 무역과 금융을 주도하고 있지만, 경제사가들은 여전히 기본적으로 과거의 도덕적 관념을 버리지 못하고 있다. 이러한 사고의 기원은 고대로까지 거슬러 올라간다. Pearson(1987: 25)에서는 "저품질 직물" 교역을 검토했는데, 그에 따르면 "동남아시아 향료 대금으로는 대체로 이런 직물이 지불되었다. 더욱이 16세기에는 포르투갈인들과 공급자 사이에 체결된 약정서 중에는 향료 대금을 돈이 아니라 직물로 고정시켜 둔 경우도 있었다." 이러한 직물은 상당 부분, 아마도 거의 대부분이 사실상 표준화된 화폐 대용품이었을 것이다. 중국에서도 오래도록 이러한 관습이 이어져 왔다.(Beckwith 1991).

88 서양의 천문학 및 수학이 17세기에 중국에 소개된 것은 시작에 불과하였다. 아시아인들이 스스로 유럽에 비해 기술적으로 뒤쳐져 있음을 깨닫기까지는 상당한 시간이 걸렸지만, 19세기 말에 이르면 기술뿐만 아니라 학문의 거의 모든 분야에서 뒤떨어진 상황이 되었다. 심지어 오늘날에도 아시아의 인문학은 여러 측면에서 매우 낙후되어 있음을 잘 모르는 사람들이 많은 것 같다. 유럽에서 동쪽으로 갈수록 이는 더 심화되는 것이 사실일 것이다. 중동 및 서양에서 중동 연구에 있어서는, 전근대 텍스트에 대한 학술적인 비판적 교정본이라고 하는 개념이 잘 알려져 있을 뿐만 아니라 전문가들 사이에서도 충분히 받아들여지고 있다. 인도 및 외국의 인도 연구자들의 경우, 비판적 교정본 개념이 알려져 있고, 받아들여지기도 하지만, 상당히 초보적인 양상이고 중동보다는 덜 발달된 상황이다. 동아시아 및 외국의 동아시아 연구의 경우, 비판적 교정본 개념이 기본적으로 잘 알려져 있지 않다.(미주 13번도 참조). 20세기 말의 어떤 아시아 연구자들은, 에드워드 사이드(1978) 같은 저널리스트들이 주도해서, 서양의 학자들이 아시아 민족의 문화를 "훔쳐갔다"고 주장했다. 이러한 극단적인 반지성주의는 이미 충분

히 비판된 바 있다.(Lewis 1982). 불행하게도 많은 동양학자들이 부지불식간에 사이드의 견해를 받아들이고 있고, 오리엔탈리스트(Orientalist)라는 옛날 용어를 어느 정도 모호하면서도 나쁜 것으로 인식하고 있다. 이런 관점에서 보면 모든 순수 학자들은 악이다. 왜냐하면 그들은 진리를 추구하고 세상을 계몽하려고 하기 때문이다.

89 누르하치의 아들 홍타이지(皇太極, 阿巴海, 재위: 1627~1643, 후금의 칸이, 1636년 이후 청나라의 황제)의 시기가 되면 만주인들은 이미 티베트 불교로 개종한 상태였다. 이 과정에 몽골인들과 위구르인들이 많은 노력을 기울였는데, 그들 역시 몽골 제국 시기 이미 티베트 불교로 개종한 상태였다. 만주인들은 달라이 라마가 이끌던 "개량된" 겔룩파에 소속돼 있었다. 달라이 라마가 일찍이 중요한 정치적 환생의 계보를 이을 수 있었던 데에는 몽골(동몽골과 서몽골을 막론하고)의 도움이 컸다. 청나라의 왕조 명칭 청(淸, 맑음)은 틀림없이 산서(山西) 지방의 청량산(淸涼山)과 관련이 있다. 만주와 몽골, 위구르, 티베트, 중국 불교에서는 청량산에 문수보살(Manjuśrī)이 살고 있다고 믿었다. 전륜성왕(轉輪聖王, cakravartin)의 정통성이 만주의 통치자에게 부여된 것은 비중국계 민족의 약점을 보완하는 큰 힘이 되었다.(Grupper 1980 및 Farquhar 1978 참조). 만주의 어원에 대한 또 다른 훌륭한 연구도 있고,(예를 들면 Stary 1990) 만주인들은 그들이 지배하는 여러 민족들이 서로 다른 해석을 내놓는 것을 일부러 권장했을 수도 있다. 그러나 만주족 스스로가, 개종한 지 얼마 되지 않는 신심이 두터웠던 불교 신자로서 만주라는 이름을 지혜의 보살 문수보살의 이름이 아닌 다른 식으로 생각했다고 볼 수는 없다.

90 최근 일부 학자들이 실크로드는 사실 쇠퇴한 것이 아니라는 주장을 내놓았다. 그들은 교역로가 완전히 폐쇄된 적이 없었다고 주장했고(사실 이는 당연한 일로, 이렇듯 거대한 현상이 완전히 소멸하는 경우는 없다.), 일종의 방향 전환이 이뤄졌을 따름이라고 하였다. 그러한 연구의 사례로는 Levi(2002, 2007c) 참조. 이

러한 새로운 연구들에서는 16~19세기 인도에서 중앙아시아로, 그리고 러시아로의 교역로 성장 및 상인들의 이동에 주목하고 있다. 이로써 유라시아의 역사에서 주목할 만한 새로운 층위를 드러내 보여주고 있다. 그러나 한편으로, 이들 연구에서 얘기되는 것처럼 교역로 그 자체와 그를 오가던 상인들이 핵심은 아니다. 더욱이 티무르 시대 이후 중앙아시아가 쇠락하지 않았다는 주장은 새로운 연구를 지지하는 중앙아시아 전문가들조차 인정하지 않고 있다.(예를 들어, Levi 2007a: 3-4, Markovits 2007: 124-125). 이러한 주장은 도시의 쇠락과 인구 감소가(Levi 2007b: 110, 레비가 지적한 바와 같이, 인구가 증감하기도 하고, 일부 도시는 단순히 근처로 옮겨진 경우에 불과하기는 하지만) 확인됨으로써 부정되었다. 과학, 기술, 예술, 문학 및 사상(편협한 신앙이 이들을 대체하였을 따름, 위 서술 참조)에서 개발과 창달이 중지되었던 점, 그리고 기술은 고사하고 인류의 노력이 필요한 거의 모든 분야에서 중앙아시아인들이 세계인들을 따라잡는 데 실패하였던 점 등이 그것이다. 중앙아시아의 칸국들이 19세기 러시아 제국의 확장에 맞서 힘껏 싸웠지만, 이미 중앙아시아가 퇴보하는 중이었고 가난에 찌들어 있었던 바 군사적으로는 물론이고 다른 거의 모든 분야에서 뒤져 있던 상황이었다. 러시아의 서부 중앙아시아 정복과, 청나라의 동부 중앙아시아 정복 및 식민화 작업은 중앙아시아 및 중앙유라시아의 여타 지역의 경제와 문화에 치명적인 결과를 가져 왔고, 그 결과 이 지역은 "극심한 쇠락"의 나락으로 떨어져야 했으며(Markovits 2007: 144), 19세기말 이래 20세기말에 이르기까지 절망적 상황이 계속되었던 것이다. 한편 이러한 입장에서는 서유럽인들에 의해 유럽과 아시아 사이에 직접적 해상교역로들이 열림에 따라 대륙교역이 쇠퇴했다는 전통적 견해에 대한 반박 논리도 개진되었다.(예를 들어 Levi 2007a; Gommans 2007). 이 사안에 대해서는 본문 참조.

91 앞에서 언급한 바와 같이, 이 책은 중앙유라시아 및 인접 지역의 역사에 대한 기존의 이해를 '시정'하고자 하는 의도에서 집필된 책이다. 11장은 내가 생각하는

근대 시기 주요 '이슈들'에 초점을 맞추었다. 사소한 사실 관계들에 대해서 하고 싶은 말들은 많지만, 최소한만 언급했다. 책의 전체 줄거리를 어쨌든 현대까지 연결시키고, 논란이 되는 특정 문제에만 근거를 제공하기 위해서였다. 그 결과는 독자 여러분들이 보시는 바와 같다. 역사책을 보면 근대 시기가 압도적으로 많다. 근대는 이용할 수 있는 자료가 너무나 많다는 것도 그 이유가 될 것이다. (적어도 전근대 전문가의 눈에는 그렇게 보인다. 전근대는 상대적으로 논란의 여지가 없는 확실한 자료가 훨씬 적기 때문이다.) 근대사의 지나친 세부 사항과, 더더욱 세부적인 역사 자료들에 매몰되지 않기 위해서, 직접적인 사실들에 대해서는 몇 권의 책을 주로 참고했다. 제2차 세계대전은 주로 Sandler(2001), Dear and Foot(1995), Dunnigan and Nofi(1998), Goralsik(1981) 그리고 Mowat(1968)을 참조하였다. 다만 축약해서 인용을 하거나, 내 주장이 상당 부분 그들의 논지에 의존한 경우가 아니면, 단순한 사실에 대해서는 굳이 인용 서지를 밝히지 않았다. 필요할 경우(다른 이들은 거의 언급하지 않는 사실관계를 확인하거나, 색인을 만들기 위해), Stearns(2002), Alexander et al.(1998), 그리고 Cook and Stevenson(1998)와 같은 개론적인 연구들을 참조했으며, 이외에 참고한 전문서들은 참고문헌에 수록하였다. 포스트모더니스트의 사실(fact)에 대한 거부와 비판적 사고의 폐기에 대해서는 서문 참조.

92 세계사학자들은 출신 국가를 막론하고 거의 모두가 유럽에 집착하고 있다. 아마도 통합된 "세계사" 서술 개념이 유럽에서 시작되었고, 유럽에 초점이 맞추어져 왔기 때문일 것이다. 일칸국의 학자이자 대신이었던 라시드 앗 딘의 『집사』는 제목이 말해주듯이 '역사들의 집합'이지 세계사는 아니다. 그리고 세계사 저술가들의 왜곡된 관점을 막론하고, 제1차 세계대전을, 그게 아무리 파괴적이었더라도, 그 이름 때문에 그것을 정말로 세계의 전쟁이라고 오해해서는 안 될 것이다. 그것은 어디까지나 유럽의 전쟁으로서(Vyvyan 1968: 140; Teed 1992: 506) 이웃한 근동의 오스만 제국과 유럽 식민지에 피를 불러왔을 뿐이다. 그러니 그것을

대전(Great War)이라고 부르는 것이 더 정확하고 의미도 명확할 것이다. 더 좋은 것은 유럽대전(Great European War) 정도일 것이다.(한때 그렇게 부르기도 했다.) 그러면 제2차 세계대전은 그냥 세계대전이라고 하면 될 것이다. 다만 혼란을 피하기 위해 이 책에서는 기존의 명칭을 따르기로 한다.

93 그리스식 명칭 콘스탄티노-폴리스(Constantino-polis)가 수백 년 동안 일상 언어에서 축약 및 왜곡현상을 거쳐 이로부터 파생한 여러 가지 다양한 명칭들이 생겨났다. 이스탄불이라는 명칭은 이와는 관련이 없는 표현으로, 그리스어로 '도시에 들어가다'라는 의미라고 주장하는 학자들도 있지만(İnalcik 1997: 224), 이는 옳지 않다. 여기서 말하는 그리스어 표현이란, 식민지에서 나타난 민속 어원을 설명하기 위해 억지로 갖다붙인 것이 틀림없다.

94 미국 정권에서 진주만 공격을 사전에 인지하고 있었다는 음모론과, 그를 뒷받침한다는 "강력한 정황 증거"(Heidenreich 2003: 579-582)라는 것이 있다. 증거의 재해석이나, 반박 증거의 존재가 아니더라도 그러한 음모론이 사실이 아님을 알 수 있다. 왜냐하면 미국 정부가 그렇게 복잡한 상황을 전개하는 데 필요한 요소를 계획하고 실행할 만큼 그렇게 영리할 리가 없기 때문이다. 미국 정부는 멍청하고, 무식하고, 오만했다고 보는 것이 음모론보다 훨씬 단순하고, 그간의 미국 역사에도 부합한다. 행정부든 군부든, 지방 정부든 연방 정부든 마찬가지였다. 그래서 그날 그렇게 엄청난 실수가 있었던 것이다. 반면 운좋게 위기를 벗어날 수 있었던 것은 지상에서, 배에서, 공중에서 싸웠던 영웅적인 육해공군 장교와 병사들 덕분이었다. 대체로 간과하는 사실이 있다. 즉 미국의 비밀 동맹국들은 이미 유럽에서 추축국과 전쟁 중이었다. 연합국이 일본에 대해 석유(현대 국가에서 핵심적인 자원으로, 일본은 산유국이 아니었다.)를 포함한 무역 단절을 선언했을 때, 이는 선전포고나 마찬가지였다.(1990년~1991년 제1차 걸프전의 원인이 특히 이라크가 쿠웨이트 및 석유 생산 기지 점령을 시도했기 때문이라는 것을 기억해 보자.) 일본이 진주만을 공격한 일은 용서할 수 없지만, 사태를 보는

관점은 그렇다는 말이다. 전쟁은 시간 문제였고, 미국 정치 지도자들이 그걸 예측하지 못했을 수는 없다. 실제로도 그들은 별로 놀라지 않았던 것 같다.

95 모더니즘이 세계사에서 가장 이해하기 어려운 현상 중의 하나지만, 모더니즘에 대한 이해 없이 모던 시대(근현대)의 역사를 이해할 수는 없다. 이 부분은 20세기에 무슨 일이 일어났고, 왜 지금도 계속되고 있는지를 설명해보려는 에세이다. 나의 목표는 내가 보기에 역사적인 현상들에 대한 생각을 촉구하고, 이를 논의함으로써, 혹 가능하다면, 해답을 찾아보려는 것이다. 역사학자들은 전반적으로 모더니즘을 매우 관대하게 취급해 왔다. 인류의 자연 정복과 기술적 승리를 찬양했으며, 과학의 진보를 대체로 긍정적으로 평가하였다. 그러나 이런 점들은 근현대사에서 하나의 힘으로(대개는 부정적인 힘으로) 작용한 모더니즘과는 무관하다. 진보에 대한 신념, 철학적 실증주의 등이 당시 두드러진 문제였는데, 지성사에서도 흔히 다루어졌던 문제들이다. 그러나 명백하게 드러난 모더니즘의 부정적인 성향은 대부분의 지성사가 취하는 긍정적인 입장에 부합되지 않는다. Scott(1988: 4-5)는 모더니즘에 입각한 일반적인 사고방식에 대하여 탁월하고 때로 통찰력 넘치는 조사를 발표했다. 그는 이런 사고방식을 "하이-모더니스트 이데올로기(high-modernist ideology)"라고 불렀다. "이는 과학과 기술의 진보, 생산의 확대, 인간 욕구 충족의 증진, 자연의 극복(인간의 자연적 본성을 포함하여), 그리고 특히 과학적 자연 법칙의 이해와 어울리는 인간 사회 질서의 이성적인 설계 등에 대한 가장 강력한 버전의 자기 확신이다. 물론 이러한 사고방식은 서양에서 전례가 없는 과학과 산업의 발전에 따른 부산물로 탄생한 것이다." 그는 이러한 이데올로기를 정치 권력과 연결시켰다. 모더니즘의 프로그램들, 특히 거대한 댐, 커뮤니케이션과 물류의 집중화된 허브, 거대 공장과 농장, 구획된 도시계획을 실현하기 위해서 정치적인 배경이 필요하기 때문이다. 이 프로그램들은 하이-모더니스트의 시각에도 잘 맞았고, 정부 관료로서 그들의 정치적인 이해에도 잘 들어맞았다." 이와 같은 "하이-모더니즘"의 핵심은 "설계자, 기술가, 건

축가, 과학자, 새로운 질서의 설계자로서 환영받을 만한 모든 기술자들이었다. 이들은 전통적인 정치의 범주로 좌우되지 않는다. 그들은 좌파에서 우파에 이르기까지 정치적으로 다양한 스펙트럼 내에서 존재하며, 특히 국가의 힘을 이용하여 사람들이 일하는 관습, 생활방식, 도덕적 행동, 세계를 바라보는 관점 등 거창한 무언가를 바꾸어보려는 이상적인 사람들이 그들이다." 이와 같은 유토피아적 생각이 그 자체로 위험한 것은 아니다. 자유로운 의회주의 사회에서 계획이 수립된다면, 기획자는 시민 조직과 협상을 하게 될 것이고, 개혁을 촉진하게 될 것이다." 만약 권위주의 국가에서 "하이-모더니스트" 이데올로기를 도입한다면, "이와 같은 하이-모더니스트의 디자인을 현실화하기 위하여 강압적인 힘을 기꺼이 최대한도로 사용한다면, 이는 아주 치명적인 재앙이 될 것이다."

96 중앙유라시아 동부에서는 "대부분의 라마가 강제로 환속되었고, 몽골에서는 집단 처형이 이루어졌다.(대형 분묘 발굴이나 기록 등을 통해 알 수 있다.) 부리야트나 칼미크의 경우도 이와 비슷하겠지만, 그 부분은 잘 모르겠다. 물리적인 기반은 1930년대에 크게 손상되었다.(저항이 일어났기 때문이다.) 하지만 이마저도 이후 수십 년 사이에 완전히 제거되고 말았다."(Christopher Atwood, per. comm., 2007).

97 아도르노(1997: 29)는 말하기를, "근본주의(극단주의)는 이제 더 이상 근본적이지 않다는 점에서 그 댓가를 치루어야 할 것이다. …… 예술이 기성 예술을 쫓아내려 할수록, 결국은 그것이 탈피하려고 했던 대상, 즉 이미 낯설고 이미 이국적인 것으로 다시금 돌아가게 될 따름이다." 유행이 소멸해 버린 것이 문제가 아니고, 이전에 예술 전통에 기대는 것도 문제가 아니다. 위대한 예술가라면 어떤 전통에서건 위대한 작품을 만들지 못할 이유가 없다. 추상화 기법이든 표현주의 기법이든, 혹은 무엇이든 상관 없다. 그런데 예술 자체가 실종됨으로써, 어떤 예술가도 스타일과 유행을 막론하고 예술을 할 수 없게 되었다.

98 유럽화된 전통 아래 시를 쓰는 현대의 비유럽 시인들은 대다수가 시와 음악의

전통적인 관계를 포기하고 말았다. 그들의 전통 속에는 여전히 시와 음악의 관계가 유지되고 있음에도 불구하고 그렇게 되었다. 예를 들어 중국어로된 현대시들은 산문처럼 읽히는 것이 일반적이다. 이는 진실로 미적 경험과는 거리가 멀다. 과거 순수한 중국의 시들은 노래로 불렸다. 여전히 소수의 전통주의자들은 그렇게 하고 있다. 페르시아나 일본의 시도 마찬가지 상황이다. 이들의 문화 속에서 시를 노래하는 전통이 여전히 '고전시'라는 이름으로 살아 있지만, 현대시는 다만 읽을 뿐이다. 이것은 영어권에서 그랬던 것처럼 초라하게 들릴 뿐이다. 대부분의 현대시는 산문으로 읽는 것이 논리적이며 합당하다. 사실상 대부분의 현대시가 그러하다. 그러나 이로써 우리 시대에 순수한 시의 세계는 공백이 되어 버렸다. 시를 읽는 것은 전근대 시에 이르기까지 확장되었다. 그렇게 함으로써 그 문화 속에서 여전히 존재하는 전통 예술을 파괴하게 된다. 만약 어떤 시인들이 시의 허울을 쓰고 산문을 쓴다면, 그것 자체는 나쁠 것이 없다. 다만 다른 경우도 기대해볼 수는 있다. 즉 다른 어떤 시인들이 이러한 상황을 인식하고 순수시를 쓰기 시작하고, 나아가 시를 노래하는 데까지 나아가 이러한 간극을 메워주기를. 몇몇 현대 시인들, 예를 들면 에즈라 파운드(Ezra Pound)나 칼 샌드버그(Carl Sandburg)는 시를 노래하거나 낭송하는 것을 옹호했고, 실제로 그러한 퍼포먼스를 실행한 적도 있다. 그 결과는 당황스러울 정도였고, 전통의 회복과는 별 관계가 없었다. 현대시는 이미 완전히 기존의 음악적 전통과는 분리되어 버렸다. 시도, 음악도, 다른 어느 누구도 양자를 다시 결합시킬 수는 없을 것이다.

99 슈트라우스가 더 이상 '무조주의'를 고집하지 않게 된 이후, 그는 자신의 가장 위대한 오페라 〈장미의 기사(Der Rosenkavalier)〉를 제작하였다. Szegedy-Maszák(2001: 250)는 "전복주의 또는 보수주의는 관점의 문제다. 〈엘렉트라(Elektra)〉를 작곡한 이는 전위적 음악가였고, 〈네 개의 마지막 노래(Vier letzte Lieder)〉를 작곡한 이는 보수적인 예술가였다."고 평했는데, 이는 적절한 지적이었다. 그런데 더 나아가서, "큰 틀"의 관점에서 봤을 때 〈엘렉트라〉가 진보적이고

〈장미의 기사〉가 보수적이었는지의 여부는 문제가 아니다. 두 오페라 모두 음악적 창의성 및 슈트라우스 고유의 탁월한 음정을 보여준다. 중요한 것은 그가 살았던 시대에 서양 예술-음악의 전통을 점차 파괴했었던 모더니즘의 실체를 깨닫고 그것을 마침내 거부했다는 점이다. 그것이 바로 슈트라우스가 20세기 위대한 음악예술을 창작하는 데 성공한 몇 안 되는 예술가들 중의 하나가 될 수 있었던 이유다.

100 "대중적 측면에서 보자면, 모더니즘 음악이 실패한 것은 아마도 20세기 모더니즘 중에서는 유일한 경우일 것이다. 건축이나 회화, 문학에서의 모더니즘과는 달리, 음악에서의 모더니즘은 어떤 식으로든 일반화된 적이 없었고 대중 문화의 모방이 이루어진 적도 없었다. 전통적인 고급 예술 청중으로부터 충성도를 끌어내지 못했기 때문이었다."(Botstein 1998: 259). Botstein의 언급은 주택 건축에 있어서는 타당하지 않다. 주택 건축에서 사람들은 그 겉모습만을 가지고 선택했을 뿐이다. 대체로 주택 건축은 스타일의 단순화를 추구했을 뿐이며, 점점 더 예전 방식을 모방하는 데 그쳤다. 마찬가지로 회화나 문학에 있어서의 모더니즘의 성공, 즉 Botstein이 말하는 "일반화 혹은 모방"이란 표면적인 경우에 그쳤을 뿐이다. 예를 들어 엘리엇의 〈황무지〉 같은 초기의 몇몇 작품들은 그렇지 않았지만, 이후로는 금방 규범화되고 말았다.

101 〈봄의 제전(The Rite of Spring)〉이 잊혀졌던 바로크의 작곡가 Jean-Féry Rebel(1666~1747)의 발레 〈Les Elements〉의 음악과 프로그램을 부분적으로 모방했다는 사실은 주목할 만하다. 〈Elements〉은 혼돈 장면으로 시작하는데, 주선율이 화음이 맞지 않는 폴리코드(polychord)로 되어 있다. 러시아에서 혁명 기념일에 이 발레가 공연되곤 했다. 슈트라빈스키는 바로크 음악에 매우 관심이 깊었고, 틀림없이 그 작곡법도 알고 있었을 것이다. 20세기 후반 예술음악에서 가장 주목할 만한 성취가 바로 바로크 음악의 대중성이었다니 아이러니가 아닐 수 없다.

102 아도르노의 책에는 번뜩이는 영감으로 빛나는 통찰들이 많이 들어 있지만, 다음과 같은 주장도 포함되어 있다. "현대 예술로서 그 존엄과 권위를 주장하는 것들은 대개 염치없게도 이념적이다. 권위 있게 행동한답시고 우선 분위기를 잡고, 포즈를 취하며, 실제 자기 자신과는 다른 그 무엇인 체 한다. 간단히 말해서 바로 그 심각한 체 하는 문제야말로 현대 예술이 가식을 버려야 하는 이유이다. 이런 가식은 바그너류의 예술이라는 종교 때문에 절망적으로 망가진 이래 계속된 것이다. 근엄한 분위기가 예술 작품을 우스꽝스러운 것으로 만들어 버릴 수 있다. 크고 힘있는 동작들이 그럴 수 있는 것처럼 …… 오늘날 근본 예술은 암흑 예술과 동의어가 되어버렸다. 근본 예술의 첫번째 색채는 검정색이다. 많은 현대 작품들은 이런 것과는 무관하다. 왜냐하면 이들은 그것에 별 관심을 기울이지 않고, 유치하게 색채로 기뻐하지도 않기 때문이다. 모든 유쾌한 예술들, 특히 공연 예술의 부당함은 아마도 죽은 자들이 보기에, 말할 수 없는 고통, 그것이 누적된 자들이 보기에 부당할 뿐이다."(Adorno 1997: 39-40) 예술 미학을 안에서 밖으로 끄집어내려고 하는 아도르노의 의도는 예술에 대한 그의 열정으로 보아 주목할 만한 것이다. 그러나 그것은 예술 창작과는 사실상 아무 관계가 없다. 근본 문제는 모더니즘이며, 그것은 변함 없이 자리를 지키고 있다.

103 모더니즘에 대한 관측은 지금까지는 내부에서 시도되었을 뿐이다. 말하자면 모더니스트 혹은 숨겨진 모더니스트의 모더니즘 분석이 있었을 뿐이다. 대체로 말도 안 되는 것들이다. 다른 경우는 없었다. 이른바 포스트모더니스트의 비평과 이론은, 이들은 사실상 간단히 말해서 극단적인 모더니즘일 뿐인데, 더욱 검토된 바가 없다. 여기서 부각되는 논점은 전통적인 논쟁, 즉 문학 작품이나 비평 속에서 수 세기를 거슬러 올라가는 고대와 현대(모던) 사이의 논쟁과는 구분되어야 한다. "윌리엄 오캄은(William Ockham)의 작품은 물론 중세적 사유와 문화의 위기 속에 존재했던 위기의 한 요소에 불과했다. 이는 지성

계에서 발현된, via antiqua라는 이름표 아래 뭉쳐 있었던 토미즘(Thomism, 토마스 아퀴나스주의)이나 스코투스주의(Scotism) 교리에 대한 via moderna의 광범위한 승리 가운데 하나였다."(Fairweather 1970: 372). 유사한 예로 다음을 들 수 있다. "스위프트(Janathan Swift)는 고대인들(Ancients)을 벌에, 현대인들(Moderns)을 거미에 비유했다. 이는 생산자와 기생자의 대비를 이용한 것이다. 이로써 창조적인 것과 파생적인 것을 대비시켰다. 나아가 '현대인들이 둘 중에서 더 오래된 구식'이라고 강조하였다. 1704년에 출간된 "지난 금요일 세인트 제임스 도서관에서 벌어진 고대 도서들과 현대 도서들 사이의 투쟁에 대한 완전하고도 진실한 기록"이라는 제목의 글에 들어 있는 내용이다."(Szegedy-Maszák 2001: 61). 위의 인용에서 언급된 두 가지 추세 간의 갈등이야말로 예술의 창조에 거름이 되는 것이었다. 예술가들은 '예술'이 궁극의 목표이자 종착지임에 동의하고, 미의 이상(어떻게 정의되든 간에)에도 동의했으며, 그 두 가지가 어떻게 성취되어야 하는지 그 방법에 대해서만 의견을 달리 할 뿐이었다.

104 일부 록음악가들은 그들의 음악의 예술적 수준을 높이고자 상당한 노력을 했겠지만, 이전의 전근대 모델들을 되살리거나, 부정적인 근대 모델을 좀 더 긍정적인 것으로 바꾸려는 시도는 아직 성공하지 못한 것으로 보인다. Frank Zappa의 경우 그의 음악에 근대적 요소들을 접목시킨 것으로 가장 잘 알려진 예술가일 것이다. 다수의 훈련받은 음악가들이 그의 작품들을 칭송했지만, 그러나 Zappa의 작품에 담긴 유머와 지성에도 불구하고, 그의 근대적 화음 및 멜로디는 사실 많은 청중을 쫓아버린 측면이 있다. 만약 그가 그러한 시도를 조금만이라도 더 했다면, 다른 근대 예술 작곡가들처럼 그 역시 그의 청중 대부분을 같은 이유로 잃었을 것이 분명하다. 새로운 음악을 수용하고 그것을 내부로부터 개선하는 데 노력할 필요가 있음은 분명하지만, 그것을 그것 자체가 아닌 뭔가 다른 것으로 바꾸려는 노력은 결국 전통적 예술 음악(클래식 음악)

이 그랬던 것처럼 그 본질이 상실되는 결과를 낳을 것이다. 예술가들의 창조적 의도가 추구하는 바는 신중하게 다루어져야 하고, 후원되어야 하며, 예술적 수준 및 안목의 개선을 염두에 두고 육성되어야 한다. 기본적으로 자신의 규칙과 전통을 유지하면서 동시에 록음악이나 대중음악의 예술적 수준을 제고할 필요가 있다. 르네상스 시기의 음악가들이 바로 그러했다. 그들은 대중적 춤과 노래 곡조들을 수용해서 르네상스 대위법(polyphony)을 덧붙이는 등으로 그것을 더욱 예술적으로 만들어 공연에 올렸다. 이는 좋은 것을 취하고 그것을 조금 더 좋게 만드는 방식이었는데, 클래식 음악이 탄생할 때까지 그렇게 했다.

105 에필로그의 중국식 용어에 대한 서술은 1987년 Association for Asian Studies가 보스톤에서 개최한 심포지움에서 발표했던 "중국 역사학 및 서양 중국학에서의 'Barbarian'의 개념: 내륙아시아 네번째 세계 제국의 탄생과 수사학"이라는 제목의 논문에서 필자가 언급했던 바를 대부분 반복해서 제시했다. 이 논문은 오랫동안 출판예정이었지만 결국 출판되지 못했고, 출판이 되지 않을 것임이 분명해졌을 때에는 나 스스로 이미 다른 주제들에 관심이 쏠려 있었다. 불행히도 이 논문은 청동기시대 컴퓨터로 집필됐고, 현재 이 책을 집필할 당시 그 사본이 내게는 없었다. 다른 누군가에게는 분명히 있었겠지만.(그 뒤로 그 원고가 비밀리에 출판되어 떠돌았던 모양이다. 필자의 동의 없이 인용하지 말라는 간곡한 요청이 원고 위에 찍혀 있었을 것임에도 불구하고 간간히 인용되기도 했다.) 현재 이 책에서 필자는 관련 논점을 완전히 새로 기술하였다.

106 Khazanov(1984)의 가설은 전문가들을 포함한 다수에 의해 수용되었고(예를 들면 Drompp 2005: 10-12; Di Cosmo 1999a), 비전문가들이 이 논리를 극단으로까지 끌고 갔는데 Barfield(1989)가 대표적인 예이며, Allsen(1989: 83) 역시 "유목인들의 경제가 초원지역 생산에 너무 치우쳐 있어 다른 여러 필수적 요소들이 결여된 '비자립적'인 경제였다."는 Khazanov의 가설을 따르고 있다. 특히 그는 "초원지대 유목민들은 내부의 자원만 가지고는 그들 스스로의

필요를 충족시키지도 못했고, 그럴 수도 없었다. …… 그들은 주기적으로 정주 지역으로부터 필요한 경제적 재화를 취하였고 정주문화의 다양한 면모들을 받아들였다."고 주장하였다.(Allsen 1997: 101). Khazanov는 하나의 생산방식(초원 유목)만을 선택하고, 이 분야 전문가들이 다른 생산 분야에서도 전문가들이 아니었다면 그 경제는 "비자립적"인 것이라 주장하고 있다. 이 기준에 따른다면 모든 사회 거의 대부분의 사람들이 비자립적이다. 로마와 중국의 농경민들, 도시민들 모두 예외가 아니었다. 시기와 지역을 막론하고, 어떤 이도 (심지어 수렵채집인들마저도) 완전히 "자립적"인 존재들이었다고 보기는 어렵다. 그런데도 Barfield는 더 나아가 "흉노 중앙정부의 궁극적 목적은 약탈 또는 조공의 형태로 중국으로부터 재화를 빼앗거나 자신들에게 유리한 조건의 교역을 강요하는 데 있었다."고까지 주장하였다.(Barfield 1989: 83).

107 Allsen(1997: 106)의 언급은 적절하다. "스텝 지역 사람들은 그저 문명의 중심들 사이에서 여기저기로 물품을 운송하던 전근대 시기의 운송 담당자들이 아니었다. 동양과 서양 간에 있었던 중요한 접촉들을 이해하기 위해서는 그들의 역사와 그들이 최우선시했던 일들을 논의의 중심으로 끌어들여 다루어야 한다." 그의 책의 결론은 다음과 같다. "고대로부터 근대 초기에 이르기까지 (동양과 서양 사이를 오갔던) 많은 물품들과 생각들은, 그를 매개한 중간 주체들, 예컨대 '모직물로 벽을 대신한 텐트에 살고 있던 이들'이나 상황이 좋을 때에는 금으로 장식한 옷을 입기도 했던 이들이, 그러한 물품과 생각들이 그들 고유의 문화전통 범주에서 일정한 의미를 지닌다고 생각했기 때문에, 결국 유라시아 전역을 넘나드는 긴 여정을 성공적으로 거칠 수 있었던 것이다."

108 Barfield는 또 하나의 사례를 임의적으로 뽑아 검토했다. 당나라 창업주의 아들 태종 이세민이 "자신을 독살하려 한 그의 동생 둘을 죽이고, 그의 부친을 강제 퇴위시켰다."고 언급한 것이 그것이다.(Barfield 1989: 142). 이러한 그의 기술만 놓고 보자면 그가 중국인들의 잔혹성에 대해서도 말하려 하고 있는 것 같

아 고무적이지만, 좀 더 읽어보면 Barfield가 중국인들이 투르크인들과 똑같이 잔인하거나 오히려 더 잔인할 수도 있었다는 맥락의 얘기를 하려고 하는 것이 아님을 알 수 있다. 오히려 그 반대라고도 하겠는데, 다음과 같은 결론을 내리는 대목에서 확인할 수 있다. "당나라가 후대에 이러한 궁정문화로 유명했다는 사실 때문에 그들의 다른 면모를 잊어서는 안 된다. (왕조) 북서쪽에 살던 초기의 당 엘리트들이 변경지역 투르크인들과 워낙 가까운 곳에 소재하였던 탓에 이세민이 스스로의 모습을 잃지 않으면서도 그들의 카간이 될 수 있었던 것이다." 그 행간에 존재하는 편견과 몰이해를 간파할 필요가 있다.

109 "유목제국형 연합들은 중국 경제와 연결될 때에만 등장하였다. 유목민들은 중국으로부터 교역권과 보조금을 적출해 내는 전략을 구사하였다. 그들은 변경지역을 침략하고는 중국 황실과 평화를 협상하였다. 중국의 내지 정권들은 기꺼이 돈을 지불했다. 마음대로 소재지를 옮겨 다님으로써 보복을 손쉽게 피할 수 있었던 이들과 힘거운 전투를 벌이는 것보다는 그것이 비용이 덜 드는 방법이었기 때문이다."(Barfield 1989: 9). Sinor(1978, 1990b: 4 et seq.)는 탐욕에 초점을 맞추었다. Biran(2005: 14), Drompp(2005: 10 et seq.) 및 다른 연구자들의 연구 참조. Barfield(1989: 11)는 몽골인들은 예외였다고 보았으며, "몇백 년간 중국과 공존하며 변경지대를 성공적으로 지배했던 스텝 제국들을 세운 몽골의 유목민들과, 중국 내에 왕조를 수립했으나 스텝 지역에는 강력한 제국들을 만들지 않았던 만주 지역의 유목민들"이라는 흥미로운 구도를 제시하였다. 그러나 여기서 그가 말한 "만주인들"은 대개 유목민이 아니었다.

110 공격의 동기를 밝혀줄 만한 충분한 양의 사료가 존재하는 사례(즉 "침략했다"는 식의 기록만 남아 있는 경우를 제외하고)에 비추어 보면, 대체로 그들은 실제로 군대였다. Di Cosmo(1999b: 23 et seq.)의 초기 관점에 따르면, 유목제국들이 극히 한정된 자원에도 불구하고 강력한 군사력을 토대로 약탈 및 공물 강요를 통해 주변 정주지역 국가들로부터 재물을 취했다고 관측한 바 있는데,

이는 Khazanov(1984)의 견해를 따른 것으로 보인다. 중앙유라시아인들이나 주변 정주지역 사람들이나 포로는 고향과 멀리 떨어진 노예 시장에 내다 팔았다. 그 중 일부는 국내에 남아 노예가 되기도 했다. 중앙유라시아 노예의 역사는 아직 제대로 해명되지 않은 상태다.

111 주목할 만한 점은, 여느 이란어 자료들과 마찬가지로, 아마도 아베스타어로 기술되었을 것으로 추정되는 수천 권 혹은 수만 편의 조로아스터교 텍스트들이 한때 존재했지만, 어느 외부 침략자의 악행으로 인해 거대했던 페르시아 왕실 도서관이 파괴되었고, 모든 책들이 사라졌다는 사실이다. 그 텍스트들의 연대 비정은 상당히 이론의 여지가 많다. 텍스트 차원에서 말하자면, 물리적으로 확인된 텍스트의 연대보다 내용적으로 앞선 시기로 비정되는 것이나, 혹은 기년이 확인된 텍스트에 인용되는 등 외부적 근거로 비정되는 연대들도 모두 가설 상태로 머물러 있다.

참고문헌

Abicht, Karl Ernst 1886. *Herodotos, für den Schulgebrauch*. Zweiter Band. Zweites Heft: Buch IV. Dritte verbesserte Auflage. Leipzig: Teubner.

Adams, Douglas Q. 1999. *A Dictionary of Tocharian B*. Amsterdam: Rodopi.

Adorno, Theodor, et al., 1997. *Aesthetic Theory*. Trans. Robert Hullot-Kentor. Minneapolis: University of Minnesota Press.

Ahmad, Zahiruddin 1970. *Sino-Tibetan Relations in the Seventeenth Century*. Rome: Istituto Italiano per il Medio ed Estremo Oriente.

Alexander, Fran, et al., eds. 1998. *Encyclopedia of World History*. Oxford: Oxford University Press.

Allsen, Thomas T. 1987. *Mongol Imperialism: The Policies of the Grand Qan Möngke in China, Russia, and the Islamic Lands, 1251-1259*. Berkeley: University of California Press.

____ 1989. Mongolian Princes and Their Merchant Partners, 1200-1260. *Asia Major*, 3rd ser., 2.2: 83-126.

____ 1994. The Rise of the Mongolian Empire and Mongolian Rule in North China. In Herbert Franke and Denis Twitchett, eds., *The Cambridge History of China*, vol. 6: *Alien Regimes and Border States, 907-1368*, 321-413. Cambridge: Cambridge University Press.

____ 1997. *Commodity and Exchange in the Mongol Empire: A Cultural History of Islamic Textiles*. Cambridge: Cambridge University Press.

____ 2006. *The Royal Hunt in Eurasian History*. Philadelphia: University of Pennsylvania Press.

Anderson, Graham 2004. *King Arthur in Antiquity*. London: Routledge.

Anonymous 1990. Җаңһр: хальмг баатрльг эпос. Moscow: Glavnaja redakcija vostočnoj literatury.

Arkenberg, J. S., ed. 1998. *The* Karnamik-i-Ardashir, *or* The Records of Ardashir. Fordham University, http://www.fordham.edu/halsall/ancient/ardashir.html.

Arreguín-Toft, Ivan 2005. *How the Weak Win Wars: A Theory of Asymmetric Conflict.* New York: Cambridge University Press.

Asao, Naohiro 1991. The Sixteenth-Century Unification. Trans. Bernard Susser. In John W. Hall, ed., *The Cambridge History of Japan,* vol. 4: *Early Modern Japan,* 40-95. Cambridge: Cambridge University Press.

Atwood, Christopher P. 2004. *Encyclopedia of Mongolia and the Mongol Empire.* New York: Facts on File.

Audi, Robert, ed. 1999. *The Cambridge Dictionary of Philosophy.* 2nd ed. Cambridge: Cambridge University Press.

Babcock, Michael A. 2005. *The Night Attila Died: Solving the Murder of Attila the Hun.* New York: Berkley Books.

Bachrach, Bernard S. 1973. *A History of the Alans in the West: From Their First Appearance in the Sources of Classical Antiquity through the Early Middle Ages.* Minneapolis: University of Minnesota Press.

_____ 1977. *Early Medieval Jewish Policy in Western Europe.* Minneapolis: University of Minnesota Press.

Bagley, Robert 1999. Shang Archaeology. In Michael Loewe and Edward L. Shaughnessy, eds., *The Cambridge History of Ancient China: From the Origins of Civilization to 221 B.C.,* 124-231. Cambridge: Cambridge University Press.

Bailey, H. W. 1985. *Indo-Scythian Studies, Being Khotanese Texts,* VII. Cambridge: Cambridge University Press.

Barber, Elizabeth Wayland 1999. *The Mummies of Ürümchi.* New York: W. W. Norton.

Barbieri-Low, Anthony J. 2000. *Wheeled Vehicles in the Chinese Bronze Age (c. 2000-741 B.C.).* Sino-Platonic Papers No. 99. Philadelphia: Department of Asian and Middle Eastern Studies, University of Pennsylvania.

Barfield, Thomas J. 1989. *The Perilous Frontier: Nomadic Empires and China.* Cambridge, Mass.: Basil Blackwell.

Barthold, W. W. 1977. *Turkestan down to the Mongol Invasion.* Trans. T. Minorsky 4th ed. London: E.J.W. Gibb Memorial Trust.

Baxter, William H. 1992. *A Handbook of Old Chinese Phonology.* Berlin: Mouton de Gruyter.

Beasley, W. G. 1989. The Foreign Threat and the Opening of the Ports. In Marius B. Jansen, ed., *The Cambridge History of Japan,* vol. 5: *The Nineteenth Century,* 259-307. Cambridge: Cambridge University Press.

Bečka, Jan 1995. *Historical Dictionary of Myanmar.* London: Scarecrow Press.

Beckwith, Christopher I. 1983. The Revolt of 755 in Tibet. *Wiener Studien zur Tibetologie und Buddhismuskunde* 10: 1-16.

_____ 1984a. Aspects of the Early History of the Central Asian Guard Corps in Islam. *Archivum Eurasiae Medii Aevi* 4: 29-43.

_____ 1984b. The Plan of the City of Peace: Central Asian Iranian Factors in Early 'Abbâsid Design. *Acta Orientalia Academiae Scientiarum Hungaricae* 38: 143-164.

_____ 1987a. *The Tibetan Empire in Central Asia: A History of the Struggle for Great Power among Tibetans, Turks, Arabs, and Chinese during the Early Middle Ages.* Princeton: Princeton University Press (= Beckwith

1987a/1993).

____ 1987b. The Tibetans in the Ordos and North China: Considerations on the Role of the Tibetan Empire in World History. In C. I. Beckwith, ed., *Silver on Lapis*, 3-11. Bloomington: Tibet Society.

____ 1987c. The Concept of the 'Barbarian' in Chinese Historiography and Western Sinology: Rhetoric and the Creation of Fourth World Nations in Inner Asia. Paper presented at the Association for Asian Studies annual meeting, Boston.

____, ed. 1987d. *Silver on Lapis*. Bloomington: Tibet Society.

____ 1989. The Location and Population of Tibet According to Early Islamic Sources. *Acta Orientalia Academiae Scientiarum Hungaricae* 43: 163-170.

____ 1991. The Impact of the Horse and Silk Trade on the Economies of T'ang China and the Uighur Empire: On the Importance of International Commerce in the Early Middle Ages. *Journal of the Economic and Social History of the Orient* 34: 183-198.

____ 1993. *The Tibetan Empire in Central Asia: A History of the Struggle for Great Power among Tibetans, Turks, Arabs, and Chinese during the Early Middle Ages*. Paperback edition, slightly revised, with a new afterword. Princeton: Princeton University Press (= Beckwith 1987a/1993).

____ 1996. The Morphological Argument for the Existence of Sino-Tibetan. *Pan-Asiatic Linguistics*, vol. 3, 812-826. Proceedings of the Fourth International Symposium on Languages and Linguistics, January 8-10. Bangkok: Mahidol University at Salaya.

____ 2002a. The Sino-Tibetan Problem. In C. I. Beckwith, ed., *Medieval*

Tibeto-Burman Languages, 113-157. Leiden: Brill.

____, ed. 2002b. *Medieval Tibeto-Burman Languages*. Leiden: Brill.

____ 2003. Introducing Grendel. In R. Aczel and P. Nemes, eds., *The Finer Grain: Essays in Honor of Mihály Szegedy-Maszák*, 301-311. Uralic and Altaic Series, vol. 169. Bloomington: Indiana University.

____ 2004a. Koguryo, the Language of Japan's Continental Relatives: An Introduction to the Historical-Comparative Study of the Japanese-Koguryoic Languages, with a Preliminary Description of Archaic Northeastern Middle Chinese. Leiden: Brill.(2nd ed., Leiden: Brill, 2007.)

____ 2004b. Old Chinese. In Philipp Strazny, ed., *Encyclopedia of Linguistics*, vol. 2, 771-774. New York: Fitzroy Dearborn.

____ 2005a. The Ethnolinguistic History of the Early Korean Peninsula Region: Japanese-Koguryoic and Other Languages in the Koguryo, Paekche, and Silla Kingdoms. *Journal of Inner and East Asian Studies* 2.2: 34-64.

____ 2005b. On the Chinese Names for Tibet, Tabghatch, and the Turks. *Archivum Eurasiae Medii Aevi* 14: 7-22.

____ 2006a. Introduction: Toward a Tibeto-Burman Theory. In C. I. Beckwith, ed., *Medieval Tibeto-Burman Languages II*, 1-38. Leiden: Brill, 2006.

____ 2006b. The Sonority Sequencing Principle and Old Tibetan Syllable Margins. In C. I. Beckwith, ed., *Medieval Tibeto-Burman Languages II*, 45-55. Leiden: Brill, 2006.

____ 2006c. Old Tibetan and the Dialects and Periodization of Old Chinese. In C. I. Beckwith, ed., *Medieval Tibeto-Burman Languages II*, 179-200. Leiden: Brill, 2006.

_____ 2006d. Comparative Morphology and Japanese-Koguryoic History: Toward an Ethnolinguistic Solution of the Altaic Problem. In Motoki Nakajima, ed., *Arutaigo kenkyû—Altaistic Studies*, 121-137. Tokyo: Daito Bunka University.

_____ 2006e. Methodological Observations on Some Recent Studies of the Early Ethnolinguistic History of Korea and Vicinity. *Altai Hakpo* 16: 199-234.

_____, ed. 2006f. *Medieval Tibeto-Burman Languages II*. Leiden: Brill.

_____ 2007a. *Koguryo, the Language of Japan's Continental Relatives: An Introduction to the Historical-Comparative Study of the Japanese-Koguryoic Languages, with a Preliminary Description of Archaic Northeastern Middle Chinese*. 2nd ed. Leiden: Brill.(1st edition, Leiden: Brill, 2004.)

_____ 2007b. *Phoronyms: Classifiers, Class Nouns, and the Pseudopartitive Construction*. New York: Peter Lang.

_____ 2007c. On the Proto-Indo-European Obstruent System. *Historische Sprachforschung* 120: 1-19.

_____ forthcoming-a. The Frankish Name of the King of the Turks. *Archivum Eurasiae Medii Aevi*.

_____ forthcoming-b. A Note on the Name and Identity of the Junghars. *Mongolian Studies*.

_____ forthcoming-c. On Zhangzhung and Bon. In HenkBlezer, ed., *Emerging Bon*. Halle: IITBS GmbH.

Benedict, Paul 1972. *Sino-Tibetan: A Conspectus*. Cambridge: Cambridge University Press.

Benjamin, Craig 2003. The Yuezhi Migration and Sogdia. In Matteo

Compareti, Paola Raffetta, and Gianroberto Scarcia, eds., *Erān ud Anērān: Studies Presented to Boris Ilich Marshak on the Occasion of His 70th Birthday*. http://www.trans-oxiana.org/Eran/ (=*Erān ud Anērān. Studies Presented to Boris Il'ic Marsak on the Occasion of His 70th Birthday*. Venice: Libreria Editrice Cafoscarina, 2006).

Bergh, Simon van den, trans. 1954. Averroës, *Tahâfut al-Tahâfut (The Incoherence of the Incoherence)*. London: Luzac. http://www.muslimphilosophy.com/ir/tt/ index.html.

Bergholz, Fred W. 1993. *The Partition of the Steppe: The Struggle of the Russians, Manchus, and the Zunghar Mongols for Empire in Central Asia, 1619-1758*. New York: Peter Lang.

Bilimoria, Purushottama 1998. Kauṭilya (fl. c. 321-c. 296 bc). In Edward Craig, ed., *Routledge Encyclopedia of Philosophy*, 220-222. London: Routledge.

Biran, Michal 2005. *The Empire of the Qara Khitai in Eurasian History: Between China and the Islamic World*. Cambridge: Cambridge University Press.

Bivar, A.D.H. 1983a. The Political History of Iran under the Arsacids. In Ehsan Yarshater, ed., *Cambridge History of Iran*, vol. 3: *The Seleucid, Parthian and Sasanian Periods, Part 1*, 21-99. Cambridge: Cambridge University Press.

_____ 1983b. The History of Eastern Iran. In Ehsan Yarshater, ed., *Cambridge History of Iran*, vol. 3: *The Seleucid, Parthian and Sasanian Periods, Part 1*, 181-231. Cambridge: Cambridge University Press.

Blair, Peter Hunter 2003. *An Introduction to Anglo-Saxon England*. 3rd ed. Cambridge: Cambridge University Press.

Blockley, R. C, trans. 1983. *The Fragmentary Classicising Historians of the Later Roman Empire: Eunapius, Olympiodorus, Prisons and Malchus*. 2 vols. Liverpool: Cairns.

____, ed. and transl. 1985. *The History of Menander the Guardsman*. Liverpool: Francis Cairns.

Boltz, William G. 1994. *The Origin and Early Development of the Chinese Writing System*. New Haven: American Oriental Society.

Bosworth, C. E. 1968. The Political and Dynastic History of the Iranian World(a.d. 1000-1217). In John A. Boyle, ed., *Cambridge History of Iran*, vol. 5: *The Saljuq and Mongol Periods*, 1-202. Cambridge: Cambridge University Press.

____ 1994. Abū Ḥafṣ 'Umar al-Kirmānī and the Rise of the Barmakids. *Bulletin of the School of Oriental and African Studies* 57.2: 262-282.

____ 1997. Kh^{w}ārazm. *E.I.$_2$* IV: 1060-1065.

____ 2007. Ḳarā Ḵhiṭāy. In P. Bearman, Th. Bianquis, C. E. Bosworth, E. van Donzel, and W. P. Heinrichs, eds., *Encyclopaedia of Islam*. Online edition. Leiden: Brill.

Bosworth, Clifford Edmund, et al. 1995. 'Othmānlī. *The Encyclopaedia of Islam*, New Edition, vol. 8, 120-231. Leiden: Brill.

Botstein, Leon 1998. Modern Music. In Michael Kelly, ed., *Encyclopedia of Aesthetics*, vol. 3, 254-259. New York: Oxford University Press.

Bovingdon, Gardner 2004. *Autonomy in Xinjiang: Han Nationalist Imperatives and Uyghur Discontent*. Washington, D.C.: East- West Center Washington.

Bovingdon, Gardner, and Nebijan Tursun 2004. Contested Histories. In S. F. Starr, ed., *Xinjiang: China's Muslim Frontier*, 353-374. Armonk: M. E.

Sharpe.

Boyle, John Andrew 1968. Dynastic and Political History of the Il-Khans. In John Andrew Boyle, ed., *The Cambridge History of Iran*, vol. 5: *The Saljuq and Mongol periods*, 303-421. Cambridge: Cambridge University Press.

Brooks, E. Bruce 1999. *Alexandrian Motifs in Chinese Texts*. Sino-Platonic Papers, No. 96. Philadelphia: University of Pennsylvania.

Brulet, Raymond 1997. La tombe de Childéric et la topographie funéraire de Tournai à la fin du Ve siècle. In Michel Rouche, ed., *Clovis: histoire et mémoire*, 59-78. Paris: Presses de l'Université de Paris-Sorbonne.

Brune, Lester H. 2003. *Chronological History of U.S. Foreign Relations*. New York: Routledge.

Bryant, Edwin F. 1999. Linguistic Substrata and the Indigenous Aryan Debate. In Johannes Bronkhorst and Madhav M. Deshpande, eds., *Aryan and Non-Aryan in South Asia: Evidence, Interpretation and Ideology*, 59-83. Proceedings of the International Seminar on Aryan and Non-Aryan in South Asia, University of Michigan, Ann Arbor, 25-27 October 1996. Cambridge, Mass.: Harvard University Department of Sanskrit and Indian Studies.

____ 2001. *The Quest for the Origins of Vedic Culture: The Indo-Aryan Migration Debate*. Oxford: Oxford University Press.

Bryant, Edwin R, and Laurie L. Patton 2005. *The Indo-Aryan Controversy: Evidence and Inference in Indian History*. London: Routledge.

Bryce, Trevor 2002. *Life and Society in the Hittite World*. Oxford: Oxford University Press.

____ 2005. *The Kingdom of the Hittites*. New ed. Oxford: Oxford University

Press.

Buck, David D. 2002. Chinese Civil War of 1945-1949. In David Levinson and Karen Christensen, eds., *Encyclopedia of Modern Asia*, 29-31. New York: Charles Scribner's Sons.

Buell, Paul 2002. Chinese Communist Party. In David Levinson and Karen Christensen, eds., *Encyclopedia of Modern Asia*, 31-32. New York: Charles Scribner's Sons.

Burney, Charles 2004. *Historical Dictionary of the Hittites*. Lanham, Md.: Scarecrow Press.

Burrow, Thomas 1935. Tokharian Elements in the Kharosthi Documents from Chinese Turkestan. *Journal of the Royal Asiatic Society* 1935: 665-675.

_____ 1937. *The Language of the Kharoṣṭhī Documents from Chinese Turkestan*. Cambridge: Cambridge University Press.

Burns, Thomas S. 1980. *The Ostrogoths: Kingship and Society*. Wiesbaden: F. Steiner.

Byington, Mark E. 2003. A History of the Puyo State, Its People, and Its Legacy. Ph.D. dissertation, Harvard University.

Calmard, J. 1993. Mudjtahid. *E.I.₂* VII: 295-304.

Cancik, Hubert, and Helmuth Schneider, eds. 1996. *Der Neue Pauly: Enzyklopädie der Antike. Altertum. Band I*. Stuttgart: Metzler.

Carter, M.G. 1997. Sībawayhi. *E.I.₂* IX: 524-531.

Chadwick, John 1958. *The Decipherment of Linear B*. Cambridge: Cambridge University Press.

Chavannes, Édouard 1903. *Documents sur les Tou-kiue (Turcs) occidentaux*. St. Petersburg: Commissionnaires de l'Académie impériale des sciences;

repr. Taipei: Ch'eng-wen, 1969.

Ch'en, Mei-Chin 1992. The Eminent Chinese Monk Hsuan-Tsang: His Contributions to Buddhist Scripture Translation and to the Propagation of Buddhism in China. Ph.D. dissertation, University of Wisconsin, Madison.

Childs-Johnson, Elizabeth 2003. Fu zi 婦子 (好) the Shang 商 Woman Warrior. Paper presented at the Fourth International Conference on Chinese Paleography, Chinese University of Hong Kong, October 15-17.

Christian, David 1998. *A History of Russia, Central Asia and Mongolia*, vol. 1: *Inner Eurasia from Prehistory to the Mongol Empire*. Oxford: Blackwell.

───── 2000. Silk Roads or Steppe Roads? The Silk Roads in World History. *Journal of World History* 2.1: 1-26.

Clark, Larry V. 1998a. Chuvash. In Lars Johanson and Eva A. Csato, eds., *The Turkic Languages*, 434-452. London: Routledge.

───── 1998b. *Turkmen Reference Grammar*. Wiesbaden: Harrassowitz.

───── 2000. The Conversion of Bügü Khan to Manichaeism. In Ronald E. Emmerick, Werner Sundermann, and Peter Zieme, eds., *Studia Manichaica. IV. Internationaler Kongress zum Manichäismus, Berlin, 14.-18. Juli 1997*, 83-123. Berlin: Akademie Verlag.

Clauson, Gerard 1967. *An Etymological Dictionary of Pre-Thirteenth Century Turkish*. Oxford: Clarendon Press.

Cleaves, Francis Woodman 1976. A Chinese Source Bearing on Marco Polo's Departure from China and His Arrival in Persia. *Harvard Journal of Asiatic Studies* 36: 181-203.

Coblin, W. South 2006. *A Handbook of 'Phags-pa Chinese*. Honolulu:

University of Hawai'i Press.

Colarusso, John 2002. *Nart Sagas from the Caucasus: Myths and Legends from the Circassians, Abazas, Abkhaz, and Ubykhs*. Princeton: Princeton University Press.

Combs, Kristie 2006. A Study of Merit and Power in Tibetan Thangka Painting. M.A. thesis, Indiana University, Bloomington.

Conlon, Frank F. 1985. Caste, Community and Colonialism: Elements of Population Recruitment and Rule in British Bombay, 1665-1830. *Journal of Urban History* 11: 181-208.

Conquest, Robert 1968. *The Great Terror: Stalin's Purge of the Thirties*. New York: Macmillan.

____ 1986. *The Harvest of Sorrow: Soviet Collectivization and the Terror-Famine*. New York: Oxford University Press.

____ 1990. *The Great Terror: A Reassessment*. New York: Oxford University Press.

Cook, Chris, and John Stevenson 1998. *The Longman Handbook of Modern European History, 1763-1997*. 3rd ed. London: Longman.

Coward, Harold G, and K. Kunjunni Raja 1990. *Encyclopedia of Indian Philosophies: The Philosophy of the Grammarians*. Delhi: Motilal Banarsidass.

Crone, Patricia 1987. *Meccan Trade and the Rise of Islam*. Princeton: Princeton University Press.

Čunakovskij, O M., ed. and trans. 1987. Книга деяний Ардашира сына Папака. Moscow: Nauka.

Czeglédy, K. 1983. From East to West: The Age of Nomadic Migrations in Eurasia. Trans. P. Golden. *Archivum Eurasiae Medii Aevi* 3: 25-125.

Dalby, Michael T. 1979. Court Politics in Late T'ang Times. In Denis Twitchett, ed., *The Cambridge History of China, vol. 3: Sui and T'ang China, 589-906, Part 1*, 561-681. Cambridge: Cambridge University Press.

Dani, Ahmad Hasan, et al., eds. 1992-2005. *History of Civilizations of Central Asia*. Paris: Unesco.

Daniel, Elton L. 1979. *The Political and Social History of Khurasan under Abbasid Rule, 747-820*. Minneapolis: Bibliotheca Islamica.

Danto, Arthur C. 2003. *The Abuse of Beauty: Aesthetics and the Concept of Art*. Chicago: Open Court.

Dawson, Christopher, ed. 1955. *The Mongol Mission: Narratives and Letters of the Franciscan Missionaries in Mongolia and China in the Thirteenth and Fourteenth Centuries*. London: Sheed and Ward.

Dear, I.C.B., and M.R.D. Foot, eds. 1995. *The Oxford Companion to World War II*. Oxford: Oxford University Press.

de Goeje, M. J. ed. 1870. Abû Isḥâq al-Fârisî al Iṣṭakhrî, *Kitâb masâlik al-mamâlik*. Repr., Leiden: Brill, 1967.

____ 1877. Muḥammad b. Aḥmad al-Maqdisî, *Kitâb 'aḥsan al-taqâsîm, fî ma'rifat al-'aqâlîm*. Repr., Leiden: Brill, 1967.

de la Vaissiere, Etienne 2003. Sogdians in China: A Short History and Some New Discoveries. *The Silk Road Foundation Newsletter* 1.2. http://www.silk-road.com/newsletter/december/new_discoveries.htm.

____ 2005a. *Sogdian Traders: A History*. Trans. James Ward. Leiden: Brill.

____ 2005b. Châkars d'Asie centrale: à propos d'ouvrages récents. *Studia Iranica* 34: 139-149.

____ 2005c. Čakar sogdiens en Chine. In Étienne de la Vaissière and Éric

Trombert, eds., *Les Sogdiens en Chine*, 255-256. Paris: École française d'Extrême-Orient.

____ 2005d. Huns et Xiongnu. *Central Asiatic Journal* 49.1: 3-26.

____ 2007. *Samarcande et Samarra: Élites d'Asie centrale dans l'empire abbasside*. Paris: Association pour l'avancement des études iraniennes.

de la Vaissière, Étienne, and Éric Trombert, eds. 2005. *Les Sogdiens en Chine*. Paris: École française d'Extrême-Orient.

Demiéville, Paul 1952. *Le concile de Lhasa: une controverse sur le quiétisme entre bouddhistes de l'Inde et de la Chine au VIIIe siècle de l'ère chrétienne*. Bibliothèque de l'Institut des Hautes études Chinoises, vol. 7. Paris: Imprimerie nationale de France.

Denifle, Henricus 1899. *Chartularium Universitatis Parisiensis*. Paris; repr., Brussels: Culture et Civilisation, 1964.

de Rachewiltz, Igor 2004. *The Secret History of the Mongols: A Mongolian Epic Chronicle of the Thirteenth Century, Translated with a Historical and Philological Commentary*. Leiden: Brill.

Des Rotours, Robert 1962. *Histoire de Ngan Lou-chan (Ngan Lou-chan che tsi)*. Paris: Presses Universitaires de France.

Dewing, H. B., ed. and trans. 1954. *Procopius: History of the Wars*. Cambridge, Mass.: Harvard University Press.

Di Cosmo, Nicola 1999. The Northern Frontier in Pre-imperial China. In Michael Loewe and Edward L. Shaughnessy, eds., *The Cambridge History of Ancient China: From the Origins of Civilization to 221 B.C.*, 885-966. Cambridge: Cambridge University Press.

____ 1999b. State Formation and Periodization in Inner Asian History. *Journal of World History* 10.1:1-40.

_____ 2002a. *Ancient China and Its Enemies: The Rise of Nomadic Power in East Asian History.* Cambridge: Cambridge University Press.

_____ ed. 2002b. *Warfare in Inner Asian History (500-1800).* Leiden: Brill.

Di Cosmo, Nicola, and Dalizhabu Bao 2003. *Manchu-Mongol Relations on the Eve of the Qing Conquest: A Documentary History.* Leiden: Brill.

Dillon, Michael, ed. 1998. *China: A Historical and Cultural Dictionary.* Richmond, Surrey: Curzon.

Dobbie, Elliot van Kirk, ed. 1953. *Beowulf and Judith.* New York: Columbia University Press.

Dobrovits, Mihály 2004. "They called themselves Avar" — Considering the Pseudo-Avar Question in the Work of Theophylaktos. In Matteo Compareti, Paola Raffetta, Gianroberto Scarcia, eds., *Ērān ud Anērān: Webfestschrift Marshak 2003. Studies Presented to Boris Ilich Marshak on the Occasion of His 70th Birthday.* http://www.transoxiana.org/Eran/Articles/dobrovits.html (= *Ērān ud Anērān. Studies Presented to Boris Il'ic Marsak on the Occasion of His 70th Birthday.* Venice: Libreria Editrice Cafoscarina, 2006).

Donner, F. 1981. *The Early Islamic Conquests.* Princeton: Princeton University Press.

Drabble, Margaret, ed. 2006. *The Oxford Companion to English Literature.* 6th ed., rev. Oxford: Oxford University Press.

Drews, Robert 1988. *The Coming of the Greeks: Indo-European Conquests in the Aegean and the Ancient Near East.* Princeton: Princeton University Press.

_____ 1993. *The End of the Bronze Age: Changes in Warfare and the Catastrophe, ca. 1200 B.C.* Princeton: Princeton University Press.

_____ 2004. *Early Riders: The Beginnings of Mounted Warfare in Asia and Europe*. London: Routledge.

Drinnon, Richard 1987. *Keeper of Concentration Camps: Dillon S. Myer and American Racism*. Berkeley: University of California Press.

Drompp, Michael R. 2005. *Tang China and the Collapse of the Uighur Empire: A Documentary History*. Leiden: Brill.

Dunlop, D. M. 1954. *The History of the Jewish Khazars*. Princeton: Princeton University Press.

Dunnell, Ruth 1994. The Hsi Hsia. In Herbert Francke and Denis Twitchett, eds., *Cambridge History of China*, vol. 6: *Alien Regimes and Border States, 907-1368*, 154-214. Cambridge: Cambridge University Press.

_____ 1996. *The Great State of White and High: Buddhism and State Formation in Eleventh-Century Xia*. Honolulu: University of Hawai'i Press.

Dunnigan, James F., and Albert A. Nofi 1998. *The Pacific War Encyclopedia*. New York: Facts on File.

Dyson, A. E. 1968. Literature, 1895-1939. In C. L. Mowat, ed., *The New Cambridge Modern History*, vol. XII: *The Shifting Balance of World Forces, 1898-1945;* 2nd ed., vol. XII: *The Era of Violence*, 613-643. Cambridge: Cambridge University Press.

Eastman, Lloyd E. 1986. Nationalist China during the Nanking Decade, 1927-1937. In John K. Fairbank and Albert Feuerwerker, eds., *Cambridge History of China*, vol. 13: *Republican China, 1912-1942, Part 2*, 116-167. Cambridge: Cambridge University Press.

Ebrey, Patricia Buckley 2001. *A Visual Sourcebook of Chinese Civilization*, http://depts.washington.edu/chinaciv/tindex.htm.

Edwards, I.E.S., C. J. Gadd, and N.G.L. Hammond, eds. 1971. *The Cambridge Ancient History*, vol. I, part 2: *Early History of the Middle East*. 3rd ed. Cambridge: Cambridge University Press.

Edwards, I.E.S., C. J. Gadd, N.G.L. Hammond, and E. Sollberger, eds. 1973. *The Cambridge Ancient History*, vol. II, part 1: *History, of the Middle East and the Aegean Region, c. 1800-1380 B.C.* 3rd ed. Cambridge: Cambridge University Press.

Egami, Namio 1964. The Formation of the People and the Origin of the State in Japan. *Memoirs of the Research Department of the Toyo Bunko* 23: 35-70.

Ekvall, Robert B. 1968. *Fields on the Hoof. Nexus of Tibetan Nomadic Pastoralism*. New York: Holt, Rinehart and Winston.

Elisonas, Jurgis 1991. Christianity and the Daimyo. In John Whitney Hall, ed., *The Cambridge History of Japan*, vol. 4: *Early Modern Japan*, 301-372. Cambridge: Cambridge University Press.

Ellis, Eric 2007. Iran's Cola War. *Fortune*, February 6, 2007. http://money.cnn.com/magazines/fortune/fortune_archive/2007/02/19/8400167/index.htm.

Endicott-West, Elizabeth 1989. Merchant Associations in Yüan China: The Ortoy. *Asia Major*, 3rd ser., 2.2: 127-154.

Enoki, K., G. A. Koshelenko, and Z. Haidary 1994. The Yüeh-chih and Their Migrations. In János Harmatta, ed., *History of Civilizations of Central Asia, vol. II: The Development of Sedentary and Nomadic Civilizations, 700 B.C. to a.d. 250*, 171-189. Paris: Unesco.

Ewig, Eugen 1997. Le myth troyen et l'histoire des Francs. In Michel Rouche, ed., *Clovis: histoire et mémoire*, 817-847. Paris: Presses de 1'Université de Paris-Sorbonne.

Fairbank, John K. 1978. The Creation of the Treaty System. In John K. Fairbank, ed., *The Cambridge History of China*, vol. 10: *Late Ch'ing, 1800-1911, Part 1*, 213-263. Cambridge: Cambridge University Press.

Fairweather, Eugene R. 1970. *A Scholastic Miscellany: Anselm to Ockham*. New York: Macmillan.

Fakhry, Majid 1983. *A History of Islamic Philosophy*. 2nd ed. New York: Columbia University Press.

Fan Yeh 1965. 後漢書. Peking: Chung-hua shu-chü.

Farquhar, David 1978. Emperor as Bodhisattva in the Governance of the Ch'ing Empire. *Harvard Journal of Asiatic Studies* 38.1: 5-34.

Farris, William Wayne 1995. *Heavenly Warriors: The Evolution of Japan's Military, 500-1300*. Cambridge, Mass.: Harvard University, Council on East Asian Studies.

Felix, Wolfgang 1992. Chionites. In Ehsan Yarshater, ed., *Encyclopaedia Iranica*, 5. Costa Mesa: Mazda Publishers.

Fletcher, Joseph 1978. Sino-Russian Relations, 1800-62. In John K. Fairbank, ed., *Cambridge History of China, vol. 10: Late Ch'ing, 1800-1911, Part 1*, 318-350. Cambridge: Cambridge University Press.

Florinsky, Michael T., ed. 1961. *The McGraw-Hill Encyclopedia of Russia and the Soviet Union*. New York: McGraw-Hill.

Foster, B. O., trans. 1988. *Livy. Vol. 1: Books I and II*. Cambridge, Mass.: Harvard University Press.

Fowler, H. W. and F. G. Fowler 1905. *The Works of Lucian of Samosata*. Oxford: Clarendon Press.

Franck, I. M., and D. M. Brownstone 1986. *The Silk Road: A History*. New

York: Facts on File.

Francke, Herbert 1994. The Chin Dynasty. In Herbert Francke and Denis Twitchett, eds. *Cambridge History of China*, vol. 6: *Alien Regimes and Border States, 907-1368*, 215-320. Cambridge: Cambridge University Press.

Francke, Herbert, and Denis Twitchett 1994. Introduction. In Herbert Francke and Denis Twitchett, eds., *Cambridge History of China*, vol. 6: *Alien Regimes and Border States, 907-1368*, 1-42. Cambridge: Cambridge University Press.

Frédéric, Louis 2002. *Japan Encyclopedia*. Trans. Käthe Roth. Cambridge: Cambridge University Press.

Frendo, Joseph D. 1975. *Agathias: The Histories*. Berlin: Walter de Gruyter.

Freu, Jacques 2003. *Histoire du Mitanni*. Paris: L'Harmattan.

Frye, R. N 1983. The Political History of Iran under the Sasanians. In Ehsan Yarshater, ed., *The Cambridge History of Iran*, vol. 3: *The Seleucid, Parthian and Sasanian Periods, Part 1*, 116-180. Cambridge: Cambridge University Press.

____ 2005. *Ibn Fadlan's Journey to Russia*. Princeton: Markus Wiener.

Gamkrelidze, Thomas V., and Vjaceslav V. Ivanov 1995. *Indo-European and the Indo-Europeans: A Reconstruction and Historical Analysis of a Proto-Language and a Proto-Culture*. Trans. Johanna Nichols. Berlin: Mouton de Gruyter.

Garrett, Andrew 1999. A New Model of Indo-European Subgrouping and Dispersal. In Steve S. Chang, Lily Liaw, and Josef Ruppenhofer, eds., *Proceedings of the Twenty-Fifth Annual Meeting of the Berkeley Linguistics Society, February 12-15, 1999*, 146-156 (=http://socrates.

berkeley.edu/~garrett/BLS1999.pdf).

____ 2006. Convergence in the Formation of Indo-European Subgroups: Phylogeny and Chronology. In Peter Forster and Colin Renfrew, eds., *Phylogenetic Methods and the Prehistory of Languages*, 139-151. Cambridge: McDonald Institute for Archaeological Research.

Gerberding, Richard A. 1987. *The Rise of the Carolingians and the Liber Historiae Francorum*. Oxford: Clarendon.

Gernet, Jacques 1996. *A History of Chinese Civilization*. Trans. J. R. Foster and Charles Hartman. 2nd ed. Cambridge: Cambridge University Press.

Gershevitch, Ilya, ed. 1985. *The Cambridge History of Iran*, vol. 2: *The Median and Achaemenian Periods*. Cambridge: Cambridge University Press.

Gibb, H.A.R., et al., eds. 1960-2002. *The Encyclopaedia of Islam*. New ed. Leiden: Brill.

Godley, A. D., trans. 1972. *Herodotus*. Cambridge, Mass.: Harvard University Press.

Golden, Peter 1980. *Khazar Studies*. Budapest: Akadémiai Kiadó.

____ 1982. The Question of the Rus' Qağanate. *Archivum Eurasiae Medii Aevi 2:* 77-97.

____ 1987-1991. Nomads and Their Sedentary Neighbors in Pre-Činggisid Eurasia. *Archivum Eurasiae Medii Aevi* 7: 41-81.

____ 1991. Aspects of the Nomadic Factor in the Economic Development of Kievan Rus. In I. S. Koropeckyj, ed., *Ukrainian Economic History: Interpretative Essays*, 58-101. Cambridge, Mass. Harvard Ukrainian Research Institute.

____ 1992. *An Introduction to the History of the Turkic Peoples:*

_____ *Ethnogenesis and State-Formation in Medieval and Early Modern Eurasia and the Middle East*. Wiesbaden: Harrassowitz.

_____ 1995. Chopsticks and Pasta in Medieval Turkic Cuisine. *Rocznik Orientalistyczny* 49.2: 73-82.

_____ 2001. Some Notes on the Comitatus in Medieval Eurasia with Special Reference to the Khazars. *Russian History/Histoire Russe* 28.1-4: 153-170.

_____ 2002. War and Warfare in the Pre-Chinggisid Western Steppes of Eurasia. In Nicola di Cosmo, ed., *Warfare in Inner Asian History (500-1800)*, 105-172. Leiden: Brill.

_____ 2002-2003. Khazar Turkic ghulâms in Caliphal Service: Onomastic Notes. *Archivum Eurasiae Medii Aevi* 12: 15-27.

_____ 2004. Khazar Turkic ghulâms in Caliphal Service. *Journal Asiatique* 292.1-2: 279-309.

_____ 2006. Some Thoughts on the Origins of the Turks and the Shaping of the Turkic Peoples. In Victor H Mair, ed., *Contact and Exchange in the Ancient World*, 136-157. Honolulu: University of Hawai'i Press.

_____ 2007. The Conversion of the Khazars to Judaism. In Peter B. Golden, H. Ben-Shammai, and A. Róna-Tas, eds., *The World of the Khazars: New Perspectives*, 123-162. Leiden: Brill.

Gommans, Jos 2007. Mughal India and Central Asia in the Eighteenth Century: An Introduction to a Wider Perspective. In Scott C. Levi, ed., *India and Central Asia. Commerce and Culture, 1500-1800*, 39-63. New Delhi: Oxford University Press.

Gonnet, H. 1990. Telibinu et l'organisation de l'espace chez les Hittites. In *Tracés de fondation, Bib. EPHE* XCIII: 51-57.(Cited in Mazoyer 2003:

27.)

Goralski, Robert 1981. *World War II Almanac: 1931-1945; A Political and Military Record.* New York: G. P. Putnam's Sons.

Gowing, Lawrence, ed. 1983. *A Biographical Dictionary of Artists.* New York: Facts on File.

Grant, Edward, ed. 1974. *A Source Book in Medieval Science.* Cambridge, Mass.: Harvard University Press.

Grassmann, Hermann 1863. Ueber die Aspiraten und ihr gleichzeitiges Vorhandensein im An- und Auslaute der Wurzeln. *Zeitschrift für vergleichende Sprachforschung auf dem Gebiete des Deutschen, Griechischen und Lateinischen* 12.2: 81-138.(Partial translation, "Concerning the Aspirates and Their Simultaneous Presence in the Initial and Final of Roots," in Lehmann 1967: 109-131.)

Grenet, Frantz 2003. *La geste d'Ardashir fils de Pâbag.* Die: Editions A Die.

____ 2005. The Self-image of the Sogdians. In Étienne de la Vaissière and Éric Trombert, eds., *Les Sogdiens en Chine,* 123-140. Paris: École française d'Extrême-Orient.

Grupper, Samuel M. 1980. The Manchu Imperial Cult of the Early Ch'ing Dynasty: Texts and Studies on the Tantric Sanctuary of Mahākāla at Mukden. Ph.D. dissertation, Indiana University, Bloomington.

Guterbock, Hans G., and Theo P. J. van den Hout 1991. *The Hittite Instruction for the Royal Bodyguard.* Assyriological Studies No. 24. Chicago: Oriental Institute of the University of Chicago.

Gyllensvärd, Bo, ed. 1974. *Arkeologiska Fynd från Folkrepubliken Kina.* Katalog 19. Stockholm: Östasiatiska Museet.

Haiman, J. 1994. Iconicity and Syntactic Change. In R. E. Asher, ed., *The*

Encyclopedia of Language and Linguistics, 1633-1637. Oxford: Pergamon.

Hall, John Whitney 1991. Introduction. In John Whitney Hall, ed., *The Cambridge History of Japan*, vol. 4: *Early Modern Japan*, 1-39. Cambridge: Cambridge University Press, 1991.

Hambly, Gavin R. G. 1991. Āghā Muḥammad Khān and the Establishment of the Qājār Dynasty. In Peter Avery et al., eds., *The Cambridge History of Iran*, vol. 7: *From Nadir Shah to the Islamic Republic*, 104-143. Cambridge: Cambridge University Press.

Harrison, John R. 1966. *The Reactionaries: A Study of the Anti-democratic Intelligentsia*. New York: Schocken.

Hayashi, Toshio 1984. Agriculture and Settlements in the Hsiung-nu. *Bulletin of the Ancient Orient Museum* 6: 51-92.

Heidenreich, Donald E., Jr. 2003. Pearl Harbor. In Peter Knight, ed., *Conspiracy Theories in American History*, 579-582. Santa Barbara: ABC-CLIO.

Hicks, Robert Drew, trans. 1980. *Diogenes Laertius: Lives of Eminent Philosophers*. Cambridge, Mass.: Harvard University Press.

Hildinger, Erik 2001. *Warriors of the Steppe: A Military History of Central Asia, 500 B.C. to 1700 A.D*. Cambridge, Mass.: Da Capo.

Hill, John E. 2003. The Western Regions according to the *Hou Hanshu*: The *Xiyu juan* "Chapter on the Western Regions" from *Hou Hanshu* 88, 2nd ed. http://depts.washington.edu/uwch/silkroad/texts/hhshu/hou_han_shu.html#sec8.

_____ forthcoming. *Through the Jade Gate to Rome: A Study of the Silk Routes during the Later Han Dynasty, 1st to 2nd Centuries CE*. An

Annotated Translation of The Chapter on the "Western Regions" from the Hou Hanshu.

Ho, Yeh-huan 1999. 揚子鰐在黃河中下流的地理分布及其南移的原因. *Li-shih ti-li* 15: 125-131.

Hock, Hans Heinrich 1999a. Out of India? The Linguistic Evidence. In Johannes Bronkhorst and Madhav M. Deshpande, eds., *Aryan and Non-Aryan in South Asia: Evidence, Interpretation and Ideology*, 1-18. Proceedings of the International Seminar on Aryan and Non-Aryan in South Asia, University of Michigan, Ann Arbor, 25-27 October 1996. Cambridge, Mass.: Harvard University Department of Sanskrit and Indian Studies.

_____ 1999b. Through a Glass Darkly: Modern "Racial" Interpretations vs. Textual and General Prehistoric Evidence on *ārya* and *dāsa/dasyu* in Vedic Society. In Johannes Bronkhorst and Madhav M. Deshpande, eds., *Aryan and Non-Aryan in South Asia: Evidence, Interpretation and Ideology*, 145-174. Proceedings of the International Seminar on Aryan and Non-Aryan in South Asia, University of Michigan, Ann Arbor, 25-27 October 1996. Cambridge, Mass.: Harvard University Department of Sanskrit and Indian Studies.

Hoffmann, Helmut 1961. *The Religions of Tibet*. New York: Macmillan.

Holmes, Richard, ed. 2001. *The Oxford Companion to Military History*. Oxford: Oxford University Press.

Hornblower, Simon, and Antony Spawforth, eds. 2003. *The Oxford Classical Dictionary*. 3rd ed., rev. Oxford: Oxford University Press.

Horne, Charles F, ed. 1917. *The Sacred Books and Early Literature of the East*, vol. VII: *Ancient Persia*. New York: Parke, Austin, & Lipscomb.

Hosking, Geoffrey 2001. *Russia and the Russians: A History.* Cambridge, Mass.: Belknap Press of Harvard University Press.

Howarth, Patrick 1994. *Attila, King of the Huns: Man and Myth.* London: Constable.

Hsu, Immanuel C. Y. 1980. Late Ch'ing Foreign Relations, 1866-1905. In John K. Fairbank and Kwang-ching Liu, eds., *Cambridge History of China*, vol. 11: *Late Ch'ing, 1800-1911, Part 2*, 70-141. Cambridge: Cambridge University Press.

Hudson, Mark J. 1999. *Ruins of Identity: Ethnogenesis in the Japanese Islands.* Honolulu: University of Hawai'i Press.

Hui Li 2000. 大慈恩寺三藏法師傳. Ed. Sun Yü-t'ang and Hsieh Fang. Peking: Chung-hua shu-chü.

Hui, Victoria Tin-bor 2005. *War and State Formation in Ancient China and Early Modern Europe.* New York: Cambridge University Press.

Hutton, M. 1970. Tacitus. In M. Hutton et al., Tacitus: *Agricola, Germania, Dialogus*, 127-215. Cambridge, Mass.: Harvard University Press.

Hyman, Anthony 1996. Volga Germans. In Graham Smith, ed., *The Nationalities Question in the Post-Soviet States*, 462-476. London: Longman.

İnalcik, H. 1997. Istanbul. *E.I.₂* IV: 224-248.

Issawi, Charles Philip 1971. *The Economic History of Iran, 1800-1914.* Chicago: University of Chicago Press.

Jagchid, Sechin, and Van Jay Symons 1989. *Peace, War, and Trade along the Great Wall: Nomadic-Chinese Interaction through Two Millennia.* Bloomington: Indiana University Press.

James, Edward 2001. *Britain in the First Millennium.* New York: Oxford

University Press.

Janhunen, Juha, ed. 2003. *The Mongolic Languages*. London: Routledge.

Jansen, Marius B. 1989. The Meiji Restoration. In Marius B. Jansen, ed., *The Cambridge History of Japan*, vol 5: *The Nineteenth Century*, 308-366. Cambridge: Cambridge University Press.

Jansen, Thomas, Peter Forster, Marsha A. Levine, Hardy Oelke, Matthew Hurles, Colin Renfrew, Jurgen Weber, and Klaus Olek 2002. Mitochondrial DNA and the Origins of the Domestic Horse. *Proceedings of the National Academy of Sciences* 99.16: 10905-10910.

Johanson, Lars, and Éva Á. Csató, eds. 1998. *The Turkic Languages*. London: Routledge.

Jones, Horace Leonard 1924. *The Geography of Strabo*. Vol. 3. London: William Heinemann.

Joo-Jock, Arthur Lim 1991. Geographical Setting. In Ernest C. T. Chew and Edwin Lee, eds. *A History of Singapore*, 3-14. Oxford: Oxford University Press.

Kafadar, Cemal 1995. *Between Two Worlds: The Construction of the Ottoman State*. Berkeley: University of California Press.

Kazanski, Michel 2000. L'or des princes barbares. *Archéologia*, No. 371(October): 20-31.

Keightley, David N. 1999. The Shang: China's First Historical Dynasty. In Michael Loewe and Edward L. Shaughnessy, eds., *The Cambridge History of Ancient China: From the Origins of Civilization to 221 B.C.*, 232-291. Cambridge: Cambridge University Press.

Kellens, Jean 1989. Avestique. In Rüdiger Schmitt, ed., *Compendium Linguarum Iranicarum*, 32-55. Wiesbaden: Dr. Ludwig Reichert Verlag.

Keydell, Rudolf, ed. 1967. *Agathiae Myrinaei historiarum libri quinque*. Corpus fontium historiae Byzantinae, vol. II. Berlin: Walter de Gruyter.

Khalid, Adeeb 2007. *Islam after Communism: Religion and Politics in Central Asia*. Berkeley: University of California Press.

Khazanov, Anatoly M. 1984. *Nomads and the Outside World*. Cambridge: Cambridge University Press.

King, Anya H. 2007. The Musk Trade and the Near East in the Early Medieval Period. Ph.D. dissertation. Indiana University, Bloomington.

Kiyose, Gisaburo N. 1977. *A Study of the Jurchen Language and Script: Reconstruction and Decipherment*. Kyoto: Horitsubunka-sha.

Kiyose, Gisaburo N., and Christopher I. Beckwith 2006. The Silla Word for 'Walled City' and the Ancestor of Modern Korean. *Arutaigo kenkyû—Altaistic Studies* 1: 1-10.

____ 2008. The Origin of the Old Japanese Twelve Animal Cycle. *Arutaigo kenkyû—Altaistic Studies* 2: 1-18.

Klyashtornyi, S.G. 1994. The Royal Clan of the Turks and the Problem of Early Turkic-Iranian Contacts. *Acta Orientalia Academiae Scientiarum Hungaricae* 47-3: 445-448.

Klyashtornyi, S. G., and B. A. Livshits 1972. The Sogdian Inscription of Bugut Revised. *Acta Orientalia Academiae Scientiarum Hungaricae* 26: 69-102.

Kochnev, B. D. 1996. The Origins of the Karakhanids: A Reconsideration. *Der Islam* 73: 352-357.

Kohl, Philip L. 1995. Central Asia and the Caucasus in the Bronze Age. In Jack M. Sasson, ed., *Civilizations of the Ancient Near East*, 2: 1051-1065. New York: Charles Scribner's Sons.

Kovalev, R. K. 2005. Creating Khazar Identity through Coins: The Special

Issue Dirhams of 837/8. In F. Curta, ed., *East Central Europe in the Early Middle Ages*, 220-253. Ann Arbor: University of Michigan Press.

Kramers, J. H., and M. Morony 1991. Marzpān. *E.I.₂* VI: 633-634.

Krause, Wolfgang, and Werner Thomas 1960-1964. *Tocharisches Elementarbuch*. Heidelberg: C. Winter.

Krueger, John R. 1961a. *Chuvash Manual*. Uralic and Altaic Series, vol. 7. Bloomington: Indiana University.

____ 1961b. An Early Instance of Conditioning from the Chinese Dynastic Histories. *Psychological Reports* 9: 117.

Kyzlasov, I. L. 1994. Руничекие письменности евразийских степей. Moscow: Vostočnaja literatura.

Labov, William 1982. *The Social Stratification of English in New York City*. Washington, D.C.: Center for Applied Linguistics.

Langlois, John D., Jr. 1981. Introduction. In John D. Langlois Jr., ed., *China under Mongol Rule*. Princeton: Princeton University Press.

Latham, Ronald, trans. 1958. *The Travels of Marco Polo*. Harmondsworth: Penguin.

Lattimore, Steven, trans. 1998. *Thucydides: The Peloponnesian War*. Indianapolis: Hackett.

Layton, Ronald V., Jr. 1999. Cryptography. In David T. Zabecki et al., eds., *World War II in Europe: An Encyclopedia*, 1192-1194. New York: Garland.

Lazzerini, Edward J. 1996. Crimean Tatars. In Graham Smith, ed., *The Nationalities Question in the Post-Soviet States*, 412-435. London: Longman.

Ledyard, Gari 1975. Galloping Along with the Horseriders: Looking for the

Founders of Japan. *Journal of Japanese Studies* 1,2: 217-254.

Lefebvre, Claire, Lydia White, and Christine Jourdan, eds. 2006. *L2 Acquisition and Creole Genesis: Dialogues*. Amsterdam: Benjamins.

Legge, James, ed. and trans. 1935. *The Chinese Classics, with a Translation, Critical and Exegetical Notes, Prolegomena, and Copious Indexes*, vol. IV: *The She King*. Second edition with minor text corrections and a table of concordances. Shanghai; repr., Taipei: Wen-hsing shu-tien, 1966.

Legrand, Ph.-E., ed. and trans. 1949. *Hérodote: histoires, livre IV, Melpomène*. Paris: Société d'édition "les belles lettres".

Lehmann, Clayton M. 2006. Dacia. http://www.usd.edu/~clehmann/pir/dacia.htm.

Lehmann, Winfred P., ed. 1967. *A Reader in Nineteenth Century Historical Indo-European Linguistics*. Bloomington: Indiana University Press.

____ 1973. *Historical Linguistics: An Introduction*. 2nd ed. New York: Holt, Rinehart and Winston.

____ 1993. *Theoretical Bases of Indo-European Linguistics*. London: Routledge.

Levi, Scott C. 2002. *The Indian Diaspora in Central Asia and Its Trade, 1550-1900*. Leiden: Brill.

____, ed. 2007a. Introduction. In Scott C. Levi, ed., *India and Central Asia: Commerce and Culture, 1500-1800*, 1-36. New Delhi: Oxford University Press.

____, ed. 2007b. India, Russia, and the Eighteenth-Century Transformation of the Central Asian Caravan Trade. In Scott C. Levi, ed., *India and Central Asia: Commerce and Culture, 1500-1800*, 93-122. New Delhi: Oxford

University Press.

____, ed. 2007c. *India and Central Asia: Commerce and Culture, 1500-1800*. New Delhi: Oxford University Press.

Levin, Nora 1988. *The Jews in the Soviet Union since 1917: Paradox of Survival*. New York: New York University Press.

Lewis, Bernard 1982. The Question of Orientalism. *New York Review of Books* 29.11 (June 24): 49-56.

Lewis, Wyndham 1954. *The Demon of Progress in the Arts*. London: Methuen.

Li, Rongxi, trans. 1995. *A Biography of the Tripiṭaka Master of the Great Ci' en Monastery of the Great Tang Dynasty*. Berkeley: Numata Center for Buddhist Translation and Research.

Liddell, Henry George, Robert Scott, and Henry Stuart Jones 1968. *A Greek-English Lexicon*. Oxford: Clarendon Press.

Lincoln, Bruce 1991. *Death, War, and Sacrifice: Studies in Ideology and Practice*. Chicago: University of Chicago Press.

Lindner, Rudi Paul 1981. Nomadism, Horses and Huns. *Past and Present* 92: 3-19.

____ 1982. What Was a Nomadic Tribe? *Comparative Studies in Society and History* 24.4: 689-711.

____ 2005. *Explorations in Ottoman Prehistory*. Ann Arbor: University of Michigan Press.

Lindow, John 1976. *Comitatus, Individual and Honor: Studies in North Germanic Institutional Vocabulary*. Berkeley: University of California Press.

Ling-hu Te-fen 1971. 周書. Peking: Chung-hua shu-chü.

Littauer, Mary Aiken, and Joost H. Crouwel 2002. *Selected Writings on Chariots and Other Early Vehicles, Riding and Harness.* Ed. Peter Raulwing. Leiden: Brill.

Littleton, C. Scott, and Linda A. Malcor 1994. *From Scythia to Camelot: A Radical Reassessment of the Legends of King Arthur, the Knights of the Round Table, and the Holy Grail.* New York: Garland.

Litvinsky, Boris A., and Tamara I. Zeimal 1971. Аджина-Тепа. Moscow: Iskusstvo.

Liu Hsü et al. 1975. 舊唐書. Peking: Chung-hua shu-chü.

Liu Kwang-ching and Richard J. Smith 1980. The Military Challenge: The North-west and the Coast. In John K. Fairbank and Kwang-ching Liu, eds., *The Cambridge History of China,* vol. 11: *Late Ch'ing, 1800-1911, Part 2,* 202-273. Cambridge: Cambridge University Press.

Liu Yingsheng 1989. Zur Urheimat und Umsiedlung der Toba. *Central Asiatic Journal* 33.1-2: 86-107.

Loewe, Michael 1986. The Former Han Dynasty. In Denis Crispin Twitchett and Michael Loewe, eds., *The Cambridge History of China,* vol. 1: *The Ch'in and Han Empires, 221 B.C.-A.D. 220,* 103-222. Cambridge: Cambridge University Press.

Lowry, Heath W. 2003. *The Nature of the Early Ottoman State.* Albany: State University of New York Press.

Lyon, Bryce D. 1972. *The Origins of the Middle Ages: Pirenne's Challenge to Gibbon.* New York: Norton.

Macan, Reginald Walter 1895. *Herodotus. The Fourth, Fifth, and Sixth Books. Vol. I, Introduction, Text with Notes.* London: Macmillan.

Mackerras, Colin 1972. *The Uighur Empire According to the T'ang Dynastic*

Histories: A Study in Sino-Uighur Relations, 744-840. Columbia: University of South Carolina Press.

____ 1990. The Uighurs. In Denis Sinor, ed., *The Cambridge History of Early Inner Asia*, 317-342. Cambridge: Cambridge University Press.

Mair, Victor, ed. 1998. *The Bronze Age and Early Iron Age Peoples of Eastern Central Asia*. Philadelphia: Institute for the Study of Man.

Makdisi, George 1981. *The Rise of Colleges: Institutions of Learning in Islam and the West*. Edinburgh: Edinburgh University Press.

Mallory, J. P. 1989. *In Search of the Indo-Europeans: Language, Archaeology and Myth*. London: Thames & Hudson.

Mallory, J. P., and D. Q. Adams, eds. 1997. *Encyclopedia of Indo-European Culture*. London: Fitzroy Dearborn.

____ 2006. *The Oxford Introduction to Proto-Indo-European and the Proto-Indo-European World*. Oxford: Oxford University Press.

Mallory, J. P., and Victor Mair 2000. *The Tarim Mummies: Ancient China and the Mystery of the Earliest Peoples from the West*. New York: Thames & Hudson.

Manz, Beatrice Forbes 1989. *The Rise and Rule of Tamerlane*. Cambridge: Cambridge University Press.

____ 2000. Tīmūr Lang. *E.I.$_2$* X: 510-513.

Markovits, Claude 2007. Indian Merchants in Central Asia: The Debate. In Scott C. Levi, ed., *India and Central Asia: Commerce and Culture, 1500-1800*, 123-151. New Delhi: Oxford University Press.

Mathews, R. H. 1943. *Mathews' Chinese-English Dictionary*. Rev. American ed. Cambridge, Mass.: Harvard University Press.

Matthee, Rudoloph P. 1999. *The Politics of Trade in Safavid Iran: Silk for*

Silver, 1600-1730. Cambridge: Cambridge University Press.

Mattingly, H., trans. 1970. *Tacitus: The Agricola and the Germania.* Rev. S. A. Handford. Harmondsworth: Penguin.

Mayrhofer, M. 1986-2000. *Etymologisches Wörterbuch des Altindoarischen.* Heidelberg: Carl Winter.

Mazoyer, Michel 2003. *Télipinu, le dieu au marécage: Essai sur les mythes fondateurs du royaume hittite.* Paris: L'Harmattan, Association Kubaba.

McGeveran, William A., Jr. 2006. *The World Almanac and Book of Facts, 2006.* New York: World Almanac Books.

McNeill, William H. 1977. *Plagues and Peoples.* New York: Anchor Books.

Melchert, H. Craig 1995. Indo-European Languages of Anatolia. In Jack M. Sasson, ed., *Civilizations of the Ancient Near East,* 4: 2151-2159. New York: Charles Scribner's Sons.

Melyukova, A.I. 1990. The Scythians and Sarmatians. In Denis Sinor, ed., *The Cambridge History of Early Inner Asia,* 97-117. Cambridge: Cambridge University Press.

Millar, James R., ed. 2003. *Encyclopedia of Russian History.* Indianapolis: Macmillan USA.

Miller, Margaret C. 1999. *Athens and Persia in the Fifth Century bc: A Study in Cultural Receptivity.* Cambridge: Cambridge University Press.

Millward, James A. 2004. *Violent Separatism in Xinjiang: A Critical Assessment.* Washington, D.C.: East-West Center Washington.

____ 2007. *Eurasian Crossroads: A History of Xinjiang.* New York: Columbia University Press.

Minorsky, Vladimir 1942. *Sharaf al-Zamān Ṭāhir Marvazī on China, the Turks and India: Arabic Text (circa A.D. 1120).* London: Royal Asiatic Society.

_____ 1948. Tamīm ibn Baḥr's Journey to the Uyghurs. *Bulletin of the School of Oriental and African Studies*, University of London 12.2: 275-305.

Molè, Gabriella 1970. *The T'u-yü-hun from the Northern Wei to the Time of the Five Dynasties*. Serie Orientale Roma, vol. 41. Rome: Istituto Italiano per il Medio ed Estremo Oriente.

Moribe, Yutaka 2005. Military Officers of Sogdian Origin from the Late T'ang Dynasty to the Period of the Five Dynasties. In Étienne de la Vaissière and Éric Trombert, eds., *Les Sogdiens en Chine*, 243-254. Paris: École française d'Extrême-Orient.

Mote, Frederick W. 1994. Chinese Society under Mongol Rule, 1215-1388. In Herbert Franke and Denis Twitchett, eds., *The Cambridge History of China, vol. 6: Alien Regimes and Border States, 907-1368*, 616-664. Cambridge: Cambridge University Press.

Moule, A. C, and Paul Pelliot 1938. *Marco Polo: The Description of the World*. London: Routledge.

Mous, Maarten 1996. Was There Ever a Southern Cushitic Language (Pre-) Ma'a? In Catherine Griefenow-Mewis and Rainer M. Voigt, eds., *Cushitic and Omotic Languages*, 201-211. Proceedings of the Third International Symposium. Berlin, March 17-19, 1994. Cologne: Rüdiger Köppe.

_____ 2003. *The Making of a Mixed Language: The Case of Ma'a/Mbugu*. Amsterdam: Benjamins.

Mowat, C. L., ed. 1968. *The New Cambridge Modern History*, vol. XII: *The Shifting Balance of World Forces, 1898-1945*; 2nd ed., vol. XII: *The Era of Violence*. Cambridge: Cambridge University Press.

Müller, F. Max 1891. *Vedic Hymns*. Vol. 1. Oxford: Clarendon Press.

Müller, F.W.K. 1907. Beitrag zur genaueren Bestimmung der unbekannten Sprachen Mittelasiens. *Sitzunsberichte der Preussischen Akademie der Wissenschaften, philosophisch-historische Klasse* 19: 958-960.

Nagrodzka-Majchrzyk, Teresa. 1978. *Geneza miast u dawnych ludów tureckich (VII-XII w.)*. Wroclaw: Zaklad Narodowy im. Ossolinskich.

Nasr, Seyyed Hossein 2006. *Islamic Philosophy from Its Origin to the Present: Philosophy in the Land of Prophecy*. Albany: State University of New York Press.

Nevsky, Nicolas 1926. *A Brief Manual of the Si-hia Characters with Tibetan Transcriptions*. Osaka: Osaka Oriental Society.

Newitt, M. D. D. 2005. *A History of Portuguese Overseas Expansion, 1400-1668*. London: Routledge.

Nichols, Johanna 1997a. The Epicentre of the Indo-European Linguistic Spread. In Roger Blench and Matthew Spriggs, eds., *Archaeology and Language I: Theoretical and Methodological Orientations*, 122-148. London: Routledge.

_____ 1997b. Modeling Ancient Population Structures and Movement in Linguistics. *Annual Review of Anthropology* 26: 359-384.

_____ 2004. Chechnya and Chechens. In James R. Millar, ed., *Encyclopedia of Russian History*, 232-235. New York: Macmillan Reference.

Noonan, Thomas S. 1981. Ninth-Century Dirham Hoards from European Russia: A Preliminary Analysis. In M. A. S. Blackburn and D. M. Metcalf, eds., *Viking Age Coinage in the Northern Lands*, 47-117. The Sixth Oxford Symposium on Coinage and Monetary History. British Archaeological Reports, International Series 122. Oxford: B.A.R.(Reprinted in Noonan 1998.)

_____ 1997 The Khazar Economy. *Archivum Eurasiae Medii Aevi* 9: 253-318.

_____ 1998. *The Islamic World, Russia and the Vikings, 750-900*. Aldershot, Hampshire: Ashgate Variorum.

Northedge, A. 1995. Sāmarrā'. *E.I.₂* VIII: 1039-1041.

Oren, Eliezer D., ed. 2000. *The Sea Peoples and Their World: A Reassessment*. Philadelphia: University Museum, University of Pennsylvania.

Ötkur, Abdurehim 1985. *Iz*. Ürümchi: Shinjang Khälq Näshriyati.(3rd printing, 1986.)

Ou-yang Hsiu and Sung Ch'i 1975. 新唐書. Peking: Chung-hua shu-chü.

Owen, Stephen 1981. *The Great Age of Chinese Poetry: The High T'ang*. New Haven: Yale University Press.

Pai, Hyung Il 2000. *Constructing "Korean" Origins. A Critical Review of Archaeology, Historiography, and Racial Myth in Korean State-Formation Theories*. Cambridge, Mass.: Harvard University Asia Center.

Pan Ku et al. 1962. 漢書. Peking: Chung-hua shu-chü.

Pearson, M. N. 1987. *The New Cambridge History of India*, I, 1: *The Portuguese in India*. Cambridge: Cambridge University Press.

Pedersen, J., George Makdisi, Munibur Rahman, and R. Hillenbrand 1986. Madrasa. *E.I.₂* V: 1123-1154.

Pegolotti, Francesco Balducci 1936. *La pratica della mercatura*. Ed. Allan Evans. Cambridge: Medieval Academy of America.

Pelliot, Paul 1961. *Histoire ancienne du Tibet*. Paris: Maisonneuve.

_____ 1959-1963. *Notes on Marco Polo*. Paris: Maisonneuve.

Perdue, Peter C. 2005. *China Marches West: The Qing Conquest of Central Eurasia*. Cambridge, Mass.: Belknap Press of Harvard University Press.

Perrin, Bernadotte, trans. 1998. *Plutarch's Lives*. Vol.1. Cambridge, Mass.:

Harvard University Press.

Petech, Luciano 1952. *I missionari italiani nel Tibet e nel Nepal.* Parte II. Rome: Libreria dello Stato.

____ 1954. *I missionari italiani nel Tibet e nel Nepal.* Parte V. Rome: Libreria dello Stato.

____ 1955. *I missionari italiani nel Tibet e nel Nepal.* Parte VI. Rome: Libreria dello Stato.

____ 1983. Tibetan Relations with Sung China and with the Mongols. In Morris Rossabi, ed., *China among Equals: The Middle Kingdom and its Neighbors, 10th-14th Centuries,* 173-203. Berkeley: University of California Press.

Peters, F. E. 1994. *Muhammad and the Origins of Islam.* Albany: State University of New York Press.

Peterson, C. A. 1979. Court and Province in Mid- and Late T'ang. In Denis Twitchett, ed., *The Cambridge History of China,* vol. 3: *Sui and T'ang China, 589-906, Part 1,* 464-560. Cambridge: Cambridge University Press.

Picken, Laurence, et al. 1981. *Music from the T'ang Court.* Vol. 1. London: Oxford University Press.

____ 1985-2000. *Music from the T'ang Court.* Vols. 2-7. Cambridge: Cambridge University Press.

Piggott, Stuart 1992. *Wagon, Chariot and Carriage: Symbol and Status in the History of Transport.* London: Thames and Hudson.

Pirenne, Henri 1939. *Mohammed and Charlemagne.* London: Allen & Unwin.

Pletneva, S.A. 1958. Печенеги, Торки и Половцы в южнорусских степя x. *Trudy Volgo-Donskoi Arkheologicheskoi Ekspeditsii, Materialy i* issledovaniia po arkheologii SSSR 62: 151-226.

____ 1967. От кочевии к городам; салтово-маяцкая культура. Moscow: Nauka.

Pohl, Walter 1988. *Die Awaren: Ein Steppenvolk im Mitteleuropa, 567-822 n. Chr.* Munich: Beck.

Pokorny, Julius 1959. *Indogermanisches etymologisches Wörterbuch.* I. Band. Bern: Francke Verlag.

Psarras, Sophia-Karin 1994. Exploring the North: Non-Chinese Cultures of the Late Warring States and Han. *Monumenta Serica* 42: 1-125.

____ 2003. Han and Xiongnu: A Reexamination of Cultural and Political Relations (I). *Monumenta Serica* 51: 55-236.

____ 2004. Han and Xiongnu: A Reexamination of Cultural and Political Relations (II). *Monumenta Serica* 52: 95-112.

Pulleyblank, Edwin G. 1955. *The Background of the Rebellion of An Lushan.* Oxford: Oxford University Press.

____ 1984. *Middle Chinese: A Study in Historical Phonology.* Vancouver: University of British Columbia Press.

____ 1991. *Lexicon of Reconstructed Pronunciation in Early Middle Chinese, Late Middle Chinese, and Early Mandarin.* Vancouver: UBC Press.

____ 1995. The Historical and Prehistorical Relationships of Chinese. In William S. Y. Wang, ed., *Languages and Dialects of China,* 145-194. Journal of Chinese Linguistics Monograph Series, No. 8.

____ 1996. Early Contacts between Indo-Europeans and Chinese. *International Review of Chinese Linguistics* 1.1: 1-25.

____ 2000. The Hsiung-nu. In Hans Robert Roemer, ed., *Philologiae et Historiae Turcicae Fundamenta,* vol. 3, 52-75. Berlin: Klaus Schwartz

Verlag.

Rackham, H., ed. and trans. 1934. *Aristotle: The Nicomachean Ethics.* Cambridge, Mass.: Harvard University Press.

Ramet, Sabrina Petra 1993. Religious Policy in the Era of Gorbachev. In Sabrina P. Ramet, ed., *Religious Policy in the Soviet Union*, 31-52. Cambridge: Cambridge University Press.

Rastorgueva, V S., and D. I. Ėdel'man 2000. Этимологический словарь иранс ких языков, I— II. Moscow: Vostočnaja literatura.

Raulwing, Peter 2000. *Horses, Chariots, and Indo-Europeans: Foundations and Methods of Chariotry Research from the Viewpoint of Comparative Indo-European Linguistics.* Budapest: Archaeolingua.

Rawlinson, George, trans. 1992. *Herodotus: The Histories.* London: J. M. Dent & Sons.

Remy, Arthur F. J. 1907. The Avesta. *The Catholic Encyclopedia*, vol. II. New York: Robert Appleton. Online edition, http://www.newadvent.org/cathen/02151b.htm.

Richards, John F. 1993. *The New Cambridge History of India*, I, 5: The Mughal Empire. Cambridge: Cambridge University Press.

Rolle, Renate 1989. *The World of the Scythians.* Trans. F. G. Walls. Berkeley: University of California Press.

Róna-Tas, András, and S. Fodor 1973. *Epigraphica Bulgarica.* Szeged: Studia Uralo-Altaica.

Rossa, Jesse 2006. *Ezra Pound in His Time and Beyond: The Influence of Ezra Pound on Twentieth-Century Poetry.* Newark: University of Delaware Library.

Rossabi, Morris 1981. The Muslims in the Early Yüan Dynasty. In John

D. Langlois Jr., ed., *China under Mongol Rule*, 257-295. Princeton: Princeton University Press.

____, ed. 1983. *China among Equals: The Middle Kingdom and Its Neighbors, 10th-14th Centuries*. Berkeley: University of California Press.

____ 1988. *Khubilai Khan: His Life and Times*. Berkeley: University of California Press.

____ 1994. The Reign of Khubilai Khan. In Herbert Francke and Denis Twitchett, eds., *Cambridge History of China*, vol. 6: *Alien Regimes and Border States, 907-1368*, 414-489. Cambridge: Cambridge University Press.

Rothenberg, Joshua 1978. Jewish Religion in the Soviet Union. In Lionel Kochan, ed., *The Jews in Soviet Russia since 1917*, 168-196. Oxford: Oxford University Press.

Rudelson, Justin J. 1997. *Oasis Identities: Uyghur Nationalism along China's Silk Road*. New York: Columbia University Press.

Russell-Wood, A.J.R. 1998. *The Portuguese Empire, 1415-1808: A World on the Move*. Baltimore: Johns Hopkins Press.

Rybatzki, Volker 2000. Titles of Türk and Uigur Rulers in the Old Turkic Inscriptions. *Central Asiatic Journal* 44.2: 205-292.

Sadie, Stanley, and John Tyrell, eds. 2001. *The New Grove Dictionary of Music and Musicians*. 2nd ed. London: Macmillan.

Sagart, Laurent 1999. *The Roots of Old Chinese*. Amsterdam: John Benjamins.

Said, Edward 1978. *Orientalism*. New York: Pantheon Books.

Sandler, Stanley, ed. 2001. *World War II in the Pacific: An Encyclopedia*. New York: Garland.

Sasson, Jack M., ed. 1995. *Civilizations of the Ancient Near East*. New York: Charles Scribner's Sons.

Savory, R. M., et al. 1995. Ṣafawids. *E.I.₂* VIII: 765-793.

Schamiloglu, Uli 1984a. The Qaraçi Beys of the Later Golden Horde: Notes on the Organization of the Mongol World Empire. *Archivum Eurasiae Medii Aevi* 4: 283-297.

____ 1984b. The Name of the Pechenegs in Ibn Ḥayyân's *Al-Muqtabas*. *Journal of Turkish Studies* 8: 215-222.

____ 1991. The End of Volga Bulgarian. In *Varia Eurasiatica: Festschrift für Professor András Róna-Tas*, 157-163. Szeged: Department of Altaic Studies.

Scherman, Katharine 1987. *The Birth of France: Warriors, Bishops, and Long-Haired Kings*. New York: Random House.

Schmitt, Rüdiger 1989. *Altiranische Sprachen im Überblick*. In Rüdiger Schmitt, ed., *Compendium Linguarum Iranicarum*, 25-31. Wiesbaden: Dr. Ludwig Reichert Verlag.

Shcherbak, A. M. 2001. Тюркская руника. St. Petersburg: Nauka.

Scott, James C. 1998. *Seeing Like a State: How Certain Schemes to Improve the Human Condition Have Failed*. New Haven: Yale University Press.

Sezgin, Fuat 1978. *Geschichte des Arabischen Schrifttums, Band VI. Astronomie, bis ca. 430 H*. Leiden: Brill.

____ 1984. *Geschichte des Arabischen Schrifttums, Band IX. Grammatik, bis ca. 430 H*. Leiden: Brill.

Shaban, M. A. 1970. *The 'Abbāsid Revolution*. Cambridge: Cambridge University Press.

____ 1971. *Islamic History: A New Interpretation*, I. Cambridge: Cambridge

University Press.

———. 1976. *Islamic History: A New Interpretation*, II. Cambridge: Cambridge University Press.

Shaked, Shaul 2004. *Le satrape de Bactriane et son gouverneur: documents araméens du IV^{e}s. avant notre ère provenant de Bactriane*. Paris: De Boccard.

Shakya, Tsering 1999. *The Dragon in the Land of Snows: A History of Modern Tibet since 1947*. New York: Columbia University Press.

Shaughnessy, Edward L. 1988. Historical Perspectives on the Introduction of the Chariot into China. *Harvard Journal of Asiatic Studies* 48.1: 189-237.

Shiba, Yoshinobu 1983. Sung Foreign Trade: Its Scope and Organization. In Morris Rossabi, ed., *China among Equals: The Middle Kingdom and Its Neighbors, 10th-14th Centuries*, 89-115. Berkeley: University of California Press.

Sieg, Emil, Wilhelm Siegling, and Werner Thomas 1953. *Tocharische Sprachreste, Sprache B. Heft 2: Fragmente Nr. 71-633*. Göttingen: Vandenhoeck & Ruprecht.

Sinor, Denis 1959. *History of Hungary*. New York: Praeger.

———. 1963. *Introduction à l'étude de l'Eurasie centrale*. Wiesbaden: Harrassowitz.

———. 1978. The Greed of the Northern Barbarians. In Larry V. Clark and Paul A. Draghi, eds., *Aspects of Altaic Civilizations II*, 171-182. Bloomington: Indiana University.

———. 1982. The Legendary Origin of the Turks. In E. V. Žygas and P. Voorheis, eds., *Folklorica: Festschrift for Felix J. Oinas*, 223-257. Uralic and Altaic Series, vol. 141. Bloomington: Indiana University.

____ 1990a. The Establishment and Dissolution of the Türk Empire. In Denis Sinor, ed., *The Cambridge History of Early Inner Asia*, 285-316. Cambridge: Cambridge University Press.

____ 1990b. Introduction: The Concept of Inner Asia. In Denis Sinor, ed., *The Cambridge History of Early Inner Asia*, 1-18. Cambridge: Cambridge University Press.

____, ed. 1990c. *The Cambridge History of Early Inner Asia*. Cambridge: Cambridge University Press.

Somers, Robert M. 1979. The End of the T'ang. In Denis Crispin Twitchett, ed., *The Cambridge History of China*, vol. 3: *Sui and T'ang China, 589-906, Part 1*, 682-789. Cambridge: Cambridge University Press.

Speck, Paul 1981. *Artabasdos, der rechtgläubige Vorkämpfer der göttlichen Lehren: Untersuchungen zur Revolte des Artabasdos und ihrer Darstellung in der byzantinischen Historiographie*. Bonn: Habelt.

Spence, Jonathan 2002. The K'ang-hsi Reign. In Willard J. Peterson, ed., *The Cambridge History of China*, vol. 9: *The Ch'ing Empire to 1800, Part 1*, 120-182. Cambridge: Cambridge University Press.

Ssu-ma Kuang 1956. 資治通鑑. Hong Kong: Chung-hua shu-chü.

Starostin, Sergei A. 1989. Реконструкция древнекитайской фонологической системы. Moscow: Nauka.

Stary, Giovanni 1990. The Meaning of the Word 'Manchu': A New Solution to an Old Problem. *Central Asiatic Journal* 34.1-2: 109-119.

Stearns, Peter N., ed. 2002. *The Encyclopedia of World History: Ancient, Medieval, and Modern, Chronologically Arranged*. Sixth ed. A completely revised and updated edition of the classic reference work originally compiled and edited by William L. Langer. Boston: Houghton Mifflin.

Struve, Lynn A. 1984. *The Southern Ming, 1644-1662*. New Haven: Yale University Press.

____ 1988. The Southern Ming, 1644-1662. In Frederick W. Mote and Denis Twitchett, eds., *The Cambridge History of China*, vol. 7: *The Ming Dynasty, 1368-1644, Part 1*, 641-725. Cambridge: Cambridge University Press.

Sullivan, Alan, and Timothy Murphy, trans. 2004. *Beowulf*. New York: Pearson/ Longman.

Szádeczky-Kardoss, Samuel 1990. The Avars. In Denis Sinor, ed., *The Cambridge History of Early Inner Asia*, 206-228. Cambridge: Cambridge University Press.

Szegedy-Maszák, Mihály 2001. *Literary Canons: National and International*. Budapest: Akadémiai Kiado.

Szerb, János 1983. A Note on the Tibetan-Uighur Treaty of 822/823 A.D.. In Ernst Steinkellner and Helmut Tauscher, eds., *Proceedings of the Csoma de Kőrös Memorial Symposium Held at Velm-Vienna, Austria, 13-19 September 1981*, vol. 1. 375-387. Vienna: Arbeitskreis für Tibetische und Buddhistische Studien, Universität Wien.

Szemerényi, Oswald J.L. 1980. *Four Old Iranian Ethnic Names: Scythian— Skudra—Sogdian—Saka*. Österreichischen Akademie der Wissenschaften, Philosophisch-Historische Klasse, Sitzungsberichte, 371 Band. Vienna: Verlag der Österreichischen Akademie der Wissenschaften.

____ 1996. *Introduction to Indo-European Linguistics*. Oxford: Oxford University Press.

Syme, Ronald 1939. *The Roman Revolution*. Oxford: Oxford University Press.

Ṭabarî: Abû Jaʻfar Muḥammad b. Jarîr al-Ṭabarî 1879-1901. *Ta'rîkh al-rusul wa al-mulûk*. Ed. M. J. de Goeje et al. Repr., Leiden: E. J. Brill, 1964-1965.

Takakusu Junjirô, Ono Genmyô, ed. 1932-1934. 大正新修大藏經. Tokyo: Daizô Shuppan.

Takata, Tokio 1988. 敦煌資料による中國語史の研究 (*A Historical Study of the Chinese Language Based on Dunhuang Materials*). Tokyo: Sôbunsha.

Takeda, Hiromichi, and Collett Cox, trans, forthcoming. Existence in the Three Time Periods *Abhidharmamahāvibhāṣāśāstra* (T.1545 pp. 393a9~396b23).

Takeuchi, Tsuguhito 2002. The Old Zhangzhung Manuscript Stein Or 8212/188. In C. I. Beckwith, ed., *Medieval Tibeto-Burman Languages*, 1-11. Leiden: Brill.

Taylor, Timothy 2003. A Platform for Studying the Scythians. *Antiquity* 77. 296: 413-415.

Teed, Peter 1992. *A Dictionary of Twentieth Century History, 1914-1990*. Oxford: Oxford University Press.

Tekin, Talat 1968. *A Grammar of Orkhon Turkic*. Uralic and Altaic Series, vol. 69. Bloomington: Indiana University.

Thant Myint-U 2001. *The Making of Modern Burma*. Cambridge: Cambridge University Press.

Thomas, F. W. 1948. *Nam: An Ancient Language of the Sino-Tibetan Borderland*. London: Oxford University Press.

Thomason, Sarah Grey, and Terrence Kaufman 1988. *Language Contact,*

Creolization, and Genetic Linguistics. Berkeley: University of California Press.

Thompson, E. A. 1996. *The Huns.* Revised and with an afterword by Peter Heather. Oxford: Blackwell.

Thompson, P. M. 1979. *The Shen Tzu Fragments.* Oxford: Oxford University Press.

Tilly, Charles 1975. Reflections on the History of European State-Making. In Charles Tilly, ed., *The Formation of the National States in Western Europe,* 3-83. Princeton: Princeton University Press.

_____ 1990. *Coercion, Capital, and European States, AD 990-1990.* Cambridge, Mass.: Basil Blackwell.

Treadgold, Warren 1997. *A History of the Byzantine State and Society.* Stanford: Stanford University Press.

Tu Yu 1988. 通典. Peking: Chung-hua shu-chü.

Turnbull, Stephen R. 2003. *Samurai: The World of the Warrior.* Oxford: Osprey. http://www.Ospreysamurai.com/samurai_death02.htm.

Turner, Jane, ed. 1996. *The Dictionary of Art.* London: Macmillan.

Twitchett, Denis, and Michael Loewe, eds. 1986. *The Cambridge History of China, vol. 1: The Ch'in and Han Empires,* 221 B.C.-A.D. 220. Cambridge: Cambridge University Press.

Twitchett, Denis, and Frederick W. Mote, eds. 1988. *The Cambridge History of China, vol. 7: The Ming Dynasty, 1368-1644, Part 1.* Cambridge: Cambridge University Press.

Twitchett, Denis, and Klaus-Peter Tietze 1994. The Liao. In Herbert Francke and Denis Twitchett, eds., *Cambridge History of China,* vol. 6: *Alien Regimes and Border States, 907-1368,* 43-153. Cambridge: Cambridge

University Press.

Twitchett, Denis, and Howard J. Wechsler 1979. Kao-tsung (reign 649-83) and the Empress Wu: The Inheritor and the Usurper. In Denis Crispin Twitchett, ed., *The Cambridge History of China*, vol. 3: *Sui and T'ang China, 589-906, Part 1*, 242-289. Cambridge: Cambridge University Press.

Uray, Géza 1960. The Four Horns of Tibet. According to the Royal Annals. *Acta Orientalia Academiae Hungaricae* 10: 31-57.

____ 1961. Notes on a Tibetan Military Document from Tun-huang. *Acta Orientalia Academiae Hungaricae* 12: 223-230.

Valentino, Benjamin A. 2004. *Final Solutions: Mass Killing and Genocide in the 20th Century*. Ithaca: Cornell University Press.

Vallé, S. 1910. Marcianopolis. *The Catholic Encyclopedia*. Vol. IX. New York: Robert Appleton. http://www.newadvent.org/cathen/09645b.htm.

Van de Mieroop, Marc 2004. *A History of the Ancient Near East, ca. 3000- 323 BC*. Oxford: Blackwell.

Van Walt van Praag, Michael C. 1987. *The Status of Tibet: History, Rights, and Prospects in International Law*. Boulder: Westview Press.

Vernet, J. 1997. Al-$\underline{Kh}^w$ārazmī. *E.I.$_2$* IV: 1070-1071.

Vladimirtsov, B. I. 1948. *Le régime social des Mongols: le féodalisme nomade*. Paris: Maisonneuve.

____ 2002. Работы по истории и этнографии монгольских народов. Moscow: Vostočnaja literatura.

Vovin, Alexander 2000. Did the Xiong-nu Speak a Yeniseian Language? *Central Asiatic Journal* 44.1: 87-104.

Vyvyan, J.M.K. 1968. The Approach of the War of 1914. In C. L. Mowat, ed.

The New Cambridge Modern History, vol. XII: *The Shifting Balance of World Forces, 1898-1945*, 2nd ed., vol. XII: *The Era of Violence*, 140-170. Cambridge: Cambridge University Press.

Wakeman, Frederic, Jr. 1978. The Canton Trade and the Opium War. In John K. Fairbank, ed., *The Cambridge History of China*, vol. 10: *Late Ch'ing, 1800-1911*, Part 1, 163-212. Cambridge: Cambridge University Press.

____ 1985. *The Great Enterprise: The Manchu Reconstruction of Imperial Order in Seventeenth-Century China*. Berkeley: University of California Press.

Walter, Michael forthcoming. *Buddhism and Politics in the Tibetan Empire*.

Walters, Philip 1993. A Survey of Soviet Religious Policy. In Sabrina P. Ramet, ed., *Religious Policy in the Soviet Union*, 3-30. Cambridge: Cambridge University Press.

Wang Ch'in-jo et al., eds. 1960. 冊府元龜. Hong Kong: Chung-hua shu-chü.

Watkins, Calvert 1995. *How to Kill a Dragon: Aspects of Indo-European Poetics*. Oxford: Oxford University Press.

____ 2000. *The American Heritage Dictionary of Indo-European Roots*. 2nd ed. Boston: Houghton Mifflin.

Watson, Burton 1961. *Records of the Grand Historian of China: Translated from the* Shih chi *of Ssu-ma Ch'ien*. 2 vols. New York: Columbia University Press.

Watt, W. Montgomery 1991. Al-Ghazāli. *E.I.₂*, II: 1038-1041.

Wechsler, Howard J. 1979a. The Founding of the T'ang Dynasty: Kao-tsu(reign 618-26). In Denis Twitchett, ed., *The Cambridge History of China*, vol. 3: *Sui and T'ang China, 589-906*, Part 1, 150-187. Cambridge: Cambridge University Press.

____ 1979b. T'ai-tsung (reign 626-49) the Consolidator. In Denis Twitchett, ed., *The Cambridge History of China*, vol. 3: *Sui and T'ang China, 589-906, Part 1*, 188-241. Cambridge: Cambridge University Press.

Weinstein, Stanley 1987. *Buddhism under the T'ang*. Cambridge: Cambridge University Press.

Weiss, Aharon 2000. The Destruction of European Jewry, 1933-1945. In Robert Rozett and Shmuel Spector, eds., *Encyclopedia of the Holocaust*, 46-55. New York: Facts on File.

Whitman, John W. 2001. Fall of the Philippines. In Stanley Sandler, ed., *World War II in the Pacific: An Encyclopedia*, 478-483. New York: Garland.

Willemen, Charles, Bart Dessein, and Collett Cox 1998. *Sarvāstivāda Buddhist Scholasticism*. Leiden: Brill.

Wills, John E., Jr. 1998. Relations with Maritime Europeans, 1514-1662. In Denis Twitchett and Frederick W Mote, eds., *The Cambridge History of China, vol. 8: The Ming Dynasty, 1368-1644, Part 2*, 333-375. Cambridge: Cambridge University Press.

Wittfogel, Karl, and Chia-shêng Fêng 1949. *History of Chinese Society: Liao, 907-1125*. Philadelphia: American Philosophical Society.

Witzel, Michael 2001. Autochthonous Aryans? The Evidence from Old Indian and Iranian Texts. *Electronic Journal of Vedic Studies* 7.3: 1-115.

____ 2003. *Linguistic Evidence for Cultural Exchange in Prehistoric Western Central Asia*. Sino-Platonic Papers No. 129. Philadelphia.

Wolfram, Herwig 1988. *History of the Goths*. Trans. Thomas J. Dunlap. Berkeley: University of California Press.

Wood, Ian 1994. *The Merovingian Kingdoms, 450-751*. London: Longman.

Wyatt, David K. 2003. *Thailand: A Short History*. 2nd ed. New Haven: Yale

University Press.

Wylie, Turrell V. 1964. Mar-pa's Tower: Notes on Local Hegemons in Tibet. *History of Religions* 3: 278-291.

Yakubovskii, A. Y., and C. E. Bosworth 1991. Marw al-Shāhidjān. *E.I.₂* VI: 618-621.

Yamada Katsumi, ed. and trans. 1976. 王充. 論衡, 上 Shinshaku Kanbun taikei 68. Tokyo: Meiji shoin.

Yang Chih-chiu 1985. 元史三論. Peking: Jen-min ch'u-pan she.

Yang Po-chün, ed. 1990. 春秋佐傳注. 2nd rev. ed. Peking: Chung-hua shu chü.

Yarshater, Ehsan, ed. 1983. *The Cambridge History of Iran*, vol. 3: *The Seleucid, Parthian and Sasanian Periods*. 2 vols. Cambridge: Cambridge University Press.

Yoshida, Yutaka, and Takao Moriyasu 1999. ブグト碑文 (Bugut Inscription). In T Moriyasu and A. Ochir, eds., モンゴル國現存遺蹟・碑文調査研究報告 (*Provisional Report of Researches on Historical Sites and Inscriptions in Mongolia from 1996 to 1998*), 122-125. Osaka: Society of Central Eurasian Studies.

Yü Ying-shih 1967. *Trade and Expansion in Han China: A Study in the Structure of Sino-Barbarian Relations*. Berkeley: University of California Press.

―――― 1990. The Hsiung-nu. In Denis Sinor, ed., *The Cambridge History of Early Inner Asia*, 118-149. Cambridge: Cambridge University Press.

―――― 1986. Han Foreign Relations. In Denis Crispin Twitchett and Michael Loewe, eds., *The Cambridge History of China*, vol. 1: *The Ch'in and Han Empires, 221 B.C.-A.D. 220*, 377-462. Cambridge: Cambridge University Press.

Zabecki, David T, et al., eds. 1999. *World War II in Europe: An Encyclopedia*. New York: Garland.

Zakeri, Mohsen 1995. *Sāsānid Soldiers in Early Muslim Society: The Origins of 'Ayyārān and Futuwwa*. Wiesbaden: Harrassowitz.

Zlatkin, I. Ja. 1983. История Джунгарского ханства, 1635-1758. Издание вт орое. Moscow: Nauka.

Zuckerman, Constantine 1997. Two Notes on the Early History of the *Thema* of *Cherson*. *Byzantine and Modern Greek Studies* 21: 210-222.

찾아보기

1

1차 자료 primary sources 17, 187, 305, 663

ㄱ

가난한 유목민 이론 needy nomad theory 570, 727~728
가라 Kara 217, 451, 468, 477, 522, 529, 564, 686, 722
가르통첸 Mgar Stong Rtsan 256, 257
가르티링 Mgar Khri 'Bring 257
가야加耶 180, 217, 439, 559 → 가라
가즈나 왕조 Ghaznavids 321, 334
가즈니 Ghazne(Ghazna) 319, 391
갈단 Galdan 420, 427~436
갈리아 Gallia 176, 177, 196, 206, 207, 211, 265~267
갑골문甲骨文 118, 121, 122, 659, 689
강의 신 god of Waters 47, 50, 55, 56, 58, 150, 665
강희제康熙帝 415, 429~432
개봉開封 330, 350,
개평開平 360 → 상도上都
거란契丹 Khitan Empire 70, 79, 216, 269, 284, 293, 326~333, 340, 346, 350, 588, 674~676, 711
거북 turtles 56
건륭제乾隆帝 437, 469
게르마니아 Germania 73, 176~179, 196, 206, 225, 265, 266, 594, 615

게르만 German 66, 69, 73, 77~79, 82, 86, 87, 101, 102, 176~181, 195, 199, 200, 208~212, 224, 226, 240, 316, 498, 508, 582, 607, 608, 611, 615, 641, 645, 675, 677, 683; 게르만어 Germanic 101, 102, 641, 645, 675, 683
게릴라 전술 157, 593
겔로누스 Gelonus 154, 155, 156, 170
겔룩파 Dgelugspa sect of Buddhism 422, 433, 713, 717
고구려 62, 69, 87, 119, 215~218, 232, 248, 269, 282, 329, 458, 584, 585, 653, 665, 669,~671, 691; 기원설화 48, 55~57; 당-신라와의 전쟁 264~265; 일본-고구려어족 193~195; 정치체제 (사방위 시스템) 269
고단 Godan → 쿠덴
고려高麗 8, 35, 38, 54, 107, 119, 128, 129, 133, 232, 245, 252, 281, 330, 335, 339, 482, 578, 587, 597, 622, 648, 650, 657, 669, 681, 696, 705, 706, 709, 712
고르바초프, 미하일 Gorbachev, Mikhail 538
고분 barrow(tomb) 11, 12, 67, 72, 77, 87, 104, 115, 118, 129, 136, 149, 150, 158, 170, 178, 179, 194, 253, 372, 377, 520, 534, 670, 674
고선지高仙芝 282
고아 Goa 46, 47, 78, 393, 394, 406
고트족 Goths(Gothones) 181~182,

199~213, 225, 580, 583, 586; 동고트 Ostrogoths 181, 182, 201, 210, 583; 서고트 Visigoths, Tervingi 82, 86, 178, 201, 202, 206, 207, 209, 211
곤막昆莫 54, 55, 650, 651
골든 호르데 Golden Horde 355, 357, 366, 370, 371, 381, 409, 410
골족 Gauls 87, 175, 199, 200, 214, 254, 263, 330, 349, 416, 417, 428, 429, 498, 594, 609, 615
공산당(중국) 500, 501, 504, 517, 549, 578 → 중화인민공화국
공산주의 476, 482, 484, 488, 500, 501, 502, 506, 509~515, 531, 537, 539, 541, 546, 552
공주_ 아바르 231; 중국 173, 231, 255, 703~704(티베트), 707; 카자르 278; 쿠차 661; 탕구트(서하) 349; 투르크 707(티베트); 포르투갈 448
공화국 479, 480, 484~489, 493, 497~501, 505~510, 514~517, 522, 535, 538, 539, 542~548, 664 → 민주주의
광동廣東 302, 325, 451, 454~459, 479
교토京都 442, 444, 452, 456
구게 왕국 kingdom of Guge 323
구르 칸 Gür Khan 278, 331, 332, 347, 348, 712, 713
구르-에 에미르 Gur-e Emir 372
구시 칸 Gushi Khan 417, 418
구육 Güyük 137, 354, 355, 358
국민당(중국) 480, 493, 501
국제연맹 League of Nations 482,
그라스만, 헤르만 Grassmann, Hermann 630

그래픽 아트 521 → 모더니즘: 회화
그리스_ 그리스-로마 41, 109, 463, 567, 582, 595, 621; 그리스-아랍 번역 294~295; 그리스어 76, 98, 100, 102, 116, 141, 142, 146, 159, 160, 165, 168, 230, 245, 268, 279, 297~299, 322, 615, 620, 621, 630, 633, 642~645, 652, 669, 705, 720; 그리스인 39, 61, 78, 80, 115, 116, 127, 129, 141, 148~152, 155~157, 168, 169, 224, 314, 598, 606, 614, 615, 618, 620, 621, 672, 685, 709
근본주의(극단주의) fundamentalism 23, 313, 388, 475, 505, 513, 523, 531, 540, 546, 547, 548, 549, 550, 553, 560, 628,722, → 모더니즘 : 종교
글래스, 필립 Glass, Philip 526
금金나라 Chin Dynasty 330, 331, 333, 340, 346, 348, 349, 350, 353, 354, 414, 426, 586, 589, 590 707 → 여진족, 만주
기독교 86, 176, 233, 279, 293, 316, 362, 385, 387, 396, 404, 405, 442, 443, 450, 475, 551, 568
기련산맥祁連山脈 54, 161, 185~188

ㄴ

나가사키長崎 394, 406, 443, 444, 496
나우바하르 Nawbahâr(New Vihâra) 85, 246, 285, 286, 702
나이만 Naiman 349, 352, 362
나치 Nazis 6, 16, 28, 325, 352, 433, 446, 485, 486, 490~492, 520, 556, 626, 700
낙양洛陽 285, 330, 456, 587, 624

남경南京 480, 501
남생男生 265 → 고구려
남조南詔 왕국 258
내륙아시아 Inner Asia 463, 727 → 중앙
　유라시아
내몽골 Inner Mongolia 36, 160, 161,
　192, 193, 360, 418, 476, 497, 502,
　503, 517, 536, 578
냉전 Cold War 13, 476, 506, 535, 537
네르친스크 조약 Treaty of Nerchinsk
　425, 439, 453
노가이 호르데 Noghay Horde 410, 411,
　416 → 시비르
노구교盧溝橋 사건 492
노몬한 전투 497
노브고로드 Novgorod 317
누르하치(奴兒哈赤) 413, 717
누미토르 Numitor 51
늑대 51, 54, 59, 61, 66, 67, 77, 713
니벨룽 Nibelung 267
니샤푸르 Nishapur 246, 336
니자미 Niẓâmî 335, 336
니잠 알 물크 Niẓâm al-Mulk 335
니콜라이 2세 Nikolay II 483
니하반드 전투 Battle of Nihâvand 245

ㄷ

다고베르 1세 Dagobert I 266,
다리우스 Darius 57, 143, 148, 156~159,
　665
다마스쿠스 Damascus 261, 371, 456,
　458
다치치 Daqîqî 334
다키아 Dacia 180, 196, 696, 697

달라이 라마 Dalai Lama 418, 422, 427,
　428, 429, 432, 433, 434, 501, 502,
　503, 504, 713, 717
당고조唐高祖 이연李淵 248
당고종唐高宗 이치李治 256
당나귀 57
당唐나라 13, 27, 33, 78, 81, 229, 232,
　248~258, 262~269, 275, 282~286,
　290, 302~305, 325~330, 341, 454,
　455, 463, 584, 587~590, 594, 612,
　624, 676, 703, 704, 728, 729 761, 766
당태종唐太宗 이세민李世民 250, 255,
　256, 728, 729
대공황 475, 482, 484, 489, 490
대도大都 → 북경
대량 학살 44, 301, 305, 484, 509, 513,
　514, 515, 601
대륙 간 무역 transcontinental trade 308
　→ 실크로드 시스템
대륙 무역 시스템 continental trade
　system 467 → 실크로드 시스템
대리국大理國 359, 360
대운하大運河 247
대칸국 Great Khanate 361~363, 366,
　375, 714 → 몽골 제국
대포 376, 382, 386, 389, 391, 393
대학교_나우바하르(불교) Nawbahâr 85,
　246, 285, 286, 702; 대학(유럽, 미
　국) 338, 339, 488; 마드라사(이슬람)
　madrasa 296, 297, 335~338, 516; 비
　하라(불교) vihâra 85, 296, 338, 360
덴기지크 Dengizikh 209
델리 Delhi 371, 391, 398, 408, 421, 447,
　456, 458, 499
도교 道教 290, 572

도르곤 Dorgon 414
도시_도시민 40, 76, 171, 234, 464, 563, 576, 595~598, 607, 728; 도시계획 85, 377, 721; 스텝 지역 87~89, 152~156, 287~289, 318, 355, 592, 595~597; 요새 458; 주요 도시의 위치 445~453; 평화의 도시 84, 246, 275, 285, 286, 294, 678
도요토미 히데요시豊臣秀吉 442, 458
도쿄東京 444, 452, 458 → 에도
도쿠가와 막부(에도 막부) 402
독일 공화국 485
돈황敦煌 54, 184, 187, 188
동남아시아 35~37, 298, 299, 341, 381, 399, 405, 445, 449, 459, 460, 466, 477, 491~494, 499, 509, 647, 716
동로마 제국 Eastern Roman Empire 182, 201, 204, 206, 212, 213, 223, 224, 229~232, 235~241, 245, 307, 384~387, 410, 467, 580 → 비잔틴 제국
동료(친구) friends(comitatus members) 5, 10, 31, 45, 47, 65~79, 139, 219, 253, 311, 348, 368, 374, 455, 491, 524, 560, 673, 675
동부 스텝 Eastern Steppe, defined, 36, 52, 59, 62, 78, 81, 127, 141, 143, 156, 160~164, 175, 188, 192, 193, 196, 215, 229, 230, 233~237, 259, 275~278, 284, 293, 299, 303, 314, 325~329, 333, 340, 345~351, 366, 425, 428, 463, 548, 594, 656, 672
동전 coinage 187, 298, 303, 307, 330, 436, 438, 708
동투르키스탄 East Turkistan 36, 102, 141, 255, 257, 285, 301, 304, 333, 415, 417, 425, 427, 432~438, 468~470, 475, 476, 480, 488, 489, 498~503, 536, 540, 546, 549, 550, 580, 628, 643, 657, 661
두보杜甫 252, 399
드네프르 강 50, 150, 413, 665
디우 Diu 176, 382, 394, 395, 447; ~ 전투 398

ㄹ

라고다 올드 Ladoga, Old 276
라룽 펠기 도르제 Lhalung Dpalgyi Rdorje 306
라마 1세 Rama I 449
라사 Lhasa 422, 433, 434, 502, 551, 624
라장 칸 Lhazang Khan 433
라지푸트 Rajputs 391
랑군 Rangoon 448
랑다르마 Glang Darma 306 → 티우둠첸
랜슬롯(랑슬로) Lancelot 181
레닌, 블라디미르 Lenin, Vladimir 483, 484, 489, 531, 541
레아 실비아 Rhea Silvia 51
레자 샤 Rezâ Shâh 504, 505
레판토 해전 Battle of Lepanto 387
레흐펠트 전투 Battle of Lechfeld 316
러시아(제국) 36, 66, 67, 77, 102, 117, 149, 298, 303, 317, 329, 345, 354, 355, 381, 409~420, 425~430, 437~440, 444, 450~453, 460, 464, 468~471, 478, 481~483, 488~490, 497, 499, 506, 508, 510, 515, 516, 527, 531, 535~550, 560, 564, 599, 628, 647,

718, 724 → 소비에트 연방
로렌스 D. H. Lawrence 475, 491
로마노프 왕조 Romanov Dynasty, Romanovs 417, 482
로마누스 Romanus 321
로물루스 아우구스툴루스 Romulus Augustulus 209
로물루스 Romulus 51, 52, 54, 59, 78, 209, 287, 664, 668
로켓 341
로테르 Lothaire 306
록사나 Roxana, Roxane 159, 182, 283
루가 Ruga(Rua) 204, 388, 666
루다키 Rudaki(Rûdakî) 28, 334
루소, 장 자크 Rousseau, Jean Jacques 514
루스 Rus 71, 314, 315, 317, 318, 385, 395, 403, 585
루스티첼로 다 피사 Rustichello da Pisa 375
루이 르 제르마니크 Louis le Germanique 306
루이 르 피유 Louis le Pieux 306
류리크 Rurik 317
르네상스 Renaissance 15, 48, 383, 420, 558, 560
리그니츠 전투 Battle of Liegnitz 355
리디아인 Lydians 146
리치, 마테오 Ricci, Matteo 416
리탕 Lithang 433
린첸상포 Rin-chen Bzangpo 323

□

마구간 47, 58

마니 Mânî 347, 349
마니교 Manichaeism 234, 287, 293, 305, 657
마드라사 madrasa 296, 297, 335, 336, 338, 516 → 대학
마드라스 Madras 409
마라칸다 Maracanda 171 → 사마르칸드
마루트 Maruts 67, 68, 114, 682 → 코미타투스
마르완 이븐 무함마드 Marwân ibn Muḥammad 289
마르코 폴로 Marco Polo 74, 80, 356, 361, 363, 375, 376, 713, 714
마리야누 maryannu 107, 109~112, 123, 126, 129, 682 → 코미타투스
마사게태 Massagetae 50, 148, 694
마우리키우스 Mauricius 238
마카오 Macao 394, 406, 451
마흐무드 Maḥmûd of Ghazne 319, 320, 335
막부幕府 402 → 도쿠가와 막부(에도 막부)
막스주의 Marxism 483, 502 → 공산주의
만달레이 Mandalay 448, 456
만리장성萬里長城 89, 162, 250, 286, 326, 361, 578 → 장성長城
만주_ 만주국 492; 민족 명칭 414, 717; 티베트 불교로 개종 717; 만주 지역 36, 193, 194, 214, 216, 330, 365, 492, 494, 584, 586, 729 → 청나라
만지케르트 전투 Battle of Manzikert 321
말_ 가격 677; 사육 126~129; 중국 전래 681; 고대 중국어 어휘 690
말라카 Malacca 382, 393, 398, 406, 449, 450

말레비치, 카지미르 Malevich, Kazimir 526
말릭 샤 Malik Shâh 321, 335
맘루크 Mamluks 85, 86, 356, 357, 371, 387, 398
메디나 Medina 83, 242, 387
메디아(인) Media, Medes 69, 126, 145~148, 180, 694
메로베치 Merovech 178, 266
메로빙거 왕조 Merovingian Dynasty 87, 178, 179, 211, 266, 280, 281, 288
메르브 Merv, Marw 85, 245, 246, 247, 260, 261, 275, 276, 279, 280, 284, 294, 321, 388
메이지明治 444
메카 Mecca 242, 244, 387, 456, 458
메흐메트 2세 Mehmed II 386, 387
명明나라 366, 406, 414, 416, 419, 586, 601~603, 715, 677
모더니즘 475~479, 482~488, 500~505, 510~515, 539; 정의 512~513; 건축 516, 530~531, 551, 557; 긍정적인 시각 721~722;시 519, 523~525, 528, 722~723; 음악 519~520, 525~528, 554, 558, 723~724, 726~727; 회화, 그래픽 아트 519~526, 554~555, 724; 색채 725; 정치 사회 478~479, 510~515, 539; 네팔 510, 541; 독일 484~486; 러시아와 소비에트 연방 482~484, 496~499, 502, 508; 버마 509; 이란 504~505; 인도 499~500; 일본 492~497; 중국 479~480, 500~505, 531; 중앙유라시아 488~489, 500~505, 722; 캄보디아 509; 터키 486~488; 종교, 극단주의, 근본주의 22, 475, 505,
510~513, 550~551, 553, 560; 포스트 모더니즘 520, 557; 포스트 모더니즘과 역사 서술 20~24, 557; 모더니즘의 돌연변이 22, 557
모스코비 Muscovy 355 → 모스크바 Moscow
모스크바 Moscow 355, 371, 409, 410, 483 → 모스코비
모택동毛澤東 500, 501, 508, 509, 516, 539, 541
모하메드 레자 샤 Mohammed Rezâ Shâh 505
목단牧丹(瀋陽) 414
몰로토프-리벤트로프 조약 Molotov-Ribbentrop Pact 492
몽골 Mongols_ 기원설화 61; 몽골 제국 Mongol Empire 62, 153, 268, 269, 345, 346, 350, 354, 356, 362, 363, 373, 376, 415, 464, 598, 617, 717; 몽골인민공화국 497 → 내몽골
무굴 제국 Mughal Empire, Mughals 18, 381, 384, 389, 390, 391, 398, 399, 401, 402, 407, 408, 409, 421, 422, 426, 438, 447, 455, 458 → 무굴리스탄 Moghulistan
무굴리스탄 Moghulistan(Moghuls) 366, 368 → 무굴 제국
무덤 tomb → 고분
무덤 Tumulus 11, 12, 67, 72, 77, 87, 104, 115, 118, 129, 136, 149, 150, 158, 170, 178, 179, 194, 219, 253, 372, 377, 520, 534, 568, 670, 674 → 고분
무령왕武靈王(趙) 161
무르만스크 Murmansk 541
무사 Mûsâ 10, 11, 261, 295, 320

무솔리니, 베니토 Mussolini, Benito 496
무아위야 Muʿâwiya 247, 259, 260, 702, 703
무종武宗(唐) 783
무함마드 Muḥammad 242~245, 289, 295, 335, 347, 351, 700~702
묵특冒頓 52~54, 162, 193, 666~668, 696
문자 체계 116, 118, 148, 340, 363, 689, 711
뭉케 Möngke 354, 356, 359, 360, 374
미니어처 회화(이슬람) 376, 377, 421
미마나 Mimana 217 → 가라
미카엘 3세 Michael III 307
미케네 그리스어(족) Mycenaean Greek(s) 100, 115, 116, 127, 129, 133, 642, 685
미타니 왕국 109~113 → 마리야누; 고대 인도어족 → 인도어족
미타니 왕국 Mitanni kingdom 100, 107, 108, 109, 110, 111, 112, 113, 117, 123, 126, 128, 129, 133, 646, 682 → 마리야누; 고대 인도어족 → 인도어족
민족대이동 Völkerwanderung 199, 200, 210, 220, 223, 226, 265, 314, 700
민주주의 22, 479, 482, 491, 505, 509, 510, 514, 515, 539, 548

ㅂ

바그다드 84, 85, 246, 275, 276, 285, 287, 294, 308, 336, 351, 356, 371, 456, 458
바랑기아 가드 Varangian Guard 318
바르막 가문 Barmakids(Barmecides) 294
바를라스 Barlas(Barulas) 367, 368, 369
바바리언 barbarian 25, 168, 614, 615, 617, 620, 622; 어원 615, 618; 중국어

번역 용어 618~627 → 야만인
바부르 Babur 384, 391, 402, 421
바빌로니아 147
바삭 Bâšak 262
바스라 Basra 83, 296, 398, 445, 446
바스밀 Basmïl 278
바스코 다 가마 Vasco da Gama 382, 383, 392, 393, 395, 396, 715
바아투르 홍타이지 Baatur Khungtaiji 418
바야지드 Bâyazîd 372
바이마르 공화국 Weimar Republic
바이바가스 Baibaghas 417
바이칸드 Baykand(Paykand) 260, 261
바이킹 Viking 71, 311, 314, 315, 317, 318, 385, 460, 462
바퀴 24, 117, 120, 123, 131, 132, 683, 684, 687, 689, 691, 692, 693 → 전차
바투 Batu 137, 354, 355, 361, 601
박트라 Bactra 170, 702 → 발흐
박트리아-마르기아나 고고학 지대 Bactria-Margiana Archaeological Complex 98, 245, 680
반다르 아바스 Bandar ʿAbbâs 389, 390, 445, 446
반달족 Vandals 211, 240
발라사군 Balâsâghûn 321, 332
발렌스 Valens 202
발렌티니아누스 3세 Valentinianus III 206, 209
발루르 Balûr 256
발트 해 181, 276, 317, 382, 385, 412, 413, 426, 459, 470, 537, 541
발트어 Baltic 101, 633
발해渤海 93, 97, 265, 329, 340, 375, 477,

520, 563
발흐 Balkh(Bactra) 85, 170, 246, 285, 296, 367, 702, 710
방콕 Bangkok 449
백제百濟 217, 220, 264, 265, 665
베네치아 Venezia 375, 398, 400
베다어 Vedic(Vedas) 634, 635
베르사유 조약 Treaty of Versailles 481, 482, 485
베르케 Berke 361
베를린 Berlin 26, 456, 496, 506, 507, 545, 578
베슈발리크 Beshbalik 304, 332, 657
베오울프 Beowulf 69, 74, 197, 199, 675
벨라 4세 Béla IV 355
보드 Bod 254, 703
볼고그라드 Volgograd → 스탈린그라드
볼셰비키 Bolshevik, Bolshevism 433, 488 → 공산주의
봄베이 Bombay 409, 447, 448
뵌 Bon 324, 708
부민 Bumïn 231 → 투민 Tumïn
부산釜山 496, 721
부의(푸이)溥儀 492
부하라 Bukhara, Bukharan Kingdom 83, 260, 261, 280, 334, 379, 382, 419
북경北京 34, 49, 52, 53, 163, 183, 185, 214, 329, 350, 351, 360, 361, 414, 430, 431, 450, 451, 456, 480, 492, 496, 501, 586, 621, 649, 651, 659, 660, 666, 690, 705, 706
북부 카프카스 스텝 North Kavkaz Steppe 36, 236, 237, 543, 628
북평北平 → 북경北京
불가르 Bulghar 355, 573

불가르(인) Bulgars 209, 315, 317, 320, 481, 545, 613
불게 전투 Battle of the Bulge 496
브레즈네프 Brezhnev 516
브루자 Bruźa 256 → 발루르
브리튼 Britain, British 176, 210, 211
블라디미르 Vladimir 355, 483
블라디보스토크 Vladivostok 426, 453, 541
블레다 Bleda 204, 205
블루 호르데 Blue Horde 410 → 시비르
비단 Silk 11, 26, 71, 72, 79~82, 86~89, 189, 229, 235, 236, 288, 330, 331, 389, 400, 404~407, 419, 442, 468, 574, 577, 578, 602, 622, 626, 648, 677
비자드 Bihzad 421
비자립 경제 이론 non-autarkic theory → 카자노프
비잔틴 제국 Byzantine Empire 61, 80, 210, 240, 244, 245, 269, 275, 278, 289, 290, 298, 307, 313, 314, 321, 322, 381, 384, 386, 387, 455, 467, 577, 588, 672, 675, 704 → 동로마 제국
비크라마실라 Vikramaśīla 323, 324
빌게 카간 Bilgä Kaghan 263, 278

ㅅ

사냥 40, 51~54, 57, 76, 104, 127, 130, 132, 139, 188, 565, 607, 684, 685
사라이 Saray 355
사르마트(인) Sarmatians(Sauromatians) 141, 148, 157, 159, 160, 175, 180, 182
사르켈 Sarkel 314, 318
사마광司馬光 252

사마라 Sâmarrâ 308
사마르칸트 Samarkand(Maracanda) 83,
　84, 171, 183, 262, 277, 282, 283, 321,
　332, 351, 367, 372, 377, 379, 462, 573,
　574
사만 왕조 Samanid Dynasty 318, 319,
　334
사무라이武士 219
사산 Sâsân 57, 58, 69, 70, 76, 85, 184,
　187, 203, 212, 213, 238, 243, 244,
　245, 246, 285, 585, 673, 674, 697
사쉬 Shâsh 262, 282, 574 → 타슈켄트
사이드, 에드워드 Said, Edward 83, 364,
　366, 716, 717
사치품 26, 72, 149, 170, 222, 242, 291,
　400, 469, 549, 563, 572, 715, 716
사카 Saka 50, 55, 59, 156, 161, 163, 183,
　185, 255, 536, 민족명칭 146, 653,
　654, 655, 668, 695, 696
사칼 Saqal 259
사키야 판디타 Saskya Paṇḍita 358
사키야파 Saskyapa 324
사타투르크(沙陀突厥) 325
사파르 왕조 Saffarid Dynasty 318
사파비 왕조 Safavid Dynasty 381, 384,
　388~392, 397, 398, 401, 402, 407,
　426, 445, 446
사피 Ṣafī 390
사하(야쿠트) Sakha(Yakut) → 야쿠츠크
　Yakutsk
사향 musk 242, 406
사회주의 socialism 476, 482~485, 489,
　490, 498, 506, 508, 510, 515, 531,
　535, 538, 543, 544, 552 → 공산주의
　communism

산업혁명 514, 714, 715
삼예 Samye 275, 286
상계감초 Sangs-rgyas Rgyamtsho 429,
　430, 432
상도上都 Xanadu 360
상商나라 49, 87, 117~122, 128, 129,
　145, 649, 666, 671, 686~689, 741
상트페테르부르크 St. Petersburg 382,
　413, 452, 453, 483, 541
상해上海 163, 167, 451, 480, 496
새 birds(기원설화에 등장하는) 49~56,
　668
샤 루크 Shâh Rukh 374, 390
샤 자한 Shâh Jahân 408, 422
샤를르 르 쇼브 Charle le Chauve 306
샤를르 마르텔 Charles Martel 266, 267
샤를르마뉴 Charlemagne 61, 69, 287,
　288, 306, 704
샤이바니 칸 Shaybânî Khan 388
샤키리야 shâkiriyya 85, 292, 308 → 차카
　르
샹슝 Zhangzhung 253, 256, 708
서령西寧 327, 433, 434
서부 스텝 36, 104, 126, 141, 142, 148,
　160, 175, 180, 182, 199, 200, 204,
　209, 236, 314, 315, 366, 493, 697
서부 스텝 Western Steppe 36, 104, 126,
　141, 142, 148, 160, 175, 180, 182,
　199, 200, 204, 209, 236, 314, 315,
　366, 493, 697
서사시 epic poetry, oral 28, 44, 47, 48,
　67, 69, 74, 114, 184, 335, 683
서요西遼 332 → 카라 키타이
서태후西太后 450
서하西夏 326, 327, 330, 339, 349 → 탕

구트
선腺페스트 bubonic plague 364, 365 →
  흑사병
선비鮮卑 12, 16, 175, 192~196,
  214~217, 231, 248, 254, 328, 463, 698
설일체유부說一切有部 Sarvâstivâdin 255,
  287, 702, 709
성상숭배주의 iconoclasm, iconoclasts
  279, 307
세뷔티긴 Sebüktigin 319
세키가하라 전투 Battle of Sekigahara
  443
셀레우코스 왕조 Seleucid Dynasty 183
셀림 1세 Selim I, Selim the Grim 387
셀주크 Seljuks 320~322, 332, 335
셍게 Sengge 420, 430
소그드_ 소그드인 40, 79, 85, 142, 171,
  172, 234, 236, 260, 275, 278~284,
  292, 302, 308, 462, 464, 653, 676; 민
  족명칭 653~656; 소그드 상인 284; 소
  그디아나 83, 143, 158, 171, 172, 185,
  191, 235, 259~262, 321, 462, 653,
  782; 알렉산드로스의 정복 158~159
소비에트 연방 412~484, 489~492,
  495~503, 507, 508, 515~517,
  535~538, 541~545, 548 → 러시아
소치 Sochi 541
손문孫文 479
송宋나라 327~331, 340, 341, 359,
  360~362, 586, 589
송첸감포 Srong Btsan Sgampo 255, 703
  → 티송첸
쇤베르크, 아르놀트 Schönberg, Arnold
  519, 527
수르 Sur 392, 408

수베데이 Sübedei 66, 354, 355, 359
수隋나라 229, 247~250, 254, 264, 584
수양제隋煬帝 248
수에비 Suebi 615
수피즘 Sufism(Sufis) 334~336, 710
술라이만 Sulaymân 262
술레이만 Suleyman 387, 398
술룩 Suluk 263
슈트라우스, 리하르트 Strauss, Richard
  525, 723, 724
스비아토슬라프 Sviatoslav 318
스키타이_ 기원설화 48, 150; 농경 스키타
  이 151, 152; 로얄 스키타이 5, 139,
  151, 152, 782; 유목 스키타이 151,
  152, 188, 782; 도시 59, 145, 156, 170,
  592; 무역 141, 142, 149, 169, 170,
  382, 394, 461, 569; 문자 65; 민족명
  칭 50, 52, 652~655, 670, 707; 스키
  타이족 151~153; 북부 이란어족 145,
  236; 전쟁 146~148, 593, 694; 제국 수
  립 63; 철학자 167, 168; 페르시아 전쟁
  156~158; 피의 맹세 65, 66 → 전차,
  서부 스텝, 무덤
스탈린, 이오시프 Stalin, Iosif
  Vissarionovich 484, 489, 495, 498,
  507, 508, 516, 517
스탈린그라드 Stalingrad(Volgograd) 495
스테판 Stephen 316
스트라빈스키, 이고르 Stravinsky, Igor
  521, 527
스트라스부르의 맹세 Oaths of Strasbourg
  306
스트로가노프 가문 Stroganovs 410, 411
스페인 316, 382, 385, 509, 647; 서고트족
  86, 178, 210, 211; 스페인 제국 404,

440, 441, 494, 715; 아랍 82, 86, 229, 266~267, 276, 336, 337, 385, 708; 우마이야 왕조 86, 247; 프란치스코회(일본) 442
슬라브어 Slavic 101, 630, 633
시_ 서사시 28, 44, 47, 48, 67, 69, 74, 114, 184, 335, 683; 영미 28, 525, 526, 723; 음유시인 48, 69, 197; 일본 300; 중국 28, 252, 300; 페르시아 334, 335, 377, 390; 현대시(자유시) 519, 523~525, 554, 723; 시와 음악 722~723 → 모더니즘:시
시대 구분 219, 714
시라즈 Shiraz 370, 379, 389
시바와이 Sibawayh, Sêbôe 296 → 알 무자시이 Al-Mujâshi'î of Balkh
시베리아 횡단 열차 453
시비르 Sibir 410, 411
시스탄 Sîstân(Sijistân) 247, 260, 368
시아파 Shiism(Shiites) 388, 407, 505, 711
시필始畢 카간 18, 248
신강新疆 36, 102, 104, 415, 437, 438, 468, 469, 470, 501 → 동투르키스탄
신라新羅 217, 264, 265
신학 294~296, 336, 711 → 철학
실데릭 1세 Childeric I 178, 179, 211, 266
실크로드 시스템 Silk Road System 89, 169, 268, 271, 284, 382, 403, 426, 438, 439, 453, 454, 461, 468, 564, 576; 연안 무역 시스템과의 비교 37, 404, 426, 440, 453, 454, 464~467, 471, 476~480; 무역 132, 175, 196, 277, 284, 394, 400, 435, 454, 467,

549; 쇠락 400, 438, 440, 465, 468, 543, 564, 603, 717, 718; 교역로 165, 402, 575
심양瀋陽 → 목단牧丹
싱가포르 450, 494

ㅇ

아그니 Agni 234, 255 → 카라샤르
아그라 Agra 391, 408, 421
아나가이 Anagai 60, 216, 231, 699
아나카르시스 Anacharsis 167
아나톨리아(어) Anatolian 35, 97, 102, 105~109, 126, 129, 147, 176, 213, 239, 245, 321, 322, 371, 372, 387, 389, 467, 487, 633, 644, 645, 679, 681, 684
아드리아노플 전투 202
아락세스 강 Araxes River 50, 694
아랍 제국 82, 260, 275, 276, 279, 281, 284, 285, 289, 292, 294, 298, 303, 307, 309, 313, 462, 463, 701, 702, 704; 내전 702; 스페인의 아랍 → 스페인
아르눌핑스 Arnulfings → 피핀 Pippin
아르다릭 Ardaric 208
아르다완 Ardawân(Artabanus V) 57, 58, 183, 184, 212
아르닥세르 Ardaxsêr(Ardashir Papakan) 57, 58, 184, 187, 212
아르메니아(어) Armenian 98, 100, 103, 117, 203, 239, 240, 245, 279, 321, 322, 542, 633
아르사크 Arsacid → 파르티아
아르실라스 Aršilas, A-shih-na 269, 704, 706, 707
아르타바스도스 Artavasdos 279

아르파드 Árpád 315
아름다움(미학) 520, 521, 525, 529, 530, 552, 556, 557, 725
아리스토텔레스 Aristoteles 165, 338, 615
아릭 부케 Ariq Böke 360, 361
아마존 139, 141, 159, 160, 471
아메리카 인디언 43, 498
아무르사나 Amursana 436, 437
아바르 Avars(유연柔然) 28, 59~61, 147, 215, 216, 229~241, 267, 268, 281, 288, 315, 672, 698, 699, 704; 아바르 제국 28, 60, 230, 235
아바스 1세 ʿAbbâs I 389, 390, 421, 445
아바스 2세 ʿAbbâs II 390
아바스 왕조 84, 246, 279, 281, 282, 285, 288, 292, 301, 309, 318, 351 → 아랍 제국
아바스 혁명 275, 279, 294, 307
아베로에스 Averroës, Ibn Rushd 336, 337
아베스타(어) Avestan 99, 101, 148, 160, 168, 633~640, 679~681, 730
아부 바크르 Abû Bakr 243, 244
아부 사이드 Abû Saʿîd 364, 366
아부 알 아바스 ʿAbû al-ʿAbbâs 279
아부 야지드 알 비스타미 Abû Yazîd al-Bisṭâmî 334
아부 자파르 알 만수르 Abû Jaʿfar al-Manṣûr 285, 287
아비센나 Avicenna → 이븐 시나 Ibn Sînâ
아사신 Assassin 356
아스빈 Aśvin 12, 54, 55, 99, 113, 119, 173, 185, 193, 650, 651 → 오손
아스트라한 칸국 Astrakhan Khanate 410, 543
아시리아 Assyria 105, 106, 112, 113, 136, 145~148, 636, 682
아에티우스, 플라비우스 Aetius, Flavius 207, 209
아우랑제브 Aurangzeb 408, 409
아유타야 Ayutthaya(Ayodhya) 449
아인 잘루트 전투 Battle of ʿAyn Jalût, 357
아크 코윤루 Ak-Koyunlu 387, 388
아키텐 Aquitaine 211, 266
아타튀르크, 케말 Atatürk, Mustafa Kemal 486, 487
아틀라흐 전투 Battle of Atlakh 282, 297
아티사 Âtiśa 323
아틸 Atil(Itil) 318
아틸라 Attila the Hun 69, 70, 178, 197, 204~209, 567, 607, 674
아폰소 데 알부케르케 Afonso de Albuquerque 393
아프가니스탄 36, 98, 124, 237, 247, 287, 319, 352, 384, 391, 425, 468, 471, 536, 546~549, 680; ~ 내전 509, 628 → 수르
아헨 Aachen, Aix-la-Chapelle 276, 288, 306
악바르 Akbar 408, 421, 422
악수 Aksu 257
악어 56, 670, 671
안남安南 270, 360
안록산安祿山 78, 79, 252, 275, 283, 284, 302, 326, 328, 587, 674, 676
안서4진安西四鎭 256, 258
안서도호부安西都護府 255, 256, 257, 269
알 가잘리 Al-Ghazâlî, Algazel 334, 336,

찾아보기   793

337
알 마문 Al-Ma'mûn 85, 86, 276, 294, 295, 297, 303, 307
알 무자시이 Al-Mujâshi'î of Balkh 296, 710
알 무타심 Al-Mu'taṣim 85, 308, 309
알 비루니 Al-Birûnî 334
알 악파시 알 아우사트 Al-Akhfash al-Ausaṭ → 알 무자시이
알 와틱 Al-Wâthiq 308
알 왈리드 1세 Al-Walîd I 260
알 콰리즈미 Al-Khwârizmî, Algorithmus 295, 337
알 파라비 Al-Fârâbî 334
알 파르가니 Al-Farghânî, Alfraganus 334
알 하자즈 이븐 유수프 Al-Ḥajjâj ibn Yûsuf 260
알고리드무스 Algorithmus 295, 337 → 알 콰리즈미 al-Khwarizmi
알라무트 Alamut 356
알란(족) Alans 175, 179~182, 199, 201, 202, 206
알람브라 Alhambra 385
알레포 Aleppo 371
알렉산드로스 대왕 Alexandros ho Mégas 69, 143, 158, 159, 167, 170, 171, 182, 183, 283, 576
알루타르 Alutâr 262
알리 'Alî 247, 702
알바니아(어) Albanian 101, 633
알바진 Albazin 412, 428
알타이 산맥 59, 149, 232
알타이 지역 87, 160, 628
알타이어 220

알탄 칸 Altan Khan 601, 602
알프 아르슬란 Alp Arslan 321, 335
알프티긴 Alptigin 319
압달 라흐만 'Abd al-Raḥman 267
압달 말릭 'Abd al-Malik 260, 286
앙고라 Angora 487; ~ 전투 372
앵글로색슨 Anglo-Saxons 212, 456
야르묵 전투 Battle of the Yarmûk 244
야르칸드 Yarkand 255, 438, 653, 696
야만인 5, 38, 40~44, 89, 203, 225, 226, 465, 561, 565~567, 578, 580, 590, 604, 608, 609, 613, 616~621, 627, 692 → 바바리언
야브구 yabghu 79, 231, 234, 237, 261, 320
야율대석耶律大石 331, 332
야즈드게르드 3세 Yazdgerd III 243, 245
야쿠츠크 Yakutsk 412
야쿠트 Yakut 543 → 사하
야쿱 벡 Yaqub Beg 469
양사도梁師都 250, 251
에도江戶 443, 444, 452, 458
에르낙 Ernac, Irnikh 209
에르데니 주 Erdeni Zuu 428
에르마나릭 Ermanaric 181, 182, 201
에르마크 Ermak → 예르마크 티모페예비치 Yermak Timofeyevich
에벤키(족) Evenkis 536, 628
에센 타이시 Esen Taiši 416
에프탈(족) Ephthalites 69, 76, 77, 199, 203, 213, 235, 246, 261, 697
엔리케 3세 Enrique III, Henry III 372
엘락 Ellac 208
엘리엇 T. S. Eliot 473, 475, 491, 524, 525, 724

엘테리스 카간 Elteriš Kaghan 259, 263
여성 전사 141, 159, 160
여진女眞 Jurchen 61, 62, 65, 104,
　106, 135, 188, 194, 329~333, 340,
　345~354, 362, 401, 413~416, 426,
　525, 554, 586, 694 → 만주
연개소문淵蓋蘇文 12, 264
연안 무역 시스템 Littoral System 37,
　325, 381, 383, 392, 398, 400,
　403~405, 425, 426, 440~442,
　445~447, 453~467, 471, 476, 511,
　514, 515, 547, 548; 연안 거점 무역
　476; 연안 무역 항로 460, 782; 연안 무
　역로 447, 455, 462; 연안 무역항 325,
　782; 연안 지역 거점 403; 연안 직항로
　396; 연안 항로 456, 461 → 실크로드
　시스템
연안 지역 102, 129, 345, 400~403, 438,
　440, 441, 444, 447, 449, 451, 454,
　456, 457, 460, 463, 477, 501, 511,
　515, 547, 552
연합군, 연합 세력_ 당-신라 264; 동맹국(1
　차대전) 481~496, 720; 백제 고구려-
　일본 264, 265; 아랍-당 263, 277, 278;
　연합국(1차대전) 480~482; 연합국(2차
　대전) 491~497; 주축국(2차대전) 486;
　청-러시아 429; 티베트-서투르크 257,
　263
영국 74, 180, 200, 210, 211, 298, 300,
　383, 385, 389, 390, 395, 409, 425,
　438, 441, 444~451, 454, 456, 460,
　479, 481, 486, 487, 492~496, 499,
　500, 506, 507, 515, 547, 641, 693
영국령 인도 British India 425, 447, 499
예르마크 티모페예비치 Yermak

Timofeyevich 411
예세 오 Yeśes 'Od 322
예수게이 Yesügei 61, 347
예수회 Jesuits 404, 405, 416, 442
예술(예술가) 490, 491, 518~530,
　551~559, 722~725 → 건축, 모더니즘,
　음악, 회화, 시
예이츠 W. B., Yeats 491, 518, 525
옐친, 보리스 Yeltsin, Boris 541
오구즈 Oghuz 320, 322
오도아케르 Odoacer 209, 210
오레스테스 Orestes 208, 209
오르도 ordo 75, 162, 164, 187, 196, 251,
　286, 301, 304, 325, 326, 328, 332,
　594, 674, 675
오르탁 ortaq(ortoγ) 374
오르투 Ortu 57
오손烏孫 48, 54, 55, 62, 99, 113, 119,
　185, 649~651, 666~668 → 아스빈
오스만 제국 Ottoman Empire, Ottomans
　291, 383~389, 398, 413, 421, 441,
　446, 467, 481, 486, 487, 719
오이라트(족) Oirats 416, 417, 420
오호츠크 Okhotsk 412, 413, 453
올렉 Oleg 317
옴보 에르데니 Ombo Erdeni 417
옹 칸 Ong Khan(Wang Khan) 348
와칸 Wakhân 256
왕망王莽 194, 258
왕정 monarchy 148, 478, 479, 505, 510
왜倭족 Wa(원시 일본어족) 218, 264; 요
　서 지역의 왜족 193~194
외튀켄 Ötükän 232
요遼나라 193, 269, 326, 328, 329, 330,
　331, 332, 350 → 거란

찾아보기　　　　　　　　　　　　　　795

요서遼西 193, 194, 218, 285
우구데이 Ögedei 350, 354, 355, 357, 374
우두머리 수컷 중심(가부장적) 위계질서 Alpha Male Hierarchy 25, 567
우라르투 Urartu 146, 147, 148
우량카다이 Uriyangkhadai 359, 360
우룸치 Urumchi 489, 551
우르 갑 소문 Ür Ghap Somun 12, 264, 265 → 연개소문
우르가 Urga(Ulaanbaatar) 431
우마르 이븐 알 카탑 'Umar ibn al-Khaṭṭâb 244
우마이야 왕조 Umayyad Dynasty 86, 247, 261, 279, 280, 284, 286, 301
우즈베키스탄 Uzbekistan 36, 84, 367, 543, 708
우즈벡 Uzbeks 388, 389, 408, 580
우트라르 Utrâr(Fârâb) 334, 352, 372
우트만 'Uthmân 83, 702
우트쿠르 Ötkur, Abdurehim 535
원元나라 34, 357, 362, 366, 377, 415, 714
월지月氏(月支) → 토콰르
위구르 Uighur 70, 78, 186, 251, 275~278, 284, 285~288, 293, 301~305, 328, 329, 331, 350, 362, 363, 502, 503, 535, 580, 587, 597, 624, 625, 628, 657, 658, 676, 717; 위구르인 302, 328, 362, 503, 628, 658, 717; 위구르 제국 78, 275, 287, 301, 302, 597, 625
유럽연합 European Union 535, 536, 545, 547, 548, 550, 560
유연柔然, Jou-jan 10, 12, 59, 141, 215, 230, 231, 577, 672 → 아바르
유태인 281, 289, 317, 462, 486, 487, 542; 유대교 289, 291, 293, 708 → 대량 학살
육조六朝 시대 247
음소 phoneme 227, 630, 631, 632, 640, 659
음악 27, 28, 197, 252, 300, 420, 422, 519~529, 554~559, 722~727; 대중음악 520, 526~529, 558, 727 → 모더니즘·음악
음유시인 bards 48, 69, 197
의화단義和團 450
이덕유李德裕 304, 305
이데올로기 ideology 64, 268, 270, 509, 721, 722
이란 Iran → 페르시아
이란어 98~99, 124~126, 702 유목민족 144 → 페르시아
이란어 Iranian 50, 97~104, 113, 124~126, 129, 141~148, 151~153, 156, 159, 161~168, 175, 179, 180, 183, 184, 222, 236, 245, 255, 275, 286, 318, 382, 633~640, 643, 652~660, 666, 670, 671, 676, 679~683, 698, 699, 702, 730
이반 4세 Ivan IV 410, 411
이백李白 28, 227, 252, 509
이븐 시나 Ibn Sînâ(Avicenna) 334
이세민李世民 → 당태종唐太宗
이스마일 Ismâ'îl 319, 356, 388, 389, 421
이스테미 Ištemi 234, 235, 237
이스파한 Isfahan 370, 389, 390, 421, 456
이슬람 Islam 70, 82, 84, 86, 225, 226,

242~244, 263, 276, 289~297, 299,
 303, 307, 308, 313, 314, 317~320,
 334~338, 351, 356, 368, 377, 388,
 405~408, 419~422, 445, 454, 475,
 488, 505, 516, 551, 573, 700, 701,
 709~711
이탈리아 Italia 51, 98, 100~102, 176,
 207~210, 224, 225, 267, 306, 316,
 375, 385, 386, 399, 441, 450, 481,
 486, 493, 496, 630, 633, 643
인도어 Indic 99~103, 107~115,
 124~129, 142, 165, 214, 630, 633,
 634, 637~643, 650~652, 661, 671,
 680~684, 695, 699
인도유럽어(족) Indo-European 1장, 부록 A, 부록 B; 원시 인도유럽어족 65,
 66, 93, 97, 104, 133, 179, 560, 563,
 613, 630, 680; 원시 중국어와의 관계 97; 타림분지 97; 혼성언어 640 → 디아스포라
인도이란어(족) Indo-Iranian 97~101,
 124, 125, 129, 145, 168, 634~640,
 652, 653, 660, 671, 679~683
인쇄술 341
인터넷 Internet 313, 560
일데브랑(힐데브란트) Hildebrand 267
일본-고구려어족 56, 193
일본-류큐어 265 → 왜족
일본어 193, 218~220, 264, 299
일칸국 357, 364, 366, 376, 719

ㅈ

자나두 Xanadu 343, 361 → 상도
자동차 485, 687, 716

자디디즘 Jadidism 488
자랑 Zarang 247, 308, 613
자모린 Zamorin 393
자무카 Jamukha, Mongol leader 348,
 712, 713
자한기르 Jahângîr 408
장가르 Janghar 28, 45, 46, 48, 69
장개석蔣介石 480
장건張騫 55, 164, 170, 171, 183, 188,
 616, 666
장성長城 89, 162, 187, 190, 250, 286,
 326, 361, 578, 584, 585, 603, 616
장안長安 251, 252, 270, 282, 284, 286,
 300, 302, 327, 456, 458, 587, 695
전차 전사 chariot warriors 67, 110, 111,
 112, 117~122, 127, 129~136, 682,
 683
전차 chariot 49, 67, 87, 91, 97, 99,
 100, 106~112, 116~122, 126,~137,
 145, 211, 468, 648, 649, 681~689,
 691~694; 고대 중국어 691; 최초 693; 이집트 128, 133, 136; 히타이트 127~128, 133, 136; 부장품 129, 137; 미타니 126~129; 미케네 그리스 127, 133, 685; 중국(상나라) 128~129, 686
제1차 세계대전 478~490, 499, 515, 606,
 719
제2차 세계대전 475, 476, 482~492,
 496~500, 505, 506, 517, 520, 531,
 538, 719, 720
제베 Jebe 66, 351, 352
제철 → 철
조모다昭莫多 전투 431
조지아 Georgia 370, 371, 484, 542
조치 Jochi 354, 367, 409

종이 78, 141, 161, 226, 264, 283, 297, 341, 435, 509, 597, 598, 650, 675, 677
주나라 49, 62, 119, 120, 143, 145, 649, 667, 686, 690; 상나라 정복 119~124; 기원설화 49
주원장朱元璋 366
준가르 Junghar 13, 28, 36, 48, 63, 169, 237, 382, 416~429, 430~ 439, 455, 463~ 469, 548, 564, 579, 580, 598, 603, 604; 기원설화 48; 중국(청)의 대량학살 437
중경重慶 360
중국어_ 기원 116~119, 868; 문자 체계 689; 고대 중국어 116~121, 686~687; 중세 중국어 33, 163, 183, 234, 264, 626, 649, 650, 651, 653, 656, 659, 660, 666, 667, 676, 690, 691, 695, 699, 705, 706; 인도유럽어의 영향 117~120
중도中都 19, 360, 361, 462, 526 → 북경北京
중부 스텝 Central Steppe 36, 125, 278, 314, 315, 410, 548
중앙아시아 Central Asia 36, 664
중앙유라시아 문화복합체 Central Eurasian Culture Complex 18, 26, 38, 65, 70, 76, 87, 89, 93, 101, 116, 117, 129, 160, 169, 179, 194, 200, 211, 212, 215, 218, 219, 220, 224~226, 229, 233, 253, 291, 316, 519, 549, 563, 647, 677
중앙유라시아 Central Eurasia 35~37
중화민국中華民國(대만) 414, 444, 480
중화인민공화국中華人民共和國 500, 501, 516 → 공산당(중국)
지마콜 강 전투 Battle of Jima Khol 257

지작 Tzitzak 278, 279
진시황秦始皇 162, 578, 591 → 진秦나라
진주만 Pearl Harbor 493, 494, 720
진秦나라 162, 187
진晉나라 196, 214, 326

ㅊ

차가타이 호르데 Chaghatai Horde 350, 357, 366~369
차카르 châkars 78, 79, 83, 84, 85, 261, 286, 308, 673, 674, 676, 677; 아랍의 ~ 85, 292 → 코미타투스
챡나 도르제 Phyag-na Rdorje 358
천진天津 451, 496
철 iron 59, 104, 160, 232, 233, 460, 655
철륵鐵勒 60, 231
철학, 철학자 23, 28, 142, 165~168, 297, 313~338, 422, 514, 525, 530, 555, 711, 721
청淸나라 63, 402, 404, 413~418, 425~444, 450, 451, 464~480, 492, 510, 564, 580, 603, 604, 628, 717, 718 → 만주족
청동기 8, 14, 48, 109, 120, 122, 125, 130, 133, 137, 454, 655, 671, 688, 727
청동기에 새겨진 문자(金文) 120, 121
체렌 돈둡 Tseren Dondub 434
체시폰 Ctesiphon 85, 203, 239, 241, 244, 246, 285, 286, 456, 701
체왕 랍탄 Tsewang Rabtan 430, 432, 433, 434
체첸 Chechen(Chechnya) 536, 544
최 Chos 324
최초의 이야기 First Story 47, 48, 52, 58,

63~65, 107, 164, 215, 218, 563, 660
측천무후則天武后 258
치오나이트 Chionites 199, 697
친위대 48, 52, 69, 70, 74, 76, 80, 85,
 86, 142, 291, 292, 308, 666~668,
 673~675 → 코미타투스
칭기스칸 Chinggis Khan 62, 66, 67,
 73~76, 80, 270, 288, 343, 345,
 348~357, 367, 391, 417, 418, 420,
 429, 586, 674, 675, 712
칭탕 왕국 Ch'ing-t'ang kingdom 328

ㅋ

카네시 Kanesh 99, 105, 106, 116, 682,
 685
카데시 전투 Battle of Kadesh 127, 136
카디시이야 전투 Battle of Qâdisiyya 244
카라 코윤루 Kara-Koyunlu 370
카라 쿨라 칸 Khara Khula Khan
 416~418
카라샤르 Karashahr, Agni 185, 215,
 234, 255, 257
카라코룸 Karakorum 360, 428
카라키타이 Kara-Khitai Empire(서요西
 遼) 329, 332, 347, 348~352, 713
카라한 왕조 Karakhanid Dynasty 319,
 321
카롤링거 왕조 266, 275, 280, 281, 288,
 289, 299; 카롤링거 혁명 277
카르자이, 하미드 Qarzai, Hamid 547
카를루크 Karluks 278, 283, 319, 322,
 332, 350
카불 칸 Khabul Khan 61, 333, 345, 346,
 347

카불 Kabul 61, 247, 301, 333, 345, 346,
 347, 391, 407, 408
카브랄, 페드로 알바레즈 Cabral, Pedro
 Alvarez 393
카슈가르 Kashgar 186, 255, 256, 321,
 332, 489, 657, 660
카이사르, 율리우스 Caesar, Julius 35,
 176, 177, 410, 697
카이저 빌헬름 2세 Kaiser Wilhelm II
 484
카자간 Kazaghan(Kazghan) 367, 368,
 369
카자노프, 아나톨리 Khazanov, Anatoly
 570, 581, 727, 728, 730, 757
카자르 왕조 Qajar Dynasty 402, 504
카자르 Khazars 69, 72, 88, 230, 237,
 238, 241, 245, 278, 279, 288~293,
 298, 314~320, 418, 426, 597, 675, 708
카자흐 Kazakhs 36, 117, 416, 435, 436,
 503, 543, 664
카잔 Kazan 355, 367, 409, 410, 488
카탈루냐 평원 전투 178, 207
카트완 전투 Battle of Qaṭwân 332
카파 Caffa 259, 263, 364
카파간 카간 Kapghan Kaghan 259, 263
칸다하르 Kandahar 391, 407
칼리드 이븐 바르막 Khâlid ibn Barmak
 84, 286, 294
칼리드 이븐 알 왈리드 Khâlid ibn al-
 Walîd 243
칼리프조 caliphate 246, 286, 319 → 아랍
칼미크 Kalmyk 28, 47, 48, 435, 437,
 498, 508, 517, 536, 543, 628, 664, 722
캄발룩 Cambaluc(Khanbalik) 361 → 북
 경

캘리컷 Calicut 392, 393, 396, 398, 447
캘커타 Calcutta 447, 448
케둔 Kedun 331
케레이트 Kereit 70, 73, 288, 348, 362, 674
케이지, 존 Cage, John 526
켈레레스 Celeres 52, 78
켈트어 Celtic 101, 633, 683
켈트족 Celts 101, 176, 211, 224, 594, 627
코그투 타이지 Coghtu Taiji 418
코미타투스 65; 이슬람화된 82; 무역 86 → 비단, 황금; 부장품 87; 비용 → 사치품; 내부 계급 177~178 -정주 제국에 전파_비잔틴 317~318; 스페인 86; 아랍 85-개인이 보유한_아틸라 70, 4장, 674; 안록산 78~79, 284, 328, 676; 칭기스칸 67, 73~75, 80, 674; 쿠타이바 이븐 무슬림 83, 261-민족(나라)별 사례_거란 329, 674; 게르만 73; 고구려 218~219, 264; 고대 로마 78; 루스 71, 675; 몽골 73~76; 미타니 107; 소그드 78~79, 292, 676; 스키타이 149~150; 앵글로-색슨(베오울프) 72~74; 에프탈 76~77; 위구르 78; 일본 219; 카자르 72; 튀르크 59; 티베트 77, 292; 페르시아 69, 673; 호레즘 69; 흉노 667~668; 히타이트 74~76
코사크 Cossack 403, 410, 411, 412, 417
코초 Qocho(고창高昌) 59, 105, 185, 255, 256, 257, 304, 657
콘스탄티노플 Constantinople 60, 61, 204, 205, 235, 239, 240, 241, 279, 317, 386, 387, 456, 487, 720
콘스탄티누스 5세 Constantinus V 278, 279, 290
콘족 'Khon 324
콜롬보 Colombo 393
쾰른 Köln 507
쿠덴 Köden(Godan) 357, 358, 363
쿠라이시 Quraysh 242
쿠박 자르 Kubak Zar 419
쿠빌라이 Khubilai 74, 80, 357, 358, 359, 360, 361, 362, 363, 589, 714
쿠샨 제국 Kushan Empire 175, 184, 186, 187, 213, 234, 462, 658
쿠차 Kucha 105, 185, 186, 255, 256, 257, 258, 262, 657, 658, 661
쿠춤 Kuchum 410, 411
쿠츨룩 Küčlüg(Güčülük) 349, 351, 352, 713
쿠타이바 이븐 무슬림 Qutayba ibn Muslim 83, 261
퀼 테긴(퀼 티긴) Köl Tigin 259, 262, 263, 278, 594
크로라이나 Kroraina 103, 104, 105, 161, 184, 186
클로비스 1세 Clovis I(Hludovicus) 266
클로타르 2세 Chlothar II(Lothair) 266
키루스 Cyrus 147, 148, 156
키르기즈 Kyrgyz(Kirghiz) 28, 36, 252, 287, 303, 328, 332, 543, 664
키스 Kišš(Shahr-i Sabz) 84, 261, 367
키악타 Kiakhta 419, 439
키에프 Kiev 298, 317, 318, 355
키쿨리 Kikkuli 112
키탄 Khitan → 거란契丹
킴메르(인) Cimmerian 104, 145, 146, 148, 694

ㅌ

타고난 장사꾼 이론(natural merchant theory) 40~41
타고난 전사들 이론(natural warrior theory) 41~42, 566, 606
타그바치 Taghbač(탁발拓跋 위魏 왕조) 214, 215, 216, 231, 235, 248, 427, 698
타그바치(탁발) 60, 214, 215, 216, 231, 235, 248, 427, 698
타라 Tara 411, 416, 419, 574
타르기타우스 Targitaus 52, 665
타르두 Tardu 237
타르마시린 Tarmashirin 366
타르케티우스 Tarchetius 52
타마숍 Tahmasp 389, 392, 421
타브리즈 Tabriz 357, 370, 388, 421
타슈켄트 Tashkent(Shâsh) 259, 262, 282, 551
타지 마할 Taj Mahal 422
타지크 Tajiks(Tajikistan) 547, 597
타키투스 Tacitus 72, 73, 74, 177, 179, 181, 582, 607, 615
타타비족 Tatabï 79
타히르 왕조 Tahirid Dynasty 307
타히르 이븐 알 후사인 Ṭâhir ibn al-Ḥusayn 307
탁발拓跋 위魏 왕조 60, 214, 215, 216, 254, 326, 421, 427, 698, → 타그바치
탁신 Taksin 449
탈라스 전투 Battle of Talas 283 → 아틀라흐
탕구트 326, 327, 328, 330, 333, 339, 340, 349, 353, 354, 357, 362, 363, 612, 711, 712 → 서하

터키(공화국) Turkey, Turkish Republic
테무르 Temür 366, 367 → 티무르
테무진 Temüjin 61, 62, 77, 345, 347, 348, 349, 354, 674, 712, 713 → 칭기스칸
테오도라 Theodora 307
테오도릭 Theodoric 207, 210
테오도시우스 1세 Theodosius I 202
테오도시우스 2세 Theodosius II 204, 205
테오필로스 2세 Theophilos II 307
텐트 75, 76, 125, 154, 287, 288, 573, 574, 674, 675, 728
토곤 테무르 Toghon Temür 366
토끼 bunnies, rabbits 56, 189, 573
토르구트 Torgut 417, 419, 435, 437 → 칼미크
토마스, 딜란 Thomas, Dylan 450, 525, 726
토볼스크 Tobolsk 411, 419, 437
토욕혼吐谷渾 254, 255, 256, 257, 327
토콰르 10, 53, 54, 55, 146, 164, 183, 184, 185, 186, 188 → 토하리
토콰르 Tokwar, Yüeh-chih, ; identity and name 10, 53, 54, 55, 146, 164, 183, 184, 185, 186, 188
토크타미시 Tokhtamïsh 370, 371, 409
토하리 31, 59, 97, 102~105, 129, 134, 145, 161, 171, 175, 183~186, 233, 234, 237, 246, 255, 256, 261, 263, 273, 294, 299, 633, 643, 649, 656~662, 667, 681, 692, 706, 708 → 토콰르
토하리(어) Tokharian 31, 59, 97, 102, 103, 104, 105, 129, 134, 145, 161, 171, 175, 183~186, 233, 234, 237,

246, 255, 256, 261, 263, 273, 294, 299, 633, 643, 649, 656~662, 667, 681, 692, 706, 708 → 토콰르
토하리스탄 Tokhâristân, 186, 233, 237, 246, 256, 261, 263, 294, 658, 661, 708
톡사리스 Toxaris 65
톤부리 Thonburi 449
톨루이 Tolui 354, 356, 357, 358
톰스크 Tomsk 419
통그라 Tongra 79
투르크(족) Turks 386~387, 415, 435, 462, 564, 574, 577, 587~588, 597, 620, 653, 658, 671, 676~677, 696, 698~699, 704~707, 728~729 → 튀르크; 투르크어 Turkic 59, 102, 214, 216, 234, 279, 299, 322, 352, 355, 361, 368, 374, 422, 488, 580, 583, 658, 667, 672, 675, 676, 706, 707, 712; 투르키스탄 Turkistan 36, 256, 574 → 동투르키스탄 East Turkistan
투르크멘 Turkmen ; 투르크메니스탄 Turkmenistan 28, 320, 321, 322, 370, 371, 381, 384, 388
투멘 Tumen(흉노), TümeN(고구려) 52, 53, 54, 56, 57, 162, 163
투민 Tumïn(투르크) 59, 60, 231, 234
투빈 Tuvins(Tuvans) 536, 628, 664
투시예투 칸 Tüsiyetü Khan 428, 429, 430
퉁 야브구 카간 Tung Yabghu Kaghan 79
튀르기스 Türgiš 72, 230, 259, 263, 277, 278, 463, 464
튀르크 제국 Türk Empire 59, 227, 230, 235, 236, 249, 259, 269, 275, 278,

284, 594, 671
튀르크 Türk 59, 60, 216, 227~238, 395, 462~463; 기원설화 59, 60 → 투르크
트라비존드 왕국 Kingdom of Trabizond 387
트라야누스 Traianus 180, 697
트란스옥시아나 Transoxiana 213, 237, 245, 259~263, 319, 321, 332, 333, 347, 349, 352, 366, 369, 370, 374, 388, 390, 597, 697 → 소그디아나 Sogdiana
트로이 Troy 51, 108, 435, 467
특수부대 war band 75 → 코미타투스
티데축첸 Khri Lde Gtsug Brtsan 281, 704
티르미드 Tirmidh 261, 573
티말로드 Khrimalod 258, 707
티무르 제국 Timurid Empire 367, 374, 377, 383, 388, 390
티무르 Timur, Tamerlane 345, 367~374, 377, 381~391, 409, 420~422, 462, 567, 607, 718
티베트 제국 77, 79, 229, 253, 256, 258, 269, 270, 275, 281~287, 292, 293, 299, 304, 306, 322, 326~328, 339, 464, 606, 703, 70~710; 티베트어 123, 164, 359, 364, 422, , 690, , 692, , 710, 711, 712; 고대 티베트어 69, 120, 186, 268, 299, 324, 458, 691, 703; 중국-티베트어 123; 티베트-버마어 120, 123, 124, 299, 326, 648, 649; 티베트어 대장경 364, 712
티송데첸 Khri Srong Lde Brtsan 281, 286, 287
티송첸 Khri Srong Rtsan, Tibetan emperor 255, 256, 703, 704

티우둠첸 Khri U'i Dum Brtsan(Glang Darma) 306
티우송 Khri 'Dus Srong 257, 258

ㅍ

파간 Pagán 259, 263, 448, 456
파니파트 전투 Battle of Pânipât 391
파랍 Fârâb 334 → 우트라르
파르티아(인) Parthians, Arsacids 57, 85, 175, 182~188, 212, 285, 286
파리 Paris 266, 338, 339, 456, 495, 527, 531
파스빠 'Phagspa, Blogros Rgyal-mtshan, 358, 359, 363, 364
파스타 596
파시즘 fascism 491, 513, 627
파운드, 에즈라 Pound, Ezra 490, 524, 723
파키스탄 Pakistan 500, 536
판노니아 Pannonia 61, 202, 207, 208, 209, 211, 232, 267, 281, 288, 315, 316, 672
팔라비 왕조 Pahlavi Dynasty 446, 504
페르가나 Ferghana 171, 259, 262, 282, 317, 321, 334, 391, 675
페르시아 Persia, Iran 39, 57, 69, 76, 77, 80, 85, 103, 126, 141~148, 156~159, 171, 175, 182, 183, 199, 203, 212, 213, 222, 223, 229, 232~246, 285, 296, 299, 325, 334, 335, 345, 364, 368, 372, 377, 381~394, 398~402, 407, 420~422, 426, 441, 445~447, 454~459, 462, 463, 467, 487, 536,
567, 568, 584, 585, 589, 593, 595, 610, 615~621, 635, 636, 653~655, 665, 667, 671, 673, 674, 678, 682, 694, 698, 701, 702, 723, 730; ; 페르시아 제국 Persian Empire 147, 159, 175, 183, 199, 203, 212~223, 229, 235~245, 381, 584
페리, 매튜 Perry, Matthew C. 443
페체네그(족) Pechenegs 315
평양平壤 35, 43, 217, 265, 382, 403, 404, 412, 426, 453, 456, 493, 494, 541
피아르나 Piarna 217
평화의 도시 City of Peace 84, 246, 275, 285, 286, 294, 678
포르투갈 381~385, 389~400, 405, 406, 441~452, 456, 477, 481, 494, 715, 716
포스트모더니즘 postmodernism 21, 23, 25, 520 → 모더니즘
포탈라 Potala 422, 551
포카스 Phocas 238, 239
포퓰리즘 populism, populist 475~479, 482, 510, 512, 513~519, 528, 535, 539, 545, 548, 550, 560
폭탄 341
폰틱 스텝 Pontic Steppe 180, 181, 200, 203, 206, 535, 542, 696 → 서부 스텝
폴락, 잭슨 Pollack, Jackson 522
푸갈 Spurgyal 253, 254
푸아티에 전투 Battle of Poitiers 267
프랑스 혁명 French Revolution 514
프랑크(족) Franks 87, 178, 179, 206, 211, 212, 225, 229, 265, 266, 275, 287 → 카롤링거 왕조, 메로빙거 왕조
프리기아 Phrygia 146, 696
피렌느, 앙리 Pirenne, Henri 225

피르다우시 Firdausî 335
피아르나 Piarna 217 → 평양
피카소, 파블로 Picasso, Pablo 521, 522
피핀 3세 Pippin III(Pippin the Short) 267, 280, 281, 288
피핀 Pippin 266
핑크 pink 783 → 모더니즘: 회화

ㅎ

하늘색 돔 Heavenly domes 286
하늘의 신 47, 233, 669
하로賀魯 카간 256
하룬 알 라시드 Hârûn al-Rashîd 85, 294, 303, 708
하미 Hami 416, 430, 432, 547
하투사 Hattusa 109, 664
하피즈 Hafiz 377, 379, 421
한무제漢武帝 55, 170, 187, 194, 578, 591
한문제漢文帝 55, 170, 187, 194, 578, 591
한漢나라 33, 80, 164, 173, 175, 187~192, 248, 250, 263, 264, 326 455, 463, 579, 581~584, 589, 590, 598, 605, 649~651, 748, 766
할하 Khalkha 50, 237, 428~430, 435
할힌골 강 Khalkhyn Gol 497 → 노몬한
항구 → 도시: 연안 지역
항주杭州 331
해상 무역 37, 186, 302, 341, 383, 390, 393, 398, 401, 403, 440, 444, 447, 454, 455, 459, 477 → 연안 무역
향료 spices 88, 400, 404, 716 → 사향 musk
헝가리(인) Hungarians 61, 202, 314, 315, 316, 355, 385, 387, 481, 486, 545

헤라클리우스 Heraclius 239, 240, 241, 245, 387
헤라트 Herat 367, 421
헤르손 Kherson 413
헤어스타일(머리)_ 프랑크족 179; 투르크족 179
헬리그 Hellig(頡利) 249, 251, 259
현대 북경어 전사 표기 49
현장玄奘 27, 79, 84, 106, 246, 685, 702, 709
현종玄宗 251, 252, 282, 283, 677
형이상학 294, 297, 334, 339 → 철학 philosophy
호노리아 Honoria 206
호랑이 227, 406
호레즘 Khorezm, Khorezmia 69, 261, 319, 321, 332, 333, 347, 349, 351~354, 370, 574
호레즘샤 Khorezmshâh 347, 349~353 → 무함마드 Muḥammad, Khorezmshâh
호르무즈 Hormuz 389, 390, 393, 398, 445
호메이니, 아야톨라 Khomeini, Ayatollah 505, 506
호슈트족 Khoshut 417~420, 427, 430, 433
호스로우 1세 Khosraw I Anushirvan 213, 235
호탄 Khotan 252, 255, 257, 299, 332, 706
혼성언어 creole 98, 100, 124, 563, 640~646 → 인도유럽어족
홈스 Homs 371
홍콩 451, 479, 494
홍타이지皇太極 412, 414, 717

화살(촉) 53, 54, 57, 76, 116, 132, 147,
  237, 573, 574, 688
황금 50, 59, 71, 72, 75, 137, 149, 150,
  178, 195, 204, 205, 287, 288, 290,
  465, 568, 674, 677, 711
황소黃巢 325~327
후라사니야 Khurâsâniyya 280, 286, 294
후르리(인) Hurrians 109~112
후마윤 Hûmayûn 391, 392, 407, 408
후사인 Ḥusayn 307, 369
후잔트 Khujand 332
후직后稷 49, 119, 120, 665, 669
훈족 69, 70, 77, 87, 146, 163, 169, 178,
  181, 182, 197, 199~209, 213, 223,
  225, 233, 315, 580~582, 586, 605,
  607, 609, 611, 615, 694~699; 민족명
  칭 694~695; 사산조와의 전쟁 203; 훈
  과 흉노 163~164, 694
훌레구 Hülegü 356, 357, 360
휘종徽宗 330, 331
흉노匈奴 39, 62, 69, 81, 142, 146,
  160~164, 175, 185, 187~196, 201,
  215, 236, 250, 394, 461~463, 564,
  577~584, 593, 598, 605, 616, 617,
  620, 623, 660, 666~668, 671, 676,
  679, 728; 기원설화 52~54; 민족 명칭
  694~696; 중국의 흉노 침략 161~162;
  칭호, 이름 666; 흉노와 훈 163~164,
  694
흑사병 345, 364, 365, 510
히로시마 496
히타이트 Hittite 48, 63, 69, 73~76, 99,
  105~109, 113, 116, 117, 126~129,
  133, 136, 467, 642~645, 664, 682,
  685; 기원설화 664

히틀러, 아돌프 Hitler, Adolf 485, 486,
  490, 492, 496

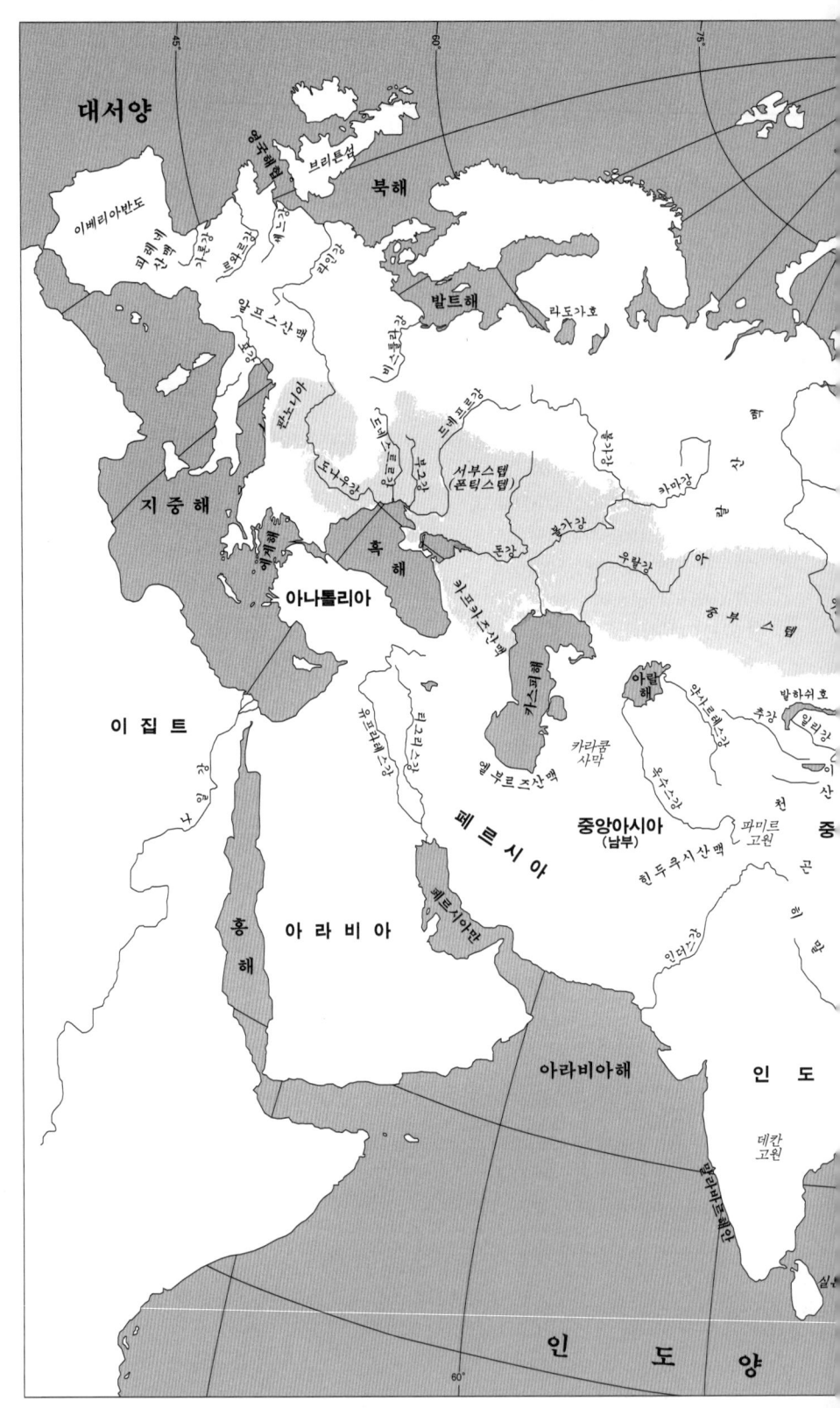

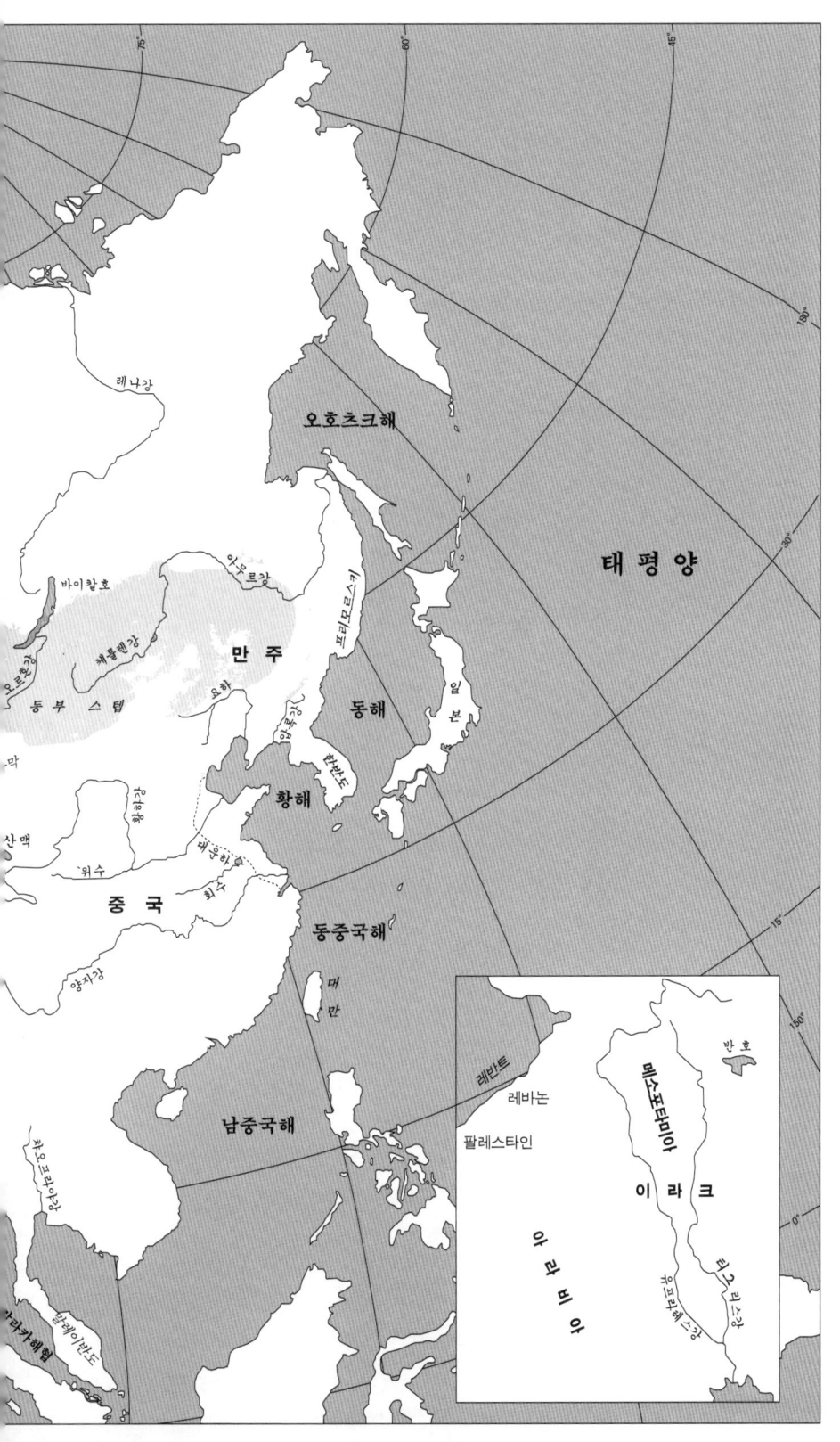

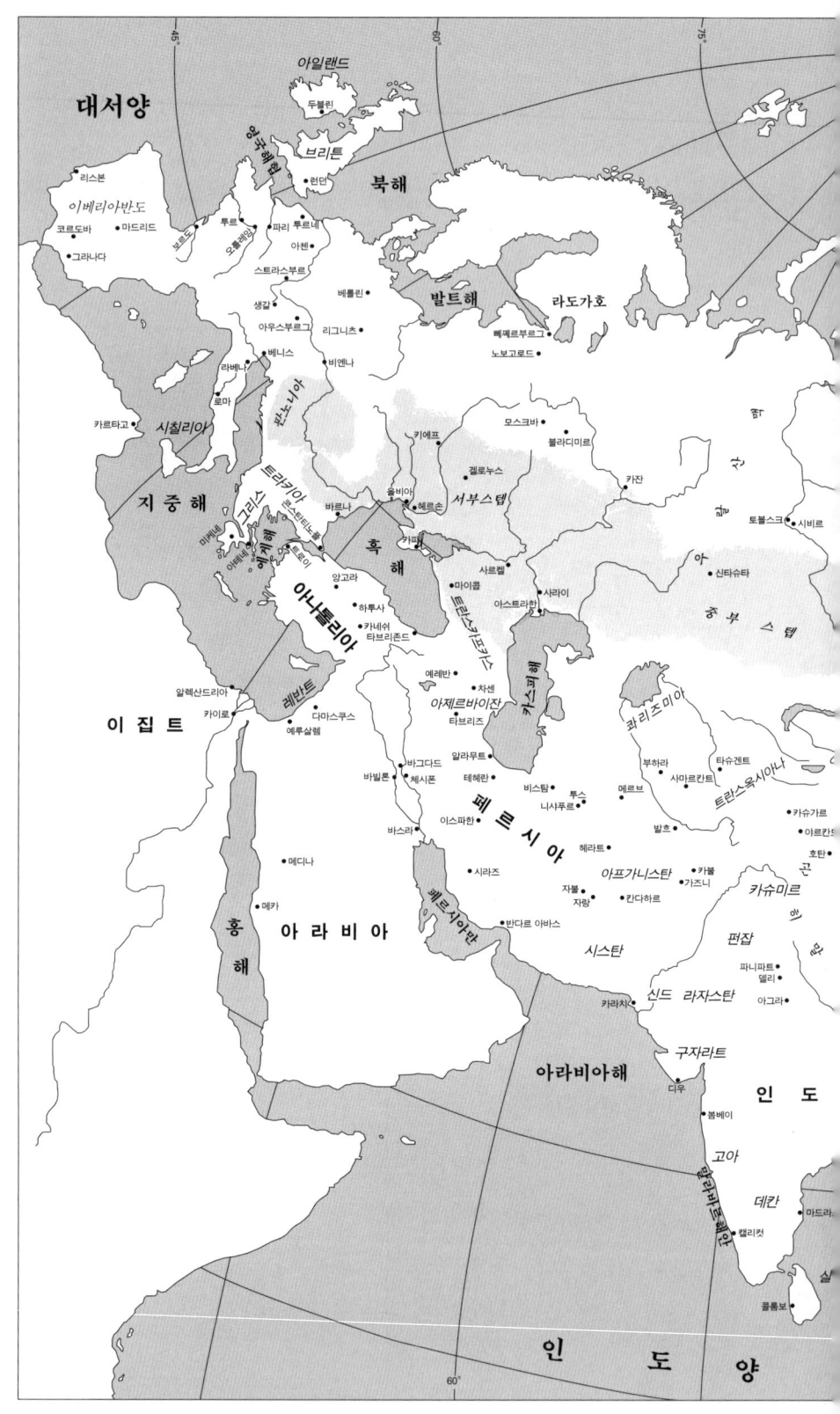

중앙유라시아 세계사 — 프랑스에서 고구려까지

2014년 5월 25일 1판 1쇄

크리스토퍼 벡위드 지음
이강한·류형식 옮김

펴낸이 : 柳炯植 | 펴낸곳 : (주)소와당笑臥堂 | 신고 번호 : 제313-2008-5호
주소 : (121-848) 서울시 마포구 월드컵북로 2길 65(동교동)
전화 : (02)325-9813
팩스 : (02)6280-9185
전자우편 : sowadang@gmail.com

저작권자와 맺은 협의에 따라 인지를 생략합니다.
값은 뒤표지에 적혀 있습니다.
잘못 만든 책은 서점에서 바꾸어 드립니다.

ISBN 978-89-6722-009-9 03900